# DIREITO E POLÍTICAS PÚBLICAS NOS ESCRITOS DE WILLIAM CLUNE

COLEÇÃO FÓRUM
DIREITO
E POLÍTICAS
PÚBLICAS

COLEÇÃO FÓRUM
DIREITO
E POLÍTICAS
PÚBLICAS

MARIA PAULA DALLARI BUCCI
WILLIAM CLUNE
*Coordenadores*

GABRIELA AZEVEDO CAMPOS SALES
ISABELA RUIZ
*Coordenadoras executivas*

# DIREITO E POLÍTICAS PÚBLICAS NOS ESCRITOS DE WILLIAM CLUNE

15

Belo Horizonte
FÓRUM
CONHECIMENTO JURÍDICO
2024

COLEÇÃO FÓRUM
DIREITO
E POLÍTICAS
PÚBLICAS



FÓRUM
CONHECIMENTO JURÍDICO

Luís Cláudio Rodrigues Ferreira
Presidente e Editor

Coordenação editorial: Leonardo Eustáquio Siqueira Araújo
Revisão: Gabriela Sbeghen
Capa, projeto gráfico e diagramação: Walter Santos

Rua Paulo Ribeiro Bastos, 211 – Jardim Atlântico – CEP 31710-430
Belo Horizonte – Minas Gerais – Tel.: (31) 99412.0131
www.editoraforum.com.br – editoraforum@editoraforum.com.br

Técnica. Empenho. Zelo. Esses foram alguns dos cuidados aplicados na edição desta obra. No entanto, podem ocorrer erros de impressão, digitação ou mesmo restar alguma dúvida conceitual. Caso se constate algo assim, solicitamos a gentileza de nos comunicar através do *e-mail* editorial@editoraforum.com.br para que possamos esclarecer, no que couber. A sua contribuição é muito importante para mantermos a excelência editorial. A Editora Fórum agradece a sua contribuição.

Dados Internacionais de Catalogação na Publicação (CIP) de acordo com ISBD

D598 Direito e políticas públicas nos escritos de William Clune / Maria Paula Dallari Bucci, William Clune (coord.). Gabriela Azevedo Campos Sales, Isabela Ruiz (coord. exec.). Belo Horizonte: Fórum, 2024.

596 p. 14,5x21,5cm
(Coleção Fórum Direito e Políticas Públicas, v. 15)
ISBN impresso 978-65-5518-814-1
ISBN digital 978-65-5518-823-3

1. Direito e políticas públicas. 2. Avaliação de políticas públicas. 3. Estado social. 4. Políticas públicas de educação. I. Bucci, Maria Paula Dallari. II. Clune, William. III. Sales, Gabriela Azevedo Campos. IV. Ruiz, Isabela. V. Título.

CDD: 342.07
CDU: 342.8

Ficha catalográfica elaborada por Lissandra Ruas Lima – CRB/6 – 2851

Informação bibliográfica deste livro, conforme a NBR 6023:2018 da Associação Brasileira de Normas Técnicas (ABNT):

BUCCI, Maria Paula Dallari; CLUNE, William (coord.); SALES, Gabriela Azevedo Campos, RUIZ, Isabela (coord. exec.). *Direito e políticas públicas nos escritos de William Clune*. Belo Horizonte: Fórum, 2024. 596 p. ISBN 978-65-5518-814-1. (Coleção Fórum Direito e Políticas Públicas, v. 15).

PARTE III

## APLICAÇÕES EMPÍRICAS DOS MODELOS TEÓRICOS

A *Coleção Fórum Direito e Políticas Públicas* tem o objetivo de apresentar ao leitor trabalhos acadêmicos inovadores que aprofundem a compreensão das políticas públicas sob a perspectiva jurídica, com triplo propósito.

Em primeiro lugar, visa satisfazer o crescente interesse pelo tema, para entender os avanços produzidos sob a democracia no Brasil depois da Constituição de 1988. É inegável que as políticas públicas de educação, saúde, assistência social, habitação, mobilidade urbana, entre outras estudadas nos trabalhos que compõem a coleção, construídas ao longo de várias gestões governamentais, mudaram o patamar da cidadania no país. Certamente, elas carecem de muitos aperfeiçoamentos, como alcançar a população excluída, melhorar a qualidade dos serviços e a eficiência do gasto público, assegurar a estabilidade do financiamento e, no que diz respeito à área do direito, produzir arranjos jurídico-institucionais mais consistentes e menos suscetíveis à judicialização desenfreada. O desmantelamento produzido pela escalada autoritária iniciada em meados dos anos 2010, no entanto, explica-se não pelas deficiências dessas políticas e sim pelos seus méritos – não tolerados pelo movimento reacionário. Compreender a estrutura e a dinâmica jurídica das políticas públicas, bem como a legitimação social que vem da participação na sua construção e dos resultados, constitui trabalho importante para a credibilidade da reconstrução democrática.

O segundo objetivo da coleção é contribuir para o desenvolvimento teórico sobre as relações entre Direito e Políticas Públicas. Publicando trabalhos oriundos de teses e dissertações de pós-graduação, constitui-se um acervo de análises objetivas de programas de ação governamental, suas características recorrentes e seus processos e institucionalidade jurídicos. Neles estão documentados os impasses inerentes aos problemas públicos de escala ampla, e estudadas algumas soluções ao mesmo tempo jurídicas e políticas, presentes em práticas de coordenação e articulação, seja na alternância de governo, nas relações federativas, ou na atuação intersetorial. Assim, sem perder a multidisciplinaridade característica dessa abordagem, valendo-se da bibliografia jurídica em cotejo com a literatura especializada, publica-se material de pesquisa empírica (não quantitativa) da qual se extraem os conceitos e relações que numa organização sistemática dão base para a teorização jurídica da abordagem Direito e Políticas Públicas. Com essa preocupação, a coleção também publicará trabalhos de alguns dos raros autores estrangeiros com obras específicas na área.

Finalmente, o terceiro objetivo da coleção é contribuir para a renovação teórica do direito público brasileiro, fomentando o desenvolvimento de uma tecnologia da ação governamental democrática, engenharia jurídico-institucional para o avanço da cidadania do Brasil. Isso permitirá ampliar a escala de experiências bem-sucedidas, inspirar melhores desenhos institucionais pela comparação com experiências similares, além de avançar na cultura da avaliação, agora positivada na Constituição Federal.

São Paulo, 22 de agosto de 2022.

**Maria Paula Dallari Bucci**
Professora da Faculdade de Direito da Universidade de São Paulo. Coordenadora da *Coleção Fórum Direito e Políticas Públicas*.

# A CONTRIBUIÇÃO DA OBRA DE WILLIAM CLUNE PARA A ABORDAGEM DIREITO E POLÍTICAS PÚBLICAS

## 1 O sentido deste livro

A publicação deste livro, reunindo artigos antigos do Professor William Clune, até aqui dispersos em revistas dos EUA, traz ao público brasileiro uma obra absolutamente singular. A consolidação do material realizada nesta obra é inédita; a reunião dos dezesseis textos em um único corpo bibliográfico aparece, pela primeira vez, nesta edição brasileira. Traduzido para o português ao longo dos últimos três anos, por uma equipe de dezessete jovens pesquisadores e pesquisadoras sob minha orientação, o conjunto revela, além de sua qualidade intrínseca, um pensamento sistemático em Direito e Políticas Públicas (DPP) sem paralelo na literatura, inclusive em âmbito internacional, conforme indicava a pesquisa que lhe deu origem.[1] Ao preencher esta lacuna, este livro eleva a abordagem DPP a um patamar superior.

A articulação orgânica dos textos no livro é suportada por uma armação metodológica sofisticada, que só se revela completamente no conjunto. Clune não despreza a complexidade própria das políticas públicas em esquemas artificialmente simplificados. Ao contrário, adotando-a como pressuposto, dedica-se a produzir modelos de conhecimento que a recortam a partir de perspectivas jurídicas, com o objetivo

[1] SOUZA, Matheus Silveira; BUCCI, Maria Paula Dallari. O estado da arte da pesquisa em Direito e Políticas Públicas: primeiras aproximações. *Revista Estudos Institucionais*, v. 5, n. 3, p. 833-855, 2019. DOI: https://doi.org/10.21783/rei.v5i3.431.

de identificar relações e padrões e, com isso, refinar o entendimento sobre a dinâmica de implementação e avaliação das políticas públicas.

A complexidade incontornável é uma das características das políticas públicas, necessariamente multidimensionais e sujeitas ao escrutínio multidisciplinar, o que, sabemos, é uma dificuldade a mais no seu processo de cognição. Em que pese a interdisciplinaridade ser cantada em prosa e verso, estabelecer conexões coerentes, aptas a suportar o avanço do pensamento apoiado em premissas disciplinares distintas não é trivial, ainda mais quando considerada a rigidez dos cânones do direito, com sua carga normativa. Desenvolver a abordagem DPP em bases coletivas, isto é, como conhecimento que evolui graças ao aprendizado transmitido entre os membros de uma comunidade epistêmica, requer a construção de concepções e pressupostos comuns, critérios de observação, análise e métodos compartilhados que obtenham validação científica. Em que pesem passos importantes para a formação dessa teia de pesquisadores, como a criação da Rede Brasileira de Pesquisa em Direito e Políticas Públicas e sua série de congressos, e a despeito do aumento da qualidade das publicações, o adensamento da fundamentação teórica e das bases metodológicas para a generalização do conhecimento empírico segue como desafio para o seu desenvolvimento.

A obra de Clune traz subsídios preciosos para essa tarefa, em especial, quanto à questão estruturante de maior relevo para o tema, a relação entre o direito e a política, primordial na fabricação das políticas públicas. Ele parte das matrizes do Novo Realismo Jurídico (*New Legal Realism*) – do qual se originaram também ramos da sociologia do direito e do movimento *Law and Society* –, que questionam o direito que se autodescreve como neutro. Mas vai além da denúncia das "intenções ocultas" de manipulação dos instrumentos jurídicos – as quais existem, sem dúvida, e são parte do aspecto político do direito – e, tomando essa politicidade como pressuposto, oferece caminhos para iluminar seus interstícios nas relações sociais.

Uma das contribuições deste livro é analisar os tensionamentos entre esses campos de modo estruturado, selecionando e testando os métodos das ciências sociais mais apropriados, sem perder a referência no direito. Assimilando-a, a abordagem DPP pode reforçar o potencial que decorre da plasticidade com que visualiza a ação governamental, ampliando sua aptidão para captar e sistematizar um repertório de ideias e experiências de base jurídica, voltadas ao atendimento de direitos fundamentais e necessidades essenciais para a coesão da sociedade.

## 2 O autor e seu contexto

William Clune é Professor da Faculdade de Direito da Universidade de Wisconsin, em Madison, aonde chegou em 1971, um período de mudanças profundas nos EUA, quando os ventos transformadores do *New Deal* e do pós-guerra começavam a arrefecer, cedendo lugar à maré conservadora que depois desaguaria no neoliberalismo. Conforme o livro mais recente do autor,[2] aquele fora um período de extraordinária inovação em políticas. Vários *new dealers* haviam sido professores na Universidade de Wisconsin e isso reforçou o espírito progressista na Faculdade de Direito, que resultou na renovação significativa de algumas áreas, como a Justiça Criminal e o Direito dos Contratos. Outra área inovadora foi o chamado *Legal Process*, disciplina que combina história do direito, teoria do direito, sociologia e política, sob a liderança de Willard Hurst, que antecipou o movimento dos *Critical Legal Studies* ao entender o direito e a sociedade como mutuamente constitutivos; o direito como parte da cultura.

A trajetória acadêmica de Clune desde o início esteve ligada à pesquisa na área educacional, conforme refere em seu relato pessoal e na entrevista no final da Parte I deste livro. Ele havia publicado, em coautoria, um trabalho sobre os problemas de equidade no financiamento da educação pública,[3] considerado um marco na área. O livro investigava as desigualdades de financiamento entre os distritos educacionais nos EUA, causadores de iniquidades de oportunidades baseadas em diferenças de riqueza não explicitadas nem legitimadas. Ao final, propunha um mecanismo de equalização destinado a compensar esse fator. Num cenário de litigância excessiva e pobreza de fundamentação teórica da maioria das decisões judiciais –[4] não muito distinto, aliás, do

[2] CLUNE. *Legal realism to law in action*. Innovative Law Courses at UW-Madison. New Orleans-Louisiana: Qui Pro Books, 2021.

[3] COONS; CLUNE; SUGARMAN. *Private wealth public education*. Cambridge-Massachussets: The Bellknap Press of Harvard University Press, 1970.

[4] "Esse cenário frenético, entretanto, padecia de escassez de análise jurídica profunda. Tanto a literatura jurídica como a litigância na área consistiam numa miscelânea de fatos, teorias e remédios mal concebidos. Alegações sem fundamento eram feitas sobre as relações entre os baixos recursos despendidos e a qualidade da educação dos pobres, em especial dos pobres negros. A teoria jurídica com base na qual o sistema era condenado era um amálgama acrítico de casos [...] [dos quais se extraíam] diferentes *standards* constitucionais, incluindo conceitos como 'o máximo desenvolvimento das potencialidades individuais em cada nível de habilidades' e a igualdade de realização entre todos os estudantes" (GOLDSTEIN, Stephen. Book review. Private wealth and public education. *California Law Review*, v. 59, p. 302-313, 1971).

que se passa no Brasil – o livro foi recebido como novidade importante. Seu mérito era renovar o repertório de soluções, ao mesmo tempo em que as fundamentava numa metodologia consistente, em si também bastante inovadora.

Partindo dessa experiência, posteriormente Clune foi Diretor do Grupo de Políticas do Instituto Nacional de Ciência da Educação (*Policy Group* do *National Institute for Science Education*). Além disso, foi Fundador e Pesquisador sênior do Consórcio para Pesquisa de Políticas de Educação (*Consortium for Policy Research in Education – CPRE*). Nas duas instituições, produziu estudos educacionais que aprofundaram esse veio dúplice de seu método, resultante do imbricamento entre modelagem teórica e verificação empírica, alguns deles constantes da Parte III desde livro.

No final dos anos 1990, a carreira de pesquisador e *expert* em política educacional se ampliou, assumindo inclusive uma dimensão internacional, conforme a saborosa narrativa de sua viagem à China.[5] Na Universidade de Wisconsin, pelo reconhecimento do trabalho, Clune tornou-se Professor Voss-Bascom.[6] Posteriormente, passou à condição de *Emeritus*, equivalente ao nosso professor sênior, um docente aposentado, com larga experiência, que segue pesquisando e escrevendo. Foi nesta condição que o conheci.

## 3 A estrutura do livro

Este livro teve origem na decisão inicial de traduzir três artigos[7] do Professor Clune identificados na pesquisa bibliográfica sobre a fundamentação teórica em DPP em âmbito internacional, para uso em aulas de pós-graduação. As dificuldades de compreender suas formulações e referências pouco familiares, além das idiossincrasias estilísticas – percebidas pelos primeiros leitores brasileiros que se debruçaram sobre a "descoberta" – levaram à necessidade de tradução do material. Reuni-lo e publicá-lo de forma consolidada foi uma segunda decisão, que teve o objetivo de aproximá-lo de leitores e leitoras de

---

[5] CLUNE. *Educação: modelos americanos para a política asiática?*

[6] Os *Bascom Professorships* são prêmios para docentes de destaque. A designação combina o nome do ex-presidente da Universidade, John Bascom, com o patrocinador da cadeira, no caso de Clune, a Voss-Bascom.

[7] CLUNE. *Um modelo político de implementação de políticas públicas*; CLUNE. *Direito e políticas públicas: mapa da área*; e CLUNE. *Desintegração jurídica e uma Teoria do Estado*, todos na Parte II.

língua portuguesa. Embora a leitura em língua estrangeira seja um requisito para o pesquisador, cujo desconhecimento o aprisiona no mundo restrito de referências locais, é inegável o ganho de compreensão proporcionado pela leitura na língua nativa – mesmo admitindo que *il traduttore è un traditore*. A história deste trabalho de pesquisa e tradução está contada ao final deste prefácio.

O corpo principal do livro é composto de oito artigos do Professor William Clune, escritos entre 1983 (*Modelo político*) e 1998 (*Teoria da reforma sistêmica*). Além desses, há dois textos mais recentes do autor e outros dois, escritos por mim com o objetivo de apresentar a ele as razões do interesse do público brasileiro em seu trabalho, todos de 2022. O conjunto é dividido em três partes, cada uma com quatro artigos, com exceção da Parte I, que além deles traz um testemunho pessoal do Professor Clune sobre sua jornada em DPP e a transcrição de um trecho de entrevista feita para apresentá-lo aos participantes do 2º Congresso da Rede Brasileira de Direito e Políticas Públicas, em Santa Cruz do Sul (RS), em 2022. Os blocos estão divididos da seguinte maneira: I) O diálogo Sul-Norte: com os textos mais recentes, do Professor Clune e meus, em interlocução; II) Modelos teóricos: com o núcleo duro o núcleo do trabalho de Clune sobre DPP; e III) Aplicações empíricas dos modelos teóricos: com *spin-offs* daquele núcleo duro, nos quais a especulação teórica se faz em paralelo com a análise empírica de reformas educacionais, gerando modelos metodológicos de análise e pesquisa em DPP.

## 4 O diálogo Sul-Norte

O diálogo Sul-Norte, que compõe a Parte I, pode ser tomado como apresentação do livro. São quatro artigos, dois do Professor Clune e dois meus, escritos em linguagem às vezes informal, como é próprio dos diálogos. Sua produção é do período entre 2021 e 2022, que abrange a ministração de duas aulas remotas pelo Professor Clune em minhas disciplinas de pós-graduação na Faculdade de Direito da USP e duas temporadas que passei como *Visiting Scholar* na Universidade de Wisconsin, em Madison, em fevereiro-março e julho de 2022, trabalhando com o Professor Clune.

A colaboração foi recebida com entusiasmo pela Professora Elizabeth Mertz, editora do *site New Legal Realism*, onde os textos foram originalmente publicados. Ela sugeriu inverter a sequência que soaria usual, "Norte-Sul", e em seu lugar a adoção de "Sul-Norte", considerando que a iniciativa do diálogo partia de uma pesquisadora do Sul Global. A inversão visa sublinhar a consciência crítica necessária a evitar uma internacionalização rebaixada, como as tentativas de transplante de instituições sem sucesso do passado, apesar de não haver dúvida quanto ao aprendizado que podemos ter no contato com centros dos países desenvolvidos num diálogo Norte-Sul. Também há muito a ganhar fortalecendo a colaboração científica entre instituições dos países em desenvolvimento, numa cooperação Sul-Sul. Mas o diálogo Sul-Norte que travamos leva em conta que, ao lado da magnífica contribuição do Professor Clune sobre a DPP nos EUA, existe uma abordagem DPP relativamente desenvolvida no Brasil, que despertou genuíno interesse do professor, conforme registram os apêndices de seus artigos de 2022, nos quais ele transcreve os resumos de pesquisas brasileiras.[8] O contato entre as duas experiências parece ser mutuamente instrutivo, principalmente para definir novas fronteiras de expansão da ciência e novas práticas na gestão pública.

O diálogo se inicia com um artigo que escrevi nos primeiros contatos com o Professor Clune, em 2021, *Direito e políticas públicas no Brasil e nos Estados Unidos: um diálogo Sul-Norte*, com o objetivo de expor as razões do interesse de acadêmicos brasileiros em sua obra, contextualizando com a produção da abordagem DPP no Brasil. Era necessário superar o espanto do professor com a publicação da tradução brasileira de três artigos seus escritos há quarenta anos.

Em resumo, o desafio de efetivação de direitos sociais positivados na Constituição de 1988 – na mesma linha das "constituições transformadoras" da terceira onda das democracias, a exemplo da África do Sul, de Portugal e Espanha, e de alguns países do Leste europeu e da América Latina – demandou a realização de políticas públicas. O mesmo movimento incumbiu ao direito tarefas tradicionalmente pertencentes ao domínio das instituições políticas: o governo, o parlamento e os partidos políticos. Os tribunais fortaleceram seus poderes, ampliou-se a atividade de controle e as atribuições do Legislativo passaram a ser delimitadas pelo programa constitucional.

O interesse na obra de Clune decorre da afinidade na leitura política, que – embora elaborada sob pressupostos históricos e geopolíticos distintos – adota a perspectiva de transformação da sociedade

---

[8] CLUNE. *Progressismo no Estado ativo da livre-iniciativa*, Apêndice B. A abordagem Direito e Políticas Públicas (DPP) no Brasil; *DPP o que é, competências de especialistas e pesquisadores*, Apêndice A. Resumos de dissertações e teses orientadas pela Professora Bucci.

dos EUA apoiada sobre movimentos jurídicos que se pautam por ela, como, além do já mencionado Novo Realismo Jurídico, o Direito e Desenvolvimento (*Law and Development*), os quais influenciaram a mentalidade jurídica do desenvolvimentismo brasileiro que deságua nas políticas públicas. Em comum entre os dois contextos há uma concepção progressista quanto à relevância do bem-estar da coletividade, combinada com uma perspectiva política reformista, que considera o modo incremental de mudanças como parte da democracia. Quanto ao aspecto metodológico, este último ponto gera interesse na dinâmica real das políticas públicas, em que atores e arenas protagonizam fluxos e refluxos, ora em favor de sua implementação ora em resistência, o que Clune descreve com grande inventividade, mapeando estratégias e tipologias de relações jurídico-políticas. Esse é o caso da teoria da sanção, que descreve e classifica os mecanismos de incentivos e dissuasão, analisando os efeitos das recompensas em contrapartida aos das punições, procurando identificar o tipo de mecanismo jurídico que funciona melhor em cada uma.

No artigo *Direito e políticas públicas por William Clune: do Estado de bem-estar à reconstrução pós-pandemia*, também de minha autoria, procurei aprofundar o primeiro, agora não mais para apresentar o interesse brasileiro na obra de Clune, mas, ao reverso, apontar em seus trabalhos temas de relevo para a abordagem DPP. Um desses problemas, na perspectiva do diálogo transnacional – incluindo autores da Índia e África do Sul –,[9] é o papel do mercado e das relações público-privadas. A visão de Clune é marcada pelo lugar central do mercado na vivência do capitalismo nos EUA. Sua definição do Estado de bem-estar (em que surgem as políticas públicas) não se baseia na outorga de direitos sociais, como ocorre no constitucionalismo de base europeia, mas na "enorme escala da atividade governamental", em paralelo com o crescimento da riqueza total, fruto de sistemas de produção gigantes e dinâmicos que geram imensa demanda de infraestrutura. Ainda que pautada pela busca do bem-estar comum, trata-se de uma lógica em que a sociedade se organiza centrada no funcionamento das empresas.[10] A transposição desse modelo para o Brasil e contextos similares, onde a economia de mercado não se destaca completamente do Estado, é problemática.

---

9 PELLISSERY, Sony; MATHEW, Babu; GOVINDJEE, Avinash; NARRAIN, Arvind. *Transformative law and public policy*. London/New York: Taylor & Francis Group, 2020.

10 CLUNE. *Direito e políticas públicas: mapa da área*, item 2.2.

As relações público-privadas aqui não se limitam à sinalização e incentivos referidos por Clune ao descrever a cooperação do Estado com o setor privado.

Em resposta aos dois artigos, Clune escreve inicialmente *Progressismo no Estado ativo da livre-iniciativa: fluidez, fragmentação e estabilidade. Um estudo de caso sobre Direito e Políticas Públicas*, com o objetivo de atualizar sua própria perspectiva de DPP, elaborada décadas antes. O estudo de caso mencionado no subtítulo é a análise longitudinal do progressismo nos EUA, isto é, durante um período histórico longo. Diante do movimento conservador para reversão de políticas progressistas, pergunta-se quais são as perspectivas do *Estado ativo* (nomenclatura que emprega neste texto recente, em lugar de *Estado social* dos anteriores), notando que ele não ocorre de maneira uniforme, havendo parcelas da função promocional do governo sob risco de retrocesso, enquanto outras se estabilizaram. As políticas progressistas são populares, pois protegem as pessoas de danos e criam níveis de liberdade para indivíduos e famílias, o que assegura sua força. Há áreas de sobreposição entre progressismo e direita. Alguns temas de consenso bipartidário explicam a resiliência do Estado ativo; a despeito das divergências ideológicas, os problemas surgem e demandam soluções e políticas públicas. Nesse sentido, o "DPP progressista" e o "DPP reacionário", nas suas palavras, têm pontos em comum, compartilhando as mesmas habilidades, uma vez que a ação em qualquer das direções demanda combinações de política, direito e gestão.

Em *Direito e políticas públicas: o que é, competências de especialistas e pesquisadores, desenhos e métodos de pesquisa, cursos de direito*, o autor sumaria seu método, novamente com um sentido de atualização, para funcionar como guia ou mapa referencial. O artigo serve de porta de entrada para os noviços em DPP e de aprofundamento para os já iniciados, indicando novos rumos de pesquisa.

Esses textos recentes registram a interlocução sobre as possibilidades do DPP. A Parte I, lida como introdução ao pensamento do Professor Clune, pavimenta o caminho para a compreensão dos artigos das Partes II e III.

## 5 Os modelos teóricos e seu substrato político

A Parte II do livro é dedicada aos modelos teóricos, contextualizados com o debate político que lhe serve de substrato, trazendo os três artigos de Clune primeiramente traduzidos e publicados em revistas brasileiras, acrescidos do texto que fecha o bloco.

Ela se inicia por *Direito e políticas públicas: mapa da área*, que na cronologia do livro é um dos mais amadurecidos, de 1993, tendo se depurado as elucubrações metodológicas, resultando num texto de compreensão mais direta, considerando que foi escrito para ser utilizado como bibliografia básica de disciplina oferecida aos estudantes da *La Follette School of Public Affairs*, da Universidade de Wisconsin. Uma questão estruturante apresentada neste artigo é a análise das mudanças que afetam o direito com o advento do Estado social, quando ele passa a se estruturar não mais limitado às regras formais do Estado liberal, mas orientado para a obtenção de certo desempenho, visando produzir um "resultado social positivo líquido", segundo uma racionalidade material. O direito sofre uma remodelação, com vistas à construção de uma institucionalidade coletiva, a qual se baseia na organização de grandes agregados sociais, na capacidade de planejamento, na direção central, e formas similares de organizar a cooperação social em âmbito público. Essa dimensão agregadora produz estruturas jurídicas que persistem ao longo do tempo, como a previdência social, por exemplo.

Em seguida, temos o texto mais antigo entre os publicados no livro, *Um modelo político de implementação de políticas públicas: os papéis do direito e dos juristas*, de 1983. O modelo se destina a descrever a implementação de uma política pública a partir de seus atores principais e suas respectivas interações. Observa-se este processo no sentido descendente (*top-down*), em sucessivas rodadas de interações, e também o inverso, em sentido ascendente (*bottom-up*), considerando a influência exercida a partir da base para a conformação (ou reconformação) do desenho da política. As disputas entre interesses conflitantes produzem estruturas jurídicas que se transformam, mas também podem se tornar resilientes. Em seguida, o autor apresenta os principais referenciais teóricos para pesquisa em DPP. E ao final discute as alterações dos papéis do direito e dos juristas, considerando que a implementação passou a ser a "forma característica do direito moderno ou pós-moderno". Isso tem vários efeitos, como a perda do sentido autônomo do direito e das condições para a segurança jurídica, sob os efeitos do consequencialismo e da "indústria da judicialização". Por outro lado, isso pode inspirar uma nova pedagogia, que instrua o pensamento jurídico com a política social orientada por objetivos, e supere a "arrogância loquaz, opinativa e argumentativa fomentada pela formação jurídica",[11] limitada ao manejar de conceitos e formalismo jurídico.

---

[11] CLUNE. *Irrazoabilidade e alienação na burocracia do Estado de bem-estar social: da complexidade regulatória à democracia econômica*, parte 2.1, nota 13.

O texto *Desintegração jurídica e uma teoria do Estado* foi produzido para um seminário na Alemanha, com a participação de Gunther Teubner,[12] em que Clune tomou contato com a visão do Estado da tradição alemã, o que é raro entre autores estadunidenses no campo do direito público. Mas o diálogo teórico de fundo é o que se estabelece com os *Critical Legal Studies*, discutindo o quanto instituições jurídicas então relativamente novas nos EUA, como a regulação e o direito administrativo, provocaram a renovação do antigo núcleo baseado em propriedade, contratos e responsabilidade civil (*torts*), e oferecendo, ao final, perspectivas emancipadoras para o direito. O pensamento jurídico é descrito a partir de uma topologia núcleo-periferia. O núcleo corresponde à base de origem liberal, carregada de justificação moral, organizada em torno do direito privado, e se expressa nas clássicas disputas perante tribunais. A periferia conecta-se ao direito público, à legislação, à regulação, à análise de políticas públicas e à racionalidade positivista, com vocação para questões coletivas. Essa dualidade se correlaciona com dois projetos implícitos dentro do capitalismo e a dificuldade do direito em lidar com suas lógicas distintas: de um lado, a liberdade econômica, com a prevalência de interesses individuais do mercado, e de outro, a interdependência social. No projeto da interdependência,

> o direito não pode se dar ao luxo de permanecer ideologicamente ignorante de seus efeitos. [...] para servir como parte de um processo flexível de solução de problemas, o direito deve adquirir um alto grau de positivismo e politização. [...] A política também ajuda o direito a ser mais responsivo, porque a pressão pela resolução de disputas é sentida primeiro e rapidamente na esfera política.[13]

Fechando este bloco, *Irrazoabilidade e alienação na burocracia do Estado de bem-estar social: da complexidade regulatória à democracia econômica*

---

[12] Gunther Teubner é professor de Sociologia do Direito na Alemanha, autor de obras sobre a teoria do direito autopoiético, do direito reflexivo e mais recentemente da constitucionalização da sociedade. Alguns de seus trabalhos têm especial interesse para a abordagem DPP, como TEUBNER, G. *Dilemmas of Law in the Welfare State*. Berlin-New York: Walter de Gruyter, 1988, e TEUBNER, G. *Networks as connectec contracts*, esta última, um dos referenciais teóricos para o estudo da institucionalidade jurídica da política em rede no âmbito da abordagem DPP, cf. GAMBA, Giovanna M. *Estratégia Nacional de Combate à Corrupção e à Lavagem de Dinheiro – ENCCLA*. Institucionalidade jurídica da política em rede. Belo Horizonte: Fórum, 2023.

[13] CLUNE, *Desintegração jurídica e uma teoria do Estado*, item 3.2.2.

é o artigo mais cético sobre as possibilidades das políticas reformistas. Escrito em 1986, no início do movimento neoliberal do governo Reagan, ele critica a desregulação e o liberalismo econômico que a inspira, defendendo a democracia econômica com o argumento de que o aumento da cooperação social seria a resposta para a busca de maior efetividade econômica e bem-estar. Entretanto, na onda conservadora não existe essa possibilidade; falta uma filosofia de cooperação social que possa ir além do "egoísmo que opera nos mercados". Mesmo o *New Deal* é posto em dúvida, considerando o caráter fragmentário de seus compromissos políticos para resolver uma crise do capitalismo. As soluções meramente procedimentais, como a própria regulação, também são questionadas.

> [...] nosso governo celebrou diferentes contratos sociais relacionais, politicamente regidos, com vários grupos em nossa sociedade, e os grupos indiretamente celebraram contratos sociais conflitantes entre si. É muito fragmentado, complexo e mutável. Se realmente queremos menos complexidade e alienação, *talvez devêssemos pensar em termos de um contrato social maior e mais inclusivo, que não busque tantos acordos especiais*. (Grifos nossos)[14]
>
> O problema essencial é substantivo [...] A complexidade é causada pela falta de uma visão social comum e por uma visão degradante da ação coletiva. [...] É preciso uma teoria da ação coletiva que vá além do mercado (em si uma forma de ação social organizada patrocinada pelo governo) [...]. Os benefícios dos mercados e da propriedade privada devem ser claramente reconhecidos, e não ideologicamente privilegiados. [...] apenas uma mudança radical na estrutura do governo e das organizações de trabalho pode produzir um contrato social mais amplo. [...]
>
> A solução não precisa ser terrivelmente ambiciosa. Talvez uma simples inversão de perspectiva funcione – em vez de uma ordem social invasiva controlada por reivindicações incoerentes de liberdade individual absoluta, precisemos de uma ordem construtiva que apoie o desenvolvimento individual por meio da cooperação social. Mas o "eu" dividido do liberalismo penetrou em todas as fendas da vida social e não será facilmente retirado. Está presente na cultura socialmente desenraizada do consumo.[15]

---

[14] CLUNE. *Irrazoabilidade e alienação na burocracia do Estado de bem-estar social*, item 2.3.1.

[15] CLUNE. *Irrazoabilidade e alienação na burocracia do Estado de bem-estar social*, item 4, Conclusão.

Clune dialoga com a crítica de Mangabeira Unger à "social-democracia institucionalmente conservadora".[16] Unger vai mais longe que Clune, ao atacar as posturas dos juristas sobre a economia de mercado, a política democrática e a sociedade civil independente; para ele, sem "inovar nos seus arranjos institucionais [...] não há meio de resolver ou mesmo considerar os problemas centrais das sociedades contemporâneas". Mas embora instigante, a imaginação institucional referida por Unger como motor dessa inovação desenvolve pouco as estratégias e o suporte empírico para ela, em contraste com aquilo que é o ponto de maior consistência nas análises de Clune.

Clune defende o reformismo na implementação, contestando o equívoco

> de almejar a implementação perfeita, ou ideal, de uma política pública (e, portanto, a falácia de criticar políticas a partir de uma perspectiva idealista). O mundo real oferece uma escolha "menos pior" de instituições imperfeitas (por exemplo, não uma educação ideal, mas a melhor educação possível de alguma configuração de governos, escolas, professores e estudantes reais).[17]

Em outras passagens, afirma o valor de soluções incrementais, em que vitórias simbólicas e compromissos podem ser tidos como passos importantes na trajetória de uma política pública.

## 6 Aplicações empíricas dos modelos teóricos. O direito da educação

A Parte III do livro traz três artigos tratando das aplicações empíricas dos modelos teóricos e mais um relato sobre a missão à China. Apesar de se tratar de experiências antigas, há um leque de questões e instrumentos considerados no debate educacional do Brasil de hoje, como a reforma do ensino médio e os testes padronizados, entre outros.

---

[16] UNGER, Roberto Mangabeira. O movimento de estudos críticos do direito. *In*: UNGER, Roberto Mangabeira. *O movimento de estudos críticos do direito*: outro tempo, tarefa maior. Tradução de Lucas Fucci Amato. Belo Horizonte: Letramento/Casa do Direito, 2017. p. 66. Tendo feito sua carreira na Universidade de Harvard, em paralelo com intensa participação na vida política brasileira, inclusive como Ministro da Secretaria de Assuntos Estratégicos da Presidência da República, a reflexão jusfilosófica de Mangabeira Unger traz pontes sobre um substrato de questões relevantes para o Brasil, que assim chegam ao debate jurídico estadunidense e a Clune.

[17] CLUNE. *A escolha institucional como referencial teórico para pesquisas sobre políticas públicas de educação*, item 2.

As contribuições de Clune sobre o direito à educação, financiadas por agências oficiais, ilustram, num campo aplicado e palpável, o papel estruturante, constitutivo e ativo do direito, tanto na conformação do ambiente, das instituições e dos atores responsáveis por executar as políticas, como no desenho e operação das políticas propriamente ditas.

*A escolha institucional como referencial teórico para pesquisas sobre políticas públicas de educação* discute as reformas estaduais da educação nos EUA nos anos 1980, a partir da teoria da "escolha institucional", segundo a qual a escolha da instituição responsável pela tomada de decisão é um elemento-chave do processo decisório de uma política pública. A teoria auxilia no enquadramento de questões que serão relevantes para a análise da reestruturação em conjunto, considerando três aspectos: a escolha institucional básica, a vantagem comparativa e a instabilidade da escolha. Eles se aplicam a seis conjuntos de decisões da política pública: i) ativismo estadual (as origens das reformas); ii) padrões educacionais e política curricular; iii) políticas para professores; iv) indicadores e monitoramento; v) *vouchers* e outros mecanismos de escolha; e vi) instrumentos de política pública.

Aqui ganha um outro sentido o que foi dito sobre o papel das empresas na concepção de Estado social, dado o interesse destas na política educacional para a formação de pessoal qualificado. Clune discorda da afirmação de que não há Estado social nos EUA, não apenas em vista da criação de programas sociais em resposta a crises, mas pela existência de uma política de educação pública, com amplitude nacional, desde o final do século XIX, considerando que o desenvolvimento humano era componente necessário ao avanço do capitalismo.

> A evidente preponderância da influência empresarial era, por vezes, quase alarmante. *O setor econômico é sempre, potencialmente, um ator importante nas políticas públicas de educação, representando interesses econômicos na escolarização, e é, provavelmente, mais ativo agora por conta da pressão da competição global recém-integrada.* Em um estado do sul, as grandes empresas pareciam ser quase as únicas responsáveis por um aumento radical do ativismo estadual — e por um correspondente aumento do apoio financeiro do estado, em razão das receitas fiscais geradas naquele estado pelo aumento da atividade empresarial. [...] o sistema de educação dos estados estava muito defasado em relação às novas demandas criadas pelo crescimento dos grandes negócios (demandas por trabalhadores qualificados e profissionais que requerem escolarização de qualidade).[18] (Grifos nossos)

[18] CLUNE. *A escolha institucional como referencial teórico para pesquisas sobre políticas públicas de educação*, itens 3.1.1 e 3.1.2.

Em *Rumo a uma teoria da reforma sistêmica: o caso de nove iniciativas sistêmicas estaduais da Fundação Nacional da Ciência*, um trabalho similar é realizado, buscando-se organizar a base empírica de dados educacionais de nove estados para testar a validade da teoria sistêmica. O pressuposto da reforma sistêmica é que só é possível elevar de maneira generalizada o rendimento escolar garantindo coerência entre as políticas das diretrizes educacionais que a compõem. Mais do que analisar o problema educacional de fundo, o autor se dedica, em paralelo, a criar e testar uma teoria capaz de explicar como atuam em conjunto as várias componentes que integram as reformas e se elas alcançam, e como, um caráter sistêmico.[19] Isso traz subsídios para uma discussão – muito relevante no Brasil de hoje – sobre padrões uniformes de provisão social em Estados federativos. Segundo o autor, os resultados da política sistêmica são definidos pela intensidade combinada de quatro atributos – autoridade, poder, consistência e prescritividade ou detalhamento das diretrizes –, cada um deles passível de se refletir em políticas específicas e formas organizacionais, a depender do contexto. A *autoridade* advém do apoio de instituições e indivíduos com o poder de induzir as reformas, como governadores, parlamentares ou ainda redes intermediárias de professores ou de organizações profissionais. Por vezes, um instrumento específico de política pública, como a avaliação de rendimento escolar, pode alcançar uma espécie de reconhecimento oficial. Alguns estados, especialmente no Sul, pareciam contar com estruturas de autoridade governamental particularmente bem aceitas em distritos e escolas. O *poder* é obtido por meio de recursos, como oportunidades de desenvolvimento profissional ou gratificações pecuniárias, ou de outros incentivos, como aqueles associados a avaliações de estudantes ou a um sistema de *accountability*. A *consistência* denota o grau com que todos os elementos de influência conduzem à mesma direção e se alinham a uma visão e conteúdo comuns. A *prescritividade* diz respeito à clareza que as diretrizes transmitem sobre o que escolas e professores devem fazer, por exemplo, mediante disponibilização de livros didáticos, substituição de unidades curriculares, avaliações de estudantes e aulas-modelo.

Em síntese, Clune propõe uma aproximação teórica extremamente ousada, na medida em que combina a multifatorialidade da

---

[19] Isso justifica o longo Apêndice A, com dados dos estados, evidentemente defasados, mas sem os quais não seria possível compreender a relação entre a teoria proposta e a base empírica.

política pública de educação a um método igualmente multifacetado. Sem um procedimento controlado de observação e registro de cada um dos casos em análise, seria inviável extrair interpretações do funcionamento das variáveis no conjunto. Tornando isso possível, ele permite a escalabilidade do conhecimento, com uma visão do agregado que não se limita àquela apresentada pelos dados estatísticos, mas traz ao plano macro – e constitui como objeto manejável de conhecimento – a somatória das escolhas institucionais dos vários casos.

O artigo *Um método político de avaliação: a Lei de Educação para Todas as Crianças com Deficiência e as várias lacunas da análise de lacunas* representa um esforço de superar as dificuldades de avaliação de uma política pública apontadas em *Modelo político.* O artigo se propõe a avaliar a Lei de Educação para Todas as Crianças com Deficiência, de 1975, segundo um método baseado na identificação de lacunas (*gaps*) de implementação e os problemas que delas decorrem. O método é considerado político, uma vez que a avaliação é concebida como um processo ético e democrático, que procura responder como e por que a promulgação da lei provoca mudanças sociais. Entre o ideal dos objetivos reformistas e o comportamento real observado na aplicação da lei estão os ajustes de implementação, que devem ser levados a sério tanto na sua dimensão política como jurídica.

Finalmente, em *Educação: modelos americanos para a política asiática?* Clune narra sua missão à China, como especialista de uma agência dos EUA, no início da década de 1990. Várias qualidades fazem do artigo um registro inestimável. Trata-se de observação-participante de um *expert* com uma peculiar capacidade de reflexão, no contexto da guinada que levou a China a se tornar a superpotência dos dias atuais. Além disso, o texto documenta minuciosamente a forma de trabalho de uma agência no plano internacional, colocando carne e osso no *soft law* que dissemina a influência dos países desenvolvidos sobre os demais.

## 7 Contribuições do livro para a abordagem DPP no Brasil

O entrelaçamento de teoria e empiria em DPP representa uma forma de pensar que perpassa todos os artigos do livro; a complexidade do pensamento de Clune corresponde àquela própria das políticas públicas. O papel da teoria é selecionar, simplificar e ordenar os dados da realidade, em busca de um quadro coerente que organize as ideias em debate. As aplicações, por sua vez, expõem como opera na realidade o processo de implementação; por isso o autor apresenta "dúzias de exemplos concretos para a subsequente discussão de suas implicações". Para além do propósito ilustrativo, cumpre-se um requisito de validação do método, pela verificação da compatibilidade dos esquemas cognitivos utilizados para a documentação das experiências, e dos dados que essa coleta ordenada informa, com a teoria proposta. Isso deve se dar em dois planos: pelo controle científico da comunidade acadêmica e pelo teste prático de gestores e profissionais de políticas públicas.

O aporte dessa forma de conhecimento em DPP é proporcionar condições para evoluir de forma cumulativa. O adequado suporte teórico para o tratamento do material empírico possibilita a sistematização de achados de pesquisas. Num segundo passo, a base empírica retorna à representação abstrata da teoria, conferindo-lhe densidade. E, no passo seguinte, a abstração dá condições à generalização, o que possibilita o aprendizado a partir das experiências estudadas e sua aplicação em outras áreas ou contextos de políticas. É o que se passa com os estudos educacionais da Parte III, cujas formulações têm potencial para ser estendidas a outros temas de políticas públicas. Isso permite, ainda, a ampliação do conhecimento e das práticas para construções mais abrangentes, com ganho de escala.

Esta organização contribuirá para a evolução da abordagem DPP com a formação de um corpo de conhecimentos mais compreensível como conjunto, baseado em temário, repertório e léxico próprios. Assim, pode-se colaborar de maneira mais qualificada com várias questões no debate público atual, como a avaliação de políticas públicas, positivada no art. 37, §16, da Constituição; os processos estruturais, que se cogitam disciplinar em lei; a cooperação federativa em matéria de segurança pública, sob a forma de rede ou de sistema, entre outras. O enfrentamento destes temas comprometido com a democracia carece de um pensamento jurídico que combine ousadia e consistência para a inovação.

## 8 A história deste livro como empreitada acadêmica. Agradecimentos

Este livro é um tributo à atividade de pesquisa na universidade pública brasileira. Essa empreitada de descoberta, aprendizado e elaboração coletiva de um produto acadêmico de interesse público, envolvendo diretamente dezenove pesquisadores, ao longo de seis anos, não teria sido possível num outro ambiente.

O projeto se iniciou com a realização de uma pesquisa bibliográfica pelo então mestrando Matheus Silveira de Souza, em 2018, que resultou na publicação do artigo em coautoria *O estado da arte da abordagem em Direito e Políticas Públicas em âmbito internacional: primeiras aproximações*.[20] O pagamento da bolsa que financiou a pesquisa foi feito com recursos oriundos dos direitos autorais do livro *Judicialização da saúde: visão do Poder Executivo*,[21] gentilmente cedidos pelos pesquisadores-autores dos artigos que compõem a coletânea. Esse fundo – agora encorpado com os direitos autorais do livro *Teoria do Estado: sentidos contemporâneos*,[22] cedidos com igual generosidade pelos seus colaboradores – novamente foi utilizado para financiar serviços necessários à finalização deste livro. Nas pessoas dos coorganizadores das duas obras, os colegas e amigos Clarice Seixas Duarte e Murilo Gaspardo, renovo os agradecimentos a cada um de seus autores e autoras.[23]

A finalidade da pesquisa era um levantamento da bibliografia existente fora do Brasil sobre a fundamentação teórica específica e sistemática a respeito da relação entre Direito e Políticas Públicas, que expandisse aquela já conhecida.[24] No material, revelaram-se os artigos

---

[20] SOUZA, Matheus Silveira de; BUCCI, Maria Paula Dallari. O estado da arte da abordagem Direito e Políticas Públicas em âmbito internacional: primeiras aproximações. *Revista Estudos Institucionais – REI*, v. 3, n. 5, p. 833-855, 2019. DOI: https://doi.org/10.21783/rei.v5i3.431.

[21] BUCCI, Maria Paula Dallari; DUARTE, Clarice Seixas. *Judicialização da saúde*: visão do Poder Executivo. São Paulo: Saraiva, 2018.

[22] BUCCI, Maria Paula Dallari; GASPARDO, Murilo. *Teoria do Estado*: sentidos contemporâneos. São Paulo: Saraiva, 2017.

[23] Os autores de capítulos do livro *Judicialização da saúde*, nominalmente agradecidos, são: Alessandra Gotti, Alessandra Pinto Magalhães de Abreu, Aloysio Vilarino dos Santos, Ana Carolina Varandas Martos, André Serafim Bernardi, Arthur Souza Rodrigues, Artur Pericles Lima Monteiro, Camilla Sobrinho Paisano, Clarice Seixas Duarte, Cristiana Maria Melhado Araujo Lima, Fernanda Massad de Aguiar Fabretti, Fernando Mussa Abujamra Aith, Ighor Rafael de Jorge, Junia Coelho Lemos, Luís Gustavo Gomes Primos, Luiz Rascovski, Márcia Walquiria Batista dos Santos, Marcos Felipe de Albuquerque Oliveira, Otávio Augusto Venturini de Sousa, Patricia Ribeiro Brito, Patricia Ulson Pizarro Werner, Paulo Vitor Bergamo Braga, Raquel Requena Rachid, Renata Lima Gonçalves e Yeun Soo Cheon. Os autores de capítulos do livro *Teoria do Estado: sentidos contemporâneos*, a quem também se agradece, são Alberto do Amaral Júnior, Carlos Blanco de Morais, Carolina Gabas Stuchi, Dalmo de Abreu Dallari, Eunice Aparecida de Jesus Prudente, Floriano de Azevedo Marques Neto, Luiz Gustavo Bambini de Assis, Heleno Taveira Torres, José Luís Bolzan de Morais, Murilo Gaspardo, Nina Beatriz Stocco Ranieri, Rodrigo Pires da Cunha Boldrini, Sabino Cassese e Sebastião Botto de Barros Tojal.

[24] MORAND, Charles-Albert. *Le droit neo moderne des politiques publiques*. Paris: LGDJ, 1999; RENARD, Didier; CAILOSSE, Jacques; BECHILLON, Denys de. *L'analyse des politiques publiques aux prises avec le droit*. Paris: LGDJ, 2000; BOURCIER, Danièle; BOULET; Romain; MAZZEGA, Pierre. *Politiques publiques systèmes complexes*. Paris: Hermann Éditeurs, 2012; entre outros.

do Professor William Clune, os quais, como vimos, se destacavam pela densidade e amplitude da contribuição à abordagem DPP. Em 2021, eles passaram a integrar a bibliografia da disciplina *Método e Aplicações da Abordagem Direito e Políticas Públicas*, no Programa de Pós-Graduação da Faculdade de Direito da Universidade de São Paulo. Como a disciplina se baseava nas obras de William Clune e Charles-Albert Morand, e a leitura desta em francês era inacessível à maioria dos alunos, foi facultada sua tradução por colegas com condição de fazê-lo, com a atribuição de créditos para avaliação. Esta ideia posteriormente foi estendida aos artigos de Clune, que, a despeito de escritos em inglês, revelaram uma dificuldade acima da média e, ao mesmo tempo, um potencial de aproveitamento para a abordagem DPP que justificaria o esforço.

As primeiras traduções concluídas foram o mote para o convite ao Professor Clune para duas aulas *on-line*, em outubro de 2021 e maio de 2022. Cada aula foi longamente preparada em troca de escritos e reuniões virtuais, resultando nos artigos do Diálogo Sul-Norte, publicados no *site New Legal Realism*, com a participação sagaz de sua editora, Professora Elizabeth Merz, acima relatada.

Versões iniciais dos textos foram debatidas em reuniões realizadas em dois períodos que passei como *Visiting Scholar* na Universidade de Wisconsin, em Madison, em fevereiro-março e julho de 2022. Aos colegas de Madison, agradeço pela recepção e discussões que enriqueceram o material, em especial a Sumudu Atapatu, Alexandra Huneuus, Heinz Klug, John Onhsorge e Anuj Desai. Alguns professores ampliaram essa interlocução ao participarem de dois webinários promovidos na FD-USP, o primeiro deles, sobre o *impeachment* nos EUA,[25] com Joshua Braver e Rafael Mafei, da FD-USP, e o segundo, sobre o sistema eleitoral naquele país,[26] com Robert Yablon, Daniel Tokaji e Eneida Desirée Salgado, da UFPR. Em Madison, Tatiana Cruz compartilhou o resultado de suas explorações sobre a universidade e facilitou a permanência na cidade.

As viagens contaram com o suporte financeiro da Faculdade de Direito da USP, cabendo registrar o apoio dos Diretores Floriano de Azevedo Marques Neto e Celso Campilongo e a ajuda dos amigos

---

[25] Disponível em: https://direito.usp.br/noticia/c40c87d82140-em-discussao-o-impeachment-nos-eua [https://www.youtube.com/watch?v=5hFpJjMVj3g].

[26] Disponível em: https://direito.usp.br/noticia/2eb720019a68-eleicoes-nos-estados-unidos-sao-tema-de-webinar-na-fdusp[https://www.youtube.com/watch?v=JQhnE2IMTIs&t=278s].

Ana Maria Nusdeo, Carlos Alberto de Salles e José Reinaldo de Lima Lopes. Cabe mencionar ainda o projeto de receber o Professor Clune no Brasil, no âmbito do Programa Print Capes, aprovado pela Comissão de Pós-Graduação da Faculdade de Direito e pela Pró-Reitoria de Pós-Graduação da USP, infelizmente não concretizada em razão de limitações de saúde do professor.

No retorno ao Brasil, Luís Claudio Ferreira acolheu prontamente o projeto editorial e a sua integração à *Coleção Direito e Políticas Públicas* da Editora Fórum. Cabe mencionar que a publicação em livro das primeiras traduções – revisadas nesta ocasião – foi autorizada graças à generosidade acadêmica de Daniel Wunder Hachem, Marcelo Varella e Luzardo Faria, editores da *Revista Brasileira de Políticas Públicas, Revista de Direito Administrativo e Constitucional* (*A&C*) e *Revista de Investigações Constitucionais* (*RINC*), respectivamente.

Cumpre agradecer também a alguns colegas da Rede DPP, em especial, Saulo Pinto Coelho, que promoveu a primeira apresentação da obra de William Clune em seminário do Programa de Pós-Graduação em Direito e Políticas Públicas da Universidade Federal de Goiás (UFG), em 2022, e Caroline Muller Bitencourt, que viabilizou a edição da entrevista para apresentá-lo aos participantes do 2º Congresso da Rede Brasileira de Direito e Políticas Públicas, em Santa Cruz do Sul (RS), no mesmo ano. Também registro agradecimento aos integrantes do Grupo de Pesquisa Estado, Direito e Políticas Públicas, baseado na Faculdade de Direito da USP, vários deles envolvidos diretamente na produção deste livro ou apoiando a sua realização.

Por fim e mais importante, cabe agradecer aos responsáveis diretos pela tradução, uma equipe de dezessete pesquisadores-tradutores, que o Professor Clune apelidou carinhosamente de *the students*. Na verdade, muitos desses hoje são autores de obras importantes em DPP, como é o caso das coordenadoras executivas Gabriela Azevedo Campos Sales e Isabela Ruiz. Inicialmente, coube a Isabela organizar o trabalho do grupo, distribuindo tarefas e prazos, e discutindo com os tradutores as primeiras versões. Em seguida, Gabriela assumiu a tarefa como parte de seu projeto de pós-doutorado na FD-USP, realizando a revisão das traduções, inclusive as já publicadas nas revistas e buscando solucionar incontáveis problemas de correspondência de termos e institutos jurídicos, em entendimento com os tradutores. Além disso, com o intuito de facilitar a leitura, realizou pequenas, mas extenuantes adaptações, que conferiram uniformidade ao texto e elegância ao projeto editorial, como a organização dos sumários dos artigos e notas de rodapé, numeração ou renumeração de tópicos e conversão de referências entre parêntesis no corpo do texto em apostos ou notas do rodapé e vice-versa. Coube ainda às coordenadoras executivas, que, junto com Fernanda Vick, integrante do time de tradutores, são as maiores conhecedoras da obra de Clune no Brasil, decidir sobre outras dificuldades decorrentes de heterodoxias estilísticas do autor, como longas notas de rodapé e extensos apêndices, mistura de elaboração teórica sofisticada com linguagem coloquial, e particularidades registradas em notas de tradução. Quem já viveu desafios dessa natureza sabe que no qualificativo *executiva* reside a diferença entre projetos que chegam a bom termo e os que fenecem no purgatório das boas ideias. Executar a ideia inicial do livro até que ela se convertesse nas páginas impressas foi uma tarefa ciclópica, só possível graças a esse time fantástico, sob a coordenação de Gabriela e Isabela. Além delas, o grupo é composto por Alexandra Fuchs de Araújo, Bruno de Almeida Passadore, Bruno Bodart, Elisa Martinez Giannella, Eros Frederico da Silva, Frederico Haddad, Giovanna Gamba, Julia Moretti, Kadra Rizzi, Luzardo Faria, Matheus Silveira de Souza, Ricardo Teixeira da Silva, Sérgio Ruy Davi Polimeno Valente e Thiago Pires Oliveira. Tendo feito a revisão final do texto, a responsabilidade pelos problemas remanescentes é minha.

O agradecimento que encerra este prefácio, como não poderia deixar de ser, é para o estimado Professor William Clune, pela obra admirável que nos lega e pelo carinho com que, depois de um início desconfiado, abraçou o *LPP approach*. Connie Clune, com o agradabilíssimo *dinner party* com que me recebeu em sua casa quando cheguei em Madison, com a alegria do primeiro encontro social depois do longo período de recesso da pandemia, deu a benção familiar a essa aventura.

Sem a colaboração generosa e abnegada de todas essas pessoas – além daquelas que possam ter sido involuntariamente omitidas –, este projeto não veria a luz do dia e não teríamos o salto qualitativo que esta preciosa fonte bibliográfica proporciona. A elas, o meu afetuoso agradecimento.

Junho de 2024.

**Maria Paula Dallari Bucci**
Professora da Faculdade de Direito da Universidade de São Paulo (USP).

Na década de 1990, popularizou-se uma série de livros intitulada *Olho Mágico*. Esses livros traziam em suas páginas um conjunto de imagens alinhadas e repetidas, com diferentes graus de detalhamento. A "mágica" que explica o título ocorria quando, da observação dessas páginas segundo algumas técnicas, emergiam imagens tridimensionais completamente diferentes das ilustrações impressas.

A memória prosaica serve como metáfora dos desafios ao estudo das políticas públicas e, falando especificamente do Direito, ilustra a dificuldade de compreender esses arranjos institucionais a partir da perspectiva jurídica. Visualizar um programa de ação governamental a partir do exame de normas de diferentes hierarquias, atos jurídicos e procedimentos aparentemente dispersos não é óbvio. Igualmente complexo é sistematizar e converter o aprendizado extraído da análise de políticas públicas setoriais em um repertório teórico e metodológico comum, não restrito às especificidades de uma ou outra política.

Nesse cenário, a obra de William Clune representa uma contribuição valiosa e ainda pouco conhecida pela comunidade acadêmica brasileira. O conjunto de escritos aqui reunidos mapeia e discute as transformações do Estado a partir da passagem do modelo liberal para o modelo de bem-estar social. Demonstra como a emergência e a multiplicação de políticas públicas incumbidas de concretizar direitos sociais transformam a concepção sobre o que é o Direito, qual a sua função e qual o papel dos profissionais das carreiras jurídicas. Sua perspectiva democrática e reformista, atenta ao "processo aluvial" de formação do Estado, somada ao esforço de construir um arcabouço metodológico que habilite pessoas interessadas no estudo do Direito a transitarem em um campo por natureza multidisciplinar, contribui para organizar a complexidade das políticas públicas e identificar suas relações com o Direito e com a política.

Este livro promove o encontro entre o trabalho de William Clune com os estudos que, no Brasil, se propõem a construir e aperfeiçoar a abordagem Direito e Políticas Públicas. Essa convergência profícua permite, de parte a parte, renovar compromissos com a produção e disseminação do conhecimento. Ao tempo em que a Universidade de São Paulo completa 90 anos, é também uma oportunidade de celebrar o papel do ensino público em prol da construção de sociedades mais igualitárias e inclusivas.

Boa leitura!

**Gabriela Azevedo Campos Sales**
**Isabela Ruiz**

PARTE I

# O DIÁLOGO SUL-NORTE

# DIREITO E POLÍTICAS PÚBLICAS NO BRASIL E NOS ESTADOS UNIDOS: UM DIÁLOGO SUL-NORTE[1]

**MARIA PAULA DALLARI BUCCI**

## 1 A abordagem Direito e Políticas Públicas no Brasil

A abordagem direito e políticas públicas (DPP) – que me levou ao trabalho de William Clune e, por fim, ao diálogo com ele –[2] desenvolveu-se para enfrentar necessidades apresentadas pela Constituição brasileira de 1988. Após o processo de redemocratização, a Constituição exigia uma nova abordagem, com vistas a efetivar os direitos que ela garantia. À semelhança de outros países da América Latina, apesar da

[1] [N.T.] Tradução de: BUCCI, Maria Paula Dallari. Law and Public Policy in Brazil and the United States: A North-South Dialogue. *Social Science Research Network*, 2022. Disponível em: https://ssrn.com/abstract=4095414 e http://dx.doi.org/10.2139/ssrn.4095414. A primeira versão do artigo foi publicada no *site New Legal Realism. Empirical Law and Society*: https://newlegalrealism.org/2022/04/01/bucci-clune-a-south-north-nlr-dialogue-2-bucci/. A versão aqui apresentada foi ligeiramente adaptada para o contexto deste livro. A original foi escrita aproveitando parcialmente textos publicados por mim no Brasil antes e agregando referências acessíveis ou mais familiares ao leitor de língua inglesa.

[2] O professor Clune também escreveu um texto complementar, que integra os diálogos Sul-Norte, no *site New Legal Realism*: https://newlegalrealism.org/2022/03/31/clunemarch22/. [N.T. Confira-se o artigo traduzido, *Progressismo no Estado ativo da livre-iniciativa: fluidez, fragmentação e estabilidade: um estudo de caso sobre direito e políticas públicas*, neste livro].

presença de um grande aparato estatal, o Brasil tem uma fraca tradição de efetivação desses direitos.[3] O movimento da sociedade civil que levou à nova Constituição democrática inspirou uma ação concertada para reparar essa deficiência. Essa é a esfera das políticas públicas, projetadas para enfrentar problemas complexos e de grande escala.

Como professora de Direito Público da Faculdade de Direito da Universidade de São Paulo, busquei estratégias para abordar a complexidade dessas questões. Tanto os problemas quanto as soluções para a baixa efetividade na implementação de direitos constitucionais são multidimensionais; como tais, requerem uma abordagem multidisciplinar. Em meu livro sobre os fundamentos do direito das políticas públicas,[4] propus dividir esses problemas em questões analíticas distintas. Essa abordagem se alinha a modelos acadêmicos que analisam regularmente políticas públicas, como a ciência política e a *policy analysis*.[5]

As diversas perspectivas em relação à política pública como tema acadêmico levantam desafios para aprofundá-lo. Para lidar com essas dificuldades, propus o "quadro DPP"[6] como um marco analítico que poderia ser aplicado a diferentes áreas de políticas públicas. Em parceria com estudantes e colegas professores, a utilidade do *framework* foi testada em diversos estudos de caso.[7]

Um desses estudos, no campo do planejamento urbano, trata das decisões relativas à rua como bem público.[8] Quem decide, e segundo

---

[3] GARCIA-VILLEGAS, Mauricio. Disobeying the law: Latin America's culture of non-compliance with rules. *In*: SIEDER, Rachel; ANSOLABEHERE, Karina; ALFONSO, Tatiana (Ed.). *Routledge Handbook of Law and Society in Latin America*. 1. ed. New York: Routledge, 2019. p. 66-80.

[4] BUCCI, Maria Paula Dallari. *Fundamentos para uma teoria jurídica das políticas públicas*. 2. ed. São Paulo: Saraiva, 2021.

[5] Alguns deles são o Modelo de Múltiplos Fluxos, de John Kingdon; a tipologia de políticas públicas e arenas decisórias, de Lowi; o Modelo da Lata de Lixo, de Cohen, March e Olsen. Veja: SABATIER, Paul (Ed.). *Theories of the policy process*. 2. ed. Colorado: Westview Press, 2007.

[6] BUCCI, Maria Paula Dallari. Quadro de referência de uma política pública. Primeiras linhas para uma abordagem jurídico-institucional. *Colunistas Direito do Estado*, 2015. Disponível em: http://www.direitodoestado.com.br/colunistas/maria-paula-dallari-bucci/quadro-de-referencia-de-uma-politica-publica-primeiras-linhas-de-uma-visao-juridico-institucional.

[7] Um conjunto de catorze estudos foi publicado em um dossiê sobre método e aplicações da abordagem DPP, seguindo o artigo principal: BUCCI, Maria Paula Dallari. Método e aplicações da abordagem direito e políticas públicas. *Revista Estudos Institucionais*, v. 5, n. 3, 2019. Disponível em: https://estudosinstitucionais.com/REI/issue/view/10.

[8] HADDAD, Frederico. A pertinência da abordagem direito e políticas públicas ao estudo da política urbana no Brasil: o exemplo da pesquisa sobre as vias urbanas e sua função social. *Revista Estudos Institucionais*, v. 5, n. 3, 2019. Disponível em: https://estudosinstitucionais.com/REI/article/view/439/434.

quais procedimentos, como as ruas devem ser divididas? Normas jurídicas podem organizar a participação de grupos de interesses conflitantes, como aplicativos de transporte privado (por exemplo, Uber) e usuários de transporte público, para melhor distribuição coletiva do espaço limitado das vias?

Outro estudo de caso tratou da política habitacional para analisar como obstáculos legais à eficácia de uma política pública, sob a ótica das comunidades mais pobres, tiveram consequências para a cidade como um todo.[9] Como modelar a representação de interesses dos despossuídos para evitar sua exclusão do processo de tomada de decisões, por exemplo, em casos de gentrificação? A organização das políticas de saneamento constitui um terceiro exemplo. No Brasil, a responsabilidade pelo saneamento é compartilhada entre estados e governo federal. O quadro DPP permitiu o mapeamento da conformação jurídica das arenas e atores em disputa.[10]

Em todos esses casos, os estudiosos descobriram que as políticas chegaram a alguma forma de decisão consensual, não inteiramente favorável a um ou outro interesse conflitante. Isso expressa um compromisso, decorrente da construção de consensos, e um caminho para melhor implementação, uma das marcas da abordagem direito e políticas públicas (DPP).

A importância do direito para moldar e organizar as políticas públicas é indiscutível, e ninguém discorda que essas políticas podem orientar o modo como o direito é aplicado. As conexões entre as duas áreas são óbvias. Apesar disso, a literatura que explora a base teórica para a combinação desses dois temas é surpreendentemente escassa. A revisão de literatura revelou que, com uma exceção fundamental, essa

9 CHILVARQUER, Marcelo. Aplicando o quadro de referência para análise jurídica de políticas públicas: a implementação do programa Minha Casa, Minha Vida, faixa 1, no município de São Paulo. *Revista Estudos Institucionais*, v. 5, n. 3, 2019. Disponível em: https://estudosinstitucionais.com/REI/article/view/442.

10 VALENTE, Sérgio. Direito e políticas públicas: uma visão jurídico-institucional sobre o caso do saneamento básico no Brasil. *Revista Estudos Institucionais*, v. 5, n. 3, 2019. Vários outros tópicos interessantes têm sido explorados por meio da abordagem DPP pelos alunos que oriento. Escolhi estes porque já foram publicados, mas poderia ter mencionado outros estudos, especialmente aqueles que propõem *frameworks* para lidar com questões específicas. Por exemplo, Alexandra Fuchs Araújo, juíza do Estado de São Paulo, esboçou um roteiro sobre o controle judicial das políticas públicas; Ivo Corrêa, advogado, está desenhando um roteiro semelhante ao processo legislativo. Neste caso, devemos observar o parentesco entre a Teoria da Legislação (ou Legística, na Suíça) e DPP. Este é um dos argumentos de Charles-Albert Morand que seu seguidor, Flueckiger, desenvolveu.

escassez é mundial.[11] Redescobrimos os artigos seminais produzidos por William Clune nas décadas de 1980 e 1990 que abordam essas questões. Em *Law and public policy: map of an area* (1993), ele explica a conexão das duas áreas com base no realismo jurídico:

> Este artigo é um ensaio sobre o significado de "direito e políticas públicas" e a complexa relação entre essas duas ideias. Dificilmente existe no governo um termo mais comum do que "política" – política pública, análise de políticas e assim por diante. Especialmente desde o advento do realismo jurídico, o discurso jurídico se baseia amplamente em "argumentos de política", referindo-se a algo poderoso e periférico ao significado do texto. Os governos aprovam leis e as usam para implementar políticas.[12]

Além de *Map of an area*, ele também publicou *A political model of implementation and implications of the model for public policy, research, and the changing roles of law and lawyers*[13] (1983) e *Legal disintegration and a theory of the state* (1989), entre outros. Escritas há trinta anos, essas análises não foram expandidas pelos estudiosos que vieram depois. O trabalho de Clune oferece uma análise sofisticada, que preenche uma lacuna no conhecimento jurídico sobre políticas públicas. Mais tarde, vim a saber que ele preparou esses escritos para um curso de Direito e Políticas Públicas na Escola de Administração Pública (*Public Affairs*) La Follette, na Universidade de Wisconsin. Sob esse prisma, são contribuições singulares, pois o mais comum é que especialistas de outras áreas escrevam sobre direito em seus cursos conjuntos.

A única obra que trata de direito e políticas públicas em nível semelhante à densidade teórica de Clune é *Le droit neo moderne des*

---

[11] SOUZA, Matheus; BUCCI, Maria Paula Dallari. O estado da arte da abordagem direito e políticas públicas em âmbito internacional: primeiras aproximações. *Revista Estudos Institucionais*, v. 5, n. 3, p. 833-855, 2019. Disponível em: https://www.estudosinstitucionais.com/REI/article/view/431.

[12] CLUNE, William H. Law and public policy: map of an area. *Southern California Interdisciplinary Law Journal*, v. 2, n. 1, p. 1-39, 1993. [N.T. Confira-se o artigo traduzido, *Direito e políticas públicas: mapa da área*, neste livro].

[13] CLUNE, William H. A political model of implementation and implications of the model for public policy, research, and the changing roles of law and lawyers. *Iowa Law Review*, p. 49-125, 1983. Disponível em: https://repository.law.wisc.edu/s/uwlaw/item/30512; CLUNE, William H. Legal disintegration and a theory of the state. *German Law Journal*, v. 12, n. 1, p. 186-205, 2011. Disponível em: https://www.cambridge.org/core/journals/german-law-journal/article/legal-disintegration-and-a-theory-of-the-state/1A08E078AFBB146FAC030B27AB5BC24A. [N.T. Confiram-se os artigos traduzidos, respectivamente, *Um modelo político de implementação para as políticas públicas: os papéis do direito e dos juristas* e *Desintegração jurídica e uma teoria do Estado*, neste livro].

*politiques publiques*, do falecido professor suíço Charles-Albert Morand.[14] A hipótese para a falta de produção acadêmica nesta área pode ser a hipercomplexidade do assunto, referido por alguns como "o direito labirinto".[15] Tanto Morand quanto Clune analisaram a relação entre direito e política pública e propuseram padrões de interação entre ambos. Esses padrões consideram os cenários do Estado social próprios do contexto e da história de cada país. Mesmo quando não combinado com DPP, o Estado de bem-estar social continua sendo uma questão complexa.

O interesse pela obra de Clune pode ser dividido em duas dimensões. A primeira delas é política. Seus artigos estão comprometidos com uma abordagem progressista bem ajustada às necessidades de compreender movimentos políticos e jurídicos de transformação social (seja nos Estados Unidos, no Brasil ou em outros lugares). A segunda dimensão é metodológica. Os artigos selecionados contêm uma série de marcos analiticamente refinados para descrever, do ponto de vista jurídico, a efetiva implementação de políticas públicas.

Após traçar um caminho de pesquisa sobre DPP no Brasil,[16] a "descoberta" da obra de Clune revelou novas dimensões de análise. Com uma equipe de pesquisadores brasileiros, traduzi alguns desses artigos para publicação nos principais periódicos do país.[17]

---

14 MORAND, Charles-Albert. *Le droit neo moderne des politiques publiques*. Paris: LGDJ, 1999.

15 AUER, Andreas; DELLEY, Jean-Daniel; HOTTELIER, Michel; MALINVERNI, Giorgio. Avant-propos. *In*: AUER, Andreas *et al.* (Ed.). *Aux confins du droit*: Essais en l'honneur du Professeur Charles-Albert Morand. Munich: Helbing et Lichtenhahn, 2001. p. 7-9.

16 Começando com: BUCCI, Maria Paula Dallari. *Direito administrativo e políticas públicas*. São Paulo: Saraiva, 2002; seguido por: BUCCI, Maria Paula Dallari. O conceito de políticas públicas em direito. *In*: BUCCI, Maria Paula Dallari (Org.). *Políticas públicas*: reflexões sobre o conceito jurídico. São Paulo: Saraiva, 2006. p. 1-60; e BUCCI, Maria Paula Dallari. Método e aplicações da abordagem direito e políticas públicas. *Revista Estudos Institucionais*, v. 5, n. 3, 2019. Disponível em: https://estudosinstitucionais.com/REI/issue/view/10.

17 CLUNE, William H. Um modelo político de implementação e suas implicações para as políticas públicas, a pesquisa e a mudança dos papéis do direito e dos juristas. Tradução de Gabriela Azevedo Campos Sales, Bruno de Almeida Passadore, Elisa Martinez Giannella e Kadra Regina Zeratin Rizzi. *Revista Brasileira de Políticas Públicas*, v. 11, n. 1, p. 19-81, 2021. Disponível em: https://www.publicacoesacademicas.uniceub.br/RBPP/article/view/7329. CLUNE, William H. Desintegração jurídica e uma teoria do Estado. Tradução de Bruno Bodart e Sergio Ruy David Polimeno Valente. Revisão técnica da tradução de Maria Paula Dallari Bucci. *Revista de Investigações Constitucionais*, v. 8, n. 1, p. 107-133, 2021. Disponível em: https://revistas.ufpr.br/rinc/article/view/82326. CLUNE, William H. Direito e políticas públicas: mapa da área. Tradução de Julia Azevedo Moretti, Thiago Pires Oliveira. Revisão técnica da tradução de Maria Paula Dallari Bucci e Matheus Silveira de Souza. *A&C – Revista de Direito Administrativo & Constitucional*, n. 86, p. 59-108, 2021. [N.T. Confiram-se os artigos traduzidos, respectivamente, *Um modelo político de*

A abordagem DPP combina políticas públicas e análise jurídica no contexto da construção do Estado social. Apesar das diferentes estratégias adotadas por vários países para organizar seus Estados sociais (o Estado de bem-estar social nórdico, o tipo corporativo adotado na Alemanha e França, ou o modelo liberal, dos Estados Unidos e do Reino Unido, segundo a tipologia de Esping-Andersen),[18] todos são formas de capitalismo regulado. O Estado social requer instituições estatais capazes e estruturadas. As políticas institucionalizadas são seus componentes essenciais. Por meio de estratégias de disrupção, elas têm sido atacadas por governos autoritários no Brasil e nos Estados Unidos (Bolsonaro e Trump). No entanto, o período pós-pandemia de Covid-19 pode levar à renovação do capitalismo regulado ou, em outras palavras, ao retorno a alguma forma do Estado social.

## 2 Políticas públicas no contexto da Constituição dirigente no Brasil

O processo de redemocratização no Brasil após 1985 levou à Constituição de 1988 (doravante "CF"), à semelhança do padrão de constituições transformadoras da terceira onda de democracias, que, entre 1970 e 2000, superaram períodos autoritários em Portugal, na Espanha, em países africanos nos períodos pós-coloniais, na América Latina e na Europa Oriental. Embora seja um composto de tendências políticas diferentes – e às vezes opostas –, a CF tem uma "face progressista". Isso foi diretamente influenciado pelo modelo da Constituição portuguesa emergente do período pós-autoritário de 1976, inspirado na obra de alguns estudiosos portugueses como Vital Moreira e Joaquim Gomes Canotilho. A "Constituição dirigente", título do livro de Canotilho,[19] trata das omissões do legislador na implementação de

*implementação para as políticas públicas: os papéis do direito e dos juristas*, *Desintegração jurídica e uma teoria do Estado* e *Direito e políticas públicas: mapa da área*, neste livro].

18 ESPING-ANDERSEN, Gosta. *The Three Worlds of Welfare Capitalism*. New Jersey: Princeton University Press, 1990.

19 A expressão vem de: CANOTILHO, Joaquim Gomes. *Constituição dirigente e vinculação do legislador*. Contribuição para a compreensão das normas constitucionais programáticas. Coimbra: Coimbra Editora, 1994. Na 2ª edição do livro, publicado no contexto da tentativa de elaboração de uma Constituição europeia, Canotilho reviu os pressupostos iniciais para assinalar que não cabem à Constituição as atribuições da esfera política, como as políticas públicas. Mas os juristas brasileiros nunca aceitaram essa mudança de posição, mantendo-se apegados à ideia de Constituição dirigente. *Vide*: CANOTILHO, Joaquim Gomes. *Constituição dirigente e vinculação do legislador*. Contribuição para a compreensão das normas constitucionais programáticas. 2. ed. Coimbra: Coimbra Editora, 2001.

normas constitucionalmente vinculantes. Além disso, a ideologia da Constituição dirigente preconiza a interpretação de normas e políticas públicas em consonância com a Constituição, o que não fazia parte da tradição constitucional brasileira da época. A CF foi adotada após o processo constitucional mais participativo da história brasileira. O marco da Constituição dirigente é colocar no ordenamento jurídico o ônus de promover o bem-estar social, enfrentando a resistência política.

A CF foi moldada com uma extensa e ambiciosa lista de direitos, que passam pelas três dimensões de direitos historicamente vistas nas democracias europeias:[20] a) direitos civis e políticos (arts. 5º e 14); b) direitos sociais, diretamente ligados ao mundo do trabalho (salário mínimo, sindicatos, arts. 7º e 8º; seguridade social, arts. 194 e 195), e direitos sociais, econômicos e culturais, como a saúde universal (arts. 196 a 200), e educação (arts. 205 a 214); e c) os chamados direitos de solidariedade, como moradia e transporte (art. 6º), política urbana (arts. 182 e 183), meio ambiente (art. 225), entre outros.

Apesar das ambições da CF, havia a preocupação de que a "inefetividade do direito como prática instrumental"[21] impedisse a realização de sua finalidade normativa. Esta é uma deficiência também encontrada nas constituições da maioria dos países latino-americanos. Para enfrentar o déficit histórico de implementação, defensores de direitos e estudiosos vislumbraram três estratégias principais: a) o empoderamento dos tribunais e a justiciabilidade dos direitos, rompendo com o direito formal tradicional, que compreendia esses direitos de forma restrita, como meras declarações políticas;[22] b) a menção a políticas públicas, tanto no texto da CF quanto nas normas a serem promulgadas; c) a "textura aberta" de suas normas – expressão que vem do direito constitucional alemão e designa dispositivos que demandam complementação por outras normas, principalmente executivas – o que

---

[20] MARSHALL, Thomas Humphrey; BOTTOMORE, Tom. *Citizenship and Social Class*. London: Cambridge University Press, 1950. É preferível falar em dimensões, não de gerações, para enfatizar sua complementaridade, excluindo a ideia de competição, rejeitada no Sul global por razões históricas e geopolíticas.

[21] HUNEEUS, Alexandra; KLUG, Heinz. Lessons for new Legal Realism from Africa and Latin America. *In*: TALESH, Shauhin; MERTZ, Elizabeth; KLUG, Heinz (Ed.). *Research Book on Modern Legal Realism*. United Kingdom: Edward Elgar Publishing, 2021. p. 82-99.

[22] Isso tem a ver com a influência do direito alemão no Brasil, por intermédio da doutrina constitucional portuguesa. Como observam Huneeus e Klug, a América Latina também se inspira na Europa (HUNEEUS, Alexandra; KLUG, Heinz. Lessons for new Legal Realism from Africa and Latin America. *In*: TALESH, Shauhin; MERTZ, Elizabeth; KLUG, Heinz (Ed.). *Research Book on Modern Legal Realism*. United Kingdom: Edward Elgar Publishing, 2021. p. 83).

leva à construção de novas políticas públicas, voltadas ao cumprimento de objetivos e valores consagrados pela CF.

A primeira estratégia, de empoderamento dos tribunais, segue um padrão familiar a outros países em desenvolvimento que se democratizaram na mesma época. Na produção acadêmica brasileira, esse pensamento é representado pela "doutrina da efetividade" de Luís Roberto Barroso.[23] Mais tarde, Barroso foi nomeado ministro do Supremo Tribunal Federal e se comprometeu com um papel forte e transformador para o Poder Judiciário. Ele a chamou de corte constitucional "iluminista".[24] Decisões posteriores do Supremo Tribunal Federal defendendo os direitos das pessoas homossexuais e condenando o racismo, independentemente do dispositivo legal subjacente,[25] são exemplos do iluminismo da Corte.

A CF promulga a segunda estratégia, incluindo uma lista de políticas a serem implementadas:

> A noção de que a Constituição representa um plano a ser implementado pelas instituições políticas está presente nos diversos dispositivos que obrigam o legislador ordinário a criar políticas públicas [...].[[26]] Assim, quando a Constituição brasileira ampliou suas áreas de regulação para abranger as políticas públicas, elevou ao nível constitucional diversos temas típicos dos poderes constituídos. O entrincheiramento dos interesses de diversos grupos políticos, que levou a um extenso texto e

---

[23] BARROSO, Luís Roberto. *O direito constitucional e a efetividade de suas normas*: limites e possibilidades da constituição brasileira. 1. ed. Rio de Janeiro: Renovar, 1990.

[24] "Os tribunais constitucionais no mundo democrático desempenham três funções distintas: contramajoritários, quando invalidam atos de outros poderes do governo; representativa, quando atendem demandas sociais não atendidas pelos poderes eleitos; e esclarecidas, quando promovem certos avanços sociais que ainda não conquistaram a aceitação da maioria, mas são exigências do processo civilizatório" (BARROSO, Luís Roberto. Countermajoritarian, representative, and enlightened: the roles of Constitutional Courts in democracies. *American Journal of Comparative Law*, v. 67, n. 1, p. 109-143, 2019). *Vide* também: GASPARDO, Murilo. The Brazilian Supreme Court and its Political Protagonism: an Overview of the STF and its Rise to Prominence in Brazilian Politics after 1988. *In*: BEÇAK, Rubens; LIMA, Jairo (Ed.). *The Unwritten Brazilian Constitution*. United Kingdom: Lexington Books, 2021.

[25] ALVES, Fernando de Brito. Gay marriage: the role of the Brazilian Supreme Court in recognizing the right to same-sex civil unions. *In*: BEÇAK, Rubens; LIMA, Jairo (Ed.). *The Unwritten Brazilian Constitution*. United Kingdom: Lexington Books, 2021.

[26] Um exemplo de política pública mencionada na Constituição, dirigida ao Legislativo, é o Plano Nacional de Educação (art. 214). *Vide*: BUCCI, Maria Paula Dallari; GOMES, Fernando A. Dourado. A piece of legislation for the guidance of public education policies in Brazil: the National Education Plan 2014-2024. *The Theory and Practice of Legislation*, v. 5, n. 3, 2017.

que regulamenta as matérias modificáveis a cada novo governo, indica uma das razões pelas quais há constante necessidade de aprovação de novas emendas constitucionais.[27]

Após a promulgação da Constituição, havia o desafio de cumprir todas as suas promessas. O reconhecimento de direitos exigia financiamento, apoio político, uma forma particular de gestão dos negócios públicos e um conjunto adequado de instrumentos jurídicos. A implementação dessas políticas exigia um pensamento jurídico inovador. A terceira estratégia surgiu para enfrentar esse desafio. Legisladores, administradores públicos, grupos de interesse, organizações não governamentais e juristas se uniram para produzir novas políticas públicas visando efetivar as normas expressas na CF:

> Nesse contexto de desigualdade social exacerbada, a ausência de efetividade é particularmente grave no âmbito da igualdade de direitos. A Constituição brasileira contém [...] diversos dispositivos que exigem ação estatal visando à promoção de igualdade substantiva [...]. Concretizar essas disposições tem sido um sério desafio. Apesar disso, se não imediatamente após 1988, ao menos desde a virada do século, leis e políticas públicas baseadas nessas disposições foram promulgadas e implementadas, como um amplo programa de ações afirmativas para a inclusão de estudantes negros e de classes sociais desfavorecidas nas universidades brasileiras, leis específicas para lidar com a violência contra a mulher, decisões judiciais que reconhecem o direito à união civil entre pessoas do mesmo sexo, leis para promover a igualdade das pessoas com deficiência, entre muitos outros.[28]

Apesar dos desafios, desde a promulgação da CF, o Brasil tem mostrado progresso na adoção de necessárias políticas públicas. A política educacional, por exemplo, mostra um progresso consistente.[29] Novas políticas produziram soluções eficazes e resultados concretos

---

[27] BEÇAK, Rubens; LIMA, Jairo. The promises of the Brazilian Constitution of 1988 and the encounter between human rights and the Supreme Court. *In*: BEÇAK, Rubens; LIMA, Jairo (Ed.). *The Unwritten Brazilian Constitution*. United Kingdom: Lexington Books, 2021. p. 1-10.

[28] SILVA, Virgílio Afonso da; PEREIRA, Thomas. The Constitution of Brazil in context. History, politics and design. *In*: MENDES, Conrado Hübner; GARGARELLA, Roberto; GUIDI, Sebastián (Ed.). *The Oxford Handbook of Constitucional Law in Latin America*. United Kingdom: Oxford University Press, 2022.

[29] BUCCI, Maria Paula Dallari; GOMES, Fernando A. Dourado. A piece of legislation for the guidance of public education policies in Brazil: the National Education Plan 2014-2024. *The Theory and Practice of Legislation*, v. 5, n. 3, 2017.

na melhoria de notas em avaliações nacionais. Isso é particularmente notável, dado que as elites atrasadas permanecem em grande parte contrárias a um sistema de educação pública forte. Progressos consistentes também ocorreram na área de saúde pública. Isso pode ser atribuído ao Sistema Único de Saúde (SUS), sistema de acesso universal, cuja organização federativa serve de referência para outros serviços públicos, incluindo assistência social e segurança pública. Apesar do subfinanciamento persistente, o SUS se mostrou uma instituição vital durante a pandemia de Covid-19.

Os vínculos entre direito e política podem ser considerados a "interdisciplinaridade primeva". Ao analisá-los, é possível perceber como essa articulação funciona em três níveis distintos: a) no *nível micro*, que descreve as relações entre os indivíduos de forma granular, concernente a regras específicas aplicadas aos atores de uma política pública; b) no *nível meso*, que diz respeito à organização dos fatores que conferem unidade a determinado ordenamento jurídico-institucional; e c) no *nível macro*, no qual se localizam os conflitos entre as principais forças políticas organizadas e que orientam as decisões fundamentais das políticas públicas.

No *nível macro*, o Estado social é definido pela prevalência sistemática de políticas públicas que privilegiam objetivos progressistas. No *nível meso*, as políticas públicas podem ser definidas como programas de ação governamental resultantes de um conjunto de processos juridicamente regulados, visando coordenar atividades públicas e privadas para a consecução de objetivos determinados.[30] No *nível micro*, os esforços devem ser orientados para o aprimoramento de cada um dos aspectos específicos da política pública, inclusive os jurídicos. Capturar as melhores práticas, que resultaram em melhor oferta de serviços públicos geradores de bem-estar social e de legitimidade política, em todos os níveis, é uma tarefa do DPP.

---

[30] BUCCI, Maria Paula Dallari. O conceito de políticas públicas em direito. *In*: BUCCI, Maria Paula Dallari (Org.). *Políticas públicas*: reflexões sobre o conceito jurídico. São Paulo: Saraiva, 2006. p. 1-60. Idealmente, a política pública expressa uma escolha de prioridades, a alocação de meios e o prazo necessário para alcançar os resultados esperados.

## 3 Conexões entre a Constituição transformadora e o novo realismo jurídico na América Latina e nos Estados Unidos

O movimento constitucional brasileiro descrito acima está ligado ao constitucionalismo transformador, que ocorreu simultaneamente em outros países latino-americanos, como Colômbia e Bolívia. Apesar de diferentes denominações, composições políticas e abordagens acadêmicas, movimentos semelhantes em países em desenvolvimento podem ser combinados sob o grande guarda-chuva de estudos do novo realismo jurídico (NRL), com base nos dois componentes essenciais resumidos por Huneeus e Klug:

> 1) ultrapassagem da autodescrição do direito como neutro e autocontido, para examinar sua relação com fenômenos sociais e políticos; e
>
> 2) emprego de questões, teorias e métodos das ciências sociais para fazê-lo.[31]

A busca de soluções efetivas para problemas estruturais, atrelando a capacidade de entendimento político à construção de instrumentos jurídicos bem desenhados, a partir do conhecimento extraído de estudos empíricos de experiências anteriores, parece dialogar com as origens do NRL em seu sentido original:

> Os antigos Realistas Jurídicos eram um grupo de acadêmicos que buscavam se afastar da análise doutrinária e do formalismo jurídico para estimular juristas e advogados a pensarem sobre como o contexto social afeta a concretização do direito na prática. Sua abordagem pragmática e realista levava em consideração a política, as políticas públicas e o direito em ação dentro das comunidades e entre elas, assim como debatia ativamente o modo pelo qual, para além da doutrina, pressões do mundo real impactam a tomada de decisões judiciais.[32]

---

[31] HUNEEUS, Alexandra; KLUG, Heinz. Lessons for new Legal Realism from Africa and Latin America. *In*: TALESH, Shauhin; MERTZ, Elizabeth; KLUG, Heinz (Ed.). *Research Book on Modern Legal Realism*. United Kingdom: Edward Elgar Publishing, 2021. p. 82.

[32] TALESH, Shauhin; MERTZ, Elizabeth; KLUG, Heinz. Introduction to the Research Handbook on Modern Legal Realism. *In*: TALESH, Shauhin; MERTZ, Elizabeth; KLUG, Heinz (Ed.). *Research Handbook on Modern Legal Realism*. United Kingdom: Edward Elgar Publishing, 2021. p. 1-20.

A ligação entre o realismo jurídico brasileiro e norte-americano é mais distante, devido à posição relativa dos dois países, sob muitos aspectos. Além disso, o início do desenvolvimentismo enfatizou esse desequilíbrio de forma ambígua, por força da imposição de modelos institucionais dos EUA aos países latino-americanos, sob o pretexto de que esses modelos eram normativamente melhores para promover o desenvolvimento:

> Por meio do movimento de direito e desenvolvimento das décadas de 1960 e 1970, por exemplo, acadêmicos americanos bem financiados passaram períodos em faculdades de Direito da África e da América Latina para semear ideias e práticas jurídicas dos EUA (Trubek e Galanter 1974). [...] [A] caracterização típica do direito latino-americano, herdada da tradição do direito e do desenvolvimento, [...] destacou as patologias e procurou reformá-las à imagem, sempre idealizada, do direito norte-americano.[33]

David Trubek e Marc Galanter descrevem esse padrão em um famoso artigo autobiográfico, no qual se dão conta de como instrumentalizaram essa visão,[34] e as críticas ao seu trabalho atualizam os problemas dessa tendência.[35] No entanto, esta é apenas uma parte (e talvez a menor) da influência dos estudos de desenvolvimento no Brasil. O desenvolvimentismo tem sido um caldeirão para várias tendências semelhantes ao NRL. No Brasil, como no restante da América Latina, aplica-se a leitura de que esses movimentos abrangem

> os estudos sobre Direito e Sociedade (*Law and Society*), especialmente o uso de trabalho empírico para fins jurídicos progressistas ("empirismo crítico"), o pluralismo jurídico, a Sociologia do Direito e das profissões jurídicas; o movimento dos *Critical Legal Studies*; as perspectivas críticas sobre direito e desenvolvimento (mais recentemente, o Direito e o Novo Estado Desenvolvimentista) e a Nova Governança.[36]

---

33 HUNEEUS, Alexandra; KLUG, Heinz. Lessons for new Legal Realism from Africa and Latin America. *In*: TALESH, Shauhin; MERTZ, Elizabeth; KLUG, Heinz (Ed.). *Research Book on Modern Legal Realism*. United Kingdom: Edward Elgar Publishing, 2021. p. 83; 85.

34 TRUBEK, David; GALANTER, Marc. Scholars in self-estrangement: some reflections on the crisis in law and development studies in the United States. *Winscosin Law Review*, n. 4, p. 1062-1102, 1974.

35 KENNEDY, Duncan. The Globalization of Critical Discourses on Law: Thoughts on David Trubek's contribution. *In*: BÚRCA, Gráinne de; KILPATRICK, Claire; SCOTT, Joanne (Ed.). *Critical Legal Perspectives on Global Governance*. Oxford and Portland, Oregon: Hart Publishing, 2014.

36 BÚRCA, Gráinne de; KILPATRICK, Claire; SCOTT, Joanne. Preface. *In*: BÚRCA, Gráinne de; KILPATRICK, Claire; SCOTT, Joanne (Ed.). *Critical Legal Perspectives on Global Governance*. Oxford and Portland, Oregon: Hart Publishing, 2014.

Os estudiosos atualizaram essa perspectiva ao longo do tempo, mas o desenvolvimentismo (ou neodesenvolvimentismo) continua sendo uma importante escola de pensamento no campo progressista:

> Embora a morte do "movimento de direito e desenvolvimento" tenha sido solenemente proclamada há quatro décadas (Trubek e Galanter, 1974), isso foi claramente prematuro (Tamanaha, 1995). O relacionamento entre direito e desenvolvimento socioeconômico continua a estimular diversos projetos governamentais, reformas legislativas, treinamentos judiciais e debates acadêmicos. Particularmente na América Latina, o movimento é relevante para a transformação da educação jurídica, da advocacia e para reformas desenvolvimentistas (Steiner, 1971; Tamanaha, 1995; Dazalay e Garth, 2002; Perez-Perdomo, 2006).[37]

Concordo com a rejeição da ideia de países latino-americanos como meros receptores de teorias do direito produzidas nos países centrais. Não há dúvida quanto à capacidade da região de formular suas próprias soluções para seus problemas. E mais: atualmente há razões para diminuir a idealização do direito dos EUA, pois "as mesmas patologias que sempre são usadas para descrever o direito latino-americano também existem lá, como se tornou cada vez mais dolorosamente evidente durante o capítulo final do governo Trump".[38]

O desenvolvimentismo é uma tendência do reformismo. Porém, por vezes o reformismo tem sido criticado na América Latina como se se opusesse ao discurso fundado em direitos. A influência dos EUA criou tensões em torno da efetivação de direitos. Isso pode ser visto como um problema de disfuncionalidade ou uma questão de emancipação política, conforme a perspectiva, e nesse segundo caso, os latino-americanos tendem a rejeitar a adoção do modelo estadunidense.[39]

> Em seu lugar, eles destacam um conjunto de tópicos ou características transversais que mostram desenvolvimentos jurídicos criativos e interessantes, extraídos de temas de pesquisas acadêmicas locais

---

[37] FORTES, Pedro. An agenda for Latin American "Law and Development". *In*: SIEDER, Rachel; ANSOLABEHERE, Karina; ALFONSO, Tatiana (Ed.). *Routledge Handbook of Law and Society in Latin America*. 1. ed. New York: Routledge, 2019. p. 138-151.

[38] HUNEEUS, Alexandra; KLUG, Heinz. Lessons for new Legal Realism from Africa and Latin America. *In*: TALESH, Shauhin; MERTZ, Elizabeth; KLUG, Heinz (Ed.). *Research Book on Modern Legal Realism*. United Kingdom: Edward Elgar Publishing, 2021. p. 87.

[39] RODRÍGUEZ GARAVITO, César. *El derecho y sociedad en América Latina*: un mapa para el pensamiento jurídico del siglo XXI. 1. ed. Buenos Aires: Siglo Veintiuno Editores, 2011.

(particularmente colombianos) e de movimentos sociais, e não do impulso reformista.[40]

Talvez haja aqui uma excessiva simplificação do significado de reformismo, baseada na incompreensão do desenvolvimentismo que acabamos de mencionar. O reformismo é outro grande guarda-chuva em que se pode encontrar o pensamento sobre o uso de instrumentos jurídicos – à semelhança da legística, que foi uma das vertentes de Morand – que provêm a roupagem jurídica da matéria política sujeita ao processo legislativo. O novo realismo jurídico também traz contribuições nesse campo.[41]

A forte tradição de esquerda dos países em desenvolvimento pode oferecer uma explicação alternativa para a rejeição do reformismo. Em vez de enfrentar questões sociais profundamente enraizadas por meio de etapas incrementais ou reformistas, essa tradição prevê uma transformação revolucionária.[42]

Para o DPP, as reformas são o ambiente institucional em que a efetividade dos direitos pode emergir quando o apoio estatal se faz necessário. Os modelos de reformas, a elaboração da legislação e a participação em torno dela, assim como a construção de consensos são questões para um novo Estado social. Em uma visão progressista, o Estado como um todo e as políticas específicas – a "floresta e as árvores" – são criados e defendidos tendo em conta sua interdependência. Como diz Clune, "o capitalismo também envolve um projeto intrínseco de interdependência social e de complexidade que emerge dos subprodutos cooperativos das transações de mercado e da atividade política coletiva concertada".[43]

---

[40] HUNEEUS, Alexandra; KLUG, Heinz. Lessons for new Legal Realism from Africa and Latin America. *In*: TALESH, Shauhin; MERTZ, Elizabeth; KLUG, Heinz (Ed.). *Research Book on Modern Legal Realism*. United Kingdom: Edward Elgar Publishing, 2021. p. 85.

[41] SEIDMAN, Ann; SEIDMAN, Robert B. Instrumentalism 2.0: Legislative Drafting for Democratic Social Change. *Legisprudence*, v. 5, n. 1, p. 95-142, 1º jun. 2011. Disponível em: https://doi.org/10.5235/175214611796404831.

[42] Clune comentou sobre isso: "Acadêmicos niilistas reúnem-se adotando o papel de desenganadores e iconoclastas. É um papel fácil de desempenhar, dado um pouco de Sociologia do Direito elementar, porque a única coisa de que podemos ter certeza e, portanto, não precisamos de pesquisas para demonstrar, é que nenhum dos lados de um conflito sociojurídico consegue tudo o que deseja. As 'descobertas' de que nada é um sucesso ou fracasso completo obscurecem a questão mais interessante, mas mais difícil de pesquisar, de sucesso ou fracasso relativo" (CLUNE, William H. A political model of implementation and implications of the model for public policy, research, and the changing roles of law and lawyers. *Iowa Law Review*, p. 49-125, 1983. p. 87).

[43] CLUNE, William H. Legal Disintegration and a Theory of the State. *German Law Journal*, v. 12, n. 1, p. 186-205, 2011. p. 196.

## 4 Reformismo e abordagem progressista de Clune

Um componente notável das contribuições de Clune é sua análise do papel do direito e dos juristas na dinâmica reformista de implementação de políticas públicas. Ele descreve a "produção política reformista"[44] no capitalismo regulado como a soma de múltiplas implementações pontuais, em diversas áreas políticas substantivas (educação, saúde, controle da poluição etc.). Tomadas coletivamente, elas constituem "o processo de formação aluvial" do Estado assistencial e regulatório, haja vista que cada política deixa estruturas e interações que servirão de base para as etapas subsequentes.

A promoção de transformações sociais por meio do direito opera em conjunto com uma nova racionalidade jurídica baseada em metas e desempenho. Para a pesquisa em direito, o novo realismo jurídico provê ferramentas analíticas para conceituar o progressismo político. A introdução de políticas públicas no léxico do direito público forneceu instrumentos para uma nova concepção de Estado, apontando diferentes instrumentos e dinâmicas em cada arena política; mudanças legislativas podem ser profundas e até drásticas; as mudanças regulatórias são relativamente refinadas e incrementais:[45]

> [A] implementação foi definida como o processo de criação ou de tentativa de mudança social por meio do direito. Essa mudança social buscada pela implementação é "programática", consistindo em uma política relativamente coerente, implementada em um período de tempo razoavelmente curto, após o qual a política pode se tornar obsoleta ou atingir um estado de equilíbrio dinâmico. A mudança social também é difícil de se realizar em razão da falta de vontade ou da incapacidade no setor regulado. A dificuldade da tarefa social exige a resposta jurídica característica da implementação, política jurídica "afinada", que consiste em planejamento detalhado, direcionamento, supervisão e controle. Estruturalmente, a implementação tende a envolver uma ou mais organizações, agências governamentais, tentando mudar o comportamento de outras organizações, governamentais ou não governamentais. A implementação é, portanto, um estudo da

---

[44] CLUNE, William H. A political model of implementation and implications of the model for public policy, research, and the changing roles of law and lawyers. *Iowa Law Review*, p. 49-125, 1983.

[45] CLUNE, William H. A political model of implementation and implications of the model for public policy, research, and the changing roles of law and lawyers. *Iowa Law Review*, p. 49-125, 1983.

interação organizacional. Especificamente, é o estudo de organizações governamentais que tentam influenciar outras organizações a fazer algo difícil o bastante para exigir muita interação.[46]

Ao contrário dos temores dos latino-americanos que se opunham ao reformismo, Clune não nega o conflito embutido na produção da política reformista, mas aponta a possibilidade de compromissos. "Todas as decisões e estruturas importantes envolvidas na implementação [de uma política pública] são resultado da luta política e do compromisso entre movimentos sociais e grupos de interesse cujos comportamentos os movimentos sociais desejam mudar".[47] Ele propõe uma gradação interessante para o compromisso que lança luz sobre as estratégias de negociação. Os "três padrões de sucesso relativo são: a) a vitória simbólica; b) o fracasso; c) o compromisso".[48] Uma contribuição significativa desse modelo é fornecer uma percepção diferenciada das conquistas dos movimentos em direção à transformação pretendida, que avalia os resultados alcançados pelas políticas públicas:

> Em difíceis tarefas sociojurídicas, o movimento social em busca de mudanças sempre deve acomodar o *status quo*. O controle da poluição deve reconhecer os custos regulatórios, a dessegregação deve reconhecer a integridade do processo educacional e a ação afirmativa deve reconhecer a autonomia das instituições empregadoras. Direitos fundamentais reconhecidos judicialmente devem, em última análise, ceder a restrições fiscais. Ainda assim, apesar da atmosfera de desventura associada à implementação, resultados impressionantes foram obtidos em muitas áreas. A dessegregação acontece. A qualidade do ar e da água melhora. Sistemas correcionais e de saúde mental tornam-se mais humanos. Crianças com deficiência que não recebiam educação pública passam a recebê-la de alguma forma. A reforma do financiamento escolar resulta em mais recursos para os distritos mais pobres.

---

[46] CLUNE, William H. A political model of implementation and implications of the model for public policy, research, and the changing roles of law and lawyers. *Iowa Law Review*, p. 49-125, 1983. p. 51.

[47] CLUNE, William H. A political model of implementation and implications of the model for public policy, research, and the changing roles of law and lawyers. *Iowa Law Review*, p. 49-125, 1983. p. 78.

[48] CLUNE, William H. A political model of implementation and implications of the model for public policy, research, and the changing roles of law and lawyers. *Iowa Law Review*, p. 49-125, 1983. p. 87.

Mesmo aqui, dúvidas de segunda ordem são apropriadas. A dessegregação resultou em melhor educação? O "êxodo branco" vai segregar as escolas? Vale a pena ar puro? A educação para pessoas com deficiência é muito cara? A ação afirmativa, a mudança de valores ou o mercado produziram novos empregos? O debate sobre a efetividade final da intervenção legal é interminável. A questão aqui é simplesmente que, em área após área, aparentemente houve um progresso substancial na mudança das condições que foram definidas como objetivos dos movimentos de reforma social. O que os ativistas tentaram mudar mudou – até certo ponto. Em outras palavras, pode haver dúvidas sobre as implementações mais bem-sucedidas, mas não são as mesmas dúvidas que se aplicam a vitórias ou fracassos simbólicos.[49]

Para encerrar este artigo, recupero uma observação de Clune feita quase quarenta anos atrás, que parece ter sido escrita hoje. A política não parece circular às vezes?

> Enquanto este artigo está sendo escrito [em 1983], os Estados Unidos estão passando por um período de drástica mudança legislativa patrocinada pelo Chefe do Executivo. Programas que foram alterados de forma incremental, ao longo de um período de dez a quinze anos, estão sendo eliminados, drasticamente cortados ou concentrados de forma tão fundamental que, em termos práticos, seus objetivos originais foram perdidos. Este processo não é novo nem acidental; uma reação conservadora aos programas liberais já aconteceu antes. Por exemplo, a implementação de muitos programas sociais foi interrompida durante a administração de Nixon.[50]

Fica o convite à leitura dos artigos de Clune que atualizam seus comentários anteriores. Talvez haja lições que possam ser compartilhadas em um diálogo Sul-Norte sobre DPP, apesar das diferenças entre Brasil e Estados Unidos[51] e possamos aprender uns com os outros sobre a resiliência diante do retrocesso das políticas públicas em tempos difíceis.

---

[49] CLUNE, William H. A political model of implementation and implications of the model for public policy, research, and the changing roles of law and lawyers. *Iowa Law Review*, p. 49-125, 1983. p. 88-89.

[50] CLUNE, William H. A political model of implementation and implications of the model for public policy, research, and the changing roles of law and lawyers. *Iowa Law Review*, p. 49-125, 1983. p. 71-72.

[51] No período republicano, após 1889, o Brasil seguiu o modelo estadunidense de constitucionalismo, adotando o federalismo e o presidencialismo, assim como outros países americanos, como México e Argentina. No entanto, o sistema jurídico é um sistema de *civil law*, e não de *common law*. E a prática federal tem diferenças marcantes em relação ao

## Referências

ALVES, Fernando de Brito. Gay marriage: the role of the Brazilian Supreme Court in recognizing the right to same-sex civil unions. *In*: BEÇAK, Rubens; LIMA, Jairo (Ed.). *The Unwritten Brazilian Constitution*. United Kingdom: Lexington Books, 2021.

AUER, Andreas; DELLEY, Jean-Daniel; HOTTELIER, Michel; MALINVERNI, Giorgio. Avant-propos. *In*: AUER, Andreas *et al.* (Ed.). *Aux confins du droit*: Essais en l'honneur du Professeur Charles-Albert Morand. Munich: Helbing et Lichtenhahn, 2001. p. 7-9.

BARROSO, Luís Roberto. Countermajoritarian, representative, and enlightened: the roles of Constitutional Courts in democracies. *American Journal of Comparative Law*, v. 67, n. 1, p. 109-143, 2019.

BARROSO, Luís Roberto. *O direito constitucional e a efetividade de suas normas*: limites e possibilidades da constituição brasileira. 1. ed. Rio de Janeiro: Renovar, 1990.

BEÇAK, Rubens; LIMA, Jairo. The promises of the Brazilian Constitution of 1988 and the encounter between human rights and the Supreme Court. *In*: BEÇAK, Rubens; LIMA, Jairo (Ed.). *The Unwritten Brazilian Constitution*. United Kingdom: Lexington Books, 2021. p. 1-10.

BUCCI, Maria Paula Dallari. *Direito administrativo e políticas públicas*. São Paulo: Saraiva, 2002.

BUCCI, Maria Paula Dallari. *Fundamentos para uma teoria jurídica das políticas públicas*. 2. ed. São Paulo: Saraiva, 2021.

BUCCI, Maria Paula Dallari. Law and Public Policy in Brazil and the United States: A North-South Dialogue. *Social Science Research Network*, 2022. Disponível em: https://ssrn.com/abstract=4095414 e http://dx.doi.org/10.2139/ssrn.4095414.

BUCCI, Maria Paula Dallari. Método e aplicações da abordagem direito e políticas públicas. *Revista Estudos Institucionais*, v. 5, n. 3, 2019. Disponível em: https://estudosinstitucionais.com/REI/issue/view/10.

BUCCI, Maria Paula Dallari. O conceito de políticas públicas em direito. *In*: BUCCI, Maria Paula Dallari (Org.). *Políticas públicas*: reflexões sobre o conceito jurídico. São Paulo: Saraiva, 2006. p. 1-60.

BUCCI, Maria Paula Dallari. Quadro de referência de uma política pública. Primeiras linhas para uma abordagem jurídico-institucional. *Colunistas Direito do Estado*, 2015. Disponível em: http://www.direitodoestado.com.br/colunistas/maria-paula-dallari-bucci/quadro-de-referencia-de-uma-politica-publica-primeiras-linhas-de-uma-visao-juridico-institucional.

BUCCI, Maria Paula Dallari; GOMES, Fernando A. Dourado. A piece of legislation for the guidance of public education policies in Brazil: the National Education Plan 2014-2024. *The Theory and Practice of Legislation*, v. 5, n. 3, 2017.

---

modelo, apresentando uma realidade muito mais centralizada. Os estados não têm muitas iniciativas em políticas públicas. O sistema eleitoral funciona relativamente bem, embora o sistema partidário seja caótico, com mais de trinta partidos representados no Congresso Nacional e nos legislativos de estados e municípios, com coligações específicas.

BÚRCA, Gráinne de; KILPATRICK, Claire; SCOTT, Joanne. Preface. *In*: BÚRCA, Gráinne de; KILPATRICK, Claire; SCOTT, Joanne (Ed.). *Critical Legal Perspectives on Global Governance*. Oxford and Portland, Oregon: Hart Publishing, 2014.

CANOTILHO, Joaquim Gomes. *Constituição dirigente e vinculação do legislador*. Contribuição para a compreensão das normas constitucionais programáticas. Coimbra: Coimbra Editora, 1994.

CANOTILHO, Joaquim Gomes. *Constituição dirigente e vinculação do legislador*. Contribuição para a compreensão das normas constitucionais programáticas. 2. ed. Coimbra: Coimbra Editora, 2001.

CHILVARQUER, Marcelo. Aplicando o quadro de referência para análise jurídica de políticas públicas: a implementação do programa Minha Casa, Minha Vida, faixa 1, no município de São Paulo. *Revista Estudos Institucionais*, v. 5, n. 3, 2019. Disponível em: https://estudosinstitucionais.com/REI/article/view/442.

CLUNE, William H. A political model of implementation and implications of the model for public policy, research, and the changing roles of law and lawyers. *Iowa Law Review*, p. 49-125, 1983. Disponível em: https://repository.law.wisc.edu/s/uwlaw/item/30512.

CLUNE, William H. Desintegração jurídica e uma teoria do Estado. Tradução de Bruno Bodart e Sergio Ruy David Polimeno Valente. Revisão técnica da tradução de Maria Paula Dallari Bucci. *Revista de Investigações Constitucionais*, v. 8, n. 1, p. 107-133, 2021. Disponível em: https://revistas.ufpr.br/rinc/article/view/82326.

CLUNE, William H. Direito e políticas públicas: mapa da área. Tradução de Julia Azevedo Moretti, Thiago Pires Oliveira. Revisão técnica da tradução de Maria Paula Dallari Bucci e Matheus Silveira de Souza. *A&C – Revista de Direito Administrativo & Constitucional*, n. 86, p. 59-108, 2021.

CLUNE, William H. Law and public policy: map of an area. *Southern California Interdisciplinary Law Journal*, v. 2, n. 1, p. 1-39, 1993.

CLUNE, William H. Um modelo político de implementação e suas implicações para as políticas públicas, a pesquisa e a mudança dos papéis do direito e dos juristas. Tradução de Gabriela Azevedo Campos Sales, Bruno de Almeida Passadore, Elisa Martinez Giannella e Kadra Regina Zeratin Rizzi. *Revista Brasileira de Políticas Públicas*, v. 11, n. 1, p. 19-81, 2021. Disponível em: https://www.publicacoesacademicas.uniceub.br/RBPP/article/view/7329.

ESPING-ANDERSEN, Gosta. *The Three Worlds of Welfare Capitalism*. New Jersey: Princeton University Press, 1990.

FORTES, Pedro. An agenda for Latin American "Law and Development". *In*: SIEDER, Rachel; ANSOLABEHERE, Karina; ALFONSO, Tatiana (Ed.). *Routledge Handbook of Law and Society in Latin America*. 1. ed. New York: Routledge, 2019. p. 138-151.

GARCIA-VILLEGAS, Mauricio. Disobeying the law: Latin America's culture of non-compliance with rules. *In*: SIEDER, Rachel; ANSOLABEHERE, Karina; ALFONSO, Tatiana (Ed.). *Routledge Handbook of Law and Society in Latin America*. 1. ed. New York: Routledge, 2019. p. 66-80.

GASPARDO, Murilo. The Brazilian Supreme Court and its Political Protagonism: an Overview of the STF and its Rise to Prominence in Brazilian Politics after 1988. *In*: BEÇAK, Rubens; LIMA, Jairo (Ed.). *The Unwritten Brazilian Constitution*. United Kingdom: Lexington Books, 2021.

HADDAD, Frederico. A pertinência da abordagem direito e políticas públicas ao estudo da política urbana no Brasil: o exemplo da pesquisa sobre as vias urbanas e sua função social. *Revista Estudos Institucionais*, v. 5, n. 3, 2019. Disponível em: https://estudosinstitucionais.com/REI/article/view/439/434.

HUNEEUS, Alexandra; KLUG, Heinz. Lessons for new Legal Realism from Africa and Latin America. *In*: TALESH, Shauhin; MERTZ, Elizabeth; KLUG, Heinz (Ed.). *Research Book on Modern Legal Realism*. United Kingdom: Edward Elgar Publishing, 2021. p. 82-99.

KENNEDY, Duncan. The Globalization of Critical Discourses on Law: Thoughts on David Trubek's contribution. *In*: BÚRCA, Gráinne de; KILPATRICK, Claire; SCOTT, Joanne (Ed.). *Critical Legal Perspectives on Global Governance*. Oxford and Portland, Oregon: Hart Publishing, 2014.

LOPES, Simone Cristine Araújo. Criminalization of homophobia – trial at the Brazilian Supreme Court. *In*: BEÇAK, Rubens; LIMA, Jairo (Ed.). *The Unwritten Brazilian Constitution*. United Kingdom: Lexington Books, 2021.

MARSHALL, Thomas Humphrey; BOTTOMORE, Tom. *Citizenship and Social Class*. London: Cambridge University Press, 1950.

MORAND, Charles-Albert. *Le droit neo moderne des politiques publiques*. Paris: LGDJ, 1999.

RODRÍGUEZ GARAVITO, César. *El derecho y sociedad en América Latina*: un mapa para el pensamiento jurídico del siglo XXI. 1. ed. Buenos Aires: Siglo Veintiuno Editores, 2011.

SABATIER, Paul (Ed.). *Theories of the policy process*. 2. ed. Colorado: Westview Press, 2007.

SEIDMAN, Ann; SEIDMAN, Robert B. Instrumentalism 2.0: Legislative Drafting for Democratic Social Change. *Legisprudence*, v. 5, n. 1, p. 95-142, 1º jun. 2011. Disponível em: https://doi.org/10.5235/175214611796404831.

SILVA, Virgílio Afonso da; PEREIRA, Thomas. The Constitution of Brazil in context. History, politics and design. *In*: MENDES, Conrado Hübner; GARGARELLA, Roberto; GUIDI, Sebastián (Ed.). *The Oxford Handbook of Constitucional Law in Latin America*. United Kingdom: Oxford University Press, 2022.

SOUZA, Matheus; BUCCI, Maria Paula Dallari. O estado da arte da abordagem direito e políticas públicas em âmbito internacional: primeiras aproximações. *Revista Estudos Institucionais*, v. 5, n. 3, p. 833-855, 2019. Disponível em: https://www.estudosinstitucionais.com/REI/article/view/431.

TALESH, Shauhin; MERTZ, Elizabeth; KLUG, Heinz. Introduction to the Research Handbook on Modern Legal Realism. *In*: TALESH, Shauhin; MERTZ, Elizabeth; KLUG, Heinz (Ed.). *Research Handbook on Modern Legal Realism*. United Kingdom: Edward Elgar Publishing, 2021. p. 1-20.

TRUBEK, David; GALANTER, Marc. Scholars in self-estrangement: some reflections on the crisis in law and development studies in the United States. *Winscosin Law Review*, n. 4, p. 1062-1102, 1974.

VALENTE, Sérgio. Direito e políticas públicas: uma visão jurídico-institucional sobre o caso do saneamento básico no Brasil. *Revista Estudos Institucionais*, v. 5, n. 3, 2019.

# DIREITO E POLÍTICAS PÚBLICAS POR WILLIAM CLUNE: DO ESTADO DE BEM-ESTAR SOCIAL À RECONSTRUÇÃO PÓS-PANDEMIA[1]

**MARIA PAULA DALLARI BUCCI**

## 1 Introdução

Este artigo visa demonstrar a relevância da perspectiva de William Clune sobre a reconstrução do Estado social a partir de sua análise sobre DPP, atualizada em artigos recentes.[2] Os principais tópicos

[1] [N.T.] Tradução de: BUCCI, Maria Paula Dallari. Law and public policy by William Clune: from the welfare state to post-pandemic reconstruction. *New Legal Realism. Empirical Law and Society*, Estados Unidos, 28 ago. 2022. Disponível em: https://newlegalrealism.org/2022/08/28/bucci-clune-a-south-north-nlr-dialogue-3-bucci/. A tradução foi ligeiramente adaptada para este livro.

[2] CLUNE, William H. Progressivism in the active free enterprise state: fluidity, fragmentation, and stability. *New Legal Realism. Empirical Law and Society*, 31 mar. 2022. BUCCI, Maria Paula Dallari. Law and public policy in Brazil and the United States: a North-South dialogue. *Social Science Research Network*, 2022. CLUNE, William H. Law and public policy: what is it, skills of practitioners and researchers, research designs and methods, law school courses. *University of Wisconsin Legal Studies Research Paper*, n. 1751, 2022. Disponível em: https://papers.ssrn.com/sol3/papers.cfm?abstract_id=4154531. [N.T. Esses três artigos integram o corpo de trabalhos identificado como *O diálogo Sul-Norte* e tiveram suas primeiras versões publicadas no *site New Legal Realism. Empirical Law and Society*. Confiram-se os artigos traduzidos, *Progressismo no Estado ativo da livre-iniciativa: fluidez, fragmentação e estabilidade: um estudo de caso sobre direito e políticas públicas; Direito e políticas públicas no Brasil e nos Estados Unidos: um diálogo Sul-Norte*; e *Direito e políticas*

são abordados em três seções. A seção 2 examina o problema de um modelo geral de conhecimento aplicado ao DPP, possibilitando tratar de forma cumulativa os achados de pesquisas esparsas. A seção 3 se concentra na contribuição de Clune para a compreensão da relação entre direito e política, destacando o reformismo pragmático de sua abordagem. Por fim, a seção 4 analisa o modelo geral de DPP em uma perspectiva transnacional, especialmente a aplicabilidade de um modelo baseado num país desenvolvido transposta para outros onde as economias de mercado não se estabeleceram de forma independente do Estado.

O direito e políticas públicas (DPP) surge no contexto do Estado de bem-estar social, quando "o bem-estar material de um grande número de pessoas"[3] foi alcançado em níveis até então desconhecidos. O Estado administrativo dos EUA surgiu em uma economia capitalista vasta e dinâmica que exigia uma estrutura institucional para regulação e um mínimo de redistribuição que garantisse a funcionalidade da economia. Este é o "Estado ativo",[4] no qual "os governos aprovam leis e as usam para efetivar políticas".[5]

O conteúdo do Estado de bem-estar social varia nas economias desenvolvidas, como mostrou Esping-Andersen em sua tipologia clássica baseada em estudos empíricos comparativos.[6] Em sentido estrito, ele significa melhoria social (transferência de renda e serviços sociais); em uma visão mais ampla, o "Estado keynesiano" implica "o maior papel do Estado na gestão e organização da economia" (emprego, salários e macroeconomia em geral). Os critérios considerados são as coalizões políticas de classe e o equilíbrio entre mercado e serviços públicos,

*públicas no Brasil: o que é, competências de especialistas e pesquisadores, desenhos e métodos de pesquisa, cursos de Direito*, respectivamente, neste livro].

3 CLUNE, William H. Law and public policy: map of an area. *Southern California Interdisciplinary Law Journal*, v. 2, n. 1, p. 1-39, 1993. p. 1. [N.T. Confira-se o artigo traduzido, *Direito e políticas públicas: mapa da área*, neste livro].

4 CLUNE, William H. Progressivism in the active free enterprise state: fluidity, fragmentation, and stability. *New Legal Realism. Empirical Law and Society*, 31 mar. 2022.

5 CLUNE, William H. Law and public policy: map of an area. *Southern California Interdisciplinary Law Journal*, v. 2, n. 1, p. 1-39, 1993. p. 2. "Política pública [...] é a estrutura para as modernas economias de livre mercado e modernos Estados de bem-estar social que regulam a produção econômica, o consumo e as trocas. A maioria das normas jurídicas nos Estados modernos responde às necessidades e consequências de infraestruturas e sistemas econômicos vastos, dinâmicos e autônomos. E as instituições jurídicas modernas tendem a assumir uma forma característica, estável ao longo do tempo, funcionalmente autônoma, em um delicado equilíbrio entre orientação central e ação descentralizada".

6 ESPING-ANDERSEN, Gosta. *The three worlds of welfare capitalism*. New Jersey: Princeton University Press, 1990.

com efeitos sobre a "desmercadorização" (*decommodification*), ou seja, as alternativas que as pessoas têm para se estabelecer livremente, sem depender em excesso de empregos e salários. A tipologia agrupa as principais experiências históricas da seguinte forma: i) a liberal, nos Estados Unidos, Canadá e Austrália, onde os benefícios são modestos e muitas vezes estigmatizam os beneficiários;[7] ii) o Estado-corporativista, na Alemanha, França, Áustria e Itália, onde a preservação das diferenças de *status* no acesso aos benefícios concedidos pelo governo tem um impacto redistributivo insignificante; e iii) a social-democrata, nos países escandinavos, onde solidariedade universal significa que não existem condições de mercado sobre os direitos que beneficiam todos e todos são obrigados a custear (por meio de impostos).

As funções do Estado de bem-estar social são duplas. Por um lado, por meio da regulação, ele estabiliza o capitalismo contra a disrupção, com instituições como antitruste e regulação de valores mobiliários. Atualmente a proteção ambiental poderia ser agregada a esse papel estabilizador, com uma função ainda mais crucial para a sobrevivência humana.[8] Por outro lado, há o esforço do Estado de bem-estar social para transformar o capitalismo, estendendo a cidadania social e diminuindo a estratificação social em função da riqueza:

> A extensão dos direitos sociais sempre foi considerada a essência da política social. Inspirados pelas contribuições de Karl Polanyi, optamos por ver os direitos sociais em termos de sua capacidade de "desmercadorização". O critério de destaque para os direitos sociais deve ser o grau em que eles permitem que as pessoas tornem seus padrões de vida independentes das puras forças do mercado. É nesse sentido que os direitos sociais diminuem o *status* do cidadão como "mercadoria".[9]

As políticas públicas são a materialização dos direitos sociais no Estado de bem-estar social. Diferentes estratégias dos vários países podem ser explicadas por fatores institucionais em cada um. Nos EUA,

---

7 Essa tipologia é razoavelmente consistente, apesar de algumas falhas significativas. O fator estigmatizador nos EUA pode ser contestado, considerando-se, por exemplo, o papel central da educação no Estado social norte-americano que parece ter sido negligenciado por Esping-Andersen. *Vide*: TYACK, D. B. *The one best system*: a history of American urban education. Cambridge/London: Harvard University Press, 1974.

8 CLUNE, William H. Progressivism in the active free enterprise state: fluidity, fragmentation, and stability. *New Legal Realism. Empirical Law and Society*, 31 mar. 2022.

9 ESPING-ANDERSEN, Gosta. *The three worlds of welfare capitalism*. New Jersey: Princeton University Press, 1990.

apesar da avaliação negativa de Esping-Andersen, segundo Clune, esse novo tipo de Estado se concretizou por meio da elaboração de programas governamentais, aliados a uma mudança na dinâmica política do Congresso e do Executivo, o que significou um novo equilíbrio democrático. Theodore Lowi afirmou que "as políticas públicas determinam a política",[10] ao analisar a passagem do século XIX para o XX, quando o eixo de gravidade da política norte-americana, até então quase exclusivamente baseado nas disputas de poder no Congresso e seus comitês, passou a envolver o governo, ou seja, o Poder Executivo, na elaboração de políticas públicas. Na década de 1930, Roosevelt expandiu o governo em todas as frentes e "as políticas mudaram a política, independentemente dos homens ou partidos que ocupavam a presidência ou organizavam o Congresso".[11] A marca dessa "revolução", que durou até a década de 1970, traduziu a pressão pública em programas de ação, ao mesmo tempo em que organizou forças políticas significativas.[12]

O argumento deste artigo é que agora se faz necessária a organização coletiva para revitalizar a democracia, e isso pode ser aprendido com a experiência do direito e políticas públicas desenvolvida durante o *New Deal* – arranjos jurídicos-institucionais que combinavam características políticas e jurídicas com efeitos duradouros – esforço para o qual é fundamental uma melhor compreensão do DPP e seus métodos.

O mundo no período pós-pandemia exige ações coletivas em prol do bem comum para compensar efeitos negativos como pobreza, fome e retrocessos na educação e na saúde mental. Em meio a uma profunda crise da democracia, em que os partidos e a política estão desacreditados, busca-se renovar a legitimação política, com políticas públicas capazes de proporcionar inclusão, sentimento de pertencimento e a busca de cura para sociedades adoecidas.

---

[10] LOWI, Theodore J. Four systems of policy, politics, and choice. *Public Administration Review*, v. 32, n. 4, p. 298-310, 1972.

[11] LOWI, Theodore J. Four systems of policy, politics, and choice. *Public Administration Review*, v. 32, n. 4, p. 298-310, 1972. p. 302.

[12] "A relação entre as políticas públicas e o bem-estar geral tornou-se, durante a última década (década de 1930), uma das questões centrais do governo americano. As interpretações legislativas, executivas e judiciárias deram nova vida a uma passagem da Constituição que havia mais de meio século adormecia como instrumento de política pública. Na arena da ação nacional, conceitos variados do significado do bem-estar geral mais uma vez emergiram como gritos de guerra de interesses opostos" (BRADLEY, Phillips. Prefácio. *In*: BEARD, Charles. *Public policy and the general welfare*. Nova Iorque: Farrar and Rinehart, 1941. p. vii).

O ceticismo sobre a possibilidade de reconstruir um Estado social é compreensível.[13] Os ataques vêm de dentro do sistema, de partidos que atuam por meio de mecanismos democráticos para atacar a democracia. O crescimento das forças reacionárias é desencorajador para os progressistas. Os sindicatos, que celebraram acordos com o capital, estão enfraquecidos. Sua luta agora é muito mais dura contra a chamada "economia do bico" (*gig economy*).[14] A fragilidade do Estado é evidente. Além disso, não há regulamentação eficiente para conter negócios oligopolistas de mídias sociais (Amazon, Facebook, Apple, Google, Microsoft e X, antigo Twitter). Essas empresas atuam globalmente e minam as estruturas políticas e sociais tradicionais. Embora a divisão delas tenha sido debatida pelo Congresso dos EUA e pelas comissões da União Europeia, até agora parece que nenhuma instituição nacional ou supranacional tem o poder de proteger as pessoas contra abusos do poder ilimitado de corporações que não reconhecem fronteiras.

Se a política tradicional está ameaçada, por que devemos esperar que as políticas públicas não sejam afetadas da mesma forma? As sociedades ocidentais experimentaram uma necessidade semelhante de soluções públicas ao enfrentar uma crise dramática nos anos instáveis da década de 1920 após a Primeira Guerra Mundial.[15] O *New Deal* e os Estados de bem-estar dos países europeus após a Segunda Guerra Mundial não foram produzidos espontaneamente, mas surgiram de novas formas de ação política combinadas com novas ferramentas econômicas e jurídicas. Eles não eram um dado, mas uma construção. O que podemos aprender com a construção de políticas públicas naqueles tempos?

---

13 CLUNE, William H. Progressivism in the active free enterprise state: fluidity, fragmentation, and stability. *New Legal Realism. Empirical Law and Society*, 31 mar. 2022: "O título deste artigo pode parecer estranho e contraditório. Como poderia haver livre-iniciativa, Estado ativo e progressismo? [...] Qualquer noção de acordo bipartidário sobre o papel do governo federal pode parecer estranha em um momento de conflito feroz sobre seu papel. Mas [...] ambos os partidos políticos apoiam a livre-iniciativa como fonte de prosperidade e empregos, assim como apoiam muitos aspectos da legislação federal criada durante eras progressistas que impedem a ruptura da economia, oferecem proteção contra perda de renda e promovem a educação. O conflito é real, mas se concentra em certos tipos de políticas e programas. Uma questão-chave a ser discutida diz respeito a quais parcelas do Estado ativo e do progressismo são estáveis e seguras e quais estão sitiadas e sob risco de recuo ou mesmo destruição".

14 SATARIANO, A. Europe pushes new rules turning gig workers into employees. *The New York Times*, 2021. Disponível em: https://www.nytimes.com/2021/12/09/technology/european-commission-gig-workers-uber.html.

15 POLANYI, Karl. *The great transformation*: the political and economic origins of our time. Boston: Beacon Press, 2001.

Como naquela época, há forças sociais que anseiam por transformação; hoje essas forças são as minorias políticas de gênero e raça, provocando a política tradicional a reformular seus métodos. Isso retoma a "emergência do empoderamento como modelo para a formulação de políticas",[16] baseada no otimismo cauteloso de William Clune sobre o potencial do progressismo na década de 1990 – o que não mudou essencialmente. Essas forças raramente no *mainstream* buscam espaço no fluxo e refluxo da história da economia industrial:

> O progressismo se mantém firme em meio a reveses, avançando de maneira intermitente com políticas voltadas ao bem público nos níveis nacional, estadual e local. Alguns segmentos da população podem se ressentir do governo por razões ideológicas, mas os problemas surgem e convidam a soluções. [...] A longo prazo, o progressismo tem uma força profunda porque suas políticas são populares, protegem as pessoas do mal e criam novos níveis de liberdade para indivíduos e famílias. Nada pode acontecer da noite para o dia. Muitas das profundas divisões que estão sendo alimentadas hoje têm uma história muito longa, mas a mudança ocorre. Como progressistas, avançaremos entendendo nossos valores mais profundos.[17]

Quando se entende a política como uma atividade de longo prazo, as vitórias e derrotas do presente não costumam ser definitivas. Esping-Andersen observa que, ao contrário da crença de que os Estados de bem-estar social eram mais propensos a se desenvolver em sociedades democráticas,

> esta tese é confrontada com a estranheza histórica de que as primeiras grandes iniciativas do Estado de bem-estar social ocorreram antes da democracia e foram fortemente motivadas pelo desejo de impedir sua realização. Este foi certamente o caso na França sob Napoleão III, na Alemanha sob Bismarck e na Áustria sob von Taaffe.[18]

---

[16] CLUNE, William H. Law and public policy: map of an area. *Southern California Interdisciplinary Law Journal*, v. 2, n. 1, p. 1-39, 1993. p. 2.

[17] CLUNE, William H. Progressivism in the active free enterprise state: fluidity, fragmentation, and stability. *New Legal Realism. Empirical Law and Society*, 31 mar. 2022.

[18] ESPING-ANDERSEN, Gosta. *The three worlds of welfare capitalism*. New Jersey: Princeton University Press, 1990. p. 15. Outra informação imprecisa no texto informa que o desenvolvimento do Estado de bem-estar social foi retardado nos EUA porque as primeiras democracias agrárias, dominadas por pequenos proprietários, usaram seus poderes eleitorais para reduzir, e não aumentar, impostos. Isso é discutível no caso da democracia dos EUA, onde, voltando ao exemplo da educação, o ensino público foi financiado por um imposto sobre a propriedade.

Esping-Andersen também contesta a ideia de que o declínio do Estado de bem-estar social surgiu quando o aumento dos gastos causou movimentos de reação contra os altos impostos. "Paradoxalmente, o oposto é verdadeiro. Os sentimentos contra o Estado de bem-estar social na última década foram geralmente mais fracos onde os gastos com bem-estar foram mais pesados", por causa do "caráter de classe dos Estados de bem-estar".[19]

As estratégias dos movimentos sociais devem considerar as conquistas passadas não com sentimento de nostalgia, mas com foco no repertório de políticas e na consolidação de alianças para medidas progressistas. A resposta pode ser encontrada a partir de uma perspectiva de longo prazo[20] e não no passado imediato. O sucesso não está na reconstrução do Estado de bem-estar social, mas em colocar em prática a ação coletiva organizada.

Independentemente das dificuldades, algumas iniciativas relevantes foram produzidas nos últimos anos. Na União Europeia, o programa Next Generation focou na transição para uma economia verde e digital.[21] Nos EUA,[22] foram aprovados programas apoiados por um acordo bipartidário para contrabalançar o risco de uma desaceleração

---

19 ESPING-ANDERSEN, Gosta. *The three worlds of welfare capitalism.* New Jersey: Princeton University Press, 1990. p. 32-33.

20 "Longitudinal, ou seja, um estudo da mudança ao longo do tempo. O contexto longitudinal é a longa história do progressismo nos Estados Unidos, incluindo o recente contramovimento conservador. [...] As necessidades sociais e econômicas críticas continuam surgindo devido a fortes contracorrentes na economia e na sociedade. A Pandemia foi um exemplo, também mudanças climáticas, imigração e força de trabalho, monopólios e inflação, altos retornos econômicos para educação e trabalhadores bem treinados e proteção de famílias contra desastres econômicos. Assim, mesmo no nível superior, podemos esperar episódios de ação progressista em resposta às crises, e as crises são garantidas. A longo prazo, não é verdade que o empoderamento dos trabalhadores seja radicalmente inconsistente com o poder na oligarquia. Assim, o impasse e a estagnação têm alguma permanência, mas também são frequentemente, repentinamente e massivamente rompidos. A política nacional como progressismo cambaleante" (Clune, notas para a aula v3, maio de 2022).

21 *Next Generation European Union. Recovery Plan for Europe* (Disponível em: https://ec.europa.eu/info/strategy/recovery-plan-europe_en). "A adoção do plano de recuperação não foi apenas um movimento politicamente ousado, mas também um caso de engenharia jurídica criativa. Os seus arquitetos tiveram de lidar com uma série de questões centrais do direito institucional da UE, incluindo o princípio da atribuição e a escolha da base jurídica adequada, as restrições impostas pelo sistema de finanças públicas da UE, o respeito ao equilíbrio institucional e a formatação de um mecanismo de governança para a implementação do plano" (DE WITTE, Bruno. The European Union's Covid-19 recovery plan: the legal engineering of an economic policy shift. *Common Market Law Review*, v. 58, n. 3, p. 635-682, 2021).

22 CLUNE, William H. Progressivism in the active free enterprise state: fluidity, fragmentation, and stability. *New Legal Realism. Empirical Law and Society*, 31 mar. 2022.

econômica. Talvez essas iniciativas não sejam suficientes diante da crescente instabilidade internacional, guerra, inflação e mudanças climáticas. No entanto, este parece ser o caminho mais promissor. Da mesma forma que a ordem política do *New Deal* surgiu a partir de um conjunto de políticas que correspondiam às necessidades da época,[23] alguns autores vislumbram a emergência de uma nova ordem política por meio da configuração de outro conjunto de políticas.[24]

## 2 A necessidade de um método para agregar conhecimento social: o modelo de Clune para DPP

A grande variedade de tópicos e perspectivas de pesquisa sobre o DPP é um desafio para a compreensão de suas características gerais. Construiu-se uma base preciosa de políticas públicas, com efeitos benéficos na saúde pública, no desempenho educacional, na proteção do meio ambiente etc. Mas essas políticas diversas obviamente não se convertem em um modelo comum.

---

[23] Os reformadores progressistas haviam seguido um caminho semelhante antes, apoiando um conjunto específico de iniciativas. La Follette, por exemplo, como governador do estado de Wisconsin, em 1904, usou seu poder político no momento em que controlava os poderes Executivo e Legislativo do governo e "estabeleceu uma comissão ferroviária; tornou as eleições primárias uma realidade; criou uma comissão de serviço civil; reforçou uma comissão tributária já existente; e adotou legislação anti-lobby, bancária e de conservação" (LEVINE, Daniel. *Varieties of reform thought*. 1. ed. Madison: The State Historical Society of Wisconsin, 1964. v. 52. p. 99). A imagem do Estado aluvial utilizada por Clune para se referir ao conjunto de políticas públicas que conformam o Estado moderno é bastante adequada para visualizá-la. "Tomadas coletivamente, as implementações constituem o Estado moderno. Multiplique-se qualquer implementação particular nas diversas áreas da política substantiva por dez mil, e o resultado é o Estado de bem-estar social e regulador. As implementações são o processo formativo aluvial do Estado moderno, e o direito do Estado é a soma total das estruturas e interações contínuas deixadas como depósitos por uma infinidade de implementações separadas" (CLUNE, William H. A political model of implementation and implications of the model for public policy, research, and the changing roles of law and lawyers. *Iowa Law Review*, p. 49-125, 1983. p. 99. Disponível em: https://repository.law.wisc.edu/s/uwlaw/item/30512). [N.T. Confira-se o artigo traduzido, *Um modelo político de implementação para as políticas públicas: os papéis do direito e dos juristas*, neste livro].

[24] GERSTLE, Gary. *The rise and fall of the neoliberal order*. America and the world in the free market era. New York: Oxford University Press, 2022. O autor se refere ao governo Trump: "Se a desregulamentação, as nomeações judiciais e os cortes de impostos apontavam para a manutenção de uma ordem neoliberal, no entanto, o ataque de Trump ao livre comércio e à imigração visava sua destruição. [...] Trump aproveitou todas as oportunidades para remover a América da posição internacional que há muito mantinha como líder de um mundo globalizado e baseado no livre comércio" (p. 271).

DPP não é reconhecido como uma área acadêmica nem como um campo.[25] Mesmo os cursos bem estabelecidos de pós-graduação em políticas públicas geralmente não têm professores ou bibliografia específicos que relacionem direito e políticas públicas. Uma revisão da literatura[26] mostra que esses cursos geralmente obtêm seus materiais em áreas correlatas, como sociologia, economia e administração pública. Embora significativas, essas áreas não lidam com questões jurídicas específicas. Além disso, frequentemente os autores que tratam de temas jurídicos não têm formação em direito e buscam "traduzir" idiossincrasias jurídicas em linguagem "compreensível", o que faz com que importantes informações jurídicas se percam no processo.

Assim, o conhecimento em DPP permanece disperso e fragmentado.[27] Geralmente, os estudos do DPP se concentram em questões específicas, como "políticas públicas de educação básica na cidade de X", "direitos humanos no país Y e a política de segurança" e assim por diante. Isso não é necessariamente um problema, exceto pelo fato de serem ilhas de conhecimento. Cada pesquisador precisa construir seu arcabouço teórico próprio, com base nos pressupostos particulares de seu campo. E assim há pouca evolução no DPP como um processo cumulativo e conectado.

Para aprender a partir de uma experiência ou estudo e extrair conhecimentos generalizáveis, uma comunidade de pesquisa precisa trabalhar sobre bases comuns. Isso demanda parâmetros de convergência

[25] Na introdução de *Law and public policy: map of an area*, Clune afirma: "O artigo também serve como estrutura analítica para um curso que desenvolvi em Direito e Políticas Públicas (na La Follette School of Public Affairs da Universidade de Wisconsin). Para preparar os materiais do curso, tive que definir o assunto e distingui-lo de outros cursos; por exemplo, por que não ensinar simplesmente um conjunto de tópicos interessantes em direito e teoria constitucional? Ou, se a política tem algo a ver com impacto legal e instituições sociojurídicas, por que não ministrar um curso padrão de Sociologia do Direito ou Direito e Economia?" (CLUNE, William H. Law and public policy: map of an area. *Southern California Interdisciplinary Law Journal*, v. 2, n. 1, p. 1-39, 1993. p. 1). Essa preocupação ainda é atual, pois quase não há materiais disponíveis para esse tipo de curso.

[26] SOUZA, Matheus; BUCCI, Maria Paula Dallari. O estado da arte da abordagem direito e políticas públicas em âmbito internacional: primeiras aproximações. *Revista Estudos Institucionais*, v. 5, n. 3, p. 833-855, 2019. Disponível em: https://www.estudosinstitucionais.com/REI/article/view/431.

[27] "As ideias sobre direito e políticas públicas são moeda corrente de grande parte da nossa sociedade e do universo do discurso jurídico acadêmico. Desde a faculdade de Direito, encontrei esse discurso, esse universo, desconcertantemente enorme, dinâmico, expansivo, fragmentado e caótico (como se a economia moderna fosse o 'big bang' da vida social e econômica). O esforço para simplificar, esclarecer e iluminar tal universo parece valer a pena" (CLUNE, William H. Law and public policy: map of an area. *Southern California Interdisciplinary Law Journal*, v. 2, n. 1, p. 1-39, 1993. p. 2).

entre autores de diferentes áreas que adotam essa abordagem, por isso ela é preferível à consideração do DPP como um campo acadêmico fechado. Quais são as afinidades epistêmicas entre pesquisadores formados em distintas áreas ou profissionais atuantes em diferentes setores de políticas públicas? Levando em conta o campo jurídico, como estabelecer um processo estruturado de crescimento do conhecimento social a partir das experiências das políticas públicas? Quais são as condições para que ela se transforme em uma tecnologia democrática de governança? Ou deveríamos dizer, quais são as condições para um Estado social renovado que considere as políticas públicas como "filhas da engenharia social dos Estados de bem-estar"?[28]

Esse é o papel dos *frameworks* e modelos de conhecimento. Clune os apresentou em *A political model for implementation of public policy*,[29] um artigo denso e perspicaz escrito em 1983 e ainda atual. Pensando na transformação social por meio do direito, ele oferece uma percepção refinada de como lidar com a variedade de relações entre direito e política, amalgamadas em políticas públicas. Ao buscarmos um método de conhecimento social cumulativo, vale muito o aprendizado de um "modelo geral".[30]

> Um modelo geral de implementação pode ser extremamente útil. O trabalho existente de implementação é parcial e fragmentado. É parcial porque o que é comumente considerado pesquisa sobre implementação, na verdade, é pesquisa sobre as várias partes do processo. É fragmentado porque esta pesquisa não está inter-relacionada ou sintetizada em nenhum lugar, ou mesmo resumida de forma sucinta em um espaço único.[31]

Apesar da clareza desse pressuposto, Clune precisou refutar a crítica ao valor de um modelo nesses termos, como se ele não fosse propriamente teórico:

---

[28] CLUNE, William H. A political model of implementation and implications of the model for public policy, research, and the changing roles of law and lawyers. *Iowa Law Review*, p. 49-125, 1983. p. 47. CLUNE, William H. Law and public policy: map of an area. *Southern California Interdisciplinary Law Journal*, v. 2, n. 1, p. 1-39, 1993. p. 2.

[29] CLUNE, William H. A political model of implementation and implications of the model for public policy, research, and the changing roles of law and lawyers. *Iowa Law Review*, p. 49-125, 1983.

[30] O modelo de Clune tem diferentes características e perspectivas; o desafio é tornar simples para o pesquisador jurídico a construção do conhecimento social.

[31] CLUNE, William H. A political model of implementation and implications of the model for public policy, research, and the changing roles of law and lawyers. *Iowa Law Review*, p. 49-125, 1983. p. 52.

> O modelo utilizado neste artigo é mais semelhante aos modelos utilizados na análise de sistemas [...como] o livro pioneiro de Easton [...] D. EASTON, *A Systems Analysis of Political Life* (1965). [...]. Alguns cientistas sociais desaprovam fortemente a palavra modelo aplicada ao tipo de modelo usado neste artigo. Wirt e Kirst sugerem que um modelo de sistemas deve ser considerado uma "teoria heurística" um "esquema heurístico" ou uma "estrutura para análise política", em vez de "teoria em seu sentido tradicional" ("um conjunto de [...] proposições relacionadas que incluem algumas leis gerais a que se pode atribuir um valor de verdade específico através de testes empíricos").[32]

Esse debate é curioso, pois o valor dos modelos heurísticos é bem conhecido nas teorias de políticas públicas. O esquema cognitivo mais notório no campo é o ciclo de políticas públicas também chamado de "heurística das fases":

> Até meados da década de 1980, a estrutura mais influente para entender o processo político – particularmente entre os acadêmicos americanos – era a "heurística das fases" ou o que Nakamura (1987) denominou "abordagem de livro didático". Conforme desenvolvido por Laswell (1956), Jones (1970), Anderson (1975) e Brewer e De Leon (1983), dividiu-se o processo político em uma série de estágios – geralmente definição de agenda, formulação e legitimação de políticas, implementação e avaliação – e discutiram-se alguns dos fatores que afetam o processo em cada etapa. A heurística das fases serviu a um propósito útil na década de 1970 e início dos anos 1980, dividindo o processo político muito complexo em estágios distintos e simulando algumas pesquisas excelentes dentro de estágios específicos – particularmente definição de agenda (Cobb, Ross e Ross 1976; Kingdon 1984; Nelson 1984) e implementação de políticas (Pressman e Wildavsky 1973; Hjern e Hull 1982; Mazmanian e Sabatier 1983).[33]

---

[32] CLUNE, William H. A political model of implementation and implications of the model for public policy, research, and the changing roles of law and lawyers. *Iowa Law Review*, p. 49-125, 1983. p. 49, nota 2. Clune recusa a crítica de "não positivista", elaborando melhor a ideia: "Neste artigo, modelo não significa um conjunto de variáveis com ligações quantificáveis especificadas e passíveis de falsificação estatística. [...] O modelo aqui apresentado é um esquema verbal de atores e interações típicos. Como tal, é descritivo de uma ampla gama de implementações. Não é de forma alguma preditivo do que pode ocorrer em implementações particulares, porque foi formulado para ser suficientemente geral para cobrir todas as implementações. O modelo é preditivo e falseável, na medida em que é inconsistente com as 'imagens' concorrentes da forma básica de implementação".

[33] SABATIER, Paul (Ed.). *Theories of the policy process*. 2. ed. Colorado: Westview Press, 2007. p. 6-7.

No entanto, segundo Sabatier, no final da década de 1980, a heurística das fases começou a ser contestada devido à imprecisão da sequência das etapas e à falta de uma explicação causal para o processo das políticas públicas. Mas é o caso de se perguntar se o verdadeiro motivo do abandono posterior dessa heurística na 2ª edição de seu livro não foi o peso do elemento jurídico, um tanto perturbador em um diálogo multidisciplinar. Apesar de sua intrínseca interdisciplinaridade, as comunidades acadêmicas de políticas públicas costumam rejeitar a abordagem jurídica.[34]

> A heurística das fases tem um viés muito legalista, de cima para baixo, e seu foco está tipicamente na aprovação e implementação de um texto legislativo. Esse foco negligencia a interação da implementação e avaliação de vários atos legislativos – nenhum deles especialmente importante – dentro de um determinado domínio de política (Hjern e Hull 1982; Sabatier 1986). A suposição de que existe um único ciclo de política focado em uma proposição legislativa simplifica demais o processo usual de múltiplos ciclos interativos envolvendo inúmeras propostas de políticas e estatutos em vários níveis de governo.[35]

Deixada de lado, a teoria jurídica precisava criar seus próprios esquemas; a necessidade de modelos específicos de relações jurídicas

[34] Conforme mencionei em BUCCI, Maria Paula Dallari. Método e aplicações da abordagem direito e políticas públicas. *Revista Estudos Institucionais*, v. 5, n. 3, 2019. p. 796. Disponível em: https://estudosinstitucionais.com/REI/issue/view/10: "No Congresso de 2019 da IPPA (*International Public Policy Association*), instituição que congrega pesquisadores do mundo inteiro sobre as políticas públicas, dentre quase 200 grupos de trabalho não havia um sequer que tratasse do tema pelo ângulo jurídico. No anúncio da recém-criada revista da Associação, havia um convite amplo, para colaborações de todas as correntes. 'The journal hosts contributions on theories of the policy process, empirical tests of models, agendasetting, decisions, policy instruments policy types, policy change, policy implementation, evaluation & appraisal, and a host of other social-scientific issues revolving around public policy. IRPP publishes both comparative studies and single case studies. Methodologically, it is completely open to individual methods (such as experiments, statistics, qualitative and interpretive methods) as well as to mixed-methods contributions. The IRPP does not discriminate against any ontological presupposition. An important aim of the journal is to publish research that has high translation value – by this, we mean policy research that makes a broad range of findings available to policy-makers, civil society organizations, pressure groups and citizens concerned about policy issues. The journal does not accept political/policy commentary, explanations of legislation and courts decisions, and personal opinions.' (http://www.ippapublicpolicy.org/announcement/international-review-of-public-policy-irppsubmit-an-article/224). A ressalva, em destaque no original, coloca no mesmo nível de produção indigna de crédito acadêmico as opiniões pessoais e políticas, as análises de legislação e decisões judiciais.

[35] SABATIER, Paul (Ed.). *Theories of the policy process*. 2. ed. Colorado: Westview Press, 2007. p. 7.

em políticas públicas é incontestável. O modelo de Clune é bastante útil para abordar a variedade de instrumentos jurídicos nas políticas públicas, considerando a pluralidade de contextos políticos. Devido à diversidade de padrões jurídicos dentro e ao redor da esfera governamental, não há alternativa para um modelo de DPP que não seja heurístico. Ele deve evoluir de uma descoberta para outra em um caminho consciente de sedimentação da aprendizagem. Esta é a única maneira de evitar uma falsa simplificação e suposições ligeiras da dominação do direito pela política. Além disso, esse tipo de modelo é necessário se quisermos traduzir em categorias jurídicas, reconhecíveis pelos operadores do direito, os objetivos progressistas em uma perspectiva transformadora. Se quisermos passar da condição de *outsiders* críticos para *insiders* ativos – ou mesmo líderes do processo transformador – precisamos buscar a reorganização dessas noções de forma sistemática, como uma teia de conceitos, normas e relações jurídicas conscientemente organizadas.

Ressalta-se a importância da contribuição do modelo de Clune, pois o que explica o esparso desenvolvimento da abordagem DPP é a supercomplexidade do assunto, aliada à escassez de fundamentação teórica e esquemas específicos de simplificação cognitiva jurídica. Segundo Sabatier, o papel desses esquemas é: i) simplificar um mundo complexo, ii) identificar as estratégias para isso; e iii) selecionar os referenciais teóricos adequados. Essa seleção é baseada na consistência dos dados trazidos pela compatibilidade entre as categorias escolhidas e os propósitos de determinada perspectiva.[36]

Um ponto adicional é a relação entre a pesquisa empírica e seus fundamentos conceituais. A alimentação recíproca de ambos os processos é condição para uma compreensão mais profunda dos fenômenos em consideração, como coloca Elinor Ostrom: "o conhecimento é aumentado pelo contínuo ir e vir de observação empírica e sérios esforços de formulação teórica".[37] Informações semelhantes em muitos cenários fornecem a base empírica para melhorar nossa compreensão teórica de como as instituições funcionam e como os indivíduos as modificam. A estruturação contínua do conhecimento, a partir dessa interação entre teoria e empiria – importante contribuição metodológica de Ostrom –[38]

---

[36] SABATIER, Paul (Ed.). *Theories of the policy process*. 2. ed. Colorado: Westview Press, 2007.

[37] OSTROM, Elinor. *El gobierno de los bienes comunes*. La evolucion de las instituciones de accion colectiva. México: FCE/Unam, 2011. p. 23.

[38] SABATIER, Paul (Ed.). *Theories of the policy process*. 2. ed. Colorado: Westview Press, 2007. p. 9.

resulta em diversos tipos de representações, com diferentes escopos, que tratam das especificidades de cada campo: i) quadro conceitual: conjunto de variáveis e relações entre eles; ii) teoria: um conjunto mais denso de relações com maior coerência lógica (o mesmo arcabouço conceitual pode ser utilizado por diferentes teorias); iii) modelo: representação de uma situação específica, geralmente com um escopo mais preciso.[39]

De acordo com essa classificação, talvez a proposta de Clune pudesse ser definida como um *framework*, entre um quadro conceitual e um modelo. Mas isso não afeta sua capacidade de fornecer uma base para a evolução do conhecimento em DPP. Aplicando-a a estudos de caso de implementação "altamente impressionistas"[40] e discutindo a escolha do método (qualitativo ou quantitativo), Clune observa que "a teoria tem uma influência profunda no método", uma vez que "a natureza da teoria pode forçar o pesquisador a pensar a realidade de maneiras completamente diferentes e a observar e relatar coisas totalmente diversas".[41] As perguntas formuladas levam às respostas possíveis. Talvez a fragilidade das contribuições do DPP como um todo e seu uso limitado se devam à falta de conhecimento de seu potencial. Este é o papel de um debate metodológico.

## 3 Um modelo para lidar com a relação entre política e direito no DPP

O papel da política é primordial para o DPP. Uma das principais contribuições do modelo político de Clune é entrelaçar o elemento jurídico com seu entorno político e social. Sob a influência do realismo

---

39 OSTROM, Elinor. Institutional rational choice: an assessment of the institutional analysis and development framework. *In*: SABATIER, Paul (Ed.). *Theories of the policy process*. 2. ed. Colorado: Westview Press, 2007. p. 21-64.

40 CLUNE, William H. A political model of implementation and implications of the model for public policy, research, and the changing roles of law and lawyers. *Iowa Law Review*, p. 49-125, 1983. p. 97.

41 CLUNE, William H. A political model of implementation and implications of the model for public policy, research, and the changing roles of law and lawyers. *Iowa Law Review*, p. 49-125, 1983. p. 96-97. "A teoria desempenha um papel tão importante quanto o tema na escolha do método de pesquisa. Teoria é tudo o que especifique o que é interessante ou significativo sobre a realidade em uma infinidade de maneiras. Para fins práticos, a realidade é infinitamente complexa, e a mente humana pode pensar sobre a realidade de infinitas maneiras. Qualquer tipo de apresentação coerente necessariamente envolve algum sistema de seleção, simplificação e ordenação. Tal sistema é chamado de teoria, embora a palavra às vezes seja aplicada de maneira mais limitada aos sistemas formais. Nesse sentido, a teoria não é acadêmica ou esotérica; é simplesmente inevitável, embora possa ser feita inconscientemente ou mal feita".

jurídico, o direito em ação é colocado em perspectiva para analisar as interações entre atores e organizações no processo de implementação. Ainda é muito inovador superar "a defasagem entre a cultura jurídica e a realidade jurídica", compondo "as construções formais da jurisprudência, da pesquisa jurídica e da análise de políticas com aspectos práticos do processo jurídico moderno".[42] Essa composição abriga uma tensão entre tendências opostas; "desde o advento do realismo jurídico, o discurso jurídico baseia-se amplamente em 'argumentos de política', referindo-se a algo poderoso e periférico ao significado do texto".[43] Em *Legal disintegration and a theory of the state*,[44] indiscutivelmente sob a influência da literatura alemã sobre o Estado,[45] Clune demonstra a interação dialética entre o *mainstream* jurídico – propriedade, contratos e delitos – e um novo mundo jurídico que abarca regulação, direito público, e os campos que surgiram no contexto do Estado administrativo. As duas correntes – a tradicional e a nova, ou a privada e a pública – são interdependentes, como mostra uma sofisticada observação dos modos de sua integração.

Os padrões de relações entre direito e política integram o modelo geral do DPP[46] como sua contribuição mais notável. Isso pode ser visto

---

42 CLUNE, William H. A political model of implementation and implications of the model for public policy, research, and the changing roles of law and lawyers. *Iowa Law Review*, p. 49-125, 1983. p. 50-51.

43 CLUNE, William H. A political model of implementation and implications of the model for public policy, research, and the changing roles of law and lawyers. *Iowa Law Review*, p. 49-125, 1983. p. 1.

44 CLUNE, William H. Legal Disintegration and a theory of the state. *In*: TRUBEK, David; JOERGES, Christian (Org.). *Critical legal thought*: an American-German debate. Baden-Baden: Nomos Verlagsgesellschaft, 1989. p. 187-208. [N.T. Confira-se o artigo traduzido, *Desintegração jurídica e uma teoria do Estado*, neste livro].

45 Clune tem uma colaboração com Gunther Teubner em uma série de capítulos publicados durante uma temporada europeia. As referências ao trabalho de Clune por Teubner, especialmente quanto ao problema dos modelos e teorias, registram esse debate significativo. *Vide*, por exemplo, TEUBNER, Gunther. After legal instrumentalism. Strategic models of post-regulatory law. *In*: TEUBNER, Gunther. *Dilemmas of Law in the Welfare State*. New York/Berlin: Walter de Gruyter, 1988. p. 299-325, ou o capítulo de Clune em: TEUBNER, Gunther; FEBBRAJO, Alberto (Ed.). *State, law, and economy as autopoietic systems*: regulation and autonomy in a new perspective. Milan: Giuffrè, 1992.

46 CLUNE, William H. A political model of implementation and implications of the model for public policy, research, and the changing roles of law and lawyers. *Iowa Law Review*, p. 49-125, 1983. p. 47. "Com um modelo geral, a pesquisa sobre implementação pode ser categorizada de acordo com vários fatores, como qual parte do processo é descrita e qual ponto de vista é adotado. Além de ajudar a organizar a pesquisa existente, um modelo geral ajuda a entender o processo de implementação e, portanto, tem valor teórico. O próprio modelo tem um certo poder preditivo, explicativo e sensibilizador a respeito do que provavelmente ocorrerá durante a implementação e por quê. A simples apresentação do processo em sua forma real nega tacitamente uma legião de possíveis

como uma conexão com uma agenda intelectual apresentada pelos *Critical Legal Studies* (CLS). Mas a perspectiva de Clune parece mais promissora para uma abordagem DPP.

Unger critica o movimento frustrante dos CLS, que denunciava a política escondida sob a aparente neutralidade do direito. Com o pretexto de aperfeiçoar a lei com base em princípios e políticas, os progressistas têm equivocadamente reforçado a posição formalista. Em vez de lutar contra as formas básicas que moldam as relações na sociedade capitalista – livre mercado e democracia republicana (o que ele chama de raciocínio tipológico) –, os progressistas contribuíram para aprimorar essa tipologia. E eles acabaram perdendo "a disputa política sobre o conteúdo da lei".[47]

Esse tipo de raciocínio polarizado sobre o direito, especialmente contra a construção jurídica sistêmica que surgiu a partir do século XIX, não é novo. Muitos estudiosos tentaram desconstruí-lo. Mas a construção sem lacunas, formalmente estruturada, de "concepções, categorias e regras, que juntas definem um plano de vida comum"[48] parece permanecer sólida. Pierre Bourdieu refere-se à ineficácia da tradição crítica marxista em desconstruir a neutralidade do Estado, produzindo uma espécie de contra-abordagem:

> Essa visão crítica do Estado costuma ser aceita sem discussão. Se é fácil dizer coisas fáceis sobre o Estado, é porque, tanto por posição como por tradição [...], os produtores e os receptores de discursos sobre o Estado têm de bom grado uma disposição um pouco anarquista, uma disposição de revolta socialmente instituída contra os poderes. [...] elas [...] na verdade, a meu ver, não são mais que a inversão pura e simples da definição ordinária, e têm em comum com essa definição reduzir a questão do Estado à questão da função, e substituir o Estado divino por um Estado diabólico, substituir o funcionalismo do melhor – o Estado como instrumento de consenso, como lugar neutro em que se administram os conflitos – por um Estado diabólico, diabolus in

---

hipóteses rivais sobre o processo de implementação e sensibiliza os pesquisadores sobre o que investigar. Além disso, certas implicações gerais do modelo podem ser inferidas de maneira útil, especialmente na medida em que essas ideias se afastam de outras visões de implementação ou têm implicações óbvias para a pesquisa. Quando parte do processo é considerada sem referência a outras partes, pode faltar uma noção das restrições realistas sobre as alternativas de implementação".

47 UNGER, Roberto Mangabeira. *The critical legal studies movement*: another time, a greater task. London/New York: Verso, 2015.

48 UNGER, Roberto Mangabeira. *The critical legal studies movement*: another time, a greater task. London/New York: Verso, 2015. p. 54.

machina, um Estado que funciona sempre para o que chamo de "o funcionalismo do pior", a serviço dos dominantes, de maneira mais ou menos direta e sofisticada.[49]

Talvez isso esteja enraizado na batalha entre as estratégias dos movimentos de trabalhadores no rescaldo da Primeira Guerra Mundial, com a criação da União Soviética como um divisor de águas para abordagens de reforma ou revolução. Os reformistas defendiam um processo de transformação incremental dentro das instituições, especialmente o parlamento, enquanto os revolucionários só acreditavam nas rupturas mais profundas das estruturas de cada sociedade.[50] A força da ideia revolucionária é tão grande entre a esquerda tradicional que o reformismo tem sido retratado como um conformismo social, senão a traição de propósitos emancipatórios, ainda que o caminho principal para as práticas progressistas fosse reformista, construído por coalizões políticas e aprovado pelos parlamentos. A narrativa revolucionária contra as estruturas do capitalismo parece ter dificultado o desenvolvimento do pensamento jurídico reformista,[51] apesar de sua enorme importância no funcionamento do Estado de bem-estar social nas décadas seguintes, com a participação de partidos progressistas (social-democratas, socialistas e democratas-cristãos,[52] em países europeus) na elaboração de legislação fundamental para implementar direitos.

Outra característica marcante do trabalho de William Clune é contribuir para fechar essa lacuna, pois ele apresenta abertamente a

[49] BOURDIEU, Pierre. *On the state*: lectures at the College de France, 1989-1992. Tradução de David Fernbach. Cambridge: Polity Press, 2014. p. 6. A transcrição é da edição brasileira, *Sobre o Estado* (Tradução de Rosa Freire d'Aguiar. São Paulo: Companhia das Letras, 2012. p. 37). Unger tem uma crítica semelhante à teoria marxista. "A autoproclamada tarefa central da ciência jurídica do século XIX tinha sido a de descobrir o que era o conteúdo jurídico embutido de um tipo de organização social, política e econômica: notadamente, o regime jurídico de uma "sociedade livre". Era uma concepção que os juristas conservadores compartilhavam com as teorias sociais de esquerda do mesmo período, mesmo aquelas, como o marxismo, que viam o regime vigente como destinado a ser superado. De acordo com essa ideia tipológica, a ordem institucional e ideológica estabelecida, expressa em lei, é um sistema indivisível, com substância jurídica inerente, não apenas uma amálgama solta e contingente de compromissos, imposições e acidentes" (UNGER, Roberto Mangabeira. *The critical legal studies movement*: another time, a greater task. London/New York: Verso, 2015. p. 8).

[50] LUXEMBURGO, Rosa. *Reform or revolution?* 2. ed. Paris: Foreign Languages Press, 2020.

[51] BUCCI, Maria Paula Dallari. A questão da unidade nas relações entre o jurídico e o político: do reformismo do Estado social à renovação da teoria do Estado. *Revista de Estudos Institucionais*, v. 7, n. 3, p. 908-933, 2021.

[52] ACETTI, Carlo I. *What is Christian democracy?* Politics, religion and ideology. Great Britain: Cambridge University Press, 2019.

implementação como a "fabricação da política reformista".[53] Apesar de pertencer a uma tradição diferente, o reformismo estadunidense que emergiu com o progressismo,[54] o contraste desse com a concepção revolucionária estruturalista permanece válido.

Seguindo a trilha dos CLS sobre as conexões entre os planos jurídico e político, Clune lança luz sobre os momentos de formação e implementação de políticas como um *continuum* no processo legislativo. Isso supera a ideia tradicional de um momento político de criação do direito, seguido de uma fase técnico-jurídica de sua aplicação, o dilema descrito por Unger: "o jurista é [...] expressão da ordem normativa imanente na vida social com o direito como resultado contingente de lutas políticas que terminam com a legislação".[55] Essa visão tradicional também coloca um problema político ao desafiar os fundamentos democráticos do processo legislativo:

> Aqueles que lutaram na política pelo conteúdo da lei em nome de interesses e visões conflitantes teriam agido como servos involuntários de uma lógica imanente da evolução social. Se o tivessem feito, a pretensão da democracia de submeter os termos da vida social à autodeterminação coletiva estaria desacreditada.[56]

A teoria de Clune oferece parâmetros para ir além da noção ingênua do senso comum de que precisamos "purificar" o direito da política. Talvez não exista um direito único, mas diferentes expressões do fenômeno jurídico. A questão é como diferentes movimentos organizados – progressistas e reacionários, nas palavras dele – lutam para moldar o direito de acordo com seus interesses. A formação de políticas públicas é a primeira etapa da disputa política, quando

---

[53] CLUNE, William H. A political model of implementation and implications of the model for public policy, research, and the changing roles of law and lawyers. *Iowa Law Review*, p. 49-125, 1983. p. 78. A tradição reformista nos EUA tem uma história própria, baseada não no movimento operário internacional, mas principalmente no progressismo nacional, a partir do final do século XIX.

[54] LEVINE, Daniel. *Varieties of reform thought*. 1. ed. Madison: The State Historical Society of Wisconsin, 1964. v. 52.

[55] "[...] há um contraste entre o direito como corporificação de princípios impessoais do justo ou de políticas responsivas ao interesse coletivo e o direito como acordos *ad hoc*, ou linhas de trégua, entre interesses e ideologias, em colisão" (UNGER, Roberto Mangabeira. *O movimento de estudos críticos do direito*: outro tempo, tarefa maior. Belo Horizonte: Letramento; Casa do Direito, 2017. p. 11-94; 14). A versão brasileira do artigo tem algumas diferenças em relação ao original publicado nos EUA.

[56] UNGER, Roberto Mangabeira. *The critical legal studies movement*: another time, a greater task. London/New York: Verso, 2015. p. 6.

grupos organizados obtêm um comando jurídico; a implementação é a especificação desse comando. O conflito está presente em todo o espectro da criação jurídica, desde o anteprojeto até a decisão judicial:[57]

> O modelo é político no sentido de que as duas fases da elaboração do direito – formação e implementação de políticas públicas – são representadas como um processo de luta, conflito e compromisso entre grupos de interesse em conflito. [...] diferentes fases podem envolver diferentes equilíbrios de poder, e a política pode assumir formas bastante diferentes.[58]

O elemento político é a chave do modelo. A política é o impulso que dá movimento ao processo jurídico; "Os reformadores sociais e seus oponentes estão ativos em todas as etapas".[59] A ideia de conflito entre forças em disputa é o fio condutor do mapa metodológico apresentado no modelo político. A implementação é um processo interativo, com ações e reações ao longo do processo jurídico, independentemente da arena, dos processos legislativos ou administrativos, ou também dos tribunais:[60]

---

[57] "A política é um componente intrínseco e essencial do DPP. As políticas são feitas pela política. O DPP envolve as ações políticas, partidos políticos e grupos de interesse que buscam reformas, bem como aqueles que mantêm reformas progressistas em vigor ou buscam contenção. Em certo sentido, as políticas – e a implementação das políticas – representam equilíbrios aluviais fluidos sem fim nas marés inconstantes da política. O DPP inclui esforços intencionais, organizados, planejados e potenciais para mudar as regras. Trata-se de esforços de reforma progressiva visando estender o bem-estar e a equidade públicos, planejados, em andamento e concluídos, os movimentos sociais e os atores que apoiam essa mudança, e o oposto – esforços de mudança reacionários destinados a erodir leis e instituições progressistas – às vezes com divergências sobre quais políticas atendem ou não o maior bem comum. Talvez possamos distinguir DPP-P, DPP progressista, de DPP-R, DPP reacionário, porque os ativistas do DPP de ambas as direções exigem o mesmo conjunto de conhecimentos e habilidades" (CLUNE, William H. Law and public policy: what is it, skills of practitioners and researchers, research designs and methods, law school courses. *University of Wisconsin Legal Studies Research Paper*, n. 1751, 2022. p. 2).

[58] CLUNE, William H. A political model of implementation and implications of the model for public policy, research, and the changing roles of law and lawyers. *Iowa Law Review*, p. 49-125, 1983. p. 53; 68. "A estrutura de uma lei e sua história legislativa não só podem revelar a natureza das aspirações sociais subjacentes, mas também podem ajudar a explicar o alcance técnico e os limites da positivação de um objetivo social".

[59] CLUNE, William H. A political model of implementation and implications of the model for public policy, research, and the changing roles of law and lawyers. *Iowa Law Review*, p. 49-125, 1983. p. 55.

[60] CLUNE, William H. A political model of implementation and implications of the model for public policy, research, and the changing roles of law and lawyers. *Iowa Law Review*, p. 49-125, 1983. p. 54.

> Qualquer ação jurídica ou política pode ser recebida com uma reação das organizações afetadas. Assim, um projeto de lei ou uma decisão judicial introduzida para fazer valer direitos civis pode encontrar iniciativas legislativas destinadas a diluí-lo ou reforçá-lo. Os regulamentos promulgados sob a legislação podem encontrar resistência política e os regulamentos podem ser revogados. Medidas de execução, como sanções ameaçadoras, podem ser recebidas com uma reação política destinada a esvaziar a ameaça [...].[61]

Esta abordagem realista fomenta a integração de instrumentos jurídicos na formulação de políticas. Para descrever os resultados dos movimentos de oposição,[62] propõe-se um diagrama de condutas jurídicas: i) leis (mandamentos legais); ii) incentivos jurídicos (essencialmente execução); e iii) cumprimento ou descumprimento jurídico.[63] Eles são organizados logicamente em uma sequência de interações-padrão: I) o ciclo descendente: i) formação de políticas; ii) implantação de incentivos jurídicos; iii) respostas das organizações reguladas; iv) interações de implantação/resposta; e II) o ciclo ascendente: i) influência sobre as políticas formais das agências reguladoras por *insiders* e alianças *insider/outsider*; ii) influência sobre os legisladores, por *insiders* e *outsiders*, para obter mudanças na legislação.[64]

Esse agrupamento e descrição de padrões permitem uma percepção ao mesmo tempo concreta e generalizável. A relação entre conhecimento empírico e categorias abstratas[65] revela sua importância

---

[61] CLUNE, William H. A political model of implementation and implications of the model for public policy, research, and the changing roles of law and lawyers. *Iowa Law Review*, p. 49-125, 1983. p. 56.

[62] CLUNE, William H. A political model of implementation and implications of the model for public policy, research, and the changing roles of law and lawyers. *Iowa Law Review*, p. 49-125, 1983. p. 59.

[63] CLUNE, William H. A political model of implementation and implications of the model for public policy, research, and the changing roles of law and lawyers. *Iowa Law Review*, p. 49-125, 1983. p. 54, tabela 1.

[64] CLUNE, William H. A political model of implementation and implications of the model for public policy, research, and the changing roles of law and lawyers. *Iowa Law Review*, p. 49-125, 1983. p. 57, tabela 2.

[65] "As teorias de sanção também se caracterizam por um alto grau de abstração. A ideia de que 'cenouras funcionam melhor que porretes, por exemplo, pode ser afirmada como válida em todas as áreas do direito substantivo e em todos os contextos institucionais. Em teoria, há um *trade-off* neutro entre abstração e concretude. As teorias abstratas sacrificam o realismo e as afirmações contingentes de como se aplicam a circunstâncias particulares; mas eles fornecem poder, podem ser generalizadas e são facilmente comunicadas. Teorias altamente concretas são realistas e apropriadamente qualificadas para circunstâncias individuais; mas, devido à sua idiossincrasia, podem fornecer pouco conhecimento geral

quando aplicada a sanções legais, pois a opção de cumprir ou não as regras não é apenas um problema jurídico, mas principalmente uma escolha estratégica orientada pela razão política. A violação é uma referência importante para o significado da lei, pois "o 'fim' de uma lei não existe em abstrato; existe em argumentos de que a letra ou o espírito de uma lei está sendo violado".[66] A teoria da sanção[67] trata da plasticidade do uso de coerção ou incentivos por parte das autoridades políticas, indo muito além do senso comum crítico que denuncia a manipulação de sanções como uma questão política rasa.

O modelo apresenta um conjunto de variações que explicam diferentes táticas embutidas na modelagem de políticas públicas: luta, conflito e compromisso. As vitórias políticas na obtenção de instrumentos ou símbolos jurídicos também são apresentadas em uma gradação: compromisso, vitória simbólica e fracassos. Essa paleta analítica matizada pode ser aplicada em qualquer fase do processo jurídico.

Finalmente, Clune diferencia políticas públicas e política nos níveis macro e micro do direito moderno, uma refinada perspectiva dual para lidar com questões políticas dentro do sistema jurídico. Em sua opinião, no sistema federal dos EUA, a política e a legislação nacionais são projetadas e promulgadas por meio da política em um nível macro (no topo), enquanto a implementação e suas políticas operam localmente (na base):

---

útil. O conhecimento altamente idiossincrático é essencialmente secreto. [...] uma boa teoria abstrata é extremamente útil. A teoria abstrata fornece uma perspectiva mais ampla e também generaliza a partir de pesquisas concretas para evitar estudos particularizados redundantes" (CLUNE, William H. A political model of implementation and implications of the model for public policy, research, and the changing roles of law and lawyers. *Iowa Law Review*, p. 49-125, 1983. p. 81).

66 CLUNE, William H. A political model of implementation and implications of the model for public policy, research, and the changing roles of law and lawyers. *Iowa Law Review*, p. 49-125, 1983. p. 53-54.

67 "A maior categoria de pesquisa de implementação se enquadra na chamada 'teoria da sanção'. As teorias de sanção postulam uma relação entre, de um lado, tipo e intensidade da intervenção governamental e, de outro, o grau e tipo de cumprimento ou não cumprimento. Nesse sentido, tanto as teorias de regulação (que tipo de mecanismo jurídico funciona melhor) quanto as teorias de incentivos e dissuasão (o efeito das recompensas versus o efeito das punições) são consideradas teorias de sanção. A relação geral explorada pelas teorias de sanção é aquela entre intervenções governamentais com características específicas e respostas de conformidade resultantes" (CLUNE, William H. A political model of implementation and implications of the model for public policy, research, and the changing roles of law and lawyers. *Iowa Law Review*, p. 49-125, 1983. p. 78).

> Consideradas separadamente, as implementações constituem o micronível do direito moderno, as interações entre organizações sobre programas sociais específicos. Novas funções para o direito e os juristas normalmente são experimentadas neste nível, o nível de ação intencional e conflito político. [...] O direito no Estado moderno consiste em organizações que se confrontam em setores legalizados de políticas públicas – setores do governo interagindo com governos sombra criados para enfrentá-los. Como o direito moderno no nível macro diz respeito à coordenação e legitimação dessa legião de interações substantivas, novos papéis jurídicos no nível macro normalmente são experimentados por representantes políticos e juízes de instâncias superiores, bem como por elites informacionais.[68]

Curiosamente, desenvolvi um arcabouço diferente, a partir de outras fontes, no qual a perspectiva de *zoom* da ação governamental se divide em três níveis semelhantes: macro, meso e microinstitucional.[69] A última concentra-se nos burocratas e reguladores, enquanto a primeira é o domínio da "classe dirigente". O nível intermediário é onde se localiza a composição dos arranjos jurídico-institucionais. Essa diferenciação é importante ao examinar os papéis dos partidos políticos e das burocracias regulares no compartilhamento de funções políticas. Embora o compromisso político e a racionalidade substantiva (consequencialismo) sejam forças paralelas que impulsionam a transformação por meio do direito, cada um tem sua razão de ser. A racionalidade substantiva atua por meio de categorias e linguagem

---

[68] CLUNE, William H. A political model of implementation and implications of the model for public policy, research, and the changing roles of law and lawyers. *Iowa Law Review*, p. 49-125, 1983. p. 99.

[69] "Os vínculos entre direito e política podem ser considerados a 'interdisciplinaridade primeva'. Ao analisá-los, é possível perceber como essa articulação funciona em três níveis distintos: a) no *nível micro*, que descreve as relações entre os indivíduos de forma granular, concernente a regras específicas aplicadas aos atores de uma política pública; b) no *nível meso*, que diz respeito à organização dos fatores que conferem unidade a um determinado ordenamento jurídico-institucional; e c) no *nível macro*, no qual se localizam os conflitos entre as principais forças políticas organizadas e que orientam as decisões fundamentais das políticas públicas. No *nível macro*, o Estado social é definido pela prevalência sistemática de políticas públicas que privilegiam objetivos progressistas. No *nível meso*, as políticas públicas podem ser definidas como programas de ação governamental resultantes de um conjunto de processos juridicamente regulados, visando coordenar atividades públicas e privadas para a consecução de objetivos determinados. No *nível micro*, os esforços devem ser orientados para o aprimoramento de cada um dos aspectos específicos da política pública, inclusive os jurídicos. Capturar as melhores práticas, que resultaram em melhor oferta de serviços públicos geradores de bem-estar social e de legitimidade política, em todos os níveis, é uma tarefa do DPP" (BUCCI, Maria Paula Dallari. Law and public policy in Brazil and the United States: a North-South dialogue. *Social Science Research Network*, 2022).

jurídicas. Para produzir soluções jurídicas em larga escala ou ampliar as existentes, os padrões de compromisso político devem ser traduzidos em procedimentos legais. Isso acontece com aqueles aplicados à construção de consenso – audiências públicas, negociação, mesas redondas na elaboração de normas reguladoras etc. – e com os instrumentos de coordenação e articulação, vitais para uma abordagem DPP.

Mas, em políticas públicas bem-sucedidas, corre-se o risco de esvaziar seu caráter político. Quando elas se concretizam – em conjunto com uma gestão adequada, desenho jurídico-institucional satisfatório e financiamento suficiente – há uma tendência à invisibilidade. O desempenho das políticas públicas não é percebido, exceto em casos de insucesso. Isso ameaça corroer o apoio político de que elas precisam, juntamente com gestão, financiamento e bases legais sólidas.

Assim, podemos ver uma amostra de questões para uma agenda de pesquisa em DPP. Assumir a pluralidade de expressões tanto da política quanto do direito, tratá-las de forma mais intencional por meio das políticas públicas significa obter uma compreensão mais acurada da relação entre essas variações. O modelo de Clune abriu caminho para isso.

## 4 Observações finais. As aplicações do modelo de Clune na perspectiva de um diálogo transnacional em DPP

Desde que os movimentos do mundo em desenvolvimento começaram a explorar a clivagem entre países centrais ("Norte") e países periféricos ("Sul Global"), o diálogo entre eles evoluiu. O chamado diálogo Sul-Sul[70] contribuiu com uma perspectiva crítica sobre a ideia de importar instituições do mundo desenvolvido como forma de acelerar o desenvolvimento no Sul Global. No entanto, essa clivagem esconde que, especialmente no nível meso, considerando não os principais movimentos políticos, mas as medidas no nível intermediário de implementação, pode haver muitas semelhanças entre as experiências no mundo desenvolvido e em desenvolvimento. Apesar das diferenças no nível macro, como as que advêm da posição na história colonial, talvez possa haver um aprendizado recíproco frutífero do Sul e do Norte sobre o DPP, devido à maior riqueza de experiências em políticas públicas.

---

[70] SANTOS, Boaventura Sousa. *Epistemologies of the South.* Justice against epistemicide. London/New York: Routledge, 2016.

Nem todos dependem exclusivamente de recursos abundantes, como observado acima. Por exemplo, o controle legislativo de uma política, sujeita à pressão de grupos de interesse,[71] segue padrões políticos e sociais que podem ser compreendidos em diferentes países.

Em algumas questões, os progressistas brasileiros parecem estar trilhando um caminho inspirado no *New Deal* em relação ao Estado de bem-estar social.[72] Essa experiência histórica influenciou a onda de democratização global na década de 1990 – na América Latina, nos países do Sul da Europa (Portugal e Espanha, que se consideram periferia da Europa, junto com Grécia, Irlanda e Itália) e na África do Sul, onde se originou a expressão "constituição transformadora".[73]

Da Índia e da África do Sul vêm os autores de um dos raros livros que adotam uma perspectiva geral sobre DPP, ancorada no constitucionalismo transformador sob o título *Transformative law and public policy*.[74] O primeiro capítulo começa com a intrigante questão: por que o direito é central para o processo de políticas públicas no Sul Global?[75] Vindo do Brasil, no Sul Global, pergunto-me o que pode haver de específico no DPP do Sul, acreditando que parte da resposta pode ser encontrada nas expectativas colocadas no papel das constituições recém-editadas.

> Como o direito interfere nas políticas públicas? [...] A lente constitucional enquadra o direito como um local de valores que devem orientar e modular a formulação de políticas públicas. Argumentamos que, par-

---

[71] Este problema é analisado em relação à questão da igualdade de gastos em disputas esportivas intercolegiais masculinas e femininas em: CLUNE, William H. A political model of implementation and implications of the model for public policy, research, and the changing roles of law and lawyers. *Iowa Law Review*, p. 49-125, 1983. p. 68-69.

[72] Observação de Clune aos trabalhos apresentados por pesquisadores e alunos brasileiros no seminário/aula *on-line* Direito e políticas públicas: um diálogo Sul-Norte, em 26.5.2022, na Faculdade de Direito da Universidade de São Paulo (Disponível em: https://www.youtube.com/watch?v=eKLhId8HJdI). Os resumos dos artigos podem ser encontrados em: CLUNE, William H. Law and public policy: what is it, skills of practitioners and researchers, research designs and methods, law school courses. *University of Wisconsin Legal Studies Research Paper*, n. 1751, 2022. Apêndice A.

[73] BUCCI, Maria Paula Dallari. Law and public policy in Brazil and the United States: a North-South dialogue. *Social Science Research Network*, 2022.

[74] PELLISSERY, Sony; MATHEW, Babu; GOVINDJEE, Avinash; NARRAIN, Arvind (Ed.). *Transformative law and public policy*. London/New York: Taylor & Francis Group, 2020.

[75] MATHEW, Babu; PELLISSERY, Sony; NARRAIN, Arvind. Why is law central to public policy process in global South? *In*: PELLISSERY, Sony; MATHEW, Babu; GOVINDJEE, Avinash; NARRAIN, Arvind (Ed.). *Transformative law and public policy*. London/New York: Taylor & Francis Group, 2020. p. 1.

ticularmente no Sul Global, onde a legitimidade do Estado pós-colonial é baseada em sua capacidade de garantir justiça social, econômica e política ao seu povo, as constituições se tornam a fonte de valores.[76]

Assim como eu, esses autores também realizaram uma revisão de literatura[77] que os deixou igualmente frustrados pela falta de uma base teórica comum para o DPP:

> Uma revisão de revistas acadêmicas que tratam da questão do direito e da política [...] não consegue encontrar um terreno comum entre essas duas disciplinas. Apesar disso, essas duas disciplinas invocam o apoio uma da outra para sua própria eficácia. A clareza política é considerada uma precursora da boa lei. Da mesma forma, sem traduzir políticas em textos jurídicos, com autoridade legal, há muito pouca força para a política.[78]

Os autores demonstraram preocupação semelhante com o problema da efetividade, pois nos países em desenvolvimento é frequente a expectativa de que a lei confira às políticas públicas uma força que não pode ser extraída da própria organização política.[79] Apesar de não ter a afluência industrial que sustentava uma economia de livre mercado e os acordos entre capital e sindicatos, os países do Sul Global muitas vezes esperam que a adoção de arranjos jurídico-institucionais semelhantes aos do mundo desenvolvido seja suficiente para fazer valer os direitos constitucionais.

---

76 PELLISSERY, Sony; MATHEW, Babu; GOVINDJEE, Avinash; NARRAIN, Arvind (Ed.). *Transformative law and public policy*. London/New York: Taylor & Francis Group, 2020. Prefácio, p. xl.

77 Apresentando alguns dos autores citados por SOUZA, Matheus; BUCCI, Maria Paula Dallari. O estado da arte da abordagem direito e políticas públicas em âmbito internacional: primeiras aproximações. *Revista Estudos Institucionais*, v. 5, n. 3, p. 833-855, 2019.

78 MATHEW, Babu; PELLISSERY, Sony; NARRAIN, Arvind. Why is law central to public policy process in global South? *In*: PELLISSERY, Sony; MATHEW, Babu; GOVINDJEE, Avinash; NARRAIN, Arvind (Ed.). *Transformative law and public policy*. London/New York: Taylor & Francis Group, 2020. p. 1.

79 "Um exame minucioso dos julgamentos das Supremas Cortes do Sul Global mostra como o 'interesse público' é deliberadamente incorporado ao legalismo nessas constituições. Curiosamente, no Sul Global, onde a impunidade é alta, o maior número de processos judiciais é contra o Estado. Portanto, o modo como o constitucionalismo protege as liberdades individuais contra a autoridade do Estado se torna mais importante no Sul Global" (MATHEW, Babu; PELLISSERY, Sony; NARRAIN, Arvind. Why is law central to public policy process in global South? *In*: PELLISSERY, Sony; MATHEW, Babu; GOVINDJEE, Avinash; NARRAIN, Arvind (Ed.). *Transformative law and public policy*. London/New York: Taylor & Francis Group, 2020. p. 5).

Mas o papel do mercado e sua relação com o Estado nesse modelo é polêmico. Um sistema de livre empresa, conceito central para o modelo de William Clune,[80] é rejeitado pelos autores indianos. Eles defendem que o Estado tem múltiplos papéis na economia; além da regulamentação – às vezes excessiva ou disfuncional –, esperam-se subsídios para um conjunto muito diversificado de atividades consideradas relevantes.

Estes são temas importantes para o diálogo intercultural. Analisá-los nessa perspectiva significa enfrentar a conhecida dificuldade da pesquisa comparativa. Uma maneira de abordá-la é escolher padrões comparáveis, como a tipologia de Esping-Andersen mencionada anteriormente. O modelo DPP proposto por William Clune pode fornecer uma base para a construção de tipologias ou diagramas específicos, desenvolvendo as relações entre direito e política descritas acima. Práticas jurídicas dentro de programas selecionados, como educação e saúde, podem ser objeto de comparação. Mas como os juristas geralmente não têm formação para comparar os resultados das políticas em economia, finanças e assuntos específicos como dados educacionais e estatísticas de saúde, uma estratégia para a abordagem DPP pode ser focar em categorias significativas de desenho jurídico-institucional ou em procedimentos para implementação de políticas públicas, seguindo o caminho do modelo político: implementação, desde o momento da promulgação da lei até a decisão judicial final sobre sua validade.[81]

Concluo este artigo com o registro do diálogo que travei com o Professor Clune quando apontei a institucionalização como uma categoria significativa para o trabalho jurídico. Derivada do conceito de

---

[80] "O título deste artigo pode parecer estranho e contraditório. Como poderia haver livre-iniciativa, um estado ativo e progressismo? Escolhi o termo Estado ativo referindo-se a um consenso bipartidário nos tempos modernos de que o governo dos EUA tem um papel forte na garantia de resultados como prosperidade, emprego, seguro contra perdas e educação e desenvolvimento humano. Qualquer noção de acordo bipartidário sobre o papel do governo federal pode parecer estranha em um momento de conflito feroz sobre seu papel. Mas, como veremos, ambos os partidos políticos apoiam a livre-iniciativa como fonte de prosperidade e empregos, bem como muitos aspectos da lei federal criada durante eras progressistas que impedem a ruptura da economia, asseguram a perda de renda e apoiam a educação. O conflito é real, mas se concentra em certos tipos de políticas e programas. Uma questão-chave a ser discutida é quais partes do estado ativo e do progressismo são estáveis e seguras e quais partes estão sitiadas e em risco de recuo ou mesmo destruição" (CLUNE, William H. Progressivism in the active free enterprise state: fluidity, fragmentation, and stability. *New Legal Realism. Empirical Law and Society*, 31 mar. 2022).

[81] CLUNE, William H. A political model of implementation and implications of the model for public policy, research, and the changing roles of law and lawyers. *Iowa Law Review*, p. 49-125, 1983.

instituição – que significa permanência, organização e despersonalização, segundo Santi Romano,[82] autor italiano conservador do início do século XX –, a institucionalização é um conceito-chave para entender como as políticas são construídas. Ela surge como movimento da sociedade demandando a regulamentação de determinado campo em termos de regras formais. Por essa razão, a formação jurídica é importante em políticas públicas quando o foco é o desenho jurídico-institucional, os arranjos jurídicos-institucionais e os modelos institucionais, problemas que exigem *expertise* jurídica para lidar com a tradução da vontade política e social em disposições legais, comandos jurídicos e normas que moldam os incentivos.

E o comentário de William Clune foi o seguinte:

> O que torna as comparações possíveis é que os países tendem a definir e implementar políticas em áreas padronizadas, como saúde, assistência a pessoas de baixa renda, educação, meio ambiente, saneamento, habitação, alimentação etc., equidade e promoção do bem-estar geral. As políticas tornam-se semelhantes devido aos problemas comuns que enfrentam e aos modelos e desenhos de políticas comuns para cada área que foram disseminados e difundidos pelas sociedades. Esses modelos são frequentemente acompanhados por pesquisas sobre a eficácia relativa de diferentes opções de políticas, como renda básica universal versus seguro-desemprego. Mas as histórias e os caminhos específicos das políticas em diferentes países são específicos em cada contexto e dependem do caminho. Diálogos interculturais sobre políticas normalmente requerem tradução do contexto local. Certamente, a "tradução de políticas" também é necessária dentro de um ambiente cultural comum devido às complexidades do desenho e do conhecimento técnico em diferentes áreas de políticas (educação, meio ambiente, saúde etc.). Um especialista em política educacional pode não ser tão especialista em política ambiental. Tanto dentro das sociedades como na relação entre elas, uma estrutura geral para DPP e familiaridade com diferentes áreas de políticas são importantes nos debates sobre políticas.
>
> Um fator complicador é que as políticas públicas não são apenas complexas e dependentes do caminho, mas frequentemente envolvem política e direito sobrepostos nos níveis nacional, regional e local, bem como múltiplos atores, políticas complexas e esforços de mudança distribuídos. Referir-se a esses mosaicos de políticas como "instituições" pode superestimar a possibilidade de coerência das políticas. O institucionalismo é provavelmente mais útil como uma estrutura para pesquisa, projeto e ação em torno das principais estruturas duráveis

82 ROMANO, Santi. *L'ordinamento giuridico*. Firenzi: Sansoni, 1962.

da política de bem-estar social. Mas existe alguma medida de institucionalização nas peças ou fragmentos do mosaico de políticas em jogo em um determinado momento. As reformas estão sempre em algum movimento de avanço ou recuo em direção à coerência e eficácia. Os pesquisadores podem ajudar localizando reformas com referência a algum objetivo mais eficaz e entendendo a estrutura jurídica profunda da solução de problemas de bem-estar social, conforme proposto em nosso *framework* de DPP.[83]

## Referências

ACETTI, Carlo I. *What is Christian democracy?* Politics, religion and ideology. Great Britain: Cambridge University Press, 2019.

ACKERMAN, Bruce A. Foreword: law in the activist state. *The Yale Law Journal*, v. 92, p. 1083-1084, 1983.

BOURDIEU, Pierre. *On the state*: lectures at the College de France, 1989-1992. Tradução de David Fernbach. Cambridge: Polity Press, 2014.

BRADLEY, Phillips. Prefácio. *In*: BEARD, Charles. *Public policy and the general welfare.* Nova Iorque: Farrar and Rinehart, 1941.

BUCCI, Maria Paula Dallari. A questão da unidade nas relações entre o jurídico e o político: do reformismo do Estado social à renovação da teoria do Estado. *Revista de Estudos Institucionais*, v. 7, n. 3, p. 908-933, 2021.

BUCCI, Maria Paula Dallari. Law and public policy in Brazil and the United States: a North-South dialogue. *Social Science Research Network*, 2022. Disponível em: https://ssrn.com/abstract=4095414 e http://dx.doi.org/10.2139/ssrn.4095414.

BUCCI, Maria Paula Dallari. Método e aplicações da abordagem direito e políticas públicas. *Revista Estudos Institucionais*, v. 5, n. 3, 2019. Disponível em: https://estudosinstitucionais.com/REI/issue/view/10.

CLUNE, William H. A political model of implementation and implications of the model for public policy, research, and the changing roles of law and lawyers. *Iowa Law Review*, p. 49-125, 1983. Disponível em: https://repository.law.wisc.edu/s/uwlaw/item/30512.

CLUNE, William H. Law and public policy: map of an area. *Southern California Interdisciplinary Law Journal*, v. 2, n. 1, p. 1-39, 1993.

CLUNE, William H. Law and public policy: what is it, skills of practitioners and researchers, research designs and methods, law school courses. *University of Wisconsin Legal Studies Research Paper*, n. 1751, 2022. Disponível em: https://papers.ssrn.com/sol3/papers.cfm?abstract_id=4154531.

CLUNE, William H. Legal Disintegration and a theory of the state. *In*: TRUBEK, David; JOERGES, Christian (Org.). *Critical legal thought*: an American-German debate. Baden-Baden: Nomos Verlagsgesellschaft, 1989. p. 187-208.

[83] *E-mail* de William Clune para mim após uma apresentação conjunta em classe e discussão desses tópicos.

CLUNE, William H. Legal disintegration and a theory of the state. *German Law Journal*, v. 12, n. 1, p. 186-205, 2011. Disponível em: https://www.cambridge.org/core/journals/german-law-journal/article/legal-disintegration-and-a-theory-of-the-state/1A08E078AFBB146FAC030B27AB5BC24A.

CLUNE, William H. Progressivism in the active free enterprise state: fluidity, fragmentation, and stability. *New Legal Realism. Empirical Law and Society*, 31 mar. 2022. Disponível em: https://newlegalrealism.org/2022/03/31/clunemarch22/.

DE WITTE, Bruno. The European Union's Covid-19 recovery plan: the legal engineering of an economic policy shift. *Common Market Law Review*, v. 58, n. 3, p. 635-682, 2021.

ESPING-ANDERSEN, Gosta. *The three worlds of welfare capitalism*. New Jersey: Princeton University Press, 1990.

GERSTLE, Gary. *The rise and fall of the neoliberal order*. America and the world in the free market era. New York: Oxford University Press, 2022.

LEVINE, Daniel. *Varieties of reform thought*. 1. ed. Madison: The State Historical Society of Wisconsin, 1964. v. 52.

LOWI, Theodore J. Four systems of policy, politics, and choice. *Public Administration Review*, v. 32, n. 4, p. 298-310, 1972.

LUXEMBURGO, Rosa. *Reform or revolution?* 2. ed. Paris: Foreign Languages Press, 2020.

MATHEW, Babu; PELLISSERY, Sony; NARRAIN, Arvind. Why is law central to public policy process in global South? *In*: PELLISSERY, Sony; MATHEW, Babu; GOVINDJEE, Avinash; NARRAIN, Arvind (Ed.). *Transformative law and public policy*. London/New York: Taylor & Francis Group, 2020.

OSTROM, Elinor. *El gobierno de los bienes comunes*. La evolucion de las instituciones de accion colectiva. México: FCE/Unam, 2011.

OSTROM, Elinor. Institutional rational choice: an assessment of the institutional analysis and development framework. *In*: SABATIER, Paul (Ed.). *Theories of the policy process*. 2. ed. Colorado: Westview Press, 2007.

PELLISSERY, Sony; MATHEW, Babu; GOVINDJEE, Avinash; NARRAIN, Arvind (Ed.). *Transformative law and public policy*. London/New York: Taylor & Francis Group, 2020.

POLANYI, Karl. *The great transformation*: the political and economic origins of our time. Boston: Beacon Press, 2001.

ROMANO, Santi. *L'ordinamento giuridico*. Firenzi: Sansoni, 1962.

SABATIER, Paul (Ed.). *Theories of the policy process*. 2. ed. Colorado: Westview Press, 2007.

SANTOS, Boaventura Sousa. *Epistemologies of the South*. Justice against epistemicide. London/New York: Routledge, 2016.

SATARIANO, A. Europe pushes new rules turning gig workers into employees. *The New York Times*, 2021. Disponível em: https://www.nytimes.com/2021/12/09/technology/european-commission-gig-workers-uber.html.

SOUZA, Matheus; BUCCI, Maria Paula Dallari. O estado da arte da abordagem direito e políticas públicas em âmbito internacional: primeiras aproximações. *Revista Estudos Institucionais*, v. 5, n. 3, p. 833-855, 2019. Disponível em: https://www.estudosinstitucionais.com/REI/article/view/431.

TEUBNER, Gunther. After legal instrumentalism. Strategic models of post-regulatory law. *In*: TEUBNER, Gunther. *Dilemmas of Law in the Welfare State*. New York/Berlin: Walter de Gruyter, 1988. p. 299-325.

TEUBNER, Gunther; FEBBRAJO, Alberto (Ed.). *State, law, and economy as autopoietic systems*: regulation and autonomy in a new perspective. Milan: Giuffrè, 1992.

TYACK, D. B. *The one best system*: a history of American urban education. Cambridge/London: Harvard University Press, 1974.

UNGER, Roberto Mangabeira. *O movimento de estudos críticos do direito*: outro tempo, tarefa maior. Belo Horizonte: Letramento; Casa do Direito, 2017.

UNGER, Roberto Mangabeira. *The critical legal studies movement*: another time, a greater task. London/New York: Verso, 2015.

# PROGRESSISMO NO ESTADO ATIVO DA LIVRE-INICIATIVA: FLUIDEZ, FRAGMENTAÇÃO E ESTABILIDADE. UM ESTUDO DE CASO SOBRE DIREITO E POLÍTICAS PÚBLICAS[1]

**WILLIAM H. CLUNE**

**Tradução de Isabela Ruiz e Luzardo Faria**

## 1 Introdução

Este artigo surgiu quando a Professora Maria Paula Dallari Bucci, da Faculdade de Direito da Universidade de São Paulo (USP),[2]

---

1 [N.T.] Tradução de: CLUNE, William H. Progressivism in the Active Free Enterprise State: Fluidity, Fragmentation, and Stability: A Case Study in Law and Public Policy. *University of Wisconsin Legal Studies Research Paper*, n. 1749, 27 abr. 2022. Disponível em: https://ssrn.com/abstract=4095403. Uma primeira versão do artigo foi publicada no *site New Legal Realism. Empirical Law and Society*: (Disponível em: https://newlegalrealism.org/2022/03/31/clunemarch22/).

2 *Vide*: http://pos-graduacao.direito.usp.br/orientadores/maria-paula-dallari-bucci/; https://www.researchgate.net/profile/Maria-Paula-Bucci. A Professora Bucci tem um artigo interessante, recentemente submetido para publicação: *A abordagem direito e políticas públicas (DPP) no Brasil. Vide* o resumo do artigo no Apêndice B. [N.T. O artigo foi publicado e tem a seguinte referência: BUCCI, Maria Paula Dallari. A abordagem direito e políticas públicas no Brasil: quadros analíticos. *Campo de Públicas*, v. 2, n. 1, p. 93-127, 2023. Disponível em: https://fjp.mg.gov.br/revista-campo-de-publicas-conexoes-e-experiencias/. Acesso em: 10 jul. 2023].

contatou-me em razão de alguns de meus trabalhos, os quais ela e seus alunos consideravam valiosos para suas pesquisas sobre direito e políticas públicas (DPP). A aula que proferi foi organizada em torno de dois artigos que escrevi na década de 1980, um sobre desintegração jurídica e teoria do Estado, o outro sobre implementação.[3] Os alunos e alunas da Professora Bucci traduziram esses artigos para o português e ela pediu que eu ministrasse uma aula em sua disciplina de Direito e Políticas Públicas (remotamente, de Madison para São Paulo).[4] Eu, naturalmente, concordei. O primeiro esboço deste artigo foram notas escritas para a aula e disponibilizadas aos alunos. Este artigo é uma extensão um pouco mais formal – mas ainda no espírito do que se poderia chamar de "notas para uma nova abordagem".

Como meu trabalho datava da década de 1980 e descrevia a formação e a implementação de políticas públicas em uma época específica, considerei pertinente atualizar o cenário empírico e colocá-lo em um contexto longitudinal, como um teste de suas hipóteses a respeito da dinâmica do processo jurídico (*legal process*). O contexto longitudinal, ou estudo de caso, é a longa história do progressismo nos Estados Unidos, incluindo o recente contramovimento conservador.

O progressismo, pensávamos, era um tema de significância transnacional, definido em termos gerais como a expansão do bem público e do bem-estar, com a inclusão dos pobres e dos grupos minoritários, bem como das áreas geográficas – aqui saltando um pouco adiante em nosso diálogo permanente. Reuni alguns trabalhos recentes – o livro sobre realismo jurídico que editei há pouco tempo, uma aventura pre-

---

3 Clune, W.H. *Legal Disintegration and a Theory of the State*, capítulo na obra *Critical Legal Thought: An American-German Debate* (Nomos, 1989) [N.T. Excepcionalmente, suprimiu-se o link constante da publicação original, por aparente falha na indicação do endereço. Confira-se o artigo traduzido, *Desintegração jurídica e uma teoria do Estado*, neste livro]. Clune, W.H. *A Political Model of Implementation and Implications of the Model for Public Policy, Research, and the Changing Roles of Law and Lawyers*, 69 (1) *Iowa Law Review* 47 (1983). [N.T. Confira-se o artigo traduzido, *Um modelo político de implementação para as políticas públicas: os papéis do direito e dos juristas*, neste livro]. Um terceiro artigo foi traduzido e será tema de outra aula com a Professora Bucci e seus alunos. Clune, W.H. *Law and public policy: Map of an area. Southern California Interdisciplinary Law Journal*, 2 (1), 1-39. [N.T. Confira-se o artigo traduzido, *Direito e políticas públicas: mapa da* área, neste livro]. *Vide* também Clune, W.H. "A Political Method of Evaluating the Education for All Handicapped Children Act and the Several Gaps of Gap Analysis," (com Mark Van Pelt), 48 *Law & Contemp. Prob.* 7 (1985). [N.T. Confira-se o artigo traduzido, *Um método político de avaliação: a lei de educação para todas as crianças com deficiência e as várias lacunas da análise de lacunas*, neste livro].

4 A Professora Bucci escreveu um artigo complementar no *blog*: https://newlegalrealism.org/2022/04/01/bucci-clune-a-south-north-nlr-dialogue-2-bucci/ [N.T. Confira-se o artigo traduzido, *Direito e políticas públicas no Brasil e nos Estados Unidos: um diálogo Sul-Norte*, neste livro].

liminar na escolha institucional, a história recente do progressismo em nível nacional nos EUA, extraída principalmente de fontes informais, alguma doutrina jurídica etc. – e combinei elementos para uma versão atualizada. Procurei ser objetivo na descrição dessas tendências e creio que as descrições sejam suficientemente precisas para uma aplicação exploratória.[5] Algumas conclusões, como a centralidade da acumulação de riqueza na política conservadora são, sem dúvida, objeto para debate. E compartilho de um ponto de vista que apoia os objetivos do progressismo e vai ao encontro das pesquisas que demonstram seus benefícios abrangentes, a exemplo dos programas de transferência de renda.

Eu e a Professora Bucci temos discutido o conteúdo da pesquisa em DPP, seja para chamá-la de "abordagem", seja de "campo" de estudo. Em português, como me explicou a Professora Bucci, "campo" significa disciplina acadêmica. Por enquanto, vou me referir a ela como "área" de estudo com abordagem própria – que consiste em pesquisa interdisciplinar sobre políticas públicas, seu funcionamento e seus efeitos; aplicável nacional, regional e localmente; da mesma forma, aplicável a cada subárea de política pública (educação, meio ambiente, habitação etc.). Muitas disciplinas têm suas próprias pesquisas sobre o tema: Direito, Economia, Ciência Política, Sociologia, História etc. (o aspecto intradisciplinar). Além disso, cada disciplina pode trabalhar, e o faz, como o centro que se conecta a outras disciplinas (o aspecto interdisciplinar). Em se tratando de direito e políticas públicas, o direito está no centro e tem conexões com outras disciplinas. Situar o direito no centro refere-se a como a legislação, as regras administrativas, as ações judiciais e a influência governamental estão envolvidas no

---

5 Eu abordei tantas questões no artigo, de diferentes referências bibliográficas e fontes, que um mergulho profundo nas referências de cada tópico seria impossível. Como resultado, o artigo é claramente eclético e informal no modo como articula suas fontes e como representa tendências históricas. Indaga-se "como podemos construir uma abordagem que se aplique ao contexto político atual?". Com esse espírito, o artigo tende a indicar *hiperlinks*, em vez de artigos publicados, permitindo passeios por diferentes tipos de fontes. [N.T. Salvo indicação em sentido contrário, a tradução manteve os *hiperlinks* completos constantes do artigo original, indicando o conteúdo dos *sites* em notas de tradução logo após cada registro]. No entanto, a ampla informalidade não é tão acidental, mas aponta para uma questão metodológica subjacente. Em consonância com a ideia discutida no artigo, de que o direito e as políticas públicas são multi e interdisciplinares, as aplicações empíricas devem cruzar muitos campos disciplinares. É, indispensavelmente, direito e ciência social, mas é também direito e multi ciências sociais, reunidos em torno de questões substantivas. Cada silo disciplinar pode ser rigorosamente acadêmico, mas o trabalho inter e multi começa, muitas vezes, desorganizado – e gradualmente toma forma. https://en.wikipedia.org/wiki/Tuckman%27s_stages_of_group_development.

desenho, na criação, na implementação e nos efeitos de cada área de política pública. É claro que um diálogo Norte-Sul entre os Estados Unidos e Brasil envolve a dimensão adicional do direito comparado e a correspondente necessidade de se familiarizar com sistemas jurídicos semelhantes em alguns aspectos e bastante diferentes em outros. É uma fusão entre DPP e direito comparado.

Para analisar essas questões, a pesquisa deve ser inter e multidisciplinar. A análise de como modificar uma estrutura jurídica deve levar em conta a dinâmica que a mantém em vigor (incluindo a política), os incentivos criados para os atores relevantes e para as partes interessadas, bem como os efeitos dos incentivos sobre indivíduos e organizações reguladas que a eles reagem. Meu trabalho sobre implementação, que chamou a atenção da Professora Bucci e de seus alunos, baseia-se fortemente em estudos empíricos sobre implementação e, de modo geral, em direito e ciências sociais (por exemplo, a reatividade de campos sociais semiautônomos).[6]

Para este artigo, baseei-me no referencial teórico e no trabalho empírico da escolha institucional.[7] Na tradição do novo realismo jurídico, o presente trabalho representa um esforço para delinear uma sociologia do direito do Estado ativo nos EUA. Ele também se insere na tradição da história do direito, iniciada por Willard Hurst na Faculdade de Direito da Universidade de Wisconsin.[8] Hurst sustentou que a história do direito é o estudo das "políticas públicas em dimensão

---

[6] Moore, Sally Falk. "Law and Social Change: The Semi-Autonomous Social Field as an Appropriate Subject of Study," *Law and Society Review*, vol. 7, no. 4 (summer, 1973), 719-746. Cf. a teoria de Niklas Luhmann da autopoiese em sistemas sociais autorreferenciais, nos quais as comunicações reproduzem as comunicações. Disponível em: https://www.zfog.bwl.uni-muenchen.de/files/mitarbeiter/paper2004_2.pdf [N.T. *Luhmann's theory of autopoietic social systems*, de David Seidi, de 2004].

[7] Uma abordagem ampla e compatível com este artigo, que encapsula a dinâmica política de mudança e estabilidade, é o estudo de Elinor Ostrom sobre a pesquisa da escolha institucional. *Vide* Ostrom, Elinor. *Institutional Rational Choice, An Assessment of the Institutional Analysis and Development Framework*, In Sabatier, P.A. (Ed.), *Theories of the Policy Process*. *Vide* Apêndice A.

[8] Recentemente editei o livro *Legal Realism to Law in Action, Innovative Law Courses at UW-Madison*, Quid Pro Books (2021), contendo artigos e entrevistas sobre Hurst, professores e acadêmicos de outras áreas na mesma época que Hurst. Podcast: https://wilawinaction.law.wisc.edu/2022/01/27/episode-24-bill-clune-and-legal-realism-into-legal-action-innovative-law-courses-at-uw-madison/ [N.T. Confira-se o episódio 24, intitulado *Bill Clune and Legal Realism to Legal Action – Innovative Law Courses at UW-Madison*, publicado em 27.1.2022 no *site* do *podcast Wisconsin Law in Action*]. *Vide* o Prefácio do livro em: https://papers.ssrn.com/sol3/papers.cfm?abstract_id=3991244 [N.T. *Legal Realism to Law in Action: Innovative Law Courses at UW-Madison*, disponível no *site* do repositório SSRN].

temporal"[9] e, entre muitos outros tópicos, investigou o desenvolvimento dos seguros por acidentes de trabalho.

O título deste artigo pode parecer estranho e contraditório. Como poderia haver livre-iniciativa, Estado ativo e progressismo? Escolhi o termo "Estado ativo" para me referir a um consenso bipartidário, nos tempos modernos, de que o governo dos EUA tem um papel importante na garantia de resultados como prosperidade, emprego, seguros patrimoniais, educação e desenvolvimento humano. De modo geral, o Estado ativo tomou forma ao longo do século XX, notadamente a partir do *New Deal*.[10] Suas políticas, programas e agências estão, atualmente, em um estado de agitação, o que não chega a ser inédito. Qualquer noção de concordância bipartidária acerca do papel do governo federal pode parecer paradoxal em um momento de conflito feroz sobre esse papel. Mas, como veremos, ambos os partidos políticos defendem a livre-iniciativa como fonte de prosperidade e de empregos, além de apoiarem muitos aspectos da legislação federal, criada em eras progressistas, que previne a ruptura da economia, provê seguros contra a perda de renda e promove a educação. O conflito é real, mas se concentra em algumas espécies de políticas e programas. Uma questão-chave a ser discutida é: que parcelas do Estado ativo e do progressismo são estáveis e seguras e que parcelas estão ameaçadas e sob risco de retrocesso – ou mesmo de destruição.[11]

---

9 Ernst, D.R. (2000). *Willard Hurst and the Administrative State: From Williams to Wisconsin*, 18 *Law & Hist. Rev.* 1- 36 (2000), 22-23. [N.T. Disponível em: https://scholarship.law.georgetown.edu/facpub/592/]. Foi assim que Hurst descreveu a história do direito em *Direito e Sociedade* [N.T. No original, *Law and Society*. Provável referência ao livro *Law and Social Order in the United States*], um estudo sobre o desenvolvimento dos seguros por acidente de trabalho ao longo do tempo. O livro fez sucesso como obra de direito processual, por conta de seu estudo das agências administrativas.

10 Ackerman, Bruce A. (1983). *Foreword: Law in the Activist State*. 92, *Yale L. J.* 1083, no. 7, 1083-84. "Ao dizer que vivemos em um Estado ativo, refiro-me a [...] uma consciência de que a existência de nossa sociedade depende de um fluxo contínuo de decisões tomadas por funcionários politicamente responsáveis do Estado [...] a crença de que o bem-estar econômico da nação depende de decisões diretivas tomadas em Washington, D.C. – tanto no nível macroeconômico como através da regulação de [...] setores da vida econômica. Finalmente, há o reconhecimento generalizado de que a distribuição de riqueza e de *status* é uma questão central para a determinação do debate político [...] É nesse contexto [...] que ganhou realidade histórica durante o governo de Franklin Roosevelt – que eu pretendo situar a cultura jurídica em evolução". [N.T. A menção ao consenso bipartidário considera que a política dos EUA funciona com dois grandes partidos, o Republicano e o Democrata, e se refere às questões em que ambos superam suas divergências para trabalhar sobre um programa comum. A expressão "políticos liberais" utilizada ao longo do artigo designa aqueles alinhados ao campo progressista, geralmente próximos ao Partido Democrata].

11 A respeito da história do progressismo nos EUA, *vide* https://en.wikipedia.org/wiki/Progressivism_in_the_United_States.

O Estado ativo, em todos os seus aspectos, vem sendo constantemente revisado e ajustado, tanto em sua aprovação quanto em sua administração. Meus artigos, que chamaram a atenção da Professora Bucci, se baseiam em modelos de políticas públicas juridicizadas, moldadas por ciclos ascendentes e descendentes de promulgação, implementação e produção de efeitos. O presente artigo sugere que ajustes podem favorecer políticas progressistas e uma correspondente expansão do bem-estar geral, do bem público e da prosperidade – ou o inverso. É claro que a mudança no nível macro teria que vir de dentro do processo, das interações dos partidos políticos etc.[12] Mas as linhas claras traçadas pela política podem desaparecer e se confundir. A mudança demográfica pode fazer com que os partidos mudem suas prioridades e com que as políticas de esquerda se tornem mais bipartidárias. O bem-estar e o desenvolvimento humanos podem ser aceitos, de maneira mais ampla, como fonte de prosperidade e de emprego. O aumento de impostos para o financiamento de programas progressistas pode vir a ser considerado uma questão relativamente menor, em vez de uma ameaça existencial para os ricos. O ativismo e os movimentos sociais podem impulsionar as políticas em direções progressistas – mas também em direções regressistas.

A aplicação da abordagem DPP para o estudo de caso mencionado a seguir discutirá três questões:

1) as áreas de sobreposição entre o progressismo e a direita: bipartidarismo, parcialidade e contestação;
2) o duradouro movimento conservador voltado à reversão de políticas progressistas;
3) as preocupações e as possibilidades realistas para o fim do progressismo, para o regime permanente de partido único ou para um golpe que derrube as instituições da democracia em favor da autocracia do Executivo.

---

12 *Vide* Ostrom nota 7 *supra*.

# 2 As áreas de sobreposição entre o progressismo e a direita: parcialidade, bipartidarismo e contestação

## 2.1 O funcionamento do sistema de livre-iniciativa e a estabilidade do sistema político

Esquerda e direita têm um profundo acordo quanto aos elementos que sustentam o sistema de livre-iniciativa, mas um conflito significativo em relação às prioridades. Propriedade, contrato e empréstimo são pilares do capitalismo. Prosperidade e produtividade têm benefícios generalizados – e sustentam uma classe média, criando empregos, negócios e indústrias. Existe um consenso bipartidário em torno de políticas que asseguram o fluxo de capital, como o Tesouro dos EUA e o *Federal Reserve*. Talvez possamos adicionar a esse consenso a defesa nacional.

Mas há um conflito intenso quanto aos objetivos da direita, de acumulação privada de riqueza, de dinheiro na política e de privatização de serviços governamentais. A acumulação de riquezas é uma prioridade da direita – o que explica a forte resistência ao financiamento de iniciativas progressistas, especialmente com a maior fonte de riqueza nacional, o imposto de renda federal. Devido, em parte, aos esforços bem-sucedidos da direita, a acumulação de riquezas e a desigualdade nunca foram tão grandes. Some-se a isso o fato de que a classe média também valoriza a acumulação de riquezas. Eis alguns exemplos: um crédito fiscal para creches reduziria significativamente a pobreza e poderia ser custeado pela revogação da isenção pessoal do imposto de renda, mas essa isenção é importante para a classe média, o que torna a revogação politicamente impossível.[13] No pós-Segunda Guerra Mundial, a expansão imobiliária nos subúrbios foi financiada por hipotecas garantidas pelo governo federal, o que custou bilhões, e a propriedade imobiliária tornou-se a principal fonte de riqueza da classe média, para pessoas etnicamente brancas. Mas os afro-americanos foram sistematicamente excluídos. O resultado foi uma forma de racismo sistêmico, tornado invisível aos proprietários brancos

[13] *Vide* o Professor Timothy Smeeding: https://pbswisconsin.org/watch/university-place/inequality-of-opportunity-in-an-unequal-country-86hhyu/ [N.T. O *link* direciona para um vídeo de cerca de 58 minutos, de uma palestra do Professor Timothy Smeeding em 5.10.2016, intitulada *Inequality of Opportunity in an Unequal Country. University Place Episode* disponível no *site* da rede de televisão educativa *PBS Wisconsin*].

pela segregação residencial.[14] O efeito concreto é que os programas progressistas dependem, sobretudo, de impostos dos americanos mais ricos, contra os quais há uma resistência feroz e sobejamente financiada.

A direita também defende o controle gerencial e a privatização. Os sindicatos têm sido sistematicamente enfraquecidos, ao longo de muitas décadas. A pressão é exercida por meio da tentativa de privatizar serviços públicos essenciais. O dinheiro na política é o combustível que impulsiona a política conservadora. Pessoas físicas e jurídicas que se beneficiam de impostos baixos, controle gerencial e privatização despejam grandes quantias de dinheiro na política. Políticos liberais tentam exercer pressão na direção oposta, defendendo impostos mais altos para os ricos, sindicatos e reformas no financiamento de campanhas. Mas, até que as regras mudem, os liberais também buscam doações de financiadores ricos.

Os dois lados defendem a estabilidade política e o acesso para os eleitores, mas com intenso conflito sobre qual lado é favorecido, estabilidade que ora se inclina para a esquerda, ora para a direita. Políticos de ambos os matizes defendem a estabilidade porque ela os mantém no cargo e próximos às engrenagens do poder, daí a supremacia dos incumbentes nas eleições. Pode parecer estranho que a direita apoie a estabilidade, dada a retórica de que o governo é o problema, mas o controle das políticas públicas depende do controle da política e dos tomadores de decisão. Os conservadores engendraram esforços organizados para obter controle, como a supressão da participação eleitoral e a subversão de eleitores, o controle de governos estaduais, a manipulação da área dos distritos eleitorais para obter vantagem no número de representantes eleitos (*gerrymandering*) e a resistência à admissão de novos estados, como Washington, D.C. A esquerda, enquanto isso, tem se esforçado para expandir o eleitorado e o acesso dos eleitores às urnas.

---

[14] *Vide*: *Race, The Power of an Illusion: How the Racial Wealth Gap was Created*, https://vimeo.com/133506632 [N.T. O *link* direciona para um vídeo de cerca de 29 minutos disponível no site *Vimeo*, com cenas extraídas da série documental em três episódios, produzida pela California Newsreel, denominada *Race, The Power of an Illusion*, de 2003]. *Vide* também https://www.nytimes.com/2022/03/09/climate/redlining-racism-air-pollution.html?referringSource=articleShare [N.T. *How Air Pollution Across America Reflects Racist Policy From the 1930s*, escrito por Raymond Zhong e Nadja Popovich em 9.3.2022 e disponível no *site* do jornal *The New York Times*] (danos ambientais e riscos à saúde como um efeito pernicioso da discriminação, que afeta bairros pobres e minoritários).

## 2.2 Instituições estatais regulatórias permanentes e políticas públicas criadas em resposta a rupturas, destinadas a estabilizar o capitalismo

Há um considerável apoio bipartidário às inovações progressistas, como a regulamentação antitruste e do mercado de valores mobiliários, consideradas centrais para o funcionamento da livre-iniciativa. São instituições e políticas criadas para controlar risco de monopólio, crises financeiras, fraudes e assim por diante. O gerenciamento de crises é projetado para manter os mercados e a riqueza estáveis e, consequentemente, fornece um cobertor de segurança para ricos, trabalhadores e pobres. Como exemplos, tem-se a regulamentação bancária (como a proteção de depósitos bancários), a política monetária (reserva federal para recuperação), a regulamentação de seguros, a lei de falência (reconhecidamente tendenciosa em prol dos credores), a política habitacional (como hipotecas garantidas pelo governo federal), a proteção ao consumidor (como o *Food and Drug Administration*) e muitas outras.

A regulamentação dos preços agrícolas e o apoio aos rendimentos agrícolas são importantes – e são fatores determinantes na política de direita ou de esquerda. Também podemos adicionar as ações de enfrentamento de desastres naturais, inundações, furacões, incêndios florestais, especialmente agora que a interrupção das mudanças climáticas desempenha um papel tão importante. O enfrentamento a desastres fornece abrigo, seguro de propriedade e fundos para reconstrução.

## 2.3 Programas sociais permanentes e políticas públicas relativamente estáveis e imunes à ruptura política

Essa lista inclui a educação pública universal até o ensino médio – uma criação originariamente do nível estadual, oriunda de impostos sobre a propriedade, com frequência obrigatória e cursos de licenciatura. Também as universidades públicas e as faculdades comunitárias (*community colleges*). A pré-escola é cada vez mais financiada, por muitos estados, inclusive no Sul.[15] Também os programas

---

[15] *Vide*: https://www.readingrockets.org/article/pre-k-across-country [N.T. O *link* direciona para o conteúdo *Pre-K Across the Country*, disponível no *site* da iniciativa *Reading Rockets*] https://earlyedgecalifornia.org/wp-content/uploads/2021/03/Universal-PreK-Programs-in-the-United-States-and-Worldwide.pdf [N.T. O *link* direciona para um documento intitulado *Universal PreK Programs in the United States and Worldwide*, disponível no *site* da organização *Early Edge California*].

de combate à pobreza, como o imposto sobre a renda e os *vouchers* de alimentação, que beneficiam tanto os pobres quanto a agricultura. Além disso, cita-se a previdência social para idosos, o *Medicare*, o *Medicaid*, o serviço postal, os parques nacionais e estaduais. Também o imposto de renda progressivo (possibilitado pela 16ª Emenda) que permite ao governo federal fornecer assistência contando com receitas expressivas, arrecadadas sobretudo dos ricos.[16] A proteção ambiental do ar e da água, a limpeza de resíduos tóxicos, os sistemas sanitários etc., mas ainda sem um imposto sobre o carbono (por causa do *lobby* dos combustíveis fósseis).

## 2.4 Programas sociais sujeitos a conflito político intenso e a tentativa de captura da democracia política

A vanguarda da rede de seguridade e dos programas educacionais, que nos aproximariam das social-democracias na Europa, é objeto de intenso conflito político entre progressistas e conservadores, respaldados pelo *lobby* dos interesses especiais e por contribuições de campanha. Assistência médica universal, medicamentos mais baratos, imposto sobre a riqueza e imposto sobre o patrimônio, faculdades comunitárias gratuitas para os pobres e para a classe trabalhadora, um crédito fiscal para creches, um *Green New Deal*, um amplo programa de habitação de interesse social, uma agência de proteção ao consumidor e assim por diante. Por vezes, os conservadores qualificam essas políticas como "comunistas". A imigração é um caso interessante, porque preenche as vagas de emprego necessárias para a economia e promove o crescimento, mas é racial e politicamente ameaçadora. Todos concordam com a necessidade de uma política de imigração racional – nesse sentido, bipartidária –, mas o acordo está perpetuamente paralisado no conflito.

Políticas progressistas são eleitoralmente populares e as pesquisas demonstram que elas produziriam ganhos consideráveis em bem-estar pessoal e prosperidade coletiva. Mas a popularidade e a utilidade dessas políticas apenas intensificam a resistência conservadora porque, uma vez que os programas populares são implementados, torna-se difícil revogá-los (como a assistência médica universal). A social-democracia

[16] Os pobres e a classe trabalhadora nos EUA pagam pouco imposto de renda federal, mas pagam um imposto regressivo sobre a folha de pagamento para a previdência social e impostos estaduais regressivos, como o imposto sobre a venda de bens e serviços.

europeia representaria um equilíbrio moderadamente estável para os progressistas. Para os conservadores, não há equilíbrio estável, mas um esforço contínuo para reduzir impostos, bloquear e degradar programas de bem-estar social etc., o que se torna, posteriormente, o ambiente operacional para os progressistas, até a chegada da social-democracia.

## 2.5 Programas com apoio bipartidário fraco (como direitos civis e equidade) mas com forte experimentação e avaliação local

Muitos programas ainda no papel, capazes de promover os direitos civis e a equidade, têm alta prioridade para os progressistas. Grupos de ativistas podem ter sucesso em promover intervenções experimentais em estados e jurisdições locais e validá-las com avaliações rigorosas. Um exemplo é o programa *Thrive*, em Washington D.C., desenhado para prover assistência durante a pandemia de Covid-19 e um dos experimentos de renda mínima em cidades e comunidades locais em todo o país. Muitos dos programas são inspirados pelo Dr. Martin Luther King Jr., que defendeu o apoio direto em dinheiro para combater a pobreza. O *Urban Institute* divulgou um relatório sobre os resultados de uma avaliação do *Thrive* e encontrou resultados positivos na redução da fome, na atenção à saúde mental e no não esgotamento da poupança.[17] Os beneficiários gastaram os recursos, majoritariamente, com habitação (por exemplo, aluguel), alimentação, transporte, internet e pagamento de dívidas. Muitos tiveram condições de ficar adimplentes com os pagamentos de aluguel. Em comparação com os pagamentos em dinheiro, o seguro-desemprego é burocrático, complexo e ineficiente, especialmente para os pobres e para as minorias. Muitos beneficiários do *Thrive* nem sequer solicitaram o seguro-desemprego.[18] O cenário, certamente, não é aquele desenhado pelo Senador Joe Manchin, no qual as pessoas que recebem benefícios gastariam a maior parte de seu dinheiro em jogos de azar e drogas.

---

17 *Vide* https://www.urban.org/research/publication/evaluation-thrive-east-river [N.T. *An Evaluation of THRIVE East of the River: Findings from a Guaranteed Income Pilot during the COVID-19 Pandemic*, de Mary Bogle, Emily Bramhall, Olivia Fiol, Peace Gwam, Elaine Maag, Eleanor Noble, Peter A. Tatian, Timothy Triplett e Fay Walker, de 24.2.2022, disponível no *site* da organização *Urban Institute*].

18 [N.T.] No original consta apenas a sigla UI, que se refere a *Unemployment Insurance*.

Esse é um bom exemplo de como as propostas progressistas permanecem vivas e se tornam potenciais candidatas a políticas nacionais. Na verdade, os legisladores no Congresso vêm considerando a possibilidade de estender o crédito tributário infantil ampliado, que, no ano passado, durante a pandemia, permitiu que os pais recebessem mensalmente até 300 dólares. A assistência emergencial pode se tornar uma política permanente. A mudança pode se deslocar das margens para o centro. As intervenções na habitação são outra área de ampla atuação em estados e municípios. A proteção ambiental é mais uma delas. Acrescente-se ainda as intervenções brasileiras em áreas específicas de políticas públicas, estudadas pelos alunos da Professora Bucci, e as centenas de intervenções específicas de escolha institucional documentadas na rede de *Institutional Analysis and Development* (IAD) de Ostrom.[19]

## 3 O duradouro movimento conservador voltado à reversão de políticas progressistas

### 3.1 A contrarrevolução conservadora conduzida por Nixon, Reagan, Trump

O reaganismo foi uma estratégia coerente, uma reação contra os anos liberais de 1960 e 1970 e contra a redistribuição de riquezas para políticas de bem-estar social, hoje consideradas progressistas. Reagan foi profundamente formado na exaltação do sistema de livre-iniciativa como a solução para tudo, como exemplificam seus discursos polidos, inicialmente patrocinados pela *General Electric*. Uma parte da estratégia foi desacreditar o governo nacional – que possui, sozinho, os recursos para uma significativa redistribuição, por meio do imposto de renda progressivo. Recorde-se do tom jocoso com que ele dizia que o governo é o problema e não a solução e que as palavras mais aterrorizantes ditas então seriam: "eu sou do governo e estou aqui para ajudar".[20] Essas

---

[19] *Vide* Apêndice A.

[20] Disponível em: https://en.wikipedia.org/wiki/Ronald_Reagan_Speaks_Out_Against_Socialized_Medicine. Reagan advertiu, após a aprovação do Medicare, que "por trás dele virão outros programas governamentais que irão invadir todas as áreas de liberdade como a conhecemos neste país – até que um dia, como Norman Thomas disse, acordaremos para descobrir que vivemos sob o socialismo". Nesse cenário, Reagan afirmou: "Vamos passar nossa velhice contando aos nossos filhos, e aos filhos de nossos filhos, como foi, no passado, a América, quando os homens eram livres". Observe a negação completa das liberdades positivas produzidas por programas como o *Medicare*.

palavras são a antítese da filosofia progressista, segundo a qual o Estado ativo foi construído para expandir a prosperidade e para resolver os problemas nacionais. São a negação de uma afirmação. A redução de tributos tornou-se uma forma de "enfraquecer a fera", isto é, o governo federal e seus programas sociais.[21]

A estratégia política prática foi confiar no ressentimento religioso racial, rural e conservador contra as cidades multiculturais e multirraciais e contra os "pobres não merecedores". Essa foi a "maioria silenciosa" de Nixon e a maioria moral do pastor Jerry Falwell, que provocou uma guerra às drogas contra negros, pardos e *hippies*, assim como uma mobilização política dos cristãos evangélicos contra o aborto. Uma política de ressentimento permaneceu constante por décadas e evoluiu, agora, para uma guerra cultural supostamente perpétua.[22]

## 3.2 A contrarrevolução paralela pelo controle do Legislativo, da Suprema Corte, do Poder Judiciário e do direito constitucional

Essa é uma campanha de décadas, imensamente bem-sucedida e abundantemente financiada, para construir instituições que impulsionem a legislação e as decisões judiciais em uma direção conservadora. O ponto de partida, acredita-se, é o Memorando Powell,[23] de 1971, denominado "o ataque ao sistema da livre concorrência", escrito antes de Lewis Powell ser indicado por Nixon para a Suprema Corte. O memorando vislumbrava uma ameaça existencial em situações como a de Nixon sendo forçado, por um Congresso democrático, a aprovar as leis de criação da *Environmental Protection Agency* e da *Occupational Safety and Health Administration*,[24] o movimento pelos direitos civis da

---

21 *Vide* https://en.wikipedia.org/wiki/Starve_the_beast.

22 *Vide* Kramer, K.J. (2016). *The Politics of Resentment, Rural Consciousness in Wisconsin and The Rise of Scott Walker*, University of Chicago Press. [N.T. Disponível em: https://press.uchicago.edu/ucp/books/book/chicago/P/bo22879533.html].

E https://lareviewofbooks.org/article/past-progressive-dan-kaufmans-the-fall-of-wisconsin/ (resenha do livro *The Fall of Wisconsin, The Conservative Conquest of a Progressive Bastion and the Future of American Politics*, de Dan Kauffman, 2019) [N.T. A referida resenha é de autoria de Jake Wertz, datada de 13.8.2018, e está disponível no *link* indicado acima, no *site* da organização *LARB – Los Angeles Review of Books*].

23 https://www.huffpost.com/entry/the-rightwing-legacy-of-j_b_11521804 [N.T. *The Right-Wing Legacy Of Justice Lewis Powell And What It Means For The Supreme Court Today*, de autoria de Bill Blum, publicado em 16.8.2016 no *site* do portal *HuffPost*].

24 [N.T.] No original, constam apenas as siglas EPA e OSHA.

população negra, os *campi* universitários esquerdistas e reformadores como Ralph Nader. Powell defendia planejamento, financiamento e organização de longo prazo, incluindo *lobby* e litigância pela Câmara de Comércio. Logo se seguiu a *Business Roundtable* e uma sucessão de *think tanks* de direita financiados por fundações conservadoras (*Koch, Bradley, Olin* etc.). O Centro de Litígios da Câmara de Comércio tornou-se o litigante de maior sucesso perante a Suprema Corte. Como juiz da Suprema Corte, Powell proferiu o voto decisivo em favor de *Roe versus Wade* e em outras decisões de inclinação liberal. Mas também votou contra os limites de gastos de campanha,[25] o que levou posteriormente, já depois que ele havia deixado a Corte, à decisão do caso *Citizens United*, que abriu espaço nas campanhas para o financiamento corporativo.[26]

Um segundo pilar foi a Sociedade Federalista,[27] seguindo a indicação do Memorando Powell, no sentido de que "o Judiciário pode ser o instrumento mais importante para a mudança social, econômica e política" em todo o governo. A Sociedade promoveu a doutrina do "federalismo", que protegia as leis dos estados, e a teoria constitucional do originalismo, que permitia a interpretação seletiva do significado da linguagem constitucional e censurava referências às condições sociais atuais.[28] O federalismo acabou por se tornar o fundamento da

---

[25] Powell se juntou à decisão *per curiam* do Tribunal em *Buckley versus Valeo*. *Vide* https://www.oyez.org/cases/1975/75-436 [N.T. O *link* direciona para os áudios (e transcrições) da sustentação oral e da decisão da Suprema Corte no caso *Buckley versus Valeo*, disponíveis no *site* do projeto *Oyez*] e https://en.wikipedia.org/wiki/Buckley_v._Valeo.

[26] *Vide* https://en.wikipedia.org/wiki/Citizens_United_v._FEC.

[27] *Vide* https://www.whitehouse.senate.gov/news/speeches/the-scheme-speech-5-the-federalistsociety [N.T. O *link* direciona para a transcrição do discurso *The Scheme Speech 5: The Federalist Society*, de 27.7.2021, no *site* do Senador Sheldon Whitehouse].

[28] *Vide* Schwartz, David S. (fev. 2022). *Mr. Madison's War on the General Welfare Clause*, argumentando que a posição de James Madison, de que a intenção original da cláusula não autoriza o Congresso a legislar sobre todos os assuntos nacionais, é falaciosa, assim como a sua teoria de que a Constituição garante apenas poderes enumerados (enumeracionismo) e que se baseia na teoria federalista "compacta", de que os estados, e não o povo dos EUA, são as verdadeiras partes da Constituição. O Professor Schwartz conclui que não se pode confiar em James Madison como fonte da intenção original em tais assuntos. A posição de Madison, contra o amplo poder nacional, está refletida no movimento conservador moderno. Considero que a posição do Professor Schwartz é de que tanto as versões antiga quanto a nova representam perspectivas tendenciosas sobre o significado da Constituição, em vez de uma intenção original clara e inequívoca. Novos tendenciosos citando um tendencioso original. Disponível em: https://papers.ssrn.com/sol3/papers.cfm?abstract_id=4042215&dgcid=ejournal_htmlemail_university:of:wisconsin:law:school:legal:studies:research:paper:series_abstractlink. [N.T. O *link* direciona para o artigo intitulado *Mr. Madison's War on the General Welfare Clause*, de autoria de David S. Schwartz, publicado em 23.2.2022 no *University of Wisconsin Legal Studies Research Paper No. 1738*, disponível no *site* do repositório *SSRN*].

invalidação constitucional seletiva da legislação de bem-estar social, como a derrubada de parte do *Obamacare*,[29] a limitação à legislação eleitoral e a blindagem do *gerrymandering* em relação ao controle de constitucionalidade.[30] Atualmente, todos os seis membros conservadores da Suprema Corte são membros da Sociedade Federalista, que se tornou a guardiã das indicações republicanas à Corte, auxiliada e facilitada pelas táticas de confirmação do senador Mitch McConnell.

Na frente legislativa, o Partido Republicano organizou, nacionalmente, um esforço coordenado para obter o controle dos legislativos e dos governos estaduais. Isso incluiu modelos nacionais de legislação conservadora nos estados, divulgados por meio da *American Legislative Exchange Council* (ALEC).[31] O esforço pegou o Partido Democrata desprevenido e, assim, o Partido Republicano[32] deu grandes passos. Por exemplo, Scott Walker, ex-governador de Wisconsin, conseguiu extinguir o sindicato dos servidores estaduais. O Partido Republicano conseguiu aprovar normas trabalhistas em muitos estados[33] e lançou uma estratégia nacionalmente coordenada de manipulação dos distritos eleitorais (*gerrymandering*).

---

29 [N.T.] No original, *Obama's Affordable Care*.

30 *Vide* Tribe, Laurence H., Politicians in Robes, vol. LXIX, n. 4, *The New York Review of Books* (10.3.2022). Em uma resenha de um livro de Stephen Breyer, juiz liberal aposentado da Suprema Corte, o Professor Tribe é cético quanto à aceitação, por parte de Breyer, da visão de que diferenças jurisprudenciais na Corte (por exemplo, originalismo versus evolução à luz de mudanças nas circunstâncias) explicam decisões que seriam, portanto, amplamente livres de viés ideológico e político, em oposição à ideia de que as doutrinas servem como *proxies* para visões ideológicas. Além disso, a predileção de Breyer pela "nobre mentira" de que a legitimidade e autoridade da Corte dependem de ela ser considerada como não política e não ideológica. Tribe ressalta que "durante a maior parte da história da Corte, vimos ela atuar de maneiras que comprometem os valores [democráticos]. A única exceção significativa foi o período notável de meados da década de 1950 até o final da década de 1970. Hoje, a Corte figura, novamente, estabelecida em uma trajetória antidemocrática, mais profundamente enraizada e menos suscetível a uma mudança de rumo".

31 https://www.alecexposed.org/wiki/ALEC_Exposed [N.T. A ALEC é uma organização de lobistas e legisladores estaduais dos Estados Unidos dedicada aos princípios de governo limitado, livre mercado e federalismo].

32 [N.T.] No original, consta apenas a sigla GOP, comumente utilizada para se referir ao Partido Republicado (*Grand Old Party*). Todas as menções ao GOP foram traduzidas por "Partido Republicado".

33 https://en.wikipedia.org/wiki/Right-to-work_law. Tais disposições legais proíbem leis que exijam sindicatos – ou que membros não sindicalizados sejam obrigados a contribuir para os custos sindicais.

## 4 As preocupações e as possibilidades realistas para o fim do progressismo, para o regime permanente de partido único ou para um golpe que derrube as instituições da democracia em favor da autocracia presidencial

Há agora duas tendências em andamento que devem ser elucidadas e relacionadas.

Uma delas é o movimento em direção ao governo de partido único. A resistência à democracia se intensificou quando os republicanos entenderam que não ganhariam outra eleição nacional se todos fossem autorizados a votar, por conta da crescente diversidade étnico-racial e da inclinação à esquerda dos eleitores mais jovens (*woke*).[34] Seguiram-se ondas de supressão da participação eleitoral e de subversão planejada.[35] A supressão dificulta o voto, especialmente para os pobres urbanos e para as minorias. Já a subversão consiste em propagar desconfiança quanto à integridade das eleições e em traçar planos para reverter vitórias democráticas, por meio de subterfúgios como o controle de funcionários eleitorais que se comprometeram a não repetir certificações legítimas do último voto presidencial. Parte da crise foi baseada em ambiguidades na linguagem constitucional que configura o sistema eleitoral,[36] o que teoricamente permitiria aos legislativos estaduais certificarem chapas de eleitores de seus adversários, potencialmente jogando as eleições presidenciais para a Câmara dos Deputados[37] ou mesmo permitindo que se ignore o voto popular.

---

[34] *Vide* https://www.businessinsider.com/us-republican-president-mail-in-voting-lindsey-graham-warns-2020-11 [N.T. *Lindsey Graham says the Republicans will never win another presidential election if they don't 'do something' about mail-in voting*, escrito por Adam Payne em 10.11.2020, disponível no *site* do portal de notícias *Insider*].

[35] Hasen, Richard L., *Identifying and Minimizing the Risk of Election Subversion and Stolen Elections in the Contemporary United States* (September 18, 2021). Harvard Law Review Forum, Vol. 135, 2022, UC Irvine School of Law Research Paper No. 2021-50. Disponível em: https://ssrn.com/abstract=3926381 ou http://dx.doi.org/10.2139/ssrn.3926381.

[36] *Vide* https://constitutioncenter.org/interactive-constitution/interpretation/article-ii/clauses/350 [N.T. O *link* direciona para o conteúdo *Common Interpretation*, escrito por James W. Ceaser e Jamin Raskin, referente ao artigo II, seção 1, cláusulas 2 e 3 da Constituição dos Estados Unidos, no *site* do *National Constitution Center*].

[37] O Vice-Presidente Pence reconheceu o resultado das eleições, que rejeitou a proposta de Trump (e de outros) de que ele tivesse poder unilateral para recusar a certificação. *Vide* https://apnews.com/article/mike-pence-donald-trump-election-2020-84ff467d9ff5bfaad084e274f69ac521 [N.T. *Pence: Trump is 'wrong' to say election could be overturned*, de Jill Colvin, escrito em 5.2.2022, disponível no *site* da agência de notícias *Associated Press – AP News*].

A outra é uma tendência ao autoritarismo, apoiada na base pelo populismo de direita. Argumenta-se que o neoliberalismo neoclássico levou à perda de empregos domésticos, abrindo a porta para o ressentimento contra a legislação progressista e para a tendência ao autoritarismo, há muito associada à "política de exclusão".[38] O ressentimento contra as elites e contra o governo pode levar à violência política.[39] De um ponto de vista progressista, a raiva está fora de lugar. As reduções de impostos para os ricos não trarão os empregos de volta – o que um *Green New Deal* traria.[40] Mas, no momento, a ira populista pode levar a uma de duas direções. A primeira é o uso contínuo desse populismo pelo Partido Republicano, no seu percurso rumo ao governo de partido único e ao controle das instituições políticas. A segunda é em direção a um golpe, que resulte em um governo presidencial autocrático. O ex-Presidente Trump parecia mais do que disposto a seguir por esse caminho.[41]

Talvez por ilusão ou desejo de minha parte, mas um regime permanente de partido único, sinalizando o fim do progressismo ou um

---

[38] Putzel, James. (2020), The 'Populist' Right Challenge to Neoliberalism: Social Policy between a Rock and a Hard Place. *Development and Change*, 51: 418-441. Disponível em: https://doi.org/10.1111/dech.12578. O artigo afirma, controversamente, que essa legislação social foi a "fase dois" do neoliberalismo, apesar de sua origem ser muito anterior à revolução neoliberal de Reagan e Thatcher. Mas o ponto sobre o ressentimento popular contra o governo, a política excludente e o autoritarismo parece correto.

[39] De acordo com dois cientistas políticos de Harvard, quatro marcadores de autoritarismo nos EUA encontrados em Trump são: rejeitar ou mostrar um compromisso fraco com as regras democráticas, negar a legitimidade de oponentes políticos, encorajar ou tolerar a violência e uma prontidão para reprimir ou limitar as liberdades civis de opositores, incluindo a mídia. Disponível em: https://www.newsweek.com/harvard-political-science-professor-donald-trump-authoritarian-how-democracy-778425 [N.T. *Trump Meets Every Criteria for an Authoritarian Leader, Harvard Political Scientists Warn*, escrito por Ryan Sit em 1º.11.2018, disponível no *site* da revista *Newsweek*].

[40] *Vide* https://en.wikipedia.org/wiki/Green_New_Deal.
"Os políticos *outliers* (e *outsiders*) que implementam políticas populistas de direita e que alcançaram o poder nos níveis nacional e subnacional na década de 2010 o fizeram com promessas [...] de promover os interesses de cidadãos nativos, trabalhadores e merecedores. No que parece ser um 'truque de confiança' quase magistral, eles chegaram ao poder apoiados por alianças de interesses empresariais, muitas vezes promovendo maior desregulamentação dos mercados domésticos do que os neoliberais antes deles. Em suas campanhas pelo poder político, os populistas de direita não prometeram programas sociais abrangentes. Em vez disso, procuraram ganhar apoio demonizando os 'pobres não merecedores', fossem eles 'imigrantes ilegais', 'muçulmanos perigosos', pobres 'preguiçosos' ou 'criminosos', retratados como se tivessem recebido assistência ou proteção injusta pelas elites liberais no passado". Putzel, op. cit. p. 428.

[41] *Vide* https://www.amazon.com/dp/B098PF8D41/ref=dp-kindle-redirect?_encoding=UTF8&btkr=1 [N.T. *Peril*, de Bob Woodward e Robert Costas, publicado pela editora Simon & Schuster em 2021, no *site* da empresa *Amazon*].

golpe autoritário, parece improvável. Um governo de partido único é instável, constantemente sujeito a turbulências eleitorais. A hegemonia do Partido Republicano implica o controle tanto do governo nacional quanto dos governos estaduais, o que requer recursos e organização consideráveis diante da constante resistência da esquerda. Mesmo que a Suprema Corte entendesse que legislativos estaduais, eleitos mediante manipulação de distritos eleitorais, pudessem controlar as eleições presidenciais, livres de revisão por tribunais e de vetos governamentais (com um sério ataque à democracia),[42] essa regra também se aplicaria a estados controlados democraticamente. Estados com legislativos controlados pelo Partido Republicano poderiam mudar ao longo do tempo, a despeito da manipulação dos distritos eleitorais. O poder poderia mudar em estados vermelhos.[43] O poder presidencial permaneceria freado pelo Congresso. A maioria conservadora da Suprema Corte poderia se tornar menos partidária – embora as chances sejam baixas, em razão do mandato vitalício. As áreas rurais podem vir a enxergar mérito em políticas progressistas, em vez de se concentrarem tanto em guerras culturais. As estáveis instituições reguladoras, descritas nos itens 2 e 3 acima, provavelmente sobreviveriam devido ao apoio bipartidário. Mas pouca coisa mudaria em estados seguramente azuis, como Nova York e Califórnia. As cidades azuis permaneceriam como atores importantes. Surgiriam problemas exigindo soluções progressistas ativas. Instabilidade e conflitos poderiam muito bem produzir crises financeiras que, então, exigiriam apoio federal.

Quanto a um golpe de Estado, um homem forte[44] e autoritário como Trump poderia, teoricamente, se aproveitar da instabilidade e declarar lei marcial permanente ou temporária (como em episódios de lei marcial dirigidos contra a esquerda e contra as cidades azuis).[45]

---

[42] *Vide* https://slate.com/news-and-politics/2022/03/supreme-court-democracy-independent-state-legislature.html [N.T. *The Supreme Court Just Came Perilously Close to Blowing Up Federal Elections*, de Mark Joseph Stern, escrito em 7.3.2022 e disponível no *site* da revista *Slate*].

[43] [N.T.] "Estados vermelhos" é uma referência à cor do Partido Republicano. Pelo sistema eleitoral adotado nos EUA, baseado no voto distrital, há estados onde historicamente vencem os Republicanos ("vermelhos") ou os Democratas ("azuis"). E há os estados-pêndulo, em que ora vence um partido, ora o outro.

[44] *Vide* https://www.amazon.com/dp/B08BVZMDWW/ref=dp-kindle-redirect [N.T. *Strong men: Mussolini to the Present*, de Ruth Ben-Ghiat, publicado pela editora W. W. Norton & Company em 2020, no *site* da empresa *Amazon*].

[45] Trump considerou invocar o *Insurgency Act*, para mobilizar as forças armadas dos EUA na repressão de manifestações e proteção da fronteira, e foi instado a invocá-las como forma de capturar as máquinas de votação durante a crise de 6 de janeiro. O Congresso

No extremo, um golpe apoiado pelos militares poderia produzir uma tirania fascista e um capitalismo clientelista. A autocracia presidencial nos EUA seria um território diferente e não mapeado. Mas um governo presidencial sem freios provavelmente não seria bem recebido por empresários americanos ou por políticos conservadores, cujos *status* dependem de poder real na Câmara e no Senado. Os políticos do Partido Republicano buscavam o controle da Presidência com todas as suas forças, mas não para serem controlados por ela.

## 5 Conclusão: perspectivas para o progressismo no Estado ativo da livre-iniciativa

O Estado ativo pode ser visto como fragmentado e instável, mas ao mesmo tempo como estruturalmente seguro. Sua força unificadora é a consciência do bem comum e do bem-estar geral, em uma economia que requer um alto grau tanto de risco quanto de segurança. Requer também o reconhecimento da interdependência de múltiplos aspectos do bem-estar econômico, humano e social, em meio a transformações rápidas, como as do ambiente físico e econômico.

O progressismo mantém seu fundamento em meio a reviravoltas, avançando de forma intermitente com políticas para o bem público nos níveis nacional, estadual e local. Segmentos da população podem se ressentir do governo ideologicamente, mas os problemas surgem e demandam soluções. Falando como um progressista, espero que o retrocesso atual com relação à justiça racial e ao feminismo, bem como o choque cultural de mudanças sociais como o movimento LGBTQ diminuam. Gradualmente, espero que nos vejamos como um só povo. Gradualmente, espero que o belo objetivo da liberdade seja ainda mais expandido, indo do individualismo rígido e da insubordinação contra limitações (como a resistência às vacinas e às máscaras) a uma compreensão das liberdades positivas criadas por leis que operam no sentido do interesse público e do bem comum. Em longo prazo, o progressismo tem uma força profunda, porque suas políticas são populares, protegem as pessoas contra danos e criam novos níveis de liberdade para indivíduos e famílias. Nada vai acontecer da noite para o dia. Muitas

---

está debatendo se deve alterar a lei. *Vide* https://www.nytimes.com/2022/04/19/us/politics/trump-jan-6-insurrection-act.html [N.T. *Fearing a Trump Repeat, Jan. 6 Panel Considers Changes to Insurrection Act*, escrito por Luke Broadwater em 19.4.2022 e disponível no *site* do jornal *The New York Times*].

das profundas divisões que estão sendo alimentadas hoje têm uma história muito longa, mas a mudança acontece. Como progressistas, avançaremos compreendendo nossos valores mais profundos.[46]

## Apêndice A – A escolha institucional e o Estado ativo da livre-iniciativa

Penso na escolha institucional como uma teoria acerca de conjuntos de pessoas que compartilham resultados comuns, trabalhando sob regras que produzem consequências negativas ou, alternativamente, sob regras mais bem projetadas para aprimorar o bem-estar coletivo. Quando a pesca é escassa, por exemplo, a competição desregulada – pautada por regras de propriedade e de livre-iniciativa – pode criar uma situação em que, individualmente, os pescadores nada ganham ao reduzir suas capturas individuais, e eles coletiva e racionalmente acabam com o estoque comum – considerando as regras que criam limites para a extensão da pesca. Escrevi um artigo, há algum tempo, sobre as consequências dos diferentes arranjos de regras e de tomadores de decisão na educação.[47] O quadro analítico multinível da escolha institucional de Elinor Ostrom parece compatível com este artigo. No Estado ativo nacional, a política ocorre no "nível constitucional", que afeta as decisões políticas que, por sua vez, afetam a implementação e os resultados na base:

> Um quadro analítico institucional deve identificar os principais tipos de variáveis estruturais presentes, até certo ponto, em todos os arranjos institucionais, mas cujos valores diferem de um tipo de arranjo institucional para outro. O *framework* IAD é um mapa conceitual multicamadas. Parte do quadro analítico é a identificação de uma arena de ação e dos padrões decorrentes dos resultados interacionais, bem como a avaliação desses resultados. O problema pode estar em um nível operacional, no qual os atores interagem à luz dos incentivos

---

[46] Um livro do falecido Todd Gitlin, *The Sixties*, termina com uma citação do rabino Tarfon, que viveu por volta do primeiro século d.C.: "Não lhe foi concedido completar a tarefa, e ainda assim você não pode desistir". Op-ed. obituário de Michelle Goldberg. Disponível em: https://www.nytimes.com/2022/02/07/opinion/todd-gitlin-liberal.html [N.T. *Requiem for a Liberal Giant*, escrito por Michelle Goldberg em 7.2.2022 e disponível no *site* do jornal *The New York Times*].

[47] Clune, W. H. Institutional Choice as a Theoryical Framework for Research on Educational Policy, *Educational Evaluation and Policy Analysis* Summer 1987, Vol. 9, No. 2, p. 117-132. [N.T. Confira-se o artigo traduzido, *A escolha institucional como referencial teórico para pesquisas sobre políticas públicas de educação*, neste livro].

> que recebem para gerar resultados diretamente para o mundo [três exemplos são citados: a formulação de incentivos para superar o problema do "carona", a organização dos usuários locais de uma floresta e o investimento na infraestrutura de irrigação, que aprimora as capacidades dos agricultores locais]. O problema também pode estar no nível da política (ou da escolha coletiva), em que os decisores precisam, repetidamente, tomar decisões políticas dentro das restrições impostas por um conjunto de regras de escolha coletiva. As decisões políticas afetam a estrutura das arenas nas quais os indivíduos tomam decisões operacionais e, portanto, impactam diretamente o mundo físico. O problema também pode estar em um nível constitucional, no qual se tomam decisões a respeito de quem é elegível para participar da formulação de políticas e sobre as regras que serão empregadas para levar a cabo a formulação de políticas.[48]

Enquanto a escolha institucional, no nível macro do Estado ativo, envolve partidos políticos como atores, a implementação, na base, envolve organizações reguladas com ciclos de influência ascendentes e descendentes semelhantes, operando na aprovação e na administração de regimes e de regras regulatórias.[49] Um esquema simplificado da política, das instituições e das regras no Estado ativo é apresentado na Figura 1.

---

[48] OSTROM, Elinor. Institutional Rational Choice, An Assessment of the Institutional Analysis and Development Framework, in Sabatier, P.A. (Ed.), *Theories of the Policy Process*. Westview Press (1999), 26-27.

[49] "Os mercados são os arranjos institucionais mais frequentemente estudados. Eles alcançam a coordenação confiando, principalmente, em relacionamentos competitivos disciplinados por regras entre as organizações. A competição regida por regras entre dois ou mais partidos políticos é considerada, por muitos analistas, um requisito importante para uma política democrática. Menos estudados, mas potencialmente um meio igualmente importante para alcançar a responsividade e a eficiência na produção de bens e serviços públicos, são os arranjos que permitem a competição orientada por regras entre dois ou mais fornecedores potenciais de bens e serviços públicos" (Ostrom, *op. cit.*, p. 44).

Figura 1 - Quadro analítico do processo decisório no Estado ativo da livre iniciativa

| | |
|---|---|
| Ambiente físico e político | Demografia, economia, movimentos sociais, doações de campanha, circunscrições eleitorais, mídia, *lobby*, *think tanks* |
| Atores: partidos políticos | Partido Democrata, Partido Republicano |
| Objetivos dos partidos | Conservador, bipartidário, progressista |
| Meios de influência | Estratégias organizadas, mobilização de eleitores |
| Instituições decisórias | Legislativos, Executivos, órgãos administrativos, Judiciário |
| Políticas e decisões | Impostos, regulamentos, rede de proteção social etc. |
| Avaliação dos resultados | Por exemplo: sustentabilidade, equidade |

A estrutura básica da Figura 1 tem atores, partidos políticos de esquerda e de direita, inseridos em um ambiente que afeta as suas capacidades e as suas preferências, seus objetivos para o Estado, os meios e os métodos pelos quais eles exercem influência nas instituições decisórias e os resultados dessa influência (políticas públicas, regras eleitorais). Os resultados são, então, reconhecidos e processados como parte do ambiente político (setas na Figura 1). Os critérios de avaliação são tanto internos aos partidos quanto externos (isto é, ainda não internalizados). Os partidos têm objetivos tanto comuns quanto controversos, o que conduz a áreas de consenso e de conflito.[50]

---

[50] Os operadores do direito têm função em toda parte do Estado ativo, tanto dentro como fora do governo: redatores de legislação e regras administrativas, advogados perante órgãos administrativos e tribunais, lobistas, advogados corporativos representando seus clientes etc.

Falta à Figura 1 o papel das organizações intermediárias na criação de modelos para a tomada de decisão nacional e na assistência à organização e ao apoio de tomadores de decisão locais. Na verdade, a multiplicidade de programas locais e de pesquisas a eles associadas forma uma espécie de mosaico de políticas públicas nacionais, mesmo quando não adotadas pelo governo central, a exemplo de sistemas sanitários e de iniciativas ambientais. Nem tudo tem que se mover para o centro.[51]

Os critérios de avaliação são aqueles utilizados pelos partidos, mas também padrões objetivos, como sustentabilidade e equidade. A avaliação, juntamente com o ativismo social, é essencial para a mudança e para a reforma. Muitos dos exemplos descritos no artigo de Ostrom, citados acima, lidam com conjuntos de políticas específicas, como as decisões sobre recursos escassos (água, florestas, peixes etc.). A pesquisa sobre avaliação é utilizada para identificar mudanças nos arranjos institucionais que podem trabalhar produtivamente para fins comuns em cada contexto institucional (nisso consiste o IAD, o modelo de pesquisa e desenvolvimento elaborado pela autora). O modo como as políticas podem ser modificadas para produzir resultados mais sustentáveis e equitativos é exemplo de questão de avaliação relevante para o Estado ativo.

## Apêndice B – A abordagem direito e políticas públicas (DPP) no Brasil[52]

Professora Maria Paula Dallari Bucci

Resumo: O artigo tem por objetivo apresentar ao *Campo de Públicas*, de forma consolidada, a trajetória de pesquisa e algumas contribuições da abordagem direito e políticas públicas. Baseado em pesquisa bibliográfica, ele se inicia analisando as transformações do *welfare state*, que deram ensejo à necessidade de incorporar a figura das políticas

---

[51] Um exemplo interessante da complexidade da tomada de decisão federal, estadual e local, agravada pelas camadas de regras, é o empreendimento do trem de alta velocidade na Califórnia. https://www.nytimes.com/2018/07/30/us/california-high-speed-rail.html [N.T. *A $100 Billion Train: The Future of California or a Boondoggle?* escrito por Adam Nagourney em 30.7.2018 e disponível no *site* do jornal *The New York Times*].

[52] [N.T.] O Apêndice B foi adaptado para contemplar o resumo constante da publicação do artigo em questão. BUCCI, Maria Paula Dallari. A abordagem direito e políticas públicas no Brasil: quadros analíticos. *Campo de Públicas*, v. 2, n. 1, p. 91-118, 2023.

públicas ao instrumental jurídico. Nos países de redemocratização tardia, o sentido das políticas públicas é dúbio, entre a modernização administrativa conservadora, focada em medidas de gestão pública, de um lado, e a organização de serviços públicos de cobertura ampla, com uma dimensão participativa, de outro. Essa tensão corresponde a uma pauta específica no campo do direito, decorrente da centralidade dos direitos nas constituições da segunda metade do século XX, com demanda de maior efetividade, o que se refletiu também na criação das cortes constitucionais, às quais foram atribuídos poderes de controle amplos. A atuação do direito para a produção de resultados sociais – indo além do regramento formal que vigorava até então – reclama uma conceituação jurídica mais precisa das políticas públicas. A abordagem direito e políticas públicas propõe esquemas teóricos e *frameworks* voltados a preencher essa demanda, buscando simplificar a sua identificação e operação, instrumental analítico útil para sistematizar as características e os efeitos do direito integrado às políticas públicas. Esse repertório é parte do legado institucional democrático produzido no Brasil desde a Constituição de 1988, que serve de referência para a reconstrução das políticas públicas.

## Referências

ACKERMAN, Bruce A. Foreword: law in an activist state. *The Yale Law Journal*, v. 92, n. 7, p. 1083-1128, 1983.

BEN-GHIAT, Ruth. *Strongmen*: Mussolini to the Present. New York: W. W. Norton & Company, 2020.

BLUM, Bill. The right-wing legacy of Justice Lewis Powell and what it means for the Supreme Court today. *Huffpost*, 16 ago. 2016. Disponível em: https://www.huffpost.com/entry/the-rightwing-legacy-of-j_b_11521804.

BOGLE, Mary; BRAMHALL, Emily; FIOL, Olivia; GWAN, Peace; MAAG, Elaine; NOBLE, Eleanor; TATIAN, Peter; TRIPLETT, Timothy; WALKER, Fay. *An evaluation of THRIVE East of the river: findings from a guaranteed income pilot during the COVID-19 Pandemic*. Washington: Urban Institute, 2022. Disponível em: https://www.urban.org/sites/default/files/2023-08/An%20Evaluation%20of%20THRIVE%20East%20of%20the%20River.pdf.

BROADWATER, Luke. Fearing a Trump Repeat, Jan. 6 Panel Considers Changes to Insurrection Act. *The New York Times*, 2022. Disponível em: https://www.nytimes.com/2022/04/19/us/politics/trump-jan-6-insurrection-act.html.

BUCCI, Maria Paula Dallari. A abordagem direito e políticas públicas no Brasil: quadros analíticos. *Campo de Públicas*, v. 2, n. 1, p. 93-127, 2023. Disponível em: https://fjp.mg.gov.br/revista-campo-de-publicas-conexoes-e-experiencias/. Acesso em: 10 jul. 2023.

BUCCI, Maria Paula Dallari; CLUNE, William H. Law and public policy in Brazil and the United States: a North-South dialogue. *New Legal Realism. Empirical Law and Society*, 2022. Disponível em: https://newlegalrealism.org/2022/04/01/bucci-clune-a-south-north-nlr-dialogue-2-bucci/.

BUCKLEY v. Valeo. *Wikipédia: a enciclopédia livre*. Disponível em: https://en.wikipedia.org/wiki/Buckley_v._Valeo.

CALIFORNIA NEWSREEL. Race, The Power of an Illusion: How the Racial Wealth Gap was Created. *Vimeo*, 2003. Disponível em: https://vimeo.com/133506632.

CEASER, James W.; RASKIN, Jamin. Common interpretation: Article II, Section 1, Clauses 2 and 3. *National Constitution Center*. Disponível em: https://constitutioncenter.org/the-constitution/articles/article-ii/clauses/350.

CITIZENS United v. FEC. *Wikipédia: a enciclopédia livre*. Disponível em: https://en.wikipedia.org/wiki/Citizens_United_v._FEC.

CLAGETT, Brice M. *et al.* Buckley v. Valeo. *Supreme Court*, Washington DC, 10 nov. 1975.

CLUNE, William H. A political model of implementation and implications of the model for public policy, research, and the changing roles of law and lawyers. *Iowa Law Review*, v. 69, n. 47, p. 49-125, 1983.

CLUNE, William H. Bill Clune and legal realism to legal action: innovative law courses at UW-Madison. *Soundcloud*. Disponível em: https://soundcloud.com/wilawinactionpodcast/bill-clune-podcast-interview-episode-24.

CLUNE, William H. Institutional choice as a theoretical framework for research on educational policy. *Educational Evaluation and Policy Analysis*, v. 9, n. 2, p. 117-132, 1987.

CLUNE, William H. Law and public policy: map of an area. *Southern California Interdisciplinary Law Journal*, v. 2, n. 1, p. 1-39, 1993.

CLUNE, William H. Legal disintegration and a theory of the state. *In*: JOERGES, Christian; TRUBEK, David M. (Ed.). *Critical legal thought*: an American-German debate. Baden-Baden: Nomos, 1989.

CLUNE, William H. *Legal realism to law in action*: innovative law courses at UW-Madison. Louisiana: Quid Pro Books, 2021.

CLUNE, William H. Progressivism in the Active Free Enterprise State: Fluidity, Fragmentation, and Stability: A Case Study in Law and Public Policy. *University of Wisconsin Legal Studies Research Paper*, n. 1749, 27 abr. 2022. Disponível em: https://ssrn.com/abstract=4095403.

CLUNE, William H.; PELT, Mark Van. A Political Method of Evaluating the Education for All Handicapped Children Act of 1975 and the Several Gaps of Gap Analysis. *Law and Contemporary Problems*, v. 48, p. 7-62, 1985.

COLVIN, Jill. Pence: Trump is 'wrong' to say election could be overturned. *Associated Press – AP News*, 2022. Disponível em: https://apnews.com/article/mike-pence-donald-trump-election-2020-84ff467d9ff5bfaad084e274f69ac521.

CRAMER, Katherine J. *The Politics of Resentment, Rural Consciousness in Wisconsin and The Rise of Scott Walker*. Chicago: University of Chicago Press, 2016.

ERNST, Daniel R. Willard Hurst and the Administrative State: From Williams to Wisconsin. *Law and History Review*, v. 18, n. 1, p. 1-36, 2000.

GOLDBERG, Michelle. Requiem for a Liberal Giant. *The New York Times*, 2022. Disponível em: https://www.nytimes.com/2022/02/07/opinion/todd-gitlin-liberal.html.

GREEN New Deal. *Wikipédia: a enciclopédia livre*. Disponível em: https://en.wikipedia.org/wiki/Green_New_Deal.

HASEN, Richard L. Identifying and Minimizing the Risk of Election Subversion and Stolen Elections in the Contemporary United States. *Harvard Law Review Forum*, v. 135, 2022.

LISA Graves. *ALEC Exposed*, 2011. Disponível em: https://www.alecexposed.org/wiki/ALEC_Exposed.

MOORE, Sally Falk. Law and Social Change: The Semi-Autonomous Social Field as an Appropriate Subject of Study. *Law & Society Review*, v. 7, n. 4, p. 719-746, 1973.

NAGOURNEY, Adam. A $100 Billion Train: The Future of California or a Boondoggle? *The New York Times*, 2018. Disponível em: https://www.nytimes.com/2018/07/30/us/california-high-speed-rail.html.

OSTROM, Elinor. Institutional Rational Choice: An Assessment of the Institutional Analysis and Development Framework. *In*: SABATIER, Paul. *Theories of the Policy Process*. 2. ed. Colorado: Westview Press, 2007.

PAYNE, Adam. Lindsey Graham says the Republicans will never win another presidential election if they don't 'do something' about mail-in voting. *Business Insider*, 2020. Disponível em: https://www.businessinsider.com/us-republican-president-mail-in-voting-lindsey-graham-warns-2020-11.

PRE-K NOW. Pre-K Across the Country. *Reading Rockets*, 2008. Disponível em: https://www.readingrockets.org/topics/preschool-and-child-care/articles/pre-k-across-country.

PROGRESSIVISM in the United States. *Wikipédia: a enciclopédia livre*. Disponível em: https://en.wikipedia.org/wiki/Progressivism_in_the_United_States.

PUTZEL, James. The 'Populist' Right Challenge to Neoliberalism: Social Policy between a Rock and a Hard Place. *Development and Change*, v. 51, n. 2, p. 418-441, 2020.

RIGHT-TO-WORK law. *Wikipédia: a enciclopédia livre*. Disponível em: https://en.wikipedia.org/wiki/Right-to-work_law.

RONALD Reagan Speaks Out Against Socialized Medicine. *Wikipédia: a enciclopédia livre*. Disponível em: https://en.wikipedia.org/wiki/Ronald_Reagan_Speaks_Out_Against_Socialized_Medicine.

SCHWARTZ, David S. Mr. Madison's War on the General Welfare Clause. *University of Wisconsin Legal Studies Research Paper*, v. 1738, 23 fev. 2022.

SEIDL, David. *Luhmann's theory of autopoietic social systems*. Working paper. Munich: Ludwig-Maximilians-Universität München Munich School of Management, 2004.

SIT, Ryan. Trump Meets Every Criteria for an Authoritarian Leader, Harvard Political Scientists Warn. *Newsweek*, 2018. Disponível em: https://www.newsweek.com/harvard-political-science-professor-donald-trump-authoritarian-how-democracy-778425.

SMEEDING, Timothy. *Inequality of Opportunity in an Unequal Country*. University Place Episode. *PBS Wisconsin*, Madison, 5 out. 2016. Disponível em: https://pbswisconsin.org/watch/university-place/inequality-of-opportunity-in-an-unequal-country-86hhyu/.

STARVE the beast. *Wikipédia: a enciclopédia livre*. Disponível em: https://en.wikipedia.org/wiki/Starve_the_beast.

STERN, Joseph M. The Supreme Court Just Came Perilously Close to Blowing Up Federal Elections. *Slate*, 2022. Disponível em: https://slate.com/news-and-politics/2022/03/supreme-court-democracy-independent-state-legislature.html.

THE Scheme Speech 5: The Federalist Society. *Sheldon Whitehouse*, Washington DC, 27 jul. 2021. Disponível em: https://www.whitehouse.senate.gov/news/speeches/the-scheme-speech-5-the-federalist-society/.

TRIBE, Laurence H. *Politicians in Robes*. 4. ed. New York: The New York Review of Books, 2022. v. LXIX.

UNIVERSAL PreK Programs in the United States and Worldwide. *Early Edge California*, 2021. Disponível em: https://earlyedgecalifornia.org/wp-content/uploads/2021/03/Universal-PreK-Programs-in-the-United-States-and-Worldwide.pdf.

WERTZ, Jake. Past Progressive: Dan Kaufman's "The Fall of Wisconsin". Resenha do livro: The Fall of Wisconsin, The Conservative Conquest of a Progressive Bastion and the Future of American Politics, de Dan Kauffman. *LARB – Los Angeles Review of Books*, 2018.

WOODWARD, Bob; COSTA, Robert. *Peril*. London: Simon & Schuster UK, 2021.

ZHONG, Raymond; POPOVICH, Nadja. How Air Pollution Across America Reflects Racist Policy From the 1930s. *The New York Times*, 9 mar. 2022.

# DIREITO E POLÍTICAS PÚBLICAS: O QUE É, COMPETÊNCIAS DE ESPECIALISTAS E PESQUISADORES, DESENHOS E MÉTODOS DE PESQUISA, CURSOS DE DIREITO[1]

**WILLIAM H. CLUNE**

**Tradução de Giovanna Maísa Gamba**

A Professora Maria Paula Dallari Bucci[2] e eu temos trabalhado juntos na pesquisa em direito e políticas públicas (DPP) há aproximadamente um ano.[3] Este artigo é um esforço para reunir o trabalho prévio,

1 [N.T.] CLUNE, William H. Law and Public Policy: What Is It, Skills of Practitioners and Researchers, Research Designs and Methods, Law School Courses. *University of Wisconsin Legal Studies Research Paper*, n. 1751, 2022. Disponível em: https://papers.ssrn.com/sol3/papers.cfm?abstract_id=4154531. A primeira versão do artigo foi publicada no site *New Legal Realism. Empirical Law and Society*: https://newlegalrealism.org/2022/09/06/bucci-clune-a-south-north-nlr-dialogue-4-clune/.

2 A Professora Bucci fez comentários que estão refletidos no texto, e o artigo foi influenciado por publicações colaborativas anteriores, como indicado na nota 3 *infra*. O artigo também reflete duas aulas que ministrei remotamente para os alunos da Professora Bucci, em que esta última proferiu parte substancial de ambas as aulas. Professora Bucci e seus alunos, de forma independente, descobriram meus trabalhos anteriores, os quais são discutidos neste artigo, traduziram-nos para o português e me contataram para uma colaboração. *Vide* nota 7 *infra*. Desde o início ela entendeu como meu trabalho poderia ser generalizado para o DPP. Um ponto que ela enfatizou foi que o DPP pode ser centrado no direito e no direito em ação.

3 A Professora Bucci e eu escrevemos textos complementares no *site New Legal Realism*. https://newlegalrealism.org/2022/03/31/clunemarch22/ e https://newlegalrealism.org/2022/04/01/

explicar DPP em termos claros, discutir competências e conhecimentos necessários para profissionais e pesquisadores da área, e resumir os projetos de pesquisa e métodos apropriados para a pesquisa nessa área.

## 1 O que é DPP: a área a ser estudada

O aspecto "público" se refere aos bens da coletividade ou à falta deles – quando as pessoas sofrem danos ou privações que não podem ser remediados por transações privadas ou instrumentos legais individuais e, portanto, requerem ação coletiva por meio da política.[4] O "direito" se refere às regras, entendidas de modo amplo – legislação, implementações, regras administrativas, decisões judiciais, subsídios fiscais, decretos, interpretações oficiais de regras, influência oficial e implementação. A "política pública", para a abordagem DPP, é o direito desenhado para melhorar o bem-estar geral, protegendo as pessoas de danos e privações nocivas, incluindo equidade para aqueles que experimentam níveis especialmente baixos de bem-estar. Em outras palavras, as metas de DPP são progressistas, ainda que a pesquisa nessa área necessariamente estude os ganhos e perdas de metas progressistas (tanto aspirações contrafactuais quanto progresso ou retrocesso factual).

O impacto da política é um componente essencial do DPP que o diferencia da interpretação legal e da análise doutrinária. A doutrina jurídica e a interpretação das leis são parte do DPP, mas somente como um aspecto da política pública que objetiva alcançar consequências reais. "Política pública" também se refere a modelos existentes com impactos conhecidos e que, portanto, podem ser adotados e avaliados

---

bucci-clune-asouth-north-nlr-dialogue-2-bucci/. Ambos foram editados e republicados no repositório SSRN. "Clune, Progressivism in the Active Free Enterprise State: Fluidity, Fragmentation, and Stability: A Case Study in Law and Public Policy" https://ssrn.com/abstract=4095403; "Bucci, Law and Public Policy in Brazil and the United States: A North-South Dialogue", https://papers.ssrn.com/sol3/papers.cfm?abstract_id=4095414. [N.T. Confiram-se os artigos traduzidos, *Progressismo no Estado ativo da livre-iniciativa: fluidez, fragmentação e estabilidade: um estudo de caso sobre direito e políticas públicas* e *Direito e políticas públicas no Brasil e nos Estados Unidos: um diálogo Sul-Norte*, respectivamente, neste livro].

4 Sobre bens coletivos, *vide* June Sekara, "Public Goods in Everyday Life" https://www.bu.edu/eci/files/2019/10/PublicGoods.pdf: "A história da civilização é uma história dos bens coletivos [...] Quanto mais complexa for a civilização, maior o número de bens coletivos que precisam ser providos. A nossa é, de longe, a mais complexa civilização humana já desenvolvida. Então, sua necessidade de bens coletivos – e de bens com aspectos públicos, como a educação e a saúde – é extraordinariamente grande. As instituições que têm historicamente provido bens coletivos são os Estados. Mas não é claro se os Estados de hoje podem – ou se lhes será permitido – fornecer os bens que nós atualmente demandamos" (Martin Wolf, *Financial Times*).

em novos cenários. Modelos para políticas públicas representam conhecimento social agregado (por exemplo, capital social).

A política é um componente intrincado e essencial do DPP. As políticas públicas são politicamente construídas. DPP envolve ações políticas, partidos políticos e grupos de interesse em busca de reforma, bem como aqueles que mantêm paralisadas ou que buscam reduzir reformas progressistas. De certo modo, políticas públicas – e sua implementação – representam infinitos equilíbrios fluidos nas marés instáveis da política.

De modo relevante, DPP inclui esforços intencionais, organizados, planejados e potenciais para mudar as regras. Esses são esforços de reformas progressistas, voltados para a expansão do bem-estar público e da equidade, planejados, em andamento e completos, os movimentos sociais e atores que apoiam essas mudanças, e os antagonistas – esforços reacionários à mudança que objetivam erodir leis e instituições progressistas –, às vezes com discordâncias sobre quais políticas atendem ou não ao maior bem comum.[5] Talvez seja necessário distinguir DPPP, DPP progressista, de DPPR, DPP reacionário, porque ativistas de DPP de ambas as orientações demandam o mesmo conjunto de conhecimento e habilidades. No entanto, tantas necessidades sociais urgentes demandam ações progressistas. Os potenciais benefícios dos bens coletivos surgem predominantemente em uma direção progressista (assim como a proteção dos direitos de propriedade existentes e a estratificação da riqueza são obstáculos comuns). Maior equidade é apenas o exemplo mais óbvio.

Dessa forma, DPP consiste em um conjunto de regras que afetam o bem comum, nacional, regional e local, às vezes, regras de diferentes jurisdições, agências e tribunais, todos eles impactando a mesma área da política e, por vezes, avançando em direções contraditórias e sem coerência política. Por outro lado, a base do DPP consiste em instituições jurídicas estáveis, regidas por um código normativo coerente, geralmente envolvendo regras administrativas e regulamentação, o "Estado administrativo".[6] Tais instituições normalmente consistem em

---

[5] A resistência política a impostos mais altos é uma limitação comum aos gastos com o bem comum em todos os níveis de governo. A questão prática é o tamanho do benefício público em relação aos impostos e quanta tributação será tolerada, questão que se resolve considerando-se uma iniciativa por vez.

[6] Ernst, D.R. (2000). Willard Hurst and the Administrative State: From Williams to Wisconsin, 18 Law & Hist. Rev. 136 (2000), 22-23. Hurst descreveu a história do direito como "as políticas públicas em dimensão temporal" em seu livro sobre direito e sociedade,

aspectos do Estado social: proteção ao consumidor, seguro e regulamentação de valores mobiliários, serviços de saúde, educação, apoio à renda, assistência em caso de desastres, sistemas sanitários, proteção do trabalhador, proteção ambiental, parques e lazer, infraestrutura de transporte, recuperação de empresas, preços acessíveis de habitação etc. Instituições que, no entanto, estão rotineiramente sujeitas a frequentes modificações normativas e em sua implementação, que reforçam ou prejudicam o propósito legislativo. Uma fonte de fluidez é que o impacto das políticas provoca reações por parte das pessoas e organizações afetadas – estejam elas em conformidade ou desconformidade com as regras estabelecidas, por meio de *lobby*, bem como por meio das dinâmicas interativas flexíveis da implementação de políticas.[7]

Uma versão esquemática do processo político do DPP se assemelha ao gráfico a seguir. A seta direcionada para cima significa a natureza interativa do processo a cada passo e sobre o processo como um todo.

---

um estudo sobre o desenvolvimento da compensação dos trabalhadores ao longo do tempo, que funcionou também como um livro sobre processo por causa de seu estudo das agências administrativas.

7 A Professora Bucci e seus alunos se interessaram por meus trabalhos anteriores sobre esses temas. Clune, W.H. Legal Disintegration and a Theory of the State. In: Critical Legal Theory: A German-American Debate (Nomos, 1989) https://www.elgaronline.com/view/edcoll/9781788117760/9781788117760.00012.xml. Clune, W.H. A Political Model of Implementation and Implications of the Model for Public Policy, Research, and the Changing Roles of Law and Lawyers, 69 (1) Iowa Law Review 47 (1983). Um terceiro artigo foi traduzido e foi tema de outra aula da Professora Bucci e seus alunos. Clune, W. H. (1992). Law and public policy: Map of an area. Southern California Interdisciplinary Law Journal, 2(1), 1-39. *Vide* também Clune, W.H. "A Political Method of Evaluating the Education for All Handicapped Children Act and the Several Gaps of Gap Analysis," (com Mark Van Pelt), 48 Law & Contemp. Prob. 7 (1985). [N.T. Confiram-se os artigos traduzidos, *Desintegração jurídica e uma teoria do Estado*, *Um modelo político de implementação para as políticas públicas: os papéis do direito e dos juristas*, *Direito e políticas públicas: mapa da área* e *Um método político de avaliação: a Lei de Educação para Todas as Crianças com Deficiência e as várias lacunas da análise de lacunas*, respectivamente, neste livro].

**O processo de DPP**

Meta política

↓

Regras contrárias em vigor

↓

Resistência política

↓

Democracia

↓

Agentes e processos de mudanças

↓

Novas regras viáveis

↓

Nova política em vigor

↓

Implementação

↓

Impactos

↓

Institucionalização

As origens das políticas destinadas a melhorar o bem-estar geral repousam, em última análise, na interdependência de pessoas que experimentam as consequências das ações de outras pessoas, negativas ou positivas (como quando trabalhadores educados beneficiam toda a economia). Nos Estados Unidos, as políticas de bem-estar público são distribuídas nos níveis nacional, regional, estadual e municipal. Os estados dos EUA têm o tradicional "poder das políticas", que envolve potencialmente todos os aspectos do bem-estar geral. A política nacional surge devido à interdependência nacional, ao comércio interestadual e à capacidade fiscal e técnica do governo federal para lidar com os problemas nacionais, como o socorro a desastres. Um caso multinível é o da política educacional e seu financiamento nos EUA, distribuídos pelos níveis nacional, estadual e local. Por exemplo, o alinhamento de padrões de currículo e exames nos Estados Unidos foi organizado em todos os estados com assistência federal.[8]

## 1.1 Como a democracia é parte de DPP?

Em primeiro lugar, direitos humanos, liberdade pessoal em face da coerção estatal, liberdade de expressão, de religião e de reunião, e garantias de sufrágio deveriam ser considerados como fins e não apenas meios para o progresso, como refletido na Carta de Direitos dos EUA e subsequentes emendas e constituições estaduais. Esses direitos são componentes essenciais do bem comum e do bem-estar geral.

Em segundo lugar, como um meio de promulgar políticas progressistas, a democracia é um sistema que oferece a representação política de todos os grupos afetados pelo bem-estar público e, portanto, permite a defesa de uma ampla gama de bens sociais, de modo oposto aos sistemas políticos com representações fortemente tendenciosas, como aqueles baseados em riqueza ou em regiões geográficas, e especialmente sistemas autoritários, nos quais a distribuição de bens é decidida por autocratas. A Professora Bucci e eu adotamos uma tipologia de Estados de bem-estar social que os divide em estáveis, contestados e iliberais. As sociais-democracias estáveis, como aquelas da Europa ocidental, estabeleceram instituições de bem-estar social e relações trabalhistas com instituições democráticas de longa data, abrangendo toda a comunidade de cidadãos, mas, reconheça-se, com algumas sérias divisões a propósito de questões como imigração. Estados de bem-estar contestados são aqueles, como nos Estados Unidos e no Brasil, onde grandes conflitos políticos existem, e nos EUA este conflito se refere especialmente à redistribuição de renda. A democracia nos

---

[8] Fuhrman, Susan. 2001. From the Capitol to the Classroom: Standards-Based Reform in the States. Chicago: National Society for the Study of Education. *Vide* a síntese em: https://newlearningonline.com/literacies/chapter-16/fuhrman-on-the-origins-of-the-standards-movement. *Vide* também Clune, W.H. (2001) Chapter II: Toward a Theory of Standards-based Reform: The Case of Nine NSF Statewide Systemic Initiatives https://doi.org/10.1177/016146810110300802. [N.T. Confira-se o artigo traduzido, *Rumo a uma teoria da reforma sistêmica: o caso de nove iniciativas sistêmicas estaduais da Fundação Nacional da Ciência*, neste livro].

EUA é ameaçada pela supressão e subversão dos eleitores e distorções representativas como a manipulação da área dos distritos eleitorais para obter vantagem no número de representantes eleitos (*gerrymandering*).

A razão básica para ataques autocráticos à democracia é que um grupo de atores – os ricos, as corporações, o eleitorado rural – deseja suprimir demandas democráticas de outros grupos. Em outras palavras, grupos e interesses autocráticos não desejam ser responsabilizados pelas necessidades de grandes setores da população. Estados de bem-estar iliberais minimizam o *accountability* democrático. Hungria e Rússia são exemplos. Controle da mídia, das cortes e das eleições são grandes marcas registradas, junto à corrupção e ao clientelismo, que beneficiam autocratas e elites. A autocracia extrema é caracterizada pela completa ausência de um sistema judicial independente ou de uma imprensa livre capaz de avaliar o Estado, de um conceito realista de direitos humanos que possa interferir na política oficial ou de uma liberdade pessoal livre da vigilância estatal e da detenção pelo Estado. Estados iliberais podem adotar políticas populistas ou "progressistas", como controle de preços e subsídios para bens essenciais como alimentos e combustíveis. A China tem uma extensa gama de políticas públicas de bem-estar controladas pelo partido comunista e é progressista nesta medida, mas carece de democracia política.

Progressistas desapontados com retrocessos e resistências em sociedades democráticas devem considerar o que significa ter políticas públicas determinadas por autocratas sem qualquer meio de registrar seu descontentamento e sem qualquer responsabilização. Apoiadores conservadores da livre-iniciativa não devem gostar dos limites impostos pelo Estado à liberdade pessoal e ao capitalismo clientelista, ainda que eles objetivem a privação de direitos de grupos progressistas. O objetivo óbvio para progressistas em sistemas de contestação como os EUA é a resistência à supressão do voto e a busca, como meta, da emancipação universal.

## 1.2 Uma palavra sobre as cortes como garantidoras

A composição conservadora da Suprema Corte dos EUA sinaliza um retorno do papel das cortes como oponentes da democracia e de reformas progressistas, da legislação de bem-estar e do poder das agências administrativas. Ao longo da história, a Suprema Corte tem sido uma instituição mais reacionária do que progressista, com exceção da era da

*Warren Court*, de aproximadamente 1955 a 1975.[9] Cortes conservadoras podem derrubar políticas e instituições progressistas, mas são impotentes para reconstruí-las.[10] Felizmente, o poder negativo da Corte foi,

---

[9] *Vide* Tribe, Laurence H. Politicians in Robes, vol. LXIX, no. 4, The New York Review of Books (March 10, 2022). Em uma crítica de um livro do ministro liberal aposentado da Suprema Corte Stephen Breyer, o Professor Tribe é cético quanto ao apoio de Breyer à tese de que diferenças jurisprudenciais na Corte (por exemplo, originalismo *v.* evolução à luz das mudanças circunstanciais) explicam decisões que, portanto, são em grande parte livres de viés ideológico e político, em oposição à ideia de que as doutrinas servem como representações de visões ideológicas. "Na maior parte da história da Suprema Corte, vimos julgamentos que minam valores [democráticos]. A única exceção significativa foi o memorável período de meados dos anos 1950 ao fim dos anos 1970. Hoje a Corte parece mais uma vez numa trajetória antidemocrática, mais profundamente entrincheirada e menos receptiva a uma mudança de rumo". A doutrina da independência do Legislativo estadual é uma nova ameaça da Suprema Corte dos EUA à democracia. "A Suprema Corte disse na quinta-feira que considerará o que seria uma mudança radical na forma como as eleições federais são conduzidas, conferindo aos legislativos estaduais autoridade exclusiva para definir as regras para as disputas, ainda que suas ações violem as constituições estaduais e resultem em um *gerrymandering* extremamente tendencioso para os assentos no Congresso" (https://www.washingtonpost.com/politics/2022/06/30/supreme-court-federal-elections-state-legislatures/?utm_source=alert&utm_medium=email&utm_campaign=wp_news_alert_revere&location=alert). Mas o esforço para que a Suprema Corte examine a chamada doutrina da independência do Legislativo estadual foi um esforço liderado pelos republicanos. O Partido Republicano controla ambas as casas legislativas em 30 estados. A doutrina vem da cláusula eleitoral da Constituição dos EUA, segundo a qual "A época, os locais e os processos eleitorais para Senadores e Representantes serão prescritos, em cada estado, pela respectiva assembleia". Embora mais frequentemente invocada no processo de reorganização distrital, a doutrina da independência do Legislativo estadual também daria aos legisladores controle sobre questões como qualificação de eleitores, votação por correio e outros procedimentos eleitorais. Segundo Rick Hasen: "Reflita sobre isso por um momento: a teoria, no limite, é a de que a constituição estadual, conforme interpretada pela corte estadual mais alta, não é um limite ao poder legislativo. Na essência, essa posição extrema neutralizaria o desenvolvimento de quaisquer leis que, baseadas em provisões de direitos de voto nas constituições estaduais, protegessem os eleitores de forma mais ampla do que a constituição federal. E essa teoria pode não apenas restringir as supremas cortes estaduais: ela também pode potencialmente restringir as agências estaduais e locais, assim como os governadores na implementação de regras para a realização de eleições" (https://politicalwire.com/2022/06/30/justices-to-review-state-legislature-power-in-elections/?lctg=41595866).

[10] Millhauser, Ian (2021). The Agenda, How A Conservative Supreme Court Is Reshaping America (Columbia Global Reports). https://www.amazon.com/dp/B08WJJR35N/ref=dp-kindle-redirect?_encoding=UTF8&btkr=1. *Vide* também: West Virginia v. EPA https://www.washingtonpost.com/politics/2022/06/30/supreme-court-epa-climatechange/. "Richard Lazarus, professor de Direito Ambiental de Harvard, disse em uma declaração que, ao se insistir que uma agência 'pode promulgar uma regra climática importante e significativa, somente mostrando 'autorização clara do Congresso', em um momento em que a Corte sabe que o Congresso é efetivamente disfuncional, a Corte ameaça derrubar a capacidade do governo nacional de salvaguardar a saúde pública e o bem-estar no exato momento em que os Estados Unidos e todas as nações enfrentam nosso maior desafio ambiental: a mudança climática". *Vide* também Davenport C. (19 de junho de 1922), The Republican Drive to Tilt Courts Against Climate Action Reaches a Crucial Moment. https://www.nytimes.com/2022/06/19/climate/supreme-court-climateepa.html?referringSource=articleShare. O artigo descreve uma campanha conservadora da *Federalist Society*, de

em linhas gerais, limitado à erosão das reformas progressistas nas suas arestas, talvez pelo poder dos tribunais limitado à decisão de casos individuais, pelo apoio bipartidário para muitas reformas progressistas ou pela falta de vontade de se engajar numa destruição por atacado. Para ser justo, a Corte foi a fonte de vários direitos progressistas no passado e pode ser novamente no futuro. Também pelo lado positivo, cortes regionais e estaduais nos EUA também podem ser, às vezes, fonte de reformas progressistas e de ampliação democrática.[11] O fortalecimento da capacidade das cidades de fornecer bens públicos deve ser uma das maiores prioridades para os progressistas neste momento de retrocesso federal e estadual, e as cidades têm os recursos para construir parcerias público-privadas poderosas.[12]

---

longa data, destinada a limitar a discricionariedade de atuação de órgãos administrativos no âmbito das atribuições conferidas pelo Congresso.

11 Junto a outros colegas, realizei uma pesquisa sobre litígios bem-sucedidos em cortes estaduais e que buscavam equidade e adequação no financiamento do ensino baseado em cláusulas sobre educação previstas em constituições estaduais. *Vide* Clune, William (1994). The Shift from Equity to Adequacy in School Finance (https://doi.org/10.1177/0895904894008004002). Ambos os temas tiveram impacto substancial no sistema de financiamento dos EUA. O tema da adequação foi aplicado em Ontário, Canadá: "Odden e Picus (2014) se basearam na definição de William Clune (1994) acerca da adequação 'como adequação a algum propósito, normalmente o desempenho do aluno' (p. 377), para descrever a adequação do financiamento escolar como "o fornecimento de um nível de recursos para as escolas que permitirão [...] a todos, ou quase todos os alunos [...] atender aos padrões de desempenho de seu estado no longo prazo" (*Using the Evidence-Based Adequacy Model across Educational Contexts: Calibrating for Technical, Policy, and Leadership Influences*. https://files.eric.ed.gov/fulltext/EJ1205552.pdf). Para um levantamento completo sobre equidade e adequação em vários estados, *vide The Adequacy And Fairness Of State School Finance Systems* (Rutgers University, Albert Shanker Institute, December 2021, https://files.eric.ed.gov/fulltext/ED616520.pdf). Os estados também podem servir como protetores da democracia. *Vide* Jessica Bulman-Pozen & Miriam Seifter (2021). *The Democracy Principle in State Constitutions* Michigan Law Review Jessica Bulman-Pozen & Miriam Seifter (2021). https://repository.law.umich.edu/mlr/vol119/iss5/2 e https://doi.org/10.36644/mlr.119.5.democracy. O artigo explica que as constituições estaduais têm compromissos com soberania popular, sufrágio, eleição de funcionários do Executivo e juízes, restrições ao *gerrymandering* partidário, limitações da atuação pública, regulação das iniciativas e referendos. Eu acrescentaria que as proteções estaduais da democracia são uma fresta de esperança em relação ao recuo da Suprema Corte dos EUA na proteção da democracia e da legislação progressista sob a bandeira do federalismo. A democracia pode sobreviver pelo menos em estados com maiorias progressistas, sem *gerrymandering* partidário conservador e com governadores e juízes estaduais progressistas ou, pelo menos, não reacionários. O progressismo pode sobreviver em cidades democratas, em estados democratas e em alguns estados com participação dos dois partidos. Mas essa abordagem fragmentada não é suficiente para lidar com a maioria dos problemas nacionais que exigem ação de um governo nacional.

12 *Vide* Thomas Friedman a respeito do modelo de parceria construído em Lancaster, Pensilvânia, onde um grupo central de planejamento com profissionais do governo, da universidade, do sistema de saúde e do mercado desenvolveu o plano *Hourglass* para reviver uma cidade decadente. Thomas Friedman, *Where American Politics Can Still Work:*

De forma mais ampla, embora a extensão e as perspectivas para reformas das políticas pareçam sombrias, com bloqueios no nível federal sobre algumas políticas, o lado positivo é que as reformas progressistas estão sempre presentes, planejadas e em andamento em todos os níveis do governo. As reformas podem ser maiores ou menores em escopo e ocorrem em todas as áreas da política pública: política educacional, planejamento urbano, habitação acessível com saneamento, meio ambiente, saneamento básico, e assim por diante. Para citar alguns exemplos, podemos mencionar programas de renda básica universal,[13] um programa bem-sucedido em favor de pessoas sem teto realizado em Houston, Texas,[14] opções políticas para a seca no grande Salt Lake,[15] e educação pré-escolar.[16] No Brasil, os alunos da

*From the Bottom Up,* New York Times (2018). https://www.nytimes.com/2018/07/03/opinion/community-revitalization-lancaster.html. Cidades geralmente detêm recursos humanos, sociais e financeiros que não estão disponíveis em outro lugar. A respeito de projetos de universidades e comunidades, *vide* https://www.epicn.org/. Sobre "Cidades inteligentes", *vide* https://core.ac.uk/download/pdf/11432955.pdf e https://www.nytimes.com/2021/01/19/business/public-private-partnerships.html.

[13] Rebecca Hasdell (July, 1920). *What We Know About Universal basic Income A Cross-Synthesis of Reviews,* https://basicincome.stanford.edu/uploads/Umbrella%20Review%20BI_final.pdf. *Vide* também Dylan Mathews (2017). The 2 most popular critiques of basic income are both wrong, https://www.vox.com/policy-andpolitics/2017/7/20/15821560/basic-income-critiques-cost-work-negative-income-tax. E ainda: *An Evaluation of THRIVE East of the River: Findings from a Guaranteed Income Pilot during the COVID-19 Pandemic* (Urban Institute, 2022, https://www.urban.org/research/publication/evaluation-thrive-east-river-findings-guaranteed-incomepilot-during-covid-19). O programa *Thrive* [desenvolva-se] em Washington D.C. foi desenhado para promover medidas de alívio durante a pandemia de Covid e garantiu experimentos de garantia de renda em cidades e comunidades pelo país. Muitos dos programas são inspirados pelo Dr. Martin Luther King, Jr., que defendeu um apoio direto em dinheiro para combater a pobreza. O Instituto Urban lançou um relatório com os resultados de uma avaliação do programa *Thrive* e encontrou resultados positivos na redução de fome, saúde mental, e não esgotamento das economias. Em grande medida, os destinatários usaram os pagamentos em moradia (por exemplo, aluguel), alimentação, transporte, internet e pagamento de dívidas. Muitos conseguiram purgar a mora em pagamentos de aluguéis. Em comparação com os pagamentos em dinheiro, o seguro-desemprego é burocrático, complexo e ineficiente, especialmente para os pobres e minorias. Muitos beneficiários do *Thrive* sequer solicitaram o seguro-desemprego.

[14] Sobre a transferência de pessoas de situação de rua de acampamentos para apartamentos de um cômodo, em vez de abrigos com várias camas, *vide* Michael Kimmelman (14.6.2022). How Houston Moved 25,000 People From the Streets Into Homes of Their Own https://www.nytimes.com/2022/06/14/headway/houston-homeless-people.html.

[15] Sobre como o perigo potencial de poeira tóxica e a perda da indústria recreativa vão exigir *tradeoffs* difíceis no uso da água para agricultura e para o meio urbano, bem como sobre o início de um planejamento público estadual/regional/municipal que já encontra resistência política, *vide* Christopher Flavelle (junho de 2022) As the Great Salt Lake Dries Up, Utah Faces An 'Environmental Nuclear Bomb' https://www.nytimes.com/2022/06/07/climate/salt-lake-city-climate-disaster.html.

[16] *Vide* David Kirp, Pre-K Is Powerful if Done Right. Here's How (6.5.2022). Kirp distingue os programas de pré-escola de qualidade, que envolvem solução de problemas e

Professora Bucci estão realizando pesquisa em DPP em vários níveis de governo, conforme o Apêndice A.

## 2 Experiência exigida no trato com direito e políticas públicas

Requer-se de juristas, cientistas sociais, atores políticos, analistas de políticas públicas e agentes de mudança, nos seus respectivos papéis, um núcleo específico de conhecimento e habilidades comuns. Um atributo exigido é a sofisticação sobre a dinâmica e os efeitos das políticas públicas, incluindo modelos de boas políticas públicas. Outro, é uma compreensão profunda das múltiplas regras e agências envolvidas em áreas políticas específicas, como educação etc. Além disso, requer-se uma compreensão das forças políticas e dos atores que mantêm as regras existentes e daqueles que caminham em direção à mudança. Cada disciplina acadêmica tem percepções sobre aspectos de DPP, economia, ciências sociais, direito etc., e os esforços de pesquisa e mudança são frequentemente interdisciplinares, o que, portanto, requer habilidades de colaboração interdisciplinar. Os atores jurídicos devem ser hábeis em representar interesses favoráveis e contrários ao interesse coletivo. Agentes de mudança precisam de habilidades ligadas à construção de consenso e de compromissos (em audiências, negociações, elaboração de regulamentos e assim por diante).

Olhando para a próxima seção, a pesquisa pode tornar o conhecimento e a experiência mais amplamente disponíveis. As reformas podem ser estudadas com diferentes desenhos de pesquisa e profundidades. Relatórios e teses podem ser mais longos ou curtos. São inúmeras as reformas progressistas a serem estudadas. DPP é um ótimo campo para juristas, analistas de políticas públicas e pesquisadores.

---

aprendizagem prática, como de Boston e muitos outros, de modelos de baixa qualidade que envolvem a custódia das crianças e métodos ineficientes de ensino. Muitos estudos mostraram que programas de alta qualidade têm grandes resultados benéficos em anos posteriores, como frequência, prevenção a prisões e suspensões da escola, graduação no ensino médio e ingresso na faculdade. *Vide* https://www.nytimes.com/2022/05/06/opinion/politics/pre-k-education-children.html . *Vide* também o estudo de longo prazo do jardim de infância e pré-escola em Tulsa: https://www.edweek.org/teaching-learning/early-education-paysoff-a-new-study-shows-how/2022/03 e https://earlyedgecalifornia.org/wp-content/uploads/2021/03/UniversalPreK-Programs-in-the-United-States-and-Worldwide.pdf.

## 3 Métodos e desenhos de pesquisa em DPP

A pesquisa em DPP começa com questões de pesquisa derivadas das referências gerais da área a ser estudada (direito, políticas públicas e suas dinâmicas). Cada contexto da política deve ser entendido em profundidade. Pesquisadores devem estar familiarizados com as políticas existentes e com os novos modelos. Perguntas de pesquisa consistentes com a abordagem adotada aqui são:

1) Qual a área a ser pesquisada especificamente em DPP? Planos ou oportunidades para promover o bem comum por meio de uma mudança na política ou na implementação da política.
   a) A política pública se refere à lei, às regras e às práticas oficiais, ou seja, à ação coletiva.
   b) O bem comum se refere ao crescimento geral de bem-estar incluindo equidade.
2) Quais são os benefícios sociais e econômicos desejados e para que grupo social?
3) Que tipo de ação política será exigido para criar novas políticas públicas ou modificar as políticas existentes, incluindo os fatores políticos que sustentam a política pública atual e aqueles que apoiam a mudança?
4) Que modelos para as novas políticas estão sendo usados em outros lugares ou mencionados em teorias?
5) Como a tecnologia e os recursos financeiros serão envolvidos e coordenados nos planos de mudança?
6) Como os esforços para a mudança política serão organizados, incluindo os atores que buscam mudança e antagonistas reais ou prováveis, e também eventual parceria público-privada?
7) Qual é um bom modelo para avaliação dos processos de mudança pretendidos, dos câmbios políticos e dos resultados, e como ele pode ser usado para rastrear a mudança enquanto ela ocorre, incluindo concessões e alterações?

Observe-se como o direito e as políticas são centrais. As perguntas de pesquisa são centradas no direito, mas também envolvem uma perspectiva interdisciplinar – não apenas o texto das leis, mas o direito em ação. As políticas existentes e as políticas propostas, planos para atores envolvidos em mudança, recursos e tecnologias, e um plano para avaliação. A avaliação pode começar com uma teoria de mudança, as atividades previstas, a implementação e os resultados esperados.

Um esboço básico da teoria da mudança, comumente chamado de modelo lógico, pode ajudar na organização do pensamento.[17] Modelos lógicos são úteis para todo o tipo de pesquisa discutido na próxima seção, incluindo ensaios de controle randomizados (ECR), que devem definir e controlar o tipo de intervenção a ser estudada.[18]

## 4 Métodos de pesquisa

Vários métodos de pesquisa são apropriados para o DPP: estudos de caso, dados originais ou secundários, desenhos transversais ou longitudinais, estimativas de efeitos, custo-benefício, avaliação dos esforços de mudança.[19] Um método comum para realizar pesquisa em políticas complexas em contextos específicos é o estudo de caso. Estudos de caso são pesquisas qualitativas holísticas e "descrições densas" de uma situação complexa e sua dinâmica. Nós acreditamos que profissionais formados em direito são perfeitamente capazes de desenvolver estudos de caso, mediante razoável carga de leitura, treinamento e supervisão. "Esse método de estudo é especialmente útil para tentar testar modelos teóricos aplicando-os a situações reais. Uma vantagem do método de pesquisa de estudo de caso é que se pode focar em casos específicos e interessantes".[20]

> O método de estudo de caso permite que um pesquisador examine de perto os dados em um contexto específico. Na maioria dos casos, um método de estudo de caso seleciona uma área geográfica pequena ou um número muito limitado de indivíduos como objeto de estudo. Estudos de caso, na sua verdadeira essência, exploram e investigam fenômenos contemporâneos da vida real por meio da análise detalhada

---

[17] Using Your Logic Model to Plan for Evaluation https://azprc.arizona.edu/sites/default/files/CHWtoolkit/PDFs/LOGICMOD/CHAPTER4.PDF.

[18] "Em ECRs, é importante garantir que a intervenção seja definida de forma específica e consistentemente entregue" (https://www.ncbi.nlm.nih.gov/pmc/articles/PMC4350496/). Um modelo lógico de intervenção ajuda a especificar que atributos do processo são considerados essenciais para prever possíveis resultados. Um guia amigável para o ECR na educação está aqui: https://ies.ed.gov/ncee/pubs/evidence_based/randomized.asp.

[19] Como apontado abaixo, desenhos de pesquisas quantitativas exigem treinamento especial e formação para tanto. Eu realizei um exercício de análise de custo-benefício. Clune, W.H. (2002). Methodological strength and policy usefulness of cost-effectiveness research, in Levin, H. & McEwan, P., Cost-Effectiveness and Educational Policy. 2002 Yearbook of the American Education Finance Association, Eye on Education, Larchmont, N.Y.

[20] Designing and Conducting Case Studies (https://writing.colostate.edu/guides/guide.cfm?guideid=60).

> do contexto de um número limitado de eventos ou condições e suas relações. Yin (1984:23) define o método de estudo de caso "como uma inquirição empírica que investiga um fenômeno contemporâneo em seu contexto da vida real; quando os limites entre o fenômeno e o contexto não são claramente evidentes; e no qual múltiplas fontes de evidência são usadas.[21]

Os estudos de caso são adequados para pesquisas sobre DPP porque essa abordagem quase sempre envolve múltiplos atores com diferentes agendas, política complexa, contextos sociais e econômicos únicos e assim por diante. A pesquisa requer aprofundamento em configurações complexas, "desempacotando", decodificando, revelando e explicando padrões.

## 5 Desenhos de pesquisa e dados

Se os estudos de caso são o método de pesquisa, as próximas questões são o desenho da pesquisa, se a análise recai sobre um marco temporal específico ou se será longitudinal, e a fonte dos dados: fontes secundárias ou pesquisa original.

### 5.1 Estudo de caso tipo 1 em DPP

É a análise "estática" ou transversal das regras jurídicas que impedem ou permitem uma mudança progressiva. A pesquisa em DPP é sempre orientada à mudança, mas não é necessariamente longitudinal, ou seja, um estudo da mudança ao longo do tempo. O tipo 1 é uma análise das regras jurídicas que permitem ou impedem a mudança – as regras e as forças políticas que mantêm essas regras em vigor, mesmo havendo algum potencial de mudança.

Meu artigo sobre o modelo político de implementação é um exemplo de análise transversal com alguma ênfase longitudinal.[22] Quase toda área política ou instituição pode ser estudada dessa maneira. Por exemplo, há um livro sobre como o Departamento de Administração

---

[21] Zaidah Zainal (2007). Case study as a research method. Jurnal Kemanusiaan, p. 1-2, https://core.ac.uk/download/pdf/11784113.pdf.

[22] Clune, W. H. A Political Model of Implementation and Implications of the Model for Public Policy, Research, and the Changing Roles of Law and Lawyers, 69 (1) Iowa Law Review 47 (1983).

e Orçamento dos EUA[23] (uma área negligenciada, na qual há ampla discricionariedade do Executivo) funcionou durante o governo Trump.[24] Um resumo dessa pesquisa pode ser escrito a partir de uma perspectiva de DPP, por exemplo, das regras que viabilizam e permitem a mudança.

## 5.2 Estudo de caso tipo 2 em DPP: pesquisa sobre a mudança de regras ao longo do tempo, extraída de fontes secundárias

Meu artigo a respeito da história recente do progressismo nos EUA foi deliberadamente escolhido como um estudo longitudinal de pesquisa do progressismo no Estado ativista de livre mercado, desenhado inteiramente a partir de fontes secundárias, ou seja, sem coleta original de dados.[25] Aqui está um trecho do artigo:

> Porque o meu trabalho foi escrito nos anos 1980 e descreve a formação e implementação de políticas em um momento específico, eu pensei que poderia ser útil se eu atualizasse o cenário empírico e o colocasse em um contexto longitudinal como um teste da hipótese a respeito das dinâmicas do processo legal. O contexto longitudinal, ou estudo de caso, é a longa história do progressismo nos Estados Unidos, incluindo o recente contramovimento conservador.

## 5.3 Estudo de caso tipo 3 em DPP: pesquisa longitudinal em projetos de mudança progressistas

O terceiro tipo de estudo de caso consiste na pesquisa de campo original a respeito dos esforços progressistas para transformar uma política ao longo do tempo, em um contexto ou local específicos. A coleta de dados é orientada a uma mudança no sistema jurídico ao longo do tempo. Tais estudos podem ser profundos e reunir extensos dados ao longo do tempo, como teses acadêmicas típicas, ou podem ser uma síntese de anos recentes, baseada em entrevistas, por exemplo.

---

23 [N.T.] No original, *Office of Management and Budget* (OMB).

24 Meena Bose and Andrew Rudalevige, eds. (2020). Executive Policymaking The Role of the OMB in the Presidency (Brookings Institution Press). *Vide* a sinopse em: https://www.brookings.edu/book/executive-policymaking/.

25 *Vide* nota 3 *supra*.

## 5.4 Dados para estudos de caso em DPP

E sobre os dados? A pesquisa de dados para estudos de caso em DPP, em suas várias modalidades, é a mesma adotada para estudo de casos em geral, a saber: pesquisa qualitativa desenhada a partir de diversas fontes adequadas às perguntas de pesquisa. Fontes típicas são as secundárias, materiais jurídicos, pesquisa de fundo da política a ser estudada, entrevistas com os formuladores da política e as partes interessadas, publicações dos programas, documentos, registros de arquivo, artefatos, observação, fontes jornalísticas e outros dados oportunos. A essência do método de pesquisa para um estudo particular está no modo como esses dados são reunidos e apresentados em um *framework* que auxilie uma perspectiva teórica de DPP – isso é em parte ciência e em parte habilidades e narrativa baseada em fatos.

# 6 Potenciais cursos em faculdades de Direito e formação em DPP

Uma questão interessante é como estudantes de Direito podem ser introduzidos ao DPP. Um curso introdutório pode incluir uma pesquisa geral como este artigo, leituras de estudos de caso e outras pesquisas em DPP em diversas áreas, um artigo final ou tese baseada na pesquisa de cada estudante sobre um problema ou intervenção relacionado ao DPP e visitas de pesquisadores que podem estar envolvidos em colaboração interdisciplinar. Pesquisadores experientes em várias áreas poderiam facilmente montar unidades, seguindo a nossa estrutura e as questões de pesquisa sugeridas. Além disso, podem ser ofertados seminários em áreas específicas de DPP como meio ambiente, educação, renda básica etc. Para seminários especializados, ofertá-los conjuntamente com outros departamentos, em diferentes áreas, e assim por diante, parece aconselhável e constitui uma forma de alcançar um número suficiente de estudantes interessados e de promover a colaboração interdisciplinar.

Uma formação como essa para estudantes de Direito e advogados deve permitir que eles entendam os aspectos jurídicos de DPP em contexto, atuem como advogados e consultores, façam pesquisas como estudos de caso e sintam-se à vontade como membros informados de equipes interdisciplinares. Seria necessária capacitação técnica adicional para pesquisa técnica e quantitativa, até incluindo especializações em áreas como economia, ciência política, sociologia e história.[26]

## Conclusão

Um desafio significativo para uma visão geral de DPP como a deste artigo é lidar com uma ampla gama de políticas públicas, cada qual com seu próprio contingente especializado de pesquisa, bem como o igualmente amplo espectro de métodos de pesquisa e as muitas disciplinas acadêmicas com perspectivas em DPP. DPP é multidisciplinar na intersecção de vários campos de estudo. Desde o início, nós elaboramos este trabalho como uma introdução analítica, um primeiro capítulo num curso introdutório, uma cartilha de como se encontrar no mundo de DPP, um mapa elaborado a uma altitude alta o bastante para abranger todo o terreno. Nosso objetivo era identificar a área a ser estudada, propor um quadro geral e identificar questões de pesquisa transversais. Uma vez que a área de estudo tenha sido identificada – as instituições e comportamentos proeminentes –, a pesquisa pode ser fundamentada em entendimentos comuns, e a pesquisa em diferentes disciplinas pode ser compreendida dentro de uma estrutura comum.

Projetos de ação de pequena escala são mais simples de integrar do que grandes tópicos, como as instituições do Estado social (por mais importantes que sejam). Todo problema local ocorre em uma subárea

---

26 Quanto aos cursos tradicionais nas faculdades de Direito dos EUA, não é difícil ensinar, sob a perspectiva das políticas públicas, as regulações federais estudadas por muitos alunos no segundo e terceiro anos. Imposto de renda, antitruste, regulamentação de valores mobiliários, direito trabalhista, direito ambiental, falência e outros cursos foram criados com o objetivo de alcançar determinados efeitos e são construídos com base em várias suposições, por exemplo, sobre políticas sólidas e justiça. Pesquisas publicadas tratando de questões de políticas públicas são abundantes. A justiça criminal no primeiro ano, conforme ensinado na Faculdade de Direito de Wisconsin, é um curso orientado para políticas voltadas para o exercício, controle e impactos de decisões discricionárias em todas as conjunturas do sistema, desde a investigação até a sentença e a liberdade condicional. Da mesma forma, o direito contratual em ação desenvolvido em Wisconsin enfatiza os propósitos subjacentes ao direito contratual, aspectos práticos como remédios legais, e, de modo prevalecente, os contratos relacionais em que a regulamentação ocorre entre parceiros confiáveis. Direitos reais e responsabilidade civil podem ser ensinados em uma estrutura de direito e economia. Os direitos reais podem incluir o Novo Realismo Jurídico, como os obstáculos enfrentados pelas minorias na construção de riqueza. Essa perspectiva do direito em ação é DPP, centrado na perspectiva jurídica, e não se confunde com a abordagem interdisciplinar orientada para pesquisa descrita neste artigo, mas tal pesquisa está prontamente disponível para ser incluída de forma seletiva e para informar a atividade de ensino. Cf. Clune, W. (2021). Legal Realism to Law in Action, Innovative Law Courses at UW-Madison, Quid Pro Books.

específica da política em um contexto, tempo e lugar específicos. Isso naturalmente leva à solução de problemas interdisciplinares, a vários tipos de pesquisas úteis e a uma busca focada em modelos de boas políticas. As intervenções específicas locais podem ser bem estudadas com o método de estudo de caso, conforme explicado acima. Em outras palavras, os esforços de mudança progressista em pequena escala não são tão difíceis de compreender e fornecem configurações confortáveis para nossa estrutura comum sugerida. Projetos progressistas específicos são o DPP em ação (assim como o DPP do Estado social em maior escala).

## Apêndice A[27]

Estes são resumos de dissertações e teses de estudantes orientados pela Professora Bucci.

**Frederico Haddad**
**Regulação das vias públicas sob a abordagem de direito e políticas públicas**

A presente dissertação de mestrado analisou o conteúdo do princípio da função social da propriedade aplicado às vias urbanas e os parâmetros jurídicos de aferição de seu cumprimento. Adotando a abordagem de direito e políticas públicas, esse tema foi tratado a partir de quatro perspectivas. Primeiro, problematizou-se o objeto, partindo-se da descrição da política rodoviarista e estabelecendo sua relação com a produção do espaço urbano. Depois, as vias urbanas foram apresentadas como objeto de estudo jurídico, cuidando-se de sua definição e da apresentação do processo de sua formação jurídica. Na terceira parte,

---

27 [N.T.] O apêndice reúne as informações essenciais sobre pesquisas (concluídas ou em andamento) apresentadas ao Professor William Clune em aula remota realizada em 26.5.2022, para ilustrar o trabalho que vinha sendo feito no Brasil. A apresentação atendeu ao pedido do próprio Professor Clune, para melhor compreender o interesse de pesquisadores brasileiros contemporâneos pela sua obra. Nesta tradução, o Apêndice A foi adaptado para contemplar o resumo elaborado pelos autores nas versões depositadas de suas dissertações ou teses. Quatro desses trabalhos foram publicados como parte da *Coleção Fórum Direito e Políticas Públicas*, sob as seguintes referências: HADDAD, Frederico. *O direito* à rua: políticas públicas e função social das vias urbanas. Belo Horizonte: Fórum, 2022; SALES, Gabriela Azevedo Campos. *Estado social e federalismo*: a institucionalização dos sistemas de políticas públicas no Brasil. Belo Horizonte: Fórum, 2023; RUIZ, Isabela. *A construção jurídica do Sistema Único de Assistência Social*. Belo Horizonte: Fórum, 2023; e ARAÚJO, Alexandra Fuchs. *Políticas públicas, Poder Judiciário e o direito à moradia*. Belo Horizonte: Fórum, 2023.

foram apresentados o regime jurídico das vias urbanas e, a partir dele, uma tipologia original sobre as decisões políticas atinentes aos usos das vias. O quarto e último capítulo tratou do princípio da função social da propriedade e de sua aplicação às vias urbanas, ilustrando a questão com dois casos concretos utilizados como campo de aplicação. O que inspirou o trabalho foi, principalmente, o dimensionamento do enorme desafio envolvido na gestão pública das vias urbanas e a contribuição para seu enfrentamento a partir da perspectiva do campo do direito. Os diferentes usos que incidem sobre essa espécie de bem público, todos de suma importância à plena efetivação do direito à cidade, compõem um dos elementos que tornam essa atividade estatal tão complexa e estimulante. No esforço de encontrar parâmetros jurídicos que ofereçam balizas e ferramentas para lidar com essa atividade, a partir das etapas percorridas, é possível sintetizar um raciocínio final que pode ser resumido em três formulações: 1) as vias urbanas se confundem com a cidade e as decisões sobre seus usos influenciam de modo determinante a organização urbana, o que impõe a necessidade de uma reflexão ampla e profunda sobre a metodologia a ser adotada em sua gestão; 2) essa metodologia deve ter como necessário ponto de partida a compreensão sobre as dramáticas consequências do modelo rodoviarista e sua contribuição para a conformação de um território desigual e segregado, que, primeiro, aniquilou os diversos usos secundários das vias urbanas para, depois, mostrar-se incapaz de garantir inclusive as mínimas condições de um modelo de mobilidade seguro, eficiente e acessível, trazendo diversas perdas de bem-estar social, bem como dos potenciais ganhos da economia de aglomeração; e 3) a partir desse diagnóstico e do preenchimento do princípio da função social das vias urbanas por meio das formulações sobre o direito à cidade, é possível empreender a interpretação do atual regime jurídico das vias urbanas e a mobilização de seus instrumentos de modo a efetivamente iniciar um processo de reversão do modelo vigente e de abertura das cidades para as pessoas, aproximando-se dos objetivos constitucionais de justiça social, desenvolvimento humano e preservação do meio ambiente. A despeito do gigantesco conflito distributivo inerente à questão colocada, outro modelo de cidade é possível e a adequada gestão dos usos de suas vias é parte decisiva da necessária transformação do meio urbano em favor dos interesses coletivos das populações que o habitam.

**Gabriela Azevedo Campos Sales (Juíza federal, coordenadora da tradução de *Modelo político*)**
**A institucionalização dos sistemas de políticas públicas no Brasil: uma comparação entre saúde, assistência social e educação**

Esta tese analisa a institucionalização de sistemas de políticas públicas no Brasil. Reconhecendo que a Constituição de 1988 promoveu inflexões significativas em relação ao paradigma de bem-estar social e ao arranjo federativo vigentes até então, examina-se a emergência e a disseminação do modelo de sistemas únicos ou sistemas nacionais como parte da construção do Estado social brasileiro pós-1988. Visando compreender os fatores que influenciam a implantação e a resiliência de políticas sob a forma de sistemas, a pesquisa reconstitui as transformações que resultaram no Sistema Único de Saúde, no Sistema Único de Assistência Social e no regime de colaboração na educação básica, incluindo os movimentos na direção do Sistema Nacional de Educação, tendo em atenção quatro fatores jurídico-institucionais: legado pré-constitucional das políticas em estudo, base constitucional das políticas sociais, estruturas tripartites de pactuação federativa e instrumentos de coordenação nacional das políticas públicas. Em linhas gerais, conclui-se que fatores jurídico-institucionais explicam a variação dos resultados alcançados pelo Estado brasileiro em seus esforços de organização de sistemas de políticas públicas voltados para a efetivação de direitos sociais e que, uma vez implementados, esses arranjos contam com uma capacidade de resiliência comum às diversas áreas que o adotam, advinda da interdependência federativa inerente ao modelo institucional em questão. Evidenciada a importância do arcabouço jurídico para conferir coesão e estabilidade aos arranjos jurídico-institucionais avaliados, propõe-se ainda um quadro de referência para exame da institucionalização de sistemas de políticas públicas. Por fim, argumenta-se que as transformações engendradas nas políticas estruturantes de saúde, assistência social e educação e a convergência delas na direção do modelo dos sistemas não são apenas aprimoramentos de políticas setoriais, mas sim o processo aluvial de construção do Estado social brasileiro à luz da Constituição de 1988.

**Isabela Ruiz**
**Institucionalidade jurídica e retrocesso nas políticas públicas: uma análise do Sistema Único de Assistência Social**

Esta dissertação descreve o processo de construção do arranjo jurídico-institucional da política pública de assistência social no Brasil, que culminou na organização da provisão sob a forma de um sistema descentralizado e participativo, o Sistema Único de Assistência Social (SUAS). Desenvolvida a partir da abordagem direito e políticas públicas (DPP), a pesquisa buscou compreender a estruturação jurídica da política de assistência social, considerando o contexto político-institucional desse processo. A investigação procurou responder à seguinte questão: qual a capacidade do arranjo jurídico-institucional de conferir estabilidade a determinado desenho de política pública, de modo a evitar retrocessos na provisão de serviços e benefícios? Para tanto, empreendeu-se uma recuperação histórica da assistência social no Brasil, com ênfase no período da Nova República, a partir do reconhecimento da assistência social como direito pela Constituição Federal de 1988. A pesquisa dedicou-se a examinar a sequência e os tipos de normas que estruturaram o SUAS, destacando o papel das resoluções emanadas por instâncias interfederativas e participativas, como a Comissão Intergestores Tripartite (CIT) e o Conselho Nacional de Assistência Social (CNAS) na construção da política, especialmente no período compreendido entre 2003 e 2014, durante os governos Lula e Dilma. A investigação, fundamentada nas teorias do institucionalismo jurídico e do neoinstitucionalismo histórico, identificou que a institucionalidade jurídica do SUAS pode ser categorizada em seis dimensões: organizacional, substantiva, participativa, financeira, de articulação e instrumental. Essas dimensões referem-se aos elementos de institucionalidade materializados pelo direito: o órgão gestor, as ações socioassistenciais e os equipamentos públicos, os conselhos e as conferências, as regras de financiamento, as comissões intergestores e os instrumentos de implementação. A partir dessa constatação, foi possível detectar sobre quais aspectos da organização da política pública incidiram as normas desestruturantes do sistema, adotadas especialmente no período de 2016 a 2020, nos governos Temer e Bolsonaro. Por fim, a partir do caso da assistência social, sugere-se um quadro analítico para o estudo jurídico do desmonte de políticas públicas.

**Sérgio Valente**
**Políticas públicas e a visão jurídico-institucional: o caso do saneamento básico no Brasil**

Este trabalho objetiva investigar e mapear as características e defeitos do arranjo jurídico institucional da política nacional de saneamento básico, evidenciando a relação entre a política e o direito. Objetiva, ainda, o desenvolvimento teórico do tema, com o aprimoramento de uma metodologia de análise que possa ser aplicada a qualquer política pública. Considerando o caráter interdisciplinar da matéria, parte-se da base teórica de ciência política, na linha do neoinstitucionalismo histórico, e incorpora-se o ferramental jurídico à análise, com vistas a alargar as possibilidades de aplicação. A identificação de oportunidades de veto juridicamente qualificadas, nos diversos processos que compõem a política de saneamento, indica haver disfunções no arranjo que contribuem para o aumento da assimetria de poder entre atores e o reforço da dependência de trajetória. Esses defeitos têm componentes tanto jurídicos quanto políticos e colaboraram para a manutenção do modelo setorial criado na década de 1970, baseado em companhias estaduais de saneamento. O exame crítico da política sugere que isso se deve a uma série de fatores, entre eles: incertezas sobre a titularidade do serviço, incertezas sobre indenizações ao fim dos contratos, dispensa de licitação para contratação de empresas estatais, sobreposição de papéis, projeções irreais de investimento, ausência de uma estrutura de financiamento que altere a dinâmica de subsídios cruzados e a falta de efetividade de algumas regras, como a obrigatoriedade de edição dos planos municipais. Tais fatores induzem à manutenção do *status quo* de baixa cobertura dos serviços, especialmente coleta e tratamento de esgoto, que ostentam os piores índices.

**Alexandra Fuchs de Araújo (Juíza estadual)**
**Controle judicial de políticas públicas de moradia para baixa renda: uma proposta metodológica**

O objetivo inicial desta tese de doutorado foi investigar a possibilidade de o Poder Judiciário, com os instrumentos hoje disponíveis na esfera jurídica, realizar um controle mais eficiente das políticas públicas de moradia destinada à população mais vulnerável e, deste modo, contribuir para a evolução dessas políticas e a garantia de direitos fundamentais. Buscou-se, a partir da abordagem direito e políticas públicas (DPP), compreender melhor os limites da decisão judicial e suas consequências para a fase de execução dos processos que, de alguma forma, afetam o direito à moradia. Como era necessário fazer um recorte territorial para este estudo, definiu-se que a pesquisa se limitaria à cidade de São Paulo. Para tanto, inicialmente foi necessário situar o problema do direito à moradia numa perspectiva urbanística. Deste modo, analisou-se o processo de urbanização do Brasil e desta cidade. Realizou-se, também, o levantamento das pesquisas já existentes sobre a judicialização do direito à moradia a fim de diagnosticar a forma como o controle judicial desse direito é estudado na academia. Para subsidiar empiricamente o trabalho, foram selecionados casos de litigiosidade envolvendo o direito à moradia da população de baixa renda no Município de São Paulo, os quais serviram de base para proposições teóricas a serem formuladas. Na sequência, no segundo capítulo, foram estudados os principais diplomas e institutos de direito material relacionados ao direito à moradia, com ênfase no Código Civil e no Estatuto da Cidade, sempre levando em consideração que há uma sobreposição de gerações de direitos e também de legislações sobre o território urbano, e que para preservar direitos fundamentais é necessário interpretar essas normas a partir do texto constitucional. No terceiro capítulo, estudaram-se os dispositivos do atual Código de Processo Civil relacionados às ações possessórias, e em que medida sua evolução desde o Código anterior permite um novo olhar sobre essas ações em relação ao diploma processual anterior. Analisaram-se, também, os novos princípios e institutos, os quais podem colaborar para um novo olhar sobre a cidade e sobre a proteção de direitos fundamentais na medida em que são instrumentos à disposição do juiz para solucionar conflitos nas políticas públicas. Estes são conflitos policêntricos complexos, e a solução da lide pode não significar o termo do conflito, exceto se o juiz conduzir o processo de forma estratégica. No quarto capítulo, por fim, formulado dentro da abordagem direito e políticas públicas (DPP), propôs-se um Roteiro de Controle Judicial de Políticas Públicas (RCJPP), com a finalidade de viabilizar que o juiz, em um processo que trate de uma questão de políticas públicas, tenha meios para ampliar o seu âmbito de cognição, bem como as partes dele integrantes, por intermédio de institutos já disponíveis no Código de Processo Civil, a fim de superar a bipolaridade processual e a limitação do pedido, com recursos que garantam uma decisão judicial mais exequível, e com a preservação de direitos fundamentais, em particular o direito à moradia, objeto central deste estudo.

## Referências

BAKER, Bruce D.; CARLO, Matthew Di; REIST, Kayla; WEBER, Mark. The Adequacy and Fairness of State School Finance Systems, School Year 2018-19. *Albert Shanker Institute*, 2021.

BARNES, Roberto; GRANDONI, Dino. Supreme Court limits EPA's power to combat climate change. *Washington Post*, 2022. Disponível em: https://www.washingtonpost.com/politics/2022/06/30/supreme-court-epa-climate-change/.

BARON, Jon. Identifying and Implementing Education Practices Supported by Rigorous Evidence: A User Friendly Guide. *Journal for Vocational Special Needs Education*, v. 26, n. 1-2, p. 40-54, 2003.

BECKER, Bronwyn; DAWSON, Patrick; DEVINE, Karen; HANNUM, Carla; HILL, Steve; LEYDENS, Jon; MATUSKEVICH, Debbie; TRAVER, Carol; PALMQUIST, Mike. *Designing and conducting case studies*. Colorado: Colorado State University, 2005.

BOGLE, Mary; BRAMHALL, Emily; FIOL, Olivia; GWAN, Peace; MAAG, Elaine; NOBLE, Eleanor; TATIAN, Peter; TRIPLETT, Timothy; WALKER, Fay. *An Evaluation of THRIVE East of the River: Findings from a Guaranteed Income Pilot during the COVID-19 Pandemic*. Washington: Urban Institute, 2022. Disponível em: https://www.urban.org/sites/default/files/2023-08/An%20Evaluation%20of%20THRIVE%20East%20of%20the%20River.pdf.

BOSE, Meena; RUDALEVIGE, Andrew. A deep look into the agency that implements the president's marching orders to the rest of the executive branch. *Brookings*, 2020. Disponível em: https://www.brookings.edu/books/executive-policymaking/.

BOSE, Meena; RUDALEVIGE, Andrew. *Executive Policymaking The Role of the OMB in the Presidency*. Washington DC: Brookings Institution Press, 2020.

BUCCI, Maria Paula Dallari; CLUNE, William H. Law and Public Policy in Brazil and the United States: A North-South Dialogue. *New Legal Realism. Empirical Law and Society*, 2022. Disponível em: https://newlegalrealism.org/2022/04/01/bucci-clune-a-south-north-nlr-dialogue-2-bucci/.

BUCCI, Maria Paula Dallari; CLUNE, William H. Progressivism in the Active Free Enterprise State: Fluidity, Fragmentation, and Stability. *New Legal Realism. Empirical Law and Society*, 31 mar. 2022. Disponível em: https://newlegalrealism.org/2022/03/31/clunemarch22/. Acesso em: 4 jan. 2022.

BULMAN-POZEN, Jessica; SEIFTER, Miriam. The Democracy Principle in State Constitutions. *Michigan Law Review*, v. 119, n. 5, 2021.

CALDERINI, Mario; DE MARCO, Alberto; MANGANO, Giulio; MICHELUCCHI, Fania Valeria. A framework to use public-private partnership for smart city projects. *Politecnico di Torino*, Milan, 2013.

CLUNE, William H. A Political Model of Implementation and Implications of the Model for Public Policy, Research, and the Changing Roles of Law and Lawyers. *Iowa Law Review*, v. 69, n. 47, p. 49-125, 1983.

CLUNE, William H. Chapter II: Toward a Theory of Standards-based Reform: The Case of Nine NSF Statewide Systemic Initiatives. *Teachers College Record*, v. 103, n. 8, p. 13-38, 2001.

CLUNE, William H. Law and public policy: map of an area. *Southern California Interdisciplinary Law Journal*, v. 2, n. 1, p. 1-39, 1993.

CLUNE, William H. Law and Public Policy: What Is It, Skills of Practitioners and Researchers, Research Designs and Methods, Law School Courses. *University of Wisconsin Legal Studies Research Paper*, n. 1751, 2022. Disponível em: https://papers.ssrn.com/sol3/papers.cfm?abstract_id=4154531.

CLUNE, William H. Legal disintegration and a theory of the state. *In*: JOERGES, Christian; TRUBEK, David M. (Ed.). *Critical legal thought*: an American-German debate. Baden-Baden: Nomos, 1989.

CLUNE, William H. *Legal Realism to Law in Action*: Innovative Law Courses at UW-Madison. Louisiana: Quid Pro Books, 2021.

CLUNE, William H. Methodological strength and policy usefulness of cost-effectiveness research. *Cost-effectiveness and educational policy*, p. 55-70, 2002.

CLUNE, William H. The Shift from Equity to Adequacy in School Finance. *Educational Policy*, v. 8, n. 4, p. 376-394, 1994.

DAVENPORT, Coral. The Republican Drive to Tilt Courts Against Climate Action Reaches a Crucial Moment. *The New York Times*, 2022. Disponível em: https://www.nytimes.com/2022/06/19/climate/supreme-court-climate-epa.html.

ERNST, Daniel R. Willard Hurst and the Administrative State: From Williams to Wisconsin. *Law and History Review*, v. 18, n. 1, p. 1-36, 2000.

FAUBERT, Brenton C; LE, Anh Thi Hoai; WAKIM, Georges; Swapp, DONNA. Using the Evidence-Based Adequacy Model across Educational Contexts: Calibrating for Technical, Policy, and Leadership Influences. *International Journal of Education Policy and Leadership*, v. 14, n. 4, p. n4, 2019.

FLAVELLE, Christopher. As the Great Salt Lake Dries Up, Utah Faces an 'Environmental Nuclear Bomb'. *The New York Times*, 2023. Disponível em: https://www.nytimes.com/2022/06/07/climate/salt-lake-city-climate-disaster.html.

FRIEDMAN, Thomas. Where American Politics Can Still Work: From the Bottom Up. *The New York Times*, 2018. Disponível em: https://www.nytimes.com/2018/07/03/opinion/community-revitalization-lancaster.html.

FUHRMAN on the Origins of the Standards Movement. *New Learning Online*, [s.d]. Disponível em: https://newlearningonline.com/literacies/chapter-16/fuhrman-on-the-origins-of-the-standards-movement.

FUHRMAN, Susan (Ed.). *From the Capitol to the Classroom*: Standards-Based Reform in the States. 1. ed. Chicago: University of Chicago Press, 2001.

GODDARD, Taegan. Justices to Review State Legislative Power in Elections. *Political Wire*, 2022. Disponível em: https://politicalwire.com/2022/06/30/justices-to-review-state-legislature-power-in-elections/?lctg=41595866.

HASDELL, Rebecca. What we know about universal basic income. A cross-synthesis. *Basic Income Lab*, Standford, 2020.

HOULE, Sherilyn. An introduction to the fundamentals of randomized controlled trials in pharmacy research. *The Canadian journal of hospital pharmacy*, v. 68, n. 1, p. 28-32, fev. 2015.

KIMMELMAN, Michael. How Houston Moved 25,000 People From the Streets Into Homes of Their Own. *The New York Times*, 2023. Disponível em: https://www.nytimes.com/2022/06/14/headway/houston-homeless-people.html.

KIRP, David L. Pre-K Is Powerful if Done Right. Here's How. *The New York Times*, 2022. Disponível em: https://www.nytimes.com/2022/05/06/opinion/politics/pre-k-education-children.html.

MATTHEWS, Dylan. The 2 most popular critiques of basic income are both wrong. *Vox*, 2017. Disponível em: https://www.vox.com/policy-and-politics/2017/7/20/15821560/basic-income-critiques-cost-work-negative-income-tax.

MILLHISER, Ian. *The Agenda*: How a Republican Supreme Court is Reshaping America. New York: Columbia Global Reports, 2021.

SEKERA, June. Public goods in everyday life. *GDAE Teaching Modules on Social and Environmental Issues in Economics*, 2019.

SPARKS, Sarah D. Early Education Pays Off. A New Study Shows How. *Education Week*, 2022. Disponível em: https://www.edweek.org/teaching-learning/early-education-pays-off-a-new-study-shows-how/2022/03#:~:text=A%20New%20Study%20Shows%20How,-By%20Sarah%20D&text=The%20benefits%20of%20early%2Dchildhood,academic%20engagement%20in%20high%20school.

SPIVACK, Miranda. Struggling Local Governments May Get Help From the Private Sector. *The New York Times*, 2021. Disponível em: https://www.nytimes.com/2021/01/19/business/public-private-partnerships.html.

THE Educational Partnerships for Innovation in Communities – Network. *EPIC-Network*, 2017. Disponível em: https://www.epicn.org/.

TRIBE, Laurence H. *Politicians in Robes*. 4. ed. New York: The New York Review of Books, 2022. v. LXIX.

UNIVERSAL PreK Programs in the United States and Worldwide. *Early Edge California*, 2021. Disponível em: https://earlyedgecalifornia.org/wp-content/uploads/2021/03/Universal-PreK-Programs-in-the-United-States-and-Worldwide.pdf.

USING Your Logic Model to Plan for Evaluation. *In*: KELLOGG, W. K. (Ed.). *Logic model development guide*. Michigan: W.K. Kellogg Foundation, 2004.

WOLF, Martin. The World's Hunger for Public Goods. *Financial Times*, January 24, 2012. Disponível em: https://www.ft.com/content/517e31c8-45bd-11e1-93f1-00144feabdc0.

ZAINAL, Zaidah. Case Study As a Research Method. *Jurnal Kemanusiaan*, v. 5, n. 1, 2007.

# MINHA JORNADA EM DIREITO E POLÍTICAS PÚBLICAS

**WILLIAM H. CLUNE**

**Tradução de Gabriela Azevedo Campos Sales**

A Professora Maria Paula Dallari Bucci e eu temos colaborado no desenvolvimento de uma estrutura para pesquisas em direito e políticas públicas (DPP).[1] Este ensaio volta no tempo e analisa como cheguei ao DPP e à colaboração Bucci-Clune.

---

1 A Professora Bucci e eu escrevemos textos complementares no *site New Legal Realism*. https://newlegalrealism.org/2022/03/31/clunemarch22/ e https://newlegalrealism.org/2022/04/01/bucci-clune-asouth-north-nlr-dialogue-2-bucci/. Ambos foram editados e republicados no SRRN. "Clune, Progressivism in the Active Free Enterprise State: Fluidity, Fragmentation, and Stability: A Case Study in Law and Public Policy" https://ssrn.com/abstract=4095403; "Bucci, Law and Public Policy in Brazil and the United States: A North-South Dialogue", https://papers.ssrn.com/sol3/papers.cfm?abstract_id=4095414. [N.T. Confiram-se os artigos traduzidos, *Progressismo no Estado ativo da livre iniciativa: fluidez, fragmentação e estabilidade: um estudo de caso sobre direito e políticas públicas* e *Direito e políticas públicas no Brasil e nos Estados Unidos: um diálogo Sul-Norte*, respectivamente, neste livro]. Recentemente publiquei uma nova síntese do nosso trabalho em: CLUNE, William H. Law and Public Policy: What Is It, Skills of Practitioners and Researchers, Research Designs and Methods, Law School Courses. *University of Wisconsin Legal Studies Research Paper*, n. 1751, 2022. Disponível em: https://papers.ssrn.com/sol3/papers.cfm?abstract_id=4154531. [N.T. Confiram-se os artigos traduzidos, *Progressismo no Estado ativo da livre-iniciativa: fluidez, fragmentação e estabilidade: um estudo de caso sobre direito e políticas públicas* e *Direito e políticas públicas no Brasil e nos Estados Unidos: um diálogo Sul-Norte*, respectivamente, neste livro]. A Professora Bucci está escrevendo um artigo complementar e pretendemos enviá-los como publicações complementares para o *site Novo Realismo Legal* [N.T. Confira-se o artigo traduzido, *Direito e políticas públicas por William Clune: do Welfare State à reconstrução pós-pandemia*, neste livro].

Comecei realizando pesquisas sobre implementação de políticas públicas de educação junto ao Centro de Pesquisa em Educação de Wisconsin[2], grande parte delas financiadas pelo Centro de Pesquisa em Políticas Públicas de Educação (CPRE).[3] Houve um deslocamento conceitual de meu trabalho prévio a respeito de equidade no financiamento da educação para o impacto do financiamento e das políticas governamentais de educação. Quase simultaneamente, ingressei no corpo docente do Instituto La Follette. Lá, com o patrocínio de La Follette, John Witte e eu publicamos um trabalho em coautoria, intitulado *Choice and Control in American Education*,[4] composto por dois volumes, um deles tratando de *policy analysis*. Escrevi um artigo sobre direito e políticas públicas.[5] Também atuei como especialista em política educacional na visita de uma equipe interdisciplinar à China durante as reformas de mercado da era Deng Xiaoping.

Quando entrei nessa área, a implementação de políticas públicas de educação e de políticas públicas governamentais de forma geral já era uma área de pesquisa ativa, e o CPRE contava com uma boa equipe de especialistas. A ideia central da implementação na área de educação era a de que "a base controla o topo", em outras palavras, as respostas de organizações como escolas e distritos escolares influenciam fortemente o impacto das políticas. A investigação sobre o que ocorre com essas políticas no curso da implementação é essencial.

Em meu artigo publicado na *Iowa Law Review*,[6] parti da política educacional para elaborar generalizações acerca da implementação em todas as políticas públicas e do Estado de bem-estar social. Tive a sorte de a Professora Bucci e seus alunos terem enxergado valor neste trabalho e em outros relacionados.

Uma outra conexão se estabeleceu com a pesquisa sobre o direito em ação, uma característica central da Faculdade de Direito de Wisconsin

---

2 [N.T.] No original, *Wisconsin Center for Education Research* (WCER).

3 [N.T.] No original, *Center for Policy Research in Education* (CPRE).

4 CLUNE, William H.; WITTE, John F. (Ed.). *Choice and Control in American Education*. Londres: The Falmer Press, 1991. v. 1-2.

5 CLUNE, William H. Law and public policy: map of an area. *Southern California Interdisciplinary Law Journal*, v. 2, n. 1, p. 1-39, 1993 [N.T. Confira-se o artigo traduzido, *Direito e políticas públicas: mapa da área*, neste livro].

6 CLUNE, William H. A Political Model of Implementation and Implications of the Model for Public Policy, Research, and the Changing Roles of Law and Lawyers. *Iowa Law Review*, p. 49-125, 1983. Disponível em: https://repository.law.wisc.edu/s/uwlaw/item/30512 [N.T. Confira-se o artigo traduzido, *Um modelo político de implementação para as políticas públicas: os papéis do direito e dos juristas*, neste livro].

e uma rica tradição que rastreei em um livro recém-editado.[7] Quando definiu a história do direito como "as políticas públicas em dimensão temporal", Willard Hurst, nosso grande historiador do direito, estava essencialmente produzindo DPP, tal como em sua investigação e em seu livro didático acerca das origens e do crescimento do seguro social para trabalhadores.[8] De modo geral, os principais achados do direito em ação são a ampla presença de margens de discricionariedade na lei e os impactos da lei sobre a base. O novo realismo jurídico (NRL) tende a enfatizar as reações das organizações e dos indivíduos ao direito, o que Sally Falk Moore classificou como campos sociais semiautônomos.[9] Esta, claro, é a versão da *Law & Society* sobre um achado de pesquisa de implementação, segundo o qual a base controla o topo. A NRL também enfatiza fortemente a equidade e os impactos do direito sobre grupos minoritários e marginalizados. A partir de Hurst, a história do direito enfatizou a equidade, os direitos civis, os direitos das mulheres, os imigrantes e assim por diante. A equidade é um foco essencial de DPP, com as suas raízes no bem comum e no bem-estar geral. As minorias ocupam frequentemente o degrau mais baixo do bem-estar geral e, muitas vezes, níveis mais elevados de bem comum exigem maior equidade.

O salto para uma teoria do Estado ocorreu numa conferência da qual participei em Bremen, Alemanha.[10] Há muito me parecia que o currículo tradicional da faculdade de Direito tinha início com os fundamentos de um sistema de livre iniciativa em matéria de propriedade, contratos e responsabilidade civil – o direito penal e o processo penal são pontos fora da curva e que se prestam a *insights* empíricos. O segundo e terceiro anos focavam nos grandes cursos e nas instituições regulatórias construídas por movimentos progressistas que culminaram no *New Deal*. A conferência deu-me a oportunidade de explorar a ideia de que estas duas características poderiam existir simultaneamente e em tensão

---

7 CLUNE, William H. *Legal Realism to Law in Action*: Innovative Law Courses at UW-Madison. Louisiana: Quid Pro Books, 2021.

8 ERNST, Daniel R. Willard Hurst and the Administrative State: From Williams to Wisconsin. *Law and History Review*, v. 18, n. 1, p. 1-36, 2000.

9 MOORE, Sally F. Law and Social Change: The Semi-Autonomous Social Field as an Appropriate Subject of Study. *Law & Society Review*, v. 7, n. 4, p. 719-746, 1973.

10 CLUNE, William H. Legal Disintegration and a Theory of the State. *German Law Journal*, v. 12, n. 1, p. 186-205, 2011. Disponível em: https://www.cambridge.org/core/journals/german-law-journal/article/legal-disintegration-and-a-theory-of-the-state/1A08E078AFBB146FAC030B27AB5BC24A [N.T. Confira-se o artigo traduzido *Desintegração jurídica e uma teoria do Estado*, neste livro].

perpétua entre si, envoltas em um sistema global de conflito político. A pesquisa sobre implementação mostrou a fluidez e as características recursivas do direito em sua origem, o que também reconheci como uma característica mais ampla de todo o sistema. Eu poderia então retornar a uma ideia do meu artigo sobre o DPP em La Follette, a do direito como um sistema cibernético que se ajusta constantemente entre *inputs* e *outputs*. O direito é produzido pelo jogo político (*politics*) em um ciclo interminável de interação e modificação.

## Conclusão

A Professora Bucci e eu estamos construindo uma estrutura ou modelo teórico de como o DPP se adapta às diversas disciplinas que trabalham com políticas públicas, válido em todas as divisões disciplinares e, especificamente, de como o DPP se adapta às faculdades de Direito – como pesquisa e currículo dessas faculdades. Um quadro de análise (*framework*) geral pode não reproduzir a investigação aprofundada sobre políticas públicas de diferentes disciplinas, mas pode contribuir para que se identifiquem pontos comuns. Podem ser encontrados pontos em comum em mais "ilhas" de investigação. Os especialistas disciplinares podem se familiarizar mais com pesquisas e projetos interdisciplinares. As faculdades de Direito, tema de especial interesse para a Professora Bucci e para mim, deveriam reconhecer que a pesquisa empírica sobre DPP se distingue das implicações das políticas públicas sobre diferentes áreas do direito discutidas com frequência em aulas de doutrina. Os estudantes de Direito podem aprender a fazer pesquisas sobre DPP, principalmente em estudos de caso, e a se tornarem parceiros sofisticados em equipes de pesquisa interdisciplinares e projetos de mudança progressiva.

## Referências

BUCCI, Maria Paula Dallari. Law and Public Policy in Brazil and the United States: A North-South Dialogue. *Social Science Research Network,* 2022. Disponível em: https://ssrn.com/abstract=4095414 e http://dx.doi.org/10.2139/ssrn.4095414.

CLUNE, William H. A Political Model of Implementation and Implications of the Model for Public Policy, Research, and the Changing Roles of Law and Lawyers. *Iowa Law Review,* p. 49-125, 1983. Disponível em: https://repository.law.wisc.edu/s/uwlaw/item/30512.

CLUNE, William H. Law and public policy: map of an area. *Southern California Interdisciplinary Law Journal,* v. 2, n. 1, p. 1-39, 1993.

CLUNE, William H. Law and Public Policy: What Is It, Skills of Practitioners and Researchers, Research Designs and Methods, Law School Courses. *University of Wisconsin Legal Studies Research Paper*, n. 1751, 2022. Disponível em: https://papers.ssrn.com/sol3/papers.cfm?abstract_id=4154531.

CLUNE, William H. Legal Disintegration and a Theory of the State. *German Law Journal*, v. 12, n. 1, p. 186-205, 2011. Disponível em: https://www.cambridge.org/core/journals/german-law-journal/article/legal-disintegration-and-a-theory-of-the-state/1A08E078AFBB146FAC030B27AB5BC24A.

CLUNE, William H. *Legal Realism to Law in Action*: Innovative Law Courses at UW-Madison. Louisiana: Quid Pro Books, 2021.

CLUNE, William H. Progressivism in the Active Free Enterprise State: Fluidity, Fragmentation, and Stability: A Case Study in Law and Public Policy. *University of Wisconsin Legal Studies Research Paper*, n. 1749, 27 abr. 2022. Disponível em: https://ssrn.com/abstract=4095403.

CLUNE, William H.; WITTE, John F. (Ed.). *Choice and Control in American Education*. Londres: The Falmer Press, 1991. v. 1-2.

ERNST, Daniel R. Willard Hurst and the Administrative State: From Williams to Wisconsin. *Law and History Review*, v. 18, n. 1, p. 1-36, 2000.

MOORE, Sally F. Law and Social Change: The Semi-Autonomous Social Field as an Appropriate Subject of Study. *Law & Society Review*, v. 7, n. 4, p. 719-746, 1973.

# 6

# "EI! ISSO É TUDO DIREITO!": ENTREVISTA COM O PROFESSOR WILLIAM CLUNE

Esta entrevista foi feita por Maria Paula Dallari Bucci em outubro de 2022, por ocasião do 2º Congresso de Direito e Políticas Públicas, em Santa Cruz do Sul, na UNISC, quando foram divulgadas as primeiras traduções da obra do Professor William Clune no Brasil.[1] Clune relata como, ainda na década de 1960, iniciou a carreira como pesquisador de políticas públicas em educação, algo raro nos cursos de Direito, e como encontrou espaço para estudos jurídicos em um campo que era visto como próprio das ciências sociais.

**Maria Paula** – Professor Clune, como você entrou no tema de direito e políticas públicas? É tão raro achar um acadêmico, especialmente de sua qualidade, tratando desse assunto. Como chegou a ele?

**Clune** – Isso começou muito tempo atrás, quando eu ainda estava na Faculdade de Direito. Eu estava em um programa como bolsista da Fundação Russell Sage, e eles estavam apoiando projetos de direito e sociedade (*Law & Society*) nas faculdades de Direito. Eles estavam tentando aumentar esses projetos e eu recebi uma bolsa na graduação e depois na pós-graduação. E foi um encaixe perfeito para mim. Direito e ciências sociais, direito e políticas públicas é de fato uma categoria especial. O grande ponto de partida foi no terceiro ano de faculdade.

[1] Agradecimentos à Profa. Caroline Muller Bittencourt, não só pelo trabalho ingente na organização do Congresso, mas pelo apoio na transcrição e tradução deste trecho da entrevista.

Eu e outro companheiro da Russell Sage estávamos na *Revista da Faculdade de Direito*, sob a supervisão de um professor de Direito, John Coons, e fizemos um grande projeto por créditos sobre equidade em finanças educacionais. Era incomum ter esse tipo de trabalho por créditos na faculdade de Direito naquele tempo, e não teria acontecido se não fosse o tipo de patrocínio da Fundação Russel Sage naquele esforço, que envolvia um grande número de docentes.

**Maria Paula** – Quando foi isso?

**Clune** – Isso foi em 1967. Acabou virando um livro e depois se transformou em litigância, que acabou mudando o sistema de financiamento educacional, usando as constituições estaduais em vários estados. Quando eu cheguei a Wisconsin, pude fazer algum trabalho empírico sobre isso. Havia uma linha na minha trajetória sobre financiamento educacional, que depois se tornou implementação, que é o que acontece com programas que tentam fazer alguma diferença. O financiamento educacional envolve leis, envolve esforços progressivos para aumentar a equidade, como essas leis em que tivemos sucesso, que na verdade funcionaram como um projeto de ação progressiva, da maneira como fizemos, nos tribunais, que eram mais liberais na época. E depois disso fiz algumas pesquisas sobre os vários tipos de efeitos do sistema de financiamento educacional e em outro tipo de coisa, chamada "adequação educacional", que era sobre como deveria haver cuidados extras para escolas de baixa renda. Quando você pensa sobre isso, era um grande pacote de direito e políticas públicas. Eu não chamei assim na época, mas tem todos os elementos disso de que tratamos agora, então esse foi o começo de minha carreira.

Quando fui para Wisconsin, depois de me formar em 1971, eu me dividi e comecei a fazer outros tipos de trabalho com os institutos sobre pobreza e houve um grande episódio de direito e políticas públicas que foi o começo da minha carreira, com *Coons, Clune and Sugarman*, que é tipo um livro bem conhecido, mas eu e você ainda não discutimos isso.

**Maria Paula** – Sim, estou curiosa para fazer isso, ansiosa para ver o livro.

**Clune** – É meio difícil de achar, mas talvez eu ainda tenha uma cópia.

**Maria Paula** – Eu gostaria de trazer um pouco mais do contexto, pois em 1971, quando você foi para Madison, era a gestão Nixon. Era o fim do Estado social, não?

**Clune** – Sim, era. Depois de Kennedy e Lindon Johnson, com a *Great Society*, os programas para a pobreza, os programas raciais, veio Nixon.

**Maria Paula** – Até então eram políticas públicas no contexto de um Estado que crescia, um Estado provedor, certo?

**Clune** – Sim, eu diria isso, era um tempo bem liberal. Claro, havia o Vietnã, lá atrás. Quando eu fui pela primeira vez para a Faculdade de Direito, havia tumultos e os estudantes estavam chegando no meu escritório com gás lacrimogênio na roupa. Havia polícia, tumultos, capacetes, era um tempo selvagem, com manifestações e todo tipo de coisa. Esse era o ambiente, até que tivemos um bombardeio trágico que matou uma pessoa na Universidade de Wisconsin e aí tudo se acalmou.

**Maria Paula** – Pode-se dizer que isso foi o prenúncio do encolhimento do Estado?

**Clune** – Eu não lembro bem do que aconteceu nos anos 70, mas eu penso em Reagan como o começo desse movimento. Nixon certamente, mas Nixon fez coisas bem liberais como o *Clean Air Act* (Lei do Ar Limpo) e medidas ambientais. Ele era um republicano à moda antiga, que tentava baixar os impostos, mas também fazia programas de interesse público. Aí ele acabou virando um bandido, mesmo dizendo que não era bandido. Então eu não diria que houve uma retração, eu diria que ela começou de fato com Reagan e a sua ideia de que o governo é o problema. Os anos 70 foram uma mistura.

**Maria Paula** – Como foi o seminário sobre o Estado na Alemanha?

**Clune** – Era um congresso sobre *Critical Legal Studies* em Bremen. Acho que foi bem organizado do lado alemão; Christian Joerges foi um dos organizadores principais. Eu fiquei na casa dele em Bremen. Jürgen Habermas estava nesse congresso, havia essa grande figura lá. Duncan Kennedy, algumas pessoas de Harvard, eu diria, um grupo ilustre, eu não era dos mais ilustres, e foi bem, bem interessante. Então, o ponto principal sobre os *Critical Legal Studies* era que o direito que aparentava neutralidade na verdade escondia, primeiro no *case law*, depois nos programas governamentais, tendências contraditórias relativas à equidade e bem comum, protegendo a propriedade, a riqueza e o poder. Havia tensões invisibilizadas e mascaradas, sob a aparência de neutralidade.

**Maria Paula** – Eu gostaria de falar um pouco sobre seu artigo *The political model of implementation* (*O modelo político de implementação*) e parece, para mim, ter sido o desenvolvimento de um artigo anterior que você escreveu com Robert Lindquist sobre implementação. Eu vejo esse texto como muito importante, pois você começa com o modelo e é como se estivesse estruturando o campo. Qual era a ideia? Você estava lecionando em La Follette quando escreveu o artigo?

**Clune** – Naquele tempo eu já devia ter entrado na minha pesquisa em educação sobre implementação, que era um campo vasto na pesquisa de política educacional e também, mais amplamente. Havia muitas coisas boas escritas sobre implementação de políticas governamentais como um todo. Implementação é a continuação da política. A mesma política envolvida na aprovação de uma lei era transferida para a implementação, mas de uma forma diferente, especialmente a interação entre organizações reguladas e organizações implementadoras, como controladores e autoridades legais. Além disso, quando repetidas, pequenas mudanças na implementação, e às vezes mudanças maiores, compunham um processo contínuo, mesmo que em alguns casos tenha se estabilizado e se transformado no que chamamos hoje de "institucionalizado" de uma forma mais estável, com mudanças menores nas bordas. Eu conectei essa pesquisa em implementação com o conceito que você pode chamar de "desintegração jurídica", referindo-se a uma grande e contínua estrutura com constantes mudanças acontecendo com as mesmas forças operando, o que chamamos de processo "aluvial" do Estado de bem-estar social, sendo criado e modificado o tempo todo.

**Maria Paula** – Esses professores tinham formação jurídica? Ou eles são autores de ciências sociais? Digo, os outros autores sobre implementação.

**Clune** – Eles estavam em Berkeley. Na verdade, tive uma entrevista com um grupo de direito e políticas públicas de lá para um emprego.

**Maria Paula** – Havia um grupo de direito e políticas públicas?

**Clune** – Sim. Eles eram, antes de tudo, cientistas políticos. Definitivamente Bardach e também Kagan, acho. Eles estudaram empiricamente a implementação de muitas leis e desenvolveram tipologias sobre como a implementação apareceu. O livro de Bardach, por exemplo, era muito interessante, assim como o livro dos dois sobre regulação. Na época, era um campo da ciência política, não era um campo do direito, então eu queria escrever algo numa revista jurídica para dizer: "Ei! Isso é tudo direito!" Não vou dizer que não é só ciência política, isso seria bobo, são diferentes disciplinas estudando a mesma coisa. Eu tento trazer para isso o público do direito.

**Maria Paula** – E você era o único com formação jurídica nesse grupo?

**Clune** – Bem, no meu time de pesquisadores, que naquele tempo era um centro para pesquisa de política educacional em que eu me envolvi como uma coisa interdisciplinar, eu era o único advogado e, na verdade, eu era meio "desajustado", mas eu consegui dar um jeito de me encaixar, basicamente trabalhando bem. Eles viam como um trabalho de ciência social, coisa que ele era. Esse grupo de trabalho foi uma outra grande parte de minha carreira, mas Bardach e Kagan estavam na faculdade de Administração Pública (*Public Affairs*), em Berkeley, e eu tive uma entrevista de emprego lá. Eu não consigo lembrar se eu consegui uma oferta ou não, eu acho que sim. O que eu me lembro é que o salário era de 13 mil dólares e eu tinha que comprar uma casa em Berkeley e nós tínhamos 2 crianças e 300 dólares no banco. Eu acho que nos dias de hoje eles ajudam mais quando você vai para esses lugares caros (risos). Então Wisconsin ofereceu 17 mil dólares com custo de moradia muito mais barato e essa foi a única razão pela qual eu fiquei lá. De qualquer forma, esses eram caras de políticas públicas, de um ângulo da ciência política, e isso era perfeito para a educação.

O vídeo com a íntegra desta entrevista está disponível em https://www.youtube.com/live/4pt9yuMDSTw?si=OMt8Vx5fv2qFu8bq, entre os minutos 31 e 46, e pode ser acessado por meio do QR Code abaixo:

PARTE II

# MODELOS TEÓRICOS

7

# DIREITO E POLÍTICAS PÚBLICAS: MAPA DA ÁREA[1] [2]

**WILLIAM H. CLUNE**

**Tradução de Julia Azevedo Moretti e Thiago Pires Oliveira**

**Revisão técnica de Maria Paula Dallari Bucci e Matheus Silveira de Souza**

---

1 [N.T.] Tradução de: CLUNE, William H. Law and public policy: map of an area. *Southern California Interdisciplinary Law Journal*, v. 2, n. 1, p. 1-39, 1993.

2 [N.T.] Com alguns ajustes, este capítulo corresponde à tradução para o português publicada sob a seguinte referência: CLUNE, William H. Direito e políticas públicas: mapa da área. Tradução de Julia Azevedo Moretti, Thiago Pires Oliveira. Revisão técnica da tradução de Maria Paula Dallari Bucci e Matheus Silveira de Souza. *A&C – Revista de Direito Administrativo & Constitucional*, n. 86, p. 59-108, 2021. A versão original deste artigo é a consolidação de um programa de curso, que apresentou para os tradutores alguns desafios, aqui registrados. 1) O direito norte-americano diferencia *polity* (estruturas políticas e partidárias – congresso, partidos políticos), *politics* (processo eleitoral, sistema de votação) e *public policies* (ações, iniciativas de programa governamentais, políticas públicas). Quando necessário, o termo original foi informado. 2) O texto original utiliza a expressão *direito e política pública*, no singular, tendo-se optado por traduzi-la como *direito e políticas públicas*, no plural, por ser a forma mais utilizada no Brasil. 3) Quando a expressão Direito e Políticas Públicas se referia ao campo temático, optou-se por letras maiúsculas, para facilitar a identificação. Essa mesma opção foi utilizada para a identificação de disciplinas, como Direito Ambiental, Direito Falimentar etc., com minúsculas no original. 4) O texto original usa linguagem coloquial e, em diversas passagens, primeira pessoa, diferentemente do padrão mais corrente em artigos acadêmicos. Além disso, contém redundâncias, advérbios e construções linguísticas de difícil compreensão quando traduzidas, o que levou, em certas passagens, à opção pela sua simplificação.

## 1 Introdução

Este artigo é um ensaio sobre o significado de "direito e políticas públicas" e a relação complexa entre essas duas ideias. Dificilmente existe no governo um termo que seja mais comum do que "política" (*policy*) – política pública, análise de políticas públicas e assim por diante. Especialmente desde o advento do realismo jurídico, o discurso jurídico se sustenta amplamente em "argumentos de política pública", algo periférico e poderoso sobre o significado do texto. Os governos aprovam leis e as usam para efetivar suas políticas públicas.

O artigo também serve como estrutura analítica para um curso que desenvolvi sobre Direito e Políticas Públicas. Para preparar os materiais do curso, tive que definir o assunto e diferenciá-lo de outros cursos; por exemplo, por que não simplesmente ensinar um conjunto de tópicos interessantes em Direito Constitucional e Teoria da Constituição? Ou, caso a política tenha algo a ver com impacto jurídico e instituições sociojurídicas, por que não ensinar tais questões num curso padronizado de Sociologia do Direito ou de Direito e Economia (*Law and Economics*)? Alguns dos conteúdos distintivos de Direito e Políticas Públicas podem ser apresentados, sinteticamente, da maneira que segue.

Política pública parece ser um conceito dominante e relativamente recente que tem algo a ver com o bem-estar material de um grande número de pessoas. Nesse sentido, política pública significa a estrutura montada para o funcionamento de economias de livre mercado e Estados de bem-estar social modernos que regulam a produção econômica, o consumo e a circulação de bens e serviços. A maior parte das normas jurídicas nos Estados modernos responde às necessidades e resultados de sistemas econômicos vastos, dinâmicos e autônomos e suas infraestruturas. As instituições jurídicas modernas tendem a assumir uma forma característica, estável ao longo do tempo, funcionalmente autônoma, na qual há um delicado equilíbrio entre direção centralizada e ação descentralizada. Na condição de produto da engenharia social dos Estados de bem-estar, o direito e a política pública parecem construídos sobre uma série de tensões e contradições: direção centralizada por meio da ação descentralizada; a amálgama dos setores público e privado; o foco das políticas públicas em consequências futuras juntamente com a referência do direito ao texto histórico; engenharia social sofisticada sem meios adequados para lidar com comportamentos humanos imprevisíveis; políticas aperfeiçoadas que surgem de um sistema político desordenado e perturbadas por uma percepção de crise, contradição e desordem; e uma proliferação de acréscimos disciplinares e atividades interdisciplinares sem um paradigma claro para a sua investigação. Em que pesem todas essas tendências conflitantes, também existe um tema em comum: a emergência da ideia de empoderamento como um modelo para o desenho de políticas em muitas áreas diferentes.

Essas ideias serão exploradas mais adiante no decorrer deste ensaio. Quando se diz "mapa da área", tenta-se sugerir o conteúdo e a estrutura intelectual desse enorme empreendimento. Discutem-se ideias e saberes não apenas para explicá-los ou documentá-los com precisão, mas para esboçar e começar a conectar os principais elementos de uma imagem completa. De certa forma, isso é muito desafiador e muito abstrato, um exercício de metanálise. No entanto, o objetivo final também é específico e pessoal. As ideias sobre Direito e Políticas Públicas são o denominador comum de grande parte de nossa sociedade e o universo do discurso acadêmico jurídico. Desde a Faculdade de Direito, encontrei esse discurso, esse universo, desconcertantemente enorme, dinâmico, expansivo, fragmentado e caótico (como se a economia moderna fosse o *big bang* da vida social e econômica). O esforço para simplificar, esclarecer e iluminar esse universo parece valer a pena.

## 2 A problemática justaposição entre política pública e direito

A expressão *direito e políticas públicas* é em si mesma um tanto questionável em razão de uma redundância em potencial. Por definição, todo direito é política pública, na medida em que ele é a vontade coletiva da sociedade expressada em normas vinculantes; e toda política pública é direito, na medida em que depende de leis/atos normativos e instituições legislativas, pelo menos, para algum aspecto de sua existência. Por exemplo, toda ação de interesse social na Suprema Corte é automaticamente uma questão importante de política pública, independentemente de seu impacto social. O direito, no sentido fundamental de uma nova formalização ou institucionalização de normas sociais,[3] provavelmente permanecerá para sempre um tópico de considerável

[3] BOHANNAN, Paul. The Differing Realms of the Law. *In*: NADER, Laura (Ed.). *The Ethnography of Law*. Washington, D.C.: American Anthropological Association, 1965. *Vide* também: BOHANNAN, Paul. The differing realms of the law. *American Anthropologist*, v. 6, n. 67, 1965.

interesse social e uma fonte de entretenimento popular (por exemplo, os julgamentos dramáticos e as questões ético-jurídicas cotidianas existentes no seriado *L.A. Law*).[4]

Em um sentido igualmente importante, no entanto, a ideia de uma completa justaposição mais oculta do que revela e obscurece algumas das razões pelas quais muitas pessoas atribuem enorme importância à área do Direito e Políticas Públicas. Tentaremos, então, delimitar uma área mais restrita, primeiro definindo o que seria política pública, depois direito, e, por fim, considerando as características distintivas das instituições jurídicas nessa área reduzida por justaposição.

## 2.1 O que é política pública?

A política pública possui as seguintes características:

1) Diz respeito ao *bem-estar* ou ao bem-estar das pessoas em questões materiais essenciais da vida (por exemplo, alimentação e saúde). Não se preocupa com o bem-estar espiritual ou cultural, como era, por exemplo, o direito da China Imperial.
2) Preocupa-se essencialmente com a *produção, o consumo e os altos níveis de desempenho econômico*, e não com o usufruto passivo ou as relações fundamentais dos seres humanos, como poderiam imaginar de uma política pública diferente.
3) É *orientada a resultados* ou preocupada com *consequências reais*, mais do que ao sentido do texto e à justiça filosófica.[5]
4) Preocupa-se com o *bem-estar agregado ou do grupo*, e, não, como o direito tende a ser, com a justiça individual.[6]

---

4 [N.T.] O autor se refere à *L.A. Law*, popular série de televisão americana, que retratava dramas sobre processos fictícios em tribunais da Califórnia. Essa série foi exibida nos EUA por oito temporadas pela emissora NBC de 15.9.1986 a 19.5.1994.

5 O possível conflito entre formalismo jurídico e consequencialismo é discutido a seguir. Não estou dizendo aqui que o direito do Estado de bem-estar social é desprovido de questões filosóficas e éticas. Porém, enquanto questões filosóficas e éticas abundam nas políticas públicas, consistentes com a ênfase da política no bem-estar agregado, as questões éticas tratam diretamente do bem-estar em escala (por exemplo, a redistribuição dos benefícios de saúde dos doentes terminais para as mulheres grávidas) ou dizem respeito à instituição adequada para emitir definições mais individualizadas (por exemplo, quando a vida começa e termina). Naturalmente, isso significa que o Direito e Políticas Públicas está criticamente preocupado com a competência e o caráter representativo das instituições decisórias.

6 Regimes de liberdade individual podem ser necessários, no entanto, como infraestruturas para políticas públicas; por exemplo, liberdade econômica, participação dos trabalhadores e até direitos humanos.

5) É *dirigida centralmente* porque o Estado herda sérias necessidades de pessoas – necessidades essas que são criadas, mas não resolvidas, pelos mercados.[7] Portanto, não inclui uma política como a resolução de disputas, no sentido de um sistema para lidar com conflitos que surgem imprevisivelmente de contextos sociais descentralizados, como os bairros e as famílias.[8]
6) Ao mesmo tempo em que é dirigida centralmente, a política pública depende essencialmente da *ação descentralizada* para atingir seus objetivos. A necessidade da ação descentralizada deriva de três características da política pública no Estado moderno: i) o objetivo de desempenho econômico elevado, uma meta que só pode ser alcançada pela cooperação ativa de indivíduos e unidades sociais; ii) o crescimento de instituições sociais autônomas e altamente interdependentes que são, elas próprias, o produto do desenvolvimento econômico moderno;[9] e iii) sérias limitações financeiras decorrentes dos requisitos de eficiência econômica e que, portanto, favorecem a participação voluntária de baixo custo.
7) A dupla característica de controle central e ação descentralizada evidencia uma tensão óbvia; essa *tensão entre centralização e ação autônoma* é o problema central das políticas públicas.[10]
8) *Dependência de dados* como resultado de várias das características anteriores (preocupação com o bem-estar agregado, consequências reais, altos níveis de desempenho econômico e orientação social sensível). Sistemas mais aprimorados de políticas públicas possuem sistemas de dados mais sofisticados (por exemplo, mercados com preço e indicadores agregados; ciência e tecnologia com medição e método científico).[11]

---

7 Este fenômeno é chamado, algumas vezes, de falha de mercado. WOLF JR., Charles. *Markets or governments*: Choosing between imperfect alternatives. Cambridge, MA: MIT Press, 1988.

8 Porém, as políticas públicas podem afetar a resolução de disputas de maneira dramática: por exemplo, alterando a natureza das reivindicações, incentivando a agregação de reivindicações (por exemplo, litígios complexos) e a resolução informal de conflitos como uma alternativa menos onerosa.

9 LUHMANN, Niklas. *The Differentiation of Society*. New York: Columbia University Press, 1982.

10 TEUBNER, Gunther. Substantive and Reflexive Elements in Modem Law. *Law and Society Review*, v. 17, n. 2, p. 239-285, 1983; TEUBNER, Gunther. Autopoiesis in Law and Society: A Rejoinder to Blankenburg, *Law and Society Review*, v. 18, n. 2, 1984.

11 JENCKS, Christopher. *Rethinking Social Policy*: Race, Poverty, And The Underclass. Cambridge, MA: Harvard University Press, 1992, p. 11-12; 20-23 (papel dos dados, hipóteses específicas, valores e ideologia em políticas sociais); *vide* também nota 56.

9) Preocupação com objetivos socialmente agregados, como riqueza social e eficiência, e ao bem-estar de subgrupos, às vezes chamados de equidade.[12] A política pública preocupa-se tanto com a eficiência quanto com a equidade, em virtude de sua questão fundamental sobre o bem-estar social agregado. Partindo apenas de uma preocupação com o bem-estar agregado, é impossível especificar *ex ante* em que grupo focar: toda a sociedade ou um grande subgrupo (por exemplo, mulheres ou afro-americanos). De fato, as chamadas metas de equidade geralmente são necessárias para promover a eficiência agregada, como quando a economia exige os serviços produtivos de mulheres, minorias, pobres e sem instrução.[13]

Algumas áreas principais da política pública que se enquadram nessas características são: política pública econômica (por exemplo, manutenção da prosperidade por meio da política econômica); meio ambiente (repercussões da produção e consumo afetando o bem-estar e dependendo de dados sensíveis); ciência e tecnologia (nas quais a regulamentação é essencial e disruptiva); saúde e reprodução humana (por exemplo, uso de drogas, sobre e subpopulação); educação e treinamento (descritos como capital humano);[14] imigração (o movimento do capital humano que também cria problemas de bem-estar);[15] conflitos políticos e militares (alternativamente instrumentais e destrutivos do empreendimento econômico subjacente); e, finalmente, a organização política que dá suporte à elaboração de políticas em todas essas áreas (inclusive as questões sempre sérias de escassez e prioridades orçamentárias).

---

[12] WOLF JR., Charles. *Markets or governments*: Choosing between imperfect alternatives. Cambridge, MA: MIT Press, 1988, nota 7 *supra*, para a afirmação de que o patrimônio é a principal falha do mercado em um sentido político, apesar do fato de que a desigualdade não é um lapso da eficiência econômica agregada – o significado técnico e neoclássico da falha do mercado. Veja também: BROMLEY, Daniel W. *Economic Interests and Institutions*: The Conceptual Foundations of Public Policy. New York: Basil Blackwell, 1989, p. 109-147; 181 (papel da distribuição no bem-estar e afirmação de que a política fundiária, que produz maior crescimento da riqueza, também produz maiores desigualdades); SCHULTZE, Charles L. *The Public Use of the Private Interest*. Washington, DC: The Brookings Institution, 1977.

[13] NATIONAL CENTER ON EDUCATION AND THE ECONOMY. *America's Choice*: High Skills or Low Wages! Washington, D.C.: NCEE, 1990.

[14] BECKER, Gary S. *Human capital*: A theoretical and empirical analysis, with special reference to education. New York: National Bureau of Economic Research, 1964.

[15] LEMANN, Nicholas. *The Promised Land*: The Great Black Migration and How it Changed America. New York: Alfred A. Knopf, 1991.

Embora seja relevante, para alguns propósitos, dividir essas áreas entre economia/tecnologia e reprodução e socialização humana, atribuindo uma dificuldade especial a esta última,[16] na realidade, toda área envolve a organização do comportamento humano e sérios problemas resultantes da dificuldade de atingir esse objetivo.[17]

## 2.2 Origens da política pública no Estado de bem-estar social moderno

O contexto social para as políticas públicas, conforme descrito acima, e a fonte de sua plausibilidade histórica e social é o moderno Estado de bem-estar social.[18] Os Estados de bem-estar social são caracterizados por um enorme crescimento da riqueza total e do tamanho do governo.[19] Embora a eficácia do governo seja quase sempre uma questão séria, a escala fundamental da atividade governamental se deve às enormes externalidades (*spillovers*) e aos requisitos de infraestrutura dos sistemas de produção modernos, dinâmicos e gigantes.[20]

Praticamente todas as áreas de interesse sustentável e resolutivo no direito moderno se originam nos sistemas modernos de produção e na correspondente atividade governamental. As economias modernas são o produto de um planejamento social coordenado, inclusive a infraestrutura jurídica de mercados (propriedade, contrato), criação de demanda estável em longo prazo (por exemplo, indenização por desemprego, organização de recursos básicos e provisão de infraestrutura e até a divisão de mercados).[21] A política ambiental envolve

---

[16] OFFE, Claus. *Disorganized Capitalism*: Contemporary Transformations of Work and Politics. Cambridge, MA: The MIT Press, 1985; também: LASDEN, Martin. Apocalypse: Then and Now. *Stanford Magazine*, v. 18, Sept. 1990 (discutindo as previsões de Paul Ehrlich sobre crescimento da população e ecologia).

[17] MARCH, James G.; OLSEN, Johan P. *Ambiguity and choice in organizations*. [s.l.]: [s.n.], 1982.

[18] HAY, J. Roy. *The Development of the British Welfare State, 1880-1975*. London: Arnold, 1978.

[19] HECLO, Hugh. *Modern social politics in Britain and Sweden*: from relief to income maintenance. New Haven: Yale University Press, 1974, p. 1-2; 10-33; também FLORA, Peter; HEIDENHEIMER, Arnold J. (Ed.). *The Development of Welfare States in Europe and America*. New York: Routledge, 1984.

[20] POLANYI, Karl. *The Great Transformation*: the political and economic origins of our time. Boston: Beacon, 1974.

[21] HURST, James. *Law and Markets in United States History*: Different Modes of Bargaining among Interests. Madison: University of Wisconsin Press, 1982; HURST, James. *Law and the Conditions of Freedom in the Nineteenth-century United States*. Madison: University of Wisconsin Press, 1956; PIORE, Michael J.; SABEL, Charles F. *The Second Industrial Divide*: Possibilities for Prosperity. New York: Basic Books, 1984.

um confronto entre a produção econômica e ecologia como fontes de bem-estar.[22] As grandes questões de equidade das sociedades modernas (por exemplo, papéis de raça e gênero) são consequências diretas da atividade econômica.[23] O direito internacional é dominado por questões econômicas.[24]

As sociedades modernas também são definidas e impulsionadas pela presença de instituições sociais grandes, autônomas, mas altamente interdependentes.[25] Mercados e organizações produtivas desenvolvem

---

22 Em certo sentido, não pode haver conflito entre a produção de riqueza e a proteção do meio ambiente, porque a riqueza material e a qualidade ambiental são bens apreciados pelo ser humano, que podem escolher qualquer combinação dos dois de forma mais satisfatória. O problema, então, é a distorção institucional que leva a uma sobre e, concomitantemente, sub-representação de certos valores, como aqueles favoráveis ao meio ambiente. Tais distorções incluem o problema dos custos externos e dos *free-riders* (por exemplo, chuva ácida e municípios a jusante dos esgotos de outros municípios), sub-representação das gerações futuras e super-representação de certos subgrupos da população (por exemplo, se pessoas ricas e politicamente poderosas tendiam a ter uma filosofia de *carpe diem* por causa dos intensos prazeres proporcionados pela grande riqueza, a hipótese oposta supõe que as pessoas ricas são exatamente aquelas que podem pagar por um ambiente mais limpo). É claro, em última instância, que aqueles que favorecem uma melhor qualidade ambiental devem encontrar as instituições para implementar suas preferências ou estarão condenados ao fracasso (por exemplo, tribunais, referendos). É por isso que o problema institucional se converte automaticamente em dois problemas de mudança cultural e política; nem as preferências subjacentes nem as instituições que as implementam podem ser mantidas de forma constante ou tomadas como fatores puramente exógenos (precondições imunes a alterações deliberadas). Um controle mais democrático do meio ambiente pode exigir intensa mudança de atitude, redistribuição da riqueza e redesenho das instituições políticas. Por essas e outras razões, a ideia de corrigir distorções representativas se reforça muito com as questões de valor subjacentes. *Vide* FINDLEY, Roger W.; FARBER, David A. *Environmental Law*: Cases and Materials. St. Paul: West Publishing, 1985, p. 1-53; *vide* também DUGGER, William M. (Ed.). *Radical institutionalism*: contemporary voices. New York: Greenwood Press, 1989, p. xii (a economia da evolução cultural e provisionamento social como o estudo de processos dinâmicos); KENNEDY, Duncan. Cost-Benefit Analysis of Entitlement Problems: A Critique. Cost-Benefit Analysis of Entitlement Problems: A Critique. *Stanford Law Review*, v. 33, n. 3, p. 387-445, 1981.

23 A raça como produto da migração forçada de uma enorme força de trabalho agrícola e sua subsequente remigração para centros industriais. Obviamente, não pretendo dizer que a raça e a discriminação de gênero são completamente definidas por seu conteúdo econômico. Mas as origens, escala, *locus* e até os remédios para esses problemas são determinados pela vida econômica. CLAUSS, Carin A. Comparable Worth-the Theory, Its Legal Foundation, and the Feasibility of Implementation. *University of Michigan Journal of Law Reform*, v. 20, 1986; SCHULTZ, Vicki. Telling Stories About Women and Work- Judicial Interpretations of Sex Segregation in the Workplace. In: Title VII: Cases Raising the Lack of Interest Argument. *Harvard Law Review*, v. 103, 1990; SOUTH, Scott J. Metropolitan Migration and Social Problems. *Social Science Quarterly*, v. 68, n. 1, Mar. 1987.

24 WELS, Susan. Global Integration: The Apparent and the Real. *Stanford Magazine*, v. 18, 1990, p. 46 (o direito internacional ainda não acompanha os seus passos com a integração econômica; predominância das instituições privadas).

25 *Vide* LUHMANN, Niklas. *The Differentiation of Society*. New York: Columbia University Press, 1982, nota 9 *supra* (classificando esse fenômeno como diferenciação social).

uma poderosa lógica interna (por exemplo, preço, lucro, integração econômica global) que resiste ao controle externo. A tecnologia e a ciência operam por meio de padrões distintos de organização social e lógica (por exemplo, universidades, laboratórios, o método científico). As comunicações têm suas próprias dinâmicas internas poderosas e instituições correspondentes.[26]

O governo, então, que cresce como instituição para atender às necessidades não satisfeitas pelos outros, enfrenta o desafio de alcançar seus objetivos, respeitando a autonomia social.[27] Palavras como "facilitação", "capacitação" e "empoderamento" refletem a dificuldade (e, de certa forma, a empolgação) da direção central de instituições sociais altamente autônomas.[28]

O alcance de metas por meio de ações descentralizadas tornou-se o foco principal da política pública em organizações econômicas de larga escala.[29] No entanto, o governo enfrenta o problema adicional de obter o equilíbrio ideal por meio da política pública.

## 2.3 O que é direito?

Em primeiro lugar, o direito é um exercício de autoridade, ou seja, um comando que expressa a expectativa de obediência por sua própria autoridade; e o direito é ordem, uma expressão de autoridade que exige aceitação. Assim, na raiz, o direito é um ato da política, em vez de costume ou troca (duas das outras fontes de organização social).[30]

---

[26] Considere-se, por exemplo, os computadores e a então chamada sociedade da informação. *Vide* WELS, Susan. Global Integration: The Apparent and the Real. *Stanford Magazine*, v. 18, 1990, nota 24 *supra*, p. 46 (afirmando que as tecnologias de comunicação distinguem esse período de integração global das anteriores).

[27] TEUBNER, Gunther. Substantive and Reflexive Elements in Modem Law. *Law and Society Review*, v. 17, n. 2, p. 239-285, 1983, p. 239, nota 10 *supra*; TEUBNER, Gunther. Autopoiesis in Law and Society: A Rejoinder to Blankenburg, *Law and Society Review*, v. 18, n. 2, 1984, nota 10 *supra*, p. 291-301.

[28] HANDLER, Joel F. Dependent People, The State, and the Modern/Postmodern Search for the Dialogic Community. *UCLA Law Review*, Los Angeles, v. 35, n. 6, 1988; HANDLER, Joel F. *The Conditions of Discretion*: Autonomy, Community, Bureaucracy. New York: Russell Sage Foundation, 1986; KANTER, Rosabeth. *The Change Masters*: Innovation and Entrepreneurship in the American Corporation. New York: Touchstone, 1983, p. 156-179.

[29] PETERS, Thomas J.; WATERMAN JR., Robert H. *In search of excellence*: lessons from America's best-run companies. New York: Harper & Row, 1982; PIORE, Michael J.; SABEL, Charles F. *The Second Industrial Divide*: Possibilities for Prosperity. New York: Basic Books, 1984, nota 21 *supra*.

[30] LINDBLOM, Charles E. *Politics and markets*: the world's political-economic systems. New York: Basic Books, 1977, p. 17-51.

O direito pode e usa incentivos para estimular a ação, mas usa autoridade política (por exemplo, tributação) para criar os incentivos. O direito pode ser, como realmente é, o fundamento das trocas econômicas; contudo, o direito usa normas impositivas de propriedade para efetuar tais trocas. Na grande divisão entre política e mercado, o direito é política (e participa das enormes fragilidades da política), mesmo quando a política é usada como fundamento do mercado.

O direito também é um exercício de autoridade por parte do Estado, embora existam incontáveis manifestações de autoridade semelhantes ao direito, mas que se situam fora do Estado.[31] A autoridade estatal é distintiva essencialmente pelo fato de ela se afirmar como a autoridade suprema, ou seja, uma autoridade que possui o direito de comandar outras autoridades.[32]

Finalmente, o direito está estruturado para expandir a liberdade de algumas pessoas e ações, enquanto restringe a liberdade de outras. Ao mesmo tempo que o direito amplia a liberdade ele também a limita, embora, talvez especialmente nas políticas públicas, o direito possa buscar um equilíbrio favorável de liberdade sobre as limitações. Um exemplo para ilustrar isso, a propriedade concede uma autoridade relevante ao proprietário, o que limita a liberdade de outras pessoas. Outro exemplo seria o fato de que um empregador pode demitir trabalhadores do emprego, mas um sindicato pode impedir um empregador de fazer isso também amparado no direito de propriedade (em ambos os casos, com possível dano à empresa coletiva e a outros funcionários).[33] Regulamentos limitam o exercício do direito de propriedade por seus titulares (por exemplo, vender carne contaminada ou construir prédios em desconformidade com a legislação urbanística). O direito processual permite que algumas pessoas, e não outras, ajuízem e, portanto, restrin-

---

31 LEVINE, Felice J. Goose Bumps and The Search for Intelligent Life in Sociolegal Studies: After Twenty-Five Years. *Law & Society Review*, v. 24, n. 1, 1990.

32 LINDBLOM, Charles E. *Politics and markets*: the world's political-economic systems. New York: Basic Books, 1977, nota 30 *supra*.

33 *Vide*: CLUNE, William H. Unreasonableness and Alienation in the Continuing Relationships of Welfare State Bureaucracy: From Regulatory Complexity to Economic Democracy. *Wisconsin Law Review*, n. 77, 1985, p. 739 [N.T. Confira-se o artigo traduzido, *Irrazoabilidade e alienação na burocracia do Estado de bem-estar social: da complexidade regulatória à democracia econômica*, neste livro]; EPSTEIN, Richard A. Rights and Rights Talk. *Harvard Law Review*, v. 105, 1992 (resenhando: GLENDON, Mary Ann. *Rights talk*: the impoverishment of political discourse. New York: The Free Press, 1991). FISCHL, Richard M. Some Realism About Critical Legal Studies. *University of Miami Law Review*, 41, 1987, p. 516; KENNEDY, Duncan. Freedom and Constraint in Adjudication: A Critical Phenomenology. *Journal of Legal Education*, v. 36, n. 4, p. 518-62, 1986.

jam a liberdade dos réus.[34] A redistribuição da riqueza é um exercício significativo de autoridade que claramente aumenta a liberdade de alguns à custa de outros.[35]

Em suma, no nível instrumental imediato, o direito ocupa uma área de conflito de interesses, embora em um sentido mais amplo possa ser projetado para maximizar o interesse coletivo e alcançar a harmonia social.[36]

## 2.4 A influência da política pública sobre o direito e a configuração das instituições jurídicas

Tendo discutido a direção política imposta ao direito pelas preocupações das políticas públicas e a natureza do direito como instrumento político, agora é possível discutir a influência da política pública no direito, bem como as direções nas quais o direito é impulsionado e moldado pelas políticas públicas.

A política pública impulsiona o direito nas direções que seguem.

### 2.4.1 Estruturação do direito em torno de problemas envolvendo o desempenho na economia

No nível mais simples, o direito tenderá a ser organizado em torno dos principais problemas de desempenho das economias modernas: regulamentação da economia, transferência de renda, saúde, educação e treinamento, emprego, meio ambiente e assim por diante. Lembre-se da discussão anterior sobre como as principais questões

---

34 Considere, por exemplo, a falência e a cobrança forçada de dívida. EISENBERG, Theodore; YEAZELL, Stephen. The Ordinary and the Extraordinary in Institutional Litigation. *Harvard Law Review*, Cambridge, v. 93, 1980, p. 465; WHITFORD, William. A Critique of the Consumer Credit Collection System. *Wisconsin Law Review*, Issue 4, 1979, p. 1047.

35 Apesar da verdade aparentemente óbvia desta afirmação, este ponto de vista tem sido objeto de disputa tanto pela jurisprudência, quanto pela política legislativa; *vide*, por exemplo, a distinção entre o direito do trabalho e um direito relacionado à saúde, segurança, bons costumes e bem-estar em: UNITED STATES OF AMERICA. Lochner v. New York. *United States Reports*, v. 198, 1905, p. 45; ver também EDSALL, Thomas B. *The new politics of inequality*. New York: W.W. Norton, 1984; JENCKS, Christopher. *Rethinking Social Policy*: Race, Poverty, And The Underclass. Cambridge, MA: Harvard University Press, 1992, nota 11 *supra*, p. 10 (objeções conservadoras às políticas de redes de proteção social desenvolvidas pelo Congresso depois do governo de Lyndon Johnson).

36 BROMLEY, Daniel W. *Economic Interests and Institutions*: The Conceptual Foundations of Public Policy. New York: Basil Blackwell, 1989, nota 12 *supra*, p. 42-43 (distinguindo convenções de prerrogativas de direitos).

jurídicas, muitas vezes conceituadas com foco na equidade social (por exemplo, questões de raça e gênero), realmente surgem da atividade econômica. Recorde-se também do ponto em que o conceito organizador de bem-estar abrange tanto a eficiência (o bem-estar de todos) quanto a equidade no sentido de bem-estar de grandes grupos. Por fim, observe que o foco do direito, quando este envolve amplas questões de equidade social, geralmente é uma combinação de redistribuição e resultado social líquido (*net social product*).[37]

### 2.4.2 Cooperação social e resultado social positivo líquido

A preocupação última da política pública com a produção impulsiona o direito em direção à cooperação social e à produção de um resultado social positivo. O objetivo da cooperação traz um problema de gerenciamento difícil para o direito, que opera tecnicamente por meio de interesses em conflito. De fato, o esforço para processar conflitos jurídicos em uma direção social positiva provavelmente é o enigma central do direito no moderno Estado de bem-estar social.[38] Esse enigma é ilustrado em grande escala pela consideração de como os Estados de bem-estar social poderiam ser organizados para permitir reservas econômicas grandes, benefícios de produtividade e bem-estar.[39]

### 2.4.3 Persistência das estruturas jurídicas ao longo do tempo

Há uma forte tendência de estruturas jurídicas organizadas em torno de problemas econômicos persistirem ao longo do tempo. Essa tendência se deve em parte ao fato de a estrutura regulatória ser

---

[37] *Vide* nota 12 *supra*.

[38] *Vide* SCHOLZ, John T. Cooperation, Deterrence, and the Ecology of Regulatory Enforcement. *Law and Society Review*, Salt Lake City, v. 18, n. 2, p. 179-224, 1984 (discutindo o dilema do prisioneiro na fiscalização regulatória).

[39] PRZEWORSKI, Adam; WALLERSTEIN, Michael. Democratic Capitalism at the Crossroads. *In*: PRZEWORSKI, Adam (Ed.). *Capitalism and social democracy*. Cambridge: Cambridge University Press, 1985, p. 205; WILENSKY, Harold L. The New Corporatism, Centralization, and the Welfare State. *Sage professional papers in contemporary political sociology*, série n. 06-020, 1976, p. 7; ROGERS, Joel E. Divide and Conquer: Further Reflections on the Distinctive Character of American Labor Laws. *Wisconsin Law Review*, n. 1, 1990.

complexa e exigir investimento e tempo significativos;[40] todavia, ainda mais importante é o fato de que essa estrutura deve criar expectativas estáveis para incentivar o alto desempenho e o resultado social positivo líquido (*net positive social product*). Em síntese, a estrutura deve facilitar o investimento social em longo prazo. No direito ambiental, por exemplo, a mudança na regulação apresenta sérios problemas para os atores econômicos, tanto em termos de planejamento técnico e investimento de longo prazo quanto em termos de instabilidade no esquema subjacente dos direitos de propriedade.[41] Outros exemplos de estruturas legais persistentes são o Código Comercial Uniforme e as normas sobre direitos civis.[42]

## 2.4.4 Organização em torno de grandes agregados sociais

Além de se estenderem ao longo do tempo, as estruturas legais organizadas em torno dos problemas econômicos tendem a adotar grandes agregados sociais. Em parte, isso se deve ao fato de a organização econômica colocar um grande número de pessoas em situações semelhantes (por exemplo, devedores, consumidores, funcionários). Mas os mesmos tipos de economia que impulsionam na direção da persistência também conduzem na direção de grandes agregados sociais. A regulação pontual dos problemas econômicos e sociais acaba sendo irremediavelmente caótica ou, pelo menos, extremamente ineficiente por causa das interconexões no espaço regulado.

Um exemplo disso é como o Direito da Responsabilidade Civil (*Torts Law*), com suas preocupações com compensação e prevenção de acidentes, é impulsionado em direção a uma sofisticada disciplina de seguro social e regulação da segurança visando a uma economia em larga escala. A indenização por acidentes e doenças pode ser feita com eficiência no contexto de grandes esquemas de seguro social que evitam uma cobertura socialmente inacessível e uma justaposição dessas proteções, bem como custos demasiadamente elevados com transações

---

40 *Vide* BROMLEY, Daniel W. *Economic Interests and Institutions*: The Conceptual Foundations of Public Policy. New York: Basil Blackwell, 1989, nota 12 *supra*, p. 217 (afirmando que a complexidade do direito de propriedade é reflexo do valor do recurso).

41 BARDACH, Eugene; KAGAN, Robert A. *Going by the book*: the problem of regulatory unreasonableness. Philadelphia: Temple University Press, 1982, p. 294-296.

42 Sobre os direitos civis, *vide*, por exemplo, JONES, James E. Twenty-One Years of Affirmative Action: The Maturation of the Administrative Enforcement Process Under the Executive Order 11,246 As Amended. *Chicago-Kent Law Review*, v. 59, 1982.

e *marketing*. A regulação eficaz da segurança exige informações sofisticadas e ferramentas reguladoras (por exemplo, dados sobre acidentes, técnicas de *recall* de produtos).[43]

### 2.4.5 Capacidade de planejamento e adaptação

Estruturas jurídicas persistentes criam problemas de inflexibilidade na regulação de uma economia em rápida mudança. Assim, as estruturas jurídicas que persistem também devem ter a capacidade de adaptação e modificação.[44] Por esse motivo, as estruturas jurídicas tenderão a acumular reservas de *expertise* sob a forma de um corpo técnico especializado, especialistas acadêmicos externos e congressistas que adquirem experiência em especialidades regulatórias. Meu próprio trabalho sobre implementação considera-a, em parte, como um processo de longo prazo organizado em torno de um problema social ou econômico com vários pontos de acesso que possibilitam adaptação e mudança.[45]

---

[43] NOBLE, Charles. *Liberalism at work*: the rise and fall of OSHA. Philadelphia: Temple University Press, 1986, p. 176; SUGARMAN, Stephen D. *Doing away with personal injury law*: new compensation mechanisms for victims, consumers, and business. New York: Quorum, 1989; TOBIAS, Andrew. *The invisible bankers*: everything the insurance industry never wanted you to know. New York: Simon & Schuster, 1982; KOMESAR, Neil H. Injuries and Institutions: Tort Reform, Tort Theory, and Beyond. *New York University Law Review*, v. 65, Apr. 1990, p. 23; SUGARMAN, Stephen D. Doing Away with Tort Law. *California Law Review*, v. 73, 1985, p. 555.

[44] KETTL, Donald. The Perils and Prospects of Public Administration. *Public Administration Review*, 1990, p. 411; TEUBNER, Gunther. Substantive and Reflexive Elements in Modem Law. *Law and Society Review*, v. 17, n. 2, p. 239-285, 1983; TEUBNER, Gunther. Autopoiesis in Law and Society: A Rejoinder to Blankenburg, *Law and Society Review*, v. 18, n. 2, 1984, nota 10 *supra* (discutindo a ideia habermasiana e piagetiana da capacidade de aprendizado do sistema jurídico).

[45] CLUNE, William H. A Political Model of Implementation and Implications of the Model for Public Policy Research, and the Changing Roles of Law and Lawyers. *Iowa Law Review*, v. 69, 1983, p. 47; CLUNE, William H.; LINDQUIST, R-E. What Implementation Isn't: Toward a General Framework for Implementation Research. *Wisconsin Law Review*, 1981, p. 1044; CLUNE, William H.; VAN PELT, Mark H. A Political Method of Evaluating the Education for All Handicapped Children Act of 1975 and the Several Gaps of Gap Analysis. *Law and Contemporary Problems*, v. 48, n. 1, Winter, 1985, p. 7. [N.T. Confiram-se os artigos traduzidos *Um modelo político de implementação para as políticas públicas: os papéis do direito e dos juristas* e *Um método político de avaliação: a Lei de Educação para Todas as Crianças com Deficiência e as várias lacunas da análise de lacunas*, respectivamente, neste livro].

## 2.4.6 Direção central por meio da delegação e descentralização

Já mencionei as forças que impulsionam as políticas públicas no sentido da direção central alcançada por meio de uma participação descentralizada. A consequência para o direito é um poderoso impulso em direção à delegação e descentralização da autoridade.[46] Essa tendência é vista em muitas áreas da política pública, como o meio ambiente,[47] segurança e produtividade ocupacional,[48] educação,[49] cuidados com os idosos[50] e bem-estar.[51] É claro que a empreitada de dirigir por meio de delegação é cheia de dificuldades, trazendo o problema de como guiar atores autônomos sem destruir sua autonomia. Suspeito que a solução para isso seja um pouco diferente em cada política pública setorial, mas em geral está condicionada à ideia de sistemas altamente descentralizados de imbricação flexível e simultânea, monitorados rigorosamente do centro com base num número limitado de critérios.[52]

---

46 Como mencionado previamente, este empurrão é expresso por meio de palavras como "empoderamento", "capacitação" e "facilitação". *Vide* nota 28 *supra*.

47 Sobre a negociação envolvendo grupos de interesse e o comércio de emissões, *vide* BARDACH, Eugene; KAGAN, Robert A. *Going by the book*: the problem of regulatory unreasonableness. Philadelphia: Temple University Press, 1982, *vide* nota 41 *supra*; DWYER, John P. Contentiousness and Cooperation in Environmental Regulation. *The American Journal of Comparative Law*, v. 35, n. 4, 1987, p. 809; DWYER, John P. The Pathology of Symbolic Legislation. *Ecology Law Quarterly*, v. 17, 1990, p. 233; DWYER, John P. Overregulation. *Ecology Law Quarterly*, v. 15, 1988, p. 719.

48 PIORE, Michael J.; SABEL, Charles F. *The Second Industrial Divide*: Possibilities for Prosperity. New York: Basic Books, 1984, nota 21 *supra*; NOBLE, Charles. *Liberalism at work*: the rise and fall of OSHA. Philadelphia: Temple University Press, 1986, nota 43 *supra*.

49 Sobre descentralização e escolha, *vide* CLUNE, William H.; WITTE, John F. (Ed.). *Choice & Control in American Education*. [s.l.]: Falmer Press, 1990; sobre *vouchers* educacionais, *vide* CHUBB, John E.; MOE, Terry M. *Politics, Markets, and Americas Schools*. [s.l.]: Brookings, 1990; COONS, John E.; SUGARMAN, Stephen D. *Education By Choice*: The Case for Family Control. Berkeley, CA: University of California Press, 1978; GLENN, Charles L. *Choice of Schools in Six Nations*. Washington, D.C.: U.S. Department of Education, 1989; JAMES, Thomas; LEVIN, Henry M. *Public Dollars for Private Schools*: The Case of Tuition Tax Credits. Philadelphia, PA: Temple University, 1983; LIEBERMAN, Myron. *Privatization and Educational Choice*. New York: St. Martin's Press, 1989; NATHAN, Joe. *Free to Teach*: Achieving Equity, and Excellence in Schools. Minneapolis: Winston Press, 1983; NATHAN, Joe. *Public Schools by Choice*: Expanding Opportunities for Parents, Students, and Teachers. Saint Paul: Institute for Learning and Teaching, 1989.

50 HANDLER, Joel F. Community Care for the Frail Elderly: A Theory of Empowerment. *Ohio State Law Journal*, v. 50, n. 3, 1989, p. 541.

51 *Vide*, por exemplo, a ênfase moderna sobre treinamento e incentivos de trabalho, HAVEMAN, Robert. *Starting Even*: an Equal Opportunity program to Combat the Nation's New Poverty. New York: Simon and Schuster, 1988.

52 PETERS, Thomas J.; WATERMAN JR., Robert H. *In search of excellence*: lessons from America's best-run companies. New York: Harper & Row, 1982, nota 29 *supra*.

Observe-se que o monitoramento centralizado por critérios limitados geralmente requer algum mecanismo robusto de coleta e simplificação de informações, como preços ou dados computadorizados.[53]

## 2.4.7 Combinação de autoridade pública e privada

Embora anteriormente se tenha assumido a posição de que o direito é essencialmente um ato de autoridade pública, os requisitos da política pública impõem o direito a relacionamentos em que o Estado deve cooperar com o setor privado.[54] O requisito essencial da política pública é a cooperação ativa das instituições em geral com alto nível de desempenho, e o direito obtém essa cooperação por meio de um processo complexo de sinalização e incentivos. Além disso, o direito é caracterizado por grandes fluxos de negócios e comunicação em diversas áreas de políticas públicas. Um exemplo é o direito administrativo, com seu processo formal de audiências tanto sobre regras quanto sobre a aplicação de regras,[55] além de várias formas de acesso informal.[56]

## 2.4.8 Modificação do acesso político à luz dos requisitos de desempenho

Um dos problemas mais importantes da política pública é a organização do próprio sistema político. A formação e adaptação de uma política pública depende de decisões políticas (*politics*), mas o processo político geralmente é organizado de maneiras que resultam em políticas públicas ineficazes e incoerentes. Assim, a política pública exerce uma pressão contínua sobre a organização da política (*politics*):

---

[53] *Vide* SCHULTZE, Charles L. *The Public Use of the Private Interest*. Washington, DC: The Brookings Institution, 1977, nota 12 *supra* (recomendando instrumentos políticos de mercado e enfatizando uma poderosa função dos indicativos de preço, especialmente no longo prazo); *vide* também nota 11 *supra*.

[54] STONE, Christopher D. *Where the law ends*: the social control of corporate behavior. New York: Harper and Row, 1975.

[55] Para uma crítica da recomendação de incentivos de mercado e complexidade administrativa, *vide* STEWART, Richard B. The Discontents of Legalism: Interest Group Relations in Administrative Regulation. *Wisconsin Law Review*, 1985.

[56] CHUBB, John E. *Interest groups and the bureaucracy*: the politics of energy. Stanford, CA: Stanford University Press, 1985; *vide* também DWYER, John P. Contentiousness and Cooperation in Environmental Regulation. *The American Journal of Comparative Law*, v. 35, n. 4, 1987; DWYER, John P. The Pathology of Symbolic Legislation. *Ecology Law Quarterly*, v. 17, 1990; DWYER, John P. Overregulation. *Ecology Law Quarterly*, v. 15, 1988, nota 47 *supra*.

criação de agências especializadas, reparação de desequilíbrios políticos, agregação de interesses mais ordenados e coerentes, pressão sobre os juízes para reconhecer interesses coletivos de modo a observar o fim da norma jurídica e assim por diante.[57] Os exemplos vão desde a grande arquitetura de representação nos Estados de bem-estar social[58] até a formulação de políticas públicas em áreas específicas,[59] chegando à inclusão de profissionais da educação na construção de orientações e instruções.[60]

## 3 Reprise: instituições jurídicas como instrumentos da política pública e o mercado como modelo de negociação estruturada

Este capítulo abordará, em uma perspectiva mais ampla, os tipos de instituições legais que surgem para atender aos requisitos da política pública.

Primeiro, observe-se a centralidade das instituições jurídicas. Como ato de governo, todas as áreas da política pública devem ser implementadas por meio de algum conjunto de técnicas jurídicas e um conjunto de tomadores de decisão.[61] Os resultados sociais e econômicos são alcançados por meio de instrumentos jurídicos. A engenharia social é realizada mediante instituições jurídicas. Assim, a justaposição do

---

57 CALABRESI, Guido. *A common law for the age of statutes*. Cambridge: Harvard University Press, 1982; CLUNE, William H.; VAN PELT, Mark H. A Political Method of Evaluating the Education for All Handicapped Children Act of 1975 and the Several Gaps of Gap Analysis. *Law and Contemporary Problems*, v. 48, n. 1, Winter, 1985, nota 45 *supra*.

58 LOWI, Theodore J. *The end of liberalism*: the second republic of the United States. New York: W.W. Norton, 1979; ROGERS, Joel E. Divide and Conquer: Further Reflections on the Distinctive Character of American Labor Laws. *Wisconsin Law Review*, n. 1, 1990, nota 39 *supra*.

59 Por exemplo, NOBLE, Charles. *Liberalism at work*: the rise and fall of OSHA. Philadelphia: Temple University Press, 1986, nota 43 *supra* (discutindo a inclusão de trabalhadores em regulamentos de segurança); LEMANN, Nicholas. The Unfinished War. *Atlantic Monthly*, 1988, p. 262-263 (discutindo a Guerra à Pobreza).

60 COHEN, David K. Governance and Instruction: The Promise of Decentralization and Choice. *In*: CLUNE, William H.; WITTE, John F. (Ed.). *Choice & Control in American Education*. [s.l.]: Falmer Press, 1990. v. 1.

61 KOMESAR, Neil H. In Search of a General Approach to Legal Analysis: A Comparative Institutional Alternative. *Michigan Law Review*, v. 79, 1981; KOMESAR, Neil H. Taking Institutions Seriously: Introduction to a Strategy for Constitutional Analysis. *Cleveland State Law Review*, v. 51, 1984; KOMESAR, Neil H. Back to the Future: An Institutional View of Making and Interpreting Constitutions. *Northwestern University Law Review*, v. 81, 1987; KOMESAR, Neil H. A Job for the Judge: The Judiciary and the Constitution in a Massive and Complex Society. *Michigan Law Review*, v. 86, 1988.

direito e políticas públicas consiste no impacto no bem-estar social agregado das alocações de autoridade; mais especificamente, consiste no desenho de alocações relativamente estáveis de autoridade (instituições) destinadas a melhorar o bem-estar agregado. Os exemplos incluem: falência, direitos de propriedade sob um regime de preservação ambiental, contratos de comércio de emissões, litigâncias estratégicas institucionais visando reformar prisões, empoderamento organizacional e regulação, projetados para promover diversos fins, como a higiene e segurança no ambiente laboral, a proteção aos idosos e a estrutura representativa do próprio estado (por exemplo, corporativismo).

Concretamente, como são essas estruturas? Em geral, são adaptações especializadas de organizações jurídicas tradicionais e, portanto, estão enraizadas em instituições jurídicas de uso geral, como parlamentos e tribunais. Em determinada área de política pública, a estrutura institucional pode estar altamente concentrada em um órgão administrativo. Mas a implementação da política pública sempre envolve várias instituições (por exemplo, parlamentos, agências, tribunais),[62] levantando a questão dos mecanismos de coordenação. Esses variam desde a supervisão de legisladores especializados,[63] à estrutura baseada em problemas de litigância estratégica institucional,[64] até o processo mais coordenado para implementar normas jurídicas de reforma social.[65]

Embora o mercado seja, em certo sentido, a origem ou o modelo principal, das instituições jurídicas na área da política pública, dificilmente ele é o instrumento exclusivo. De certa maneira, o problema central das políticas públicas consiste em imitar características de comércio em áreas nas quais os mercados não funcionam. Observou-se anteriormente que os mercados se baseiam em estruturas jurídicas e alcançam um alto grau de direção central (alocação eficiente de recursos escassos) por meio do mais alto grau de ação descentralizada (trocas

---

[62] CLUNE, William H. A Political Model of Implementation and Implications of the Model for Public Policy Research, and the Changing Roles of Law and Lawyers. *Iowa Law Review*, v. 69, 1983, nota 45 *supra*.

[63] BARDACH, Eugene. *The implementation game*: what happens after a bill becomes a law. Cambridge, MA: MIT Press, 1977, p. 273-82.

[64] EISENBERG, Theodore; YEAZELL, Stephen. The Ordinary and the Extraordinary in Institutional Litigation. *Harvard Law Review*, Cambridge, v. 93, 1980.

[65] CLUNE, William H. A Political Model of Implementation and Implications of the Model for Public Policy Research, and the Changing Roles of Law and Lawyers. *Iowa Law Review*, v. 69, 1983, nota 45 *supra*; MCDOUGALL, Harold A. Social Movements, Law, and Implementation: A Clinical Dimension for the New Legal Process. *Cornell Law Review*, v. 75, 1989.

particulares e auto-orientadas).[66] Essa é a ideia de Adam Smith da mão invisível que transforma a virtude pública em ganância privada.

Mas a direção central por meio da mão invisível também é o objetivo de outras áreas das políticas sociais – como meio ambiente, bem-estar social e educação. Cada área está buscando a combinação ideal de direção central e controle descentralizado, operando a partir de estruturas e técnicas jurídicas, enfatizando a tomada de decisão descentralizada. A ideia de estruturar a tomada de decisão de outras instituições sociais por meio de mecanismos processuais e direitos de propriedade está no âmago do artigo de Gunther Teubner sobre direito reflexivo.[67] Portanto, provavelmente devemos ressignificar a dicotomia público/privado para pensar em vários tipos de autoridade estatal que promovem uma combinação de direção central e participação descentralizada, da qual o mercado é um bom exemplo, mas está longe de ser o único.

## 3.1 O mercado como modelo

Para entender o papel do direito na estruturação de ações amplamente autônomas, pode ser útil examinar mais de perto o modelo de mercado e considerar o papel do direito em vários tipos de troca.

Com base em Macneil e Williamson,[68] as trocas podem ser graduadas em um *continuum* que vai desde um vínculo discreto até o relacionamento completo, sintetizado na figura do casamento. Para todo tipo de troca, as instituições jurídicas fornecem essencialmente dois tipos de assistência: a licença básica (*the basic charter*) (ou autoridade) para a troca e as normas para o término da relação jurídica e a liquidação de ativos e passivos. Em outras palavras, o direito estabelece as regras para entrar e sair, deixando o conteúdo da troca para as partes. Assim, em todos

---

66 LINDBLOM, Charles E. *Politics and markets*: the world's political-economic systems. New York: Basic Books, 1977, nota 30 *supra*.

67 TEUBNER, Gunther. Substantive and Reflexive Elements in Modem Law. *Law and Society Review*, v. 17, n. 2, p. 239-285, 1983, nota 10 *supra* (ela mesma uma síntese da obra de diversos outros teóricos: Nonet & Selznick, Luhmann, Habermas); *vide* também PALAY, Thomas. Relational Contracting Transaction Cost Economics and the Governance of HMOs. *Temple Law Quarterly*, v. 59, 1986, p. 927. Sobre a ideia de governo modelado pelo mercado, veja: OSBORNE, David; GAEBLER, Ted. *Reinventing government*: How the entrepreneurial spirit is transforming the public sector. New York: Addison-Wesley, 1992.

68 WILLIAMSON, Oliver E. *The Economic Institutions of Capitalism*: Firms, Markets, Relational Contracting. New York: Free Press, 1985; MACNEIL, Ian L. The Many Futures of Contracts. *Southern California Law Review*, v. 47, 1974, p. 691; 712.

os negócios, praticamente toda a atividade genuinamente produtiva é extrajurídica e depende em grande medida do desenvolvimento de confiança extrajurídica entre as partes.[69]

Examinemos brevemente vários tipos de negócio para ilustrar esses princípios. Para um contrato simples (uma troca discreta projetada para o futuro), a licença básica tem duas partes: os direitos de propriedade sobre os ativos e a opção de vincular-se a uma troca no futuro mediante contrato. Os direitos de propriedade compõem a principal segurança que é necessária para viabilizar uma troca porque o mercado (outras trocas) está sempre disponível se uma parte desistir. O direito contratual é outro incentivo para investir em futuras trocas, porque oferece proteção adicional contra o oportunismo (como desistir em função de um acordo melhor que surge após o contrato inicial). Se uma parte desiste, as disposições do contrato fornecerão a estrutura para liquidação do negócio (por exemplo, sob a forma de danos esperados, com eventuais mitigações). Em alguns tipos de troca simples, são necessários direitos e regulamentos de propriedade adicionais para possibilitar a troca.[70] Mas, em qualquer caso, a troca em si deve ser criada pelas partes; e, na maioria dos casos, um relacionamento comercial contínuo fornece um fundamento não jurídico a mais para negociações justas: confiança.

Em certos tipos de contratos bilaterais de longo prazo (por exemplo, contratos de construção), o direito pode fornecer segurança por meio de arbitragem. Em outros, como o *franchising*, a segurança jurídica pode exigir a concessão de um direito de propriedade ao franqueado (por exemplo, para incentivar o investimento na franquia e desencorajar conflitos desnecessários sobre a rescisão).[71] O direito também fará o

---

69 Esta é a proposição pela qual o Professor Stewart Macaulay se tornou conhecido. *Vide* MACAULAY, A. Stewart. Non-Contractual Relations in Business: A Preliminary Study. *American Sociological Review*, v. 28, 1963; *vide* também o volume relativo a 1985 da *Wisconsin Law Review*, p. 461. A preponderância de legalidades formais nas políticas de combate à pobreza (ex., regras sobre critérios de elegibilidade) é provavelmente uma indicação patológica. *Vide* SIMON, William H. Legality, Bureaucracy, and the Class in the Welfare System. *Yale Law Journal*, v. 92, 1983.

70 Considere-se, por exemplo, trocas e seguros regulados. *Vide* CARSTENSEN, Peter C. The Content of the Hollow Core of Antitrust: The Chicago Board of Trade Case and the Meaning of the Rule of Reason in Restraint of Trade Analysis. *Research in law and economics*, v. 15, 1992.

71 *Vide* MACAULAY, A. Stewart. *Long-Term Continuing Relationships*: the American Experience Regulating Dealerships and Franchises: Working Paper. [s.l.]: Institute for Legal Studies University of Wisconsin-Madison Law School, 1990.

possível para liquidar os ativos da franquia quando o relacionamento termina, mas a confiança é ainda mais importante nesse tipo de contrato, porque as partes precisam confiar em ajustes voluntários para lidar com grande número de problemas imprevisíveis.[72]

A empresa, ou organização comercial, fornece outro meio de projetar trocas no futuro, com base principalmente na supervisão detalhada do emprego. O direito comercial fornece uma carta básica para esse tipo de troca. Direitos trabalhistas e falência estão entre as estruturas normativas que governam a rescisão. Mas, novamente, a substância e a lucratividade da troca são inteiramente uma criação extrajurídica das partes.[73]

No casamento, os proclamas e a cerimônia possibilitam o estatuto jurídico marital, enquanto a dissolução é disciplinada pelo regime de bens dos cônjuges, pela guarda dos filhos e pelo divórcio.[74] No casamento, não concebemos instituições jurídicas auxiliando no relacionamento subjacente, como seria previsto pela teoria da troca a partir da singularidade do capital humano, mas como uma rede de instituições (inclusive os direitos de crédito, tributação, propriedade e educação) que contribui para que a família ou o núcleo familiar sirva como uma unidade de consumo e produção.[75] Tão poderosa é a influência da realidade extrajudicial que, mesmo quanto aos aspectos do casamento mais apropriados para a disciplina jurídica (partilha de bens e guarda dos filhos após a dissolução do casamento), o direito deve incentivar a transação privada para que ela seja mais eficaz.[76]

---

72 PALAY, Thomas. Comparative Institutional Economics. The Governance of Rail Freight Contracting. *The Journal of Legal Studies*, v. 13, n. 2, 1984, p. 265.

73 Considerem-se, por exemplo, as organizações de planos de saúde. *Vide* PALAY, Thomas. Relational Contracting Transaction Cost Economics and the Governance of HMOs. *Temple Law Quarterly*, v. 59, 1986, nota 67 *supra*. Mas a atividade produtiva consiste em uma legião de interações complexas dentro da companhia. *Vide*, ex., CHANDLER JR., Alfred D. *The visible hand*: the managerial revolution in American business. Cambridge, MA: Belknap Press of Harvard University Press, 1977.

74 MNOOKIN, Robert H.; KORNHAUSER, Lewis. Bargaining in the Shadow of the Law: The Case of Divorce. *Yale Law Journal*, v. 88, 1979, p. 959; WEISBERGER, June M. The Wisconsin Marital Property Act: Highlights of the Wisconsin Experience in Developing A Model for Comprehensive Common Law Property Reform. *Wisconsin Women's Law Journal*, 1985, p. 5 e adendo 1-2.

75 *Vide* BECKER, Gary S. *An economic analysis of the family*. [s.l.]: Economic & Social Research Institute, 1986.

76 *Vide* MNOOKIN, Robert H.; KORNHAUSER, Lewis. Bargaining in the Shadow of the Law: The Case of Divorce. *Yale Law Journal*, v. 88, 1979, nota 74 *supra*.

## 3.2 Quadro geral: negociando à sombra do direito

A ideia de barganhar com direitos (*legal entitlements*), desenvolvida por Mnookin e Kornhauser, une modelos de direção centralizada e ação descentralizada em toda a gama de intervenções jurídicas, desde fundamentos de mercado até a regulação. Conferir às pessoas expectativas de direito, especializadas ou estruturadas, e esperar que elas negociem tais prerrogativas em seu próprio favor pode ser a grande estratégia do Direito e Políticas Públicas, manifestada como facilitação, capacitação, empoderamento, direito reflexivo etc. A tese de Reich de audiências administrativas visando proteger a nova propriedade diante das prerrogativas do Estado de bem-estar social é um exemplo precoce de descentralização e empoderamento.[77] O truque nesse caso é impulsionar as negociações voltadas para o bem-estar e eficiência agregados, apesar da poderosa influência dos interesses privados e de seu poder de barganha. A direção geral da negociação (por exemplo, voltada para a eficiência ou o conflito irracional) dependerá do reconhecimento das partes, da forma dos incentivos e dos direitos, da entrega de recursos de negociação e das características do fórum de negociação (por exemplo, troca privada, decisão).

A negociação estruturada se aplica diretamente à regulação. Um dimensionamento adequado da exigência de cumprimento de normas jurídicas (*enforcement*) impede o oportunismo, seja na forma de desconformidade, seja de intimidação jurídica. O direito também deve permitir uma integridade (*compliance*) flexível. Para obter o máximo da regulação, no entanto, as próprias partes devem desenvolver um entendimento mutuamente produtivo por meio de negociação e confiança.[78]

Quase todos os materiais considerados para o curso de Direito e Políticas Públicas se encaixam nesse modelo de negociação estruturada. Os exemplos incluem: Estrich[79] (o direito penal deve reforçar o direito da mulher de controlar as relações sexuais por meio de seu consentimento

---

[77] REICH, Charles A. The New Property. *Yale Law Journal*, v. 73, 1964, p. 733. Também HANDLER, Joel F. Dependent People, The State, and the Modern/Postmodern Search for the Dialogic Community. *UCLA Law Review*, Los Angeles, v. 35, n. 6, 1988, nota 28 *supra*.

[78] HAWKINS, Keith; THOMAS, John M. The Enforcement Process in Regulatory Bureaucracies, in Enforcing regulation. *In*: HAWKINS, Keith; THOMAS, John M. (Ed.). *Enforcing Regulation*. Boston: Springer, 1984; SCHOLZ, John T. Cooperation, Deterrence, and the Ecology of Regulatory Enforcement. *Law and Society Review*, Salt Lake City, v. 18, n. 2, p. 179-224, 1984, nota 38 *supra*.

[79] ESTRICH, Susan. Rape. *Yale Law Journal*, v. 95, 1986.

verbal); Weisberger[80] (o principal objetivo da modificação dos bens de uma sociedade afetiva é aumentar o poder de negociação do companheiro); Whitford[81] (o objetivo do direito dos instrumentos creditícios deve ser uma solução amigável); Sugarman[82] (o direito acidentário deve incentivar a prevenção de acidentes e a resolução eficiente dos pedidos de indenização); Bardach e Kagan[83] (o mercado de créditos lastreados em emissões poluentes, ou contratos de redução da poluição, incentiva a redução voluntária da poluição); Noble[84] (a representação dos trabalhadores no governo e nas fábricas maximiza a higiene e segurança laboral); Rogers[85] (representação do trabalho, de maneira menos fragmentada e mais abrangente, permite a maximização dos salários e da poupança social); Komesar[86] (direito constitucional visto como esforço para equilibrar o bem-estar de maiorias e minorias em diversas situações); Clauss[87] (regras equiparáveis entre uma agência reguladora e um empregador devem direcionar as decisões sobre a remuneração das mulheres); Schultz[88] (a ampliação da participação

---

80 WEISBERGER, June M. The Wisconsin Marital Property Act: Highlights of the Wisconsin Experience in Developing A Model for Comprehensive Common Law Property Reform. *Wisconsin Women's Law Journal*, 1985, nota 74 *supra*.

81 WHITFORD, William C. A Critique of the Consumer Credit Collection System. *Wisconsin Law Review*, Issue 4, 1979.

82 SUGARMAN, Stephen D. *Doing away with personal injury law*: new compensation mechanisms for victims, consumers, and business. New York: Quorum, 1989; SUGARMAN, Stephen D. Doing Away with Tort Law. *California Law Review*, v. 73, 1985, nota 43 *supra*.

83 BARDACH, Eugene; KAGAN, Robert A. *Going by the book*: the problem of regulatory unreasonableness. Philadelphia: Temple University Press, 1982, *vide* nota 41 *supra*.

84 NOBLE, Charles. *Liberalism at work*: the rise and fall of OSHA. Philadelphia: Temple University Press, 1986, nota 43 *supra*.

85 ROGERS, Joel E. Divide and Conquer: Further Reflections on the Distinctive Character of American Labor Laws. *Wisconsin Law Review*, n. 1, 1990, nota 39 *supra*.

86 KOMESAR, Neil H. In Search of a General Approach to Legal Analysis: A Comparative Institutional Alternative. *Michigan Law Review*, v. 79, 1981; KOMESAR, Neil H. Taking Institutions Seriously: Introduction to a Strategy for Constitutional Analysis. *Cleveland State Law Review*, v. 51, 1984; KOMESAR, Neil H. Back to the Future: An Institutional View of Making and Interpreting Constitutions. *Northwestern University Law Review*, v. 81, 1987; KOMESAR, Neil H. A Job for the Judge: The Judiciary and the Constitution in a Massive and Complex Society. *Michigan Law Review*, v. 86, 1988, nota 61 *supra*.

87 CLAUSS, Carin A. Comparable Worth-the Theory, Its Legal Foundation, and the Feasibility of Implementation. *University of Michigan Journal of Law Reform*, v. 20, 1986, nota 23 *supra*.

88 SCHULTZ, Vicki. Telling Stories About Women and Work- Judicial Interpretations of Sex Segregation in the Workplace. In: Title VII: Cases Raising the Lack of Interest Argument. *Harvard Law Review*, v. 103, 1990, nota 23 *supra*.

das mulheres no mercado de trabalho exige instrumentos que tornem a atividade acolhedora para as mulheres e não simplesmente um processo de seleção aparentemente neutro); Clune e Van Pelt[89] (o direito à educação especial confere aos pais de crianças com deficiência influência em vários tipos de decisões que afetam seus filhos); Handler[90] (populações vulneráveis podem receber bens e direitos cuidadosamente escolhidos para aumentar sua representação efetiva); e Goldstein[91] (o policiamento baseado em problemas consiste essencialmente em fornecer ao pessoal da polícia recursos e informações necessários para reduzir o índice de criminalidade, bem como ampliar os recursos policiais envolvendo a comunidade).

O papel do direito nessas situações muito diversas é proporcionar segurança à troca voluntária e à atividade produtiva. Num sentido fundamental, articulado por Habermas,[92] troca voluntária é o que entendemos por bem-estar coletivo. As perguntas importantes incluem a identificação de quais tipos de troca incentivar, que partes reconhecer como atores voluntários e como fornecer segurança jurídica para a troca. Nesse sentido, uma democracia é uma troca legalmente incentivada da mesma maneira que um contrato imobiliário;[93] e um contrato imobiliário não é menos que um sistema de representação política.[94]

---

89 CLUNE, William H.; VAN PELT, Mark H. A Political Method of Evaluating the Education for All Handicapped Children Act of 1975 and the Several Gaps of Gap Analysis. *Law and Contemporary Problems*, v. 48, n. 1, Winter, 1985, nota 45 *supra*.

90 Veja fontes citadas na nota 28 *supra*; HANDLER, Joel F. Community Care for the Frail Elderly: A Theory of Empowerment. *Ohio State Law Journal*, v. 50, n. 3, 1989, nota 50 *supra*.

91 GOLDSTEIN, Herman. *Problem-oriented policing*. New York: McGraw-Hill, 1990. Veja também WILSON, James Q.; KELLING, George L. Making Neighbourhoods Safe. *Atlantic Monthly*, v. 263, 1989, p. 46.

92 HANDLER, Joel F. Dependent People, The State, and the Modern/Postmodern Search for the Dialogic Community. *UCLA Law Review*, Los Angeles, v. 35, n. 6, 1988, p. 1068-1071, nota 28 *supra* (discutindo Habermas e outros teóricos).

93 KOMESAR, Neil K. *Law and the Character of Politics*. [s.l.]: University of Wisconsin Law School, 1990 (manuscrito inédito).

94 KENNEDY, Duncan. Distributive and Paternalist Motives in Contract and Tort Law, with Special Reference to Compulsory Terms and Unequal Bargaining Power. *Maryland Law Review*, v. 41, 1982.

# 4 Ferramentas intelectuais e disciplinares e seus enigmas[95]

## 4.1 Conflito entre o formalismo jurídico e consequencialismo?

O primeiro desafio se encontra na análise jurídica e na doutrina. Qual o papel da interpretação jurídica em um mundo em que o critério para a análise de políticas públicas é o desempenho social e não o sentido normativo? Há tensão entre formalismo jurídico e consequencialismo social, doutrina jurídica e engenharia social, conforme aparece na ideia de Max Weber de rematerialização do direito?[96] Nas políticas públicas, o direito colapsa em utilitarismo transitório, perdendo sua independência como fonte de sentido para conformar direitos e o desenvolvimento jurídico subsequente?

O ponto de vista oposto seria mais defensável. Com as políticas públicas, teve início uma era de grandes estruturas legais, relativamente estáveis, cujos termos essenciais regem uma infinidade de transações ao longo de vários anos. Pense-se, por exemplo, na implantação de leis a respeito de igualdade de emprego ou sobre ônibus escolares. O significado dessas leis pode ser encontrado basicamente no desenho geral do programa e em sua história legislativa, mais do que na exegese de textos específicos, típica da *common law*. Mas tanto o significado jurídico quanto os direitos adquiridos – duas características do direito – são bastante importantes para as políticas públicas (por exemplo, a ideia de previdência social como seguro contributivo e a estabilidade dos direitos previstos na legislação ambiental). Assim, a autonomia

---

95 [N.T] No original, *puzzle*.

96 WEBER, Max. *Economy and Society*: an Outline of interpretive sociology. Berkeley, CA: University of California Press, 1978, v. 1-2, p. 85-86; 656-657; 809. *Vide* também LUHMANN, Niklas. *The Differentiation of Society*. New York: Columbia University Press, 1982, nota 9 *supra*, p. 122; CLUNE, William H. A Political Model of Implementation and Implications of the Model for Public Policy Research, and the Changing Roles of Law and Lawyers. *Iowa Law Review*, v. 69, 1983, p. 104, nota 45 *supra*; TEUBNER, Gunther. Substantive and Reflexive Elements in Modem Law. *Law and Society Review*, v. 17, n. 2, p. 239-285, 1983, nota 10 *supra*, p. 240. Observe-se que a noção weberiana de consequencialismo é mais ampla que bem-estar material, compreendendo também, por exemplo, consequencialismo ético. Weber via perigo, por exemplo, em reivindicações de vários grupos sobre o Estado e a completa má vontade deles em aceitar os processos governamentais como meios legítimos para resolver disputas envolvendo seus interesses. *Vide* EPSTEIN, Richard A. Rights and Rights Talk. *Harvard Law Review*, v. 105, 1992, nota 33 *supra*. Absolutismo ético talvez seja uma forma menos benigna de consequencialismo que boas instituições de bem-estar (*vide* também a discussão de desconstrução e pós-modernismo abaixo). Por outro lado, ideias sobre escolha individual e multiculturalismo talvez sejam as versões política e jurídica do paradigma emergente sobre empoderamento.

relativa do direito manifesta-se menos na criação de programas sociais, e mais em uma força viva (*momentum*) por trás deles, a qual, por vezes, é chamada de institucionalização.[97]

A perda de sentido legal conecta-se à política pública de algumas formas interessantes. Por um lado, o ceticismo a respeito de argumentos jurídicos, primeiro, do realismo jurídico, e, depois, pelos *Critical Legal Studies*,[98] é, em parte, uma faceta do pragmatismo social.[99] Os *Critical Legal Studies* estenderam essa abordagem cética e pragmática aos argumentos ingênuos de política social do realismo jurídico, e também à análise política sofisticada mais recente.[100] No entanto, nessa tendência para a linguagem prática, existe uma contratendência de isolar o significado da experiência.[101] A exegese textual densa e intrincada de uma teoria crítica trata o texto como um objeto em si e o significado como uma investigação interminável e subjetiva por meio de contradições, lacunas e sombras. Os *Critical Legal Studies* frequentemente contêm ambos os impulsos numa mesma análise. Pensemos, por exemplo, na afirmação de que os textos jurídicos são destituídos de sentido lógico, mas servem como instrumentos políticos coerentes para a classe dominante.[102]

---

97 KIRST, Michael W.; JUNG, Richard. *The Utility of a Longitudinal Approach in Assessing Implementation*: A Thirteen Year View of Title 1, ESEA: Stanford University Project Report n. 80-B18. [s.l.]: [s.n.], 1980; JENCKS, Christopher. *Rethinking Social Policy*: Race, Poverty, And The Underclass. Cambridge, MA: Harvard University Press, 1992, p. 19-23, *vide* nota 11 (reforma institucional de apoio a mães solo e valor do incrementalismo).

98 [N.T.] A abordagem teórica *Critical Legal Studies* não costuma ser traduzida para o português.

99 Pragmatismo social é a avaliação de conceitos de acordo com suas consequências ao invés de considerar o seu significado interno. *Vide* WHITE, G. Edward. From Realism to Critical Legal Studies: A Truncated Intellectual History. *Southwestern Law Journal*, v. 40, 1986, p. 819.

100 KENNEDY, Duncan. Cost-Benefit Analysis of Entitlement Problems: A Critique. Cost-Benefit Analysis of Entitlement Problems: A Critique. *Stanford Law Review*, v. 33, n. 3, p. 387-445, 1981, nota 22 *supra*.

101 LUBAN, David. Legal Modernism. *Michigan Law Review*, v. 84, 1986.

102 KELMAN, Mark G. Trashing. *Stanford Law Review*, v. 36, 1984. Kelman escreve: Blackstone trata os direitos hereditários incorpóreos como um tipo de direito real de propriedade, embora ele cuidadosamente os diferencie da propriedade sobre terrenos, mesmo quando eles envolvam o direito de receber renda decorrente do terreno. Supostamente, ele os trata como propriedade, uma vez que são uma "coisa", embora admitidamente uma "coisa invisível" que não pode ser passada de mão em mão (citando KENNEDY, Duncan. The Structure of Blackstone's Commentaries. *Buffallo Law Review*, v. 28, 1979, p. 342-43). Mas o que diabos seria uma coisa invisível e intangível? Estaria Blackstone simplesmente louco ou não teria o tipo de inteligência aguda que se espera de um professor titular de uma faculdade de Direito de prestígio? Mas talvez haja uma ordem aqui: devemos ao menos considerar a possibilidade de que essa reificação de direitos hereditários incorpóreos

Um movimento de significado jurídico simultaneamente externo, voltado para as consequências sociais, e interno, voltado para a autoconsciência sobre a literalidade do texto, não é surpreendente à luz da pressão que as políticas públicas exercem sobre o direito.[103] Suponho que o direito tenha preservado sua integridade conceitual e consequencial com mais eficiência em áreas em que as consequências sociais são mais observáveis. Considere-se, por exemplo, o direito processual civil, em que os advogados entendem as consequências das regras processuais e dos processos focando na justiça individual, o que provavelmente ajuda a explicar o sucesso do seriado *L.A. Law*.

E sobre o problema oposto, o colapso do consequencialismo diante de argumentos jurídicos formais, quando o sistema jurídico geralmente adota a retórica das consequências sociais com pouca atenção às realidades empíricas (por exemplo, argumentos políticos especulativos)?[104] Um dos efeitos da ênfase nas políticas públicas pode ser o aumento no apelo da retórica consequencialista sem o respectivo ganho de eficácia genuína. Além disso, tanto o direito como a política têm funções meramente simbólicas ou persuasivas,[105] muitas vezes inextricavelmente mescladas a uma orientação voltada para resultados reais. Por exemplo, um sistema como a educação pública, que está sob grande pressão para demonstrar bons resultados, mas possui capacidade relativamente fraca de alcançá-los, pode ser levado na direção de indicadores de resultados administráveis (como a promoção com base nas notas ou na média do aprendizado anual).[106]

Em geral, o crescimento da solução de problemas sociais tende a aumentar a necessidade de simbolismo político; as duas atividades aumentam simultaneamente e se complementam, ou substituem-se

permita a Blackstone estender de maneira abrangente argumentos justificados pela "proteção à paz civil" para que o Estado proteja a detenção da propriedade em situações em que os argumentos seriam de outra forma surpreendentemente inaplicáveis.

103 SHERWIN, Richard K. A Matter of Voice and Plot: Belief and Suspicion in Legal Storytelling. *Michigan Law Review*, v. 87, 1988.

104 *Vide*, de forma geral, TEUBNER, Gunther. How the Law Thinks: Toward A Constructivist Epistemology of Law. *Law & Society Review*, v. 23, n. 5, 1989.

105 EDELMAN, Murray. *Politics as Symbolic Action*. Chicago: Markham, 1971; EDELMAN, Murray. *Political Language*: Words That Succeed and Policies That Fail. New York: Academic Press, 1977.

106 MEYER, John W.; ROWAN, Brian. Institutional Organizations: Formal Structure as Myth and Ceremony. *American Journal of Sociology*, v. 83, 1977, p. 340; para citações semelhantes, *vide* CLUNE, William H. A Political Model of Implementation and Implications of the Model for Public Policy Research, and the Changing Roles of Law and Lawyers. *Iowa Law Review*, v. 69, 1983, nota 45 *supra*.

nos extremos. Por exemplo, mensagens moralistas e persuasivas sobre o uso de drogas ou ainda o movimento de *accountability* na educação provoca uma indústria doméstica de relações públicas pelo uso de estatísticas educacionais.

Mas, para cada caso de falso consequencialismo, há pelo menos um caso de falso formalismo – falso raciocínio jurídico formal – obscurecendo uma lógica mais profunda da capacidade de resposta social.[107]

Dois outros problemas de rematerialização serão abordados mais adiante neste artigo: a ideia de que a falha na entrega de resultados tensiona a legitimidade jurídica[108] e a questão de que a desorganização política interfere na formação e implementação efetiva de políticas públicas. Um desses problemas é a fragmentação dos tradicionais tomadores de decisão no campo jurídico (por exemplo, juízes e jurados[109] em casos de julgamentos por responsabilidade civil).[110]

## 4.2 Ambiente intelectual do trabalho em direito e políticas públicas: disciplinar e interdisciplinar

O domínio das políticas públicas no debate sobre governo e direito criou um ambiente intelectual fascinante. O aumento da atenção às políticas públicas como tema rompeu as fronteiras disciplinares por meio da expansão de disciplinas e da ascensão de estudos interdisciplinares. Política pública não é apenas lei, política partidária (*politics*), economia ou estrutura social; é tudo isso ao mesmo tempo. Assim, os estudantes de políticas públicas acham cada vez mais necessário familiarizar-se com pesquisas de várias disciplinas. O resultado, no entanto, não é uma disciplina ordenada, mas um verdadeiro tumulto de técnicas analíticas, estruturas conceituais e escolas de pensamento.

---

107 Por exemplo, considere-se a afirmação de que o custo de serviços educacionais para pessoas com deficiência abre seu caminho em diferentes tipos de doutrina. Veja BARTLETT, Katharine T. The Role of Cost in Educational Decision Making for the Handicapped Child. *Law & Contemporary Problems*, Spring, 1985, p. 9; WEGNER, Judith Welch. Variations on a Theme – The Concept of Equal Educational Opportunity and Programming Decisions Under the Education for All Handicapped Children Act of 1975. *Law & Contemporary Problems*, Winter, 1985, p. 169, ambas citações reimpressas em BARTLETT, Katharine T.; WEGNER, Judith Welch (Ed.). *Children With Special Needs*. New York: Routledge, 1987.

108 HABERMAS, Jürgen. *Legitimation Crisis*. Boston: Beacon Press, 1975, p. 45-94.

109 [N.T.] No sistema da *common law*, a divisão dos poderes conferidos ao juiz togado e aos jurados aplica-se de forma ampla em diversos ramos do direito, inclusive nos casos civis.

110 BARDACH, Eugene; KAGAN, Robert A. *Going by the book*: the problem of regulatory unreasonableness. Philadelphia: Temple University Press, 1982, *vide* nota 41 *supra*.

Neste capítulo, primeiro comentarei o processo geral, disciplinar e interdisciplinar, dos estudos de políticas públicas, especialmente no currículo de Direito e, em seguida, discutirei brevemente algumas das ferramentas analíticas criadas no caldo intelectual em torno das políticas públicas.

## 4.3 Fronteiras disciplinares e estudos interdisciplinares

A importância de um campo identificável de Direito e Políticas Públicas coloca sérias tensões nas fronteiras disciplinares tradicionais e no conteúdo das disciplinas acadêmicas, bem como estimula uma grande quantidade de trabalho interdisciplinar que, no entanto, não recebe o devido cuidado (e, nesse sentido, é indisciplinado, desordenado), devido à ausência de paradigmas disciplinares e supervisão. É justo dizer que muitos campos das ciências humanas – especialmente economia, ciência política e direito – encolheram os núcleos tradicionais e expandiram as periferias por causa da pressão por pesquisas relevantes sobre políticas públicas.

A pressão sobre as fronteiras acadêmicas tradicionais pode ser vista no caso do currículo das faculdades de Direito. O treinamento tradicional nas faculdades de Direito é tanto convergente quanto divergente no que diz respeito ao domínio de Direito e Políticas Públicas. Como Direito e Políticas Públicas são o mais poderoso e energético paradigma de orientação para a elaboração e aplicação do direito, essa correspondência errática com os estudos da faculdade de Direito leva a certa desorientação no pensamento jurídico profissional. No lado da convergência, muitas áreas do direito, como Direito Falimentar ou Direito Ambiental, estão intimamente ligadas a questões de bem-estar agregado e nestes termos racionalizadas. No lado da divergência, o exercício da advocacia lida com a fragmentação das políticas de acordo com o bem-estar do cliente; o desenho geral das políticas públicas raramente é pertinente. Mais atenção é dada à doutrina do que ao bem-estar agregado; pouca atenção se confere aos dados e à análise estatística. E os problemas dos ricos são priorizados em detrimento ao bem-estar da classe média e dos pobres (o grande foco das políticas públicas).[111]

[111] CLUNE, William H. Legal Disintegration and a Theory of the State. *German Law Journal*, v. 12, n. 1, 2011, p. 187 [N.T. Confira-se o artigo traduzido, *Desintegração jurídica e uma teoria do Estado*, neste livro. Nesse artigo, em apertada síntese, apresenta-se no *centro* o direito clássico, com os temas e disciplinas tradicionais (contratos, responsabilidade

Assim, embora a análise de políticas públicas no direito tenha muitos atrativos, especialmente porque elas se relacionam tanto ao desenho macrojurídico quanto ao bem-estar em escala ampla, o direito público e as políticas públicas provavelmente nunca dominarão o currículo das faculdades de direito. Organizar o currículo de acordo com as necessidades do exercício da advocacia é simplesmente muito útil e atraente. O precedente legal,[112] e não as consequências sociais, continuará a dominar o raciocínio jurídico, embora eles não sejam mutuamente excludentes.

Se a visão de mundo da advocacia (prática jurídica) entra realmente em conflito com a perspectiva das políticas públicas é algo que depende de como essa prática é organizada pelas estruturas e instituições jurídicas subjacentes. Direitos (*legal rights and entitlements*) podem ser organizados de forma harmoniosa para aumentar o bem-estar agregado ou podem ser destrutivos, dispendiosos e ineficazes. Como se procura enfatizar repetidamente neste artigo, *todas* as instituições políticas (*policy institutions*) eficazes são instituições legais, na medida em que são compostas por combinações de relações revestidas de autoridade jurídica. Por outro lado, nada é mais comum no mundo das políticas públicas do que o encontro com um legalismo aparentemente independente que atrapalha a eficácia das políticas. Os advogados geralmente parecem estar envolvidos na versão política (*policy version*) da *tragédia dos comuns*,[113] [114] na qual a busca pelos direitos dos clientes (e honorários dos advogados) cria uma estrutura política destrutiva ou caótica. Grande parte do trabalho prático diário de direito e políticas públicas (e a maioria das leituras do meu curso) consiste em esforços

---

civil, sistemas processuais, direito penal etc.) e a noção de estabilidade e segurança a eles associada, a despeito da percepção de um direito abstrato, socialmente inconsequente. Já na *periferia* haveria um desconforto para o pensamento jurídico, dada a influência (e afluência) de outras formas de pensar, voltadas à resolução sofisticada de problemas sociais]. E ainda nota 33 *supra*.

112 [N.T.] No direito norte-americano (sistema de *common law*), diferentemente dos sistemas de *civil law*, a litigância (sistema judicial) e o sistema de precedentes são centrais, tendo a jurisprudência força de lei (*case law*).

113 *Vide* HARDIN, Garrett. The Tragedy of the Commons. *Science*, v. 162, n. 3859, 1968, p. 1243.

114 [N.T.] A obra *Tragédia dos Comuns* de Hardin traz a metáfora da ruína coletiva construída a partir do argumento de que a lógica hedonista dos indivíduos, que buscam maximizar seus ganhos enquanto dividem os custos coletivamente (externalidades), leva necessariamente ao esgotamento dos recursos, por definição, escassos. A resposta para essa tragédia anunciada seria a instituição de regimes de propriedade na lógica dicotômica: propriedade privada (mercado) ou propriedade pública (domínio público combinado com sistema rígido de regulação e controle do Estado).

para criticar campos das relações jurídicas e recomendar reformas que organizariam essas relações de maneira mais produtiva. Obviamente, nada garante que a busca pelo interesse do cliente – definida, é claro, por meio de um conjunto de expectativas de direitos – sirva necessariamente ao interesse público; de fato, nada cria nem presunção de tal garantia. Essa profunda ambiguidade sobre a conveniência social da lei específica aplicável ao caso talvez seja a melhor razão para incluir uma perspectiva de política pública no currículo da faculdade de Direito.

## 4.4 Técnicas analíticas e quadros de análise úteis para o trabalho em direito e políticas públicas

Assim como o campo emergente do direito e políticas públicas estimulou seu próprio ambiente intelectual, a necessidade de analisar problemas de direito e políticas públicas levou ao desenvolvimento de várias estruturas conceituais e técnicas analíticas adequadas a essa tarefa. Longe de fazer justiça a cada uma das técnicas, este capítulo tem condição somente de listar as técnicas e esboçar rapidamente algumas orientações para Direito e Políticas Públicas.

Enfatizo aqui, como faço em meu curso, que a maior parte do trabalho relevante sobre Direito e Políticas Públicas é útil sob dois pontos de vista distintos: 1) revela muito sobre um assunto subjacente – as instituições jurídicas – e 2) emprega uma estrutura conceitual cuja utilidade vai além do problema jurídico/político específico abordado. De fato, qualquer estrutura conceitual enfatizada em um artigo poderia ser empregada igualmente bem para analisar a matéria e pontos específicos de outros artigos, numa espécie de rica referência cruzada com impacto cumulativo sensível ao longo do curso.

### 4.4.1 Análise de políticas públicas empíricas/analíticas

Talvez o tipo mais comum de pesquisa em Direito e Políticas Públicas seja a análise e o estudo empírico de um problema de política pública a partir da perspectiva do alcance dos objetivos políticos escolhidos. A longa tradição crítica do Direito da Responsabilidade Civil (*Torts Law*) encaixa-se aqui.[115] Obviamente, as situações nessa

[115] SUGARMAN, Stephen D. *Doing away with personal injury law*: new compensation mechanisms for victims, consumers, and business. New York: Quorum, 1989; SUGARMAN, Stephen D. Doing Away with Tort Law. *California Law Review*, v. 73, 1985, *vide* nota 43 *supra*.

categoria são numerosas e se sobrepõem bastante ao campo da análise de políticas públicas.[116]

Porém, em tais pesquisas, qualquer noção da existência de um conjunto empiricamente simples de "efeitos" da intervenção legal acaba por se mostrar bastante enganosa. O comportamento humano é complexo, reativo e mediado por limites e percepções culturais e organizacionais. Efeitos simples são especialmente problemáticos nas sociedades modernas em que o direito opera (da maneira centralizada e descentralizada já descrita neste artigo) por meio de incentivos e moedas de troca, executados, então, em contextos organizacionais e multilaterais autônomos e complexos. Normalmente, os estudos empíricos nas sociedades modernas são satisfatórios se fornecerem uma estrutura conceitual sofisticada do campo de negociação e evidências sólidas suficientes para levar a análise até o ponto em que é possível ver essas questões complexas e indeterminadas e seu impacto jurídico.

Praticamente qualquer estudo de alta qualidade sobre impacto jurídico ou avaliação de programas pode ser usado para ilustrar esses pontos. Vou dar dois exemplos do meu curso de Direito e Políticas Públicas.

Na análise de Whitford sobre a cobrança coercitiva de dívidas dos consumidores,[117] medidas coativas são justas e eficientes na medida em que incentivam acordos voluntários. Projetar o tipo certo de medida judicial de reparação requer um delicado balanço, no entanto, com possibilidade de erros por todos os lados. Por exemplo, a falta de medidas de reparação prejudicaria os pobres, porque as medidas coercitivas servem como garantia para aqueles sem propriedade. Embora a falta de regulamentação sobre medidas privadas possa muito bem incentivar o nível máximo de acordos voluntários, provavelmente também levaria a casos intoleráveis de abuso pelos credores. O saldo desejado serviria de ameaça de coerção suficiente para encorajar acordos voluntários, proibir condutas injustas e remover os incentivos que favoreciam a venda forçada e ineficiente de propriedades (como uma corrida ao tribunal). Assim, cada exercício de análise de políticas (*policy analysis*) deve identificar o nível e a fonte da incerteza empírica, o ponto em que

---

[116] WEIMER, David; VINING, Aidan. *Policy Analysis*: Concepts and Practice. Englewood Cliffs, NJ: Prentice-Hall, 1988.

[117] WHITFORD, William C. A Critique of the Consumer Credit Collection System. *Wisconsin Law Review*, Issue 4, 1979, *vide* nota 81 *supra* (muitos impactos prováveis da cobrança de débitos podem interferir no julgamento informado).

o julgamento informado, as conjecturas com base em conhecimento e a pura especulação entram na análise.[118]

Outro caso interessante é a técnica de policiamento orientado de acordo com problemas, de Herman Goldstein.[119] Goldstein recomenda que a polícia abandone tanto a doutrina jurídica como a eficiência administrativa como guias das operações. Categorias jurídicas como roubo e agressão sexual ocultam diferenças drásticas nos padrões sociais subjacentes a diferentes crimes, padrões sociais que devem ser reconhecidos no projeto de medidas eficazes. Por exemplo, os comportamentos que levam a estupros violentos praticados por pessoas estranhas, por conhecidos ou familiares são radicalmente diferentes e exigem intervenções legais distintas. O mesmo vale para a eficiência administrativa. Medidas tradicionais de desempenho policial, como número de prisões ou número de viaturas *per capita*, têm pouco ou nenhum impacto na redução do crime. Porém, intervenções mais sofisticadas acabam sendo muito difíceis de avaliar por causa de sua complexidade. Se a polícia adota a supervisão de pessoas em liberdade condicional para reduzir o estupro, a educação para reduzir o estupro perpetrado por conhecidos e a prisão obrigatória para evitar o estupro por familiares, quanto na redução desses comportamentos sociais profundamente arraigados pode ser considerado um sucesso? Se o policiamento comunitário for usado para tornar mais seguro um bairro atingido pela pobreza, quanta segurança adicional pode ser esperada do melhor programa? Tais questões são tudo menos técnicas, porque são a chave para saber se os programas devem ser amplamente imitados, abandonados ou projetados novamente.

O exemplo de Goldstein também serve para apresentar a maneira pela qual os valores e a política entram na análise de políticas públicas e são um tanto ignorados por colocarem ênfase nas consequências e no bem-estar agregado. Por exemplo, a supervisão de pessoas em liberdade condicional após cumprir penas por crimes sexuais violentos é uma situação delicada, pois deve guiar-se por condutas que, ao mesmo tempo em que protegem o público, também respeitam os direitos de quem é supervisionado. Questões éticas são comuns no policiamento de

---

[118] WHITFORD, William C. Comment on a Theory of the Consumer Product Warranty. *Yale Law Journal*, v. 91, 1982; WHITFORD, William C. Lowered Horizons: Implementation Research in a Post-CLS World. *Wisconsin Law Review*, 1986, p. 755.

[119] GOLDSTEIN, Herman. *Problem-oriented policing*. New York: McGraw-Hill, 1990, *vide* nota 91 *supra*.

comunidades justamente por causa do escopo amplamente expandido da atividade policial (que inclui desde negociar com os proprietários até abordar legalmente traficantes de drogas).

### 4.4.2 Análise institucional comparativa

Meu colega Neil Komesar escreveu vários artigos empregando a técnica analítica denominada por ele de análise institucional comparada. Essencialmente, essa análise é uma investigação rigorosa sobre as vantagens relativas de várias instituições jurídicas e sociais na consecução de certos objetivos políticos, especialmente no bem-estar agregado.[120] Usei essa técnica em vários de meus artigos.[121]

Esse quadro analítico é um recurso especialmente interessante por levar em consideração tanto a capacidade política quanto técnica ou regulatória – a capacidade das instituições de criarem políticas eficazes e a capacidade de influenciar o comportamento na direção desejada. Por exemplo, um tribunal pode estar mais disposto do que os legisladores a proteger os direitos das minorias (capacidade política), mas é ineficaz para fazê-lo (capacidade reguladora). A questão se torna, essencialmente, saber se a pequena quantidade de proteção adicional que é efetivamente fornecida vale os custos da intervenção, considerando que esses custos também variam.

### 4.4.3 Finanças públicas

A parte das finanças públicas que lida com as falhas de mercado e falhas do governo[122] é essencialmente uma análise institucional comparativa das duas principais e mais pragmáticas instituições de nossa sociedade, investigando o inter-relacionamento dessas instituições e determinando quais funções sociais devem ser alocadas a cada uma.

---

[120] *Vide* fontes citadas na nota 61 *supra*.

[121] CLUNE, William H. Courts and Legislatures as Arbitrators of Social Change. *Yale Law Journal*, v. 93, 1984; CLUNE, William H. Institutional Choice as a Theoretical Framework for Research on Educational Policy. *Educational Evaluation and Policy Analysis*, v. 9, n. 2, 1987 [N.T. Confira-se o artigo traduzido, *A escolha institucional como referencial teórico para pesquisas sobre políticas públicas de educação*, neste livro]; CLUNE, William H. *Courts as Cautious Watchdogs*: Constitutional and Policy Issues of Standardized Testing in Education. Berkeley, CA: National Commission on Testing and Public Policy, 1988.

[122] WOLF JR., Charles. *Markets or governments*: Choosing between imperfect alternatives. Cambridge, MA: MIT Press, 1988, *vide* nota 7 *supra*.

Um ponto essencial para o estudo do Direito e Políticas Públicas é que ambas as instituições, e não apenas o governo, possuem estruturas jurídicas subjacentes (por exemplo, propriedades e contrato no caso de mercados). Entender de forma geral os pontos fortes e fracos de cada instituição é extremamente útil como exercício de sensibilização na análise de qualquer problema específico de política pública, mesmo que a grande comparação seja essencialmente inconclusiva em determinadas políticas setoriais.[123]

### 4.4.4 Análise de lacunas em Sociologia do Direito

Em um artigo anterior, chamei a atenção para o fato de que a longa e rica tradição de estudos na Sociologia do Direito (estudos sociojurídicos) sobre lacunas poderia ser vista como um exame do complexo processo de negociação política que ocorre na implementação de qualquer lei que envolva reforma social.[124]

### 4.4.5 Economia Institucional (*Institutional Economics*)

Sem ser um grande conhecedor deste campo, que provavelmente tem limites nebulosos, parece-me que a economia institucional poderia ser caracterizada como um esforço para especificar os fundamentos legais do bem-estar social e econômico.[125] Um dos principais impulsos da economia institucional – de fato, sua alegada distinção da economia clássica – é olhar para além das instituições legais do mercado como fontes de bem-estar social e econômico.[126]

---

[123] WOLF JR., Charles. *Markets or governments*: Choosing between imperfect alternatives. Cambridge, MA: MIT Press, 1988, *vide* nota 7 *supra*. Wolf conclui sensivelmente que, em alguns casos específicos, as análises são indeterminadas.

[124] CLUNE, William H.; VAN PELT, Mark H. A Political Method of Evaluating the Education for All Handicapped Children Act of 1975 and the Several Gaps of Gap Analysis. *Law and Contemporary Problems*, v. 48, n. 1, Winter, 1985, *vide* nota 45 *supra*.

[125] BROMLEY, Daniel W. *Economic Interests and Institutions*: The Conceptual Foundations of Public Policy. New York: Basil Blackwell, 1989, *vide* nota 12 *supra*; WILLIAMSON, Oliver E. *The Economic Institutions of Capitalism*: Firms, Markets, Relational Contracting. New York: Free Press, 1985, *vide* nota 68 *supra*.

[126] DUGGER, William M. (Ed.). *Radical institutionalism*: contemporary voices. New York: Greenwood Press, 1989, *vide* nota 22 *supra*.

### 4.4.6 Direito e Economia (*Law and Economics*)

Seria impossível compreender este artigo sem notar a grande influência da análise econômica. Em certo sentido, Direito e Políticas Públicas também é Direito e Economia (*Law and Economics*). Mas o escopo do campo tradicional é muito mais restrito, concentrando-se nos fundamentos legais do capitalismo (por exemplo, propriedade e contrato) e os recursos tradicionais da *common law*.[127] Grande parte do trabalho parece ser de defesa de interesses (*advocacy*) com base em argumentos especulativos. O Direito da Responsabilidade Civil (*Torts Law*), enamorado pelo Direito e Economia, mas fortemente criticado a partir de uma perspectiva política (*policy perspective*) mais ampla, é um exemplo perfeito. Talvez, nesse sentido, Direito e Economia seja uma difícil mistura de uma análise genuína de políticas públicas com a cooptação da argumentação política (*policy*) pelo formalismo jurídico.

Pesquisas sobre economia dos custos de transação[128] e teoria da escolha pública[129] adotam uma perspectiva mais institucional e, portanto, vão além do encontro de interesses atomísticos da economia neoclássica (especificamente para abranger confiança, organizações empresariais e governos). Mas isso está longe de ser uma teoria adequada do governo na era dos Estados de bem-estar social. Assim, o campo tradicional do Direito e Economia é pouco informativo, porque é ideologicamente cético sobre o tipo de intervenções governamentais complexas que coexistem com a base libertária do capitalismo.

Um contraste interessante com aquilo que considero o formalismo do Direito e Economia é o poderoso papel exercido pela economia e pelos economistas nas políticas públicas em geral. Vários aspectos da economia contribuem para esse forte papel, não apenas o conhecimento sobre nossa instituição social dominante (o mercado), mas, de maneira mais geral, um entendimento de como configurar e calcular o bem-estar agregado (com conjuntos complexos de balanços entre custos e benefícios), assim como as respostas comportamentais aos incentivos complexos e transversais das políticas públicas. A junção

---

[127] POSNER, Richard A. *Economic Analysis of Law*. 2. ed. New York: Little Brown and Company, 1977; EPSTEIN, Richard A. Rights and Rights Talk. *Harvard Law Review*, v. 105, 1992, *vide* nota 33 *supra*.

[128] WILLIAMSON, Oliver E. *The Economic Institutions of Capitalism*: Firms, Markets, Relational Contracting. New York: Free Press, 1985, nota 68 *supra*; JOHNSEN, D. Bruce. Wealth is Value. *Journal of Legal Studies*, v. 15, n. 2, 1986, p. 263.

[129] KOMESAR, Neil K. *Law and the Character of Politics*. [s.l.]: University of Wisconsin Law School, 1990 (manuscrito inédito), *vide* nota 93 *supra*.

dessas habilidades com o conhecimento sobre desenho institucional e políticas públicas efetivas forneceria um pacote mais completo de ferramentas para as políticas públicas no contexto dos Estados de bem-estar social.

## 4.4.7 Análise de implementação

Muito parecido com os estudos de lacunas, a análise de implementação pode ser vista como a descrição da política social elaborada ao longo do tempo por meio de várias agências e negociações complexas, geralmente envolvendo organizações de grande escala.[130]

## 4.4.8 Análise de litígios institucionais (*institutional litigation*)

Embora a litigância institucional seja talvez mais um assunto do que uma técnica analítica, ela fornece um bom exemplo da evolução de estruturas legais fragmentárias para atender a objetivos sociais e econômicos agregados.[131] Na medida em que essa evolução ocorre durante um curto período de tempo e em escala local gerenciável, os litígios institucionais fornecem um estudo histórico visível e concreto de economia institucional e, da mesma forma, de direito e políticas públicas. A litigância institucional é um exercício de bem-estar social

[130] BARDACH, Eugene. *The implementation game*: what happens after a bill becomes a law. Cambridge, MA: MIT Press, 1977, *vide* nota 63 *supra*; WILLIAMSON, Oliver E. *The Economic Institutions of Capitalism*: Firms, Markets, Relational Contracting. New York: Free Press, 1985, *vide* nota 68 *supra*; JOHNSEN, D. Bruce. Wealth is Value. *Journal of Legal Studies*, v. 15, n. 2, 1986, p. 253, *vide* nota 128 *supra*; PRESSMAN, Jeffrey L.; WILDAVSKY, Aaron B. *Implementation*: How Great Expectations in Washington are Dashed in Oakland; Or, Why It's Amazing that Federal Programs Work at All, This Being a Saga of the Economic Development Administration as Told by Two Sympathetic Observers Who Seek to Build Morals on a Foundation of Ruined Hopes. Berkeley, CA: University of California Press, 1984; CLUNE, William H. A Political Model of Implementation and Implications of the Model for Public Policy Research, and the Changing Roles of Law and Lawyers. *Iowa Law Review*, v. 69, 1983, p. 47, *vide* nota 45 *supra*; CLUNE, William H.; LINDQUIST, R-E. What Implementation Isn't: Toward a General Framework for Implementation Research. *Wisconsin Law Review*, 1981, *vide* nota 45 *supra*; CLUNE, William H.; VAN PELT, Mark H. A Political Method of Evaluating the Education for All Handicapped Children Act of 1975 and the Several Gaps of Gap Analysis. *Law and Contemporary Problems*, v. 48, n. 1, Winter, 1985, *vide* nota 45 *supra*.

[131] EISENBERG, Theodore; YEAZELL, Stephen. The Ordinary and the Extraordinary in Institutional Litigation. *Harvard Law Review*, Cambridge, v. 93, 1980, *vide* nota 64 *supra*; YACKLE, Larry W. *Reform and Regret*: The Story of Federal Judicial Involvement in the Alabama Prison System. New York: Oxford University Press, 1989.

agregado, combinando ênfase em resultados sociais, equidade e política. Os litígios institucionais são também um excelente estudo para a análise institucional comparativa, porque representam a oportunidade de correção judicial de uma falha política na legislação enquanto forçam a superação das suas deficiências tanto na capacidade técnica quanto política (por exemplo, fazer com que as prisões mudem e conseguir angariar recursos adicionais com os parlamentares).[132]

### 4.4.9 Análise de reformas legais e mudança jurídica

A análise da reforma legislativa e das mudanças jurídicas ilustra uma série de elementos-chave do Direito e Políticas Públicas, como a importância de grupos sociais, organizações por reformas legais[133] e o processo incremental de mudança dos valores jurídicos subjacentes.[134]

### 4.4.10 *Critical Legal Studies* e a desconstrução das agregações das ciências sociais e jurídicas

Embora os *Critical Legal Studies* tenham muitas facetas e motivações,[135] considero essa abordagem teórica particularmente útil para desconstruir a poderosa tendência do Direito e Políticas Públicas de defender interesses sociais e econômicos despolitizados, supostamente neutros, agregados e globais. Esses interesses podem ser a eficiência, o interesse público, a política de segurança dos mercados e assim por diante.[136] A preocupação com o processo político e o foco original das decisões judiciais no bem-estar coletivo também caracterizam os *Critical Legal Studies* como fruto do Estado de bem-estar social.

Outros aspectos dos *Critical Legal Studies* – teoria crítica da raça, por exemplo – são aplicações mais diretas de Direito e Políticas Públicas

---

132 CLUNE, William H. Courts and Legislatures as Arbitrators of Social Change. *Yale Law Journal*, v. 93, 1984, *vide* nota 121 *supra*.

133 HANDLER, Joel F. *Social Movements and the Legal System*: A Theory of Law Reform and Social Change. New York: Academic Press, 1978.

134 KLUGER, Richard. *Simple Justice*: The History of Brown v. Board of Education and Black Americans Struggle for Equality. New York: Alfred A. Knopf, 1977; CLAUSS, Carin A. Comparable Worth-the Theory, Its Legal Foundation, and the Feasibility of Implementation. *University of Michigan Journal of Law Reform*, v. 20, 1986, *vide* nota 23 *supra*.

135 *Vide* a edição especial: STANFORD Law Review, v. 36, n. 1-2, 1984.

136 KENNEDY, Duncan. Cost-Benefit Analysis of Entitlement Problems: A Critique. Cost-Benefit Analysis of Entitlement Problems: A Critique. *Stanford Law Review*, v. 33, n. 3, p. 387-445, 1981, *vide* nota 22 *supra*.

no sentido usado neste artigo. A teoria crítica da raça tem pelo menos três características compatíveis com uma orientação voltada para Direito e Políticas Públicas: (1) uma preocupação constante com resultados pragmáticos, mensuráveis em termos agregados, em oposição à doutrina conceitual;[137] (2) atenção explícita à eficácia das estruturas legais ao longo de determinado período, inclusive, é claro, de sua estrutura representativa;[138] e (3) preocupação com a restrição de determinados resultados e experiências sociais na análise jurídica e política; nesse sentido, pode-se considerar a narrativa de histórias (relatos) como uma importante técnica empírica.[139]

Ocasionalmente, a teoria crítica da raça parece mais compatível com uma abordagem legalista – por exemplo, no que diz respeito a: 1) uma contratendência de se preocupar com o texto da lei como um sistema de significado desvinculado da sua conexão com o bem-estar agregado; 2) uma preocupação com o que se poderia denominar instrumentos jurídicos de políticas públicas (*legal policy instruments*), como litígios e regulação, sem uma análise séria dos custos e problemas dessas técnicas e sem uma percepção mais ampla da efetividade do programa desenhado.[140] A ideia de que a teoria crítica da raça é mais prática e empírica do que a versão tradicional de Direito e Economia é contrária à sabedoria convencional, parecendo, no entanto, bem fundamentada pelos fatos. Assim, apesar de seu nome esotérico, a teoria crítica da raça

---

[137] BARNES, Robin D. Race Consciousness: The Thematic Content of Racial Distinctiveness in Critical Race Scholarship. *Harvard Law Review*, v. 103, 1990.

[138] GREENE, Linda G. Race in the 21st Century: Equality Through Law? *Tulane Law Review*, v. 64, 1990.

[139] *Vide* edição especial sobre técnica narrativa aplicada ao direito: MICHIGAN Law Review, v. 87, 1989. Também SCHULTZ, Vicki. Telling Stories About Women and Work- Judicial Interpretations of Sex Segregation in the Workplace. In: Title VII: Cases Raising the Lack of Interest Argument. *Harvard Law Review*, v. 103, 1990, *vide* nota 23 *supra*.

[140] Parte da insensibilidade das políticas públicas vem, no meu entender, de uma análise excessivamente focada em um dos lados – uma falha, por exemplo, em entender que o funcionamento efetivo de instituições autônomas é tão necessário para equidade racial quanto o é para o bem-estar geral. Mesmo aqui, os *Critical Legal Studies* parecem uma abordagem teórica mais sensível à política pública do que outras formas de análise jurídica. *Critical Legal Studies* incluem, por exemplo, exatamente o tipo de análise séria da efetividade final de uma estrutura de direitos legalmente instituídos que Direito e Economia não fazem. CRENSHAW, Kimberlé. Race, Reform and Retrenchment: Transformation and Legitimation in Anti-discrimination Law. *Harvard Law Review*, v. 101, 1988; SINGER, Joseph William. The Legal Rights Debate in Analytical Jurisprudence form Bentham to Hohfeld. *Wisconsin Law Review*, 1982; TUSHNET, Mark. An Essay on Rights. *Texas Law Review*, v. 62, 1984; WILLIAMS, Patricia J. Alchemical Notes: Reconstructing Ideals from Deconstructed Rights. *Harvard Civil Rights-Civil Liberties Law Review*, v. 22, 1987.

é um bom exemplo de Direito e Políticas Públicas, conforme definidos neste artigo.

### 4.4.11 Análise da representação política à luz de objetivos de bem-estar

Uma apreciação particularmente útil da análise institucional é a consideração sobre representação política à luz dos objetivos sociais e econômicos.[141] Problemas de organização política (*political*) e formação de políticas (*policy*) aparecem em todas as áreas das políticas públicas.[142]

### 4.4.12 Alguns problemas conspícuos e preocupações omitidas em Direito e Políticas Públicas

A leitura até aqui pode ter dado a impressão extremamente otimista, progressista e até utópica do Estado de bem-estar social e de suas instituições – uma impressão de altos níveis de bem-estar coletivo, engenharia social ordenada, instituições que funcionam sem problemas adaptando-se às necessidades sociais e assim por diante. Mas, apesar de passar tais impressões, nada poderia estar mais longe da verdade.

Embora as sociedades modernas tenham atingido níveis extraordinários de produção e níveis notáveis de organização social, também é verdade que o Estado de bem-estar social e todas as suas políticas setoriais sofrem de mal-estar, incerteza e ineficácia. Uma boa

---

[141] OLSON, Mancur. *The Logic of Collective Action*: Public Goods and the Theory of Groups. Cambridge, MA: Harvard University Press, 1971; também ROGERS, Joel E. Divide and Conquer: Further Reflections on the Distinctive Character of American Labor Laws. *Wisconsin Law Review*, n. 1, 1990, *vide* nota 39 *supra*.

[142] CALABRESI, Guido. *A common law for the age of statutes*. Cambridge: Harvard University Press, 1982, nota 57 *supra*; CLUNE, William H.; VAN PELT, Mark H. A Political Method of Evaluating the Education for All Handicapped Children Act of 1975 and the Several Gaps of Gap Analysis. *Law and Contemporary Problems*, v. 48, n. 1, Winter, 1985, nota 45 *supra*; COHEN, David K. Governance and Instruction: The Promise of Decentralization and Choice. *In*: CLUNE, William H.; WITTE, John F. (Ed.). *Choice & Control in American Education*. [s.l.]: Falmer Press, 1990. v. 1, nota 60 *supra*; LEMANN, Nicholas. The Unfinished War. *Atlantic Monthly*, 1988, nota 59 *supra*; LOWI, Theodore J. *The end of liberalism*: the second republic of the United States. New York: W.W. Norton, 1979, nota 58 *supra*; NOBLE, Charles. *Liberalism at work*: the rise and fall of OSHA. Philadelphia: Temple University Press, 1986, *vide* nota 23 *supra*; e ROGERS, Joel E. Divide and Conquer: Further Reflections on the Distinctive Character of American Labor Laws. *Wisconsin Law Review*, n. 1, 1990, *vide* nota 39 *supra*.

caracterização da análise de políticas públicas no Estado de bem-estar social seria problemas, problemas e mais problemas.[143]

Essa atmosfera de descontentamento está bem fundamentada e tem várias fontes. Pode-se ver o Estado de bem-estar social como um processo pelo qual a industrialização, o capitalismo ou o mercado apresentam constantemente uma série de problemas intratáveis a um conjunto de instituições inadequadas para resolvê-los. Uma das razões pelas quais apresento as falhas de mercado e falhas de governo no início do curso de Direito e Políticas Públicas[144] é que essas discussões oferecem insumos para a reflexão sobre a principal fonte de problemas das políticas públicas e as dificuldades gerais que o governo tem para enfrentá-las. Todo analista de políticas públicas deve compreender profundamente a combinação, nas sociedades modernas, de problemas difíceis e ferramentas imperfeitas. Uma sensação de horizontes limitados vai penetrando em todas as formas úteis de análise de políticas públicas. Um senso apropriado de expectativas reduzidas e otimismo reprimido é, por exemplo, um dos benefícios latentes do uso da análise institucional comparativa de Komesar (em que a instituição mais eficiente costuma ser a que menos se opõe às escolhas relativamente ineficazes).[145]

Assim, em geral, a presença de habilidades vigorosas e ajustadas para a solução de problemas e o rápido desenvolvimento de instituições

---

143 Várias sínteses sobre a implementação de programas sociais indicam, essencialmente, que nada funciona. Ver, por exemplo, ELMORE, Richard F.; MCLAUGHLIN, Milbrey. *Steady Work*: Policy, Practice, and the Reform of American Education. Santa Monica, CA: Rand Corporation, 1988; PRESSMAN, Jeffrey L.; WILDAVSKY, Aaron B. *Implementation*: How Great Expectations in Washington are Dashed in Oakland; Or, Why It's Amazing that Federal Programs Work at All, This Being a Saga of the Economic Development Administration as Told by Two Sympathetic Observers Who Seek to Build Morals on a Foundation of Ruined Hopes. Berkeley, CA: University of California Press, 1984, nota 130 *supra*; MCLAUGHLIN, Milbrey. Learning from Experience: Lessons from Policy Implementation. *Educational Evaluation and Policy Analysis*, v. 9, n. 2, 1987. Mas *vide* CLUNE, William H. Educational Policy in a Situation of Uncertainty: Or How to Put Eggs in Different Baskets. *In*: FUHRMAN, Susan H.; MALEN, Betty (Ed.). *The Politics of Curriculum and Testing*: 1990 Yearbook of The Politics of Educational Association. London; New York: Falmer Press, 1991. Realmente, análises de crise no Estado de bem-estar social se tornaram tema de várias pesquisas. Ver, por exemplo, HABERMAS, Jürgen. *Legitimation Crisis*. Boston: Beacon Press, 1975, nota 108 *supra*; MIHRA, Rameesh. *The Welfare State in Crisis*: Social Thought and Social Change. London: Palgrave Macmillan, 1984; OFFE, Claus. *Contradictions of the Welfare State*. Cambridge, MA: The MIT Press, 1984; OFFE, Claus. *Disorganized Capitalism*: Contemporary Transformations of Work and Politics. Cambridge, MA: The MIT Press, 1985.

144 WOLF JR., Charles. *Markets or governments*: Choosing between imperfect alternatives. Cambridge, MA: MIT Press, 1988, *vide* nota 7 *supra*.

145 *Vide* fontes citadas na nota 61 *supra*.

jurídicas sofisticadas projetadas para atender a problemas sociais não significam absolutamente nada para alcançar sucesso relativo ou absoluto na solução deles. Por exemplo, temos um conjunto de instituições altamente sofisticadas, encarregadas da proteção ambiental, que estão tendo sucesso relativo e que podem não ser capazes de evitar a destruição ambiental maciça.[146]

A crise de confiança no Estado de bem-estar social e em suas instituições vai além das modestas reivindicações de engenharia social e análise de políticas públicas. Ela faz emergir questões de falhas e contradições fundamentais.

No topo da lista certamente deve estar a capacidade da tecnologia moderna de guerra de destruir o mundo a qualquer momento. Também aqui, como em quase todos os outros aspectos, a proteção ambiental é um caso paradigmático. O processo produtivo, fonte de nossa riqueza, problemas e instituições jurídicas, pode estar consumindo a base ecológica que o sustenta. O bem-estar material e o bem-estar ambiental podem ser radicalmente incompatíveis ou, ainda mais provocativamente, exigir um conjunto inteiramente novo de instituições jurídicas baseadas na estabilidade social e econômica, e não no crescimento.[147]

Problemas de desorganização e disfunção política, frequentemente mencionados neste artigo, podem superar limites e atingir proporções de crise. Se todas as áreas de políticas públicas apresentam sérios problemas para a política, a soma total, com todas as complexidades e contradições, pode atingir proporções de crise e exceder amplamente a capacidade de ação humana coletiva para a resolução de problemas.[148] Pensemos, por exemplo, no impasse político sobre o déficit orçamentário nos Estados Unidos e o impasse associado às políticas sociais.

A divisão de classe social e econômica sempre foi um problema para sistemas produtivos muito desenvolvidos e pode estar atingindo níveis críticos. A dificuldade em manter altos níveis de produção e consumo pode estar criando uma desagradável sensação de síndrome de

---

[146] FINDLEY, Roger W.; FARBER, David A. *Environmental Law*: Cases and Materials. St. Paul: West Publishing, 1985, nota 22 *supra*.

[147] *Vide* BOULDING, Kenneth E. The Economics of The Coming Spaceship Earth. *In*: JARRETT, H. (Ed.). *Environmental Quality in a Growing Economy*. Baltimore: John Hopkins, 1966, p. 3.

[148] LOWI, Theodore J. *The end of liberalism*: the second republic of the United States. New York: W.W. Norton, 1979, nota 58 *supra*; O'CONNOR, James. *The Fiscal Crisis of The State*. New York: St Martin's Press, 1973; MARCH, James G.; OLSEN, Johan P. *Ambiguity and choice in organizations*. [s.l.]: [s.n.], 1982, nota 17 *supra*; HABERMAS, Jürgen. *Legitimation Crisis*. Boston: Beacon Press, 1975, nota 108 *supra*.

fadiga crônica,[149] na qual um grande número de pessoas é, basicamente, descartado e oficialmente declarado fora do sistema – o produto do fracasso social e das políticas públicas (no sentido de política pública relegado à subsistência econômica e ao sistema de justiça criminal). Alguns benefícios sociais nos Estados de bem-estar social são mais igualmente distribuídos que outros; sendo que níveis muito grandes de desigualdade podem atrapalhar o bem-estar social geral por meio de distúrbios políticos e sociais.[150]

Apesar da tendência para a especulação e o exagero, não creio que seja um acidente que os processos ordenados de análise de políticas públicas e engenharia social possam dar lugar, de uma hora para outra, a profundas inquietações sobre a viabilidade do empreendimento como um todo. A preocupação com o sistema é uma característica irredutível do Estado de bem-estar social e um foco legítimo da análise acadêmica séria. Parece que vivemos em uma sociedade altamente agitada e que, por isso, está sujeita a colapsos nervosos.

### 4.4.13 A teoria do empoderamento e a transferência de desenhos institucionais úteis entre áreas de políticas públicas

Gostaria de caminhar para uma síntese e conclusão com alguns exemplos de como a análise contida neste artigo tem valor potencial para a solução de problemas sociais e de como as políticas públicas nas sociedades modernas podem apoiar essa transferência de padrões de uma área da política pública para outra.

Resumindo os pontos levantados anteriormente: as instituições jurídicas no Estado de bem-estar social estão orientadas para conseguir um alto desempenho (geralmente a eficiência econômica) e equidade social (a distribuição de bens sociais). Para serem efetivas, as instituições jurídicas combinam direção central forte e um alto grau de descentralização, delegação e, eventualmente, empoderamento (*empowerment*). Uma teoria geral do empoderamento consideraria a necessidade

---

[149] [N.T.] No original, *two-class yuppy syndrome*, uma referência à terminologia médica sobre desordens virais, associadas ao estresse, que se tornam crônicas e apresentam sintomas como fadiga excessiva, depressão, dificultando a capacidade de executar tarefas cotidianas.

[150] EDSALL, Thomas B. *The new politics of inequality*. New York: W.W. Norton, 1984, nota 35 *supra*.

de disponibilizar recursos de cinco espécies em favor daqueles que desejamos tornar mais ativos: direitos, renda, informações, acesso às organizações sociais relevantes e poder político.[151] Segundo esse quadro conceitual, caberia às instituições jurídicas fornecer três tipos de apoio essencial às atividades produtivas: direção sobre os objetivos finais mais importantes, a estrutura fundamental para a ação descentralizada e um conjunto de recursos produtivos.[152] Concluindo, gostaria de aplicar essas ideias a duas áreas da política pública: questão racial e pobreza e educação pública.

Primeiro, a questão racial e pobreza. Historicamente, a sociedade encarou essas áreas com negativismo e negligência, uma abordagem que se intensificou recentemente devido ao isolamento econômico das periferias. Um enorme problema com a política pública de enfrentamento da pobreza tem sido a incapacidade dessa política de realizar uma transferência efetiva de recursos (por exemplo, transferência de recursos aos trabalhadores empobrecidos da classe média). Atualmente, é cada vez mais aceito que, enquanto sociedade, pagaremos um preço enorme pelo fracasso nessa área de política pública, manifestada principalmente na redução da competitividade.[153] A sociedade também está admitindo que a solução do problema passe por uma maior e mais ativa participação dos pobres. Há uma necessidade de empoderamento, não apenas de bem-estar, ainda que o dinheiro seja um aspecto do empoderamento.

Instituições jurídicas mais efetivas, discutidas atualmente, dão ênfase à facilitação e à entrega mais eficaz de recursos, inclusive de *vouchers* educacionais, desenvolvimento regional de negócios, parcerias comerciais/educacionais, melhor educação profissional, planejamento

---

[151] HANDLER, Joel F. Dependent People, The State, and the Modern/Postmodern Search for the Dialogic Community. *UCLA Law Review*, Los Angeles, v. 35, n. 6, 1988, nota 28 *supra*; HANDLER, Joel F. *The Conditions of Discretion*: Autonomy, Community, Bureaucracy. New York: Russell Sage Foundation, 1986, nota 28 *supra*; HANDLER, Joel F. Community Care for the Frail Elderly: A Theory of Empowerment. *Ohio State Law Journal*, v. 50, n. 3, 1989, nota 50 *supra*; KANTER, Rosabeth. *The Change Masters*: Innovation and Entrepreneurship in the American Corporation. New York: Touchstone, 1983, nota 28 *supra*; OSBORNE, David; GAEBLER, Ted. *Reinventing government*: How the entrepreneurial spirit is transforming the public sector. New York: Addison-Wesley, 1992, nota 67 *supra*; LAWLER II, Edward E. *High Involvement management, Participative Strategies for Improving Organizational Performance*. San Francisco: Jossey-Bass Publishers, 1991, p. 42-43.

[152] HURST, James. *Law and Markets in United States History*: Different Modes of Bargaining among Interests. Madison: University of Wisconsin Press, 1982; HURST, James. *Law and the Conditions of Freedom in the Nineteenth-century United States*. Madison: University of Wisconsin Press, 1956, nota 21 *supra*.

[153] NATIONAL CENTER ON EDUCATION AND THE ECONOMY. *America's Choice*: High Skills or Low Wages! Washington, D.C.: NCEE, 1990, nota 13 *supra*.

familiar, seguro de saúde, uma política familiar completa (por exemplo, tempo livre do emprego para cuidados infantis).[154] Este conjunto de políticas e instituições de apoio está fortemente orientado para melhorar a capacidade e a participação de indivíduos e famílias. Marian Wright Edelman, por exemplo, propõe a ideia de uma estrutura institucional nacional para o cuidado infantil.

Considerando que a pobreza é um problema persistente nos EUA, deveríamos nos perguntar quais elementos do empoderamento são mais ausentes na política pública existente. Os conservadores costumam perguntar por que oportunidades de emprego e educação formal barata (por exemplo, as faculdades comunitárias – *community colleges*) não eliminam a pobreza. A resposta mais óbvia parece ser o encerramento ou financiamento insuficiente de programas básicos, como educação profissional, creche e serviços de saúde. Mas talvez precisemos de uma mudança básica de perspectiva. As pessoas vivendo na extrema pobreza (por exemplo, mães solteiras e seus filhos, homens de baixa escolaridade e pertencentes a grupos minoritários) não conseguem usufruir dos benefícios dessas políticas públicas devido a uma série de déficits: falta de habilidades básicas, saúde precária, ausência de creche para o cuidado com os filhos, moradia deteriorada e insegura e falta de acesso a redes e oportunidades (implicando a necessidade de ações afirmativas de emprego inclusive para egressos do sistema prisional – das prisões para o emprego). O custo social da pobreza persistente representa um enorme ônus para o bem-estar social, perda de produtividade econômica, encarceramento, doenças catastróficas e custos de saúde, bem como distúrbios urbanos, para citar alguns. Nossa sociedade, provavelmente, não reconheceu a magnitude do investimento necessário para capacitar seus cidadãos mais fustigados, nem compreendeu os grandes retornos que poderiam ser obtidos.

Obviamente, o custo seria imediato, enquanto os benefícios viriam somente no futuro. Por outro lado, muitos elementos do empoderamento podem ser fornecidos por meio da organização de serviços voluntários, por exemplo, a ação comunitária (parcerias com empresas etc.) e a ajuda de adultos de classe média às famílias e às escolas. Uma família bem estruturada e com renda suficiente talvez seja a maior fonte de investimento humano.[155] Na nossa sociedade, os

---

[154] HAVEMAN, Robert. *Starting Even*: an Equal Opportunity program to Combat the Nation's New Poverty. New York: Simon and Schuster, 1988.

[155] BARTON, Paul E.; COLEY, Richard J. *America's Smallest School*: The family. Princeton, N.J.: Educational Testing Service, 1992.

adultos constantemente têm baixas condições de investir nas crianças pobres; consequentemente, as famílias pobres precisam que seus recursos sejam complementados (novamente, os recursos básicos do empoderamento: direitos, renda, informações, acesso a organizações úteis e poder político).[156] O atual interesse das políticas públicas na família, nos serviços para as famílias, preparação escolar, organização comunitária, serviços sociais integrados, pode sinalizar o nascimento de uma nova visão das políticas de redução dos efeitos da pobreza baseada no empoderamento dinâmico, e não na subsistência estática.[157] Entretanto, é preciso tomar cuidado para não reinventar os problemas da burocracia ao fazê-lo. Crianças precisam ainda mais de contato regular com um adulto atencioso, razoavelmente bem informado, do que de "um balcão único" de serviços sociais nas escolas.[158]

Segundo, consideremos a educação. Hoje, o debate concentra-se em três abordagens das políticas públicas, cada uma delas buscando altos níveis de atividade descentralizada por parte de professores, pais e alunos e um sistema forte de entrega de recursos.[159] A orientação sobre técnicas educativas (diretrizes curriculares, materiais, testes estudantis, treinamento de professores) tenta introduzir no currículo objetivos de aprendizagem de alto nível, fornecendo orientações valiosas e um senso de profissionalismo para o professor, ao mesmo tempo em que permite e incentiva um alto grau de atividade dos professores individualmente e dos professores em grupos, bem como um aumento das atividades dos alunos.[160] A autonomia da escola[161] e as escolas de propriedade

---

156 COLEMAN, James S.; HOFFER, Thomas. *Public and Private High Schools*: The Impact of Communities. New York: Basic Books, 1987, p. 221-231 (discutindo capital humano e capital social, dentro e fora da família).

157 SCHORR, Lisbeth; SCHORR, Daniel. *Within our Reach, Breaking the Cycle of Disadvantage*. Doubleday: Anchor Books, 1988.

158 KIRST, Michael. Financing School-Linked Services: Policy Brief No. 7. *Center for Research in Education Finance, University of Southern California*, Jan. 1992.

159 CLUNE, William H. Educational Policy in a Situation of Uncertainty: Or How to Put Eggs in Different Baskets. *In*: FUHRMAN, Susan H.; MALEN, Betty (Ed.). *The Politics of Curriculum and Testing*: 1990 Yearbook of The Politics of Educational Association. London; New York: Falmer Press, 1991, nota 152 *supra*.

160 SMITH, Marshall S.; O'DAY, Jennifer. Systemic School Reform. *In*: FUHRMAN, Susan H.; MALEN, Betty (Ed.). *The Politics of Curriculum and Testing*: 1990 Yearbook of The Politics of Educational Association. London; New York: Falmer Press, 1991.

161 CLUNE, William H.; WHITE, Paula. *School-Based Management*: Institutional Variation, Implementation, and Issues for Further Research. New Brunswick, New York: Eagleton Institute of Politics, Centre for Policy Research in Education, 1988; WOHLSTETTER, Priscilla; ODDEN, Allan. *Rethinking School-Based management Policy and Research: Working Paper n. 11.* [s.l.]: Center for Research in Education Finance, University of Southern California, Sept. 1991.

dos professores[162] visam dar mais protagonismo aos seus funcionários descentralizando a autoridade, mas são ações que dependem de um ambiente burocrático favorável e de treinamento adequado. Por fim, considere-se a escolha da família.[163] A ideia de escolha visa concentrar e intensificar os esforços educacionais, incentivando tanto a competição quanto o aspecto comunitário, reduzindo as influências políticas e burocráticas perturbadoras. Essas três abordagens podem ser combinadas de maneiras diferentes.[164]

Essas aproximações poderiam ser aplicadas para várias áreas das políticas públicas, como antitruste, falência, meio ambiente, seguros, direito comercial, igualdade nas oportunidades de emprego (*equal employment*), comércio internacional, direitos humanos etc. Uma qualidade que me agrada no quadro conceitual é como ela une política, pesquisa, prática e ética. Na complexa aldeia global, política pública e prática unem-se na tentativa de promover um ambiente propício para a atividade produtiva.[165] As questões éticas são naturalmente acomodadas, porque a moldura é expressamente normativa, visando tanto ao bem-estar agregado quanto à equidade. A abertura do modelo à ética e à política vai protegê-lo do determinismo característico do funcionalismo histórico.[166] Contudo, as políticas públicas, a prática e a ética dependem de dados mais elaborados e de uma teoria básica sobre o desempenho e a interação de diferentes tipos de instituições. Conforme descrito, Direito e Políticas Públicas é uma abordagem que incentiva e integra aquilo que a maior parte dos operadores considera ser mais importante.

---

162 LIEBERMAN, Myron. *Privatization and Educational Choice*. New York: St. Martin's Press, 1989, nota 49 *supra*; KOLDERIE, Ted. *Beyond Choice to New Public Schools*: Withdrawing the Exclusive Franchise in Public Education. Washington, D.C.: Progressive Policy Institute, 1990; WHITE, Paula. *Teacher Participation in School Decision-making*: Decentralization of Authority to the School Site. Dissertation – University of Wisconsin, Madison, 1990.

163 *Vide* as fontes citadas na nota 49 *supra*.

164 CLUNE, William H. Educational Policy in a Situation of Uncertainty: Or How to Put Eggs in Different Baskets. *In*: FUHRMAN, Susan H.; MALEN, Betty (Ed.). *The Politics of Curriculum and Testing*: 1990 Yearbook of The Politics of Educational Association. London; New York: Falmer Press, 1991, nota 143 *supra*.

165 CLUNE, William H. Unreasonableness and Alienation in the Continuing Relationships of Welfare State Bureaucracy: From Regulatory Complexity to Economic Democracy. *Wisconsin Law Review*, n. 77, 1985, nota 33 *supra* (sobre a origem dos meus trabalhos sobre essa ideia, *vide* p. 731-732).

166 GORDON, Robert M. Critical Legal Histories. *Stanford Law Review*, v. 36, 1984.

### 4.4.14 A política geral das políticas públicas

Alguns podem se questionar sobre os processos políticos e estruturas subjacentes às proposições básicas deste artigo (principalmente, a adaptação das instituições jurídicas aos problemas do Estado de bem-estar social). Provavelmente, isso seria tema para outro artigo; mas não acredito que seus mecanismos básicos sejam um mistério. Em ordem de importância, há três forças fundamentais historicamente conectadas: 1) a orientação das empresas sobre as instituições visando ao apoio ao comércio e à prosperidade, juntamente com a força impressionante das empresas na política; 2) a força política da classe média criada como parte integral dos Estados de bem-estar social; e 3) a ampliação da capacidade de análise das políticas públicas e da coleta de dados. Parece-me que essas forças são suficientes para impor uma lógica de racionalidade econômica à política.

A Teoria da Escolha Pública (*Public Choice Theory*), ao lidar com categorias trans-históricas como maiorias e minorias, consegue ser relativamente independente dos contextos histórico e social. No entanto, quase todos os exemplos dizem respeito à operação da democracia em economias complexas. Por exemplo, Neil Komesar acredita que a vontade dos federalistas de tolerar políticas voltadas a interesses especiais que operam em estruturas políticas complexas se deve ao medo dos excessos das maiorias.[167] Acredito que seus piores temores diziam respeito a rupturas econômicas, sendo que o medo que tinham dos chamados "interesses especiais" foi aplacado por sua confiança nos objetivos mais amplos do mundo dos negócios. Nosso problema hoje é ampliar as estruturas institucionais que possam ir além dos interesses tradicionais da classe média e das empresas e começar a reconhecer a infraestrutura comunitária e cultural que dá vida aos sistemas de empoderamento.[168]

[167] O entendimento sobre a escolha pública acerca dos tópicos dos interesses especiais e ciclos são importantes na análise das políticas do Estado de bem-estar social. *Vide* KOMESAR, Neil K. *Law and the Character of Politics*. [s.l.]: University of Wisconsin Law School, 1990 (manuscrito inédito), nota 93 *supra*.

[168] Compare o papel das normas profissionais e atitudes em HANDLER, Joel F. Community Care for the Frail Elderly: A Theory of Empowerment. *Ohio State Law Journal*, v. 50, n. 3, 1989, nota 50 *supra*, com GOLDSTEIN, Herman. *Problem-oriented policing*. New York: McGraw-Hill, 1990, nota 91 *supra*.

## 5 Conclusão: o paradoxo do "empoderamento"

Examinando o que foi discutido neste artigo, fico fascinado com a interação entre contexto social, análise instrumental e crítica social. E o conceito fundamental de empoderamento é, certamente, o melhor exemplo que se pode buscar. Em primeiro lugar, o empoderamento repousa sobre uma flagrante contradição: o indivíduo é empoderado para realizar determinada tarefa, ou seja, realizar a vontade de um indivíduo ou de um grupo. No contexto de produção moderno, a partir de uma perspectiva sistêmica, a lógica básica do empoderamento é obter um nível mais alto de energia e cooperação (para fazer as pessoas trabalharem mais duro e de forma mais ajustada). Assim, o acentuado senso de atividade, energia e autonomia para o indivíduo corresponde a um nível aumentando de integração à cultura de produção e consumo (por exemplo, aumento do valor dado a bens de consumo e emprego de alta produtividade). Empoderamento é, a um só tempo, autonomia e controle social; luxo e escassez; liberdade e escravidão. Penso, nesse sentido, na mudança do papel das mulheres e do movimento feminista. A mudança do trabalho doméstico para o trabalho remunerado, a mudança de empregos de baixo nível para empregos de alto nível e o crescente papel na vida pública devem representar uma das mais impressionantes histórias de empoderamento (ou, como costumava ser chamado, de libertação). Mas o preço também tem sido alto: níveis extraordinários de trabalho e esforço e conflitos contundentes sobre como conciliar papéis econômicos com a reprodução e a vida familiar, por exemplo.

O mesmo padrão existe no nível do sistema. É surpreendente a produtividade da economia mundial moderna: a intensidade, a complexidade o vigor de toda a atividade coordenada são uma conquista impressionante, completamente sem precedentes na história do mundo e da raça humana. Não é de admirar, então, que emerjam dúvidas sobre a sustentabilidade. É possível continuar a produzir riqueza sem destruir o meio ambiente? Estamos chegando a um limite da quantidade de pessoas que podem ser integradas com sucesso na economia global?[169] Estamos atingindo limites de conhecimento sobre a capacidade de solução de problemas sistêmicos ou sobre a capacidade de moldar

---

[169] MCKENZIE, Richard B. The First and Second Reich: the Taming of An Industrial-Policy Advocate. *Cato Journal*, v. 11, n. 1, 1991, p. 60 (discutindo os cinco rentistas afortunados que são competitivos na economia global); GALBRAITH, John Kenneth. *The Culture of Contentment*. Boston: Houghton Mifflin Company, 1992.

comportamentos de forma a gerar empreendimentos produtivos e de alta energia?

Assim, longe de um triunfo inequívoco do progresso humano, o empoderamento, e todo o sistema de direito e políticas públicas, é uma história em desenvolvimento recheada de drama e surpresas. A pergunta mais interessante, para mim, é se a experiência de maior autonomia se tornará autônoma, levando as pessoas a empurrar o sistema na direção de maior lazer e satisfação humana total.[170] Se isso ocorrer, talvez tenhamos criado um novo tipo de política pública e direito.

## Referências

BARDACH, Eugene. *The implementation game*: what happens after a bill becomes a law. Cambridge, MA: MIT Press, 1977.

BARDACH, Eugene; KAGAN, Robert A. *Going by the book*: the problem of regulatory unreasonableness. Philadelphia: Temple University Press, 1982.

BARNES, Robin D. Race Consciousness: The Thematic Content of Racial Distinctiveness in Critical Race Scholarship. *Harvard Law Review*, v. 103, 1990.

BARTLETT, Katharine T. The Role of Cost in Educational Decision Making for the Handicapped Child. *Law & Contemporary Problems*, Spring, 1985.

BARTLETT, Katharine T.; WEGNER, Judith Welch (Ed.). *Children With Special Needs*. New York: Routledge, 1987.

BARTON, Paul E.; COLEY, Richard J. *America's Smallest School*: The family. Princeton, N.J.: Educational Testing Service, 1992.

BECKER, Gary S. *An economic analysis of the family*. [s.l.]: Economic & Social Research Institute, 1986.

BECKER, Gary S. *Human capital*: A theoretical and empirical analysis, with special reference to education. New York: National Bureau of Economic Research, 1964.

BOHANNAN, Paul. The differing realms of the law. *American Anthropologist*, v. 6, n. 67, 1965.

BOHANNAN, Paul. The Differing Realms of the Law. *In*: NADER, Laura (Ed.). *The Ethnography of Law*. Washington, D.C.: American Anthropological Association, 1965.

BOULDING, Kenneth E. The Economics of The Coming Spaceship Earth. *In*: JARRETT, H. (Ed.). *Environmental Quality in a Growing Economy*. Baltimore: John Hopkins, 1966.

BROMLEY, Daniel W. *Economic Interests and Institutions*: The Conceptual Foundations of Public Policy. New York: Basil Blackwell, 1989.

[170] Isso, ao invés de uma sociologia descritiva, foi o tópico mais debatido entre os sociólogos clássicos – Durkheim, Marx, Weber – e provavelmente também entre os economistas como Adam Smith.

CALABRESI, Guido. *A common law for the age of statutes*. Cambridge: Harvard University Press, 1982.

CARSTENSEN, Peter C. The Content of the Hollow Core of Antitrust: The Chicago Board of Trade Case and the Meaning of the Rule of Reason in Restraint of Trade Analysis. *Research in law and economics*, v. 15, 1992.

CHANDLER JR., Alfred D. *The visible hand*: the managerial revolution in American business. Cambridge, MA: Belknap Press of Harvard University Press, 1977.

CHUBB, John E. *Interest groups and the bureaucracy*: the politics of energy. Stanford, CA: Stanford University Press, 1985.

CHUBB, John E.; MOE, Terry M. *Politics, Markets, and Americas Schools*. [s.l.]: Brookings, 1990.

CLAUSS, Carin A. Comparable Worth-the Theory, Its Legal Foundation, and the Feasibility of Implementation. *University of Michigan Journal of Law Reform*, v. 20, 1986.

CLUNE, William H. Courts and Legislatures as Arbitrators of Social Change. *Yale Law Journal*, v. 93, 1984.

CLUNE, William H. *Courts as Cautious Watchdogs*: Constitutional and Policy Issues of Standardized Testing in Education. Berkeley, CA: National Commission on Testing and Public Policy, 1988.

CLUNE, William H. Educational Policy in a Situation of Uncertainty: Or How to Put Eggs in Different Baskets. *In*: FUHRMAN, Susan H.; MALEN, Betty (Ed.). *The Politics of Curriculum and Testing*: 1990 Yearbook of The Politics of Educational Association. London; New York: Falmer Press, 1991.

CLUNE, William H. Institutional Choice as a Theoretical Framework for Research on Educational Policy. *Educational Evaluation and Policy Analysis*, v. 9, n. 2, 1987.

CLUNE, William H. Legal Desintegration and a Theory of the State. *German Law Journal*, v. 12, n. 1, 2011.

CLUNE, William H. Um modelo político de implementação e suas implicações para as políticas públicas, a pesquisa e a mudança dos papéis do direito e dos juristas. Tradução de Gabriela Azevedo Campos Sales, Bruno de Almeida Passadore, Elisa Martinez Giannella e Kadra Regina Zeratin Rizzi. Revisão técnica da tradução de Maria Paula Dallari Bucci. *Revista Brasileira de Políticas Públicas*, Brasília, v. 11, n. 1, 2021.

CLUNE, William H. Unreasonableness and Alienation in the Continuing Relationships of Welfare State Bureaucracy: From Regulatory Complexity to Economic Democracy. *Wisconsin Law Review*, n. 77, 1985.

CLUNE, William H.; LINDQUIST, R-E. What Implementation Isn't: Toward a General Framework for Implementation Research. *Wisconsin Law Review*, 1981.

CLUNE, William H.; VAN PELT, Mark H. A Political Method of Evaluating the Education for All Handicapped Children Act of 1975 and the Several Gaps of Gap Analysis. *Law and Contemporary Problems*, v. 48, n. 1, Winter, 1985.

CLUNE, William H.; WHITE, Paula. *School-Based Management*: Institutional Variation, Implementation, and Issues for Further Research. New Brunswick, New York: Eagleton Institute of Politics, Centre for Policy Research in Education, 1988.

CLUNE, William H.; WITTE, John F. (Ed.). *Choice & Control in American Education*. [s.l.]: Falmer Press, 1990.

COHEN, David K. Governance and Instruction: The Promise of Decentralization and Choice. *In*: CLUNE, William H.; WITTE, John F. (Ed.). *Choice & Control in American Education*. [s.l.]: Falmer Press, 1990. v. 1.

COLEMAN, James S.; HOFFER, Thomas. *Public and Private High Schools*: The Impact of Communities. New York: Basic Books, 1987.

COONS, John E.; SUGARMAN, Stephen D. *Education By Choice*: The Case for Family Control. Berkeley, CA: University of California Press, 1978.

CRENSHAW, Kimberlé. Race, Reform and Retrenchment: Transformation and Legitimation in Anti-discrimination Law. *Harvard Law Review*, v. 101, 1988.

DUGGER, William M. (Ed.). *Radical institutionalism*: contemporary voices. New York: Greenwood Press, 1989.

DWYER, John P. Contentiousness and Cooperation in Environmental Regulation. *The American Journal of Comparative Law*, v. 35, n. 4, 1987.

DWYER, John P. Overregulation. *Ecology Law Quarterly*, v. 15, 1988.

DWYER, John P. The Pathology of Symbolic Legislation. *Ecology Law Quarterly*, v. 17, 1990.

EDELMAN, Murray. *Political Language*: Words That Succeed and Policies That Fail. New York: Academic Press, 1977.

EDELMAN, Murray. *Politics as Symbolic Action*. Chicago: Markham, 1971.

EDSALL, Thomas B. *The new politics of inequality*. New York: W.W. Norton, 1984.

EISENBERG, Theodore; YEAZELL, Stephen. The Ordinary and the Extraordinary in Institutional Litigation. *Harvard Law Review*, Cambridge, v. 93, 1980.

ELMORE, Richard F.; MCLAUGHLIN, Milbrey. *Steady Work*: Policy, Practice, and the Reform of American Education. Santa Monica, CA: Rand Corporation, 1988.

EPSTEIN, Richard A. Rights and Rights Talk. *Harvard Law Review*, v. 105, 1992.

ESTRICH, Susan. Rape. *Yale Law Journal*, v. 95, 1986.

FINDLEY, Roger W.; FARBER, David A. *Environmental Law*: Cases and Materials. St. Paul: West Publishing, 1985.

FISCHL, Richard M. Some Realism About Critical Legal Studies. *University of Miami Law Review*, 41, 1987.

FLORA, Peter; HEIDENHEIMER, Arnold J. (Ed.). *The Development of Welfare States in Europe and America*. New York: Routledge, 1984.

GALBRAITH, John Kenneth. *The Culture of Contentment*. Boston: Houghton Mifflin Company, 1992.

GLENN, Charles L. *Choice of Schools in Six Nations*. Washington, D.C.: U.S. Department of Education, 1989.

GOLDSTEIN, Herman. *Problem-oriented policing*. New York: McGraw-Hill, 1990.

GORDON, Robert M. Critical Legal Histories. *Stanford Law Review*, v. 36, 1984.

GREENE, Linda G. Race in the 21st Century: Equality Through Law? *Tulane Law Review*, v. 64, 1990.

HABERMAS, Jürgen. *Legitimation Crisis*. Boston: Beacon Press, 1975.

HANDLER, Joel F. Community Care for the Frail Elderly: A Theory of Empowerment. *Ohio State Law Journal*, v. 50, n. 3, 1989.

HANDLER, Joel F. Dependent People, The State, and the Modern/Postmodern Search for the Dialogic Community. *UCLA Law Review*, Los Angeles, v. 35, n. 6, 1988.

HANDLER, Joel F. *Social Movements and the Legal System*: A Theory of Law Reform and Social Change. New York: Academic Press, 1978.

HANDLER, Joel F. *The Conditions of Discretion*: Autonomy, Community, Bureaucracy. New York: Russell Sage Foundation, 1986.

HARDIN, Garrett. The Tragedy of the Commons. *Science*, v. 162, n. 3859, 1968.

HAVEMAN, Robert. *Starting even*: an equal opportunity program to combat the nations new poverty. New York: Simon and Schuster, 1988.

HAWKINS, Keith; THOMAS, John M. The Enforcement Process in Regulatory Bureaucracies, in Enforcing regulation. *In*: HAWKINS, Keith; THOMAS, John M. (Ed.). *Enforcing Regulation*. Boston: Springer, 1984.

HAY, J. Roy. *The Development of the British Welfare State, 1880-1975*. London: Arnold, 1978.

HECLO, Hugh. *Modern social politics in Britain and Sweden*: from relief to income maintenance. New Haven: Yale University Press, 1974.

HURST, James. *Law and Markets in United States History*: Different Modes of Bargaining among Interests. Madison: University of Wisconsin Press, 1982.

HURST, James. *Law and the Conditions of Freedom in the Nineteenth-century United States*. Madison: University of Wisconsin Press, 1956.

JAMES, Thomas; LEVIN, Henry M. *Public Dollars for Private Schools*: The Case of Tuition Tax Credits. Philadelphia, PA: Temple University, 1983.

JENCKS, Christopher. *Rethinking Social Policy*: Race, Poverty, And The Underclass. Cambridge, MA: Harvard University Press, 1992.

JOHNSEN, D. Bruce. Wealth is Value. *Journal of Legal Studies*, v. 15, n. 2, 1986.

JONES, James E. Twenty-One Years of Affirmative Action: The Maturation of the Administrative Enforcement Process Under the Executive Order 11,246 As Amended. *Chicago-Kent Law Review*, v. 59, 1982.

KANTER, Rosabeth. *The Change Masters*: Innovation and Entrepreneurship in the American Corporation. New York: Touchstone, 1983.

KELMAN, Mark G. Trashing. *Stanford Law Review*, v. 36, 1984.

KENNEDY, Duncan. Cost-Benefit Analysis of Entitlement Problems: A Critique. Cost-Benefit Analysis of Entitlement Problems: A Critique. *Stanford Law Review*, v. 33, n. 3, p. 387-445, 1981.

KENNEDY, Duncan. Distributive and Paternalist Motives in Contract and Tort Law, with Special Reference to Compulsory Terms and Unequal Bargaining Power. *Maryland Law Review*, v. 41, 1982.

KENNEDY, Duncan. Freedom and Constraint in Adjudication: A Critical Phenomenology. *Journal of Legal Education*, v. 36, n. 4, p. 518-62, 1986.

KENNEDY, Duncan. The Structure of Blackstone's Commentaries. *Buffallo Law Review*, v. 28, 1979.

KETTL, Donald. The Perils and Prospects of Public Administration. *Public Administration Review*, 1990.

KIRST, Michael W.; JUNG, Richard. *The Utility of a Longitudinal Approach in Assessing Implementation*: A Thirteen Year View of Title 1, ESEA: Stanford University Project Report n. 80-B18. [s.l.]: [s.n.], 1980.

KIRST, Michael. Financing School-Linked Services: Policy Brief No. 7. *Center for Research in Education Finance, University of Southern California*, Jan. 1992.

KLUGER, Richard. *Simple Justice*: The History of Brown v. Board of Education and Black Americans Struggle for Equality. New York: Alfred A. Knopf, 1977.

KOLDERIE, Ted. *Beyond Choice to New Public Schools*: Withdrawing the Exclusive Franchise in Public Education. Washington, D.C.: Progressive Policy Institute, 1990.

KOMESAR, Neil H. A Job for the Judge: The Judiciary and the Constitution in a Massive and Complex Society. *Michigan Law Review*, v. 86, 1988.

KOMESAR, Neil H. Back to the Future: An Institutional View of Making and Interpreting Constitutions. *Northwestern University Law Review*, v. 81, 1987.

KOMESAR, Neil H. In Search of a General Approach to Legal Analysis: A Comparative Institutional Alternative. *Michigan Law Review*, v. 79, 1981.

KOMESAR, Neil H. Injuries and Institutions: Tort Reform, Tort Theory, and Beyond. *New York University Law Review*, v. 65, Apr. 1990.

KOMESAR, Neil H. Taking Institutions Seriously: Introduction to a Strategy for Constitutional Analysis. *Cleveland State Law Review*, v. 51, 1984.

KOMESAR, Neil K. *Law and the Character of Politics*. [s.l.]: University of Wisconsin Law School, 1990.

LASDEN, Martin. Apocalypse: Then and Now. *Stanford Magazine*, v. 18, Sept. 1990.

LAWLER II, Edward E. *High Involvement management, Participative Strategies for Improving Organizational Performance*. San Francisco: Jossey-Bass Publishers, 1991.

LEMANN, Nicholas. *The Promised Land*: The Great Black Migration and How it Changed America. New York: Alfred A. Knopf, 1991.

LEMANN, Nicholas. The Unfinished War. *Atlantic Monthly*, 1988.

LEVINE, Felice J. Goose Bumps and The Search for Intelligent Life in Sociolegal Studies: After Twenty-Five Years. *Law & Society Review*, v. 24, n. 1, 1990.

LIEBERMAN, Myron. *Privatization and Educational Choice*. New York: St. Martin's Press, 1989.

LINDBLOM, Charles E. *Politics and markets*: the world's political-economic systems. New York: Basic Books, 1977.

LOWI, Theodore J. *The end of liberalism*: the second republic of the United States. New York: W.W. Norton, 1979.

LUBAN, David. Legal Modernism. *Michigan Law Review*, v. 84, 1986.

LUHMANN, Niklas. *The Differentiation of Society*. New York: Columbia University Press, 1982.

MACAULAY, A. Stewart. *Long-Term Continuing Relationships*: the American Experience Regulating Dealerships and Franchises: Working Paper. [s.l.]: Institute for Legal Studies University of Wisconsin-Madison Law School, 1990.

MACAULAY, A. Stewart. Non-Contractual Relations in Business: A Preliminary Study. *American Sociological Review*, v. 28, 1963.

MACNEIL, Ian L. The Many Futures of Contracts. *Southern California Law Review*, v. 47, 1974.

MARCH, James G.; OLSEN, Johan P. *Ambiguity and choice in organizations*. [s.l.]: [s.n.], 1982.

MCDOUGALL, Harold A. Social Movements, Law, and Implementation: A Clinical Dimension for the New Legal Process. *Cornell Law Review*, v. 75, 1989.

MCKENZIE, Richard B. The First and Second Reich: the Taming of An Industrial-Policy Advocate. *Cato Journal*, v. 11, n. 1, 1991.

MCLAUGHLIN, Milbrey. Learning from Experience: Lessons from Policy Implementation. *Educational Evaluation and Policy Analysis*, v. 9, n. 2, 1987.

MEYER, John W.; ROWAN, Brian. Institutional Organizations: Formal Structure as Myth and Ceremony. *American Journal of Sociology*, v. 83, 1977.

MICHIGAN Law Review, v. 87, 1989.

MIHRA, Rameesh. *The Welfare State in Crisis*: Social Thought and Social Change. London: Palgrave Macmillan, 1984.

MNOOKIN, Robert H.; KORNHAUSER, Lewis. Bargaining in the Shadow of the Law: The Case of Divorce. *Yale Law Journal*, v. 88, 1979.

NATHAN, Joe. *Free to Teach*: Achieving Equity, and Excellence in Schools. Minneapolis: Winston Press, 1983.

NATHAN, Joe. *Public Schools by Choice*: Expanding Opportunities for Parents, Students, and Teachers. Saint Paul: Institute for Learning and Teaching, 1989.

NATIONAL CENTER ON EDUCATION AND THE ECONOMY. *America's Choice*: High Skills or Low Wages! Washington, D.C.: NCEE, 1990.

NOBLE, Charles. *Liberalism at work*: the rise and fall of OSHA. Philadelphia: Temple University Press, 1986.

O'CONNOR, James. *The Fiscal Crisis of The State*. New York: St Martin's Press, 1973.

OFFE, Claus. *Contradictions of the Welfare State*. Cambridge, MA: The MIT Press, 1984.

OFFE, Claus. *Disorganized Capitalism*: Contemporary Transformations of Work and Politics. Cambridge, MA: The MIT Press, 1985.

OLSON, Mancur. *The Logic of Collective Action*: Public Goods and the Theory of Groups. Cambridge, MA: Harvard University Press, 1971.

OSBORNE, David; GAEBLER, Ted. *Reinventing government*: How the entrepreneurial spirit is transforming the public sector. New York: Addison-Wesley, 1992.

PALAY, Thomas. Comparative Institutional Economics: The Governance of Rail Freight Contracting. *The Journal of Legal Studies*, v. 13, n. 2, 1984.

PALAY, Thomas. Relational Contracting Transaction Cost Economics and the Governance of HMOs. *Temple Law Quarterly*, v. 59, 1986.

PETERS, Thomas J.; WATERMAN JR., Robert H. *In search of excellence*: lessons from America's best-run companies. New York: Harper & Row, 1982.

PIORE, Michael J.; SABEL, Charles F. *The Second Industrial Divide*: Possibilities for Prosperity. New York: Basic Books, 1984.

POLANYI, Karl. *The Great Transformation*: the political and economic origins of our time. Boston: Beacon, 1974.

POSNER, Richard A. *Economic Analysis of Law*. 2. ed. New York: Little Brown and Company, 1977.

PRESSMAN, Jeffrey L.; WILDAVSKY, Aaron B. *Implementation*: How Great Expectations in Washington are Dashed in Oakland; Or, Why It's Amazing that Federal Programs Work at All, This Being a Saga of the Economic Development Administration as Told by Two Sympathetic Observers Who Seek to Build Morals on a Foundation of Ruined Hopes. Berkeley, CA: University of California Press, 1984.

PRZEWORSKI, Adam; WALLERSTEIN, Michael. Democratic Capitalism at the Crossroads. *In*: PRZEWORSKI, Adam (Ed.). *Capitalism and social democracy*. Cambridge: Cambridge University Press, 1985.

REICH, Charles A. The New Property. *Yale Law Journal*, v. 73, 1964.

ROGERS, Joel E. Divide and Conquer: Further Reflections on the Distinctive Character of American Labor Laws. *Wisconsin Law Review*, n. 1, 1990.

SCHOLZ, John T. Cooperation, Deterrence, and the Ecology of Regulatory Enforcement. *Law and Society Review*, Salt Lake City, v. 18, n. 2, p. 179-224, 1984.

SCHORR, Lisbeth; SCHORR, Daniel. *Within our Reach, Breaking the Cycle of Disadvantage*. Doubleday: Anchor Books, 1988.

SCHULTZ, Vicki. Telling Stories About Women and Work- Judicial Interpretations of Sex Segregation in the Workplace. In: Title VII: Cases Raising the Lack of Interest Argument. *Harvard Law Review*, v. 103, 1990.

SCHULTZE, Charles L. *The Public Use of the Private Interest*. Washington, DC: The Brookings Institution, 1977.

SHERWIN, Richard K. A Matter of Voice and Plot: Belief and Suspicion in Legal Storytelling. *Michigan Law Review*, v. 87, 1988.

SIMON, William H. Legality, Bureaucracy, and the Class in the Welfare System. *Yale Law Journal*, v. 92, 1983.

SINGER, Joseph William. The Legal Rights Debate in Analytical Jurisprudence form Bentham to Hohfeld. *Wisconsin Law Review*, 1982.

SMITH, Marshall S.; O'DAY, Jennifer. Systemic School Reform. *In*: FUHRMAN, Susan H.; MALEN, Betty (Ed.). *The Politics of Curriculum and Testing*: 1990 Yearbook of The Politics of Educational Association. London; New York: Falmer Press, 1991.

SOUTH, Scott J. Metropolitan Migration and Social Problems. *Social Science Quarterly*, v. 68, n. 1, Mar. 1987.

STANFORD Law Review, v. 36, n. 1-2, 1984.

STEWART, Richard B. The Discontents of Legalism: Interest Group Relations in Administrative Regulation. *Wisconsin Law Review*, 1985.

STONE, Christopher D. *Where the law ends*: the social control of corporate behavior. New York: Harper and Row, 1975.

SUGARMAN, Stephen D. *Doing away with personal injury law*: new compensation mechanisms for victims, consumers, and business. New York: Quorum, 1989.

SUGARMAN, Stephen D. Doing Away with Tort Law. *California Law Review*, v. 73, 1985.

TEUBNER, Gunther. Autopoiesis in Law and Society: A Rejoinder to Blankenburg, *Law and Society Review*, v. 18, n. 2, 1984.

TEUBNER, Gunther. How the Law Thinks: Toward A Constructivist Epistemology of Law. *Law & Society Review*, v. 23, n. 5, 1989.

TEUBNER, Gunther. Substantive and Reflexive Elements in Modem Law. *Law and Society Review*, v. 17, n. 2, p. 239-285, 1983.

TOBIAS, Andrew. *The invisible bankers*: everything the insurance industry never wanted you to know. New York: Simon & Schuster, 1982.

TUSHNET, Mark. An Essay on Rights. *Texas Law Review*, v. 62, 1984.

UNITED STATES OF AMERICA. Lochner v. New York. *United States Reports*, v. 198, 1905.

WEBER, Max. *Economy and Society*: an Outline of interpretive sociology. Berkeley, CA: University of California Press, 1978, v. 1-2.

WEGNER, Judith Welch. Variations on a Theme – The Concept of Equal Educational Opportunity and Programming Decisions Under the Education for All Handicapped Children Act of 1975. *Law & Contemporary Problems*, Winter, 1985.

WEIMER, David; VINING, Aidan. *Policy Analysis*: Concepts and Practice. Englewood Cliffs, NJ: Prentice-Hall, 1988.

WEISBERGER, June M. The Wisconsin Marital Property Act: Highlights of the Wisconsin Experience in Developing A Model for Comprehensive Common Law Property Reform. *Wisconsin Women's Law Journal*, 1985.

WELS, Susan. Global Integration: The Apparent and the Real. *Stanford Magazine*, v. 18, 1990.

WHITE, G. Edward. From Realism to Critical Legal Studies: A Truncated Intellectual History. *Southwestern Law Journal*, v. 40, 1986.

WHITE, Paula. *Teacher Participation in School Decision-making*: Decentralization of Authority to the School Site. Dissertation – University of Wisconsin, Madison, 1990.

WHITFORD, William C. A Critique of the Consumer Credit Collection System. *Wisconsin Law Review*, Issue 4, 1979.

WHITFORD, William C. Comment on a Theory of the Consumer Product Warranty. *Yale Law Journal*, v. 91, 1982.

WHITFORD, William C. Lowered Horizons: Implementation Research in a Post-CLS World. *Wisconsin Law Review*, 1986.

WILENSKY, Harold L. The New Corporatism, Centralization, and the Welfare State. *Sage professional papers in contemporary political sociology*, série n. 06-020, 1976.

WILLIAMS, Patricia J. Alchemical Notes: Reconstructing Ideals from Deconstructed Rights. *Harvard Civil Rights-Civil Liberties Law Review*, v. 22, 1987.

WILLIAMSON, Oliver E. *The Economic Institutions of Capitalism*: Firms, Markets, Relational Contracting. New York: Free Press, 1985.

WILSON, James Q.; KELLING, George L. Making Neighbourhoods Safe. *Atlantic Monthly*, v. 263, 1989.

WOHLSTETTER, Priscilla; ODDEN, Allan. *Rethinking School-Based management Policy and Research: Working Paper n. 11*. [s.l.]: Center for Research in Education Finance, University of Southern California, Sept. 1991.

WOLF JR., Charles. *Markets or governments*: Choosing between imperfect alternatives. Cambridge, MA: MIT Press, 1988.

YACKLE, Larry W. *Reform and Regret*: The Story of Federal Judicial Involvement in the Alabama Prison System. New York: Oxford University Press, 1989.

# UM MODELO POLÍTICO DE IMPLEMENTAÇÃO PARA AS POLÍTICAS PÚBLICAS: OS PAPÉIS DO DIREITO E DOS JURISTAS[1] [2]

**WILLIAM H. CLUNE**

**Tradução de Gabriela Azevedo Campos Sales, Bruno de Almeida Passadore, Elisa Martinez Giannella e Kadra Regina Zeratin Rizzi**

**Revisão técnica de Maria Paula Dallari Bucci**

---

1 [N.T. Tradução de: CLUNE, William H. A Political Model of Implementation and Implications of the Model for Public Policy, Research, and the Changing Roles of Law and Lawyers. *Iowa Law Review*, p. 49-125, 1983. Disponível em: https://repository.law.wisc.edu/s/uwlaw/item/30512] A pesquisa para este artigo foi apoiada com recursos do Instituto Nacional de Educação, sob o Financiamento n. NIE-G-79-0183. Os projetos relacionados, apoiados pelo Financiamento n. NIE-G-81-0009 ao Centro de Pesquisas Educacionais de Wisconsin, também desempenharam um papel importante na definição das etapas posteriores do artigo. Um esquema preliminar deste artigo foi apresentado em fevereiro de 1980 no colóquio das Faculdades de Direito e Educação do Programa de Direito do Instituto de Finanças e Governança (IFG) da Universidade de Stanford. Uma versão posterior foi apresentada no colóquio sobre "Mudança jurídica em uma sociedade de organizações complexas", em 11 de março de 1981, patrocinado pela Faculdade de Direito da Universidade de Wisconsin e pela *Wisconsin Law Review*. Agradeço os comentários oferecidos pelos participantes de ambos os colóquios. Um *workshop* sobre Max Weber, conduzido por David Trubek e Bob Gordon na primavera de 1982, foi bastante útil para entender a conexão entre implementação e teoria social. As apresentações de Hubert Treiber naquele seminário sobre a relação entre a Sociologia da Religião de Weber e a Sociologia do Direito foram, de longe, as explicações mais esclarecedoras de Weber que tive. As origens ancestrais e pessoais de um trabalho de pesquisa como este são numerosas. Uma delas foi o trabalho preliminar de doutorado em autoria conjunta, de W. Clune, J. Fitzgerald e R. Kidder, *Theory and Methodology in Legal Impact Studies,*

## 1 Introdução

A implementação de políticas sociais por meio do direito é um processo interativo que envolve agências governamentais, organizações reguladas e grupos de interesse. A implementação consiste no desenho da política governamental, na escolha e na administração de instrumentos políticos para atender a finalidades sociais, além do gerenciamento da política governamental em um ambiente complexo e politizado. Embora a implementação esteja envolvida em praticamente todos os problemas socialmente significativos e controversos do direito no Estado moderno, nossa compreensão desse processo é parcial e fragmentada.[3] Assim, este artigo tem dois objetivos principais: desenvolver e apresentar um modelo geral de implementação, bem como examinar algumas implicações desse modelo para as políticas públicas, para a pesquisa jurídica e para a mudança das concepções do direito e dos juristas[4] no direito "pós-moderno" (direito regulatório dominado pela política de grupos de interesse).

---

31 de maio de 1969 (manuscrito não publicado em arquivo com o autor). Fred DuBow merece agradecimentos pelos ulteriores cuidados pessoais, intelectuais e administrativos. Meu pesquisador associado, Bob Lindquist, foi uma fonte constante de palpites [N.T. No original, *kibitzing*]. Marshall Smith, diretor do Centro de Pesquisa Educacional de Wisconsin, forneceu diversos exemplos políticos da vida real das tendências sobre as quais eu estava pensando e escrevendo. Embora eu tenha me beneficiado das ideias de muitas pessoas, elas não necessariamente concordam comigo; e as organizações que apoiaram esta pesquisa não necessariamente apoiam sua análise ou conclusões.

2 [N.T.] Com alguns ajustes, este capítulo corresponde à tradução para o português publicada sob a seguinte referência: CLUNE, William. H. Um modelo político de implementação para as políticas públicas: os papéis do direito e dos juristas. Tradução de Gabriela Azevedo Campos Sales, Bruno de Almeida Passadore, Elisa Martinez Gianella, e Kadra Regina Zeratin Rizzi. Revisão técnica da tradução Maria Paula Dallari Bucci. *Revista Brasileira de Políticas Públicas*, Brasília, DF, v. 11, n. 1, p. 20-82, 2021. A obra traduzida não oferecia todas as informações que seriam necessárias para a conversão das referências originais ao padrão estabelecido pela ABNT. Ainda assim, as referências a livros e artigos científicos presentes no texto original foram adaptadas para facilitar a identificação das obras por parte de leitores brasileiros, com acréscimo de algumas informações não contidas no original. As referências a atos normativos e processos judiciais foram majoritariamente mantidas como apresentadas no texto original, como forma de permitir a identificação da fonte citada. Sobre o sistema de citação de referências jurídicas nos Estados Unidos: Harvard Law Review Association *et al.* (Org.). *The Bluebook*: A Uniform System of Citation. 21. ed. Cambridge: Harvard Law Review Association, 2020. Disponível em: www.legalbluebook.com. Acesso em: 17 ago. 2020.

3 CLUNE, W.; LINDQUIST, R. What "Implementation" Isn't: Toward a General Framework for Implementation Research, *Wisconsin Law Review*, v. 1981, p. 1044-1116, em especial p. 1046-1047.

4 [N.T.] Ao longo deste texto, a palavra *lawyer* foi traduzida ora como *jurista*, ora como *advogado*, conforme o contexto.

Ao contrário de suas conotações relativamente abstratas, a palavra "modelo" significa algo bastante concreto.[5] Um modelo é uma descrição específica de atores e interações envolvidos em um processo, com nível de generalidade suficiente para que padrões comuns possam

---

[5] O modelo usado neste artigo é mais parecido com os modelos utilizados na análise de sistemas. De fato, o livro pioneiro de Easton sobre o assunto influenciou o artigo de Clune, Fitzgerald e Kidder mencionado nos agradecimentos como um antecessor deste artigo. EASTON, D. *A systems analysis of political life*, 1965. O principal distanciamento em relação à análise de sistemas é o uso, em meu modelo, de pessoas e organizações em vez de variáveis abstratas como "demandas" e "suporte". Wirt e Kirst usam o modelo de Easton em seu livro sobre políticas da educação. WIRT, F.; KIRST, M. *Schools in conflict*, 1982, p. 29. Alguns cientistas sociais desaprovam fortemente o emprego do termo "modelo" ao tipo de modelo usado neste artigo. Wirt e Kirst sugerem que um modelo de sistemas deve ser considerado uma "teoria heurística", um "esquema heurístico" ou um "quadro de análise política", em vez de "teoria em seu sentido tradicional" ("um conjunto de [...] proposições relacionadas que incluem algumas leis gerais e às quais se pode atribuir um valor de verdade específico por meio de testes empíricos"). *Idem*, p. 27. Fundamentalmente, concordo com Wirt e Kirst, mas me recuso a ser completamente excluído do reino do positivismo e gostaria de me explicar. Neste artigo, modelo não significa um conjunto de variáveis com ligações quantificáveis especificadas, capazes de falsificação estatística. JENCKS, C.; SMITH, M.; ACLAND, H.; BANE, M.; COHEN, D.; GINTIS, H.; HEYNS, B.; MICHELSON, S. *Inequality – a reassessment of the effect of family and schooling in America*, 1972, p. 320-350 ("*Path Models of Intergenerational Mobility*"); BUSH, R.; LUCE, D; SUPPES, P. Models, Mathematical. *In: International Encyclopedia Of The Social Sciences*, v. 10, 1968, p. 378 e ss.; CHRIST, Carl. Econometric Models, Aggregate, *International Encyclopedia Of The Social Sciences*, v. 4, 1968, p. 344 e ss. O modelo apresentado aqui é um esquema verbal de atores e interações típicas. Como tal, é descritivo de uma ampla gama de implementações. Não é nem um pouco preditivo do que pode ocorrer em implementações específicas, porque foi formulado para ser geral o bastante para abranger todas as implementações. O modelo é preditivo e falseável, na medida em que é inconsistente com "quadros" concorrentes da *forma* básica de implementação. Por exemplo, Clune e Lindquist, nota 3 *supra*, p. 1067-1069 (discussão do modelo de "impacto legal"). Para discussão dos aspectos descritivos do modelo e suas vantagens, *vide* seção 2.2 deste artigo; para uma discussão sobre aspectos preditivos, *vide* seção 3.5. Confesso perplexidade em relação à reivindicações territoriais quanto à palavra "modelo". Existe algo não científico no objetivo deste artigo – uma descrição clara, geral, parcimoniosa e verbal de um importante processo social? A palavra "modelo" parece melhor que "conceito", "denominação" ou até "tipologia", porque a tentativa aqui é "relacionar [...] conceitos em conjuntos de proposições inter-relacionadas" (ABELL, P. *Model building in sociology*, 1971, p. 1). Passado um certo ponto, o debate sobre os méritos dos vários usos da palavra "modelo" é "uma perda de tempo" (*Idem*, p. 237, n. 1). A sensibilidade quanto ao uso da palavra "modelo" neste contexto tem uma base especialmente válida. Ao pesquisar sobre qualquer um dos muitos subtópicos identificados pelo modelo neste artigo, normalmente é necessário desenvolver ou aplicar uma subteoria mais específica. Por exemplo, ao pesquisar sobre agências sancionadoras, conforme discutido na seção 2.2.3, é preciso classificar as sanções de alguma maneira – por sua gravidade, por exemplo – e relacionar essa classificação a algum outro comportamento da agência (por exemplo, resistência organizacional e evasão). O mesmo ponto poderia ser arguido quanto a teorias genuinamente preditivas, discutidas acima. Assim, o modelo apresentado aqui é útil para a pesquisa porque é heurístico (sugerindo áreas para pesquisa), holístico (lembrando aos pesquisadores de não negligenciarem partes cruciais de todo o processo) e sintético (relacionando áreas da realidade e pesquisa entre si).

ser reconhecidos em uma ampla gama de áreas temáticas. Ao discutir as implicações de um modelo geral, é essencial estabelecer os fatos a partir dos quais as implicações são extraídas. Muita teoria sobre o direito é incompreensível – uma série tediosa de abstrações e abstrações sobre abstrações. Felizmente, o modelo deste artigo não será vítima desse problema, mas, ao contrário, fornecerá dezenas de exemplos concretos para a discussão subsequente das implicações. De fato, algumas das implicações são quase inseparáveis do modelo, porque envolvem o modo como visualizamos a operação do processo jurídico.

Outra conotação infeliz da palavra "modelo" deve ser abordada logo no início. O modelo parece estranho e artificial, algo compreendido pelos "cientistas" sociais, e não por cidadãos, advogados, políticos e juízes. O modelo apresentado neste artigo, no entanto, deve ser instintivamente familiar a qualquer observador razoavelmente sofisticado ou participante do sistema jurídico moderno. Em certo sentido, o objetivo deste artigo é harmonizar algumas das construções formais de Teoria do Direito, pesquisa jurídica e análise de políticas, com aspectos práticos do processo jurídico moderno. Os padrões básicos descritos aqui – regulação e política de regulação – surgiram, no mais tardar, na virada do século e atingiram a maturidade no *New Deal*, mas muitas de nossas ideias formais não progrediram. Se este fosse um artigo histórico, seria sobre o atraso entre a cultura jurídica e a realidade jurídica. No entanto, a cultura é poderosa. Coisas que sabemos instintivamente podem parecer surpreendentes, até mesmo chocantes, quando comparadas explicitamente com preconceitos, ideologias e racionalizações.

## 1.1 O que é implementação?

É mais fácil se interessar pela implementação do que a definir. Em um artigo anterior, Robert Lindquist e eu tentamos uma definição extensa de implementação, comparando-a com outras partes do processo jurídico e contrastando a pesquisa orientada à implementação com outras modalidades de pesquisa.[6] No referido artigo, a implementação foi definida como o processo de criação ou tentativa de mudança social por meio do direito.[7] A mudança social buscada pela implementação é "programática"; consiste em uma política relativamente coerente, im-

---

6 Clune e Lindquist, nota 3 *supra*.

7 *Idem*, p. 1045.

plementada por um período razoavelmente curto, após o qual a política pode se tornar obsoleta ou atingir um estado de equilíbrio dinâmico.[8] A mudança social também é difícil de se realizar em razão da falta de vontade ou da incapacidade no setor regulado. A dificuldade da tarefa social exige a resposta jurídica característica da implementação, política jurídica "afinada" consistente em planejamento detalhado, direcionamento, supervisão e controle.[9] Estruturalmente, a implementação tende a envolver uma ou mais organizações, agências governamentais, tentando mudar o comportamento de outras organizações, governamentais ou não. Implementação é, portanto, um estudo da interação organizacional. Especificamente, é o estudo de organizações governamentais que tentam influenciar outras organizações a fazer algo difícil o bastante a ponto de exigir uma grande quantidade de interação. A implementação preocupa-se mais com as funções manifestas do que com as funções latentes do direito (reconhecendo as funções latentes à medida que afetam as manifestas);[10] é necessária uma visão instrumental, e não determinística, ou teórico-social, da ordem sociojurídica.[11]

A implementação é um assunto significativo para estudo, pois está envolvida em quase todas as intervenções governamentais de importância crítica em nosso tempo: oportunidade educacional, discriminação no emprego, controle de poluição, má conduta corporativa e muito mais. Também é importante em razão da crise de confiança sobre essas intervenções, surgida nas décadas de 1960 e 1970. Intrinsecamente difícil de realizar, a implementação recentemente pareceu impossível ou muito cara.[12]

## 1.2 Significado e importância de um modelo geral

O modelo apresentado neste artigo consiste em uma repre-

---

8 *Idem*, p. 1105-1111. Para uma discussão sobre tendências estáveis nas interações representadas pelo modelo, *vide* seção 2.2.8.3.

9 Clune e Lindquist, nota 3 *supra*, p. 1072-1083.

10 *Idem*, p. 1094-1101.

11 *Idem*, p. 1101-1104.

12 O "neoconservadorismo" define-se em termos de desilusão com os resultados e o potencial de programas sociais ambiciosos. GOODMAN, W. Irving Kristol: Patron Saint of the New Right. *The New York Times Magazine*, Seção 6, p. 90, 6 de dezembro de 1981. Não é fácil distinguir a falta de entusiasmo em relação aos objetivos das dúvidas quanto à eficácia e ao custo. CLUNE, W. The Deregulation Critique of the Federal Role in Education. *In*: KIRP, D (Ed.). *School days, rule days: regulation and legalization in American education* (no prelo). [N.T. Esta tradução manteve as referências às obras no prelo, tal como constantes da publicação original deste artigo].

sentação de atores e interações envolvidos em um típico processo de implementação, mas a abstração não é tão abstrata. Neste artigo procura-se destilar o essencial do que é descrito em estudos de caso de implementação factualmente densos, como os de litígios sobre financiamento da educação, educação compensatória, educação bilíngue, reforma prisional, dessegregação escolar e igualdade nas oportunidades de emprego.[13] Consequentemente, o modelo não é composto por "variáveis" em um alto nível de abstração. É preenchido por pessoas reais (ou, mais precisamente, organizações reais) interagindo entre si de maneiras intuitivamente familiares ou, pelo menos, plausíveis.

Um modelo geral de implementação pode ser extremamente útil. Os trabalhos existentes em matéria de implementação são parciais e fragmentados. Parciais porque o que normalmente se considera como pesquisa sobre implementação é, na realidade, pesquisa sobre diferentes partes do processo de implementação. Fragmentados porque a pesquisa não está inter-relacionada ou sintetizada, tampouco condensada em um só lugar. Com um modelo geral, a pesquisa sobre implementação pode ser categorizada de acordo com vários fatores, como exemplo, qual parte do processo é descrita e qual a perspectiva adotada.

Além de contribuir para organizar a pesquisa existente, um modelo geral ajuda a entender o processo de implementação e, portanto, tem valor teórico. O modelo em si tem um certo poder preditivo, explicativo e sensibilizador sobre o que provavelmente ocorrerá durante a implementação e por quê. A simples apresentação do processo em sua forma real nega tacitamente uma extensa gama de possíveis hipóteses contrárias sobre o processo de implementação e sensibiliza os pesquisadores a respeito do que investigar. Além disso, certas implicações gerais do modelo podem ser utilmente inferidas, especialmente na medida em que essas ideias se afastam de outras visões de implementação ou têm implicações óbvias para a pesquisa. Quando parte do processo é considerada sem referência a outras partes, pode faltar um senso de limites realistas sobre as alternativas de implementação. Por exemplo, considerar o que adiante será denominado "Teoria da Sanção" sem referência às políticas de implementação[14] pode resultar em uma falsa percepção do leque de sanções e respostas possíveis. No mundo real da

---

13 Clune e Lindquist, nota 3 *supra*, p. 1091, n. 103, para uma coletânea de estudos de caso sobre implementação.

14 Para a discussão sobre os ciclos ascendente e descendente de implementação, *vide* seções 2.2.1 e 3.1.

implementação, talvez não seja possível promulgar ou aplicar sanções que pareçam atrativas, por causa da realidade da política legislativa, administrativa e organizacional.

A referência a um modelo geral também tem consequências para a metodologia e para a avaliação de políticas. Quando se aprecia toda a gama de atividades envolvidas na implementação, fica claro que diferentes técnicas de pesquisa devem fazer parte da pesquisa de implementação. Muitos dos problemas mais frequentes da avaliação de políticas legislativas referem-se à ausência de entendimento sobre o processo de implementação. Por exemplo, a constatação reiterada e inútil de que todas as implementações falham em atingir seus objetivos ideais é, à luz de um modelo geral, simplesmente uma reformulação do fato de que uma intervenção jurídica é ela própria produto de um compromisso social, e não é mais do que a abertura de um processo complexo de compromisso e ajuste. A implicação para a política é que a intervenção deve ocorrer nas margens. De fato, um modelo geral provavelmente é útil, sobretudo para a análise de políticas públicas. A tendência da análise parcial de exagerar a importância de partes selecionadas do processo ou de omitir as qualificações necessárias é mais prejudicial quando se considera o valor de intervenções específicas e limitadas.

Por fim, um modelo geral é uma excelente maneira de examinar as mudanças das funções do direito e dos juristas. O modelo aqui apresentado é realmente sobre a forma do processo jurídico moderno – como ele funciona e quem faz o quê. As discussões sobre o direito moderno geralmente são excessivamente abstratas, porque é difícil imaginar o que está sendo discutido. Essa situação é especialmente infeliz porque as características predominantes do direito discutidas pelos teóricos são de fato ilustradas por eventos com os quais todos estamos familiarizados – eventos que vemos, ouvimos ou lemos todos os dias. Vale insistir que nenhum dos benefícios de um modelo geral depende do tipo de precisão que associamos, por exemplo, aos modelos de equilíbrio geral da economia. A precisão seria boa, mas é muito útil ter uma imagem geral válida das várias partes do processo e de como essas partes se relacionam.

## 2 Um modelo "político" de implementação

Esta seção aborda primordialmente a apresentação e a explicação do modelo; os comentários são reservados para a seção 3. No entanto, a natureza "política" característica do modelo deve ser discutida desde o início. O modelo é político no sentido de que as duas fases da produção normativa – formação e implementação de políticas – são representadas como um processo de luta, conflito e compromisso entre grupos de interesses conflitantes. De fato, na maior parte das vezes, os mesmos grupos de interesses estão envolvidos em ambas as fases do processo de produção normativa. Todavia, fases diferentes podem envolver distintos equilíbrios de poder e a política pode assumir formas diversas. Neste artigo, "direito" é simplesmente o equilíbrio atingido pelas forças em disputa, em um dado estágio do processo. No entanto, a norma jurídica constitui mais do que simplesmente um prêmio político ou um compromisso; consiste em um tipo muito especial de prêmio ou compromisso, pois determina comportamentos e resultados de maneira única e poderosa. Pessoas interessadas ou grupos de interesse são a força-motriz por trás da formulação e da implementação de políticas. Portanto, o propósito final de uma legislação é encontrado nas aspirações sociais das pessoas e não nas leis ou na história legislativa. A estrutura de uma legislação e sua história legislativa não só podem revelar a natureza das aspirações sociais que lhe são subjacentes, como também podem ajudar a explicar o escopo técnico e os limites da positivação de um objetivo social, bem como a maneira pela qual um propósito foi comprometido com outro. Mas o "objetivo" de uma lei não existe em abstrato; existe nos argumentos de que a letra ou o espírito de uma lei estão sendo violados e nos problemas éticos relativos à violação de requisitos mínimos de legalidade.[15] O modelo, portanto, descreve a implementação como um processo interativo entre *atores* produzindo *comportamentos*. Os comportamentos incluem normas (comandos legais), incentivos legais (essencialmente aplicáveis) e conformidade ou desconformidade em relação às normas.

Outra nota introdutória é necessária para evitar confusão. Basicamente, o modelo aplica-se tanto aos processos legislativos quanto aos administrativos, bem como a alguns litígios perante tribunais. No artigo anterior, a implementação foi definida de forma a incluir, apenas, um certo tipo de litígio, o "litígio de direito público".[16]

---

15 Para uma discussão sobre a mudança dos papéis do direito no direito político pós-moderno, *vide* seção 4.

16 CHAYES, A. The Role of the Judge in Public Law Litigation, *Harvard Law Review, v. 89,* p. 1281-1316, 1976; DIVER, C. The Judge As Political Power broker: Superintending Structural Change in Public Institutions, *Virginia Law Review*, v. 65, p. 43-106, 1979; EISENBERG, T.; YEAZELL, S. The Ordinary and the Extraordinary in Institutional

No contencioso de direito público, todas as funções e interações descritas no modelo são aplicáveis. A forma da interação é, obviamente, fortemente influenciada pelo contexto judicial. O comando jurídico[17] é uma decisão judicial, em vez de uma lei;[18] o monitoramento, a negociação e a solução de problemas são feitos por juízes e seus assessores,[19] em vez de agências administrativas.[20] Mas os elementos funcionais centrais da implementação são os mesmos: uma tarefa social difícil é satisfeita com uma política normatizada bem ajustada, atores interessados intervêm em todos os pontos do processo, defesas e desvios organizacionais são removidos. Essas características comuns aumentam a utilidade de um modelo único para a implementação orientada por tribunais e agências.

## 2.1 Atores e comportamentos durante a implementação

Na Tabela 1, apresentam-se os atores básicos do processo de implementação e seus principais comportamentos (a natureza das interações será descrita na Tabela 2).

Litigation, *Harvard Law Review, v. 93,* p. 465-517, 1980; FLETCHER, W. Discretionary Constitution: Institutional Remedies and Judicial Legitimacy, *Yale Law Journal*, v. 91, p. 635-697, 1982; RHODE, D. Class Conflicts in Class Actions, *Stanford Law Review*, v. 34, p. 1183-1262, 1982; Symposium: Judicially Managed Institutional Reform, *Alabama Law Review*, v. 32, p. 267-464, 1981; Special Project: The Remedial Process in Institutional Reform Litigation, *Columbia Law Review*, v. 78, p. 784-929, 1978; Note: Implementation Problems in Institutional Reform Litigation, *Harvard Law Review*, v. 91, p. 428-463, 1977; Note: Institutional Reform Litigation: Representation in the Remedial Process, *Yale Law Journal*, v. 91, p. 1474-1492, 1982.

17 [N.T.] No original, *legal mandate*. A expressão *legal mandate* foi traduzida como *comando jurídico* em todas as aparições no decorrer do texto.

18 [N.T.] No original, *statute*. A palavra *statute* foi traduzida como *lei* em todas as aparições no decorrer do texto, evitando-se a confusão que o emprego do termo *estatuto* poderia ensejar.

19 [N.T.] No original, *judge and judicial masters*.

20 YUDOF, M. Plato's Ideal and the Perversity of Politics (resenha de livro). *Michigan Law Review*, v. 81, p. 730-745, 1983, em especial p. 741-745 (poderes legislativos e tribunais em litígios institucionais são semelhantes nos métodos de representar interesses políticos, encontrar fatos, interpretar evidências de ciências sociais, elaborar remédios e decisões de implementação). De fato, a maioria das implementações envolve legislativos, tribunais e agências administrativas; mas uma instituição geralmente tem responsabilidade primária. Para a discussão das várias instituições envolvidas na implementação, *vide* seção 2.2.8.4.

Tabela 1 – Atores básicos no processo de implementação e seus comportamentos

| Atores externos | Atores internos | Comportamentos[21] |
|---|---|---|
| (I) Grupos de interesse e mídia | (A) Organizações normatizadoras (formuladoras de políticas) | (1) Comandos jurídicos |
| | (B) Organizações reguladoras e suas ideologias | (2) Incentivos legais |
| | (C) Organizações reguladas e suas ideologias | (3) Conformidade (incluindo desconformidade) |

As "variáveis" são classificadas por colunas. "Atores externos" (coluna 1) referem-se à multiplicidade de grupos de interesses que intervêm na produção normativa e na implementação. Proeminentes entre esses grupos (I) seriam grupos de interesse em sentido técnico – a *American Civil Liberties Union* (ACLU), a *National Association for the Advancement of Colored People* (NAACP),[22] sindicatos, ambientalistas, *lobbies* empresariais – e os meios de comunicação. A implementação é um processo criado e dirigido por movimentos sociais; reformadores sociais e seus oponentes são ativos em todas as etapas. Consequentemente, o processo é político e agitado. "Atores internos" (coluna 2) são as organizações que elaboram, aplicam e são o alvo da política do governo. As organizações normatizadoras (formuladoras de políticas) (A) incluem legislativos, tribunais e agências administrativas, na medida em que iniciam políticas. As organizações reguladoras (B) são as agências responsáveis pela aplicação da lei por meio de medidas como sanções e inspeções.[23] As organizações reguladoras aplicam sanções – o direito em ação – às organizações reguladas (C).

---

[21] [N.T.] No original, os comportamentos são identificados como (1) *Legal Commands,* (2) *Legal Incentives* e (3) *Compliance Behavior (including Noncompliance).*

[22] [N.T.] No original, constam apenas as siglas ACLU e NAACP.

[23] Uma das características estruturais incomuns dos tribunais é que eles combinam produção normativa e funções reguladoras em uma única organização.

Os "comportamentos", na coluna 3, são comportamentos das organizações especificadas diretamente à esquerda na coluna 2. Portanto, os comandos jurídicos (1) são comportamentos das organizações normatizadoras (A); incentivos legais (2) são comportamentos das organizações reguladoras (B); e conformidade (incluindo desconformidade) (3) é um comportamento das organizações reguladas (C). Os resultados jurídicos não são descritos pelo modelo nem são por ele considerados. Os motivos dessa exclusão, juntamente com os motivos de muitas outras exclusões, são apresentados no primeiro artigo.[24] As ideologias das organizações reguladoras e reguladas são explicitamente mencionadas devido à grande importância, para o processo de implementação, de orientações em relação ao direito vigente para ambos os tipos de organizações.

## 2.2 Interações-padrão durante a implementação

A implementação é sobretudo um processo interativo. Qualquer ação jurídica ou política pode ser recebida com uma reação das organizações afetadas. Assim, um projeto de lei ou uma decisão judicial que garanta direitos civis podem ser cumpridos com iniciativas legislativas destinadas a atenuá-los ou reforçá-los. Os regulamentos promulgados com base na legislação podem enfrentar resistência política e ser revogados. Medidas de coerção, como a ameaça de sanções, podem ser recebidas com retrocesso político, projetado para produzir um recuo da ameaça, ou com várias adaptações organizacionais. Ao longo da "história" de dada implementação, os esforços contínuos para alterar a base jurídica são comuns. Às vezes, esse jogo político consegue obter uma mudança marcante – por exemplo, os esforços da gestão Reagan para consolidar subsídios federais vinculados.[25]

Um modelo "político" presumivelmente deve descrever as interações políticas, e não é demais dizer que o modelo apresentado neste

[24] Clune e Lindquist, nota 3 *supra*, p. 1066-72.

[25] Os esforços do governo em educação culminaram no *Education Consolidation and Improvement Act* (ECIA), de 1981, Pub. L. No. 97-35, 95 Stat. 463 (codificado conforme alterações em seções dispersas de 20, 21 U.S.C.). Embora contivesse mudanças importantes, o ECIA foi menos "consolidativo" do que a gestão desejava e originalmente propôs. Programas bilíngues e para pessoas com deficiência não faziam parte da consolidação; e o principal programa educacional federal, o Título I do *Elementary and Secondary Education Act*, de 1965, Pub. L. No. 89-10, 79 Stat. 27, 27-36 (auxílio a estudantes desfavorecidos), foi mantido, com alterações, como o capítulo 1 da ECIA. 95 Stat. em 464-69 (codificado conforme alterações em seções dispersas de 20 U.S.C.).

artigo consiste, exclusivamente, em interações. Esta seção do artigo apresenta as interações "padrão" durante a implementação; isto é, aquelas que, por parecerem ocorrer repetidas vezes, dão à implementação sua "forma" característica.[26] Algumas implicações de "interatividade" ou "recursividade", como adiante denominadas, serão exploradas em uma seção posterior.

A Tabela 2 apresenta elementos analiticamente distintos das interações. As interações são apresentadas em "ordem lógico-cronológica", como se a estrutura oficial do processo jurídico se refletisse em estágios temporais. Esses tipos de interações, no entanto, podem ocorrer de forma diferente em implementações reais. Em implementações reais, as interações podem ser simultâneas e sequenciais; várias combinações institucionais podem ocorrer – por exemplo, a intervenção dos tribunais em um processo em grande parte administrativo. Além disso, existem tendências de longo prazo, ajustes cibernéticos de interesses conflitantes que atingem um ponto de relativa estabilidade. Esses refinamentos essenciais serão discutidos depois que as interações analiticamente distintas forem consideradas.[27] É importante isolar os tipos de interações que ocorrem nas várias combinações do mundo real. Observe-se que cada interação se refere aos atores e comportamentos indicados na Tabela 1, com uso das indicações de letras e números daquela tabela.

---

[26] Como a implementação é um processo longitudinal dinâmico, e não um processo estático, a palavra "forma" deve ser entendida adequadamente. A ideia de forma na música é uma analogia mais apropriada que a forma na arquitetura.

[27] Para uma discussão das interações em ação, *vide* seção 2.2.8.

Tabela 2 – Interações-padrão durante a implementação em sequência "lógica"

| I. O "CICLO DESCENDENTE" | |
|---|---|
| 1. Formulação de políticas | [(I) -› (A) -› (1) na Tabela 1] |
| 2. Implantação de incentivos legais | [(1) -› (B) -› (2)] |
| 3. Respostas das organizações reguladas | [(2) -› (C) -› (3)] |
| 4. Interações implantação-resposta | [(2) -› (3); (3) -› (2)] |
| **II. O "CICLO ASCENDENTE"** | |
| 1. Influência sobre as políticas formais das agências reguladoras por *insiders* e alianças *insiders-outsiders* | [(C) -› (B) -› (2); (C)/(I) -› (B) -› (2)] |
| 2. Influência sobre os poderes legislativos por *insiders* e *outsiders* para obter mudanças na base jurídica[28] | [(C)/(I) -› (A) -› (1)] |

No restante desta seção, cada tipo de interação será discutido e exemplificado separadamente. A discussão dirá respeito ao tipo de atividade que ocorre em cada fase da implementação.

## 2.2.1 Ciclo ascendente *versus* ciclo descendente

Conforme refletido na Tabela 2, todas as interações da implementação podem ser consideradas parte de um "ciclo descendente" ou de um "ciclo ascendente". O ciclo descendente é orientado para a conformidade. Começa com a emissão de um comando jurídico, continua com a implantação de incentivos legais e termina com a conformidade ou desconformidade por parte do setor regulado. O ciclo ascendente, por outro lado, é orientado para o governo, seus comandos e suas sanções cotidianas. Durante a implementação, as organizações reguladas e seus

[28] [N.T.] No original, *Underlying Mandates (Statutes)*.

aliados empreendem contínuos esforços para obter compromissos nas demandas que recebem das organizações reguladoras. Em uma ação judicial, esses esforços tomam a forma de tentativas de modificar a decisão ou de obter várias medidas corretivas. Na prática administrativa, é comum o *lobby* para fortalecer ou enfraquecer as leis, regulamentos administrativos e sanções administrativas.[29]

Talvez o aspecto mais difícil da implementação, do ponto de vista da teoria e da política, seja esse fluxo e refluxo de forças contrárias. Em qualquer implementação real, idas e vindas existem a qualquer momento e ao longo da implementação. Como consequência, o processo de implementação pode parecer mais com uma campanha militar do que com o desenvolvimento calmo e ordenado da política. Quando a política se desenvolve de maneira ordenada, isso indica que conflitos foram resolvidos em uma multiplicidade de conjunturas críticas, de forma ao menos razoavelmente consistente com o objetivo fundamental da lei.

Um bom exemplo desse fluxo e refluxo de forças contrárias é a longa demanda *Robinson versus Cahill*,[30] sobre financiamento da educação. Durante cerca de seis anos, os tribunais e o Legislativo de Nova Jersey negociaram três complexos diplomas normativos, um julgamento de primeira instância e sete decisões da Suprema Corte, incluindo uma dramática e conflituosa ordem de fechamento das escolas de Nova Jersey. O resultado foi um compromisso. A fase administrativa da implementação não poderia começar até que o tribunal e o Legislativo resolvessem o conflito. Essa fase também conteria inúmeros compromissos, já que a burocracia escolar labiríntica começaria a implementar as exigências básicas do texto final.[31]

---

[29] Sobre litígios institucionais, *vide* nota 16 *supra*; sobre *lobby* no processo administrativo, *vide* seção 2.2.6 (influência sobre as organizações reguladoras para mudar a política formal).

[30] 118 N.J. Super. 223, 287 A.2d 187, *supp'd*, 119 N.T. Super. 40, 289 A.2d 569 (1972), *modified*, 62 N.J. 473, 303 A.2d 273, *reargued*, 63 N.J. 196, 306 A.2d 65, *cert. denied* Dickey v. Robinson, 414 U.S. 976 (1973); 67 N.J. 333, 339 A.2d 193, 69 N.J. 133, 351 A.2d 713, *cert. denied sub nom.* negado Klein v. Robinson, 423 U.S. 913 (1975); 69 N.J. 449, 355 A.2d 129, *supp'd*, 70 N.J. 155, 358 A.2d 457, *injunction dissolved*, 70 N.J. 464, 360 A.2d 400 (1976). Típico de litígios institucionais ou de direito público, Robinson não é realmente um "caso", mas uma série de interações entre vários tribunais e outros órgãos do governo. Ainda assim, o caráter vinculado das decisões judiciais e o poder hegemônico dos tribunais conferem um grau incomum de coerência às implementações geridas judicialmente. CLUNE, W.; LINDQUIST, R. Serrano e Robinson: Studies in the Implementation of Fiscal Equity and Effective Education in State Public Law Litigation. *In:* PIELE, P. (Ed.). *II Schools and the Courts*, 1979, p. 67-106, em especial p. 84-104.

[31] CLUNE, W.; LINDQUIST, R. Serrano e Robinson: Studies in the Implementation of Fiscal Equity and Effective Education in State Public Law Litigation. *In:* PIELE, P. (Ed.). *II Schools and the Courts*, 1979, p. 67-106, em especial p. 97-104 e 107-111.

### 2.2.2 Formação de políticas: obtenção e especificação do comando jurídico

O primeiro passo da longa série de ajustes que denominamos implementação ocorre quando os movimentos sociais obtêm um comando jurídico do governo.[32] Compreender o movimento social por trás de uma implementação específica é crucial para entender a própria implementação. A "Teoria" da Lei, pela perspectiva do movimento, é o que geralmente consideramos o propósito social "puro" da lei, como quando se considera a não discriminação no emprego como finalidade do Título VII[33] ou da Ordem Executiva 11.246.[34] [35] Mais importante, a teoria ou a "visão" de bem social mantida pelo movimento é necessária para explicar as reações do movimento às ações do governo ao longo da implementação. Podemos, por exemplo, prever as reações do movimento ambientalista às ações do Secretário do Interior Watt, pois temos uma apreciação intuitiva dos objetivos e da visão do movimento. Pelas mesmas razões, também é necessário entender a oposição ao movimento. Os compromissos inicialmente incorporados a todas as leis conquistadas por movimentos sociais são diretamente atribuíveis aos poderosos grupos de interesse que se opõem a essa iniciativa. A Teoria dos Defeitos da Legislação, ou dos interesses contra os quais os objetivos do movimento social devem ser equilibrados para se determinar sua razoabilidade, surge da estrutura de interesses representada por organizações potencialmente reguladas. Os ajustes nessa mesma linha procedem da mesma origem – oposição ao movimento social.

No artigo anterior, explicou-se por que a implementação começa propriamente no momento em que o comando jurídico torna-se

---

32 Para exemplos de movimentos sociais que buscaram comandos jurídicos: HANDLER, J. *Social movements and the legal system – a theory of law reform and social change*, 1978; KLUGER, R. *Simple Justice – The history of Brown v. Board of Education and Black America's Struggle for Equality*, 1976; PIVEN, F.; CLOWARD, R. *Poor people's movements – why they succeed, how they fail*, 1977; BELL, D. The Dialectics of School Desegregation, *Alabama Law Review*, v. 32, p. 281-298, 1981; LINDQUIST, R.; CLUNE, W. *Systemic Enforcement: The Implementation of Equal Employment Opportunity Through Executive Order*, 30 de junho de 1982, p. II.1-.119 (manuscrito não publicado em arquivo com o autor).

33 *Civil Rights Act*, de 1964, Pub. L. No. 88-352, §§701-716, 78 Stat. 241, 253-66, alterada pelo *Equal Employment Opportunity Act*, de 1972, Pub. L. No. 92-261, 86 Stat. 103 (versão atual em 42 U.S.C. §2000e (1) – (17) (1976)).

34 30 Fed. Reg. 12.319 (1965).

35 [N.T.] No original, *Executive Order*, que corresponderia, em termos, ao decreto no ordenamento jurídico brasileiro.

específico. Nesse ponto, ocorre primeiramente o ajuste fino do objetivo social subjacente às difíceis realidades sociais.[36] Os comandos próprios de implementação são materializações estruturais das forças sociais em conflito. O movimento social que propõe a lei e as organizações que a ela se opõem deixam suas respectivas marcas ao longo do texto legal. Em certo sentido, a ordem não consiste em nada além desses compromissos. Sob a Ordem Executiva 11.246, por exemplo, foram estabelecidas metas para contratações de acordo com o número de mulheres e minorias nos grupos de candidatos disponíveis.[37] Essa abordagem não promove uma ação afirmativa tanto quanto outras abordagens. De fato, tratou-se de uma concessão às organizações reguladas e que limitou severamente a quantidade de contratações exigida por lei.[38] Além disso, um contratante somente seria responsabilizado em caso de má-fé na contratação.[39]

A série de compromissos contidos na ordem executiva revela três pontos importantes sobre o processo de implementação. Primeiro, esses compromissos restringem todas as ações subsequentes durante a implementação; eles estabelecem o limite do que é lícito e razoável. Eles são a lei. Segundo, manifestações pontuais das mesmas forças conflitantes se repetem em inúmeras conjunturas subsequentes. O conflito entre o apoio e a oposição a mais contratações de minorias está profundamente enraizado na estrutura social. A pressão sobre um contratante individual para melhorar seus indicadores ilustra o conflito tanto quanto os compromissos incorporados ao comando jurídico. Terceiro, falar em "comando jurídico" como se fosse um ponto de referência fixo é completamente enganoso. Desde o Presidente Roosevelt, muitas ordens executivas foram emitidas a respeito de ações afirmativas na contratação; a Ordem Executiva 11.246 é apenas a mais recente. Cada

---

36 Clune e Lindquist, nota 3 *supra*, p. 1060.

37 41 C.F.R. 5 60-2,11 (1982) (análise de utilização); *idem*, §60-2,12 (objetivos e cronograma).

38 No ensino superior, por exemplo, definir metas de contratação em termos de minorias qualificadas disponíveis significa que as metas para muitos departamentos acadêmicos de tamanho considerável são zero, uma ou duas vagas destinadas a minorias. Uma análise de 1979 sobre as metas de ação afirmativa da Universidade de Wisconsin, por exemplo, constatou que as minorias representavam 2% da disponibilidade de força de trabalho em economia (pessoas qualificadas com a formação exigida). Dois por cento do total de 37 faculdades de economia implicava uma representação minoritária de 0,75 (arredondado para 1). Como, à época, não havia minorias em economia, seu objetivo de ação afirmativa era uma contratação. A disponibilidade de minorias em astronomia foi definida em 0,9%, implicando uma "meta" de zero contratações em um departamento de nove pessoas. (Vice-Chanceler para assuntos acadêmicos. *Relatório de 1978 sobre ação afirmativa e contratação de professores*, Universidade de Wisconsin-Madison, 22 de maio de 1979).

39 *Vide* 41 C.F.R. §60-2,15 (1982).

uma representa uma resolução ligeiramente diferente das forças sociais concorrentes, uma "receita" ligeiramente diferente de ajustes-padrão.[40] Numa visão prospectiva de uma implementação, pode-se antecipar que modificações da base jurídica serão frequentemente buscadas e por vezes obtidas.[41] É apenas um exagero relativo dizer que comandos jurídicos, como regulamentos e interações de execução, vêm e vão.

Assim, por uma pluralidade de razões convincentes, a implementação inclui a obtenção e a especificação do comando jurídico. É difícil narrar qualquer parte da história de uma implementação sem referência aos limites legais existentes, e é absolutamente impossível narrar a história completa de uma implementação sem atenção substancial à formação das políticas.

### 2.2.3 Implantação de incentivos legais

O comando jurídico é, na verdade, apenas "direito nos livros" (exceto pelos impactos simbólicos, cuja exclusão da implementação foi discutida no artigo anterior).[42] Para aplicar de forma efetiva a política normatizada às organizações reguladas, é necessário implantar incentivos legais. Os incentivos legais devem ser entendidos de maneira ampla, para incluir a imposição real ou provável de qualquer ação positiva ou negativa. Portanto, as sanções são apenas uma pequena parte dos incentivos legais. Outros são ordens diretas de executar ou não uma ação, exigências burocráticas, inspeções, investigações e ainda a ameaça de cada uma dessas medidas. O total de recursos aplicados na execução e a habilidade com que esses recursos são organizados e gerenciados são elementos óbvios da estrutura de incentivos.

A maioria das relações regulatórias é longa, com incentivos informais e intermediários, como a chamada "sanção burocrática",[43] e

---

40 A cronologia e a abordagem distinta de cada ordem executiva são apresentadas em: LINDQUIST, R.; CLUNE, W. *Systemic Enforcement: The Implementation of Equal Employment Opportunity Through Executive Order*, 30 de junho de 1982, p. p. III.1-165 (manuscrito não publicado em arquivo com o autor).

41 Um bom exemplo de política prolongada sobre os termos de uma lei é o Título I da Lei do Ensino Fundamental e Médio (ESEA), Pub. L. No. 89-10, 79 Stat. KIRST, M. JUNG, R. *The Utility of a Longitudinal Approach in Assessing Implementation: A Thirteen Year View Of Title I, Esea.* Instituto de Pesquisa em Finanças e Governança Educacional, Universidade de Stanford, Relatório de projeto n. 80-B18, 1980. *Vide* também nota 67 *infra* (padrão *Adams versus Richardson* de intervenção judicial).

42 Clune e Lindquist, nota 3 *supra*, 1061-1066.

43 Sanções burocráticas não fiscais, que podem ser avaliadas sem a inconveniência de processo formal, são apenas uma ferramenta do "sistema informal de gestão" que ajuda a

poucas punições. Em matéria de subsídios federais, por exemplo, uma auditoria pode resultar em muito trabalho extra para a organização regulada e, portanto, pode levar a uma mudança consensual em suas práticas. Além disso, as reclamações geralmente são tratadas por meio da estrutura administrativa, em lugar de se proceder à sanção final da descontinuação de recursos.[44]

A "ideologia" da organização reguladora é um dos principais determinantes dos incentivos legais. "Ideologia", nesse sentido, refere-se à orientação da agência em relação à finalidade da lei.[45] Obviamente, é provável que uma agência profundamente comprometida com o direito implante uma estrutura de incentivos diferente de uma agência relativamente indiferente. Uma reclamação comum sobre novos propósitos de agências que emergem dos movimentos sociais é que elas são excessivamente zelosas em sua estratégia de execução e que tomam ações "pró-movimento" não permitidas pela base jurídica.[46] Pessoas simpáticas ao movimento social estão compreensivelmente ansiosas por romper as restrições impostas pelos compromissos cautelosos contidos em muitas ordens de implementação. Igualmente compreensível, aquelas forças que se opõem aos movimentos sociais percebem como exageradas até mesmo interpretações jurídicas razoáveis em favor

---

implementar doações federais. HILL, P. *Enforcement and informal pressure in the management of federal categorical programs in education.* Nota avulsa N-1232-HEW, 1979, p. 14-29.

44 *Idem*, p. 10-12. Em geral, as recomendações de auditoria para cortar recursos são atenuadas pela pressão política que surge em defesa de um programa ameaçado. Verdadeiros cortes interrompem o serviço que a subvenção visa prover e queixas por malversação de recursos são frequentemente reparadas com recursos do subsídio atual.

45 Uma lista de fontes que lidam com vários aspectos da ideologia inclui, em geral: SCHURMANN, F. *Ideology and Organization in Communist China,* 2. ed., 1968; nas organizações reguladoras: KAUFMAN, H. *The forest ranger,* 1960; TAYLOR, S. *Environmental analysts in the bureaucracy: the impact statement strategy of administrative reform* (no prelo); em organizações regulamentadas: METZ, M. *Classrooms and corridors – the crisis of authority in desegregated secondary schools,* 1978; MURPHY, J. *State education agencies and discretionary funds,* 1974 (uma versão curta deste estudo está em: MURPHY, J. Title V of ESEA: The Impact of Discretionary Funds on State Education Bureaucracies. *In: Social Program Implementation,* 1976, p. 77 e ss.).

46 GLAZER, N. *Affirmative Discrimination,* 1975, p. 213-214. Uma das principais razões para consolidar a instalação do Escritório Federal de *Compliance* em Contratos em uma agência foi circunscrever o leque de discricionariedade dos inspetores de campo. Alguns inspetores estavam excedendo os limites da lei por excesso de zelo pelos interesses sociais subjacentes, enquanto outros estavam se esquivando da responsabilidade legal. Treinamento de investigadores e desenvolvimento de um manual de aplicação foram aspectos adicionais e limitadores de discricionariedade da consolidação. LINDQUIST, R.; CLUNE, W. *Systemic Enforcement: The Implementation of Equal Employment Opportunity Through Executive Order,* 30 de junho de 1982, p. III.1-165 (manuscrito não publicado em arquivo com o autor).

do movimento. Para cada um dos lados, os compromissos da lei são convenientes, mas quase nunca desejáveis.

## 2.2.4 Respostas das organizações reguladas

Organizações reguladas respondem a incentivos legais com alguma combinação de conformidade e desconformidade. Qualquer programa implementado em sua integralidade produzirá um mínimo de cumprimento, ao mesmo tempo em que, por mais bem-sucedida que seja a implementação, há também confusão, procrastinação e evasivas. A chave para entender as respostas das organizações reguladas é ter em mente que elas devem integrar os incentivos em prol de novos comportamentos encorajados pela implementação com os muitos propósitos organizacionais preexistentes e em desenvolvimento, formais e informais. A competição com outros propósitos organizacionais é a razão pela qual o cumprimento de metas da implementação é sempre problemático para uma organização e raramente o cumprimento é mais do que parcial. A conformidade é custosa; requer a exclusão de outros objetivos organizacionais. Para entender o conflito entre conformidade e metas organizacionais, é necessário entender alguns detalhes do tipo específico de organização. Ou seja, a implementação deve ser "contextualizada".[47] Nas prisões, a exigência de que os prisioneiros possam receber correspondências pode demandar uma equipe de inspeção de correspondências, de forma a limitar os riscos de contrabando; essa restrição orçamentária pode ser custeada com a redução do corpo docente no sistema educacional da prisão.[48]

O processo pelo qual as organizações respondem aos incentivos e a organização interna pela qual o fazem também são importantes. No nível mais amplo, em geral, as organizações não têm a capacidade de reformular completamente seu comportamento para acomodar novos incentivos. Os ajustes são feitos parcial e marginalmente, para que a organização minimize a incerteza, mesmo que isso não maximize a eficiência.[49] Algumas organizações estão particularmente mal equipadas

---

[47] KIRP, D. *Just Schools – The Idea of Racial Equality in American Education*, 1982, p. 53-56 e 59-60.

[48] Wis. ADMIN. CODE §HSS 309.05 (1982). DICKEY, W. The Promise and Problems of Rulemaking in Corrections: The Wisconsin Experience. *Wisconsin Law Review*, p. 285-340, 1983.

[49] MURPHY, J. *State education agencies and discretionary funds*, 1974, p. 13-17.

para dar respostas organizadas. Escolas são um especial exemplo de "acoplamento fraco".[50] Os administradores que tecnicamente estão em posições hierárquicas de autoridade têm relativamente pouco controle sistemático ou conhecimento sobre atividades essenciais de sala de aula.[51]

Organizações reguladas não são apenas maximizadoras de utilidade racional. Toda organização tem uma "cultura" (próxima do que foi chamado de "ideologia" das organizações reguladoras).[52] Essa cultura pode distorcer a importância e a relevância dos incentivos em comparação com o que se poderia esperar com um cálculo de "dólares e centavos". Nas corporações, uma razão para a ineficácia das sanções legais é que o sucesso do empreendedor é muito mais valorizado do que uma cultura de respeito às leis na organização empresarial. Logo, mesmo quando as sanções legais são severas, a falha em evitá-las é tolerada, se incorrida na busca de um objetivo comercial que a cultura organizacional define como legítimo.[53]

O conflito entre incentivos legais e metas organizacionais leva a todo tipo de manobras e "jogos".[54] Queixas, demoras e confusões são rotina. Organizações sujeitas a determinações legais geralmente reclamam do custo do cumprimento, da dificuldade em obter informações e de outros problemas. O descumprimento pode ser "culpa dos outros",[55] como quando o Legislativo não provê fundos necessários para permitir à organização regulada cumprir os objetivos da implementação.

O conflito entre incentivos legais e metas organizacionais também leva a desacordos sobre o que constitui uma conformidade "real" *versus*

---

[50] WEICK, K. Educational Organizations as Loosely Coupled Systems. *Administrative Science Quarterly*, v. 21, p. 1-19, 1976, em especial p. 3; WEICK, K. Administering Education in Loosely Coupled Schools. *Phi Delta Kappan*, v. 63, p. 673-676, 1982, em especial p. 673-676. Para uma ampla discussão sobre propriedades organizacionais de escolas: MILES, M. *Common Properties of Schools in Context: The Backdrop for Knowledge Utilization and "School Improvement"*. National Institute of Education,1980. *Idem*, p. 61, n. 17 avalia o conceito de acoplamento fraco.

[51] SPROULL, L. Managing Education Programs: A Micro behavioral Analysis. *Human Organization*, v. 40, p. 113-122, 1981, em especial p. 117-118.

[52] MURPHY, J. *State education agencies and discretionary funds*, 1974, p. 14-15. SARASON, S. *The culture of the school and the problem of change*, 1971. O termo "sistema social burocrático", empregado por meu colega Joel Handler, capta a dualidade dos aspectos organizacionais e culturais das organizações reais.

[53] STONE, C. *Where the law ends – the social control of corporate behavior*, 1975 p. 7, 46-57, 67-69.

[54] BARDACH, E. *The implementation game – what happens after a bill becomes a law*, 1977, p. 38-40, 55-58.

[55] Ou, como escreve Bardach, do ponto de vista da corporação, a não conformidade é "não é nosso problema" (*Idem*, p. 159).

o que constitui uma conformidade "técnica". O conflito é, portanto, a fonte do que os sociólogos chamam de "deslocamento do objetivo" e o que os filósofos do direito chamam de "legalismo".[56] Agentes de polícia sujeitos a uma cota de notificações por infrações de trânsito podem lavrar muitas multas que seus superiores não consideram de alta prioridade. Requisitos de ação afirmativa levam a disputas sobre quem é uma verdadeira minoria – por exemplo, aristocratas com sobrenomes espanhóis são um "grupo minoritário"? Escolas obrigadas a demonstrar a existência de serviços suplementares para certas categorias de estudantes podem isolá-los da sala de aula regular durante parte do dia, mesmo que o isolamento seja pedagogicamente danoso.[57]

A resposta a incentivos legais produz algum grau de "institucionalização" de comportamentos de conformidade por parte da organização regulada.[58] A institucionalização é uma mudança na própria organização, não apenas em seu comportamento. Essas mudanças relativamente permanentes incluem burocracias internas de *compliance*, ou "governos-sombra", como especialistas em subsídios

---

[56] Sobre deslocamento de meta: *idem*, p. 85-95; BLAU, P. The Dynamics of Bureaucracy – A Study of Interpersonal Relations in Two Government Agencies, 1963, p. 231-265; PRESSMAN, J.; WILDAVKSY, A. Implementation, 2 ed., 1979, p. 1 e *passim*; SELZNICK, P. TVA and the Grass Roots: A Study in the Sociology of Formal Organization, 1949, p. 259 ("*deflection of goals*"); BARRO, S. Federal Education Goals and Policy Instruments: An Assessment of the "Strings" Attached to Categorical Grants in Education. *In:* TIMPANE, M. (Ed.), The Federal Interest in Financing Schooling, 1978, p. 229 e ss. Sobre legalismo: BARDACH, E.; KAGAN, R. Going By The Book – The Problem Of Regulatory Unreasonableness, 1982, p. 93-123; KAGAN, R. Regulatory Justice: Implementing a Wage-Price Freeze, 1978, p. 90-97; SHKLAR, J. Legalism, 1964, p. 113-123.

[57] ARCHAMBAULT, F.; ST. PIERRE, R. The Effect of Federal Policy on Services Delivered Through ESEA Title I. *Educational Evaluation and Policy Analysis*, p. 33-46, mai./jun. 1980, em especial p. 42; GLASS, G.; SMITH, M. *"Pull Out" in Compensatory Education* (2 de novembro de 1977) (manuscrito não publicado arquivado na *Iowa Law Review*). Sobre alternativas ao sistema de extensão, TURNBULL, B.; SMITH, M.; GINSBURG. A. Issues for a New Administration: The Federal Role in Education, *American Journal of Education*, v. 89, p. 396-427, 1981, em especial, p. 417-421.

[58] MEYER. M. Strategies for Further Research: Varieties of Environmental Variation. *In: Environments and Organizations*, 1978, p. 352 e ss., em especial p. 355-357; MEYER. J.; ROWAN, B. The Structure of Educational Organization. *In: idem*, p. 78, 79-81; MEYER, J.; SCOTT, R.; COLE, S.; INTILI, J. Instructional Dissensus and Institutional Consensus in Schools. *In: idem*, p. 233-263, em especial p. 256-263; MEYER, J.; ROWAN, B. Institutional Organizations: Formal Structure as Myth and Ceremony. *American Journal of Sociology*, v. 83, p. 340-363, 1977, em especial p. 346-348; MEYER, J.; SCOTT, R.; DEAL, T. *Institutional and Technical Sources of Organizational Structure Explaining the Structure of Educational Organizations*, maio de 1980 (manuscrito não publicado em arquivo com o autor); também: BERMANI, P.; MCLAUGHLIN, M. Federal Support for Improved Educational Practice. *In:* TIMPANE, M. (Ed.). *The Federal Interest in Financing Schooling*, 1978, p. 209 e ss., em especial p. 216-219.

federais nas burocracias escolares.[59] Além disso, a institucionalização inclui mudanças mais ou menos estáveis nos deveres e práticas do quadro de funcionários existentes, como uma nova orientação dos psicólogos escolares em relação às pessoas com deficiência e mudanças na orientação cultural da organização, como novas atitudes em relação à discriminação racial. O grau de permanência da institucionalização é imensamente variado.[60] Novas atitudes em questões raciais tendem a ser irreversíveis. A prática de desenvolver planos de educação individual para pessoas com deficiência é, de alguma forma, fortemente arraigada. Em contraste, algumas regulamentações das escolas produzem "projetos" fracos, que existem à margem das operações estabelecidas e são abandonados tão logo os incentivos legais são descontinuados.[61] É importante lembrar que a institucionalização pode ser perniciosa e disfuncional, como também pode ser eficientemente orientada para a conformidade. A excessiva ênfase na responsabilidade fiscal, por exemplo, pode destruir uma organização gerando medo, ressentimento e estagnação da produtividade por meio de medidas defensivas de cumprimento técnico obsessivo.

## 2.2.5 Interações implantação-resposta

O modelo incentivo-resposta descreve muitas das interações ocorridas durante a implementação. Regras e incentivos legais são estabelecidos, e as organizações reguladas respondem a eles de maneira calculada. Por exemplo, a nova legislação federal contém disposições no sentido de que as escolas privadas devem ser incluídas em diversos programas.[62] As agências locais de educação decidirão o

---

59 O termo "sombra" é derivado de: MNOOKIN, R.; KORNHAUSER, L. Bargaining in the Shadow of Law: The Case of Divorce. *Yale Law Journal*, v. 88, p. 950-997, 1979. A ideia de um governo privado existente como uma sombra da lei é, todavia, uma extensão do contexto de um divórcio individualista. GALANTER, M. Justice in Many Rooms: Courts, Private Ordering, and Indigenous Law. *The Journal of Legal Pluralism and Unofficial Law*, v. 19, p. 1-47, 1981. A ideia geral é a de que muitas atividades e estruturas, diferentes da conformidade com comandos específicos, ocorrem como resposta à lei.

60 TYACK, D.; KIRST, M.; HANSOT, E. Educational Reform: Retrospect and Prospect. *Teachers College Record*, v. 81. p. 253-269, 1980, em especial p. 256-263.

61 Para uma discussão dos fatores que levaram à institucionalização de alguns projetos e não de outros: BERMANI, P.; MCLAUGHLIN, M. Federal Support for Improved Educational Practice. *In*: TIMPANE, M. (Ed.). *The Federal Interest in Financing Schooling*, 1978, p. 209 e ss., em especial p. 217-219.

62 *Education Consolidation and Improvement Act*, de 1981, Pub. L. No. 97-35, §586, 95 Stat. 463, 477 (codificado em 20 U.S.C. §3862 (Supp. V 1981)). Compare-se com 20 U.S.C. §3086 (Sup. V 1981) com id. §3862.

que essas provisões exigem na prática. Da mesma forma, o modelo incentivo-resposta é apropriado para muitas ações administrativas. Às vezes, uma agência ou tribunal emite uma ordem para praticar ou não determinado ato, e a organização regulada simplesmente deve decidir como responder. Esse modelo incentivo-resposta não se aplica igualmente a todas as interações do processo de implementação. De fato, o modelo incentivo-resposta unidirecional é altamente falacioso quando aplicado a um segundo tipo de interação de implementação. Essas interações são mútuas, simultâneas, contínuas e negociadas. Na ausência de melhor denominação, na Tabela 2, elas foram chamadas de "interações implantação-resposta".

A essência dessas interações é que as organizações reguladoras e reguladas negociam, ou "constroem", o significado de conformidade durante um período de tempo.[63] Essa negociação tende a ocorrer no que Reiss e Biderman chamam de "relação de conformidade".[64] A relação de conformidade é uma relação regulatória contínua na qual definições precisas de conformidade e desconformidade estão indisponíveis, principalmente porque várias escusas para a desconformidade "técnica" podem ser aceitas, mas também porque o conflito político pode ter deixado a própria definição técnica de conformidade relativamente vaga. Nessa relação contínua, a sobrevivência e a legitimidade da organização regulada são tidas como desejáveis. O processo regulatório consiste em atingir um equilíbrio adequado entre os objetivos da regulação e os interesses concorrentes legítimos da organização regulada, como no caso da ação afirmativa em matéria de contratações.

Em relações de conformidade, a pressão da agência reguladora é sequencial e incremental, a fim de levar as organizações reguladas a incrementos factíveis de conformidade. A definição de conformidade não é dada pela lei, mas sim construída socialmente pelas partes,

---

[63] BLAU, P. *The Dynamics of Bureaucracy – A Study of Interpersonal Relations in Two Government Agencies*, 1963, p. 121-228; DERTHICK, M. *The influence of federal grants*, 1970; HAWKINS, K. *Environment and enforcement: the social construction of pollution* (no prelo); HAWKINS, K.; THOMAS, J. *Enforcing regulation: policy and practice*, 1983; HAWKINS, K. Bargain and Bluff – Compliance Strategy and Deterrence in the Enforcement of Regulation. *Law & Policy Quarterly*, v. 5, p. 35-73, 1983; HILL, P. *Enforcement and informal pressure in the management of federal categorical programs in education*. Nota avulsa N-1232-HEW, 1979. Grande parte da discussão desta seção deve-se a uma apresentação de Keith Hawkins intitulada "A estratégia de conformidade", no Colóquio Interdisciplinar de Estudos Jurídicos, Faculdade de Direito da Universidade de Wisconsin, em 6 de novembro de 1981.

[64] REISS, A.; BIDERMAN, A. *Data Sources on White-collar Law-breaking*. Instituto Nacional de Justiça, Departamento de Justiça dos EUA, 1980, p. 131-137.

com base nas ações que elas entendem ser suficientes em quaisquer circunstâncias. Se a desconformidade parece existir, a organização regulada deve persuadir a organização reguladora com justificativas plausíveis. Nessa situação, a boa vontade é tão importante quanto os resultados concretos, a honestidade em reconhecer problemas é tão importante quanto a ausência deles, e o planejamento é tão importante quanto a ação.

A construção social da conformidade é negociada por meio de barganha, na qual a organização regulada troca informações e promessas por aconselhamento e tolerância quanto a sanções por parte da organização reguladora. Sanções formais e informais são empregadas em vários pontos para pressionar a organização regulada a uma maior cooperação. Reciprocamente, se sentirem que a organização reguladora[65] está atuando de maneira não razoável, as organizações reguladas podem recorrer à obstrução, à judicialização e a apelos políticos. Derradeiras sanções punitivas (como o corte de recursos ou a imposição de condenações a penas privativas de liberdade) raramente são invocadas ou obtidas, porque elas interrompem o relacionamento contínuo e desafiam a legitimidade das organizações reguladas. Algumas organizações reguladas, no entanto, podem ser consideradas completamente irracionais e indiferentes, e sanções máximas podem ser invocadas contra elas. Essa série de manobras e negociações mútuas, ocorridas ao longo de um período de tempo e relativas a muitos problemas substantivos, é o que se entende por interações implantação-resposta na Tabela 2.

### 2.2.6 Influência sobre as organizações reguladoras para mudar a política formal

Indubitavelmente, a interação implantação-resposta contém fortes elementos de influência "ascendente" sobre a agência reguladora. A primeira atividade do ciclo puramente ascendente a ser considerada, no entanto, é a influência sobre as políticas formais de organizações reguladoras exercida por *insiders* e por combinações de *insiders-outsiders*. "Organização reguladora" significa a agência do governo, seja ela judiciária ou administrativa, que aplica a lei diretamente à organização regulada. "Política formal" significa a lei aplicável no nível da regulação,

---

[65] [N.T.] No original consta *regulated organization*. Porém, o contexto em que a expressão foi empregada permite concluir que o autor se refere à *organização reguladora* – e não à *organização regulada*.

em oposição a mudanças nos elementos discricionários de execução; a exemplo de decisões judiciais, regulamentos administrativos e políticas administrativas oficiais, como diretrizes para regulamentos. *Insider* significa, em essência, uma das partes – seja a organização reguladora ou regulada. *Outsider* significa um dos aliados políticos de um *insider*, como grupos de pressão simpáticos à organização regulada ou ao movimento social subjacente à implementação.

Esta subseção tenta definir o grupo de atividades por meio das quais as partes interessadas se empenham para obter uma mudança formal direta na política da organização que as regula. As modalidades de influência exercidas dividem-se em formais e informais. Influência formal é a atividade de juristas e outros defensores que argumentam nos foros apropriados que ordens e políticas específicas são contrárias à lei. No litígio institucional, advogados frequentemente retornam ao tribunal para obter mudanças nas decisões de reparação, argumentando que elas são ineficazes para implementar os direitos reconhecidos na fase processual de apuração de responsabilidade ou, ao contrário, que impõem encargos excessivos aos réus.[66] Regulamentos e decisões administrativas são questionados perante a agência nas audiências. Advogados também recorrem ao tribunal para mudar as políticas das agências administrativas, tendo-se como exemplo extremo o longo caso *Adams versus Richardson*.[67]

As influências informais incluem, em primeiro lugar, pressões exercidas diretamente sobre o órgão regulador. Além dos desafios jurídicos formais, as agências recebem muitas queixas informais, como cartas com comentários. A publicidade e a pressão pública são despertadas e dirigidas contra tribunais e agências administrativas.[68] O segundo

---

[66] Praticamente toda a literatura sobre litígios institucionais lida com esse fenômeno. *Vide* nota 16 *supra*.

[67] 351 F. Sup. 636 (D.D.C. 1972), *amended*, 356 F. Supp. 92 (D.D.C.), *modified and aff'd per curiam*, 480 F.2d 1159 (D.C. Cir. 1973), *supp'd sub. nom*. Adams v. Weinberger, 391 F. Sup. 269 (D.D.C. 1975), *supp'd sub nom. Adams versus Califano*, 430 F. Sup. 118 (D.D.C. 1977). Em *Adams versus Mathews*, 536 F.2d 417 (D.C. Cir. 1976), o tribunal reverteu uma ordem que negava a moção da *Women's Equity Action League* para intervir. *Idem*, p. 418. *Vide* também *Brown versus Califano*, 627 F.2d 1221 (D.C. Cir. 1980) (caso conexo). No litígio em andamento, o tribunal posteriormente recebeu moções do Fundo de Defesa Jurídica da NAACP e da *Women's Equity Action League* para responsabilizar civil e criminalmente funcionários do Departamento de Educação e Trabalho por ato atentatório à dignidade da justiça, em razão de terem ignorado os prazos estabelecidos em 1977. *Educ. Daily*, 12 de março de 1982, p. 1. STEWART, R.; SUNSTEIN, C. Public Programs and Private Rights, *Harvard Law Review*, v. 95, p. 1195-1322, 1982.

[68] Quanto aos tribunais, além das referências citadas em litígios institucionais na nota 16 *supra*: KIRP, D.; BABCOCK, G. Judge and Company: Court-Appointed Masters, School

tipo de pressão informal é exercido por poderosos *outsiders* que, por sua vez, tentam influenciar a agência reguladora. Um fenômeno incessante em Washington é o poderoso membro do Congresso que, após receber o telefonema de um eleitor poderoso, faz uma ligação ou visita alguém em uma agência, sugerindo um erro em alguma ação administrativa real ou proposta. Essas organizações com influência no Legislativo incluem os *insiders* e seus aliados políticos externos. Em todas essas influências informais, juristas e não juristas envolvem-se ativamente.

Todas as formas de influência, sejam formais, como as impugnações legais, sejam informais, como denúncias telefônicas, tendem a emergir dos grupos de interesse afetados pela regulação (movimentos sociais, organizações reguladas e seus aliados). A influência é estimulada por decisões ou eventos adversos e desencadeia uma combinação de formas de contrainfluência. Do ponto de vista da agência, uma vez que uma decisão adversa é tomada, reclamações e pressões emergem em muitas formas e direções diferentes.

A intensidade e a diversidade das pressões estão, obviamente, relacionadas à importância da questão; muitas vezes, as questões importantes foram antecipadas por todos os conhecedores da área. Conforme discutido na seção 2.2.2 acima, a base jurídica contém uma série de compromissos críticos, cada um com um equilíbrio entre eficaz e ineficaz, pela perspectiva do movimento social, e entre razoável e irracional do ponto de vista da organização regulada. Ações regulatórias cruciais tendem a girar em torno desses mesmos pontos de conflito estrutural; frequentemente, todas as partes interessadas esperavam que a agência revelasse sua posição. A falta de ação geralmente funciona a favor do *status quo*. Portanto, o movimento social deve pressionar

---

Desegregation, and Institutional Reform, *Alabama Law Review*, v. 32, p. 313-398, 1981, em especial p. 314-330, 340-351. Em relação a outras políticas de ciclo ascendente: CALIFANO, J. *Governing America*, 1981; CHUBB, J. *Interest groups and the bureaucracy: the politics of energy*, 1982; HOROWITZ, D. *The courts and social policy*, 1977, p. 68-105; CRONIN, T. Small Program, Big Troubles: Policy Making for a Small Great Society Program. *In: American Politics and Public Policy*, 1978, p. 77 e ss.; ELMORE. R.; MCLAUGHLIN, M. Strategic Choice in Federal Education Policy: The Compliance-Assistance Trade-Off. *In: Policy making in education, eighty-first yearbook of the national society for the study of education*. 1982, p. 159 e ss. (implicações das redes verticais); MURPHY, J. Progress and Problems: The Paradox of State Reform, *In: idem*, p. 195-214 (o governo do Estado moderno não como a pirâmide retratada pelos profetas da centralização, mas como um *shopping center* com lojas especializadas que atendem a pequenos segmentos da população); SABATIER, P. Social Movements and Regulator Agencies: Toward a More Adequate – and Less Pessimistic – Theory of "Clientele Capture", *Policy Sciences*, v. 6, p. 301-342, 1975; WILSON, J. The Politics of Regulation. *In:* WILSON, J. (Ed.). *The Politics of Regulation*, 1980, p. 357 e ss. (tipos distintos de política de grupos de interesse).

para iniciar a ação. Frequentemente, o padrão "ação da agência-reação negativa" leva a uma série de pronunciamentos diferentes da mesma agência sobre o mesmo assunto, cada um deles tentando atender às críticas mais veementes do dia. A "política pública" nessas questões é, pois, um tanto quanto irregular e deve ser observada ao longo de vários anos para ser vista em perspectiva.

Um exemplo de pressão prolongada por parte das organizações interessadas e de resposta variável da agência refere-se à questão de gastos iguais nas competições esportivas entre escolas sob o Título IX (uma lei que proíbe a discriminação sexual em instituições educacionais).[69] Após a aprovação da lei, as faculdades e universidades ficaram preocupadas com a possibilidade de ela ser interpretada como exigência de investimentos iguais nos esportes intercolegiais masculinos e femininos. Faculdades e universidades, especialmente as "potências" do esporte, acreditavam que o sucesso dos imensamente populares e lucrativos esportes masculinos – futebol americano, basquete e hóquei – dependia de um forte investimento financeiro em bolsas de estudos e outras funções. A igualdade minaria a capacidade de geração de renda desses esportes, porque era improvável auferir novas receitas suficientes para "subir de nível" e não "diminuir de nível".[70] Em resposta à pressão, uma emenda introduzida pelo Senado dos Estados Unidos isentava os esportes geradores de renda de observar o Título IX.[71] Essa emenda foi aprovada pelo Senado, mas não foi incorporada à versão final do projeto. Em seu lugar, foi promulgada uma lei que, refletindo o caloroso debate partidário sobre o assunto, era deliberadamente ambígua.[72]

Tendo ficado com direcionamentos pouco claros, o Departamento de Saúde, Educação e Bem-Estar[73] emitiu inicialmente um regulamento conciliatório: não eram necessárias despesas iguais para demonstrar conformidade, mas a falta de provisão de fundos necessários poderia ser um fator para a constatação de desconformidade.[74] Logo após o

[69] *Education Amendments*, 1972, Pub. L. No. 92-318, §§901-907, 86 Stat. 235, 373-75 (versão atual em 20 U.S.C. §§1681-1686 (1976)).

[70] KOCH, J. Title IX and the NCAA, *Western State University Law Review*, v. 3, p. 250-261, 1976, em especial p. 258-260.

[71] S. 1539, 93d Cong., 2d Sess. §535 (1974), aprovado pelo Senado, 120 CONG. REC. 15.322-23 (1974).

[72] *Education Amendments*, 1974, Pub. L. No. 93-380, §844, 88 Stat. 484, 612 (versão atual em 20 U.S.C. §1681 (1976)).

[73] [N.T.] No original consta a sigla HEW, que identifica o *Department of Health, Education, and Welfare*. As outras referências ao HEW no texto foram adaptadas para o português.

[74] 40 Fed. Reg. 24.128 (1975).

decurso dos três anos previstos para o ajuste desse regulamento, o departamento repentinamente mudou de posicionamento. Uma diretriz proposta para a regulação declarou a necessidade de despesas *per capita* médias iguais, salvo se circunstâncias atenuantes pudessem ser demonstradas.[75] Não surpreendentemente, eclodiu uma tempestade de controvérsias. As principais universidades e a *National Collegiate Athletic Association* (NCAA)[76] inundaram o referido departamento com comentários negativos e petições. Impugnações jurídicas à diretriz foram formuladas e preparadas para o tribunal. Por fim, a derradeira interpretação da diretriz parece ter deixado os esportes geradores de renda em uma posição segura, ao mesmo tempo em que exige igualdade substancial em outras áreas.[77]

A existência e os sinais da influência informal e externa nas decisões da agência foram bem captados pela descrição de Joseph Califano, Secretário do Departamento de Saúde, Educação e Bem-Estar à época, de uma reunião com membros do Congresso sobre a questão dos gastos esportivos previstos no Título IX:

> Assim que se espalhou a informação[78] de que eu pretendia enviar os regulamentos, ambos os grupos de mulheres e lideranças do Congresso reagiram. O líder do partido com maioria na Câmara,[79] John Brademas, telefonou para dizer que o presidente O'Neill, o líder da maioria, Jim Wright e o presidente do Subcomitê de Educação da Câmara, Bill Ford, queriam uma reunião discreta e sem registros. Foi realizada na suíte privada do presidente da Câmara dos Representantes[80] em 20 de março de 1979. Quando cheguei, lá estavam Brademas, cujo distrito abrangia Notre Dame; Jim Wright, representando o futebol americano universitário do Texas; Bill Ford, falando pelo Michigan e pelo estado do Michigan, e o presidente da Câmara dos Representantes, Tip O'Neill, talvez meu amigo mais próximo da Câmara, um forte defensor do Boston College.

---

[75] 43 Fed. Reg. 58.070 (1978).

[76] [N.T.] No original consta apenas a sigla.

[77] 44 Fed. Reg. 71.413, 71.415-16 (1979). São necessárias despesas com bolsas de estudo proporcionais ao número de participantes masculinos e femininos nos programas esportivos. Maior número de atletas do sexo masculino pode levar a uma parcela maior do orçamento da bolsa sendo dirigida aos homens. Na Universidade de Wisconsin, a divisão de bolsas é supostamente da ordem de 60%-40%, para homens e mulheres. As diferenças monetárias em outros benefícios esportivos (por exemplo, transporte e recrutamento) não precisam ser iguais se baseadas na natureza do esporte (por exemplo, futebol americano) ou na capacidade de geração de receita (futebol americano, basquete, hóquei). *Idem*.

[78] [N.T.] No original, *"As soon as word reached the Hill"*.

[79] [N.T.] No original, *House Majority Whip*.

[80] [N.T.] No original, *Speaker*.

> O'Neill sentou-me à sua direita, deu uma tragada no charuto e perguntou: "Joe, como você pode fazer isso com sua universidade, por Cristo?[81] Os Jesuítas nunca mais falarão com você novamente" [...] Brademas mencionou Notre Dame, e ele e Bill Ford argumentaram que enviar as diretrizes à Câmara para votação representava um dilema político impossível para os congressistas democratas: forçá-los a votar contra a posição de grupos de mulheres ou a se posicionar de forma impopular contra o futebol americano universitário [...] "O mundo vai desabar."[82]
>
> "Poderíamos acabar com o título IX esvaziado ou revogado", disse Bill Ford. Brademas concordou.
>
> "As pessoas já cumpriram suficientemente os regulamentos do Departamento de Saúde, Educação e Bem-Estar", acrescentou Wright. Eles estão fartos desse tipo de coisa.
>
> "Joe", disse o Presidente da Câmara, "este não é o momento para isso. A última coisa de que precisamos é de uma grande controvérsia [...] Você nunca conseguirá contenção de custos para hospitais ou outros projetos."
>
> Mas restava para o mordaz e astuto Bill Ford o argumento decisivo: "você pode perder uma eleição nas páginas de esportes como nunca perderia nas primeiras páginas. E é isso que você conseguirá com esta interpretação do título IX".[83]

O compromisso final envolveu testar as diretrizes propostas no contexto de vários tipos de instituições de ensino superior. Por fim, Califano considerou esse exercício benéfico, porque as diretrizes "um pouco diferentes" promulgadas pela sucessora Patricia Harris "foram no sentido de cumprir a promessa do Título IX".[84] Também é interessante entender o resumo geral de Califano quanto à influência do Congresso na implementação de políticas de direitos civis que buscam corrigir a discriminação racial: "não consigo me lembrar de um telefonema de um membro do Congresso para intensificar as ações de aplicação dos direitos civis na área racial; lembro-me de vários pedidos para desacelerar ou embotar essa aplicação".[85]

---

81 [N.T.] No original, *Holy Cross*.

82 [N.T.] No original, *"All hell will break loose on the floor"*.

83 CALIFANO, J. *Governing America*, 1981, p. 267-268.

84 *Idem*, p. 268.

85 *Idem*, p. 269.

### 2.2.7 Influência sobre os poderes legislativos para obter mudanças na legislação de base

A implementação começa com a edição de uma lei, decisão judicial ou ordem executiva. Nesse ponto, os objetivos de um movimento social são, em primeiro lugar, transformados em lei. Em qualquer momento no curso da implementação, as partes interessadas podem – e frequentemente o fazem – retornar à legislação de base para buscar mudanças na política. A base jurídica não é necessariamente estável ou imutável, muito embora mudanças frequentes tenham custos e existam normas em favor de certo grau de estabilidade.[86]

Para fins de um modelo de implementação, talvez seja mais lógico agrupar todas as formas de "atividades de modificação normativa". Na prática, porém, o processo para obter uma alteração de lei formal parece muito diferente do processo para obter a modificação de uma decisão judicial ou de uma ação administrativa. Por isso, na última subseção, foram discutidas mudanças formais na política administrativa e judicial, ao passo que essa subseção trata de mudanças legislativas.

"Política burocrática" é um termo adequado para o processo de influenciar organizações reguladoras, incluindo tribunais. Perante as organizações reguladoras, as organizações reguladas tentam obter a cooperação daquelas autoridades públicas que estabelecem as responsabilidades oficiais das organizações reguladas e as principais restrições às suas ações. O padrão de influência é, portanto, relativamente focalizado e "argumentativo". Por outro lado, perante os legislativos, o argumento envolve apenas interesses sociais gerais e boas políticas públicas, e o processo de influência é único – apelando para grupos de interesse, construindo coalizões, invocando favores do passado e mediante manobras no processo legislativo formal.[87]

Além disso, uma vitória legislativa pode diferir substancialmente de uma vitória em uma agência reguladora. Embora existam "emendas técnicas" nos legislativos praticamente o tempo todo (em geral, parcialmente patrocinadas pelas agências reguladoras), a ação legislativa realmente significativa do ponto de vista da implementação é a decisão revolucionária ou "divisora de águas". Assim, pode haver uma diferença qualitativa entre mudanças legislativas e regulatórias.

[86] FULLER, L. *The morality of Law*, ed. rev., 1969, p. 3-94.

[87] BAILEY, S. *Education interest groups in the nation's capital, 1975*; REDMAN, E. *The dance of legislation*, 1973.

As mudanças regulatórias são relativamente refinadas e incrementais. Mudanças legislativas podem ser fundamentais e até drásticas.

Enquanto este artigo é escrito, os Estados Unidos passam por um período de drástica mudança legislativa patrocinada pelo Chefe do Executivo. Programas que foram alterados gradualmente, ao longo de um período de dez a quinze anos, estão sendo eliminados, substancialmente cortados ou concentrados de forma tão radical que, na prática, seus propósitos originais foram perdidos.[88] Esse processo não é novo nem acidental; uma reação conservadora aos programas liberais já aconteceu antes. Por exemplo, a implementação de muitos programas sociais foi interrompida durante a administração Nixon.[89]

Há uma razão estrutural para mudanças legislativas periódicas e drásticas. Implementações tendem a colocar forças sociais poderosas umas contra as outras.[90] Quando o clima político sofre uma mudança fundamental de orientação, a mudança incremental normal pode não satisfazer a demanda por mudanças drásticas. Assim, quando forças sociais poderosas se opõem, grandes flutuações nas políticas públicas tornam-se prováveis conforme se alterne a predominância de cada um dos lados. Essas mudanças de predominância ocorrem de várias maneiras. Por exemplo, no curso de uma implementação, ouve-se um coro constante de críticas daqueles que discordam totalmente da lei. A implementação é sempre cara e seu sucesso é sempre problemático.[91] Os críticos podem tirar proveito dos problemas divulgando-os. As críticas parecem retidas na política até que o eleitorado passe por uma mudança suficiente para "expulsar os malandros". O ciclo tende a se reverter quando os problemas sociais decorrentes da falta de implementações são trazidos à tona pelas pessoas que foram levadas pela oposição a prestar atenção apenas aos custos.

Uma das consequências práticas da instabilidade política é que o participante e o pesquisador de programas de implementação

---

88 Por exemplo, um subsídio em bloco estabelecido pelo capítulo 2 do *Education Consolidation and Improvement Act*, de 1981 *permite*, mas não *exige*, os fins obrigatórios dos títulos II-VI e VIII-IX da ESEA. Pub. L. no. 97-35, §§571-573 (consolidação do Título V), §§576-577 (consolidação dos títulos IV-VI), 59 581-583 (consolidação dos títulos III, VIII, IX), 95 Stat. 463, 472-73, 473-74, 475-77 (1981).

89 HOROWITZ, D. *The courts and social policy*, 1977, p. 63-105 (intervenção no Programa Cidades Modelo).

90 Clune e Lindquist, nota 3 *supra*, p. 1113-14. Outra maneira de dizer a mesma coisa em termos de relacionamentos de conformidade é que os dois lados desse relacionamento têm um alto grau de legitimidade. HAWKINS, K. *Environment and enforcement: the social construction of pollution* (no prelo).

91 Clune e Lindquist, nota 3 *supra*, p. 1113-14.

devem esperar por episódios periódicos de sabotagem deliberada pelo governo.[92] Essa condição não contribui muito para a efetividade dos programas sociais implementados. Por outro lado, uma vez estabelecidos, os programas tendem a sobreviver a períodos de contenção, embora essa tendência não seja universal. As consequências políticas negativas da destruição total de um programa são muito maiores do que as consequências negativas de sua redução. Assim, se um programa serve a um propósito genuíno, qualquer instabilidade em seu conteúdo tende a se originar de mudanças periféricas e não de alterações no seu núcleo durável. Uma questão interessante envolve a natureza das implementações duradouras, em oposição às transitórias. O *Medicare*[93] provavelmente veio para ficar. Podemos dizer o mesmo sobre a ajuda federal para a educação de crianças desfavorecidas? Se não, por quê?[94]

### 2.2.8 As interações em ação

#### 2.2.8.1 Simultaneidade

A tipologia anterior das interações na implementação é organizada em uma sequência que raramente ocorre no mundo real. A sequência é analítica e cronológica, sugerindo que as decisões de maior generalidade e maior autoridade política ocorrem mais cedo e causam restrições às decisões de menor generalidade e menor autoridade. Com base no modelo, o comando jurídico básico viria primeiro, seguido pelo desenvolvimento de sanções legais, reações a incentivos e, finalmente, pelos esforços de ciclo ascendente para obter mudanças nas atividades do ciclo descendente.

Essa sequência precisa provavelmente caracteriza políticas novas. No contexto de novas políticas, a sequência, também assemelhada às teorias do "estágio" de vários teóricos da organização, provavelmente é adequada.[95] As escolhas políticas fundamentais precedem a

[92] *Vide* nota 89 *supra*.

[93] [N.T.] Sistema de seguro de saúde adotado nos Estados Unidos.

[94] A análise de por que certos programas federais deixam "legados", enquanto outros não, pode ser encontrada em: TYACK, D.; KIRST, M.; HANSOT, E. Educational Reform: Retrospect and Prospect. *Teachers College Record*, v. 81. p. 253-269, 1980, em especial p. 262. Também: BERMANI, P.; MCLAUGHLIN, M. Federal Support for Improved Educational Practice. *In:* TIMPANE, M. (Ed.). *The Federal Interest in Financing Schooling*, 1978, p. 209 e ss., em especial p. 213-219.

[95] A maioria das teorias organizacionais e de implementação inclui teorias sobre os "estágios" da mudança. BERMANI, P.; MCLAUGHLIN, M. Federal Support for Improved Educational

implementação dos regulamentos; a implantação de atividades concretas de execução vem depois. Cada "nível" de implementação tende ainda a envolver um nível diferente da equipe jurídica: do nível de elite dos formuladores de políticas (legisladores, juízes), para o nível intermediário de especificadores de políticas (redatores de regulamentos, assessores judiciais), até o nível mais baixo de aplicadores de políticas (os chamados burocratas do nível da rua).[96]

Após a implementação inicial de uma política, contudo, esse conceito de sequência temporal e causal torna-se limitante e enganoso. Ao incluir um ciclo ascendente, que segue temporalmente um ciclo descendente e precede outro, o próprio modelo sugere que o processo seja considerado "circular", envolvendo "rodadas" de interações. De fato, a ideia de repetidas rodadas ou séries é sugerida pelo uso do termo "ciclos". Processos reais, todavia, não ocorrem necessariamente na ordem indicada pelo modelo. Na verdade, todos os níveis de interação podem ocorrer, e frequentemente ocorrem, simultânea e independentemente um do outro. As mudanças nos regulamentos e no comportamento em nível de campo ocorrem independentemente das mudanças no comando jurídico, e independentemente umas das outras.

Practice. *In:* TIMPANE, M. (Ed.). *The Federal Interest in Financing Schooling,* 1978, p. 209 e ss., em especial p. 213-219. Um esquema para classificar os estágios da implementação de uma nova lei sugere quatro estágios: intervenção, mobilização, operacionalização e institucionalização. LINDQUIST, R.; CLUNE, W. *Systemic Enforcement: The Implementation of Equal Employment Opportunity Through Executive Order,* 30 de junho de 1982, p. 111. 1-.165 (manuscrito não publicado em arquivo com o autor). JONES, J. Twenty-One Years of Affirmative Action: The Maturation of the Administrative Enforcement Process Under the Executive Order 11.246 as Amended, *Chicago-Kent Law Review*, v. 59, p. 67-122, 1982.

96 A associação de níveis de pessoal com estágios de implementação pode ser compreendida a partir do gráfico a seguir em: LINDQUIST, R.; CLUNE, W. *Systemic Enforcement: The Implementation of Equal Employment Opportunity Through Executive Order,* 30 de junho de 1982, p. I.10 (manuscrito não publicado em arquivo com o autor).

| Implementação, estágios e características | | | |
|---|---|---|---|
| Papel pessoal | | | |
| Líderes ou equipe de elite | Consultores de políticas | Gestores de programa | Burocratas do nível da rua |
| Atividades | | | |
| Política | Técnica | Gerencial | Administrativa |
| Avaliar e reagir às forças sociais. | Formular políticas; alocar recursos. | Estabelecer:<br>1) estrutura organizacional;<br>2) ideologia organizacional;<br>3) quadro de pessoal da organização. | Interagir com o ambiente de implantação para garantir a conformidade. |

Além disso, mudanças de comportamento podem ser iniciadas por atores em diferentes níveis do processo. Um presidente, por exemplo, pode alterar a implantação de incentivos sem alterar mais nada, substituindo pessoal, cortando ou expandindo o orçamento ou emitindo novas políticas coercitivas. Ao mesmo tempo, as operações no nível de campo podem mudar de forma endógena ou como resultado de interações com agências reguladoras. Por outro lado, normas gerais e regulamentos detalhados podem ser promulgados sem produzir consequências no campo.

A sequência sugerida pelo modelo conserva certa validade e, portanto, nunca pode ser completamente descartada. Até certo ponto, as mudanças nos comandos jurídicos continuam a ser seguidas pelas mudanças na implantação, que são seguidas pelas mudanças na resposta. Ou seja, inovações políticas na "sequência clássica" continuam a ocorrer durante a implementação. Mas a sequência clássica está longe de ser a única. No caso de ocorrências simultâneas e independentes, o modelo pode ser mais bem compreendido para sugerir os "elementos" interacionais do processo de implementação, sem nada especificar sobre a ordenação temporal ou causal.

### 2.2.8.2 Graus de orientação descendente[97]

Certamente, não se pode acusar o modelo de adotar uma orientação exclusivamente descendente.[98] Ao contrário, em grande parte, o modelo foi definido em contraste com uma perspectiva descendente, que tipicamente exclui atividades como influência ascendente e interações no nível de campo. Todavia, o grau de variação da orientação descendente, presente em implementações reais, foi omitido do modelo.

Em qualquer implementação, há um processo de decisões de políticas de nível superior que filtram e limitam a ação em nível de rua. Também se faz presente um processo recíproco no qual autoridades do nível da rua definem uma zona de discricionariedade para si próprias, livres da política de nível superior. O pessoal de nível de rua, no entanto,

---

[97] [N.T.] No original, *Degrees of Top Downness*. O termo *top down* foi traduzido como *descendente* em todas as aparições no decorrer do texto.

[98] Para uma discussão sobre as limitações da orientação descendente: ELMORE, R. Backward Mapping: Implemention Research and Policy Decisions, *Political Science Quarterly*, v. 94, p. 601-616, 1979/1980, em especial p. 603-605. Elmore usa o termo "mapeamento avançado" para se referir ao que estou chamando de perspectiva descendente. *Idem*, p. 602.

é mais ou menos resistente ao controle de nível superior, a depender do contexto legal e organizacional.

A polícia é um bom exemplo de resistência elevada. Policiais devem responder a uma multiplicidade de demandas que emanam da comunidade, e não de oficiais superiores. Além disso, muitas funções policiais consistem em enfrentamentos variados e discricionários e, oficialmente, podem ser desaprovadas pela sociedade, que simultaneamente as requer.[99] Assim, em um sentido técnico estrito, seria difícil exercer amplo controle sobre as ações policiais em nível de campo devido à natureza espontânea e imprevisível do trabalho policial. Além disso, o policial de rua tem uma cultura própria, um conjunto de normas horizontalmente comunicadas que definem como deve se comportar. Parte dessa cultura consiste em um forte senso da irrelevância geral e da natureza injustificada do controle hierárquico (a síndrome do "policial de rua *versus* policial de funções administrativas").[100]

A dificuldade do controle descendente em relação ao trabalho da polícia pode ser contrastada com a relativa facilidade desse controle sobre o trabalho da promotoria, particularmente quando a persecução envolve alguns grandes casos, em vez de uma multiplicidade de acordos extrajudiciais. Formuladores de políticas de alto nível podem selecionar e escolher os casos para processar e quando processá-los. Portanto, em uma organização amplamente preocupada em decidir quando formular denúncias,[101] mudanças oficiais na definição de violações e na política de cumprimento podem ter um efeito muito maior do que diretivas análogas para policiais de rua mudarem seu estilo de execução da lei.[102]

### 2.2.8.3 Tendências

Se os dois pontos anteriores sugerem menos ordem ou padrão na realidade do que o indicado pelo modelo, uma análise das tendências aponta que, em um sentido diferente, a realidade é mais ordenada.

---

[99] GOLDSTEIN, H. *Policing a free society*, 1977, p. 93-130.

[100] REUSS-IANNI, E.; IANNI, F. *Street Cops vs. Management Cops: The Social Organization of the Police Precinct*. Instituto de Análise Social, 1979.

[101] [N.T.] No Brasil, a despeito de previsões normativas que mitigam o princípio da obrigatoriedade da ação penal – a exemplo do acordo de não persecução penal e da transação penal –, prevalece a ausência de discricionariedade para que o Ministério Público decida pela propositura de ação penal.

[102] Assim, a institucionalização das decisões políticas de nível superior, sob a égide do Programa Federal de *Compliance* em Contratos, provavelmente está no mais completo extremo do espectro, não no menos completo. *Vide* notas 95-96 *supra*.

Elementos ou sequências interacionais nada dizem sobre desenvolvimentos estruturados de longo prazo. Num sentido, o modelo é um "instantâneo" congelado das formas de interações que provavelmente ocorrerão em algum ponto da implementação. Implementações reais tendem a exibir tendências ou etapas distintas. Ciclos ou feixes de interações em um estágio tornam-se o prelúdio de um novo tipo de interação que é o próximo estágio. Em outras palavras, há um desenvolvimento de longo prazo e as implementações, portanto, têm uma história de desenvolvimento. O desenvolvimento pode ser "evolucionário", no sentido de que tentativa e erro levam à melhoria, ao refinamento, à eficácia máxima, à institucionalização ou, pelo menos, a um tipo de equilíbrio dinâmico.[103] Por outro lado, o desenvolvimento pode levar à morte da política por meio de reação, cooptação, atrito ou desuso.[104] Um padrão não desenvolvimentista é meramente cíclico: ondas de aplicação entusiasta seguidas por períodos de entropia, desilusão, sabotagem política e contenção.[105] O ponto aqui é indicar a existência de padrões longitudinais não representados pelo modelo, em vez de especificar os vários tipos de desenvolvimento. De fato, a investigação de tendências longitudinais é, em si mesma, um tipo de teoria e pesquisa sobre implementação.

## 2.2.8.4 Múltiplas instituições

O modelo da Tabela 2 não é específico acerca de quais ou quantas organizações reguladoras e reguladas participam da implementação. Embora a discussão anterior possa ter sugerido que todas as organizações reguladoras são semelhantes e que todas as organizações reguladas

[103] O Título I do ESEA é um exemplo. *Administration of Compensatory Education*, Instituto Nacional de Educação, 1977; KIRST, M. JUNG, R. *The Utility of a Longitudinal Approach in Assessing Implementation: A Thirteen Year View Of Title I, Esea.* Instituto de Pesquisa em Finanças e Governança Educacional, Universidade de Stanford, Relatório de projeto n. 80-B18, 1980.

[104] Antes das campanhas da administração Reagan contra agências como os departamentos energia e educação, o exemplo mais recente e notável de encerramento de uma agência foi a extinção do Escritório de Oportunidades Econômicas (OEO). HIMMELMAN, H. *The fall and rise of the office of economic opportunity*. Lawyers' Committee for Civil Rights under Law, 1973. Para uma descrição do papel do OEO nos programas federais de combate à pobreza: HAVEMAN, R. (Ed.). *A decade of federal antipoverty programs*, 1977; MOYNIHAN, D. *Maximum feasible misunderstanding-community action in the war on poverty*, 1969.

[105] BANFIELD, E. Making a New Federal Program: Model Cities, 1964-68. *In: Social Program Implementation*, 1976, p. 183 e ss.; CRONIN, T. Small Program, Big Troubles: Policy Making for a Small Great Society Program. *In: American Politics and Public Policy*. 1978, p. 77 e ss.

são similares, a realidade é mais complexa. No lado regulador, o padrão típico é que uma agência do governo tenha responsabilidade primária pela execução ou aplicação da lei. Conflitos de jurisdição são confusos. Mesmo quando a aplicação da lei é compartilhada, como na antiga organização sob a Ordem Executiva 11.246, buscam-se subdivisões de jurisdição em áreas que se excluam mutuamente.[106] Às vezes, a agência de aplicação primária não tem outras responsabilidades; às vezes, tem muitas. Por exemplo, compare-se uma agência de propósito especial, como a Agência de Proteção Ambiental, com uma agência de propósito mais geral, como o Departamento do Trabalho[107] ou, pior ainda, com a polícia.

Naturalmente, os recursos organizacionais e a eficácia da própria organização podem variar independentemente da responsabilidade formal das agências. Agências de propósito específico tendem a ser implementadoras mais eficientes do que agências de propósitos múltiplos, devido à garantia implícita de recursos para a execução de suas atividades; no entanto, não se trata de uma verdade universal.[108] O Departamento do Trabalho pode ou não contar com uma subequipe grande, ativa e eficiente, designada para a implementação de programas específicos. Tribunais são instituições de múltiplos propósitos; fazer com que um tribunal preste mais atenção a uma implementação específica pode ser um problema. Uma vez que o tribunal admita um caso e implemente uma decisão, há uma garantia implícita de recursos semelhantes aos de uma agência de propósito específico. Um problema em relação à polícia é a multiplicidade de responsabilidades de execução, que dificulta que se concentre em implementar qualquer política normatizada.[109]

Ainda que a responsabilidade primária pela aplicação da lei caiba a uma agência, diversas outras organizações reguladoras podem se

---

106 Problemas com a organização antiga e fragmentada são observados em *Federal Civil Rights Enforcement Effort*. United States Commission on Civil Rights, 1974, p. 256-70, 271-99, 634-36.

107 [N.T.] Na estrutura do Poder Executivo brasileiro, o Departamento do Trabalho corresponderia ao Ministério do Trabalho e Emprego.

108 Em geral, os implementadores mais eficientes são as agências que apoiam os objetivos estatutários e conferem alta prioridade aos novos programas. SABATIER, P.; MAZMANIAN, D. The Conditions of Effective Implementation: A Guide to Accomplishing Policy Objectives, *Policy Analysis*, v. 5, p. 481-504, 1979, em especial p. 489-490.

109 Para uma discussão sobre discricionariedade da polícia na aplicação da lei, DAVIS, K. *Discretionary Justice*, 1969; DAVIS, K. Police Rulemaking on Selective Enforcement: A Reply, *University of Pennsylvania Law Review*, v. 125, p. 1167-1171, 1977.

envolver regularmente com questões periféricas, porém importantes. O padrão mais importante é provavelmente o envolvimento de tribunais na revisão das ações administrativas. Mesmo quando uma agência administrativa tem a responsabilidade "principal", e realmente toma grande parte das decisões importantes e preponderantes, pode haver um envolvimento contínuo ou episódico importante de tribunais sobre a mesma política ou políticas. Advogados habitualmente buscam a revisão de ações específicas. O caso *Adams versus Richardson*[110] representa uma estrutura de execução em "duas camadas", na qual um tribunal é profundamente envolvido na supervisão exercida por uma agência sobre organizações reguladas. Não são apenas os tribunais que por vezes se envolvem em questões precipuamente legislativas ou administrativas, mas a recíproca é igualmente verdadeira. Ou seja, quando um tribunal tem a responsabilidade principal, legisladores e agências administrativas são frequentemente atraídos para a disputa.[111]

Ao lado das organizações reguladas, há um padrão semelhante de foco primário em uma organização ou tipo de organização, com o envolvimento potencial de muitas organizações diferentes. Às vezes, uma única organização regulada está envolvida – uma prisão gerida pela iniciativa privada, por exemplo. Mais comumente, *tipos* semelhantes de organizações são regulados: "contratados do governo" ou "corporações com mais de mil funcionários negociando em bolsas de valores públicas".

O objetivo dessa advertência sobre as múltiplas instituições é, novamente, que a simplicidade analítica do modelo não seja tomada de forma muito literal. Para entender o processo, é útil ter um esquema simplificado de seus atores e suas interações típicas. No entanto, as combinações de atores e ações que ocorrem na vida real são enormemente variadas.

---

[110] *Vide* nota 67 *supra*.

[111] Litígios sobre financiamento da educação são um bom exemplo. *Vide* nota 30 *supra*. Quando tribunais impõem uma obrigação de fazer a legislativos e órgãos administrativos, estes frequentemente respondem emitindo comandos para outras instituições (por exemplo, a corte profere uma ordem ao legislador que, por sua vez, emite ordens aos distritos escolares). Assim, as instituições não são apenas múltiplas em sentido quantitativo, mas existem frequentemente várias camadas de organizações reguladoras e reguladas.

## 3 Algumas implicações do modelo para políticas públicas e pesquisa

Esta parte do artigo explora algumas das implicações relevantes do modelo político apresentado na seção 2. A utilidade de um modelo consiste em afirmar um conjunto de proposições características sobre a realidade. Nesse sentido, as implicações não são apenas do modelo, mas, mais precisamente, das proposições importantes ou características que o modelo afirma a respeito da realidade.

Das características teóricas primárias do modelo apresentado na seção 2, aquelas com mais implicações são:

a) *Produção política reformista*. Todas as decisões importantes e estruturas envolvidas na implementação são resultado de luta política e compromissos entre movimentos sociais e grupos de interesse, cujos comportamentos os movimentos sociais desejam mudar.
b) *Interacionismo cibernético*. A implementação é um processo contínuo de ajuste mútuo entre organizações interessadas, à luz das informações que elas recebem sobre as ações umas das outras.
c) *Recursividade*. A implementação não é um processo unidirecional, com um ponto final. É um processo "circular" (recorrente) que muda ao longo do tempo. As forças políticas que dão início à implementação continuam a interagir em todos os níveis da ação sociojurídica, incluindo contínuas disputas sobre os termos da base jurídica.
d) *Evolução*. Não obstante o caráter aberto e manipulável da recursividade, a implementação geralmente enquadra-se em padrões característicos de longo prazo e pode alcançar um equilíbrio estável e dinâmico.

As implicações do modelo enquadram-se em três categorias principais. Primeiro, as implicações para o desenho de políticas públicas incluem áreas de prescrições parciais, abstração *versus* contextualização, prescrições sistêmicas e avaliação. Segundo, as implicações para pesquisa incluem áreas de descrições longitudinais, previsões longitudinais e metodologia de pesquisa. Finalmente, o modelo contém muitas implicações para os papéis em transformação do direito e dos juristas. As implicações em relação às políticas públicas e à pesquisa serão discutidas nesta parte; as implicações para os papéis em transformação do direito e dos juristas serão discutidas na seção 4.

## 3.1 Prescrições parciais e viés do ciclo descendente

A maior categoria de pesquisa em implementação integra a chamada "Teoria da Sanção". As teorias da sanção estabelecem uma relação entre, de um lado, o tipo e a intensidade da intervenção governamental e, de outro, o grau e o tipo de cumprimento ou descumprimento. Nesse sentido, tanto as teorias da regulação (que tipo de mecanismo jurídico funciona melhor) quanto as teorias de incentivos e dissuasão (o efeito de recompensas *versus* o efeito de punições) são consideradas teorias da sanção. A relação geral explorada pelas teorias da sanção é aquela entre intervenções governamentais com características específicas e respostas de conformidade delas resultantes.[112]

---

[112] Alguns exemplos da teoria da sanção sensíveis aos problemas discutidos aqui são os seguintes. Sobre recompensas e punições: BERMAN, P. *From compliance to learning: implementing legally-induced reform.* Instituto de Pesquisa em Finanças e Governança Educacional, Universidade de Stanford, Relatório de projeto n. 81-A20, 1981; DOOLITTLE, F. *Intergovernmental Relations in Federal Grant Programs: The Case of Aid for Families With Dependent Children* (manuscrito não publicado em arquivo com o autor). Sobre regulação/ desregulação: SCHULTZE, C. *The public use of the private interest,* 1977; BREYER, S. Analyzing Regulatory Failure: Mismatches, Less Restrictive Alternatives, and Reform, *Harvard Law Review,* v. 92, p. 547-609, 1979; CLUNE, W. The Deregulation Critique of the Federal Role in Education. *In*: KIRP, D (Ed.). *School days, rule days: regulation and legalization in American education* (no prelo); PELTZMAN, S. Toward a More General Theory of Regulation, *The Journal of Law & Economics,* v. 19, p. 211-240, 1976. Sobre o nível adequado de detalhamento e controle hierárquico: BERMAN, P. Thinking About Programmed and Adaptive Implementation: Matching Strategies to Situations. *In:* Why policies succeed or fail, 1980, p. 205-230; ELMORE, R. Complexity and Control What Legislators and Administrators Can Do About Implementing Public Policy. *In*: HANDBOOK OF TEACHING AND POLICY, 1983, p. 342 e ss.; ELMORE. R.; MCLAUGHLIN, M. Strategic Choice in Federal Education Policy: The Compliance-Assistance Trade-Off. *In*: *Policy making in education, eighty-first yearbook of the national society for the study of education.* 1982, p. 159 e ss.; RABINOVITZ, F.; PRESSMAN, J.; REIN, M. Guidelines: A Plethora of Forms, Authors and Functions, Policy Sciences, v. 7, p. 399-416, 1976. Segue uma lista de leitura dos vários aspectos do "legalismo". Devido processo: KIRP, D. Proceduralism and Bureaucracy: Due Process in the School Setting, *Stanford Law Review,* v. 28. p. 841-876, 1976; YUDOF, M. Law, Policy, and the Public Schools, *Michigan Law Review,* v. 79, p. 774-791, 1981; YUDOF, M. Legalization of Dispute Resolution, Distrust of Authority, and Organizational Theory: Implementing the Due Process for Students in the Public Schools, *Wisconsin Law Review,* v. 1981, p. 891-923, 1981. Regras universais: KENNEDY, D. Form and Substance in Private Law Adjudication, *Harvard Law Review,* v. 89, p. 1685-1778, 1976; KAGAN, R. *Regulating business, regulating schools: the problem of regulatory unreasonableness.* Instituto de Pesquisa em Finanças e Governança Educacional, Universidade de Stanford, Relatório de projeto n. 81-A14, 1981; MURPHY, J. *Differential Treatment of the States, A Good Idea or Wishful Thinking?,* 25 de agosto de 1981 (manuscrito não publicado em arquivo com o autor). Documentação: BARDACH, E. Educational Paperwork. *In:* KIRP, D (Ed.). *School days, rule days: regulation and legalization in American education* (no prelo). Conflitos entre requisitos apartados e programas: HILL, P. *Do federal education programs interfere with one another?* Paper n. 6416, Rand Corporation, 1979.

Os aspectos interacionais e recursivos da implementação colocam duas dificuldades gerais para qualquer teoria da sanção. Em primeiro lugar, a existência ou inexistência de sanções efetivas está sujeita à luta política. Que uma sanção específica seja eficaz não significa que será adotada; o exato oposto pode ser verdade. Ela pode não ser positivada porque seria *muito* eficaz. A segunda dificuldade é que, mesmo quando sanções específicas são adotadas, elas não são necessariamente aplicadas; na interação voltada para o cumprimento, a invocação e a tolerância em relação às sanções são negociadas. A pena de morte não é uma sanção eficaz para pequenos furtos.[113] Assim, porque omitem a dimensão política, as teorias de sanção são parciais. Elas devem ser entendidas para articular uma relação hipotética, contingente: "se isso fosse feito, aquilo ocorreria".

Essa parcialidade não é enganosa, contanto que seja reconhecida de alguma forma. O conhecimento sobre relações hipotéticas é útil, mesmo na política. O problema é o que pode ser chamado de "viés do ciclo descendente". A literatura sobre implementação tende a ver o mundo sob o ponto de vista do regulador e a supor uma potencialidade para as sanções efetivas muito maior do que elas realmente têm. É difícil incorporar às teorias da sanção os limites políticos e interacionais que se impõem à aplicação dessas sanções. Institucionalmente, essa característica existe porque juristas e analistas de políticas, como parte do grupo de elite que recomenda e impõe sanções, consideram contrário ao seu próprio interesse anunciar a manipulabilidade plástica de seus ofícios. É difícil elaborar as regras e também admitir que as pessoas estão sempre as quebrando e as comprometendo. É melhor deixar isso acontecer por si só, sem encorajamento extra.

Um exemplo de viés de ciclo descendente é a avaliação docente. Várias características geralmente não encontradas nas escolas têm sido apontadas como importantes para um efetivo sistema "formativo" de avaliação docente (um sistema projetado para ajudar o desenvolvimento de professores, em oposição a um sistema "somativo", projetado para avaliar o quadro docente). Essas características incluem: participação dos professores no desenvolvimento dos critérios de avaliação; um alto grau de validação consensual dos critérios; uma forte relação dos critérios com concepções compartilhadas de boa educação; um sistema de implementação, que inclui *feedback* regular e confiável e seja mais

[113] HAY, D. *Property, Authority and the Criminal Law. In: Albion's fatal tree – crime and society in eighteenth-century England*, 1975, p. 17 e ss.

motivador do que crítico; e provisões para diferenças individuais e adaptação a diferentes circunstâncias.[114]

Embora possa não parecer, esse sistema é um exemplo da chamada teoria da sanção. Suponha-se que as relações empíricas preconizadas sejam absolutamente verdadeiras – que o sistema descrito funcione maravilhosamente como um sistema formativo de avaliação. É possível, ainda, que o sistema seja política ou organizacionalmente irrealista. Sem fazer mais do que tangenciar o tópico, pode-se levantar as seguintes perguntas sobre o sistema sugerido:

1) Dadas as concepções autoritárias de gestão escolar, a participação efetiva dos professores é possível? A participação pode ser impedida tanto na fase de elaboração quanto de administração.
2) O sistema formativo poderia, com sucesso, ser isolado das funções somativas da escola? Se o sistema fosse usado para fins de julgamento, ele seria aplicado em direção a medições estatisticamente confiáveis, processualmente justas e objetivamente válidas (o exato oposto de um bom sistema formativo). Também se tornaria um ponto de atenção das negociações sobre gestão de mão de obra.
3) É possível ter um sistema de desenvolvimento e crescimento de professores elaborado internamente, dada a ampla utilização de material didático apostilado, completado por testes padronizados de progresso dos alunos?

Esse "currículo nacional informal" pode, em grande medida, esvaziar a área de avaliação docente, porque o desempenho do professor é julgado pelos testes fornecidos com o material didático. Vale ressaltar que os próprios professores podem preferir a simplicidade e a clareza da abordagem padronizada, de modo que a resistência pode advir da cultura profissional e organizacional, bem como das restrições políticas externas.

## 3.2 Graus de abstração e contextualização

As teorias de sanção também são caracterizadas por um alto grau de abstração. A ideia de que incentivos funcionam melhor do que

---

[114] DARLING-HAMMOND, L.; WISE, A.; PEASE, S. *Teacher evaluation in the organizational. context: a review of the literature*, Working Draft n. 1695-NIE, Rand Corporation, 1982.

coerção,[115] por exemplo, pode ser tida como válida em todas as áreas do direito substantivo e em todos os contextos institucionais. Em teoria, há um *trade-off* neutro entre abstração e concretude. Teorias abstratas sacrificam o realismo e as avaliações contingentes sobre como elas se aplicam a circunstâncias particulares, mas elas proveem poder: podem ser generalizadas e são facilmente comunicadas. Teorias altamente concretas são realistas e apropriadamente qualificadas para circunstâncias individuais; mas, por causa de sua idiossincrasia, podem fornecer pouco conhecimento geral útil. O conhecimento altamente idiossincrático é essencialmente secreto.

Um pouco de sabedoria que se pode agregar a essa fonte de equívocos é a exortação a que se tenha consciência da escolha. Outra é uma presunção em favor da concretude, porque o risco de negligenciar o contexto é o maior dos dois riscos. A estrutura das organizações reguladoras e reguladas quase sempre faz uma diferença profunda na natureza da implementação. Ao regulamentar o acesso de pessoas encarceradas à literatura pela via postal, deve-se entender que contrabando e armas frequentemente vêm com o material de leitura. Portanto, gastos significativos com inspeções são necessários para garantir a leitura com segurança.[116] A regulamentação das escolas deve ocorrer tendo-se conhecimento de que é raro que qualquer aspecto do ensino responda a instruções programáticas superiores.[117] Empregados da iniciativa privada e funcionários públicos respondem a incentivos diferentes.[118] Os tribunais federais se comportam de maneira diferente nos esforços de dessegregação escolar em relação aos legislativos estaduais.[119] A regulação da assistência à saúde deve confrontar as complexas equações de custos médicos.[120]

Por outro lado, a teoria abstrata é extremamente útil. A teoria abstrata fornece uma perspectiva mais ampla e também faz generalizações a partir de pesquisas concretas para evitar estudos particularizados

---

115 [N.T.] No original, *"carrots work better than sticks"*.

116 *Vide* nota 48 *supra*.

117 *Vide* nota 50 *supra*.

118 *Vide* nota 53 *supra*.

119 KLUGER, R. *Simple Justice – The history of Brown v. Board of Education and Black America's Struggle for Equality*, 1976; PELTASON, J. *Fifty-eight lonely men – southern federal judges and school desegregation*, 1961.

120 Cost Containment in the Health Care Industry: An Analysis of Physician Reimbursement Under Medicare and the Implication for Future Regulation in the Health Care Field – Coment, *Dickinson Law Review*, v. 84, p. 51-74, 1979.

redundantes. Por exemplo, uma exposição teórica como o ensaio de Stephen Breyer sobre "falha regulatória" nos ajuda a evitar a redescoberta infinita das limitações de várias abordagens regulatórias em um contexto concreto após o outro.[121]

## 3.3 Prescrições sistêmicas

Uma categoria de pesquisa sobre implementação pode ser chamada de "prescrição sistêmica". Uma prescrição é uma asserção sobre como a implementação *deve* ser estruturada e gerida para ser efetiva. Uma prescrição sistêmica sugere as condições para a efetiva implementação em todo o sistema, incluindo os fatores políticos. De acordo com Sabatier e Mazmanian, as condições para uma implementação efetiva incluem: padrões claros, recursos suficientes para a execução, uma agência reguladora de apoio, poucas partes cujo consentimento seja necessário ou que tenham poder de veto, líderes habilidosos, apoio ativo de grupos políticos fortes e, por fim, ausência de conflito com outros programas ou outras condições socioeconômicas.[122]

Como uma descrição do que faz a implementação efetiva, essa lista é excelente. Mas, em alguma medida, as forças descritivas traduzem-se em fraquezas prescritivas. Nem todas as condições são igualmente suscetíveis à manipulação pelas políticas públicas e nenhuma condição está completamente sob o poder dos formuladores de programas. Padrões claros frequentemente encontram resistências, os recursos devem ser penosamente obtidos no processo político e é difícil mobilizar os grupos políticos de apoio. Assim, as condições existem ou inexistem independentemente do desenho da política. Tomadas como uma totalidade, as condições são pouco significativas porque especificam o caso ideal, no qual a implementação dificilmente falharia, porquanto favorecida por diversas condições que, em verdade, são essencialmente fortuitas.[123] Por outro lado, o artigo não distingue

[121] BREYER, S. Analyzing Regulatory Failure: Mismatches, Less Restrictive Alternatives, and Reform, *Harvard Law Review*, *v.* 92, p. 547-609, 1979; também: BREYER, S. Regulation and its reform, 1982.

[122] SABATIER, P.; MAZMANIAN, D. The Conditions of Effective Implementation: A Guide to Accomplishing Policy Objectives, *Policy Analysis*, v. 5, p. 481-504, 1979, em especial p. 484-500.

[123] Um exemplo podem ser as calçadas rebaixadas, determinadas pelo *Rehabilitation Act*, de 1973, Pub. L. No. 93-112, §502, 87 Stat. 355, 392 (versão atual em 29 U.S.C. S 792 (1976 R Supp. IV 1980)); 36 C.F.R. §1190.70 (1982). A rápida implementação de calçadas rebaixadas provavelmente ocorreu porque: (1) havia padrões claros de conformidade; (2) as agências

entre condições mais ou menos suscetíveis à manipulação política, nem entre condições mais ou menos importantes dados os níveis subótimos de outras condições.

É tentador argumentar que, se um programa correu bem, suas características deveriam ser emuladas em outros programas. Se essas condições podem ser imitadas e, em caso negativo, se é possível implementar um programa diferente são perguntas que a abordagem da prescrição sistêmica não responde. Curiosamente, esse problema ocorre igualmente nas prescrições sistêmicas negativas: "aqui está tudo o que deu errado, portanto, não tente nada parecido no futuro".[124] Um fracasso total pode estar muito próximo de um sucesso substancial, talvez dependendo apenas de uma ou duas condições manipuláveis.

## 3.4 Descrições longitudinais

Aceitar a implementação como um processo político aberto e interativo levanta problemas sobre como descrevê-lo ao longo do tempo. Se as partes estão propensas a intervir em todos os níveis, durante todas as fases de implementação, e se o equilíbrio político pode mudar repentinamente, que estrutura pode ser visualizada em desenvolvimentos de longo prazo? Esse problema tem tanto um aspecto descritivo, discutido nesta seção do artigo, quanto um aspecto preditivo, discutido na próxima seção.

O problema descritivo é simplesmente sobre como narrar uma história de implementação. Dadas as inúmeras interações que compõem uma implementação, em que pontos um narrador "paralisa" o sistema para construir um retrato coerente? Muitos estudos de caso de implementação são bastante coerentes, mas raramente ou nunca discutem como suas histórias foram construídas. A maioria dos narradores trabalha com dois tipos de conceitos organizadores:

---

implementadoras estavam altamente organizadas e acostumadas a incorporar mudanças incrementais no desenho (por exemplo, departamentos municipais de construção); (3) o custo marginal de adequação foi baixo; e (4) a exigência contou com amplo apoio local (não apenas o apoio de pessoas com deficiência, mas apoio da indústria da construção, ciclistas e outros). Minhas reflexões sobre a implementação de calçadas rebaixadas começaram com uma conversa com David Kirp.

[124] A maioria dos mais conhecidos teóricos da implementação parece chegar a essa conclusão. BARDACH, E. *The implementation game – what happens after a bill becomes a law*, 1977, p. 3-6; MOYNIHAN, D. *Maximum feasible misunderstanding-community action in the war on poverty*, 1969, p. xv-xvi, xxxi-xxxiii; PRESSMAN, J.; WILDAVKSY, A. *Implementation*, 2 ed., 1979, p. 163-176; DERTHICK, M. Washington: Angry Citizens and an Ambitious Plan. *In: Social Program Implementation*, 1976, p. 219-239, em especial p. 232-239.

1) análise das questões jurídicas em relação às forças políticas que as criaram; e 2) criação de algum modelo de estágios e níveis de implementação.

As questões jurídicas centrais de uma implementação podem ser pensadas em termos de "conflitos políticos", "divisores de águas"[125] e "evasivas".[126] Conflitos políticos emergem das posições políticas intrinsecamente envolvidas em qualquer área de política social com objetivos específicos. Quando o movimento social *A* deseja uma mudança social da instituição *B*, imediatamente surgem questões sobre até onde o direito pode ir para alcançar o comportamento desejado e que combinação de incentivos legais será selecionada para encorajar o cumprimento. O confronto político é implícito, e até previsível, em qualquer área de mudança sociojurídica. Os principais interesses divergentes das partes afetadas não somente podem ser vistos com antecedência, como também serão inevitavelmente os principais determinantes da luta política, tanto em relação à lei quanto à sua estrutura final de implementação. "Interesses" são outra denominação para o que é importante para as pessoas – e o que é importante motiva a ação.

Considere-se a ação afirmativa em matéria de emprego com base em um ponto imaginário no tempo, anterior à produção da lei. Qualquer campanha legalmente implementada para aumentar o número de trabalhadores do sexo feminino e de minorias pode comprometer e ameaçar certos grupos e instituições facilmente identificáveis. Homens brancos têm um interesse distributivo inevitável e empregadores têm interesse em manter o controle sobre as decisões relativas à contratação de empregados. Novos grupos no local de trabalho presumivelmente desafiarão as culturas organizacionais informais desenvolvidas na sua ausência.[127] A elaboração e aplicação de uma lei de ação afirmativa, portanto, estruturar-se-á em torno dos conflitos políticos mais importantes para os grupos oponentes: dispositivos que produzirão o maior número de empregos para mulheres e minorias e dispositivos que causem menos problemas aos grupos adversários.

---

125 [N.T.] No original, *watershed decisions*.

126 [N.T.] No original, *punts*.

127 POWERS, K. Sex Segregation and the Ambivalent Directions of Sex Discrimination Law, *Wisconsin Law Review*, v. 1979, p. 55-124, 1979, em especial p. 64-70. NEWMAN, W.; VONHOF, J. "Separate, But Equal" – Job Segregation and Pay Equity in the Wake of Gunther, *University of Illinois Law Review*, v. 1981, p. 269-331, 1981; POWERS, K. The Shifting Parameters of Affirmative Action: "Pragmatic" Paternalism in Sex-Based Employment Discrimination Cases, *Wayne Law Review*, v. 26, p. 1281-1308, 1980.

O direito, como realmente elaborado, é geralmente analisado em termos do que se pode chamar de "divisores de águas" e "evasivas". Divisores de águas são resoluções de grandes conflitos políticos – decisões que delimitam uma maneira de fazer as coisas, em vez de outras formas possíveis – com um resultado social diferente resultante da escolha. Na ação afirmativa, o divisor de águas crítico, de cunho substantivo, era impor cotas absolutas ou permitir justificativas de várias espécies, como indisponibilidade e esforço de boa-fé.[128] Em matéria de execução, decisões-chave eram adotar um sistema regulatório ou um sistema acionado por reclamações, bem como adotar um modelo de persuasão ou um modelo de coerção.[129] É essencial à análise de um divisor de águas considerar não apenas o que foi feito, mas o que poderia ter sido feito e não foi.

A alternativa aos divisores de águas surge quando o processo de implementação deliberadamente evita decidir uma questão, deixando a solução para algum outro nível institucional ou veladamente aceitando o *status quo*. Qualquer lei que exija "não discriminação" e nada mais, por exemplo, está deixando uma imensa quantidade de não dito. Esses subterfúgios podem ser chamados de "evasivas". O subterfúgio não é necessariamente ruim para o movimento social ou uma abdicação de responsabilidade. Às vezes, faz sentido deixar os detalhes serem definidos por alguma outra instituição e processo.[130]

Histórias de implementações, com base na perspectiva jurídica, tendem a ser contadas em termos de questões jurídicas principais – isto é, conflitos políticos, divisores de águas e evasivas. Um estudo de caso implicitamente "paralisa" o sistema para examinar o movimento quando algo importante acontece, inclusive quando uma questão é evitada, adiada ou delegada. Os manuais jurídicos de direito público costumam ser organizados da mesma maneira,[131] exceto pelo fato de que o senso de continuidade cronológica é diminuído e o contexto da tomada de decisões políticas e organizacionais é quase que totalmente ausente.

---

128 *Vide* notas 37-39 *supra*.

129 Essa foi uma das decisões no estágio de "mobilização". *Vide* nota 95 *supra*.

130 DIMOND, P. Strict Construction and Judicial Review of Racial Discrimination Under the Equal Protection Clause: Meeting Raoul Berger on Interpretivist Grounds, *Michigan Law Review*, v. 80, p. 462-511, 1982, em especial p. 463-464. TUSHNET, M. Following the Rules Laid Down: A Critique of Interpretivism and Neutral Principles, *Harvard Law Review*, v. 96, p. 781-827, 1983.

131 Sobre a ideia de direito público, Clune e Lindquist, *vide* nota 3 *supra*, p. 1112-13, e seções 4.3.1 e 4.3.2 (papel dos juristas no direito público).

A menção ao contexto político e organizacional leva ao outro dispositivo organizador principal das descrições de implementação, um senso de estágios e níveis de implementação. Uma característica dos divisores de águas é que essas decisões tendem a ser tomadas cedo, no que poderia ser chamado de "estágio de mobilização". Mesmo que não sejam tomadas cedo, são feitas por pessoas do alto escalão do processo de elaboração de políticas, como membros do Congresso, juízes e legisladores, em oposição aos chamados "burocratas do nível da rua".[132] Uma história completa da implementação deve continuar a análise além e abaixo dos divisores de águas na estrutura das organizações reguladoras e reguladas e na miríade de interações entre elas. Normalmente, divisores de águas afetam profundamente a natureza dessas interações, especialmente se os recursos e a ideologia são considerados divisores de águas, porque a estrutura jurídica básica define os limites externos do que pode ser feito. Porém, os níveis mais baixos e os estágios posteriores têm vida própria, e sua orientação exata em relação às questões jurídicas estruturais é *a priori* obscura.

Os estudos de caso sobre a implementação completa geralmente traçam divisores de águas a alguma distância "em direção à rua", mas é difícil descrever as decisões políticas maiores somadas às interações no nível da rua em um estudo de extensão factível. Por essa razão, os estudos no nível da rua tendem, com efeito, a paralisar o sistema em algum momento da implementação. Essa abordagem pode ser enganosa. Entre outras coisas, ela tende a exagerar o escopo da discricionariedade, porque o pesquisador inconscientemente adota os limites da ação social estabelecida pelos divisores de águas como um dado.[133] Ainda mais claramente, falta-lhe um senso de tendências em longo prazo.[134]

---

[132] *Vide* notas 95-96 *supra*. Para uma análise do grau de orientação descendente nas interações de implementação, *vide* seção 2.2.8.2.

[133] Eu diria que esse exagero é característico do trabalho de Lipsky e Edelman. *Vide*, por exemplo: EDELMAN, M. *Politics as Symbolic Action*, 1964; LIPSKY, M. *Street-level bureaucracy – dilemmas of the individual in public services*, 1980; WEATHERLY, R.; LIPSKY, M. Street Level Bureaucrats and Institutional Innovation: Implementing Special-Education Reform, *Harvard Educational Review*, v. 47, p. 171-197, 1977.

[134] KIRST, M.; JUNG, R. *The Utility of a Longitudinal Approach in Assessing Implementation: A Thirteen Year View Of Title I, Esea.* Instituto de Pesquisa em Finanças e Governança Educacional, Universidade de Stanford, Relatório de projeto n. 80-B18, 1980.

## 3.5 Previsões longitudinais

Mesmo a narrativa mais coerente pode ser inteiramente *post hoc*.[135] A identificação das facetas importantes de uma implementação não significa que elas tenham sido de alguma forma previstas. Não obstante, o processo de identificar como descrever a realidade pode ser uma etapa necessária no processo preditivo. Divisores de águas, por exemplo, podem se tornar parte da "variável dependente" de um modelo preditivo.

A pesquisa sobre implementação está longe de desenvolver teorias rigorosamente preditivas. Por outro lado, o trabalho geral mais interessante sobre implementação tende a ter elementos de previsão. Quando se analisa a experiência de encontrar um trabalho de investigação interessante, geralmente um elemento preditivo é um atrativo. Em lugar de tentar um inventário completo de elementos preditivos espalhados por vários tipos de pesquisa, este artigo sugere três das categorias mais óbvias:

a) *incentivos organizacionais no curso da implementação*. Essa categoria de pesquisa sobre implementação tenta identificar os incentivos estruturais para vários tipos de ações por diversas partes, durante o desenvolvimento da lei e sua aplicação. Quando o interesse próprio das partes estrategicamente colocadas é entendido, a previsão é possível, pelo menos no sentido de identificar várias direções plausíveis que o processo pode tomar;
b) *força política, recursos e posicionamento estratégico das partes interessadas*. Uma análise diferente, embora complementar, procura identificar o poder geral e a vantagem estratégica específica de vários tipos de partes interessadas;[136]
c) *características estruturais da intervenção jurídica*. Uma vez que a fase inicial da luta política termina e que uma forma particular

---

[135] [N.T.] A expressão *post hoc* refere-se à expressão latina *post hoc ergo propter hoc* ("depois disso, logo, causado por isso"). Segundo a enciclopédia *Britannica*, trata-se de uma falácia lógica consistente em uma suposta correlação causal entre atos tão só temporalmente sucessivos. Assim, tem-se, por exemplo, a imputação falaciosa de certo evento danoso a um evento maligno pretérito (como a quebra de um espelho). Porém, não há entre tais fatos qualquer relação de causa e efeito, apesar de, como dito, eventualmente existir uma relação temporal entre eles. (Verbete "Fallacy". *In*: *Encyclopædia Britannica*, 2020. Disponível em: https://www.britannica.com/topic/fallacy. Acesso em: 19 out. 2020).

[136] CHUBB, J. *Interest groups and the bureaucracy: the politics of energy*, 1982; GALANTER, M. Why the "Haves" Come Out Ahead – Speculations on the Limits of Legal Change, *Law & Society Review*, v. 9, p. 95-160, 1974.

de intervenção jurídica é selecionada, frequentemente é possível identificar características que geralmente levam a um sucesso maior ou menor. Vale dizer, é possível falar de maneira significativa sobre o quão bem ou mal determinada forma jurídica provavelmente produzirá resultados. A relação dessa categoria com a "Teoria da Sanção" é óbvia.[137]

Esses fatores não permitem uma verdadeira previsão. Eles nos permitem eliminar alguns resultados implausíveis e especificar uma gama de futuros plausíveis. Como a certeza tende a se acumular à medida que decisões imprevisíveis são tomadas de uma ou outra forma, nos aspectos mais importantes permanecemos na posição imprevisível e *post hoc*. As decisões de maior efeito, abrangendo as intervenções do sistema político mais amplo, como a legislatura conservadora de 1980, são as mais difíceis de prever.

## 3.6 Avaliação

A avaliação de implementações dificilmente poderia ser mais confusa. Uma tradição respeitável na Sociologia do Direito sustenta essencialmente que todas as implementações fracassam porque resultam em compromissos e consequências inesperadas.[138] Outra tradição sustenta que todas são bem-sucedidas, ao menos em dar apoio simbólico aos movimentos sociais.[139] Outra, ainda, nega que a avaliação seja possível, porque o sistema sempre produz exatamente o que se destinava a produzir.[140] Essas posições são uma amálgama desnorteante de confusão analítica e de diferenças sutis sobre a interpretação de resultados fáticos.

Acadêmicos niilistas reúnem-se adotando o papel de desenganadores e iconoclastas. Com um pouco de Sociologia Jurídica elementar, é fácil desempenhar esse papel, porque a única coisa de que podemos ter certeza e, portanto, não precisamos de pesquisa para demonstrar, é que nenhum dos lados de um conflito sociojurídico obtém tudo o que quer. "Descobertas" de que nada é um sucesso ou um fracasso completo

---

[137] *Vide* nota 112 *supra*.

[138] EDELMAN, M. *Politics as Symbolic Action*, 1964.

[139] SCHEINGOLD, S. *The politics of rights*, 1974, p. 15-16.

[140] ETZIONI, A. Two Approaches to Organizational Analysis: A Critique and a Suggestion, *Administrative Science Quarterly*, v. 5, p. 257-278, 1960, em especial p. 261. CAMPBELL, C. A Dubious Distinction? An Inquiry Into the Value and Use of Merton's Concepts of Manifest and Latent Function, *American Sociological Review*, v. 47, p. 29-44, 1982.

obscurecem a questão mais interessante, mas mais difícil de pesquisar, de relativo sucesso ou fracasso.

As implementações variam enormemente ao longo da dimensão sucesso/fracasso. Algumas não são mais do que sinais – e dos fracos. Outras fazem progressos verdadeiramente surpreendentes à luz dos obstáculos. A tarefa essencial da avaliação é distinguir entre graus de relativo sucesso e fracasso. Para tanto, é necessário ter cuidado ao definir a questão avaliativa e equilíbrio em sintetizar as evidências. Aparentemente, a maioria dos críticos prefere tacitamente colocar uma questão que clama por uma resposta preconcebida e então ignorar sistematicamente o falseamento de evidências.[141] Uma análise de custo-benefício muito em voga, por exemplo, prospera com o infame método de declarar custos excessivos sem mensurar, ou mesmo discutir, os benefícios.[142] A implementação é politicamente ativa e a avaliação é um exemplo extremo de viés normativo.[143]

### 3.6.1 Três padrões de sucesso relativo

Quando se busca pensar claramente sobre avaliação, é útil isolar três situações prototípicas tais como elas ocorrem no mundo real. São elas, da menos para a mais bem-sucedida: a) a vitória simbólica; b) o fracasso; c) o compromisso.

Como as implementações ocorrem tipicamente em áreas difíceis da política social, é bastante comum que o sistema apresente uma resolução puramente simbólica. Mesmo estas podem ser do interesse do movimento social que defende a causa e trazer recompensas diretas às elites do movimento, como publicidade e contribuições financeiras.[144] Um símbolo é melhor do que nada, ao menos sob alguns pontos de

---

[141] Por exemplo: HOROWITZ, D. *The courts and social policy*, 1977. Para uma discussão do livro de Horowitz: FEELEY, M. Approaches to the Study of Court Impact. *In*: PIELE, P. (Ed.). *II Schools And The Courts*, 1979, p. 1-21, em especial p. 12-16.

[142] Sem qualquer referência aos benefícios, o vice-presidente Bush declarou uma vez que os custos de implementar ou de reforçar a igualdade entre os sexos na educação eram "demasiados". CLUNE, W. The Deregulation Critique of the Federal Role in Education. *In*: KIRP, D (Ed.). *School days, rule days: regulation and legalization in American education* (no prelo).

[143] Clune e Lindquist, nota 3 *supra*, 1080-83, 1113-1114.

[144] HANDLER, J. *Social movements and the legal system – a theory of law reform and social change*, 1978, p. 8-9, 17 e 29-31; MOYNIHAN, D. *Maximum feasible misunderstanding – community action in the war on poverty*, 1969/1970, p. 21-36.; KOMESAR, N.; WEISBROD, B. The Public Interest Law Firm: A Behavioral Analysis. *In*: *Public Interest Law – an Economic and Institutional Analysis*, 1978, p. 80-101, em especial p. 81.

vista. Um exemplo comum são comissões de estudo, a exemplo da Comissão Especial de Excelência Educacional, cujo contundente relatório foi divulgado em abril de 1983.[145] Não obstante a extensa cobertura da imprensa, é discutível que, no nível federal, algo de substancial resulte do relatório do comitê. Realizar alguma coisa de verdade quase certamente seria difícil e caro, atributos não consistentes com a visão do governo Reagan sobre o papel federal na área de educação. O governo federal provavelmente oferecerá aos estados prestações intangíveis, como liderança, apoio moral e assistência técnica. O que emergirá provavelmente será uma vitória moral.

O fracasso é outro padrão de implementação comum. Muitos programas começam absurdamente fracos e fragmentados em relação ao problema que pretendem enfrentar. Características que poderiam ser efetivas frequentemente foram barganhadas no processo político, porque seriam muito caras ou muito controversas. Apesar disso, o programa não é puramente simbólico porque a implementação de *algo* realmente ocorre. Recursos financeiros são gastos, pessoas são contratadas para executar diretrizes e regulamentos são expedidos. A falta de potencial pragmático pode ser resultado de idealismo ou cinismo.[146]

Um compromisso entre valores e interesses concorrentes é o melhor resultado que se pode alcançar por uma implementação. Em tarefas sociojurídicas difíceis, o movimento social que busca a mudança deve sempre acomodar o *status quo*. O controle da poluição deve reconhecer os custos regulatórios, a dessegregação deve reconhecer a integridade do processo educacional e a ação afirmativa deve reconhecer a autonomia das instituições empregadoras. Conforme declarado em ações judiciais, direitos fundamentais devem, em última análise, render-se

---

145 A Comissão foi criada em agosto de 1981: *Educ. Daily*, 27 de agosto de 1981, p. 1. Uma das preocupações da Comissão eram padrões mais altos. Para um comentário sobre um estudo realizado pela equipe da Comissão: Academic Courses Lose Favor. *The New York Times Magazine*, p. 17, col. 1, 26 de abril de 1983. Um texto do relatório final pode ser encontrado em: *Educ. Week*, p. 12, 27 de abril de 1983.

146 Exemplos de "fracassos" incluem: a Administração do Desenvolvimento Econômico: PRESSMAN, J.; WILDAVKSY, A. *Implementation*, 2. ed., 1979; o Programa Cidades-Modelo: BARDACH, E. *The implementation game – what happens after a bill becomes a law*, 1977, p. 80; BANFIELD, E. Making a New Federal Program: Model Cities, 1964-68. *In*: Social Program Implementation, 1976, p. 183 e ss.; o Projeto Mohole, E. BARDACH, *supra*, p. 85-88; e o Corpo Nacional de Professores: CRONIN, T. Small Program, Big Troubles: Policy Making for a Small Great Society Program. *In*: *American Politics and Public Policy*, 1978, p. 77 e ss.

a restrições fiscais.[147] No entanto, apesar da atmosfera de desventura associada à implementação,[148] resultados impressionantes foram obtidos em muitas áreas. A dessegregação acontece.[149] A qualidade do ar e da água melhora.[150] Sistemas correcionais e de saúde mental tornam-se mais humanos.[151] Crianças com deficiência que não recebiam educação pública passam a recebê-la de alguma forma.[152] A reforma do financiamento da educação confere mais recursos aos distritos mais pobres.[153]

Mesmo aqui, dúvidas de segunda ordem são apropriadas. A dessegregação resultou em melhor educação? O "êxodo branco"[154]

---

147 De acordo com o professor Chayes, em litígios institucionais, confrontadas com rejeição clara e específica de suas ordens pelo processo democrático, especialmente por razões fiscais, as cortes invariavelmente cedem. *Discurso de Abram Chayes,* Faculdade de Direito da Universidade de Wisconsin, 9 de fevereiro de 1982.

148 *Vide* notas 105 e 124 *supra.*

149 KALODNER, H.; FISHMAN, J. *Limits of Justice – The Courts' Role in School Desegregation,* 1978; ORFIELD, G. *The Reconstruction of Southern Education – The Schools And The 1964 Civil Rights Act,* 1969; RODGERS, H.; BULLOCK, C. *Coercion to Compliance,* 1976.

150 Para ser mais preciso, a qualidade geral da água não apresentou grande melhoria durante a década de 1970; mas, apesar do aumento da população e do PIB, a qualidade parou de se deteriorar e mostrou melhorias em locais específicos, devido ao melhor controle dos efluentes da indústria e do tratamento de esgoto. *Environmental Quality.* Conselho de Qualidade Ambiental, 1979, p. 75-173.

151 HARRIS, M.; SPILLER, D. *After Decision: Implementation of Judicial Decrees in Correctional Settings,* 1976; LOTTMAN, M. Enforcement of Judicial Decrees: Now Comes The Hard Part, *Mental Disability Law Reporter,* p. 67-76, julho-agosto, 1976.

152 Na Pensilvânia, o programa de busca ativa ordenado pelo tribunal identificou cerca de 7.400 crianças excluídas de qualquer programa educacional. KIRP, D.; BUSS, W.; KURILOFF, P. Legal Reform of Special Education: Empirical Studies and Procedural Proposals, *California Law Review,* v. 62, p. 40-155, 1974, em especial p. 63. Especialistas em educação especial e advogados haviam estimado um número pelo menos três vezes maior. *Idem,* p. 60, n. 68.

153 CLUNE, W.; LINDQUIST, R. Serrano e Robinson: Studies in the Implementation of Fiscal Equity and Effective Education in State Public Law Litigation. *In:* PIELE, P. (Ed.). *II Schools and the Courts,* 1979, p. 67-106, em especial p. 84-104.

154 [N.T.] No original, *white flight.* Originária dos Estados Unidos, a expressão *white flight* designa a saída da população branca de algumas regiões urbanas habitadas também por populações de outras raças. Segundo Troyna, "[e]ste termo implica desilusão e até mesmo ressentimento em relação a um tipo de mudança. Refere-se ao movimento dos brancos de bairros e escolas que passaram por recentes mudanças na sua composição étnica. A natureza dessa mudança é, algumas vezes, voluntária – a busca de emprego, talvez, ou de moradia barata. Entretanto pode também ser fabricada, derivando de um comprometimento generalizado com a chamada hipótese de contato. [...] O *White flight* é, portanto, uma resposta súbita ou gradual à não segregação *de jure* e *de facto*" (TROYNA. Barry. Verbete "White flight". *In*: CASHMORE, Ellis *et al. Dicionário de Relações* Étnicas *e Raciais.* Tradução de Dinah Kleve. 2. ed. São Paulo: Summus, 2000, p. 555-559, em especial p. 555-556). A expressão ainda é empregada, a exemplo da notícia *Michelle Obama talks about South Side Chicago 'white flight' at Obama Summit,* publicada em 29.10.2019 (Disponível em: https://chicago.suntimes.com/columnists/2019/10/29/20938718/michelle-obama-south-side-chicago-white-flight-obama-summit. Acesso em: 9 ago. 2020).

implicará nova segregação nas escolas? O ar limpo vale a pena? A educação para pessoas com deficiência é muito cara? Novos empregos foram gerados por ação afirmativa, por mudanças de valores ou pelo mercado?[155] O debate sobre a máxima efetividade da intervenção jurídica é interminável. O ponto aqui é simplesmente que, área após área, aparentemente houve progresso substancial na mudança das condições que foram definidas como objetivos dos movimentos de reforma social. O que os ativistas tentaram mudar realmente mudou – até certo ponto. Em outras palavras, pode haver dúvidas sobre as implementações mais bem-sucedidas, mas não são as mesmas dúvidas que se aplicam às vitórias ou aos fracassos simbólicos.

## 3.6.2 Avaliação dos padrões em um ambiente politizado

Contrariamente à concepção de vários padrões de sucesso, a sociedade como um todo parece preocupada, quiçá obcecada, com uma perspectiva mais monolítica da avaliação. Por exemplo, o móvel das políticas neoconservadoras, tanto quanto das neoliberais, é garantir a viabilidade de programas sociais e intervenções regulatórias. Aparentemente, muitas pessoas consideram relevante questionar se os programas políticos tiveram sucesso ou falharam em algum sentido absoluto.

Todos os modelos políticos, inclusive o sugerido neste artigo, complicam uma avaliação simples. Um olhar político hostil veria a consideração sobre sucesso ou fracasso como essencialmente sem sentido. Afinal, algumas pessoas aprovam até o programa mais inútil e, independentemente do quão bem-sucedidas sejam, todas as implementações têm alguns inimigos mortais. Se muitas pessoas sempre apoiam ou sempre se opõem a todas as implementações, não se justifica traçar distinções nítidas entre graus relativos de "sucesso" (definidos como a realização dos propósitos do movimento social).

Assim, o problema de avaliar compromissos políticos é que a avaliação de custos e benefícios depende consideravelmente de uma perspectiva pessoal. Um exemplo desse problema é a ação afirmativa em matéria de empregos. Uma pessoa fortemente solidária à situação das minorias e das mulheres provavelmente examinará as desvantagens da intervenção legal de maneira bem diferente da pessoa antipática ou indiferente. A dificuldade de demonstrar que a ação afirmativa cria

---

[155] Evaluating the Impact of Affirmative Action: A Look at the Federal Contract Compliance Program, *Industrial and Labor Relations Review*, v. 29, p. 485-584, 1976.

empregos provavelmente será vista como um problema de alocação de riscos, e o simpatizante perguntará por que os vulneráveis deveriam suportar o risco da incerteza. Em outros termos, o emprego para grupos excluídos parece ser o produto de uma variedade de causas em interação, incluindo forças de mercado, mudança de atitudes e intervenções jurídicas. Para o partidário da medida, mesmo que a lei não faça muita diferença, cada tentativa de melhorar a posição daqueles que sofreram discriminação é justificada. Para o não partidário, a qualidade incerta e o pequeno ganho são mais salientes.

O ponto de vista é mais decisivo na questão dos custos financeiros da intervenção. Todos podem concordar que recursos são escassos e deveriam ser gastos com sabedoria. Mas, para os partidários, o dinheiro gasto em prol de pequenos ganhos para minorias e mulheres *são* gastos com sabedoria. Ser um simpatizante significa que a causa social está no topo da lista de prioridades. O não apoiador provavelmente considerará que cada emprego gerado é muito oneroso.

Assim, a crítica política da avaliação é convincente; mas, num sentido diferente, parece gritantemente incompleta. Por mais tolo que seja argumentar a favor de um padrão de avaliação universalmente válido, é ainda mais tolo afirmar que não há julgamentos amplamente compartilhados sobre sucesso relativo e fracasso. A política não se limita a transferências de "renda" entre grupos cujos interesses se excluem mutuamente.[156] O sucesso é mais do que a reificação de uma *ratio* fria e pluralista entre benefícios internos e custos externos. Como, então, conciliar opiniões partidárias e consensuais sobre a avaliação? Se, como o modelo sugere, a avaliação deve ser analisada como um processo político – e não como um processo filosófico –, três interpretações políticas distintas sobre avaliação são possíveis, das quais apenas uma é estritamente partidária.

A interpretação estritamente partidária da avaliação é retórica política. Pessoas insatisfeitas com um compromisso político podem simplesmente se recusar a aceitá-lo. Naturalmente, a rejeição total de um compromisso pode ser principalmente destinada ao público. Na verdade, com frequência, os defensores de uma proposta ficam secretamente satisfeitos em aceitar o que podem obter. Por outro lado, todos temos visto muitos idealistas amargamente desapontados, pessoas que

[156] THUROW, L. *The Zero-sum society – distribution and the possibilities for economic change*, 1981.

se sentem ofendidas por qualquer coisa aquém dos objetivos puros de um movimento de reforma ou uma plataforma reacionária.

Uma interpretação política mais consensual da avaliação é pragmatismo. Tanto os envolvidos em uma disputa política quanto os que estão de fora podem tentar avaliar o compromisso *como* um compromisso. Se ambos os lados obtiverem algo importante e significativo nesse processo, cada um dos lados considera o compromisso um sucesso. Uma falha nesses termos é um compromisso que não deixa quase ninguém feliz, como um programa caro que fracassa ou um compromisso extremamente tendencioso para um dos lados. Compromissos muito tendenciosos costumam aumentar a insatisfação na sociedade, violando, assim, o senso pragmático de ganhos politicamente disponíveis no bem-estar líquido.

Nem mesmo a abordagem pragmática escapa do problema utilitarista da total ausência de significação moral coletiva. Para muitos de nós, programas sociais como integração racial e seguros de acidentes de trabalho não parecem ser compromissos políticos frios. Ainda que não estejamos diretamente envolvidos, esses programas são intrinsecamente satisfatórios. Como reconciliamos esse sentimento moral com um modelo político? Trata-se de mera projeção de nossa própria política?

Este artigo não se preocupa com o problema filosófico dos julgamentos morais válidos. Porém, há uma terceira interpretação política da avaliação que lança luzes sobre a questão: a avaliação como desenvolvimento de consenso moral. Os movimentos sociais são bem-sucedidos na medida em que atraem um público além dos beneficiários-alvo; em outras palavras, são bem-sucedidos quando recorrem a valores prevalentes. O grande poder do movimento pelos direitos civis foi fazer o *mainstream* acreditar na justiça racial. Inversamente, quando falham em alcançar o *mainstream*, os movimentos sociais não são bem-sucedidos. Os movimentos são menos efetivos quando o *mainstream* acredita que os ativistas do movimento estão criando problemas por puro egoísmo (desejo de fama, poder, dinheiro). Movimentos sociais também são inefetivos quando percebidos como grupos de interesses especiais, fanáticos e intransigentes.

Parte da dramaturgia social das implementações é um diálogo de confiança e desconfiança entre *mainstream* e ativistas: Jesse Jackson está realmente fazendo algo de bom ou está apenas em uma empreitada egoica?[157] Ambientalistas podem seguir as regras do jogo e chegar a

157 [N.T.] No original, *ego trip*.

compromissos pragmáticos ou, independentemente do custo para o restante da sociedade, recorrerão a manobras legalistas diante da menor questão ambiental? Pode-se confiar no *establishment* para uma barganha justa ou os ativistas deveriam pressupor o pior e lutar a cada passo do caminho? As acusações de fanatismo são de boa-fé ou são esforços cínicos para desacreditar o movimento?

Como movimentos sociais e instituições estabelecidas lidam com o problema da desconfiança é uma área extremamente interessante de pesquisa e de políticas públicas. Uma face do problema, levantada pelo exemplo de Jesse Jackson, é a possível discrepância entre o bem-estar dos membros de base e a psicologia da liderança do movimento.[158] Durante o período inicial em que o movimento luta por um reconhecimento mínimo, táticas de confronto e princípios rígidos podem servir adequadamente a seus membros. Depois que o movimento está mais bem estabelecido, compromisso e pragmatismo podem ser mais produtivos. A liderança pode se adaptar?

Outra face do problema é a importância, para a liderança do movimento e de seus membros, de vitórias simbólicas e de superioridade moral, em oposição ao sucesso tangível. Nesse sentido, o movimento pelos direitos civis da população negra tem sido consistentemente pragmático, ao passo que movimentos ambientais e consumeristas incluíram componentes ideológicos e pragmáticos. O ativismo ideológico é indiferente ao sucesso tangível – ou mesmo incompatível com ele. Se o princípio é o único fator levado em consideração, o *mainstream* é irrelevante. De fato, ofender o *mainstream* pode ser desejável. A superioridade moral é mais bem alcançada, tornando impossível para o outro lado receber o crédito por um compromisso razoável. No entanto, certo grau de aprovação pelo *mainstream* é essencial até para o ativista mais hipócrita. Um colapso total do apoio do *mainstream* levanta questões sobre a ideologia. É difícil manter a superioridade moral quando se é universalmente ridicularizado como um fanático não realista e ineficiente. Assim, ativistas ideológicos devem manter um equilíbrio desconfortável entre pragmatismo e simbolismo.

Pode-se dramatizar a ideia de que a implementação é um processo de apelo ao *mainstream* pensando-se sobre a outra maneira de lidar com o *status* de minoria. Muitos movimentos contraculturais

---

[158] A famosa "lei de ferro da oligarquia" de Michel diz respeito a este problema. PIVEN, F.; CLOWARD, R. *Poor people's movements – why they succeed, how they fail*, 1979, p. xxii-xxiii, 101-102 e 322. *Vide* também nota 144 *supra*.

não recorrem ao direito como um meio de mudança social. Como com os *Amish*, a "saída" ou o isolamento pode ser a forma de lidar com valores contrários aos do *mainstream*.[159] Nessa situação, remédios jurídicos são buscados principalmente como um meio de proteger a privacidade, não de atingir uma mudança social positiva. Finalmente, como ficou claro nos exemplos, o consenso geralmente não significa apoio unânime e entusiasmado. O apelo externo de implementações varia enormemente, desde o forte apoio de alguns membros do *mainstream* a uma discreta minoria, como na política racial, até o fraco apoio a ativistas do movimento por praticamente todos na sociedade, como na política de ar limpo.

O consenso moral aplica-se de forma diferente a cada um dos três padrões de avaliação. Compromissos que beneficiem os dois lados são mais propensos a serem aceitos porque concretizam valores de ambos, aprovados pela sociedade em geral. A controvérsia sobre compromissos, portanto, é quase exclusivamente sobre custos, ou, mais precisamente, sobre a relação entre custos e benefícios. O compromisso que parece ruim tende a parecer muito oneroso ante os benefícios relativamente pequenos que provê. É pouco provável que fracassos pareçam atraentes ao *mainstream*. Eles não alcançam os valores que o grupo minoritário está defendendo e são caros. Vitórias simbólicas são mais aceitáveis para o *mainstream* porque são baratas. Embora seja improvável que grupos minoritários se satisfaçam com símbolos, às vezes processos simbólicos são mutuamente tranquilizadores, uma espécie de troca barata de boa vontade entre *outsiders* e *insiders*.

Seguramente o aspecto mais interessante do desenvolvimento de consenso moral é o processo pelo qual os valores das minorias passam a ser aceitos por públicos mais amplos. Visto pela perspectiva do modelo político, mesmo as implementações com maior êxito moral devem ser avaliadas politicamente. Ou seja, as implementações devem ser avaliadas por meio de alguma estrutura de comunicação e de resolução de disputas. É comum que grupos e causas inicialmente detestados obtenham respeito moral ao final.

Comentaristas desapaixonados e pesquisadores podem tentar manter os fatos corretos e os argumentos, honestos; mas o processo político impõe sua própria honestidade. Os defensores devem alocar recursos políticos nos programas que considerem mais valiosos e

---

[159] TYACK, D.; KIRST, M.; HANSOT, E. Educational Reform: Retrospect and Prospect. *Teachers College Record*, v. 81. p. 253-269, 1980, em especial p. 266.

convencer os céticos da intensidade de suas reivindicações. Por outro lado, a boa-fé dos céticos pode ser testada. O papel da mídia em relação a assuntos mal interpretados, trazendo à tona novos pontos de vista e prevenindo subterfúgios óbvios, é uma das características interessantes das implementações. Em alguns casos, os tribunais podem vir em auxílio de grupos particularmente desprotegidos. Em outros casos, as cortes podem proteger o próprio processo. Proteger a possibilidade de persuasão moral das minorias é claramente o principal, e talvez o único, propósito significativo da Primeira Emenda. Uma das questões fatuais testadas pelo debate público é se determinados programas foram sucessos ou fracassos. Essa importante questão merece discussão em uma subseção à parte.

### 3.6.3 Discordâncias fatuais sobre que padrão está presente

Compondo a dificuldade normativa de lidar com os compromissos, há discordâncias, genuínas ou taticamente fabricadas, sobre que padrão está presente. Um programa em particular é um fracasso ou um compromisso? Sabê-lo quase nunca é fácil. Além disso, os defensores e oponentes do programa aparecem em lados inesperados da discussão e às vezes ocultam suas verdadeiras percepções.

A educação bilíngue é um exemplo. Frequentemente, ouvem-se críticos da educação bilíngue dizendo que o investimento existente não melhorou as habilidades verbais das crianças. Os defensores do programa amiúde respondem que a educação bilíngue, como o cristianismo, não falhou porque não foi tentada. Ou seja, os programas existentes têm sido tão subfinanciados, hesitantes, diluídos e comprometidos que não se pode esperar sucesso; a resposta seria *mais* financiamento, não menos. Assim, defensores do programa podem aceitar a caracterização dele como um fracasso preordenado. Se essa caracterização é justa e se a conclusão em prol de mais financiamento decorre disso são questões separadas. Por exemplo, muitas das fragilidades estruturalmente determinadas dos programas bilíngues podem ser politicamente inevitáveis. Ainda que os falantes da mesma língua e com mesma origem social das crianças sejam os melhores professores, o sistema educacional, com suas estruturas de certificação de professores e valorização da antiguidade, permitirá que essas pessoas ingressem na docência em grande escala? Falando em termos práticos, se devemos nos relacionar bem com nosso atual corpo docente, talvez o potencial para a educação bilíngue deva ser avaliado sob essa luz. Observe-se, no entanto, que uma das últimas coisas que os defensores estão dispostos a aceitar é a inevitabilidade desses aspectos arraigados do *status quo*, que operam contra seus clientes.

Um exemplo um pouco diferente é o Título I.[160] Supostamente, solicitou-se a membros do Departamento de Educação[161] encarregados da avaliação do Título I que, em seu relatório ao Congresso, omitissem achados negativos sobre efeitos de longo prazo e enfatizassem os achados positivos sobre efeitos de curto prazo. A melhor justificativa para esse pedido foi a convicção da equipe de que o programa do Título I fora continuamente aprimorado desde seu início e não fora gerido suficientemente bem no início para produzir efeitos de longo prazo que pudessem ser observados no momento da elaboração do relatório. Embora inicialmente visto como um fracasso, mais recentemente o programa foi tido como um experimento social promissor em longo prazo. Essa justificativa não responde à pergunta sobre por que não se poderia confiar toda a verdade ao Congresso. Os defensores do programa indubitavelmente estavam desconfortáveis em permitir que nuances de evidências das ciências sociais dominassem o debate político. Não obstante, a tendência dos gestores de programas de proteger os programas ocultando evidências negativas deve ser reconhecida como uma ocorrência frequente. Existem exemplos mais flagrantes do que o Título I.[162]

A dificuldade de encontrar a verdade na avaliação é desanimadora. Um premiado livro de um ilustre autor,[163] na minha opinião, nada mais é do que uma destruição obstinada de provas em uma direção preconcebida. Por outro lado, esse livro pelo menos contém evidências. Muitos trabalhos condenando a eficácia de programas[164]

---

[160] *Elementary and Secondary Education Act*, de 1965, Pub. L. No. 89-10, 79 Stat. 27.

[161] [N.T.] Na estrutura do Poder Executivo brasileiro, o Departamento de Educação corresponderia ao Ministério da Educação.

[162] Um exemplo é o Corpo Nacional de Professores. CRONIN, T. Small Program, Big Troubles: Policy Making for a Small Great Society Program. *In*: *American Politics and Public Policy*, 1978, p. 77 e ss.

[163] HOROWITZ, D. *The courts and social policy*, 1977.

[164] Por exemplo: GRAGLIA, L. *Disaster by decree*, 1976. O livro de Graglia é, em grande medida, uma disputa de valores e raciocínios envolvidos nas decisões de dessegregação. Não quero afirmar que todas as discussões de valor (ou toda retórica) são vazias. De fato, a implementação repousa sobre uma base de posições valorativas concorrentes. No entanto, o livro de Graglia parece notavelmente tendencioso e obtuso quanto a outros pontos de vista. Sobre a difícil fronteira entre não discriminação e discriminação reversa: BREST, P. Foreword: In Defense of the Antidiscrimination Principle, *Harvard Law Review*, v. 90, p. 1-54, 1976; FISS, O. The Fate of an Idea Whose Time Has Come, *University of*

são retórica vazia. Talvez a avaliação da implementação seja algo como direito penal: há tanto em jogo e o potencial de viés é tão grande que um processo adversarial deveria ser incentivado. Como políticos, os membros do Congresso são indubitavelmente sensíveis ao elemento político da avaliação e, como forma de contrabalanceamento, abrem esse processo a quem quer que seja. Também ajudaria consideravelmente se mais acadêmicos tentassem ser objetivos, não no sentido de serem politicamente neutros, mas no sentido de esclarecerem como seu ponto de vista se insere no argumento e de serem justos com as evidências. Por fim, mesmo aqueles que advogam uma proposta fariam bem em moderar seus instintos mais oportunistas. Sempre me pareceu que uma das principais razões do sucesso do movimento pelos direitos civis e do movimento contra a Guerra do Vietnã foi a insistência deles em dizer a verdade sobre os fatos sociais e abalar ilusões sociais convenientes. Mais uma vez, os movimentos sociais são bem-sucedidos apelando para algo no *mainstream* da sociedade. Nesse sentido, a verdade, assim como a mentira, tem poder e atratividade.

## 3.7 Metodologia de pesquisa

O modelo de implementação apresentado neste artigo tem implicações importantes para a metodologia de pesquisa. Em geral, pode-se pensar em três aspectos de um projeto de pesquisa que influenciam a metodologia: o tema, a teoria que o sustenta e a questão dos procedimentos ou técnicas confiáveis e válidas.[165] A ideia de metodologia é frequentemente equiparada à técnica – como projetar um instrumento de pesquisa, extrair amostras estatisticamente confiáveis e conduzir entrevistas abertas. Embora as preocupações com a técnica sejam bastante importantes, elas provavelmente são as menos importantes das três. Tema e teoria têm um impacto muito maior sobre a metodologia, porque afetam a escolha do método de pesquisa, e não

*Chicago Law Review*, v. 41, p. 742-773, 1974. Sobre as complexidades de definir e limitar remédios jurídicos em questões raciais, mesmo assumindo uma definição "limitada" de responsabilidade: KIRP, D.; BABCOCK, G. Judge and Company: Court-Appointed Masters, School Desegregation, and Institutional Reform, *Alabama Law Review*, v. 32, p. 313-398, 1981.

165 "Isso [a metodologia] implica que estudos concretos estão sendo escrutinados quanto aos procedimentos que usam, às premissas em que se baseiam e aos modos de explicação que consideram satisfatórios". LAZARSFELD, P.; ROSENBERG, M. (Ed.). *The Language of Social Research*, 1955, p. 4.

apenas a execução apropriada de um método já selecionado. Além disso, é difícil articular aspectos metodológicos da teoria e do tema; as decisões sobre eles podem ser tomadas intuitivamente, subconscientemente ou por padrão. Finalmente, a maioria das implicações importantes do modelo em relação à metodologia diz respeito ao tema e à teoria.

Em relação ao tema, o modelo demonstra que todo o processo de implementação envolve tipos de atividades muito diferentes, como a história dos movimentos sociais, sua influência sobre a legislação, os detalhes das regulações, as interações em nível de campo entre a fiscalização e as organizações reguladas e, ainda, as características-chave estruturais de vários tipos de organizações reguladas. Pode não haver uma ligação invariável entre a atividade e o método de pesquisa usado para estudá-la. Apesar disso, os raciocínios empregados para analisar algumas atividades, como a influência histórica, parecem bastante diferentes dos utilizados para outras, como o significado dos regulamentos legais. A prática acadêmica convencional reflete e reforça essas diferenças metodológicas, definindo História e Direito como disciplinas separadas.

A natureza da atividade estudada tem uma influência mais sutil sobre o método do que a disciplina acadêmica envolvida. Uma técnica de pesquisa pode ser mais adequada para investigar um aspecto particular do que outras. Por exemplo, se alguém quiser uma visão geral de como o processo funciona, pode ser útil organizar entrevistas abertas com membros de elite das instituições participantes. Essas pessoas são excepcionalmente bem situadas em termos de funcionamento do sistema em um nível geral – elas são *insiders*. Por outro lado, se se deseja entender os reais compromissos assumidos por esses *insiders*, os acordos firmados – em lugar de uma visão geral do processo –, ou parte significativa desses processos reais no nível de campo, provavelmente será necessário dedicar algum tempo à observação etnográfica. Os *insiders* de elite tendem a oferecer uma visão "reconstruída" da realidade, na qual as variantes ideologicamente inaceitáveis de sua própria conduta são censuradas. Eles também tendem a falar em um nível bastante alto de abstração, e não em termos de interações no nível de campo. Em outras palavras, mantidos os demais fatores – especialmente o custo –, não confie no "ouvir dizer"; se você deseja relatar descobertas sobre uma atividade, observe-a diretamente.

Na escolha do método de pesquisa, a teoria desempenha um papel tão importante quanto o tema. Teoria é aquilo que especifica o que é interessante ou significativo sobre a realidade. Para propósitos práticos, a realidade é infinitamente complexa, e a mente humana pode pensar sobre a realidade de inúmeras formas. Qualquer apresentação coerente envolve, necessariamente, algum sistema de seleção, simplificação e ordenação. Esse sistema é chamado de teoria, embora, às vezes, a palavra seja aplicada de maneira mais limitada aos sistemas formais. Nesse sentido, a teoria não é acadêmica ou esotérica; é simplesmente inevitável, embora possa ser feita inconscientemente ou mal feita.

A importância da teoria para o método pode ser ilustrada pela comparação entre dois tipos de projetos de pesquisa. O primeiro é a teoria da sanção quantitativamente orientada. Este artigo tenta estabelecer uma estimativa do volume de conformidade produzido por sanções de diferentes espécies e intensidades. Pesquisas sobre o efeito dissuasório da ação policial ou sobre efeitos cumulativos de subvenções são bons exemplos.[166]

O segundo tipo de pesquisa é o estudo de caso sobre implementação. Como previamente discutido neste artigo, estudos de caso geralmente desenvolvem-se pela descrição dos chamados "divisores de águas".[167] Divisores de águas são decisões de realizar ou não realizar determinados aspectos de uma intervenção jurídica, decisões que afetam, substancialmente, os resultados da intervenção *vis-à-vis* os propósitos sociais que a informam. Metodologicamente falando, aqueles que narram o histórico de casos tentam, consciente ou inconscientemente, identificar os divisores cruciais, ou pontos de inflexão, e organizar o histórico do caso em torno desses eventos.

Os métodos de pesquisa que complementam esses dois tipos de teorias são profundamente diferentes. A Teoria Quantitativa da Sanção normalmente requer o desenvolvimento de um modelo matemático como forma de comparar e mensurar a influência relativa das sanções e outros fatores que podem influenciar o comportamento. Como consequência, o mundo da ação legalmente orientada deve ser simplificado e reduzido a categorias que podem ser enumeradas (por exemplo, cumprimento e não cumprimento). O processo de simplificação e quantificação é tanto altamente formal – e, portanto, "censurável" – quanto excessivamente simplificado.

---

[166] WILSON, J.; BOLAND, B. The Effect of the Police on Crime: A Response to Jacob and Rich, *Law & Society Review*, v. 16, p. 163-170, 1981/1982; BARRO, S. *The Impact of Intergovernmental Aid on Public School Spending*, maio de 1974, p. 59-66 (manuscrito não publicado em arquivo com o autor).

[167] Para uma discussão sobre divisores de águas como parte de descrições longitudinais, *vide* seção 3.4.

Em contraste, estudos de casos sobre implementação parecem envolver um processo analítico altamente impressionista, geralmente desarticulado, que inclui identificar forças sociais importantes e combiná-las com os principais avanços legais. A identificação dos principais avanços legais envolve uma operação metodológica tácita. Presumivelmente, um desenvolvimento ou não desenvolvimento jurídico é importante pelas consequências que produziu ou poderia ter produzido. Assim, a identificação de marcos relevantes implica uma afirmação intuitiva sobre as relações causais entre direito e mudança social. A força dos estudos de caso deve-se à imagem intuitivamente satisfatória e abrangente que eles podem fornecer do sistema integrado de forças sociais. A parte frustrante dos estudos de caso é a inacessibilidade das avaliações que contribuíram para a seleção dos principais eventos. Na falta de uma descrição formal de como se determinou que certos eventos tiveram consequências, geralmente ficamos com perguntas incômodas sobre o que não foi observado e explicado.

O ponto importante aqui não tem relação com as vantagens relativas dos dois métodos de pesquisa. Pelo contrário, a comparação foi feita para ilustrar como a natureza da teoria pode forçar um pesquisador a pensar sobre a realidade de maneiras completamente diferentes e a observar e relatar coisas totalmente diversas. A teoria tem uma influência profunda sobre o método.

Considerando-se a influência do tema e da teoria sobre o método, chegamos à técnica. Se a observação participante em nível de campo for selecionada, permanece a questão de como fazê-la corretamente. As entrevistas com a elite dos participantes podem ser bem ou mal feitas. A aferição de cumprimento/descumprimento, ainda que bem definida, requer habilidade e cuidado, assim como a matemática que estima a influência relativa de diferentes fatores.

De forma geral, o modelo apresentado neste artigo não tem implicações especiais para a técnica no sentido de métodos-padrão de pesquisa. O modelo mostra claramente, no entanto, que muitos tipos de pesquisa-padrão sobre implementação, como o estudo de caso, envolvem técnicas não convencionais e, portanto, majoritariamente não analisadas. Existem tratamentos úteis de processos metodológicos análogos, como a teoria fundamentada e a reconstrução etnográfica.[168]

---

[168] BECKER, H. *Sociological work*, 1970; GLASER, B.; STRAUSS, A. *The Discovery of Grounded Theory: Strategies for Qualitative Research*, 1967; MCCALL, G.; SIMMONS, J. (Ed.). *Issues in participant observation*, 1969; SCHATZMAN, L.; STRAUSS, A. *Field research*, 1973.

No entanto, como a interação do direito com os sistemas sociais envolve processos sociais e vínculos únicos, as questões metodológicas são distintas. O espaço aqui sequer permite começar a explorar essa importante questão. Como amostra do território a ser explorado, o leitor pode considerar novamente como é elaborado um típico manual de direito em uma área de direito público. Quais são os critérios de relevância que orientam a inclusão e exclusão de matérias? Se um dos critérios é o efeito sobre interesses sociais concorrentes ou sobre a sociedade como um todo, como os autores de livro sobre casos sabem sobre esses efeitos?

Uma palavra final precisa ser dita sobre o desafio interdisciplinar da pesquisa sobre implementação. A pesquisa que aborda qualquer descrição razoavelmente abrangente da implementação deve envolver não apenas métodos de pesquisa distintos e até agora não analisados, mas também uma série de métodos tradicionais cujos especialistas ocupam diferentes disciplinas acadêmicas. Como consequência, esse tipo de pesquisa comumente carece do rigor definido por uma metodologia especializada, e os pesquisadores profissionais frequentemente se sentem hesitantes e inseguros sobre o que fazer. Infelizmente, não existe uma resposta fácil ou confortável para o desafio. Muitas vezes, é essencial estudar o processo como um todo e não como subpartes metodologicamente convenientes. Certamente não queremos desencorajar variedades vitais de pesquisa, até porque os generalistas metodológicos são raros. No entanto, a permissividade geral tampouco é a resposta, porque muitas pesquisas bem-intencionadas tornam-se inúteis por metodologia deficiente. As abordagens prevalentes da pesquisa interdisciplinar parecem ser as mais produtivas – a formação interdisciplinar de pesquisadores (formais ou práticos), a colaboração, a consultoria seletiva e a revisão da pesquisa por equipes interdisciplinares capazes de identificar descuidos metodológicos. Além disso, devemos manter vivo o sonho da formação específica em "estudos jurídicos".[169]

## 4 Alteração de papel do direito e dos juristas

As consequências do modelo para mudanças no papel do direito e dos juristas decorrem do fato de que a implementação é a forma característica do direito moderno ou pós-moderno.[170] Consideradas

---

[169] Sobre a importância de não limitar o tema e a perspectiva em razão de um "proselitismo" metodológico limitado: BECKER, H. *Sociological work*, 1970, p. 3.

[170] Teóricos sociais tendem a usar o termo "pós-moderno" para descrever o direito atual. TEUBNER, G. Substantive and Reflexive Elements in Modern Law, *Law & Society Review*,

separadamente, implementações constituem o micronível do direito moderno, as interações entre organizações sobre determinados programas sociais. Novas funções para o direito e para os juristas normalmente se mostram nesse nível: no nível de ação intencional e de conflito político. Tomadas coletivamente, as implementações constituem o Estado moderno. Multiplique-se qualquer implementação específica nas diversas áreas de políticas públicas por dez mil e o resultado é o Estado regulador e de bem-estar social. As implementações são o processo formativo aluvial do Estado moderno e o direito do Estado é a soma total das estruturas e interações contínuas deixadas como depósitos por uma infinidade de implementações separadas. O direito no Estado moderno consiste em organizações que se confrontam em setores normatizados de políticas públicas – setores do governo interagindo com governos-sombra criados para lidar com eles. Como o direito moderno no nível macro diz respeito à coordenação e à legitimação dessa legião de interações substantivas, novos papéis jurídicos no nível macro geralmente são percebidos por representantes políticos e juízes de instâncias superiores, bem como por elites informacionais.[171] No restante desta discussão, será conveniente considerar, primeiramente, algumas mudanças importantes no direito moderno, relacionadas essencialmente à natureza da implementação, conforme descrito neste artigo, e, posterirormente, o tópico dele derivado, relacionado às novas funções dos profissionais do direito.

## 4.1 Sentido diminuído da autonomia do direito

Como visto atualmente, a característica dominante do direito pré-moderno era um senso de autonomia. O direito parecia ser tanto uma fonte de valores para a solução de problemas quanto uma fonte

v. 17, p. 239-286, 1983, em especial p. 243. A razão para o uso deste termo é que, na tradição weberiana, o direito associado ao nascimento do modernismo era considerado "moderno" e direito contemporâneo é algo diferente. Os termos "autônomo" e "responsivo" são usados por Nonet e Selznick para esses dois tipos de direito moderno. NONET, P.; SELZNICK, P. *Law and society in transition*, 1978, p. 16 e *passim*. Direito "reflexivo" é aparentemente um termo de Teubner. Teubner, *supra*, p. 266. LUHMANN, N. *The differentiation of society*, 1982. No presente artigo, distinções tão minuciosas não parecem importantes e, assim, vou me referir ao direito da atualidade simplesmente como "direito moderno". Muita da discussão dessa parte deve-se ao artigo conciso e lúcido de Gunther Teubner, *supra*. Teubner parafraseia e analisa material, como o trabalho de Habermas, que, mesmo traduzido, considero particularmente difícil.

[171] Gradualmente estamos começando a entender o papel da mídia nos Estados modernos como instituições legitimadoras, deslegitimadoras e reconstrutoras. *Vide* nota 199 *infra*.

de novos valores. Advogados e juízes tinham um tipo especial de *expertise* normativa advinda desse direito autônomo, a habilidade de aplicar o direito a novas situações. O direito também era uma forma de autoridade – uma fonte de segurança. Um direito previsto em lei era duradouro, permanente; a única maneira de perdê-lo era renunciando a ele. Direitos legalmente garantidos eram direitos adquiridos.

A próxima subseção discutirá as características do direito moderno identificadas pelo modelo que diminui esse senso de autonomia jurídica. As subseções seguintes trarão exemplos de uma autonomia reduzida do direito como fonte de valores e de segurança. A discussão final abordará as novas e remanescentes fontes de autonomia jurídica.

### 4.1.1 Atributos do direito moderno que diminuem a autonomia

Conforme descrito pelo modelo apresentado, quatro características do direito moderno operam para diminuir o senso de autonomia do direito: consequencialismo (ou racionalidade substantiva), origens políticas, comprometimento e renegociabilidade. O primeiro, o consequencialismo, ou a racionalidade substantiva, é a ideia de que o direito deve ser usado para resolver problemas sociais. É a ideia do direito como "engenharia social".[172] O consequencialismo é incompatível com a autonomia, porque, segundo ele, o direito é, apenas, uma ferramenta.[173] Se os problemas não estiverem sendo resolvidos por normas autônomas, ou se surgirem problemas mais importantes, a lei poderá ser alterada. Observe-se, também, a ênfase coletiva e legislativa aos "problemas sociais"; o direito com um senso de segurança implicava direitos *individuais*.

Segundo, a origem do direito decorrente da atividade política de grupos de interesse é óbvia para as pessoas modernas. Valores têm origem nas proposições substantivas dos grupos sociais e são transformados em lei por meio de um processo de compromisso político. Obviamente, uma vez atingido, cada compromisso político torna-se "a norma" e, nesse sentido, é uma fonte de valores. Mas esse senso é limitado e transitório em comparação com a ideia de que respostas para novas situações sociais podem ser encontradas no direito existente ou

---

172 Clune e Lindquist, nota 3 *supra*, p. 1045, n. 2.

173 LUHMANN, N. *The differentiation of society*, 1982, p. 133-135.

em suas operações. Por esse motivo, mesmo uma demanda moralmente convincente, como a dessegregação, pode parecer "política" demais.[174]

Terceiro, como resultado final de grupos de interesse que chegam a acordos, o direito parece altamente comprometido. Os acordos não são fontes sagradas de valores e não são especialmente duráveis. Finalmente, o direito é obviamente renegociável: se os subsídios não forem suficientemente bons este ano, cria-se um *lobby* para alterá-los no próximo ano. Se uma ação afirmativa for incômoda, opta-se pela desregulamentação. A seguridade social é um direito adquirido? Isso depende de como os políticos lidam com a atual crise de solvência.

### 4.1.2 Exemplo do declínio da autonomia do direito como fonte de valores: a indústria da judicialização

O melhor exemplo da preocupação com o direito como fonte de valores é o que pode ser chamado de "indústria da judicialização". Em um ritmo frenético, juristas estão produzindo artigos e livros com o objetivo de mostrar que há um método legítimo por meio do qual os juízes podem descobrir valores a partir da cognição. Ao mesmo tempo, as autoridades estão em conflito entre si, desacreditando os esforços umas das outras. Inclui-se aqui o impressionante debate em curso sobre

---

[174] A possibilidade de a regulação nos Estados Unidos ser marcadamente mais legalista do que na Grã-Bretanha foi discutida na conferência de Keith Hawkins intitulada "A estratégia de conformidade", no Colóquio Interdisciplinar de Estudos Jurídicos, Faculdade de Direito da Universidade de Wisconsin, em 6 de novembro de 1981. KIRP, D. *Doing good by doing little: race and schooling in Britain*, 1979, p. 115-123; KIRP, D. Professionalization as a Policy Choice: British Special Education in Comparative Perspective, WORLD POL., v. 34, p. 137-174, 1982, em especial p. 173. A ideia de um estilo de regulação na Europa menos legalista e, ainda assim, mais efetivo foi levantada pelo Professor Norbert Reich em outro colóquio. REICH, N. *Problems in F.T.C. Rulemaking: Some Remarks on Regulatory Failure*, Colóquio Interdisciplinar de Estudos Jurídicos, Faculdade de Direito da Universidade de Wisconsin, 16 de junho de 1982. A possibilidade de uma regulação menos legalista e mais efetiva é muito importante e interessante em termos teóricos. Ao levantar questões complexas sobre comparações transatlânticas, alguém poderá facilmente perceber a complexidade de pesquisas comparativas de Sociologia Jurídica. Por exemplo, quatro questões surgem de maneira imediata: 1) Os países europeus são tão agressivos quanto os americanos na tentativa de "tirar o sistema" do *status quo*? 2) O que acontece se, como parece ser o caso, o *status quo* for diferente? Por exemplo, os Estados Unidos parecem ter uma cultura e governos mais *laissez-faire* do que muitos países europeus. 3) Os meios culturais não legalistas de influência sobre o governo presentes na Europa também estão presentes nos Estados Unidos – por exemplo, relações de confiança em relação à burocracia e efetiva pressão informal dos meios de comunicação de massa? 4) Quão efetivo é o sistema europeu em mudar verdadeiramente comportamentos, diferentemente de transmitir uma impressão ideológica de efetividade?

a legitimidade da revisão judicial em matéria constitucional,[175] bem como o debate sobre o próprio *common law*.[176]

Um exemplo específico emerge das considerações concorrentes no debate sobre o papel judicial na implementação de políticas sociais. Disputas sobre o financiamento da educação, como ótimo exemplo de litígio institucional, encaixam-se perfeitamente no modelo de implementação deste artigo.[177] A dificuldade que juízes e advogados experimentam assim como a forte tendência da doutrina a se tornar politizada podem ser percebidas a partir da posição dos tribunais nesse tipo de litígio.

Uma demanda foi proposta contra o Estado de Wisconsin que, se bem-sucedida, exigiria mais de um bilhão de dólares em novas receitas para educação.[178] Na teoria constitucional, um tribunal apenas deveria avaliar se a Constituição de Wisconsin prevê a medida pleiteada. Questões orçamentárias deveriam entrar na equação como, no máximo, mero limite à exequibilidade da decisão, afinal um tribunal não pode fabricar dinheiro.[179] Colocam-se as questões de saber se os

---

175 BALL, M. Don't Die Don Quixote: A Response and Alternative to Tushnet, Bobbitt, and the Revised Texas Version of Constitutional Law, *Texas Law Review*, v. 59, p. 787-813, 1981; BOBBITT, P. A Reply to Professor Ball, *Texas Law Review*, v. 59, p. 829-834, 1981; BREST, P. Interpretation and Interest, *Stanford Law Review*, v. 34, p. 765-773, 1982; COVER, R. The Origins of Judicial Activism in the Protection of Minorities. *Yale Law Journal*, v. 91, p. 1287-1316, 1982; FISS, O. Objectivity and Interpretation, *Stanford Law Review*, v. 34, p. 739-764, 1982; TUSHNET, M. Deviant Science in Constitutional Law, *Texas Law Review*, v. 59, p. 815-827, 1981; WELLINGTON, H. The Nature of Judicial Review, *Yale Law Journal*, v. 91, p. 486-520, 1982. Eu interpretaria essa atividade quase frenética como o naufrágio da autonomia do direito, com os doutrinadores como marujos arremessando coletes salva-vidas conceituais para passageiros desorientados se debatendo no mar do direito moderno. Se essa metáfora for válida, suponho que meu colega, Mark Tushnet, deva ser retratado girando em uma lancha que produz ondas. *Vide* nota 182 *infra*.

176 REES, G. Cathedral Without Walls: A View from the Outside, *Texas Law Review*, v. 61, p. 347-423, 1982. Essa parte do movimento *Law and Economics* que procura justificar o *common law* a partir da eficiência pode ser vista também como parte da indústria da judicialização. Para uma análise do papel crescente da atividade judicial para além do direito constitucional: Comments on Judicial Creativity, *Iowa Law Review, v.* 69, p. 1-46, 1983.

177 Sobre financiamento da educação e litígios institucionais, *vide* notas 16 e 30 *supra*.

178 Caso *Kukor versus Thompson*, No. 79 C.V. 5252 (Dane County Cir. Ct., Madison, Wis., filed Oct. 15, 1980). Para outro exemplo de litígio sobre financiamento da educação, *vide* caso *Buse versus Smith*, 74 Wis. 2d 550, 247 N.W.2d 141 (1976).

179 Sobre os aspectos práticos dos remédios judiciais, tais como incorporados pelas doutrinas da justiciabilidade: CLUNE, W.; LINDQUIST, R. Serrano e Robinson: Studies in the Implementation of Fiscal Equity and Effective Education in State Public Law Litigation. *In:* PIELE, P. (Ed.). *II Schools and the Courts*, 1979, p. 67-106, em especial p. 104-106. Dimensões orçamentárias de medidas judiciais se destacaram no caso das despesas relacionadas à matrícula de estrangeiros em situação irregular na rede de ensino do Texas,

tribunais podem permanecer alheios à situação orçamentária e o que aconteceria com o conceito de direito se juízes começassem a considerar consequências orçamentárias.

Aspectos orçamentários mais amplos vão muito além do tema da educação. O Estado de Wisconsin atualmente está cortando programas sociais em larga escala, realizando trocas dolorosas e extremamente cuidadosas entre os vários programas sociais. Faz sentido, nesse caso, que um tribunal ordene um bilhão de dólares em novas receitas para o ensino fundamental e médio, tendo por base não uma avaliação legislativa das prioridades, mas um direito autônomo expresso ambiguamente em uma constituição escrita há cem anos? Talvez algumas cortes pensassem assim, mas as pressões em outra direção são imensas. Uma vez que um tribunal se envolve seriamente na questão sobre o quanto novas receitas devam realisticamente ser direcionadas ao ensino fundamental e médio, boa parte do sentido da lei como fonte autônoma de direitos terá sido perdida. É possível, e de fato apropriado, que os tribunais adotem o novo papel político do direito; o processo, no entanto, pode ser pouco familiar e desconfortável.

### 4.1.3 Declínio da autonomia do direito como fonte de segurança

O direito moderno também contém um sentido diminuído como fonte de segurança e comprometimento (ou garantia). Em última análise, a ideia de que um direito é assegurado porque a lei assim diz é obviamente dependente de certa dose de força autônoma. No entanto, uma das características centrais da implementação, conforme descrito neste artigo, é o sentido de rediscussão do direito.

Um bom exemplo da relação entre autonomia e garantia pode ser visto no direito de propriedade, tanto em seus aspectos constitucionais quanto não constitucionais. Nos primórdios do direito constitucional, era importante que a propriedade tivesse um *status* constitucionalmente definido, protegido contra interferências estatais. Mudanças históricas graduais quase inverteram os pressupostos dos fundadores dos Estados Unidos sobre a relação entre propriedade e Estado.[180] A propriedade

---

um dos casos sobre educação mais importantes decididos em muitos anos. *Vide* caso *Plyler versus Doe*, 457 U.S. 202, 228-29 (1982); *idem*, p 249-50 (Burger, C.J., *dissenting*).

[180] NEDELSKY, J. Confining Democratic Politics: Anti-Federalists, Federalists, and the Constitution, *Harvard Law Review*, v. 96, p. 340-360, 1982, em especial p. 354-358;

em sentido moderno – itens como garantia parcial de renda e benefícios sociais – tende a ser uma experiência fluida, sem proteções e dramaticamente dependente *do* Estado, em vez de representar uma liberdade *contra* o Estado.

Mesmo o protótipo de propriedade, a propriedade imobiliária desembaraçada de uma casa,[181] não está imune às incursões do direito moderno. Em nossa sociedade, a situação financeira de uma pessoa com relação à casa própria é dramaticamente afetada pela sua idade. Uma pessoa com cerca de 50 anos de idade pode estar pagando US$150 ou menos por mês por um imóvel com valor de mercado na ordem de US$150.000 ou mais. Uma pessoa de 40 anos tende a pagar US$600 por mês pela mesma casa e deve ser grata por isso, pois um jovem de 25 anos deve pagar mais de US$1.200. O que explica essa diferença de quase dez vezes? Nada além de direitos adquiridos, hipotecas ou outros contratos imobiliários, afetados por prolongados e inesperados processos inflacionários.

Na mídia, começaram a surgir matérias questionando a justiça dessa situação. Suas críticas tendem a ser fundamentadas na ideia de racionalidade do Estado de bem-estar social moderno. Do ponto de vista de uma política nacional de habitação, que sentido faz que jovens com piores rendimentos paguem, por imóveis equivalentes, dez vezes mais do que aqueles mais velhos e com melhor renda? Dessa perspectiva, a resposta de que os direitos de propriedade foram historicamente garantidos parece quase exótica. A garantia decorre da autonomia do direito e não de uma racionalidade substantiva.

Como no exemplo do financiamento escolar, a pressão é exercida sobre o Estado a partir de fontes orçamentárias externas. Por isso, privilégios relacionados à idade do comprador do imóvel não podem ser isolados como uma amostra idiossincrática de privilégios arraigados. O Estado será demandado a fazer algo pela situação dos jovens que tentam adquirir casas próprias. Se forem disponibilizados subsídios governamentais em favor de proprietários de imóveis, da indústria da construção civil ou de agentes de financiamento imobiliário, pode haver uma redistribuição indireta de renda dos mais ricos para os menos favorecidos. A redistribuição direta ocorreria por meio da revogação

---

NEDELSKY, J. *The Future of Property in Light of Its Past.* Colóquio Interdisciplinar de Estudos Jurídicos, Faculdade de Direito da Universidade de Wisconsin, 27 de abril de 1982.

181 [N.T.] No original, *"fee simple absolute in a home"*.

de direitos adquiridos. Por que não "renegociar" essas hipotecas favoráveis? Quando todos os outros estão suportando uma parcela justa da política nacional de habitação, por que esse grupo específico deveria obter um lucro fabuloso? Deveríamos permitir o colapso de instituições financeiras vitais para o bem-estar da comunidade? Certamente, o processo pelo qual o direito de propriedade, antigamente com um *status* sagrado, pode ser visto como dotado de irracionalidades ocorre precisamente pela transformação histórica do direito autônomo em direito moderno, substancialmente racional. O ponto central para essa transformação é a agregação, por um longo período, de diversos programas sociais implementados que podem ser chamados de "política nacional de habitação". Em outras palavras, a nova forma do direito exerce uma pressão gradual no sentido de absorver a antiga e, consequentemente, tem sua forma própria e moderna de autonomia.[182]

---

[182] Um pequeno exemplo de pressões da mídia sobre hipotecas antigas está em: MARTIN. C. It Pays to be New in S&L Business, *Wisconsin State Journal*, p. 1, §4, 19 de junho de 1982. O declínio do direito autônomo pode ser facilmente superestimado. Uma gama de qualificações é necessária para perceber essa tendência em uma perspectiva apropriada. Primeiro, essa tendência é ainda nova e incompleta. Segundo, novas formas de cultura jurídica não substituem por completo as antigas. NONET, P.; SELZNICK, P. *Law and society in transition*, 1978, p. 116. Uma razão para isso é que algum grau de autonomia do direito é provavelmente necessário para o Estado. FULLER, L. *The morality of Law*, ed. rev., 1969, p. 33-94. Terceiro, há um enorme papel para o direito e para os juristas nos Estados modernos, papéis que podem facilmente ser confundidos com o papel histórico do direito autônomo. *Vide* a discussão sobre os profetas do direito, formalistas, legalistas e gerentes racionais na seção 4.3.1. Nesse sentido, o direito, os juristas e a formação jurídica já se ajustaram ao direito moderno e a maioria das pessoas sequer notará a diferença. Apesar da crise referida na seção 4.1.2, da perspectiva de um professor de direito, muito do conteúdo, da docência e da atividade discente em direito constitucional caminha para o desenvolvimento de novas habilidades para o sistema jurídico-político. Conceitos como nível de controle, análise meios-fins e análise intenção-resultado são muito úteis como paradigmas de análise de políticas (instrumentos cognitivos para avaliações rápidas e eficientes de problemas políticos). Em uma perspectiva de resposta a problemas particulares, a abertura e a indeterminação dessas ideias – muito percebidas na literatura jurídica – são a força, não a fraqueza da análise política. Elas são aspectos do direito puramente procedimental como se vê abaixo. *Vide* nota 189 *infra*. Além disso, a ascensão da análise política, como parte do direito político, não diminui o papel dos tribunais em temas constitucionais. Cortes de justiça simplesmente se tornam parte de um processo reflexivo do direito moderno. *Vide* nota 170 *supra*. Como exemplo de litigância institucional, *vide* notas 16 e 30 *supra*; *vide* também nota 110 *supra* (caso *Adams versus Richardson*). A nova doutrina constitucional sagaz, politicamente orientada, esclarecida e burocraticamente sensibilizada é endêmica. O marco dessa nova abordagem é a construção de equações conceituais simultâneas para sopesar valores substantivos e custos administrativos. Obviamente, o desgaste causado pelo declínio da autonomia do direito e o grau de autonomia que permanece, como apontado na seção 4.1.4, também precisam ser acomodados. Uma pequena lista de leituras de alta qualidade ilustrativas desses temas é: HELLERSTEIN, W. Constitutional Limitations on State Tax Exportation, *American Bar Foundation Research Journal*, p. 3-77, 1982; KOMESAR, N. In Search of a General Approach to Legal Analysis: A Comparative

### 4.1.4 Uma nota sobre a sobrevivência e as novas fontes de autonomia e o problema do reducionismo

Se o direito não fosse mais do que o mais recente acordo político, ele não teria autonomia e não poderia ser diferenciado da política.[183] Esse problema às vezes é chamado de "reducionismo". Conquanto a maioria das características do direito aqui discutidas tenda a militar contra a sua autonomia, este artigo não deve ser entendido como uma tomada de posição reducionista extrema. E, embora cada página do

Institutional Alternative, *Michigan Law Review*, v. 79, p. 1350-1392, 1981; MASHAW, J. Conflict and Compromise Among Models of Administrative Justice, *Duke Law Journal*, v. 1981, p. 181-212, 1981; MICHELMAN, F. Politics and Values or What's Really Wrong with Rationality Review?, *Creighton Law Review*, v. 13, p. 487-511, 1979; TRIBE, L. The Puzzling Persistence of Process-Based Constitutional Theories, *Yale Law Journal*, v. 89, p. 1063-1080, 1980; WESTEN, P. The Empty Idea of Equality, *Harvard Law Review*, v. 95, p. 537-596, 1982. *Follow-ups* em relação ao artigo de Westen sobre igualdade incluem: BURTON, S. Comment on "Empty Ideas": Logical Positivist Analysis of Equality and Rues, *Yale Law Journal*, v. 91, p. 1136-1152, 1982; CHEMERINSKY, E. In Defense of Equality: A Reply to Professor Westen, *Michigan Law Review*, v. 81, p. 575-599, 1983; WESTEN, P. The Meaning of Equality in Law, Science, Math, and Morals, *Michigan Law Review*, v. 81, p. 604-663, 1983; e WESTEN, P. On "Confusing Ideas": Reply, *Yale Law Journal, v.* 91, p. 1153-1165, 1982. Se eu estou correto que essa doutrina é parte da reconstrução do direito para se conformar às novas condições sociais, esses estudiosos são a versão moderna daquilo que Weber chama de "*honoratiores* do direito" ou notáveis. WEBER, M. *Economy and Society*, v. 2. G. Roth & C. Wittich eds., 1978, p. 784-802 (profissionais do direito treinados academicamente e empregados envolvidos na racionalização jurídica) [N.T. A tradução desta referência a Weber preservou a ordem do texto original]. Ainda, já que muitos estudiosos consideram que sua missão é a preservação da autonomia do direito (na forma de direitos fundamentais em um Estado liberal) e se eles estão efetivamente preparando o caminho para um direito político e reflexivo, suas atividades vão ao encontro do paradoxo weberiano de intenção e resultado. De forma similar, monges, procurando uma comunicação divina mais mística e menos secularizada, por suas abordagens metódicas do asceticismo, rotinização do trabalho e preces, agricultura científica e manutenção de registros ordenados, contribuíram para a desmistificação e sistematização da religião e sociedade e para o desencantamento final do secularismo moderno. O resultado de uma doutrina politizada, em disputa com a indústria da atividade judicial como apontado na seção 4.1.2, pode implicar uma deferência absoluta ao Poder Legislativo, isto é, uma destruição do constitucionalismo. *Vide* o ataque à ponderação de interesses em: BERNS, W. Judicial Review and the Rights and Laws of Nature, *Supreme Court Review*, v. 1982, p. 49-83, 1982, em especial p. 49-57, 61-66 e 82-83 (o Legislativo é a única fonte constitucionalmente legítima de julgamentos valorativos); EASTERBROOK, F. *Substance and Due Process,* 1982 *Supreme Court Review*, v. 1982, p. 85-125, 1982, em especial p. 89-94 e 125 ("irrestrito balanceamento de interesses"); HUTCHINSON, D. More Substantive Equal Protection? A Note on Plyler v. Doe, *Supreme Court Review*, v. 1982, p. 167-194, 1982, em especial p. 191-94 (a ponderação de interesses em conflito é imprevisível). Em sentido contrário: SUNSTEIN, C. Public Values, Private Interests, and the Equal Protection Clause, *Supreme Court Review*, v. 1982, p. 127-166, 1982, em especial p. 127-131 ("princípios gerais" versus "ajustes infinitos").

[183] LUHMANN, N. *The differentiation of society*, 1982, p. 122-137.

Diário Oficial[184] possa ser basicamente o registro de uma negociação entre grupos de interesse, essa leitura demanda urgentemente alguns esclarecimentos. A política é a norma, mas a autonomia do direito modifica a política.

Como este artigo não trata da autonomia do direito no Estado moderno, o assunto não será tratado com grande sofisticação ou detalhamento.[185] Para ajudar a dissipar a falácia reducionista, basta uma lista concisa das razões pelas quais o direito exige autonomia em relação à política. Primeiro, o próprio processo de negociação política – isto é, o envolvimento de grupos de interesse com os meandros do Legislativo, dos tribunais e das agências administrativas – molda o conteúdo e a estrutura dos acordos políticos. Segundo, a ampla discricionariedade é criada pela indeterminação do sistema jurídico, incluindo desde a necessidade de decidir casos singulares até a discricionariedade sem supervisão de agentes administrativos de campo. Terceiro, existem algumas normas jurídicas dotadas de autonomia, como consistência e igualdade. Quarto, grandes compromissos políticos, como o *National Labor Relations Act*,[186] têm imensa estabilidade inercial. Melhores compromissos podem ser possíveis, mas um novo compromisso básico seria proibitivamente caro para ser negociado. Quinto, uma liberdade normativa radical associada a um sistema politizado leva a uma sensação, por parte dos atores jurídicos, de que eles são normativamente livres para desenvolver soluções mais justas, criativas e estáveis do que aquelas sugeridas por grupos de interesses políticos. Sexto, existe uma elite, em associação com atores puramente altruístas, para quem alguma forma de solução estável e de longo prazo tem precedência sobre interesses políticos mais estreitos.[187] Por último, desenvolve-se um senso de legitimidade do próprio processo político, a ideia de que a democracia é a única maneira justa de conciliar valores fundamentalmente irreconciliáveis.

O exemplo mais conhecido do problema do reducionismo é a questão da legitimidade procedimental, judicial ou legislativa, há pouco mencionada. O que os juízes estão fazendo, senão "achar" o direito de

---

[184] [N.T.] No original, *Federal Register*.

[185] UNGER, R. *Law in modern society*, 1976, p. 52-53 (definindo autonomia); BALBUS, I. Commodity Form and Legal Form: An Essay on the "Relative Autonomy" of the Law, *Law & Society Review*, v. 11, p. 571-588, 1977, em especial p. 585-587.

[186] Ch. 372, 49 Stat. 449 (1935) (versão atual em 29 U.S.C. §§151-187 (1976)).

[187] BLOCK, F. The Ruling Class Does Not Rule: Notes on the Marxist Theory of the State. *Socialist Revolution*, p. 6-28, maio/jun. 1977, em especial p. 26-27; *vide* nota 234 *infra*.

maneira imparcial por meio do exercício de análise judicial? A resposta óbvia é que eles estão respondendo a sérias demandas de grupos de interesses legítimos, com base em valores que *estão* estabelecidos na Constituição. O direito pode ser considerado legítimo na medida em que é aberto a reivindicações moralmente legítimas fundadas na Constituição ou em outras leis.[188] A esse respeito, a responsividade política da implementação é uma fonte de legitimidade, não uma falha. A essência da implementação é que dois ou mais grupos moralmente legítimos competem por reconhecimento por meio do direito. A legitimidade moral é definida aqui em termos de valores sociais prevalentes: muitos membros da sociedade acreditam que o *status quo* deve ser mudado, enquanto outros acreditam que deve haver resistência a mudanças.

A moderna visão de legitimidade substantiva é uma combinação de substância e processo.[189] Em situações de conflito social, antes das trocas políticas, nenhum resultado claro e substantivo pode ser identificado como justo. Mesmo os defensores de posições concorrentes geralmente admitem que algum ajuste ao ponto de vista do oponente pode ser justificado, e uma pluralidade de ajustes pode ser aceitável. Nesse sentido, o processo de discussão e compromisso é, ele próprio, fonte de legitimidade. Por outro lado, nem todo processo político é considerado legítimo. O processo deve enfrentar os problemas de maneira justa e será julgado de acordo com a seriedade com que as

---

[188] Esse tipo de noção é aplicada em: CLUNE, W. The Supreme Court's Treatment of Wealth Discriminations Under the Fourteenth Amendment, *The Supreme Court Review*, v. 1975, p. 289-354, 1975. O direito que não está aberto a reivindicações morais é tido por formalista e não legalista. *Idem*, p. 281, n. 4. SHKLAR, J. *Legalism*, 1964, p. 1, 10 e 36-38.

[189] DEWEY, J. *Philosophy and civilization*, 1931, p. 13-35, 126-140, 271-298; YUDOF, M. Plato's Ideal and the Perversity of Politics (resenha de livro). *Michigan Law Review*, v. 81, p. 730-745, 1983, em especial p. 742-745 (comparando o método interativo de decisão de Lindblom e Cohen com o método analítico). Também: TEUBNER, G. Substantive and Reflexive Elements in Modern Law, *Law & Society Review*, v. 17, p. 239-286, 1983, em especial p. 269. Teubner afirma: "na visão de Habermas, apenas uma racionalidade 'discursiva' decorrente de um processo evolucionário autônomo na esfera normativa poderia finalmente resolver os problemas de legitimidade do Estado moderno [...] Essa visão é baseada na teoria da legitimidade política, segundo a qual o desenvolvimento irreversível da esfera normativa significa que princípios modernos de legitimação devem ser procedimentais: [citando Habermas] 'Uma vez que justificações definitivas não são mais plausíveis, as *condições formais de justificação obtêm elas próprias força legitimadora.* Os próprios procedimentos e pressupostos de acordos racionais tornam-se princípios'". *Idem* (citações omitidas) (grifos no original). Para uma análise de uma área do direito moderno estruturada para funcionar da maneira descrita, bem como dos problemas relacionados com a tentativa de ser puramente procedimental: CLUNE, W.; HYDE, P. Final Offer Interest Arbitration in Wisconsin: Legislative History, Participant Attitudes, Future Trends, *Marquette Law Review*, v. 64, p. 455-505, 1981.

reivindicações forem consideradas e com o conteúdo do resultado final. Tanto um processo superficial quanto um resultado tendencioso podem polarizar os participantes e desagradar os observadores. Em certo sentido, a visão moderna da legitimidade analisa como o sistema lida com um problema. Se o sistema se comporta de maneira responsável, como no caso do movimento pelos direitos civis e em *Watergate*, obtém-se um senso geral de legitimidade. Essa legitimidade exsurge apesar de algumas falhas no procedimento e no resultado, falhas existentes mesmo no mais idôneo dos processos. As pessoas não esperam perfeição da luta.

## 4.2 Conflito entre racionalidade substantiva e participação política: tendências positivas e contradições no direito moderno

A segunda característica principal do direito moderno que pode ser inferida do modelo apresentado é um conflito implícito entre racionalidade substantiva e participação política, levando a tendências positivas e a contradições. As características dominantes do direito moderno são o finalismo substantivo e a fragmentação política. O finalismo substantivo aproxima-se da racionalidade substantiva de Max Weber,[190] porque o direito é concebido como meio para alcançar objetivos sociais positivos. A busca consciente de objetivos por meio do direito foi definida ao longo deste artigo como a essência da implementação.[191] A racionalidade substantiva de Weber, no entanto, assumiu uma única fonte de propósitos. Em um sentido coerente, o Estado foi substancialmente racional em todas as suas empreitadas. A segunda característica do direito moderno, a fragmentação política, anula qualquer senso de propósito substantivo coordenado. Em vez disso, uma multiplicidade de propósitos diferentes e frequentemente conflitivos interagem politicamente da maneira apontada neste artigo. A participação política é uma questão fundamental devido à multiplicidade de grupos, os quais devem se comunicar e negociar entre si para serem efetivos. A ampliação de objetivos de cunho substantivo

---

[190] WEBER, M. *Economy and Society*, v. 1. G. Roth & C. Wittich eds., 1978, p. 85-86; *Idem, ibidem*, v. 2, p. 809-816.

[191] Clune e Lindquist, nota 3 *supra*, p. 1094-1104.

é referida pelos teóricos sociais europeus como a "rematerialização" do direito. A fragmentação política é vista como uma tendência conflitiva por causa de sua ênfase procedimental.[192]

A chegada da implementação como uma forma regular de ação criou um conjunto característico de experiências positivas e negativas. Esses bens e males do direito moderno emergem diretamente do conflito entre finalismo substantivo e fragmentação política. Eles são experienciados diretamente; não são construções especulativas da teoria social. Nada é mais comum na experiência subjetiva da implementação, como participante ou como pesquisador, do que a paradoxal percepção de grande potencial prático combinada com resultados irracionalmente baixos. Problemas como legalismo excessivo e falta de razoabilidade regulatória, por exemplo, são desconcertantes precisamente porque parecem teoricamente desnecessários, embora praticamente onipresentes. Esses pontos de conflito frequentemente encontrados são uma indicação dos limites que a cultura impõe às políticas.

Na Tabela 3, apresenta-se resumo desses problemas no nível de "varejo" da implementação, representando as interações entre o governo e as organizações reguladas:

---

[192] "Neste momento, a sociedade parece estar reavaliando seus compromissos com a intencionalidade do direito e com as estruturas burocráticas e legais a ela associadas. Os modelos clássicos de direito e Estado que herdamos do século XIX ressaltam aquilo que Max Weber chamou de 'racionalidade formal' [...] Um sistema jurídico racional cria e aplica um corpo de leis universais, e a legalidade racional formal depende de um corpo de profissionais do direito que empregam argumentação jurídica peculiar com o objetivo de resolver determinados conflitos. Com a ascensão do Estado de bem-estar social e do Estado regulador, grande ênfase foi conferida ao direito substancialmente racional, isto é, ao direito utilizado como um instrumento de intervenções teleológicas, orientadas a objetivos [...] Uma vez que o direito substancialmente racional é elaborado para atingir objetivos específicos em situações concretas, ele tende a ser mais geral e indeterminado, mas, ao mesmo tempo, mais particularista do que o direito clássico formal. Doutrinadores europeus denominam essa tendência que se distancia do formalismo de 'rematerialização do direito'" (TEUBNER, G. Substantive and Reflexive Elements in Modern Law, *Law & Society Review*, v. 17, p. 239-286, 1983, em especial p. 240, citações omitidas).

Tabela 3 - Tendências positivas e contradições no direito moderno (Nível "Varejo": ação interorganizacional)

| QUALIDADE DO DIREITO MODERNO | DIREÇÃO DA TENDÊNCIA | |
|---|---|---|
| | *Tendência positiva* | *Contradição* |
| *Aspecto substancial: racionalidade substantiva fragmentada* | Pragmática, fragmentada, solucionadora de problemas – realismo. | Substância conflitiva – comprometimento, diluição e desvios. |
| *Aspecto formal: direito como política* | Direito "responsivo", desenho institucional. | Conflito político, desconfiança, legalismo, duplicidade, sociopatia, manipulação, perda de autonomia ocupacional e de autoestima. |

Como a Tabela 3 indica, cada atributo essencial do direito moderno característico da implementação está associado a uma tendência positiva e a uma contradição – um tipo específico de característica negativa que impede a tendência positiva de se realizar plenamente. A primeira característica é a racionalidade substantiva fragmentada. A racionalidade substantiva é responsável pela tendência positiva. Racionalidade substantiva significa que a lei é utilizada para fins sociais positivos – propósitos de bem-estar social. Essa abordagem produz um tipo de realismo saudável no direito e resulta, sob circunstâncias apropriadas, na resolução pragmática e pontual de problemas. Mas a racionalidade substantiva também é fragmentada. A implementação consiste em grupos com objetivos sociais positivos opostos em uma situação de conflito social. A contradição decorre dessa tendência de oposição. O pragmatismo é geralmente frustrado pelos resultados da luta política – conflitos substantivos, compromissos, enfraquecimento e desvio de metas.

A segunda característica do direito moderno é o direito como política. A política é a recursividade, a negociabilidade e a renegociabilidade da lei, bem como as estruturas e rotinas institucionais que, na configuração da implementação, surgem para acomodar negociações.

Em circunstâncias positivas, o caráter político do direito culmina em um direito "reflexivo" ou "responsivo".[193] Um exemplo de lei responsiva é a negociação de boa-fé: em uma estrutura institucional madura, partes com visões e interesses opostos negociam de maneira pacífica e produtiva. A contradição deriva da alienação da política – a tendência a ver o lado oposto como um objeto a ser manipulado em proveito próprio. O aspecto contraditório do direito como política é experimentado profunda e intensamente pelos participantes na implementação. Aqueles que participam da implementação formulam grande quantidade de reclamações sobre a relação de desconfiança subjacente a comportamentos como legalismo excessivo, ardis, manipulação (às vezes beirando a sociopatia) e a perda de autonomia ocupacional e autoestima resultantes de desconfiança, manipulação e excesso de regulação.[194]

Em suma, o direito moderno produz resultados bons e ruins (o aspecto substantivo), bem como bons e maus relacionamentos (o aspecto formal). Os teóricos sociais que preveem uma evolução em direção a tendências puramente positivas do direito moderno parecem irrealistas.[195] A questão mais realista é se essa condição de tendência positiva e contradição podem persistir, em uma espécie de combinação levemente infeliz e improvável entre objetivos substantivos e programas desconectados, ou se atingirá uma condição insuportável de entropia e confusão.[196] Essa questão, no entanto, não existe no nível de varejo da implementação (o nível no qual o processo de implementação geralmente parece viável), mas existe no nível de atacado ou social. Para uma rápida visualização das tendências positivas do direito moderno nesse nível, a Tabela 4 será útil.

---

193 NONET, P.; SELZNICK, P. *Law and society in transition*, 1978, p. 73-113; TEUBNER, G. Substantive and Reflexive Elements in Modern Law, *Law & Society Review*, v. 17, p. 239-286, 1983, em especial p. 243.

194 Para uma boa discussão sobre problemas do legalismo na regulação: BARDACH, E.; KAGAN, R. *Going By The Book – The Problem Of Regulatory Unreasonableness*, 1982; BARTON, J. Behind the Legal Explosion, *Stanford Law Review*, v. 27, p. 567-584, 1975; GLAZER, N. Towards an Imperial Judiciary?, *Public Interest*, v. 41, p. 104-123, 1975; MANNING, B. Hyperlexis: Our National Disease, *Northwestern University Law Review*, v. 71, p. 767-782, 1977. *Vide* nota 188 *supra* (tribunais respondem a demandas moralmente persuasivas fundadas na Constituição).

195 *Vide* nota 193 *supra*.

196 LOWI, T. *The End of Liberalism – The Second Republic of the United States*, 2 ed., p. 1979, p. 50-63, 271-294.

Tabela 4 - Tendências positivas e contradições no direito moderno (Nível "Atacado")

| FUNÇÃO DO SISTEMA | DIREÇÃO DA TENDÊNCIA | |
|---|---|---|
| | *Tendência positiva* | *Contradição* |
| *Integração do sistema* | Estado de bem-estar social exitoso | Problemas de coordenação: orçamento, programas conflitantes. |
| *Justificação do sistema* | Imagem do provedor | Imagem fraca, de contemporização; ou imagem simplória, fanática. |

O nível de "atacado" ou nível societal do Estado moderno é o nível acima de todas as implementações particulares. As implementações são interações relativamente limitadas a grupos com objetivos relativamente específicos, e existem milhares dessas interações. Alguém ou algo deve se preocupar em como todas essas interações se relacionam (por exemplo, se há recursos suficientes para ir adiante). Assim, uma característica essencial do direito moderno no nível societal é a coordenação sistêmica.[197] Quando a coordenação está funcionando bem, o bem-estar social floresce: muitos *trade-offs* penosos, mas um compromisso viável ao final. Quando a coordenação falha, isso tende a ocorrer em uma crise orçamentária ou programática. Uma crise orçamentária ocorre quando os compromissos elaborados por milhares de implementações isoladas são simplesmente muito caros e torna-se muito difícil para o sistema identificar *trade-offs* aceitáveis. Uma crise programática ocorre quando os objetivos de um conjunto de implementações são inconsistentes com

[197] Habermas propõe três dimensões de racionalidade jurídica: racionalidade interna (o que Weber chamava de racionalidade formal); racionalidade do sistema (capacidade da ordem jurídica de responder aos problemas de controle da sociedade em larga escala); e racionalidade normativa (princípios fundamentais que ditam como as normas jurídicas devem governar a ação humana). TEUBNER, G. Substantive and Reflexive Elements in Modern Law, *Law & Society Review*, v. 17, p. 239-286, 1983, em especial p. 252. O problema a que me refiro como integração e justificação do sistema na Tabela 4 parece corresponder às duas últimas dimensões.

os objetivos de outro (por exemplo, energia e pleno emprego *versus* uma economia estabilizada e um ambiente limpo).

A outra característica essencial do direito moderno no nível societal é a justificação do sistema. Em certo sentido, dificuldades com a coordenação do sistema só se tornam problemas genuínos quando evoluem para dificuldades com a justificação do sistema, haja vista que muitos compromissos são teoricamente possíveis para qualquer dificuldade na coordenação; o problema é vender politicamente os compromissos. Quando a justificação do sistema está funcionando bem, o Estado de bem-estar social moderno obtém uma imagem de "provedor" (que os americanos tendem a personificar em Franklin Delano Roosevelt). Quando a justificação do sistema se quebra, duas imagens negativas diferentes são possíveis: o contemporizador[198] e o fanático. O contemporizador é uma pessoa excessivamente conveniente que, aparentemente sem princípios ou objetivos, vai de um setor implementado a outro tentando impedir o seu colapso por meio de barganhas temporárias, apenas para enfrentar problemas cada vez piores conforme aumente a complexidade do sistema de barganhas. A imagem oposta é a do fanático, ou simplório, que trata todas as implementações específicas de forma grosseira em relação a seus objetivos internos, impondo alguma solução de segunda ordem internamente consistente para o sistema de implementações. Por exemplo, reduzir os gastos com educação em trinta por cento não faz sentido em relação aos objetivos educacionais e, por essa perspectiva, pode ser ridicularizado.

Os presidentes americanos modernos tendem a ficar presos a uma dessas duas imagens. O Presidente Carter foi rotulado de "fraco" contemporizador; o Presidente Reagan é chamado de "ideólogo" insensível. Este artigo não tece comentários sobre as personalidades reais desses homens e, de fato, a relação entre personalidade e estereótipo social é capciosa – o sistema social pode selecionar pessoas que se encaixam em estereótipos, forçá-las a adotar papéis sociais ou impor-lhes rótulos sem qualquer relação com sua personalidade ou comportamento. O ponto principal é que nenhum dos papéis é muito atraente e os meios de comunicação parecem obrigados a capitalizar sobre o potencial de críticas.[199]

---

[198] [N.T.] No original, *temporizer*.

[199] Sobre a mídia e os presidentes: GROSSMAN, M.; KUMAR, M. *Portraying the President – the White House and the News Media*, 1981; RUBIN, R. *Press, Party, and Presidency*, 1981. Sobre as falhas em ajustar o orçamento: NORDHAUS, W. All Tied Up by the Business

As dificuldades no nível social descritas acima são versões aproximadas de pelo menos parte do que Habermas quer dizer com "crise de legitimação".[200] Novamente, a questão crucial é se podemos continuar errando indefinidamente nessas condições difíceis (de modo que a justificação do sistema do Estado moderno seja apenas uma das imperfeições da condição humana) ou se algum tipo de crise está se formando. Temos de fato uma crise ou apenas um problema crônico?

Uma crise não pode ser inferida, apenas, a partir de dificuldades de coordenação e justificação sistêmicas historicamente experimentadas. Um sistema ligeiramente caótico tem muitos custos, mas também muitos benefícios porque, por meio dele, muitas pessoas e interesses são efetivamente representados. Para haver uma crise, seria necessária alguma pressão sobre o sistema ao longo do tempo, de forma a tornar a coordenação e a justificação cada vez mais difíceis. James O'Connor parece pensar que o capitalismo trabalha com esse tipo de confusão.[201] Segundo O'Connor, a dinâmica de crescimento do capitalismo demanda a expansão do papel do Estado, embora gradualmente esvazie os recursos estatais. Conflitos políticos irracionais resultam de demandas crescentes sobre recursos cada vez menores.

O'Connor analisa o fluxo das economias capitalistas da seguinte maneira: ao contrário das visões convencionais, tanto de liberais quanto

---

Cycles. *The New York Times Magazine*, p. F-3, coluna 1, 13 de junho de 1982 (argumentando que, apesar de a política fiscal ser o instrumento preferido de estabilização econômica, dificuldades políticas podem torná-la inútil, forçando a confiança em políticas monetárias menos desejáveis). Por óbvio, a independência do Banco Central dos EUA está novamente sob ataque. Políticos não podem decidir se é melhor manter o Banco Central como bode expiatório ou colocá-lo sob controle do Executivo como forma de exercer a coordenação do sistema. Sobre problemas no processo orçamentário: Greider, W. The Education of David Stockman, *Atlantic Monthly*, p. 27, dezembro de 1981. Qualquer um preocupado com a crise de coordenação do sistema poderia optar por pressionar o botão de pânico. O novo processo orçamentário aparentemente culminou em um grande entrave, produzindo meses de gastos em continuidade (confiando em orçamentos antigos). SCHICK, A. *Congress and Money – Budgeting, Spending and Taxing*, 1980. A necessidade de controle é tamanha que conservadores republicanos podem ter uma insuperável vantagem sobre as atuais ideologias partidárias (controle antes da solidariedade). Talvez eu seja alarmista, mas a pressão dessas circunstâncias em favor de uma forma de governo mais centralizada e menos democrática parece imensa (uma das contradições da filosofia política conservadora, pode-se acrescentar). LOWI, T. *The End of Liberalism – The Second Republic of the United States*, 2 ed., p. 1979, p. xi-xiii, 274-279; MCWILLIAMS, C. Carey's Warning, The Nation, v. 232, p. 780 e ss., 1981, em especial p. 780-781. Evidentemente, dada a genialidade pragmática da política americana, talvez essa centralização ocorra por meio de adaptações informais das instituições existentes, a exemplo de novas formas de liderança no Congresso e de cooperação.

200 *Vide* nota 197 *supra*. HABERMAS, J. *Legitimation crisis*, 1973.

201 O'CONNOR, J. *The Fiscal Crisis of the State*, 1973.

de conservadores, no capitalismo tardio o capital requer grandes investimentos públicos para se tornar mais lucrativo. Maiores investimentos em educação, por exemplo, são necessários tanto para aumentar a produtividade do trabalho quanto para estimular a inovação tecnológica, um alicerce da produtividade do capital. O aumento da produtividade do capital, alcançado por gastos maiores, desaloja trabalhadores, levando ao desemprego e ao subemprego. O desemprego requer gastos adicionais do Estado sob a forma de transferência de renda. Tanto a transferência de renda quanto o investimento na acumulação privada de capital reduzem a base fiscal. A redução da base fiscal dificulta o custeio de investimentos necessários para melhoria da produtividade.

O ponto mais relevante para os fins deste artigo é a geração de conflito político. A contração da base fiscal leva à dívida pública, à inflação (dívida monetizada) e a sérias tensões no processo político, à medida que os vários demandantes de recursos públicos entram em choque e tentam desacreditar uns aos outros. A controvérsia política torna-se mais estridente do que a escassez de recursos e a correspondente indisponibilidade de soluções políticas. Nessa visão sombria, liberais e libertários confrontam-se em uma espiral descendente de desvalorização mútua, culpando atores humanos inocentes pela futilidade de políticas que nenhum deles pode compreender. Vistas historicamente, as forças de racionalização e harmonização da competição privada, características do capitalismo primitivo, são gradualmente substituídas por manobras políticas irracionais.

Intuitivamente, a análise de O'Connor faz mais sentido uma vez que incorpora a ideia de retornos decrescentes. Se investimentos sociais na acumulação de capital são generosamente compensados, não poderia haver crise fiscal, porque os abundantes retornos ao capital poderiam ser tributados. Vários tipos de retornos decrescentes são possíveis. O'Connor menciona que investimentos capitalistas tardios em itens como educação podem não ser muito produtivos.[202] Outra ideia é a de que o padrão de vida cada vez mais elevado da população, implícito na sempre crescente demanda de consumidores, em algum momento deve entrar em choque com recursos naturais cada vez mais escassos.[203]

A análise de O'Connor, embora difícil para alguém não familiarizado com teorias macroeconômicas complexas, é atraente porque tenta

---

202 *Idem*, p. 51-58.

203 FIREBAUGH, G. Scale Economy or Scale Entropy? Country Size and Rate of Economic Growth, *American Sociological Review*, v. 48, p. 257-269, 1983, p. 259-260.

explicar alguns fatos importantes, prontamente observáveis e de outra forma inexplicados. Políticas orçamentárias, monetárias e sociais nos Estados Unidos parecem operar sob um conjunto comum de restrições de recursos relacionadas às demandas crescentes em face do Estado e a uma economia de baixo crescimento. A energia política e retórica em uma ampla gama de questões é reduzida a uma luta entre vários grupos por recursos orçamentários limitados. Soluções conservadoras radicais, como desregulação e maciças reduções tributárias, parecem politicamente ingênuas. Consequentemente, é crucial considerar as conexões entre desenvolvimento econômico e contradições políticas. O'Connor pode não ter as respostas certas, mas faz uma pergunta de capital importância.

Um ponto diferente é que tanto uma crise quanto um problema crônico podem levar a um grande ajuste do sistema, em vez de um colapso. As pressões decorrentes das dificuldades do sistema podem estar forçando uma solução de longo prazo. A implementação, como prática reiterada, implica certa dose de corporativismo (indivíduos identificados com instituições, grupos e causas).[204] Talvez, ao final, esse processo resulte em simplificação. Por exemplo, muitos empregadores modernos nos Estados Unidos podem estar muito mais próximos das famosas empresas paternalistas japonesas do que reconhecemos. Várias formas de garantia de manutenção de renda, seguro de saúde (junto com controles de custos) e seguro de vida, tendem a ser associadas ao emprego. Transportes e mesmo habitação podem não estar muito atrás.[205] Embora o tema das tendências sociais de longo prazo vá muito além do âmbito deste artigo, é extremamente útil demonstrar como os fenômenos intermediários de implementação, discutidos neste artigo, estão relacionados e como são, de fato, parte constitutiva de tendências sociojurídicas mais amplas.

---

[204] UNGER, R. *Law in modern society*, 1976, p. 192-216 e 238-242.

[205] Não estou seguro de que O'Connor consideraria essas tendências como parte da solução ou parte do problema. Evidentemente, ele vê diversos esquemas de seguro social, como a Seguridade Social, como parte dos "gastos sociais de consumo" surgidos da insegurança econômica e contribuindo para a crise fiscal. O'CONNOR, J. *The Fiscal Crisis of the State*, 1973, p. 138. Nos arranjos mais localizados mencionados no texto, vejo elementos de soluções coletivamente imaginadas, economias de custos (em vez de aumento do consumo) e redistribuição que vão de encontro com a ética individualista. O seguro-saúde pago pelos empregadores, por exemplo, é muito mais igualitário do que os salários, está ligado a concepções de necessidade e normalmente é associado ao controle de custos sobre os elementos onerosos da indústria de assistência à saúde.

## 4.3 Novos papéis para os juristas

A implementação como uma forma prevalente do direito cria novos papéis para os juristas. Todavia, os papéis mais antigos persistiram e, assim, o processo foi mais de acréscimo do que de substituição. Os papéis mais antigos tendem a ser associados ao direito privado – o direito produzido por sistemas de responsabilidade – e envolvem tanto aconselhamento como resolução de disputas *post hoc*, principalmente nos tribunais.[206] Os papéis mais novos estão associados ao direito público e aos sistemas regulatórios e envolvem uma interação jurídica e política contínua do tipo descrito neste artigo.[207] Nesta seção, serão

---

[206] Sobre a distinção entre sistemas de responsabilidade e implementação, Clune e Lindquist, nota 3 *supra*, p. 1083-1088.

[207] Uma boa maneira de retratar os novos papéis dos juristas é imaginar a implementação como um processo pelo qual o direito periodicamente e imprevisivelmente "legaliza" áreas de administração privada e pública. Esse importante *insight* veio de John Meyer. MEYER, J. *Organizational Factors Affecting Legalization in Education*, outubro de 1980, p. 2-8 (manuscrito não publicado em arquivo com o autor). *Vide* nota 58 *supra* para trabalhos relacionados de Meyer. Organizações acostumadas à operação autônoma, seja a IBM ou a Divisão Penitenciária, descobrem que parte de suas operações deve responder às diretrizes legais. Direitos criados por tribunais e legislativos transformam áreas da administração em subsetores legalizados. Observe-se que podemos legitimamente falar em legalizar uma área de direito público que começa inteiramente como uma criação da lei (por exemplo, educação pública). FRIEDMAN, L. Limited Monarch: The Rise and Fall of Student rights. *In*: KIRP, D. (Ed.). *School days, rule days: regulation and legalization in American education* (no prelo). A mudança produzida pela legalização vai tipicamente da burocracia interna e da discricionariedade profissional em direção a algum grau de controle jurídico externo. Burocracias públicas desenvolvem estruturas organizacionais e rotinas de decisão projetadas para responder à legalização. "Direitos" se tornam um aspecto normal, embora episódico e imprevisível, da formulação de políticas. A fronteira entre "direito" e "não direito" tem características especiais na situação da administração legalizada. Muito da "tradição Macaulay" nos estudos sociojurídicos, por exemplo, preocupa-se com o significado marginal da lei nas transações comerciais. Por exemplo: Non-Contractual Relations in Business: A Preliminary Study, *American Sociological Review*, v. 28, p. 55-67, 1963; MACAULAY, S. Elegant Models, Empirical Pictures, and the Complexities of Contracts, *Law & Society Review*, v. 11, p. 507-528, 1977. A pesquisa nessa tradição tende a ser cética quanto às deliberações de políticas por decisões de tribunais de apelação, em razão da pouca evidência de que ação privada responda a qualquer coisa próxima da forma pela qual os juízes as imaginam. No direito público, o problema da fronteira direito/não direito é análogo, mas diferente. Primeiro, todas as implementações, independentemente de o setor regulado ser privado ou público, necessariamente envolvem um maior grau de supervisão e controle do que um direito facilitador ou privado. Embora o verdadeiro impacto da legislação ainda seja uma questão primordial no direito público, a poderosa intrusão de muitas intervenções torna improvável que o setor regulado possa ignorar a lei, tanto que Macaulay sugere que as empresas cumpram o direito dos contratos. Se os objetivos do direito público fossem desviados, o desvio provavelmente seria acompanhado de uma série de intensas interações entre organizações reguladoras e reguladas, e não de ignorância indiferente. Assim, em termos de papéis de juristas, o direito público, no mínimo, envolve intensivamente profissionais do direito nos assuntos de "organizações técnicas", e isso significa que não podem ser dominantes.

discutidos três aspectos da mudança do papel do jurista: novos papéis de direito público, novos papéis de direito privado e o conflito cultural entre os dois papéis (o conflito entre modernismo e tradicionalismo).

### 4.3.1 Novos papéis de direito público

De modo geral, as funções de direito público incluem todas as funções de direito privado e outras. Assim, os advogados de direito público serão ativos na resolução *post hoc* de disputas e na interação contínua em tribunais, agências reguladoras e legislativos. Com essa ressalva, distingue-se, na Tabela 5, o papel dos juristas, a respeito do direito privado, em relação aos juristas no direito público.

---

O domínio dos advogados no direito privado é consequência do fato de que, contrariamente à retórica, os processos judiciais tendem a envolver um equilíbrio *post hoc* de ações, em lugar de controle social direcionado a objetivos. A legalização da administração pública geralmente é feita pelos profetas da lei. *Vide* notas 209-212 *infra*. O papel de regulação de objetivos específicos exercido por instituições jurídicas de propósito geral é estranho. Por exemplo, no início, litígios em torno da reforma do direito envolveram um encontro entre o jurista idealista focado, mas substancialmente ignorante, e o experiente administrador técnico, que se desapontou ao saber que não estava seguindo a lei o tempo todo. O jurista pode ter achado difícil explicar a legitimidade das novas teorias constitucionais aos servos leais do Estado. A "segunda geração" de reformadores do direito administrativo adquiriu *expertise* técnica e burocrática e está capacitada a trabalhar com administradores públicos de forma mais eficaz e agradável. Assim, a aceitação de novos objetivos de política social pode estar no processo de aceitação pelos administradores, que então incorporam os objetivos como parte da formulação normal de políticas, como discutido nas seções 4.3.2 e 5.

Tabela 5 - Diferenças nos papéis dos juristas entre implementação e não-implementação

| *Denominações do campo* | NÃO IMPLEMENTAÇÃO (DIREITO PRIVADO) (FACILITAÇÃO) | IMPLEMENTAÇÃO (DIREITO PÚBLICO) (REGULAÇÃO)<br><br>*Envolve toda a primeira coluna, mais as seguintes:* |
|---|---|---|
| *Instituições envolvidas* | Cortes | Poderes legislativos, burocracias |
| *Identidade das pessoas que reivindicam direitos* | Advogados | Autoajuda |
| *Identidade dos titulares dos direitos* | Corporações, indivíduos ricos | Clientes do Estado corporativo |
| *Natureza da expertise* | Metodologia jurídica | Conhecimento organizacional, institucional e técnico |
| *Método de influência* | Litígio | Negociação, barganha, jogo político |
| *Identidade de especialistas* | Juristas | Analistas de políticas públicas |

Para os juristas, os papéis de direito público são muito menos dominantes e claros do que os de direito privado, embora o volume de direito público seja muito maior do que de direito privado e existam muitos empregos para advogados. Juristas são menos hegemônicos porque a principal atividade da implementação – planejamento, monitoramento e resolução de disputas – é amplamente realizada por juristas e não juristas. Qualquer área de direito público, como meio ambiente, política de renda, educação, regulação de valores mobiliários, energia ou segurança do trabalho, serve como exemplo. Pelo menos quatro tipos de "especialistas" desempenham papéis poderosos nessas áreas: burocratas não advogados com conhecimento programático e institucional (por exemplo, gestores de orçamento, guardas florestais), especialistas técnicos cuja experiência se baseia no funcionamento do setor regulado (por exemplo, educadores e psicólogos educacionais), "generalistas técnicos" que têm algo a dizer sobre a efetividade do programa em áreas temáticas (por exemplo, economistas, consultores de gestão, analistas de políticas) e políticos (devido à natureza política altamente ativa de todas as implementações).

Os papéis dos novos juristas nesse consórcio eclético e "interdisciplinar" de elaboração do direito público podem ser efetivamente observados em uma grande burocracia pública como o Departamento de Saúde e Serviços Humanos (anteriormente Departamento de Saúde, Educação e Bem-Estar). Por conveniência, quatro papéis podem ser distinguidos: o profeta da lei, o formalista, o gerente racional e o legalista.

O profeta da lei é um jurista ou grupo de juristas que defende uma nova e importante teoria das obrigações jurídicas. Um dos eventos recorrentes no mundo da implementação é a luta pela reforma do direito, tanto constitucional quanto do restante do direito positivado.[208] [209] Essas ações tentam conformar a prática existente a uma teoria da justiça relativamente abrangente, substantiva ou procedimental. O protótipo da profecia substantiva é obviamente o movimento pelos direitos civis da população negra.[210] Grande parte do estudo de direito constitucional é um esforço para profetizar novos direitos substantivos ou desacreditar algumas profecias. Um bom modelo procedimental é o movimento ambiental, com sua criação tenaz de declarações de impacto e dispositivos correlatos.[211] Em geral, o estudo do direito administrativo está cheio de profecias procedimentais.[212]

---

208 [N.T.] No original, *"either constitutional or statutory"*.

209 *Vide* os ensaios que descrevem as atividades dos escritórios de advocacia de interesse público em *Public Interest Law – An Economic And Institutional Analysis*, 1978.

210 *Vide* nota 119 *supra*.

211 TAYLOR, S. *Environmental analysts in the bureaucracy: the impact statement strategy of administrative reform* (no prelo); CRAMTON, R.; BERG, R. On Leading a Horse to Water: NEPA and the Federal Bureaucracy, *Michigan Law Journal*, v. 71, p. 511-536, 1973; TRUBEK, D. Environmental Defense, I: Introduction to Interest Group Advocacy. *In: Public Interest Law – an Economic and Institutional Analysis*, 1978, p. 151-194; TRUBEK, D.; GILLEN, W. Environmental Defense, II: Examining the Limits of Interest Group Advocacy in Complex Disputes. *In: idem*, p. 195-217.

212 RABIN, R. *Perspectives on the administrative process*, 1979, p. 264-302 (modelos procedimentais); ACKERMAN, B.; HASSLER, W. Beyond the New Deal. Coal and the

O formalista é como o profeta da lei, ao afirmar que as respostas para problemas substanciais estão "dentro" do direito. O formalista, no entanto, invoca um senso técnico de obrigação jurídica, ao invés de uma ampla teoria da justiça. Frequentemente, uma burocracia se vê considerando um novo curso de ação (por exemplo, distribuir benefícios tanto por uma base geográfica como com base no mérito). Mesmo que a legalidade de uma ação proposta não seja clara, o advogado formalista fará todo o possível para "encontrar" a lei. Se a Suprema Corte não julgou o assunto, qualquer tribunal o fará – mesmo que seja apenas um juízo federal, cuja decisão não terá efeito vinculante fora da própria seção judiciária. Se nenhum tribunal tiver decidido a questão, uma interpretação legal, mesmo que de linguagem obscura e ambígua, ainda será superior para definir a questão por motivos substanciais. A convicção formalista de que o direito deve conter a resposta também leva ao comportamento peculiar, mas generalizado, dos próprios advogados das agências de redigirem regulamentos e depois alegarem, sob objeções de natureza material, que a lei proíbe um curso de ação proposto.

A base social do formalismo varia. Às vezes, por políticas de poder relativamente autoconscientes, advogados ideológicos invocam a lei para conseguir o que querem. Novamente, a evolução ocorreu entre juristas e outros especialistas. Os não juristas estão menos propensos agora a aceitar opiniões legais ingênuas do que há dez anos. Em outra época, profissionais do direito não sofisticados poderiam acreditar no treinamento formalista que receberam na faculdade de Direito. As decisões judiciais estudadas por alunos de direito geralmente eram fundamentadas como se os juízes estivessem encontrando o direito existente, não importando quão profundamente obscura a questão pudesse realmente ser. Ainda em outros momentos, havia uma necessidade organizacional de legitimação formalista. O risco de censura apresentado em um novo curso substantivo de ação pode ser bastante reduzido, mesmo por meio de uma opinião implausível de que "a lei diz isso".

---

Clean Air Act, *Yale Law Journal*, v. 89, p. 1466-1571, 1980; ACKERMAN, B.; HASSLER, W. Beyond the New Deal: Reply, *Yale Law Journal*, v. 90, p. 1412-1434, 1981; HARTER, P. Negotiating regulations: A cure for malaise, *Georgetown Law Journal*, v. 71, p. 1-118, 1982; SMITH, L.; RANDLE, R. Comment on Beyond the New Deal, *Yale Law Journal*, v. 90, p. 1398-1411, 1981; STEWART, R. Regulation, Innovation and Administrative Law: A Conceptual Framework, *California Law Review*, v. 69, p. 1256-1377, 1981; STEWART, R.; SUNSTEIN, C. Public Programs and Private Rights, *Harvard Law Review*, v. 95, p. 1195-1322, 1982.

Um "gerente racional" é o tipo de advogado contratado nos níveis mais altos da administração para facilitar o funcionamento das coisas. Quando era secretário do Departamento de Saúde, Educação e Bem-Estar, Joseph Califano não apenas era um poderoso advogado de Washington, como também o eram praticamente todos os seus assistentes.[213] Podemos não entender muito bem o valor desses advogados, mas, em geral, suas funções em agências parecem quase o oposto dos formalistas. Advogados de elite são valiosos porque são sofisticados na forma de efetivamente moldar o direito a serviço de finalidades substantivas. Além disso, a inteligência, a produtividade e a disciplina mental lógica dos advogados de elite os tornam candidatos para o difícil trabalho de impor algum grau de racionalidade formal a dispersas e indisciplinadas agências e instituições reguladas. Também, como estudantes de direito e advogados têm a impressão de que podem aprender qualquer coisa em um curto período de imersão, os advogados, às vezes, estão dispostos a se arriscar em um trabalho interdisciplinar, com o qual muitos especialistas de áreas não jurídicas estão habituados por sua formação acadêmica. O papel generalista é, ao mesmo tempo, grandioso e surpreendentemente factível. Por fim, como os advogados são incentivados a "se virar" quando realmente não sabem o bastante, o treino jurídico da pessoa adequada pode produzir o antídoto certo contra o planejamento formal racional. O resultado pode ser a vontade de decidir quando uma decisão é necessária, de interferir e, em geral, de efetivamente participar dos aspectos incrementais da tomada de decisão organizacional.

"Legalistas" são aqueles que afirmam os requisitos mínimos de legalidade no sentido de Fuller.[214] Assim, a legalidade inclui a consistência do tratamento em situações semelhantes, a aplicação

---

[213] A equipe de Califano incluía Ben Heineman, Jr., inicialmente assistente executivo e depois secretário adjunto de políticas de saúde, que mais tarde tornou-se sócio de Califano no escritório de advocacia e agora está no Sidley & Austin em Washington D. C.; Richard Beattie, assistente executivo depois de Heineman e então Conselheiro Geral, que agora está no Simpson, Thacher, & Bartlett na cidade de Nova York; Peter Hamilton, assistente executivo depois de Beattie e anteriormente consultor jurídico adjunto, que mais tarde foi sócio do Califano, Ross & Heineman; Dan Meltzer, assistente especial, que agora está na Faculdade de Direito de Harvard; e Myles Lynk, assistente especial após Meltzer, que mais tarde foi associado do Califano, Ross & Heineman e agora está com Califano no Dewey, Ballantine, Bushby, Palmer & Wood, em Washington. A posição de assistente executivo é interessante do ponto de vista do texto. O assistente executivo normalmente decide quem entra na agenda do secretário, filtra todas as declarações públicas importantes e, além do secretário e do subsecretário, é a única pessoa autorizada pela Casa Branca a falar pelo secretário.

[214] FULLER, L. *The morality of Law*, ed. rev., 1969, p. 33-94.

prospectiva de regras, a oportunidade de ser ouvido em situações de disputa e o direito de contestar ações que não estejam de acordo com a lei. Apesar do ceticismo em voga entre os intelectuais realistas a esse respeito, demandas por legalidade emanam de muitas fontes em sistemas burocráticos reais. As pessoas nas instituições reguladas sentem-se prejudicadas pelo tratamento "injusto" e, às vezes, estão dispostas a simular danos, para fins estratégicos. Quando se envolvem em ações extralegais motivadas ideologicamente, fiscais de campo são uma ameaça por várias razões. Os fiscais são vulneráveis a questionamento das organizações reguladas porque perturbam o delicado compromisso embutido na estrutura de implementação, compromisso esse elaborado por pessoas com maior poder político. Esses inspetores também são um perigo para os gestores de programa, porque ações autônomas em nível de campo desafiam a legitimidade do controle organizacional formal.[215]

Em razão da demanda por legalidade, no sentido de permissão legal, uma disputa contínua entre advogados do departamento jurídico e inspetores em nível de campo é comum em grandes agências.[216] Os advogados nessa situação desempenham um papel conservador, afirmando a prioridade dos propósitos organizacionais formais e a legitimidade do controle hierárquico. Observe-se que os legalistas, que afirmam a necessidade de autorização legal, não são o mesmo que formalistas, que, em situações improváveis, defendem que essa autorização já existe. Os legalistas estariam atentos a situações inadequadamente cobertas pelo direito existente e procurariam remediá-las criando normas (como os regulamentos). Em outras palavras, os legalistas estão bastante dispostos a ser substantivamente racionais (realizar o trabalho social da agência), mas insistem em qualidades do "tipo Fuller" como meios operacionais.

### 4.3.2 Novos papéis de direito privado

Na subseção anterior, as novas funções de direito público foram equiparadas a empregos na burocracia. Essa abordagem foi conveniente, mas enganosa. A mudança do direito privado para o direito público teve um efeito igualmente profundo sobre muitos

---

[215] SELZNICK, P. *TVA and the Grass Roots: A Study in the Sociology of Formal Organization*, 1953, p. 205-213.

[216] *Vide* nota 46 *supra*.

advogados que representam clientes. Um exemplo de advogado com novas funções de direito privado é um amigo meu que exerce o papel reconhecidamente não tradicional de representar o sindicato dos professores da rede pública e muitos professores individualmente. Uma lista parcial das atividades desse advogado, observada casualmente e não por meio de qualquer investigação sistemática, é a seguinte: 1) representação de professores punidos administrativamente ou demitidos por administradores, conselhos escolares e tribunais; 2) patrocínio de demandas institucionais para obter mudanças radicais na legislação estadual, incluindo o recurso a testemunhas técnicas[217] e o desenvolvimento de dados estatísticos sofisticados; 3) *lobby* intensivo nas assembleias legislativas estaduais em um enorme espectro de questões, desde financiamento escolar até a organização de professores no ensino superior; 4) patrocínio de *workshops* e outras atividades educacionais para informar professores e representantes sindicais sobre direitos e adquirir credibilidade em espaços públicos; 5) desenvolvimento de uma tipologia dos papéis dos membros do conselho escolar que pode ser usada para selecionar estilos de argumentação perante conselhos escolares, possibilitando a previsão de argumentos bem-sucedidos.

É interessante que advogados de estilo antigo e novo – advogados politizados e não politizados, para alguns – parecem coexistir lado a lado. Por exemplo, muitos advogados que representam clientes individuais em matéria de direito de seguros consideram estranha qualquer sugestão para intervirem na legislação ou na elaboração de regulamentos no interesse geral de seus clientes. Essa atitude existe, muito embora os advogados de companhias de seguros que lidam com os mesmos temas sejam altamente politizados. A distinção operativa mais importante pode ser entre advogados que representam clientes individuais, especialmente na prática geral, e advogados de empresas – isto é, advogados que atuam em uma organização altamente diferenciada.[218]

### 4.3.3 Conflito cultural entre papéis antigos e novos

Uma das experiências desconcertantes do direito moderno, intensamente presente nas faculdades de direito (mas também nos conflitos

[217] [N.T.] No original, *expert witnesses*.

[218] Clune e Lindquist, nota 3 *supra*, 1083-1094. Legal Remedies in a Society of Large-Scale Organizations. *Wisconsin Law Review*, v. 1981, p. 861, 1981.

entre a população não acadêmica e a comunidade acadêmica,[219] nas decisões da Suprema Corte e em suas críticas, e em quaisquer outros lugares), é o conflito cultural entre antigos e novos papéis do direito e dos juristas.[220] A organização cultural implícita ao conflito é uma forte distinção entre direito "real" e advogados "reais" e cientistas sociais, ideólogos e formuladores de políticas. O conflito tem dimensões ativas (conflituosas) e passivas (desintegradoras).

Conquanto o conflito ativo seja, no fundo, um tanto divertido, pode ser também amargo, assumindo as dimensões de um confronto clássico entre modernismo e tradicionalismo. Os modernistas começam a ver os tradicionalistas como reacionários, bastante antiquados, obtusos ou fundamentalistas militantes (o Novo Direito). Os tradicionalistas veem os modernistas como inaptos, sem as genuínas habilidades dos advogados, corrompidos, que rejeitam a existência de uma ordem jurídica autônoma e como traidores, vendendo o direito para as ciências sociais infames e vazias. Os tradicionalistas veem a si próprios como leais, aderentes ao bom senso e a uma tradição profissional e oral reverenciada (incluindo-se anedotas). Os modernistas são insuficientes e excessivamente racionais, confiando, por um lado, em valores e emoções subjetivas, e, por outro, mantendo a companhia de especialistas que rejeitaram a possibilidade de conhecimento popular.

O conflito passivo é mais prejudicial do que o conflito ativo, pois envolve a erosão de uma cultura jurídica central. As críticas do campo oponente deslegitimam cada lado da controvérsia e nenhuma delas pode ser muito exitosa em firmar uma nova posição. Os tradicionalistas devem se afastar dos avanços, ao definirem mudanças como "não direito". Os modernistas devem sofrer a humilhante perda da mística dos valores jurídicos autônomos. Ao considerarem que muitos não juristas sabem mais sobre os problemas do que eles, os modernistas foram desarmados em sua luta por *status* contra os tradicionalistas. Recuando para o formalismo como natureza da *expertise* jurídica,

---

219 [N.T.] No original, *town/gown conflicts*.

220 Para um exemplo envolvendo a Suprema Corte, seus apoiadores e seus críticos: KURLAND, P. Earl Warren: Master of the Revels (resenha de livro). *Harvard Law Review*, v. 96, p. 331-339, 1982. Para uma discussão de como o conflito não é apenas uma questão de mudanças no papel de advogados (pessoas que promovem litígios versus aqueles que não o fazem), mas é também sobre o papel em mutação do direito (direito como fonte autônoma de valores), *vide* seção 4.1.2. A perda da autonomia dos valores jurídicos, definida como o colapso do formalismo, é discutida por Unger. UNGER, R. The Critical Legal Studies Movement. *Harvard Law Review*, v. 96, p. 561-675, 1983, em especial p. 564-565 e 570-576.

os tradicionalistas ficam com tecnicismos. Se as regras jurídicas são sagradas, seria importante distanciar-se das políticas públicas e do jogo político.[221]

Assim, no direito tributário, os modernistas se veem preocupados com a economia, enquanto os tradicionalistas se dedicam a analisar as brechas na lei. A economia é poderosa, mas outras pessoas são melhores nesse assunto. As brechas são afetas aos advogados, mas elas vêm e vão, manipuladas por pessoas poderosas fora do campo jurídico tradicional, à luz de considerações além do escopo da *expertise* jurídica tradicional. A relevância vem ao preço da desmistificação; a *expertise* vem ao preço da ignorância e da impotência. O conflito pode ser sentido pela mesma pessoa, como quando o professor de direito escolhe conscientemente ensinar e estudar tanto um campo de direito "rígido" quanto um "flexível".

Essas distinções são tão poderosas quanto ilógicas. Certa vez, um representante da *American Bar Association* (ABA)[222] entrou em contato comigo para fazer uma apresentação em uma faculdade de direito. Sugeri que a regulação acerca da qualidade da educação seria um tópico interessante. Ela disse que queria algo *jurídico*. Respondi que haveria muito de jurídico sobre o assunto: diplomas legais, decretos judiciais, regras administrativas. Ela repetiu: a plateia estaria interessada em *direito* – como limites orçamentários nos gastos escolares locais, porque se poderia argumentar que isso estaria em conflito com precedentes constitucionais relativos ao financiamento escolar (e o litígio sobre finanças escolares era o mais recente tema jurídico "real" pelo qual eu era conhecido). Penso que ela estava tateando em busca desse núcleo do direito antigo, direito verdadeiro: regras analiticamente decompostas tratando de algo preciso, como dinheiro, e não padrões vagos, dificilmente distinguíveis de ordens burocráticas, sobre algo específico e fluido, como educação. Ela queria algo que pudesse inspirar uma demanda judicial – uma violação a uma regra jurídica autônoma.

Uma das manifestações mais antigas do conflito está nas concepções sobre o verdadeiro método jurídico, bem como sobre centro e periferia nos currículos das faculdades de direito. Como já discutido, o método doutrinário tradicional de ensino-aprendizagem em direito baseia-se na ideia formalista de que as respostas aos problemas são encontradas no direito, por meio dos precedentes. É difícil ensinar

---

221 [N.T.] No original, *policy and politics*.

222 [N.T.] No original consta apenas a sigla.

a nova forma jurídica integrada à política, não apenas por ser nova, mas também por deixar a natureza do conhecimento jurídico em uma condição problemática e, portanto, subjetivamente ameaçada.[223] Creio que a resistência, muitas vezes raivosa e cheia de pânico, dos estudantes de direito em relação a "cursos de política" e a "argumentos de política" – para não mencionar uma abordagem política, histórica ou sociológica do direito –, se origina nessa tensão entre direito autônomo e direito político.[224]

Os conflitos entre centro e periferia são ainda mais interessantes. O núcleo é o *common law*, o direito constitucional, o contencioso e a prática privada. Não parece importar que grande parte do direito esteja na periferia "flexível": processo orçamentário, legislação de proteção ao trabalhador, transferências de renda e direito escolar. Conheci um jurista na Flórida que me disse que a faculdade de direito local não lhe permitiria ministrar um curso de direito da saúde porque seria muito esotérico. Em vez disso, ele ministrou esse curso em uma faculdade de medicina para um público entusiasmado.

O litígio institucional é um tipo de compromisso simbólico ou objeto transitório entre as antigas e as novas concepções de direito e entre o núcleo e a periferia nos currículos. É tradicional porque envolve uma corte que aplica valores aparentemente autônomos, até sagrados, de direito constitucional. É moderno porque é uma litigância de direito público – reparadora, e não julgadora, preocupada com o comportamento político e organizacional, e não com direitos individuais. A questão real é se uma nova cultura central está em desenvolvimento. Ao contrário de alguns, sou muito otimista a esse respeito, porque os juristas e as habilidades jurídicas parecem capazes de trazer grandes contribuições em contextos interdisciplinares – acadêmicos e políticos.

---

[223] ABEL, R. Law Books and Books About Law. *Stanford Law Review*, v. 26, p. 175-228, 1973; GORDON, R. Historicism in Legal Scholarship, *Yale Law Journal*, v. 90, p. 1017-1056, 1981.

[224] Creio vislumbrar uma mudança do direito autônomo em direção a um direito político, na mudança de uma perspectiva doutrinária para uma perspectiva regulatória no direito securitário (por exemplo, da doutrina contratual formal, como impedimento promissório, à doutrina de expectativas razoáveis entre seguradora e segurado). KEETON, R. *Basic Text on Insurance Law*, 1971, §6.3. Essa nova doutrina gera diversos litígios e questões legais (por exemplo, cláusulas-padrão) porque ela é, nas palavras de teóricos sociais, aberta e, ainda assim, particularista. UNGER, R. *Law in modern society*, 1976, p. 193-200; nota 189 *supra*. Um exemplo em sentido contrário, em termos de potencial litigiosidade, podem ser as limitações às cláusulas comerciais sobre taxação estatal do comércio, em que o realismo econômico parece corresponder à falta de intervenção judicial. HELLERSTEIN, W. Constitutional Limitations on State Tax Exportation, *American Bar Foundation Research Journal*, p. 3-77, 1982, em especial p. 5.

As interações científicas de viés político-jurídico-social são estimulantes. Uma vez derrubada, a mística do formalismo parece limitada e tola, mas os elementos do formalismo reaparecem como importantes considerações políticas.

## 5 Conclusão

Nenhuma conclusão lógica final poderia ser extraída do presente artigo, o qual aponta certas implicações a partir da descrição de um processo social complexo. Uma conclusão apropriada reside no tema central do artigo, direito como política. A generalização de que o direito é afetado pela política é antiga; mas a extensão da influência retratada neste artigo pode ser surpreendente. Para demonstrar essa influência, uma comparação com o protótipo do direito politicamente dominado pode ser esclarecedora. Recentemente, surgiram artigos instigantes sobre o papel do direito em países comunistas, familiarizando-nos com a profunda imersão do direito nas políticas do Leste europeu e da União Soviética.[225] Este artigo sugere a percepção contracultural de que nosso direito pode estar igualmente – ou pelo menos de forma comparável – imerso na política, embora em uma forma de política muito diferente.

A imersão do direito na política leva a direções políticas divergentes. A reação instintiva, na herança do realismo jurídico, é cinismo, desmascaramento e descrédito.[226] Certa dose dessa atitude é claramente justificada. O direito é severamente atingido pela política. A frustração de políticas públicas pelo jogo político é a história da implementação. O compromisso é encontrado em todas as etapas e níveis do sistema, desde a negociação e renegociação de comandos jurídicos até a construção social da realidade em nível de campo.

A imagem do direito, no entanto, seja como um meio de troca passivo para negociadores de poder, seja como uma correia de transmissão de interesses sociais, é quase tão falsa quanto a ideia do direito totalmente autônomo. Uma vez que o direito é política, há um enorme espaço para criatividade, adaptação e negociação. O direito político

---

[225] IOFFE, O. Law and Economy in the U.S.S.R. *Harvard Law Review*, v. 95, p. 1591-1625, 1982; MARKOVITS, I. Law or Order-Constitutionalism and Legality in Eastern Europe, *Stanford Law Review*, v. 34, p. 513-613, 1982.

[226] MACINTYRE, A. *After Virtue*, 1981, p. 68-70 (relação dos comportamentos modernos de desmistificação, iconoclastia, protesto e indignação com o positivismo em ética); R. UNGER, *Law in Modern Society*, 1976, p. 173-176.

pode ser libertador; o direito autônomo (se realmente existisse além de uma ideologia) seria restritivo. O direito político começa com o fermento dos movimentos sociais, continua na "dança da legislação"[227] (ou no drama do litígio institucional) e culmina na construção social livre da conformidade. Cores ideológicas iluminam o panorama. O jurista moderno, capacitado para a implementação, é pioneiro, com um trabalho que é alternadamente emocionante e enlouquecedor. Um bom exemplo é um conhecido meu que representa pessoas com deficiência em questões de educação especial. Para esse jurista, o direito a uma educação adequada, de acordo com a lei federal, serve a um único propósito: chamar a atenção da burocracia escolar e preparar o terreno para uma consideração séria das melhores opções educacionais por uma equipe de planejamento multidisciplinar.

A última palavra em exploração hábil do direito político provavelmente ocorre na criação de estruturas legais "reflexivas".[228] Essas estruturas são instituições e processos que permitem a grupos dissidentes negociarem efetivamente (e, principalmente, não se afundarem em uma das condições patológicas do direito moderno). Um exemplo claro, por ter uma encarnação organizacional, é a criação de estruturas legais para barganhas e trocas. Exemplos diversos incluem o mercado de crédito de carbono no direito ambiental,[229] vales-educação[230] e arbitragem de ofertas finais no campo das relações de trabalho.[231] No entanto, o desenvolvimento de soluções pragmáticas em qualquer área da política social deve satisfazer os critérios do direito reflexivo. Por exemplo, vários esquemas foram propostos para impedir que requisitos contábeis legalistas interfiram na devida educação compensatória.[232] Tal como meu conhecido jurista que atua na seara de educação especial, essas propostas utilizam direitos previstos em lei para preparar o terreno para programas sociais criativos e adaptáveis. Nessas situações, recorre-se à gestão política do direito para combater o legalismo contraproducente.

---

[227] REDMAN, E. *The dance of legislation*, 1973.

[228] *Vide* nota 170 *supra*.

[229] Uma excelente discussão sobre esquemas alternativos de regulamentação da poluição está em: BARDACH, E.; KAGAN, R. *Going By The Book – The Problem Of Regulatory Unreasonableness*, 1982, p. 292-299.

[230] COONS, J.; SUGARMAN, S. *Education by Choice – The Case for Family Control*, 1978, p. 45-51.

[231] CLUNE, W.; HYDE, P. Final Offer Interest Arbitration in Wisconsin: Legislative History, Participant Attitudes, Future Trends, *Marquette Law Review*, v. 64, p. 455-505, 1981.

[232] *Vide* nota 57 *supra*.

Outro tema conclusivo relaciona-se àquilo que foi deixado de fora. O artigo poderia ser criticado por seu foco nos movimentos sociojurídicos de interesses contramajoritários. Não se dá atenção à implementação favorável ao *status quo*, como leis obtidas pelas companhias de seguros para impedir a concorrência "excessiva".[233] O papel do *establishment* como uma resistência passiva às mudanças implementadas é, obviamente, central para o meu modelo. Uma omissão relacionada a esse tema é a imagem do Estado moderno como uma massa fervilhante de implementações descoordenadas ou, de forma metafórica, como um navio que navega apenas com velas e nenhuma âncora. Refletindo, parece que essa abordagem ignora a existência de uma elite interessada no manejo ordenado do Estado, talvez acima de qualquer outra consideração.[234] A racionalidade substantiva, de estilo weberiano, é mais comum em nosso sistema do que este artigo sugere.[235]

---

[233] TOBIAS, A. *The Invisible Bankers – Everything the Insurance Industry Never Wanted You To Know*, 1982, p. 167-169 (política de seguros de acidentes de trabalho geridos pelo Estado); *Idem*, p. 163-166 (política da legislação contra a concessão de descontos e compartilhamento de comissões com o segurado na contratação de seguros); KIMBALL, S.; BOYCE, R. The Adequacy of State Insurance Regulation: The McCarran-Ferguson Act in Historical Perspective. *Michigan Law Review*, v. 56, p. 545-578, 1958 (analisando políticas conflitantes de fixação de preços, concorrência excessiva e adequação das taxas de seguro). Outra categoria de leis deixadas de fora deste artigo é a "lei da ganância" (ou "lei da vala"), o processo de obtenção de benefícios financeiros por meio do Estado. Às vezes, essa lei assume a forma de implementação (intervenção legal cuidadosamente construída) e, às vezes, é muito mais direta. Clune e Lindquist, nota 3 *supra*, p. 1099-1100.

[234] BLOCK, F. The Ruling Class Does Not Rule: Notes on the Marxist Theory of the State. *Socialist Revolution*, p. 6-28, maio/jun. 1977; ROY, W. The Unfolding of the Interlocking Directorate Structure of the United States. *American Sociological Review*, v. 48, p. 248-257, 1983 (desenvolvimento da elite dos Estados Unidos na virada do século). Embora o artigo de Block seja conscientemente marxista, ele considera o fato universalmente compreendido de que, nas democracias capitalistas ocidentais, algumas pessoas buscam o interesse de curto prazo das empresas, enquanto outras buscam a preservação de longo prazo do sistema. As ideias econômicas tradicionais de "falha de mercado", por exemplo, presumem que alguém ou algo consiga fazer com que o Estado atue contra interesses de curto prazo de alguns participantes do mercado. OLSON, M. *The Logic of Collective Action – Public Goods and the Theory of Groups*, 1971, p. 13-16; TULLOCK, G. *Private Wants, Public Means: An Economic Analysis of the Desirable Scope of Government*, 1970, p. 3-28; BREYER, S. Analyzing Regulatory Failure: Mismatches, Less Restrictive Alternatives, and Reform, *Harvard Law Review*, v. 92, p. 547-609, 1979, em especial p. 552-560.

[235] De fato, as teorias funcionalistas e marxistas tendem a retratar as sociedades como "inteligentes" (bem coordenadas), enquanto os teóricos organizacionais retratam as organizações como "burras" ("anarquias"). DIMAGGIO, P.; POWELL, W. The Iron Cage Revisited: Institutional Isomorphism and Collective Rationality in Organizational Fields. *American Sociological Review*, v. 48, p. 147-160, 1983, em especial p. 156. Na minha opinião, se a comparação for significativa, essa suposta maior coordenação das sociedades pode resultar apenas de expectativas mais baixas. As organizações sabem o que querem melhor do que as sociedades e provavelmente também estão melhor equipadas para perseguir objetivos com eficiência.

Se os mais poderosos de nossa sociedade receberam papéis enganosamente passivos, os marginalizados foram ignorados. Acostumei-me a pensar na implementação como contramajoritária ou pelo menos contracultural.[236] No entanto, em retrospecto, a miríade de conexões entre implementações e *status quo* parece igualmente importante. Os movimentos sociais não somente devem apelar aos valores tradicionais, como também devem interagir com as organizações estabelecidas por um longo período de tempo. Todos os esforços intensivos e intrincados para produzir mudanças devem ser acomodados e absorvidos, ao menos parcialmente.[237] Nesse sentido, percebemos que as implementações não representam criminosos, fugitivos, alienados, infratores, revolucionários, exilados ou mesmo grupos dissidentes. Talvez seja melhor concluir que a implementação, como esboçado aqui, é o processo de alcançar maior participação por meio do direito – para grupos minoritários fortes e para ativistas organizados representando maiorias difusas.

## Referências

ABELL, P. *Model building in sociology*. 1971.

ARCHAMBAULT, F.; ST. PIERRE, R. The Effect of Federal Policy on Services Delivered Through ESEA Title I. *Educational Evaluation and Policy Analysis*, p. 33-46, maio/jun. 1980.

BAILEY, S. *Education interest groups in the nation's capital*. 1975.

BANFIELD, E. Making a New Federal Program: Model Cities, 1964-68. *In*: ELMORE, Richard F.; WILLIAMS, Walter. *Social Program Implementation*. 1976.

BARDACH, E. Educational Paperwork. *In*: KIRP, D (Ed.). *School days, rule days:* regulation and legalization in American education. No prelo.

BARDACH, E. *The implementation game:* what happens after a bill becomes a law. 1977.

BARDACH, E.; KAGAN, R. *Going By The Book:* The Problem Of Regulatory Unreasonableness. 1982.

BECKER, H. *Sociological work*. 1970.

BELL, D. The Dialectics of School Desegregation. *Alabama Law Review*, v. 32, p. 281-298, 1981.

BERMAN, P. From compliance to learning: implementing legally-induced reform. Instituto de Pesquisa em Finanças e Governança Educacional, Universidade de Stanford. *Relatório de projeto*, n. 81-A20, 1981.

---

[236] Clune e Lindquist, nota 3 *supra*, p. 1113-1114.

[237] Para uma discussão sobre a acomodação de metas para integrar valores, *vide* seção 3.6.2.

BERMANI, P.; MCLAUGHLIN, M. Federal Support for Improved Educational Practice. *In:* TIMPANE, M. (Ed.). *The Federal Interest in Financing Schooling*. 1978.

BLAU, P. *The Dynamics of Bureaucracy*: A Study of Interpersonal Relations in Two Government Agencies. 1963.

BLOCK, F. The Ruling Class Does Not Rule: Notes on the Marxist Theory of the State. *Socialist Revolution*, p. 6-28, maio/jun. 1977.

BREYER, S. Analyzing Regulatory Failure: Mismatches, Less Restrictive Alternatives, and Reform. *Harvard Law Review*, v. 92, p. 547-609, 1979.

BUSH, R.; LUCE, D; SUPPES, P. Models, Mathematical. *International Encyclopedia Of The Social Sciences*, v. 10, 1968.

CALIFANO, J. *Governing America*. 1981.

CHAYES, A. The Role of the Judge in Public Law Litigation. *Harvard Law Review*, v. 89, p. 1281-1316, 1976.

CHRIST, Carl. Econometric Models, Aggregate. *International Encyclopedia Of The Social Sciences*, v. 4, 1968.

CHUBB, J. *Interest groups and the bureaucracy*: the politics of energy. 1982.

CLUNE, W. The Deregulation Critique of the Federal Role in Education. *In*: KIRP, D. (Ed.). *School days, rule days:* regulation and legalization in American education. No prelo.

CLUNE, W.; HYDE, P. Final Offer Interest Arbitration in Wisconsin: Legislative History, Participant Atti tudes, Future Trends. *Marquette Law Review*, v. 64, p. 455-505, 1981.

CLUNE, W.; LINDQUIST, R. Serrano e Robinson: Studies in the Implementation of Fiscal Equity and Effective Education in State Public Law Litigation. *In*: PIELE, P. (Ed.). *II Schools and the Courts*. 1979.

CLUNE, W.; LINDQUIST, R. What "Implementation" Isn't: Toward a General Framework for Implemen tation Research. *Wisconsin Law Review*, v. 1981, p. 1044-1116.

COONS, J.; SUGARMAN, S. *Education by Choice*: The Case for Family Control. 1978.

CRONIN, T. Small Program, Big Troubles: Policy Making for a Small Great Society Program. *In:* BURNHAM, Walter Dean; WEINBERG, Martha Wagner. *American Politics and Public Policy*. 1978.

DARLING-HAMMOND, L.; WISE, A.; PEASE, S. Teacher evaluation in the organizational. Context: a review of the literature. *Working Draft*, n. 1695-NIE, Rand Corporation, 1982.

DAVIS, K. Police Rulemaking on Selective Enforcement: A Reply. *University of Pennsylvania Law Review*, v. 125, p. 1167-1171, 1977.

DERTHICK, M. *The influence of federal grants*. 1970.

DICKEY, W. The Promise and Problems of Rulemaking in Corrections: The Wisconsin Experience. *Wisconsin Law Review*, p. 285-340, 1983.

DIVER, C. The Judge As Political Power broker: Superintending Structural Change in Public Institutions. *Virginia Law Review*, v. 65, p. 43-106, 1979.

EASTON, D. *A systems analysis of political life*. 1965.

EISENBERG, T.; YEAZELL, S. The Ordinary and the Extraordinary in Institutional Litigation. *Harvard Law Review*, v. 93, p. 465-517, 1980.

ELMORE, R. Backward Mapping: Implemention Research and Policy Decisions. *Political Science Quarterly*, v. 94, p. 601-616, 1979/1980.

ELMORE. R.; MCLAUGHLIN, M. Strategic Choice in Federal Education Policy: The Compliance-Assis tance Trade-Off. *In:* THE NATIONAL SOCIETY FOR THE STUDY OF EDUCATION. *Policy making in education, eighty-first yearbook of the national society for the study of education*. 1982.

FLETCHER, W. Discretionary Constitution: Institutional Remedies and Judicial Legitimacy. *Yale Law Journal*, v. 91, p. 635-697, 1982.

FULLER, L. *The morality of Law*. ed. rev. 1969.

GALANTER, M. Justice in Many Rooms: Courts, Private Ordering, and Indigenous Law. *The Journal of Legal Pluralism and Unofficial Law*, v. 19, p. 1-47, 1981.

GALANTER, M. Why the "Haves" Come Out Ahead – Speculations on the Limits of Legal Change. *Law & Society Review*, v. 9, p. 95-160, 1974.

GLASER, B.; STRAUSS, A. *The Discovery of Grounded Theory*: Strategies for Qualitative Research. 1967.

GLAZER, N. *Affirmative Discrimination*. 1975.

GOLDSTEIN, H. *Policing a free society*. 1977.

GOODMAN, W. Irving Kristol: Patron Saint of the New Right. *The New York Times Magazine*, Seção 6, p. 90, 6 dez. 1981.

GRAGLIA, L. *Disaster by decree*. 1976.

HABERMAS, J. *Legitimation crisis*. 1973.

HANDLER, J. *Social movements and the legal system:* a theory of law reform and social change. 1978.

HARRIS, M.; SPILLER, D. *After Decision:* Implementation of Judicial Decrees in Correctional Settings. 1976.

HAVEMAN, R. (Ed.). *A decade of federal antipoverty programs*. 1977.

HAWKINS, K. Bargain and Bluff: Compliance Strategy and Deterrence in the Enforcement of Regulation. *Law & Policy Quarterly*, v. 5, p. 35-73, 1983.

HAWKINS, K. *Environment and enforcement:* the social construction of pollution. No prelo.

HAWKINS, K.; THOMAS, J. *Enforcing regulation:* policy and practice. 1983.

HAY, D. Property, Authority and the Criminal Law. *In*: HAY, Douglas. *Albion's fatal tree*: crime and society in eighteenth-century England. 1975.

HILL, P. Do federal education programs interfere with one another? *Rand Corporation Paper*, n. 6416, 1979.

HILL, P. *Enforcement and informal pressure in the management of federal categorical programs in education.* Nota avulsa N-1232-HEW, 1979.

HIMMELMAN, H. The fall and rise of the office of economic opportunity. *Lawyers' Committee for Civil Rights under Law*, 1973.

HOROWITZ, D. *The courts and social policy*. 1977.

IMPLEMENTATION Problems in Institutional Reform Litigation. *Harvard Law Review*, v. 91, p. 428-463, 1977.

INSTITUTIONAL Reform Litigation: Representation in the Remedial Process. *Yale Law Journal*, v. 91, p. 1474-1492, 1982.

IOFFE, O. Law and Economy in the U.S.S.R. *Harvard Law Review*, v. 95, p. 1591-1625, 1982.

JENCKS, C.; SMITH, M.; ACLAND, H.; BANE, M.; COHEN, D.; GINTIS, H.; HEYNS, B.; MICHEL SON, S. *Inequality:* a reassessment of the effect of family and schooling in America. 1972.

JONES, J. Twenty-One Years of Affirmative Action: The Maturation of the Administrative Enforcement Process Under the Executive Order 11.246 as Amended. *Chicago-Kent Law Review*, v. 59, p. 67-122, 1982.

KAGAN, R. Regulating business, regulating schools: the problem of regulatory unreasonableness. Instituto de Pesquisa em Finanças e Governança Educacional, Universidade de Stanford. *Relatório de projeto*, n. 81- A14, 1981.

KAGAN, R. *Regulatory Justice:* Implementing a Wage-Price Freeze. 1978.

KENNEDY, D. Form and Substance in Private Law Adjudication. *Harvard Law Review*, v. 89, p. 1685-1778, 1976.

KIMBALL, S.; BOYCE, R. The Adequacy of State Insurance Regulation: The McCarran-Ferguson Act in Historical Perspective. *Michigan Law Review*, v. 56, p. 545-578, 1958.

KIRP, D. *Just Schools*: The Idea of Racial Equality in American Education. 1982.

KIRP, D.; BABCOCK, G. Judge and Company: Court-Appointed Masters, School Desegregation, and Ins titutional Reform. *Alabama Law Review*, v. 32, p. 313-398, 1981.

KIRST, M.; JUNG, R. *The Utility of a Longitudinal Approach in Assessing Implementation:* A Thirteen Year View Of Title I, Esea. Instituto de Pesquisa em Finanças e Governança Educacional, Universidade de Stanford, Relatório de projeto n. 80-B18, 1980.

KLUGER, R. *Simple Justice:* The history of Brown v. Board of Education and Black America's Struggle for Equality. 1976.

KOCH, J. Title IX and the NCAA. *Western State University Law Review*, v. 3, p. 250-261, 1976.

LAZARSFELD, P.; ROSENBERG, M. (Ed.). *The Language of Social Research.* 1955.

LINDQUIST, R.; CLUNE, W. *Systemic Enforcement:* The Implementation of Equal Employment Opportunity Through Executive Order. 30 jun. 1982.

LOWI, T. *The End of Liberalism:* The Second Republic of the United States 2. ed. 1979.

MARKOVITS, I. Law or Order-Constitutionalism and Legality in Eastern Europe. *Stanford Law Review*, v. 34, p. 513-613, 1982.

MCCALL, G.; SIMMONS, J. (Ed.). *Issues in participant observation.* 1969.

METZ, M. *Classrooms and corridors:* the crisis of authority in desegregated secondary schools. 1978.

MEYER, J.; ROWAN, B. Institutional Organizations: Formal Structure as Myth and Ceremony. *American Journal of Sociology*, v. 83, p. 340-363, 1977.

MEYER, J.; SCOTT, R.; DEAL, T. *Institutional and Technical Sources of Organizational Structure Explaining the Structure of Educational Organizations.* maio 1980.

MEYER, M. Strategies for Further Research: Varieties of Environmental Variation. *In:* MEYER, M. *Environments and Organizations*. 1978.

MILES, M. *Common Properties of Schools Context:* The Backdrop for Knowledge Utilization and "School Improvement". National Institute of Education, 1980.

MNOOKIN, R.; KORNHAUSER, L. Bargaining in the Shadow of Law: The Case of Divorce. *Yale Law Journal*, v. 88, p. 950-997, 1979.

MOYNIHAN, D. *Maximum feasible misunderstanding-community action in the war on poverty*. 1969.

MURPHY, J. *Differential Treatment of the States, A Good Idea or Wishful Thinking?* 25 ago. 1981 (manuscrito não publicado em arquivo com o autor).

MURPHY, J. *State education agencies and discretionary funds*. 1974.

MURPHY, J. Title V of ESEA: The Impact of Discretionary Funds on State Education Bureaucracies. *In*: ELMORE, Richard F.; WILLIAMS, Walter. *Social Program Implementation*. 1976.

NONET, P.; SELZNICK, P. *Law and society in transition*. 1978.

O'CONNOR, J. *The Fiscal Crisis of the State*. 1973.

OLSON, M. *The Logic of Collective Action:* Public Goods and the Theory of Groups. 1971.

PELTASON, J. *Fifty-eight lonely men:* southern federal judges and school desegregation. 1961.

PELTZMAN, S. Toward a More General Theory of Regulation. *The Journal of Law & Economics*, v. 19, p. 211-240, 1976.

PIVEN, F.; CLOWARD, R. *Poor people's movements:* why they succeed, how they fail. 1977.

PRESSMAN, J.; WILDAVKSY, A. *Implementation*. 2. ed. 1979.

REDMAN, E. *The dance of legislation*. 1973.

REISS, A.; BIDERMAN, A. *Data Sources on White-collar Law-breaking*. Instituto Nacional de Justiça, Departamento de Justiça dos EUA, 1980.

REUSS-IANNI, E.; IANNI, F. *Street Cops vs. Management Cops:* The Social Organization of the Police Precinct. Instituto de Análise Social, 1979.

RHODE, D. Class Conflicts in Class Actions. *Stanford Law Review*, v. 34, p. 1183-1262, 1982.

RODGERS, H.; BULLOCK, C. *Coercion to Compliance*. 1976.

SARASON, S. *The culture of the school and the problem of change*. 1971.

SCHATZMAN, L.; STRAUSS, A. *Field research*. 1973.

SCHICK, A. *Congress and Money:* Budgeting, Spending and Taxing. 1980.

SCHULTZE, C. *The public use of the private interest*. 1977.

SELZNICK, P. *TVA and the Grass Roots*: A Study in the Sociology of Formal Organization. 1949.

SELZNICK, P. *TVA and the Grass Roots*: A Study in the Sociology of Formal Organization. 1953.

SPECIAL Project: The Remedial Process in Institutional Reform Litigation. *Columbia Law Review*, v. 78, p. 784-929, 1978.

SPROULL, L. Managing Education Programs: A Micro behavioral Analysis. *Human Organization*, v. 40, p. 113-122, 1981.

STEWART, R.; SUNSTEIN, C. Public Programs and Private Rights. *Harvard Law Review*, v. 95, p. 1195-1322, 1982.

STONE, C. *Where the law ends:* the social control of corporate behavior. 1975.

SYMPOSIUM: Judicially Managed Institutional Reform. *Alabama Law Review*, v. 32, p. 267-464, 1981.

THUROW, L. *The Zero-sum society:* distribution and the possibilities for economic change. 1981.

TOBIAS, A. *The Invisible Bankers*: Everything the Insurance Industry Never Wanted You To Know. 1982.

TROYNA, Barry. Verbete "White flight". *In:* CASHMORE, Ellis *et al*. *Dicionário de Relações Étnicas e Raciais.* 2. ed. São Paulo: Summus, 2000.

TULLOCK, G. *Private Wants, Public Means:* An Economic Analysis of the Desirable Scope of Government. 1970.

TURNBULL, B.; SMITH, M.; GINSBURG. A. Issues for a New Administration: The Federal Role in Education. *American Journal of Education*, v. 89, p. 396-427, 1981.

TYACK, D.; KIRST, M.; HANSOT, E. Educational Reform: Retrospect and Prospect. *Teachers College Record*, v. 81, p. 253-269, 1980.

UNGER, R. *Law in Modern Society*. 1976.

WEICK, K. Administering Education in Loosely Coupled Schools. *Phi Delta Kappan*, v. 63, p. 673-676, 1982.

WEICK, K. Educational Organizations as Loosely Coupled Systems. *Administrative Science Quarterly*, v. 21, p. 1-19, 1976.

WILSON, J. The Politics of Regulation. *In:* WILSON, J. (Ed.). *The Politics of Regulation*. 1980.

WIRT, F.; KIRST, M. *Schools in conflict*. 1982.

YUDOF, M. Legalization of Dispute Resolution, Distrust of Authority, and Organizational Theory: Imple menting the Due Process for Students in the Public Schools. *Wisconsin Law Review*, v. 1981, p. 891-923, 1981.

YUDOF, M. Plato's Ideal and the Perversity of Politics (resenha de livro). *Michigan Law Review*, v. 81, p. 730-745, 1983.

# DESINTEGRAÇÃO JURÍDICA E UMA TEORIA DO ESTADO[1] [2]

**WILLIAM H. CLUNE**

**Tradução de Bruno Bodart e Sergio Ruy David Polimeni Valente**

**Revisão técnica de Maria Paula Dallari Bucci**

## 1 Introdução

Este artigo descreve uma topologia do pensamento jurídico e as condições sociais (uma construção social mais ampla da realidade) de que essa topologia, esse pensamento, é um componente. A seção 2 é

[1] [N.T.] Tradução de: CLUNE, William H. Legal Disintegration and a Theory of the State. *In*: TRUBEK, David; JOERGES, Christian (Org.). *Critical Legal Thought*. An American-German Debate. Baden-Baden: Nomos Verlagsgesellschaft, 1989, p. 187-208. Posteriormente, o artigo foi republicado em: CLUNE, William H. Legal Disintegration and a Theory of the State. *German Law Journal*, v. 12, n. 1, p. 186-205, 2011. Disponível em: https://www.cambridge.org/core/journals/german-law-journal/article/legal-disintegration-and-a-theory-of-the-state/1A08E078AFBB146FAC030B27AB5BC24A. A tradução baseia-se neste último.

[2] [N.T.] Com alguns ajustes, este capítulo corresponde à tradução para o português publicada sob a seguinte referência: CLUNE, William H. Desintegração jurídica e uma teoria do Estado. Tradução de Bruno Bodart e Sergio Ruy David Polimeno Valente. Revisão técnica da tradução de Maria Paula Dallari Bucci. *Revista de Investigações Constitucionais*, v. 8, n. 1, p. 107-133, 2021. Disponível em: https://revistas.ufpr.br/rinc/article/view/82326. O texto original usa linguagem coloquial e, em diversas passagens, primeira pessoa, diferentemente do padrão corrente em artigos acadêmicos. Além disso, contém redundâncias, advérbios e construções linguísticas de difícil compreensão quando traduzidas, o que levou, em certas passagens, à opção pela sua simplificação. Quando o termo Direito se refere ao campo do conhecimento, optou-se por letras maiúsculas, para facilitar a identificação, o que foi utilizado para a identificação de disciplinas, como Direito Ambiental, Direito Falimentar etc., com minúsculas no original.

uma descrição da estrutura do pensamento jurídico; a seção 3, das condições sociais (uma teoria do estado, ou economia política). A conclusão considera o lugar da prática jurídica tradicional em um novo cenário.

Percebe-se o pensamento jurídico, grosso modo, como uma progressão desde o primeiro ano do curso de Direito, com ênfase na *common law* e no método jurídico, passando pelo segundo e terceiro anos, sobre direito positivo (*statutory law*) e regulamentação da economia, até experiências posteriores de Sociologia do Direito, análise de políticas e pensamento crítico. Consequentemente, em sua totalidade, o pensamento jurídico poderia ser representado pelo currículo e pesquisa de qualquer faculdade de Direito moderna grande e sofisticada, como a minha. Mas o pensamento jurídico é maior do que a academia (moldando inúmeros atos jurídicos oficiais: casos, textos normativos, debates etc.) e diferente da prática jurídica (cuja relação com o pensamento jurídico não é clara).[3]

Em geral, proponho que o pensamento jurídico seja composto por um núcleo e uma periferia e que toda a estrutura corresponda aproximadamente à dicotômica e fragmentada economia política do moderno Estado de bem-estar social democrático. Assim, o movimento deste artigo parte da fenomenologia jurídica (a experiência do pensamento jurídico) para um tipo correspondente de organização cultural, chamada economia política.[4]

O problema que estou tentando enfrentar é um sentido concomitante de desintegração e integração (ou movimento progressivo) no Direito. Após um período inicial de paixão pelo seu poder conceitual e elegância, o observador do pensamento jurídico começa a ver fragmentação, uma variedade de epistemologias, filosofias sociais e instrumentos de política, cheios de conflitos, retalhos desleixados e lacunas, ou descontinuidades desorientadoras. Ao mesmo tempo, parece haver uma estrutura para a desordem (embora fragmentado, o direito não é uma pilha caótica de escombros) e um movimento progressivo em direção

---

3 Embora os advogados possam fazer seus trabalhos pragmáticos com pouca ideologia formal, ao longo do artigo entendo que, conscientemente ou não, tipos de prática podem ser identificados com projetos característicos de pensamento jurídico. *Vide* também a Conclusão.

4 Embora a economia política lide com coisas materiais, considero que é essencialmente cultural, um aspecto da consciência, porque é fundamentalmente um conjunto estável de autorreprodução de expectativas mútuas sobre coisas materiais. A economia política parece mais distante e objetiva (e certamente, em certo sentido, além da periferia do pensamento jurídico); mas também fazemos parte da economia política e, portanto, podemos experimentá-la fenomenologicamente. *Vide* nota 25 *infra*.

à resolução eficiente de problemas sociais. Neste artigo, gostaria de esclarecer este sentido de desordem ordenada e progresso, maculados a cada passo do caminho por conflitos e confusão. Ao olhar primeiro para dentro do pensamento jurídico, depois para fora do seu contexto cultural mais amplo, espero evitar o idealismo árido ou o conceptualismo e alcançar um tipo de energia e profundidade de explicação que de outra forma não seriam possíveis. (Também rejeito implicitamente uma interpretação do pensamento jurídico como exclusivamente um produto ideológico da academia jurídica.[5] Considero o pensamento jurídico como, pelo menos em parte, um produto de uma construção maior da realidade, de fato de toda a sociedade).

## 2 Um modelo básico de pensamento jurídico: núcleo, periferia, transição e além

O esquema básico do pensamento jurídico apresentado na seção 2.1 é o seguinte: o pensamento jurídico tem um núcleo de "direito tradicional", consistindo em um modelo de tribunais, litígios e casos; um modelo de ordem social de direito privado; justificativa ética; raciocínio interpretativo; e uma visão hegemônica da influência jurídica. A periferia do pensamento jurídico é composta pelos opostos dos elementos do núcleo: legislação e textos normativos; um modelo de ordem social de direito público; análise de políticas como justificativa; interpretação jurídica positivista; e uma visão marginalista da influência jurídica.[6]

Como os elementos do núcleo e da periferia são construídos como opostos, o espaço conceitual entre eles é vazio ou descontínuo; e o pensador jurídico sente-se puxado em direções opostas, alternando

---

[5] SCHLEGEL, John H. American Legal Theory and American Legal Education: A Snake Swallowing its Tail? *In*: TRUBEK, D.; JOERGES, C. (Org.). *Critical Legal Thought*: An American-German Debate. Baden-Baden: Nomos, 1989, p. 49-84. Concordo com Schlegel que o pensamento jurídico ajuda os acadêmicos do Direito a se diferenciarem tanto da prática jurídica quanto dos departamentos acadêmicos, mas também vejo conexões com padrões mais amplos de pensamento social.

[6] A ideia de núcleo e periferia obviamente deve muito a Duncan Kennedy: KENNEDY, Duncan. The political significance of the structure of the law school curriculum. *Seton Hall Law Review*, v. 14, n. 1, p. 1-16, 1983; KENNEDY, Duncan. Form and Substance in Private Law Adjudication. *Harvard Law Review*, v. 89, n. 8, p. 1685-1778, 1976. Este artigo difere da concepção de Kennedy em vários aspectos, por exemplo: incorporando a análise de políticas (e a tese da rematerialização em geral); enxergando um movimento progressivo do núcleo para a periferia; e vendo o capitalismo implicado na construção do núcleo e da periferia e nas contradições entre eles e dentro deles.

entre os dois sem uma transição adequada. O movimento do núcleo para a periferia é influenciado por poderosas forças opostas, como forças centrípetas e centrífugas. No núcleo, o direito parece natural, seguro (sem contestação), inalterado por paradigmas ou racionalidades incompatíveis.

O núcleo também é um espaço com uma atraente mistura de raciocínio moral e filosofia social. Na periferia, tudo é oposto: o direito parece estranho, burocrático e desafiado tanto por outras formas de pensamento quanto por outros tipos de especialistas. Nesse sentido, existe uma poderosa força centrípeta que impulsiona o pensamento jurídico para suas instituições centrais. Mas também há uma força intensa correndo na direção oposta. No núcleo, o direito parece abstrato, socialmente inconsequente, obsoleto; enquanto na periferia parece moderno, relevante, substantivo, poderoso.

Núcleo e periferia já seriam complicados o suficiente, mas há algo além. Deixe-me chamá-la de "transição" e "reintegração": um esforço para projetar valores do núcleo na periferia, quebrando o espaço descontínuo entre eles; e, no processo, estendendo o escopo do pensamento jurídico para algo que parece "além do direito".[7] Atributos positivos do núcleo, como raciocínio moral e filosofia social, estão sendo combinados com elementos positivos da periferia, como sofisticada resolução de problemas sociais. A transição consiste em simples híbridos de núcleo e periferia (que podem ser representados como localizados no espaço descontínuo entre os dois). A reintegração ocorre quando a estrutura do núcleo e da periferia se quebra e algo é criado além do direito. Incompatibilidades entre núcleo, periferia, transição e reintegração emprestam um senso de contradição e confusão a toda a estrutura ou topologia do pensamento jurídico.

## 2.1 As cinco dimensões do pensamento jurídico

Núcleo, periferia, transição e reintegração podem ser retratados em cinco dimensões, como segue. (As seções subsequentes descreverão as dimensões com mais detalhes).[8]

---

[7] *Vide* seção 3.2.2 *infra*.

[8] As dimensões correspondem um pouco ao que os europeus na tradição weberiana chamam de "rematerialização" do direito. TEUBNER, Gunther. Substantive and Reflexive Elements in Modern Law. *Law & Society Review*, v. 17, n. 2, p. 239-286, 1983.

*Dimensão: arena (agency) – de tomada de decisão, processo e tipo de decisão*
– núcleo: tribunais, litígios, caso concreto;
– periferia: legislativos, legislação, textos normativos;
– transição: litígio de direito público, direitos legais de ação;
– reintegração: legislação sobre problemas sociais, direitos constitucionais de bem-estar social.
*Dimensão: substância da decisão*
– núcleo: direito privado;
– periferia: direito público;
– transição: regulação judicial, *common law* como economicamente racional;
– reintegração: lei reflexiva (organizações intermediárias de política).
*Dimensão: tipo de justificação ou racionalização*
– núcleo: análise jurídica;
– periferia: análise de políticas públicas;
– transição: Direito e Economia (*Law and Economics*);
– reintegração: considerações morais na política de bem-estar social, análise de políticas como participação e empoderamento.
*Dimensão: tipo de interpretação*
– núcleo: raciocínio moral;
– periferia: raciocínio positivo;
– transição: teleologia da lei (*statutory intent*);
– reintegração: interpretação situacional das leis etc.
*Dimensão: papel do direito*
– núcleo: hegemônico;
periferia: marginal;
– transição: implementação;
– reintegração: escolha institucional.

## 2.2 Descrição de cada dimensão, formas transitórias e reintegrativas

Esta seção do artigo oferece uma descrição de cada dimensão do pensamento jurídico, elaborando melhor a apresentação esquemática da seção anterior.

### 2.2.1 Tribunais, contencioso, caso concreto/legislativos, legislação, textos normativos

No núcleo, a ação jurídica ocorre nos casos concretos, por meio de tribunais e litígios. O direito é resolução de disputas; a mudança é pontual. Na periferia, os legislativos fazem legislação social abrangendo áreas de problemas sociais, em vez de situações individuais. As formas transitórias incluem litígios de direito público (em que o remédio rompe com a disputa subjacente e aborda uma área de problemas sociais) e direitos de ação privados previstos em lei (em que se imagina que a lei crie uma zona de proteção para indivíduos). Não consigo pensar em nenhuma forma verdadeiramente reintegrativa. Seria como abrir um processo judicial para resolver um problema social. O contencioso da reforma social se aproxima dessa noção, assim como a ideia de Michelman de benefícios de bem-estar constitucionalmente exigidos.[9]

### 2.2.2 Direito privado/direito público

No núcleo, o direito assume a forma de relações jurídicas entre indivíduos, ou seja, em geral, a forma de direitos (propriedade, responsabilidade civil por ato ilícito, direito penal). Na periferia, assume a forma de planejamento social, ou engenharia, com foco nas consequências e comportamentos de organizações, grupos, setores e sociedades. As formas transitórias incluem a proliferação de considerações de direito público na elaboração do direito privado (por exemplo, interesse público invadindo o direito de propriedade supostamente absoluto, regulação judicial dos contratos).[10] Outra instituição de transição é a sugestão, de direito e economia, de que o direito privado sirva automaticamente para fins públicos, ajustando-se às imperfeições do mercado. Uma reintegração é a ideia contemporânea de usar organizações intermediárias como veículos para políticas sociais (por exemplo, planos de saúde),[11] escolas, empresas de opinião pública e casas de repouso. Esse

---

[9] MICHELMAN, Frank I. On Protecting the Poor Through the Fourteenth Amendment. *Harvard Law Review*, v. 1, n. 1, p. 6-59, 1969; MICHELMAN, Frank I. In Pursuit of Constitutional Welfare Rights: One View of Rawls' Theory of Justice. *University of Pennsylvania Law Review*, v. 121, n. 5, p. 962-1019, 1973.

[10] KENNEDY, Duncan. Distributive and Paternalist Motives in Contract and Tort Law, with Special Reference to Compulsory Terms and Unequal Bargaining Power. *Maryland Law Review*, v. 41, n. 4, p. 563-658, 1982.

[11] [N.T.] No original, HMO, que deve se referir a *Health Maintenance Organization*.

"direito reflexivo" tenta combinar engenharia social com um senso de voluntarismo e direitos individuais.[12]

### 2.2.3 Análise jurídica/análise de políticas

O raciocínio jurídico é conceitual, ético, analógico; e repousa (um tanto paradoxalmente) em uma visão ética do mundo, uma imagem de uma sociedade justa e ordenada. A análise de políticas é consequencialista (apoiando-se em previsões sobre comportamento social, incluindo tudo, desde desvio social a orçamentos equilibrados). A análise de políticas é substancialmente específica, exigindo conhecimento especializado sobre os comportamentos de sistemas sociais específicos, como educação, bancos e polícia. Portanto, na periferia, a análise jurídica é fortemente contestada por conhecimentos substantivos, tanto gerais (economia, análise de políticas) quanto especiais (por exemplo, conhecimento técnico sobre poluição). A análise de políticas também tende a ser substancialmente fragmentada e *ad hoc*, uma série de soluções para problemas sociais específicos. Direito e economia é uma forma de transição clássica, tentando investir o raciocínio jurídico com potência consequencialista. Uma poderosa forma reintegrativa está apenas emergindo: a ideia de que o Estado de bem-estar social incorpora uma série de julgamentos morais sobre a sociedade.[13] Outra reintegração é uma nova forma de análise de políticas em que a ênfase está na participação e no empoderamento, e não na implantação do tipo comando-controle, de cima para baixo (*top-down*).[14]

---

[12] TEUBNER, Gunther. Substantive and Reflexive Elements in Modern Law. *Law & Society Review*, v. 17, n. 2, p. 239-286, 1983.

[13] PIORE, Michael; SABEL, Charles. *The Second Industrial Divide*: Possibilities for Prosperity. New York: Basic Books, 1984; SIMON, William H. Rights and Redistribution in the Welfare System. *Stanford Law Review*, v. 38, n. 6, p. 1431-1516, 1986.

[14] HANDLER, Joel F. *The Conditions of Discretion*. [s.l.]: Russell Sage Foundation, 1986; BARDACH, Eugene; KAGAN, Robert A. *Going by the Book*: The Problem of Regulatory Unreasonableness. Philadelphia: Temple University Press, 1982; TAYLOR, Serge. *Making Bureaucracies Think*: The Environmental Impact Statement Strategy of Administrative Reform. Stanford: Stanford University Press, 1984. A aplicação mais pura da abordagem está no gerenciamento de negócios: PETERS, Thomas J.; WATERMAN JR., Robert H. *In search of excellence*: Lessons from America's best-run companies. New York: Harper & Row, 1982; KANTER, Rosabeth M. *The Change Masters* – Innovation and Entrepreneurship in the American Corporation. New York: Simon Schuster, 1984.

### 2.2.4 Raciocínio jurídico/raciocínio positivista

Aqui passamos do raciocínio sobre a formação do direito (justificativa para elaborar o direito) para a interpretação do direito (o significado do direito já elaborado). O raciocínio jurídico no núcleo (*common law*) combina justificação e interpretação em um único ato. O raciocínio jurídico na periferia é positivista, tratando as decisões como já tomadas (por exemplo, nas disposições específicas dos textos normativos) e um grande número de decisões em rotinas burocráticas (por exemplo, os procedimentos operacionais padrão da administração da previdência social). A teleologia (*statutory intent*) é uma forma de transição (por exemplo, interpretação dos textos normativos com base em objetivos de política). A reintegração é desenfreada, inclui a interpretação pura como um cânone da interpretação jurídica,[15] a interpretação situacional da lei à luz da aplicação local,[16] e o interpretativismo universal da linha dos *Critical Legal Studies* – CLS (aplicado a casos, leis e análise de políticas).[17]

### 2.2.5 Direito hegemônico/Direito socialmente marginal

No núcleo, não há distinção entre direito e conformidade (as regras são discutidas como se as pessoas as cumprissem). Graças principalmente à Sociologia do Direito, o pensamento jurídico periférico agora aceita a ideia da marginalidade do direito na sociedade. Reconhece-se que os comandos legais são mediados por campos privados de incentivos e valores, com vários resultados (pouco ou nenhum efeito, efeito reduzido, efeitos não intencionais etc.). A indeterminação de efeitos criou problemas para a análise jurídica e, devido à frequente disjunção entre objetivos morais e resultados comportamentais, forçou a análise jurídica na direção da análise política consequencialista. As formas transitórias incluem a análise da implementação, que procura especificar

---

[15] CALABRESI, Guido. *A Common Law for the Age of Statutes*. Cambridge: Harvard University Press, 1982; POSNER, Richard. Statutory Interpretation – in the Classroom and in the Courtroom. *University of Chicago Law Review*, v. 50, p. 800-822, 1983; MASHAW, Jerry L. Positive Theory and Public Law. *Rosenthal Lectures*. Palestra proferida na Northwestern University Law School, fev. 1986. Arquivo do autor.

[16] BARDACH, Eugene; KAGAN, Robert A. *Going by the Book*: The Problem of Regulatory Unreasonableness. Philadelphia: Temple University Press, 1982.

[17] BOYLE, James. The Politics of Reason: Critical Legal Theory and Local Social Thought. *University of Pennsylvania Law Review*, v. 133, n. 4, p. 685, 1985; PELLER, Gary; ACKERMAN, Bruce. The Politics of Reconstruction. *Harvard Law Review*, v. 98, n. 4, p. 863-881, 1985.

o impacto preciso dos programas jurídicos.[18] Mas a implementação, como o núcleo do direito hegemônico, mantém uma visão da sociedade centrada no Estado. A reintegração inclui teorias de escolha institucional, como economia de custos de transação.[19] (As opções para regular transações incluem mercados, hierarquias, *trust*[20] e, em certas situações especializadas, tribunais). Por meio de uma grande reconceptualização, define-se que o objetivo jurídico é escolher entre instituições, jurídicas e não jurídicas, anexando assim o território anteriormente não jurídico e relegando o território anteriormente jurídico ao *status* marginal (por exemplo, disputas judiciais sobre capitais específicos entre estranhos ou entre pessoas que terminam um relacionamento).

## 2.3 Um resumo: a dinâmica do núcleo e da periferia

O efeito cumulativo de todas essas dimensões é um dinamismo energizado entre o núcleo e a periferia do pensamento jurídico. Um dos efeitos são a introspecção e uma mentalidade provincial, à medida que os profissionais do direito se apegam ansiosamente aos símbolos e atividades principais de sua especialidade, interpretação jurídica e litígios, mesmo à custa da obsolescência gradual. (A ação de retaguarda dos advogados que defendem o sistema de responsabilização civil por ato ilícito em ruínas é um exemplo, juntamente com a indiferença um

---

[18] Em certo sentido, meu próprio trabalho sobre implementação tem se preocupado em sintetizar descobertas da Sociologia do Direito sobre campos sociais privados com descobertas da implementação sobre a variabilidade local de impacto. Integrei as duas perspectivas em uma estrutura de ação política, reação e construção social em todas as etapas do processo de implementação: CLUNE, William H. A Political Model of Implementation and Implications of the Model for Public Policy, Research, and the Changing Roles of Law and Lawyers. *Iowa Law Review*, v. 69, p. 47-125, 1983; CLUNE, William H.; PELT, Mark H. Van. A Political Method of Evaluating the Education for All Handicapped Children Act of 1975 and the Several Gaps of Gap Analysis. *Law and Contemporary Problems*, v. 48, n. 1, p. 7-62, 1985 [N.T. Confiram-se os artigos traduzidos, *Um modelo político de implementação para as políticas públicas: os papéis do direito e dos juristas* e *Um método político de avaliação: a Lei de Educação para Todas as Crianças com Deficiência e as várias lacunas da análise de lacunas*, respectivamente, neste livro].

[19] PALAY, Thomas M. Comparative Institutional Economics: The Governance of Rail Freight Contracting. *The Journal of Legal Studies*, v. 13, n. 2, p. 265-287, 1984; KOMESAR, Neil K. Taking Institutions Seriously: Introduction to a Strategy for Constitutional Analysis. *The University of Chicago Law Review*, v. 51, n. 2, p. 366-446, 1984; CLUNE, William H. Institutional Choice as a Theoretical Framework for Research on Educational Policy. *Educational Evaluation and Policy Analysis*, v. 9, n. 2, p. 117-132, 1987 [N.T. Confira-se o artigo traduzido, *A escolha institucional como referencial teórico para pesquisas sobre políticas públicas de educação*, neste livro].

[20] [N.T.] Aparentemente, se refere a *trust* como instituto, não como "confiança".

tanto chocante dos profissionais do direito em pensar nos sistemas de compensação de uma maneira mais sistemática. Veja a próxima seção).

Mas exatamente a tendência oposta ocorre ao mesmo tempo, uma torrente de novas perspectivas, atividades e instituições, a ponto de o discurso de uma faculdade de Direito privilegiada e progressista se tornar extremamente heterogêneo, uma espécie Nações Unidas do campo intelectual. Profissionais jurídicos sabem muito sobre diferentes tipos de instituições – departamentos de polícia, empresas, famílias, escolas, agricultura, mulheres, produção de energia nuclear, repartição de água escassa, tratados internacionais tributários, leis em sociedades socialistas, sistemas de saúde, contratos de entretenimento e esportivos, hábitos de compra do consumidor, publicidade na TV para crianças, sindicatos, manutenção de renda para os pobres, assistência médica para pessoas esquizofrênicas em situação de rua e as necessidades de asilo dos refugiados salvadorenhos (sem sequer tocar nas diversas formas teóricas, disciplinares e etnográficas de experimentar esses fenômenos).

O direito é uma pequena fortaleza que oferece uma perspectiva restrita e artificial do mundo exterior através de suas escotilhas estreitas de método e procedimentos legais; mas as portas da fortaleza estão escancaradas; e o forte está cheio de diferentes estranhos todos os dias. A dicotomização do direito é, portanto, um fenômeno dinâmico que consiste em pressão interna no ponto de vista exclusivamente jurídico e pressão externa na intrusão de perspectivas exteriores. A sensação geral é, a um só tempo, intensa e desconfortável.

## 2.4 Um pequeno estudo de caso: Direito da responsabilidade civil (*tort law*) por ato ilícito em transição

Neste ponto, um exemplo concreto das tendências acima provavelmente seria útil. O exemplo do direito de responsabilidade civil por ato ilícito em transição reflete muitas das tendências e também fornece uma introdução, em alguma medida, para a seção 3.[21] A transição é tanto

[21] A história que estou contando aqui é essencialmente uma versão abreviada de SUGARMAN, Stephen D. Doing Away with Tort Law. *California Law Review*, v. 73, n. 3, p. 555-664, 1985, e conclusões tiradas de meus próprios ensinamentos sobre os materiais clássicos de Direito dos Seguros. Veja também STEINER, Henry J. *Moral Argument and Social Vision in the Courts*: A Study of Tort Accident Law. Madison: University of Wisconsin Press, 1987.

topológica (movendo-se de locais diferentes em um mapa existente do pensamento jurídico) quanto, penso, histórica (pelo menos nas linhas gerais).

O direito da responsabilidade civil por ato ilícito é retratado, tanto em pesquisa acadêmica quanto em casos concretos, como envolvendo pelo menos três razões ou propósitos: um ajuste de responsabilidade moral, compensação de vítimas e dissuasão (prevenção de acidentes). A metodologia jurídica raciocina sobre esses propósitos caso a caso e tenta obter um equilíbrio apropriado. Mas o objetivo de realização simultânea dos três propósitos está se tornando cada vez mais difícil, devido a mudanças no ambiente social e na periferia do direito. Como resultado, a responsabilidade civil em si está sob ataque e é considerada, por algumas autoridades, de improvável sobrevivência a mais um século de desenvolvimento.

Do ponto de vista interno do direito de responsabilidade civil, o problema é triplo: conflitos entre os propósitos, ineficiência em alcançá-los e necessidade de coordenação com outras instituições sociais e jurídicas (e nenhum desses problemas pode ser resolvido dentro das restrições do núcleo da metodologia jurídica básica existente). Compensação e dissuasão competem entre si. A eficiência compensatória é alcançada ampliando a cobertura; a dissuasão, restringindo-a. A responsabilidade estrita amplia a compensação, mas interfere na dissuasão (pelo menos ostensivamente), eliminando o critério de falha.

Além disso, mesmo que a compensação e a dissuasão possam ser dissociadas, no direito há limites estritos no cumprimento de qualquer um desses propósitos. A compensação é limitada pelo requisito de causalidade (atribuição de responsabilidade a réus identificáveis) e a consequente impossibilidade de um "seguro social" (com distribuição do custo de forma racional, do ponto de vista fiscal, para uma ampla base de contribuintes). A dissuasão é limitada pela inadequação dos julgamentos monetários como método de controle social dos acidentes. Visto de qualquer perspectiva (compensação ou dissuasão), o litígio parece ser um mecanismo administrativo absurdo. E o direito da responsabilidade civil considera cada vez mais difícil reconhecer ou ignorar instituições sociais e jurídicas relacionadas, projetadas para atingir os objetivos da política de maneira mais eficiente (especialmente seguros privados – responsabilidade e danos – e seguros sociais, como remuneração dos trabalhadores). A regra de origem colateral,[22] por

[22] [N.T.] No original, *collateral source rule*.

exemplo, parece uma dupla compensação socialmente desnecessária; mas o seu oposto (oferecer compensações alternativas para reduzir os julgamentos a respeito ilícitos) põe em dúvida a necessidade de lei sobre responsabilidade por ato ilícito em primeiro lugar. Planos de mitigação de falhas[23] começam a substituir a responsabilidade por ato ilícito em várias áreas (trânsito, acidentes nucleares etc.); e as autoridades pedem repetidamente a substituição do direito de responsabilidade por ilícito por um plano mais abrangente de compensação e dissuasão.

Como devemos explicar esse padrão da responsabilidade por ato ilícito em transição? Por dentro, o passo fatal parece ser o reconhecimento de objetivos consequenciais da política social (compensação e dissuasão). Depois que o direito da responsabilidade por ato ilícito deixou seu ponto indiscutível no ajuste da responsabilidade moral, uma crítica fundamental com base na ineficiência da política tornou-se quase inevitável. Do ponto de vista externo, talvez explicando a adoção de objetivos consequencialistas, a história parece ser de crescente complexidade social e demanda por desempenho aprimorado. Em uma sociedade industrial, o direito da responsabilidade por ato ilícito teve que processar milhões de transações, em um cenário com exigências gigantescas de compensação e questões sensíveis de sub e superdissuasão (considere-se a gripe suína como um exemplo de superdissuasão com base na incapacidade do sistema de responsabilização para tributar os beneficiários da vacinação; o problema de atribuir causalidade; e, possivelmente, danos socialmente irrealistas).

Enquanto isso, essa mesma complexidade social provocou uma série de instrumentos de política social mais adequados, incluindo seguro social e privado. A venerável instituição responsabilidade por ato ilícito encontrou-se cercada por uma série de instrumentos políticos mais amplos, mais eficientes, mais planejados e racionalizados, direcionados para o mesmo conjunto de problemas. Pode-se fazer uma defesa respeitável da vitalidade contínua de um direito de responsabilidade por ato ilícito mais bem definido neste ambiente moderno.[24] Mas a principal razão de sua sobrevivência parece ser uma defesa profissionalmente orientada (e não particularmente adaptativa) do *status quo*.

Antecipando a seção 3, e seguindo as pressões da complexidade social ainda mais na direção da reintegração legal, podemos ver que a colcha de retalhos de políticas sociais que substituem gradualmente o

23 [N.T.] No original, *No-fault plans*.

24 *Vide* nota 42 *infra*.

sistema de responsabilização por ato ilícito está se tornando ela mesma obsoleta. Lacunas, sobreposições e desigualdades de indenizações são o resultado inevitável de sistemas legais e privados com cobertura limitada; e o consequente desperdício social e econômico parece menos barato. A prevenção de acidentes requer ajustes mais sensíveis, alguns envolvendo a participação ativa e a cooperação de possíveis infratores (por exemplo, responsabilidade da empresa). As políticas de interesse próprio e de interesse especial são um sério obstáculo à legislação necessária em ambas as frentes (por exemplo, posições privilegiadas em esquemas de compensação confortáveis, imunidade à dispendiosa prevenção de acidentes).

## 3 Desintegração no pensamento jurídico e na teoria do Estado

Nesta parte do artigo, quero contar a mesma história da seção 2 – núcleo, periferia, reintegração –, mas de fora dos limites do pensamento jurídico, no campo do pensamento social chamado economia política. O pensamento jurídico e a economia política parecem não apenas partes semelhantes, mas fortemente relacionadas da mesma construção, uma incorporada na outra. A semelhança de estruturas não é a única razão para acreditar que as duas áreas de pensamento estão relacionadas. Há também vários pontos de convergência substantiva, em que as duas áreas de pensamento parecem estar dizendo a mesma coisa pela mesma razão. Como mostrado abaixo, o pensamento jurídico lida quase exclusivamente com as relações econômicas e usa as mesmas construções ideológicas para interpretá-las e moldá-las (libertarianismo, falha de mercado etc.).

Não obstante essa convergência, nem sempre conto a história de uma maneira que permita correspondência lógica ponto a ponto. Por exemplo, não mostro como cada tipo específico de reintegração no pensamento jurídico corresponde a um ponto específico no mapa da economia política. Em vez disso, tento estabelecer um conjunto paralelo de estruturas, descontinuidades e movimentos ideológicos. Embora não estritamente literal, acredito que a comparação ilumina, enriquece e acelera nossa compreensão do pensamento jurídico. Áreas sem vida do pensamento jurídico tornam-se vivas e significativas quando colocadas no contexto da economia política.

A estrutura bipolar da economia política, que corresponde ao núcleo e periferia do pensamento jurídico, é um núcleo da liberdade econômica e uma periferia da complexidade social, que sustento ser intrínseca a uma organização capitalista da economia.[25] A seção 3.1 do artigo descreve essa abordagem ou teoria da economia política, estabelecendo assim as bases para as seções subsequentes sobre a estrutura do direito. A seção 3.2 descreve a estrutura bipolar do direito correspondente, incluindo tendências à reintegração nos aspectos periféricos da economia política, enfatizando a cooperação social.

---

[25] A posição teórica deste artigo é uma mistura incomum de várias tradições diferentes. Com os marxistas, vejo contradições fundamentais no capitalismo; mas, com o CLS, nenhum materialismo, determinismo, guerra de classes ou teoria instrumental do Estado; e, como os principais críticos do capitalismo, vejo fortes tendências libertadoras nos dois principais projetos do capitalismo (como descrito na seção 3). Fortemente influenciado pela Sociologia do Direito, rejeito o instrumentalismo político desencarnado dessa escola. Também coloquei a Sociologia do Direito dentro do pensamento jurídico, e não fora, onde ela se percebe. Sigo os neoweberianos nas ideias de rematerialização e complexidade social, mas rejeito o tema evolucionista em favor da fragmentação e da contradição. Finalmente, este artigo é fortemente influenciado pela teoria da autopoiese, uma teoria dos sistemas vivos auto-organizados, incluindo a comunicação. A autopoiese se torna o veículo para preencher a lacuna entre pensamento e ação. No entanto, diferentemente dos proponentes de sistemas autopoiéticos estritamente fechados, vejo sistemas mistos e fragmentados com núcleos protegidos, periferias abertas e muitas contradições internas capazes de desconstrução. Um conjunto ilustrativo de referências correspondentes às influências acima é: O'CONNOR, James. *The Fiscal Crisis of the State*. New York: St. Martin's Press, 1973; OFFE, Claus. *Disorganized Capitalism*: Contemporary Transformations of Work and Politics. Cambridge: MIT Press, 1985; OFFE, Claus. *Contradictions of the Welfare State*. Cambridge: MIT Press, 1984; GORDON, Robert. Critical Legal Histories. *Stanford Law Review*, v. 36, p. 57-125, 1984; WHITE, G. Edward. From Realism To Critical Legal Studies: A Truncated Intellectual History. *Southwestern Law Journal*, v. 40, n. 2, p. 819-843, 1986; PIORE, Michael; SABEL, Charles. *The Second Industrial Divide*: Possibilities for Prosperity. New York: Basic Books, 1984; LUHMANN, Niklas. *The Differentiation Of Society*. New York: Columbia University Press, 1982; TEUBNER, Gunther. Substantive and Reflexive Elements in Modern Law. *Law & Society Review*, v. 17, n. 2, p. 239-286, 1983; TEUBNER, Gunther. Autopoiesis in Law and Society: A Rejoinder to Blankenburg. *Law & Society Review*, v. 18, n. 2, p. 291-301, 1984. Na forma narrativa, minha abordagem é mais ou menos assim. Comece com a proposição de que estrutura social, toda estrutura social, é uma percepção rotinizada de significado e sistemas de interação simbólica. Os sistemas são um tanto autônomos, com lógica própria e códigos culturais que resistem ao discurso exógeno. Nesse sentido, sistemas incluem famílias, organizações, instituições, a economia (um sistema de códigos simbólicos baseados no preço), moda, direito. Mas os sistemas também estão ligados e conectados, compartilhando certas construções sociais comuns. É fato que as pessoas podem suportar sistemas internos e externos – sentir a estética da moda e analisá-la; raciocinar legalmente, bem como desconstruir esse raciocínio. E talvez a capacidade de permanecer dentro e fora dos sistemas, um sistema de sistemas de decodificação, seja ela própria um produto da complexidade social, surgindo naturalmente do encontro com múltiplos sistemas de significado. *Vide* HELLER, Thomas C. Structuralism and Critique. *Stanford Law Review*, v. 36, n. 1/2, p. 127-198, 1984. Isso não significa que a lei seja "o instrumento" do capitalismo. O direito faz parte do capitalismo; e o capitalismo é constituído por lei, tanto quanto seus outros sistemas constitutivos. Não há capitalismo puro e desnaturado orquestrando os sistemas culturais a partir de algum local central oculto. E, embora nossa cultura possa estar preocupada com coisas materiais, não há causação material (tudo é simbólico, até símbolos sobre as coisas).

A seção 3.3 discute as contradições (tensões) entre o núcleo e a periferia, que explicam melhor o senso de descontinuidade no direito e a dificuldade de realizar o projeto de cooperação social e reintegração jurídica.

## 3.1 Os dois projetos do capitalismo: liberdade econômica e interdependência social

O capitalismo pode ser considerado como envolvendo dois grandes projetos, ambos intrínsecos à sua existência como forma de organização social: liberdade econômica e interdependência social. A liberdade econômica é extremamente familiar porque corresponde à teoria do liberalismo clássico e é a principal característica da ideologia política contemporânea sobre o capitalismo. Para os formados em Direito, a liberdade econômica corresponde à estrutura facilitadora do mercado que compõe o currículo do primeiro ano, baseada, como é, em modelos de liberalismo clássico (propriedade, responsabilidade civil, contratos, em sua forma pura, Direito Penal como proteção da propriedade; Direito Constitucional como uma exceção piegas). A liberdade econômica é intrínseca ao capitalismo porque o capitalismo envolve a delegação de autoridade aos proprietários que têm o direito de tomar decisões sobre políticas econômicas e sociais e reter lucros.

Mas o capitalismo também envolve um projeto intrínseco de interdependência social e de complexidade que emerge dos subprodutos cooperativos de transações de mercado e atividade política coletiva concertada. Mercados produzem redes de produção, consumo, comércio e inovações interligadas. A atividade política coletiva gera organizações complexas de produção e *marketing*, além de planejamento econômico e social, jurídico e não jurídico. (Pense-se no *design* da economia de produção em massa, envolvendo uma organização característica do local de trabalho, um modelo de relações entre gestão e trabalho, controles complexos sobre mercados de massa, design de programas de bem-estar para manter a demanda.[26] Em escala global,

[26] *Vide* HECLO, Hugh. *Modern Social Politics in Britain and Sweden*: From Relief to Income Maintenance. New Haven: Yale University Press, 1974: "Talvez a mudança mais fundamental dada como certa seja o crescimento da política social moderna. Ocorrendo no período de três ou quatro gerações humanas, implica uma transformação que os escritores das décadas de 30 e 40 costumavam chamar de 'uma nova fase na história do homem'. Praticamente a única vez em que nosso bisavô entrou em contato direto com o Estado foi quando ele postou uma carta ou encontrou um policial [...] Hoje, na maioria das nações industrializadas, muito do que o cidadão ganha vai para o Estado. Grande

pense-se no Fundo Monetário Internacional, seus clientes, constituintes e maquinações).

Em um sentido geral, o projeto de complexidade e interdependência parece envolver duas tendências que se reforçam mutuamente:

1) O aumento da densidade da vida social (o fim de espaços vazios e o crescente desenvolvimento de recursos humanos e naturais). Para tornar a sociedade mais produtiva, o capitalismo construiu incansavelmente inúmeras vias de coordenação e comunicação.
2) Informações sofisticadas sobre interdependências. A mesma tecnologia necessária para criar mais produção também demonstra as interdependências de maneiras mais difíceis de obscurecer politicamente. Pense no papel da informação nos debates sobre chuva ácida, guerra e testes nucleares e tabagismo. Embora todos esses exemplos venham do conhecimento produzido pelas ciências físicas, os modelos de interdependência também exercem grande influência nas ciências sociais. Considere-se previsões econômicas, estimando os custos sociais da negligência infantil, terapia familiar e a ênfase do feminismo nas redes sociais e apoio social.

Devido ao aumento da complexidade social e da interdependência, as ações em uma esfera de atividade parecem produzir efeitos observáveis quase imediatos em várias outras áreas. A produção industrial cria chuva ácida que prejudica o comércio turístico de outras partes do estado, de outros estados ou de outros países. O bem-estar econômico dos países do terceiro mundo afeta o bem-estar econômico das economias avançadas. Os exercícios de guerra em El Salvador

---

parte desse dinheiro vai para prover seu futuro antes que surja qualquer questão ligada à sua incapacidade pessoal para prover a si mesmo. Se ele estiver doente ou se machucar, se envelhecer ou for incapaz de encontrar um emprego, se seu cônjuge tiver filhos ou morrer, se procurar moradia ou educação, é quase inevitável um envolvimento explícito ou implícito com uma política social do Estado [...] Enquanto a taxa da despesa total do governo nos países industrializados cresceu talvez 80 a 90 vezes em termos reais durante este período, a taxa de gastos com a política social provavelmente se multiplicou por 5000 a 6000 [...]. Quando essas mudanças na provisão social por parte do governo são identificadas, elas geralmente adquirem o rótulo de Estado de bem-estar social [...] Neste estudo, prefiro usar o termo *política social* para designar intervenções estatais destinadas a afetar o jogo livre das forças de mercado em prol do bem-estar dos cidadãos". *Vide* também PIORE, Michael; SABEL, Charles. *The Second Industrial Divide*: Possibilities for Prosperity. New York: Basic Books, 1984; JACOBS, Jane. *Cities and the Wealth of Nations*. New York: Random House, 1984; HANDLER, ALFRED D. *The Visible Hand*: The Managerial Revolution in American Business. London: Harvard University Press, 1977.

produzem refugiados de língua espanhola no Texas. Controles de aluguel afetam o suprimento de moradias. A tecnologia se desenvolve e é disseminada rapidamente.

## 3.2 Impacto dos dois projetos sobre o Direito: efeitos separados

Aqui se discutem os impactos distintos sobre a lei dos dois projetos do capitalismo na lei (a estrutura básica do núcleo e periferia). O efeito das contradições será considerado na próxima seção.

### 3.2.1 O núcleo da liberdade econômica

O impacto da liberdade econômica no direito é o dinamismo econômico e a hegemonia. Como o direito delegou tanto poder aos atores econômicos, ele também deve lidar com as consequências, profundas, generalizadas, rápidas e em constante mudança.

A primeira consequência do dinamismo econômico e da hegemonia (predominância na vida social) é simplesmente a substância ou o conteúdo do Direito. A maior parte do nosso Direito é economia política, uma vasta rede de disposições para facilitar transações de mercado, resolver conflitos e prevenir consequências danosas. Humanistas jurídicos, como eu, acabam experimentando uma revelação sobre o domínio dos negócios e da economia no direito. Praticamente todo o currículo da faculdade de Direito se resume à produção e distribuição de riqueza. O direito da família se preocupa com os direitos de propriedade. O direito penal tem muito a ver com pobreza e propriedade (por exemplo, drogas). A assistência à infância e às violações sofridas, que se tornam os problemas de saúde mental de amanhã, passam a se concentrar no problema de atender às necessidades de dependência de crianças em um mundo de duas famílias assalariadas e monoparentais (e em um mundo de autopreocupação mercantilizada). O direito eleitoral (*the law of politics*) se torna em grande parte uma questão acerca de quais controles colocar sobre o poder da riqueza no processo eleitoral. Tão profunda é essa conexão entre negócios e direito, tão arraigada em nossa consciência, que é difícil imaginar outra maneira. Os negócios são os gigantes do bairro.

A segunda consequência é a velocidade e a diversidade das mudanças produzidas por decisões econômicas descontroladas. Responsabilidade por produtos, leis de imigração, proteção ambiental, regulamentação de bancos, segurança no emprego, impostos – todas essas áreas do direito e muitas outras refletem ajustes contínuos nas mudanças constantes provocadas pelos atores econômicos e nas consequentes demandas políticas por compensação.

### 3.2.2 A periferia da interdependência social

A conexão entre complexidade social e pensamento jurídico é multifacetada. Um efeito é uma expansão ampla da gama de aplicações do Direito. Um número cada vez maior de conflitos exige alguma forma de ajuste pelo menos temporariamente vinculativo e estável – portanto, uma tendência à juridificação generalizada. O aspecto da liberdade econômica do Direito é um sistema não intrusivo de facilitação para o capitalismo *laissez-faire*, além de um sistema de regras firmemente consolidado para resolver disputas nos tribunais. É firme, elegante; e isso não adianta muito. Por causa da interdependência, o Direito está envolvido em tantas coisas que é razoável falar em juridificação da sociedade (e de suas instituições subsidiárias – a juridificação da educação, negócios etc.). Aparentemente, o Direito está tentando servir como o chamado mecanismo de orientação para resolver algumas das múltiplas interdependências da sociedade moderna, em áreas como proteção ambiental, ajustes macroeconômicos, prestação de serviços humanos, proteção ao consumidor e assim por diante. Ninguém que acreditasse que todo o Direito estivesse descrito no *Blackstone's Commentaries* compreenderia criações modernistas como Simpson-Mazzoli, Gramm-Rudman ou a Lei da Educação para Todas as Crianças com Deficiência.

Mas a expansão do Direito não é simplesmente uma questão de proliferação de regras técnicas. Juntamente com a crescente gama de problemas e questões sociais, tem havido um crescimento paralelo de normas de justiça abrangentes, como proteção igualitária, devido processo legal e justiça administrativa. Isso não quer dizer que as normas de justiça transformam áreas inteiras da vida social. As normas são marginais e contestadas a cada passo do caminho. Mas elas também não podem ser descartadas como se fossem insignificantes. No aspecto judicial, pense-se em desenvolvimentos como as exceções ao direito de dispensa imotivada de empregados,[27] uma espécie de garantia

---

[27] [N.T.] No original, *"exceptions to the contract at will"*.

trabalhista obtida judicialmente; ou direitos de devido processo legal no processo de imigração e nas escolas; ou a regulamentação judicial de contratos de seguro; e cada um deles tem contrapartidas legislativas e administrativas óbvias: regulamentação de pensões, códigos disciplinares, seguro social.

Um segundo efeito da interdependência no pensamento jurídico é um novo requisito de desempenho – as soluções jurídicas devem funcionar e isso tem outros dois efeitos. Mais importante, o Direito não pode se dar ao luxo de permanecer ideologicamente ignorante de seus efeitos. A orientação política, incluindo a jurisprudência sociológica, substitui o pensamento moralista. Além disso, para servir como parte de um processo flexível de solução de problemas, o Direito deve adquirir um alto grau de positivismo e politização. A positividade significa que o Direito pode ser projetado e redesenhado para atender às novas circunstâncias com novos ajustes. A política também ajuda o Direito a ser mais responsivo, porque a pressão pela resolução de disputas é sentida primeiro e rapidamente na esfera política.

Projetada ainda mais, a tendência para a complexidade social se afasta do positivismo e ruma à reintegração social e legal (incluindo uma nova forma de direito). A organização e a política social democrática podem ser vistas como facilitadoras necessárias da interdependência social. As empresas e outros tipos de organizações aprendem que as antigas formas burocráticas e hierárquicas de autoridade são ineficientes e devem ser substituídas por um novo princípio de organização: participação e capacitação da equipe.[28] A tendência também pode ser vista na análise de políticas. Indo além do comando e controle, da política de cima para baixo e até das formas mais sofisticadas de análise de implementação unidirecional, a política do governo deve descobrir meios de mobilizar a cooperação de organizações regulamentadas. Enquanto isso, uma classe média educada em todo o mundo, com expectativas de segurança, participação, dignidade e qualidade de vida, pode ser o motor do aumento da democracia política. A organização econômica global pode prenunciar a cooperação social em escala planetária.

Infelizmente, para aqueles que não conseguem ver evidências de uma vitória final dessas tendências benéficas, deve-se admitir que

---

[28] PETERS, Thomas J.; WATERMAN JR., Robert H. *In search of excellence*: Lessons from America's best-run companies. New York: Harper & Row, 1982; KANTER, Rosabeth M. *The Change Masters* – Innovation and Entrepreneurship in the American Corporation. New York: Simon Schuster, 1984.

a realidade política em dado momento também consiste em alguns grupos que tentam criar zonas de segurança e bem-estar à custa de outros; e que alguma juridificação decorre de inúmeras séries de direitos de propriedade projetados para criar fronteiras protegidas. Essa parte da história é apresentada na próxima seção, sobre contradições político-econômicas.

## 3.3 Impacto das contradições no Direito

Os dois projetos do capitalismo são mutuamente reforçadores e contraditórios. Os mercados exigem e produzem cooperação social, mas a liberdade a prejudica. A interdependência é cada vez mais uma condição do capitalismo, mas reduz a hegemonia dos proprietários. Em si mesma, a interdependência tem efeitos contraditórios: um processo acelerado de transferência de problemas para os outros (ou, na linguagem econômica, externalizando-os), mas também resistência a ser descartado, com sofisticados controles sociais correspondentes. Essa transferência geralmente cria muitas reclamações de pessoas e organizações com alguma influência sobre quem a comete – daí um tipo diferente de conexão entre capitalismo, democracia e a classe média liberada. O restante desta seção discute os aspectos dessas contradições com mais detalhes. A seção 3.3.1 examina problemas de acesso a estruturas jurídicas complexas e fragmentadas produzidas por contradições sociais. A seção 3.3.2 estende a análise de acesso e associação à concepção do Estado de bem-estar social. A subseção final 3.3.3 é um exame dos problemas criados por contradições no sistema político *per se* (o que eu chamo "liberal democracia").

### 3.3.1 Questões de acesso a benefícios coletivos

A primeira reflexão acerca das contradições sociais no direito é o problema do acesso a benefícios coletivos. O direito responde à crescente complexidade, desenvolvendo técnicas mais sofisticadas de planejamento social, que frequentemente culminam na criação de estruturas administrativas projetadas para lidar com uma categoria de problema social em nome de uma classe de pessoas. Exemplos disso incluem manutenção de renda, seguros sociais, regulamentação de segurança, planejamento econômico e pertencimento a organizações cujos membros são protegidos por vários direitos. O aspecto positivo desses programas é que eles protegem um grande número de pessoas de maneira razoavelmente eficiente, permitindo a coordenação com outros programas sociais (compare-se a eficiência da Previdência Social, por exemplo, com o seguro privado ou, especialmente, a responsabilidade civil, não obstante as objeções de Milton Friedman).

Problemas de acesso advêm do tema da inclusão. Quase todo programa social levanta questões de inclusão (entrada/saída) e estratificação interna. As questões de inclusão geralmente são óbvias, começando pelas questões de imigração que determinam a inclusão em países ricos, até o emprego em organizações estáveis, cobertura pelo seguro social e proteção pelas leis de segurança. A estratificação interna da proteção é mais sutil, mas também recebe muita atenção, por exemplo, o destino dos idosos que sofrem com cortes de custos em seguros de saúde ou a cobertura factível para pessoas pobres por meio de seguros de saúde administrados, como planos de saúde.

## 3.3.2 O desenho do Estado de bem-estar social

Em grande escala, questões de planejamento e acesso, inclusão e exclusão podem ser vistas no desenho do Estado de bem-estar social. Segundo pesquisas recentes, parece que as economias de mercado/bem-estar são mantidas juntas por algum tipo de *design* amplo e obtido de forma incremental, como a economia de produção em massa descrita por Piore e Sabel.[29] E é razoável acreditar que o *design* atual está em crise. A parceria entre a produção em massa e a economia keynesiana de bem-estar se baseia em excesso de capacidade, concorrência internacional improdutiva, colapso do movimento trabalhista e uma ideologia popular, mas degenerada do liberalismo. A atual onda de filosofia conservadora parece representar uma repressão do lado coletivo do capitalismo, uma perda de memória sobre o papel construtivo do capital e o interesse próprio no Estado social. No momento, o programa de liberdade econômica tornou-se desequilibrado de sua contraparte coletiva. Na verdade, conservadores (como David Stockman) agora argumentam que praticamente todos os gastos do governo representam um subsídio para o setor improdutivo da sociedade, eliminando em um único golpe dogmático os *insights* das finanças públicas sobre externalidades e a economia keynesiana a respeito do interesse do

---

[29] PIORE, Michael; SABEL, Charles. *The Second Industrial Divide*: Possibilities for Prosperity. New York: Basic Books, 1984.

capitalismo em manter a demanda entre trabalhadores e consumidores ociosos e mal pagos.

Esse momento histórico abre a oportunidade de criar, inventar, forjar novos padrões sociais e econômicos, um empreendimento no qual pesquisas acadêmicas têm um papel a desempenhar. Seguindo sugestões presentes em todas as linhas de pesquisa – economia institucional, teoria organizacional, feminismo –, podemos assumir que o novo plano deve alcançar um grau mais alto de participação e inclusão do que o antigo. Maior produtividade exigirá maior cooperação (apropriação e entendimento local, incentivos superiores etc.). No entanto, o campo de batalha está repleto de conflitos e obstáculos. A nova tecnologia da informação, por exemplo, pode ser outro esforço do capital para aumentar a produtividade, isolando os trabalhadores e criando uma cooperação social unidirecional (hierárquica).[30]

### 3.3.3 Democracia liberal

As contradições entre os dois projetos do capitalismo também se refletem na ordem política desenvolvida no Ocidente para lidar com o domínio econômico – política democrática liberal e capitalismo do Estado de bem-estar social.[31] A interdependência social pressiona o direito a ser mais sofisticado, funcional, adaptável e socialmente responsivo. Ele se ajusta pela diminuição do formalismo, maior abertura a ordens simbólicas concorrentes, técnicas aprimoradas de desconstrução, novas instituições reguladoras (negociação, novos instrumentos de política etc.).

Mas o princípio do liberalismo contradiz e mina a base para uma resposta mais ampla, mais coerente, estável e cooperativa do domínio econômico. Essa erosão ocorre de quatro maneiras conectadas. Primeiro, o libertarianismo está preocupado com a proteção da liberdade econômica, com exclusão de políticas coletivas mais cooperativas

---

[30] ROJAS, Fernando. *Is Information Technology a Capitalist Tool for Further Subordinating Workers?* Madison: Institute for Legal Studies – University of Wisconsin, 1987.

[31] Resumindo, baseio-me no trabalho de Claus Offe, nota 25 *supra*; e faço referência ao meu próprio artigo, cujo rascunho foi apresentado na primeira conferência américo-germânica sobre direito reflexivo. *Vide* CLUNE, William H. Unreasonableness and Alienation in the Continuing Relationships of Welfare State Bureaucracy: From Regulatory Complexity to Economic Democracy. *Wisconsin Law Review*, v. 1985, p. 707-740, 1985 [N.T. Confira-se o artigo traduzido, *Irrazoabilidade e alienação na burocracia do Estado de bem-estar social: da complexidade regulatória à democracia econômica*, neste livro].

e sofisticadas. Quase todo o desperdício e inadequação podem ser justificados para preservar as relações de poder políticas subjacentes. Segundo, os liberais no Estado de bem-estar social estão patrocinando enorme intervenção do governo sem qualquer justificativa filosófica ou teoria política coerente. O Estado se torna nada mais que o acúmulo de respostas *ad hoc* a crises econômicas e políticas. Terceiro, um vasto abismo se abre entre a filosofia política predominante do individualismo anacrônico do *laissez-faire* e a evidência esmagadora de intervenções governamentais maciças. O governo se torna uma série de decisões sem memória. Quarto, o liberalismo protege a liberdade econômica e resolve o paradoxo da ação governamental inexplicável por meio da degradação simbólica da política. A política se torna o inimigo perigoso e imperialista de um setor privado produtivo, refém de grupos gananciosos chamados "grupos de interesse especial".[32]

Mas a interdependência social também mina o liberalismo. O liberalismo[33] organiza a política em termos de propriedade e direitos. As relações sociais são retratadas como se consistissem em zonas de autonomia individual (propriedade) protegidas por poderosos recursos jurídicos (direitos). Aquilo que não for protegido ou que interfira na propriedade pode ser apropriado ou destruído, daí a busca de formas de externalizar custos, localizar novas fronteiras e transferir problemas para outros. O aumento da interdependência e da complexidade social torna o liberalismo irremediavelmente simplista e internamente contraditório. A proteção por meio da autonomia, da imunidade e do isolamento social se torna impossível. A proteção deve ser alcançada pela cooperação social e solução funcional de problemas. O modelo de direitos começa a parecer um método ridículo de planejamento social, colocando os membros do coletivo uns contra os outros em uma série aleatória de disputas egoístas e desorganizadas que rompem os laços sociais e superam a quantidade total de recursos coletivos.[34] Transações de mercado liberalizadas facilitam a construção

---

32 *Vide* CLUNE, William H. Unreasonableness and Alienation in the Continuing Relationships of Welfare State Bureaucracy: From Regulatory Complexity to Economic Democracy. *Wisconsin Law Review*, v. 1985, p. 707-740, 1985.

33 [N.T.] A expressão "liberalismo" nos Estados Unidos equivaleria ao "campo progressista" ou esquerda.

34 OLSEN, Frances. Statutory Rape: A Feminist Critique of Rights Analysis. *Texas Law Review*, v. 63, n. 3, p. 387-432, 1984; WHITE, G. Edward. From Realism To Critical Legal Studies: A Truncated Intellectual History. *Southwestern Law Journal*, v. 40, n. 2, p. 819-843, 1986; SPARER, Edward V. Fundamental Human Rights, Legal Entitlements, and the Social Struggle: A Friendly Critique of the Critical Legal Studies Movement. *Stanford Law Review*, v. 36, n. 1/2, p. 509-574, 1984.

de complexidade social, interdependência e cooperação; mas o libertarianismo impede a coletividade de fazer ajustes desejáveis para externalidades e inseguranças resultantes, ou de alcançar cooperação positiva indisponível através dos mercados. E claramente, essas duas contratendências da interdependência social estão em guerra uma com a outra. O formalismo decrescente e o aumento da flexibilidade institucional parecem anômalos, ameaçadores e contraditórios ao mundo da propriedade e dos direitos. ("Flexível, você diz. Não me parece uma propriedade").[35]

E assim, parece liberalismo antiquado, pois um modelo abrangente de ordem social está em um verdadeiro estado de crise (não estresse – crise). O impacto das influências fragmentadoras descritas nesta seção pode ser visto no comportamento dos grupos populistas radicais de direita que atualmente[36] estão ganhando força nos Estados Unidos.[37] Cada grupo, confuso com as ações inexplicáveis do governo e obcecado com a liberdade econômica, tem sua própria teoria excêntrica ou bizarra da autonomia pessoal absoluta e seu próprio tipo de paranoia populista sobre quem é responsável pela perda de autonomia. As demandas absolutas por autonomia são paradoxalmente acopladas a programas punitivos contra grupos inimigos. As pessoas ameaçam cometer violência contra funcionários do governo porque são instadas a pagar impostos e usar cintos de segurança, depois se viram e exigem que o governo marque as pessoas com Aids e execute dependentes químicos. Essas divisões extremas entre ações pessoais e coletivas são extensões populistas das contradições entre individualismo e altruísmo reconhecidas por Kennedy no Direito da Responsabilidade Civil e dos contratos.[38]

---

35 *Vide* CRIBBET, John Edward. Concepts in Transition: The Search for a New Definition of Property. *University of Illinois Law Review*, v. 1986, n. 1, p. 1-42, 1986.

36 [N.T.] O termo "atualmente" se refere aos anos 1990, quando o texto foi escrito.

37 Para informações adicionais sobre o conflito percebido entre liberdade e autoridade na cultura americana, *vide* MACAULAY, Stewart. *Images of law in everyday life*: The lessons of school, entertainment and spectator sports. Madison: Institute for Legal Studies University of Wisconsin-Madison Law School, 1986. v. 2, n. 3.

38 *Vide* KENNEDY, Duncan. The political significance of the structure of the law school curriculum. *Seton Hall Law Review*, v. 14, n. 1, p. 1-16, 1983; KENNEDY, Duncan. Form and Substance in Private Law Adjudication. *Harvard Law Review*, v. 89, n. 8, p. 1685-1778, 1976; KENNEDY, Duncan. The Structure of Blackstone's Commentaries. *Buffalo Law Review*, v. 28, n. 2, p. 205-382, 1979. As pessoas comuns parecem sentir um pouco de dor, angústia e confusão ao se apegarem à ideia de propriedade como fonte de proteção e conexão social. Os "colarinhos azuis", "democratas conservadores" que conheço em Chicago, identificam a intromissão do governo em suas pequenas posses como

## 4 Conclusão: o Direito tradicional em uma nova chave, caminhos antigos em um novo cenário

O tema da desintegração jurídica é, em parte, uma manifestação de ansiedade; e conferências e documentos sobre desintegração jurídica são, em certa medida, eventos escatológicos sobre o fim do mundo jurídico. Como uma pessoa de faculdade de Direito, eu seria negligente se não incluísse pelo menos uma seção curta para responder a uma pergunta óbvia emergente de todas essas supostas tendências distantes do núcleo tradicional – o Direito tradicional está morto? Eu diria que a análise jurídica tradicional é bastante vital, mas seu papel mudou e se tornou mais eclético. Apenas ao ver o Direito tradicional no cenário em mudança é possível apreciar em alguns de seus papéis positivos. (Às vezes, tendo a usar "positiva" em um modo autoconscientemente orientado à esquerda, que pode ser facilmente convertido para as posições políticas do próprio leitor).

Em certo sentido, a maior parte da ação mudou para outro lugar. A análise de políticas substituiu a racionalidade moral como retórica dominante da formação de políticas. A finalidade jurídica separada da análise de políticas tende a ser um pouco vazia. Instituições jurídicas como tribunais e litígios são, na melhor das hipóteses, apenas alguns dentre vários possíveis instrumentos políticos e, na pior delas, um anacronismo irritante. A *common law* da facilitação do mercado não está na vanguarda do desenvolvimento social. Em muitos contextos, os advogados parecem não saber de nada útil e se especializam em obstrucionismo baseado em legalismos pitorescos ("o negligente deve pagar").

Mas essa imagem é válida apenas como uma generalização grosseira. Um olhar mais atento revela todos os tipos de projetos em

socialismo, isolando-se do planejamento social cooperativo, e, no entanto, encontram essas mesmas posses constantemente em risco das transações de mercado e do inevitável e aleatório gerenciamento de crises do Estado de bem-estar social. Os laços étnicos que proporcionavam modelos de comunidade genuína são dissolvidos nos novos padrões de burocracia racional, consciência de mercadoria e classe social. Enquanto isso, o governo nacional eleito por suas ansiedades segue uma perigosa estratégia de minimalismo, preservando a quantidade máxima de liberdade econômica, permanecendo o mais próximo possível da fronteira da catástrofe social. Esse tipo de covardia social requer bastante agilidade e nervosismo, características de personalidade com as quais nossa classe dominante empreendedora vem bem equipada. Mas a experiência social correspondente é estressante e assustadora. De muitas maneiras, a consciência social moderna é uma combinação bizarra entre materialismo complacente (que enfatiza os valores palatáveis do consumo) e risco nauseante (que emerge da falta de cooperação social e é reprimida sob a superfície plácida da vida consumista cotidiana).

andamento, alguns tradicionais, outros modernos. Um inventário muito pequeno desses projetos para dar uma noção da ideia é o seguinte: na categoria tradicional, as transações imobiliárias e as disputas comuns sobre propriedades são impossíveis de serem eliminadas em uma economia complexa, e algumas das disputas continuarão gerando demanda em litígios civis (e seus substitutos). O núcleo do método jurídico também não pode ser erradicado. Apesar da tendência em direção ao raciocínio prospectivo e consequencialista, há uma tendência igualmente forte em direção à finalidade legal. Uma situação social e econômica complexa realmente aumenta a demanda por estabilização de normas, ao mesmo tempo em que exige maior flexibilidade. Alguns assuntos devem ser considerados "como se" já estivessem decididos. À luz da necessidade de flexibilidade e da onipresença do raciocínio consequencialista, a reificação no direito (a "coisificação" associada à finalidade) muitas vezes parece artificial; mas não é "bobagem".[39] Como já mencionado, a prevalência de esquemas jurídicos complexos com normas administradas burocraticamente representa um grau maior de finalidade (ou positivismo jurídico) em comparação com o *common law* de textura aberta.

Na categoria intermediária, o direito tem um forte papel a desempenhar nas disputas de inclusão (ou acesso) geradas por programas complexos de bem-estar social e planejamento econômico. O tipo mais simples de disputa consiste em identificar o tratamento de segunda classe e reclamar. Um projeto mais sutil é reconhecer obstáculos estruturados ao acesso, como a fragmentação do movimento trabalhista por meio de uma política de excepcionalismo.[40] E, às vezes, a causa do acesso pode justificar o apoio a algumas instituições legais antiquadas. Um dos problemas do planejamento social moderno é a subversão dos interesses individuais e minoritários nos compromissos coletivos necessários para produzir um programa final. Por exemplo, os planos de saúde podem envolver um elemento de decepção do consumidor com a publicidade de benefícios que, de fato, são de difícil obtenção. Ao mudar de um sistema baseado na demanda do consumidor para um

---

[39] *Vide* WHITE, G. Edward. From Realism to Critical Legal Studies: A Truncated Intellectual History. *Southwestern Law Journal*, v. 40, n. 2, p. 819-843, 1986.

[40] ROGERS, Joel. Divide and Conquer: The Legal Foundations of Postwar U.S. Labor Policy. *In*: JOERGES, Christian; TRUBEK, David M. (Org.). *Critical Legal Thought*: An American German Debate. Baden-Baden: Nomos, 1989, p. 213-235; STONE, Katherine Van Wezel. Re-Envisioning Labor Law: A Response to Professor Finkin. *Maryland Law Review*, v. 45, n. 4, p. 978-1013, 1986.

sistema baseado em decisões de especialistas, mas também exigindo uma concorrência acirrada pelos clientes, há uma tentação de prometer muito e economizar dinheiro mais tarde. Em algum momento, esse comportamento pode cruzar a linha e se tornar algo que estaríamos dispostos a chamar de fraude ao consumidor. Nesse ponto, os direitos e soluções tradicionais para fraude podem ser bastante úteis. Remédios claros são especialmente úteis em um sistema burocrático complexo, em que ninguém se responsabiliza por consequências. O coletivismo diminui o alcance do individualismo, mas aumenta sua importância.[41]

Na categoria *avant-garde*, existem novos métodos de interpretação jurídica. Aqui, pensa-se no restabelecimento do raciocínio moral na interpretação legal e na análise de políticas, interpretação baseada nas realidades da implementação e no aumento do leque de possibilidades disponibilizadas por metodologias críticas.

Também na categoria *avant-garde* está o planejamento do bem-estar social por meio da escolha institucional. Uma maneira de reduzir a complexidade do planejamento social e o conflito entre liberdade e cooperação é por delegação, e não por receita detalhada. Em vez de regulamentação, a política social consiste em combinar as instituições com os objetivos da política, capacitando as organizações a assumir novas funções, e assim por diante. Por exemplo, a questão principal da política social em relação aos recém-nascidos gravemente enfermos pode ser considerada o local da tomada de decisão (médicos e famílias,

---

[41] Considere-se também a responsabilidade civil tradicional. A responsabilidade civil geralmente é um método grotescamente ineficiente e injusto de compensar as pessoas pelo custo dos acidentes e um exemplo perfeito de como o pensamento jurídico é substituído pela análise de políticas. Mas o remédio para delitos tem uma característica que pode justificar a preservação do sistema na forma modificada. Os esquemas de compensação administrados têm o problema de supercentralização, tanto na política legislativa, que cria o esquema de compensação (suas regras de elegibilidade e danos, por exemplo), quanto na política burocrática, por meio da qual o esquema é administrado. Apenas descobrir quais regras se aplicam ou quem é responsável por alguma coisa pode ser impossível nas burocracias públicas bizantinas. Uma coisa boa da lei tradicional de delito é sua capacidade de superar a resistência burocrática por um processo, apoiado por poderosos direitos de descoberta, emergindo, por assim dizer, do nada. Os heróis dos litígios sobre amianto eram advogados que atuavam nos tribunais, porque só eles tinham incentivos e influência para romper a conspiração de pessoas de dentro da empresa. Devemos, portanto, proceder com muito cuidado com a renúncia a todas as proteções das burocracias públicas complexas e ter em mente a conveniência de remédios judiciais (se não o processo por delito privado tradicional, por exemplo, talvez algum tipo de ação do interveniente público). Em geral, a qualidade "imprevisível" dos recursos legais, que os torna dispositivos tão ruins para planejamento e programação, também os tornam bons candidatos a um tipo de democratização.

conselhos de hospitais, tribunais, promotores etc.).[42] Obviamente, o processo de escolha institucional em uma situação como essa não pode ser resolvido pelo método jurídico. Tudo depende da matéria da área (por exemplo, decisões médicas), da natureza das instituições (por exemplo, preconceitos dos profissionais da área médica), das restrições da situação de campo (como as decisões surgem) e do senso de ética. No entanto, mesmo que o treinamento jurídico não envolva um elemento de ética pragmática,[43] a experiência jurídica em sentido estrito ainda é importante. Há um papel jurídico único em ajudar a formular os limites da escolha institucional (por exemplo, "quem está gravemente doente"), estabelecendo procedimentos apropriados e projetando a interface com o restante do sistema jurídico (por exemplo, tribunais). Para que os advogados entendam essas questões, eles devem ficar imersos no assunto técnico e institucional. Tal prática híbrida está muito longe de uma ação judicial destinada a recuperar um cavalo; mas ainda é direito.

## Referências

BARDACH, Eugene; KAGAN, Robert A. *Going by the Book*: The Problem of Regulatory Unreasonableness. Philadelphia: Temple University Press, 1982.

BOYLE, James. The Politics of Reason: Critical Legal Theory and Local Social Thought. *University of Pennsylvania Law Review*, v. 133, n. 4, p. 685, 1985.

CALABRESI, Guido. *A Common Law for the Age of Statutes*. Cambridge: Harvard University Press, 1982.

CHANDLER, Alfred D. *The Visible Hand*: The Managerial Revolution in American Business. London: Harvard University Press, 1977.

CLUNE, William H. A Political Model of Implementation and Implications of the Model for Public Policy, Research, and the Changing Roles of Law and Lawyers. *Iowa Law Review*, v. 69, p. 47-125, 1983.

CLUNE, William H. Institutional Choice as a Theoretical Framework for Research on Educational Policy. *Educational Evaluation and Policy Analysis*, v. 9, n. 2, p. 117-132, 1987.

CLUNE, William H. Legal Disintegration and a Theory of the State. *German Law Journal*, v. 12, n. 1, p. 186-205, 2011.

CLUNE, William H. Unreasonableness and Alienation in the Continuing Relationships of Welfare State Bureaucracy: From Regulatory Complexity to Economic Democracy. *Wisconsin Law Review*, v. 1985, p. 707-740, 1985.

---

42 *Vide* SYMPOSIUM, Baby Doe: Problems and Legislative Proposals – Legislative Workshop. *Arizona State Law Journal*, p. 601-92, 1984.

43 SCHNEYER, Ted. Moral Philosophy's Standard Misconception of Legal Ethics. *Wisconsin Law Review*, v. 1, p. 1529-1572, 1984.

CLUNE, William H.; PELT, Mark H. Van. A Political Method of Evaluating the Education for All Handicapped Children Act of 1975 and the Several Gaps of Gap Analysis. *Law and Contemporary Problems*, v. 48, n. 1, p. 7-62, 1985.

CRIBBET, John Edward. Concepts in Transition: The Search for a New Definition of Property. *University of Illinois Law Review*, v. 1986, n. 1, p. 1-42, 1986.

GORDON, Robert. Critical Legal Histories. *Stanford Law Review*, v. 36, p. 57-125, 1984.

HANDLER, Joel F. *The Conditions of Discretion*. [s.l.]: Russell Sage Foundation, 1986.

HECLO, Hugh. *Modern Social Politics in Britain and Sweden*: From Relief to Income Maintenance. New Haven: Yale University Press, 1974.

HELLER, Thomas C. Structuralism and Critique. *Stanford Law Review*, v. 36, n. 1-2, p. 127-198, 1984.

JACOBS, Jane. *Cities and the Wealth of Nations*. New York: Random House, 1984.

KANTER, Rosabeth M. *The Change Masters* – Innovation and Entrepreneurship in the American Corporation. New York: Simon Schuster, 1984.

KENNEDY, Duncan. Distributive and Paternalist Motives in Contract and Tort Law, with Special Reference to Compulsory Terms and Unequal Bargaining Power. *Maryland Law Review*, v. 41, n. 4, p. 563-658, 1982.

KENNEDY, Duncan. Form and Substance in Private Law Adjudication. *Harvard Law Review*, v. 89, n. 8, p. 1685-1778, 1976.

KENNEDY, Duncan. The political significance of the structure of the law school curriculum. *Seton Hall Law Review*, v. 14, n. 1, p. 1-16, 1983.

KENNEDY, Duncan. The Structure of Blackstone's Commentaries. *Buffalo Law Review*, v. 28, n. 2, p. 205-382, 1979.

KOMESAR, Neil K. Taking Institutions Seriously: Introduction to a Strategy for Constitutional Analysis. *The University of Chicago Law Review*, v. 51, n. 2, p. 366-446, 1984.

LUHMANN, Niklas. *The Differentiation of Society*. New York: Columbia University Press, 1982.

MACAULAY, Stewart. *Images of law in everyday life*: The lessons of school, entertainment and spectator sports. Madison: Institute for Legal Studies University of Wisconsin-Madison Law School, 1986. v. 2, n. 3.

MASHAW, Jerry L. Positive Theory and Public Law. *Rosenthal Lectures*. Palestra proferida na Northwestern University Law School, fev. 1986. Arquivo do autor.

MICHELMAN, Frank I. In Pursuit of Constitutional Welfare Rights: One View of Rawls' Theory of Justice. *University of Pennsylvania Law Review*, v. 121, n. 5, p. 962-1019, 1973.

MICHELMAN, Frank I. On Protecting the Poor Through the Fourteenth Amendment. *Harvard Law Review*, v. 1, n. 1, p. 6-59, 1969.

O'CONNOR, James. *The Fiscal Crisis of the State*. New York: St. Martin's Press, 1973.

OFFE, Claus. *Contradictions of the Welfare State*. Cambridge: MIT Press, 1984.

OFFE, Claus. *Disorganized Capitalism*: Contemporary Transformations of Work and Politics. Cambridge: MIT Press, 1985.

OLSEN, Frances. Statutory Rape: A Feminist Critique of Rights Analysis. *Texas Law Review*, v. 63, n. 3, p. 387-432, 1984.

PALAY, Thomas M. Comparative Institutional Economics: The Governance of Rail Freight Contracting. *The Journal of Legal Studies*, v. 13, n. 2, p. 265-287, 1984.

PELLER, Gary; ACKERMAN, Bruce. The Politics of Reconstruction. *Harvard Law Review*, v. 98, n. 4, p. 863-881, 1985.

PETERS, Thomas J.; WATERMAN JR., Robert H. *In search of excellence*: Lessons from America's best-run companies. New York: Harper & Row, 1982.

PIORE, Michael; SABEL, Charles. *The Second Industrial Divide*: Possibilities for Prosperity. New York: Basic Books, 1984.

POSNER, Richard. Statutory Interpretation – in the Classroom and in the Courtroom. *University of Chicago Law Review*, v. 50, p. 800-822, 1983.

ROGERS, Joel. Divide and Conquer: The Legal Foundations of Postwar U.S. Labor Policy. *In*: JOERGES, Christian; TRUBEK, David M. (Org.). *Critical Legal Thought*: An American German Debate. Baden-Baden: Nomos, 1989. p. 213-235.

ROJAS, Fernando. *Is Information Technology a Capitalist Tool for Further Subordinating Workers?* Madison: Institute for Legal Studies – University of Wisconsin, 1987.

SCHLEGEL, John H. American Legal Theory and American Legal Education: A Snake Swallowing its Tail? *In*: TRUBEK, D.; JOERGES, C. (Org.). *Critical Legal Thought*: An American-German Debate. Baden-Baden: Nomos, 1989. p. 49-84.

SCHNEYER, Ted. Moral Philosophy's Standard Misconception of Legal Ethics. *Wisconsin Law Review*, v. 1, p. 1529-1572, 1984.

SIMON, William H. Rights and Redistribution in the Welfare System. *Stanford Law Review*, v. 38, n. 6, p. 1431-1516, 1986.

SPARER, Edward V. Fundamental Human Rights, Legal Entitlements, and the Social Struggle: A Friendly Critique of the Critical Legal Studies Movement. *Stanford Law Review*, v. 36, n. 1/2, p. 509-574, 1984.

STEINER, Henry J. *Moral Argument and Social Vision in the Courts*: A Study of Tort Accident Law. Madison: University of Wisconsin Press, 1987.

STONE, Katherine Van Wezel. Re-Envisioning Labor Law: A Response to Professor Finkin. *Maryland Law Review*, v. 45, n. 4, p. 978-1013, 1986.

SUGARMAN, Stephen D. Doing Away with Tort Law. *California Law Review*, v. 73, n. 3, p. 555-664, 1985.

SYMPOSIUM, Baby Doe: Problems and Legislative Proposals – Legislative Workshop. *Arizona State Law Journal*, p. 601-92, 1984.

TAYLOR, Serge. *Making Bureaucracies Think*: The Environmental Impact Statement Strategy of Administrative Reform. Stanford: Stanford University Press, 1984.

TEUBNER, Gunther. Autopoiesis in Law and Society: A Rejoinder to Blankenburg. *Law & Society Review*, v. 18, n. 2, p. 291-301, 1984.

TEUBNER, Gunther. Substantive and Reflexive Elements in Modern Law. *Law & Society Review*, v. 17, n. 2, p. 239-286, 1983.

WHITE, G. Edward. From Realism To Critical Legal Studies: A Truncated Intellectual History. *Southwestern Law Journal*, v. 40, n. 2, p. 819-843, 1986.

# IRRAZOABILIDADE E ALIENAÇÃO NA BUROCRACIA DO ESTADO DE BEM-ESTAR SOCIAL: DA COMPLEXIDADE REGULATÓRIA À DEMOCRACIA ECONÔMICA[1] [2]

**WILLIAM H. CLUNE**

**Tradução de Eros Frederico da Silva e Sergio Ruy David Polimeni Valente**

1 [N.T. Tradução de: CLUNE, William H. Unreasonableness and Alienation in the Continuing Relationships of Welfare State Bureaucracy: From Regulatory Complexity to Economic Democracy. *Wisconsin Law Review*, v. 1985, p. 707-740, 1985. Direitos autorais (2013) do Conselho de Regentes do Sistema da Universidade de Wisconsin; Reimpresso com permissão da Wisconsin Law Review]. A pesquisa para este trabalho foi parcialmente apoiada por fundos do Instituto Nacional de Educação ao abrigo da subvenção nº NIE-G-81-0009 para o Centro de Pesquisa Educacional de Wisconsin. O apoio financeiro à pesquisa não implica a concordância com as conclusões alcançadas.

2 [N.T.] O presente ensaio apresenta alguns desafios importantes de tradução, que merecem ser mencionados para melhor situar o leitor sobre as características do texto original e sua relação com o texto traduzido para o português. Algumas escolhas dos tradutores devem ser apontadas previamente, de modo a que o entendimento sobre as ideias e sentidos possa também se beneficiar de algumas considerações acerca do processo. Nesse sentido, destaca-se que a linguagem utilizada pelo Professor Clune, que integra seu estilo de escrita particular, varia entre o uso de expressões, frases e contextualizações bastante informais e o emprego de termos e construções complexos e técnicos. Ainda quanto à forma, pode-se observar no texto original o uso conjunto de termos e adjetivações que parecem muitas vezes não combinar da forma mais intuitiva, soando, em um primeiro momento, não convencionais e truncadas. No processo de tradução, optou-se deliberadamente por manter e transpor ao português esse estilo do autor, que, se por um lado faz transparecer uma literalidade incômoda de certas combinações de palavras e frases, por outro preserva e reflete melhor a densidade e complexidade de suas ideias, cuja reescrita, simplificação ou paráfrase, para fins estilísticos, traria o risco de dano semântico e perdas significativas no processo de interpretação. Nesse intrincado estilo de escrita e de expressão de ideias reside ao mesmo tempo a dificuldade da tradução e a riqueza do texto. Por isso, procuraram-se fazer as adaptações necessárias quando possível, mas mantendo-se as características originais da redação, ainda que estilisticamente não usuais.

## 1 Introdução

Eu gostaria de interpretar tanto Richard Stewart quanto Joel Handler analisando os problemas de irrazoabilidade e alienação na burocracia do Estado de bem-estar social. A irrazoabilidade é a ausência de uma relação sensata entre fins e meios regulatórios.[3] Objetivos de regulação perfeitamente sensatos muitas vezes parecem ser implementados de maneiras desnecessariamente custosas, indiretas, esbanjadoras ou simplesmente ridículas. Alienação é o sentimento comum de ser pressionado, manipulado, usado, assediado e sobrecarregado com papelada e trivialidades.[4]

Surpreendentemente, a irrazoabilidade e a alienação parecem afetar tanto os beneficiários quanto os alvos da regulação. Afetam empresas reguladas, que são forçadas a instalar tecnologia antipoluição ineficiente, preencher relatórios inúteis e envolver-se em litígios dispendiosos. Também afetam os usuários dos serviços e beneficiários do Estado de bem-estar social. Os usuários titulares de direitos, a que se refere Joel Handler, são impotentes no contexto de uma relação contínua, discricionária e dependente com a burocracia. A igualdade de leis trabalhistas é outro exemplo, em que os reclamantes parecem ter à sua disposição uma oferta ilimitada de procedimentos legais diante de uma oferta de emprego altamente restrita. Em meu artigo, gostaria de discutir duas questões gerais levantadas por Handler e Stewart: 1) De onde vem a irrazoabilidade e a alienação?; 2) O que podemos fazer sobre isso?

## 2 Fontes de irrazoabilidade

Quero sugerir três fontes gerais de irrazoabilidade regulatória: políticas ruins ou não esclarecidas, conflitos políticos e padrões básicos de organização social e cultura. Também quero questionar um poderoso viés na análise convencional no nível das políticas públicas.

---

[3] A irrazoabilidade regulatória é definida desta forma e equiparada à eficácia econômica por Bardach e Kagan, no capítulo 6 de *Going by the Book: The Problem of Regulatory Unreasonableness* (1982).

[4] Bardach e Kagan também definem a irrazoabilidade em termos de sua dimensão psiquiátrica desmoralizante (*Idem*, capítulo 7, p. 320-321). A experiência de alienação é conectada com as origens políticas do legalismo em Clune, *Rationalistic and Political Interpretations of Legalism: A Review Essay on Bardach & Kagan's* Going by the Book (1983, manuscrito inédito).

A política pública é favorecida por duas razões. A primeira é de que há um viés de racionalidade.[5] A ideia de que deveria haver algum tipo de correção política para a irrazoabilidade e para a alienação é muito sedutora. O crítico social racional pergunta como um sistema tão obtuso poderia ter sido originalmente criado, e às vezes imaginamos que o governo deve estar cheio de idiotas formuladores de políticas públicas determinados a nos tornar miseráveis. O economista e sociólogo instintivo se pergunta como algo que parece deixar todos infelizes pode realmente ser necessário. Se o sofrimento fosse como os impostos do Rei, fazendo uns infelizes e outros felizes, seria mais compreensível.

A segunda razão é que temos o instinto de trabalhar em algo que acreditamos poder resolver. Imaginamos que podemos fazer algo em relação a más políticas, pouco em relação a conflitos políticos, praticamente nada em relação à organização social e cultural.[6]

Ambas as suposições acima sobre as três fontes de irrazoabilidade me parecem erradas. Quanto à fonte da irrazoabilidade, os três níveis da disputa política (*politics*), das políticas públicas (*policy*) e da cultura me parecem entrelaçados de maneiras complexas. O que parece ser uma política ruim ou mal formulada muitas vezes é apenas um conflito político de padrões intratáveis. O que parece ser um mero conflito político local pode ser apenas um exemplo de inúmeros conflitos semelhantes gerados pela estrutura básica de nossa vida social e econômica. Tampouco posso associar prontamente diferentes níveis de resignação e desespero a qualquer um dos três níveis. Medidas positivas podem ser adotadas no nível da política pública, algumas das quais começam a influenciar a vida política e social. Soluções para conflitos políticos locais criam automaticamente melhores políticas e representam uma pequena parcela de transformação social. A organização social e a cultura parecem maciças e imóveis, mas estão sendo transformadas o tempo todo. Compreender o que está errado com a situação existente pode ser uma parte importante dessa mudança.

---

5 O viés da racionalidade é um tema de Clune, nota 4 *supra*.

6 *Vide* Clune, *A Political Model of Implementation and Implications of the Model for Public Policy, Research, and the Changing Roles of Law and Lawyers*, 69 Iowa L. Rev. 47, 80 (1983) [N.T. Confira-se o artigo traduzido, *Um modelo político de implementação para as políticas públicas: os papéis do direito e dos juristas*, neste livro].

### 2.1 Comportamento em nível de campo

Deixe-me agora dar alguns exemplos de como criar mais razoabilidade regulatória e cooperação social – considero cooperação social o oposto de alienação – no nível da política pública (*policy*), da disputa política e da vida social.[7] Joel Handler nos lembra vigorosamente que as pessoas na linha de frente da implementação[8] podem às vezes tomar a iniciativa de criar um relacionamento muito mais cooperativo e produtivo sem alterar a estrutura regulatória. Grupos de interesse e defensores da educação especial impedem que o destinatário desse serviço se torne ignorante, passivo e dominado. A aceitação esclarecida do conflito estruturado pelas escolas evita que o relacionamento seja interrompido e milita contra o conflito legalista.[9] No trabalho que Mark Van Pelt e eu fizemos sobre educação especial,[10] encontramos muitos exemplos de tal razoabilidade empreendedora, tanto no nível de campo quanto em níveis mais altos da formulação de políticas (*policy*). A educação especial é um direito puramente processual, substantivamente vazio. Sob ela, as famílias podem compelir os funcionários das escolas a adotarem vários procedimentos para criar o epítome de um conceito legal falso: uma educação "apropriada".[11] No entanto, a lei provocou uma dinâmica clandestina de planejamento educacional. Os orçamentos tiveram que ser desenvolvidos sob restrições fiscais, programas planejados e questões de pessoal ajustadas. As pessoas tiveram que aprender novas atitudes e habilidades: como ensinar alunos com e sem deficiência visual ao mesmo tempo. Surgiram questões humanas sensíveis: quem, por exemplo, seria responsável por tarefas como manter cateteres limpos e em funcionamento?

---

7 *Vide* Clune, nota 4 *supra*.

8 [N.T.] No original, *field level of regulation*.

9 *Vide* Handler, *Continuing Relationships and the Administrative Process: Social Welfare*, 1985 Wis. L. Rev. 687.

10 Clune e Van Pelt, *A Political Method of Evaluating the Success of the Education for All Handicapped Children Act of 1975 and the Several Gaps of Gap Analysis*, 48 Law & Contemp. Probs., Inverno de 1985, p. 7 [N.T. Confira-se o artigo traduzido, *Um método político de avaliação: a Lei de Educação para Todas as Crianças com Deficiência e as várias lacunas da análise de lacunas*, neste livro].

11 A falta de substância quanto ao direito fundamental à "educação apropriada" previsto pela lei federal de educação especial é observada por Kuriloff em *Is Justice Served by Due Process?; Affecting the Outcome of Special Education Hearings in Pennsylvannia*, 48 Law & Contemp. Probs., Inverno de 1985, p. 89, 90. Buss observa um padrão semelhante na lei britânica de educação especial. Buss, Educação Especial na Inglaterra e País de Gales, 48 Law & Contemp. Probs., Winter 1985, 119, 155-61.

Os colegas estudantes ajudaram, empurrando cadeiras de rodas e dando monitorias. A lei nada dizia sobre quem deveria fazer essas coisas ou como deveriam ser feitas, muito embora criasse um grande corpo de especialistas em educação especial por meio de ajuda financeira à educação.[12] Este foi apenas um caso de pessoas em um ambiente regulatório decidindo que eles fariam o melhor possível (enquanto em áreas dispersas algumas pessoas decidiram se entrincheirar e tornar as coisas o mais desconfortáveis possível).

De maneira geral, a sanidade em nosso mundo burocratizado depende muito da pessoa razoável com boa vontade operando em um ambiente geral de rigidez burocrática e irracionalidade política. Juízes e administradores que podem exercitar o bom senso, manter a cabeça no lugar e demonstrar um pouco de coragem, em situações fortemente regulamentadas, frequentemente fazem uma tremenda diferença, a diferença entre um resultado destrutivo e algo são e sensato. Penso, por exemplo, na polícia, nos juízes, nas assistentes sociais e nos profissionais de saúde mental que atuam no ambiente legislado e politizado em torno do abuso físico infantil.[13]

---

12 James J. Gallagher, ex-diretor do *Bureau of Educationally Handicapped* durante a implementação do Pub. L. No. 94-142, afirmou que o treinamento de um grande corpo de especialistas em educação especial pode ter sido a maior realização da Lei. Veja-se a Conferência sobre Crianças com Necessidades Especiais em Educação Pública, Duke University Law School, março de 1984. Sobre o crescimento da força de trabalho em educação especial, *vide* Clune e Van Pelt nota 10 *supra*, p. 52, nota 232. *Vide* Clune e Van Pelt, nota 10 *supra*, p. 24, nota 106, p. 26, notas 122 e 123, pela sugestão de que professores de educação especial capacitados facilitem a implementação de políticas de educação especial.

13 *Vide* Bourne e Newberger, "Family Autoonomy" ou "Coercive Intervention?" *Ambiguity and Conflict in the Proposed Standards for Child Abuse and Neglect*, 57 B.U.L. Rev. 670 (1977); Newberger & Bourne, *The Medicalization and Legalization of Child Abuse*, 48 am. J. Orthopsychiatry 593 (1978), reimpresso em R. Bourne e E.H. Newberger, *Critical Perspectives on Child Abuse* 139-156 (1979). O ponto que tenho em mente é bastante diferente das questões gerais sobre o uso de acusação ou encarceramento. Dado qualquer grau de legalização, informalmente tenho observado comportamentos por parte de atores em nível de campo que vão do responsável ao ridículo e trágico. A hipótese seria que a legalização facilita o comportamento responsável, bem como o comportamento punitivo irracional, a abdicação da responsabilidade e o fetichismo de papéis. Poucos estudos empíricos abordam esse ponto e poucos pensam em treinar os atores jurídicos para lidar com os potenciais e perigos da situação legalista. Uma possível explicação para isso é que os fundamentos autoritários, ainda que vagos, da lei desencorajam a autoanálise e a crítica ponderadas. No entanto, essa forma de análise organizacional está bem avançada no caso do trabalho policial. *Vide* H. Goldstein, *Policing A Free Society* (1977). Na educação, a tensão entre legalização e boa política educacional também começa a ser bem compreendida. *Vide* Berman, *From Compliance to Learning: Implementing Legally Induced Reform* (Relatório do Projeto No. 81-A-20, *Institute for Research on Educational Finance and Governance*, Stanford University, agosto de 1981); Clune, *The Deregulation Critique of the Federal Role in*

*Education*, capítulo em School Days, Rule Days – *The Legalization and Regulation of Education* (D. Kirp & D.N. Jensen eds., a ser publicado, 1985); Elmore & McLaughlin, *Strategic Choice in Federal Education Policy: The Compliance-Assistance Trade-Off, in Policy Making in Education*, 81º Anuário da National *Society for the Study of Education* 159 (1982); Turnbull, Smith e Ginsburg, *Issues for a New Administration: The Federal Role in Education*, 89 Am. J. de Ed. 396 (1981). A dificuldade de combinar a política social orientada por objetivos com o pensamento jurídico pode ser vista no exemplo hipotético a seguir. Uma mãe, que já tenha obtido um acordo de não persecução penal em um caso de abuso infantil, bate severamente em sua filha de dez anos com um cinto por "mentir", causando hematomas profundos e extensos. A resposta direta ou legal é colocar a filha em um lar substituto e colocar a mãe na prisão. No entanto, o terapeuta familiar (muito respeitado) atesta que a mãe nunca foi o tipo de abusadora que colocava em risco a vida ou a saúde física da criança, que, no caminho da recuperação, infelizmente pode haver deslizes em momentos de extremo estresse, e que a pequena menina ficará pior no lar substituto, separada de sua mãe, com quem, para seu próprio bem-estar psicológico, precisa passar por um processo de raiva e perdão. O sistema jurídico não deveria fazer o que a mãe faz, diz o terapeuta, isto é, separar empatia e autoridade; ainda assim, o ordenamento jurídico deve tratar o ato como um ato ilícito grave, objetivamente indesculpável e seriamente destrutivo. Uma assistente social não acredita que a menina será prejudicada pela separação de sua família. Equilibrar todas essas considerações sem cair em um comportamento reflexivamente punitivo, autoprotetor ou exasperado é extremamente difícil, especialmente em um contexto de pressão política moralista. Não são raros atores jurídicos em um estágio punitivo de desenvolvimento moral não muito diferente do da mãe. As faculdades de Direito geralmente não treinam futuros advogados, juízes e promotores nas habilidades práticas de lidar com essas situações, mas sim na habilidade marginalmente útil de manipular conceitos jurídicos. A arrogância loquaz, opinativa e argumentativa fomentada pela formação jurídica também é problemática (por exemplo, decidir pela opinião pessoal o quanto a criança é prejudicada pela separação da mãe, em vez de pesquisar e consultar especialistas). Mas o problema final pode ser organizacional e estrutural. Quatro características inter-relacionadas da situação empurram na direção da prisão e do lar substituto: 1) o problema da incerteza (prevenir espancamentos é certo; os benefícios de ficar com a mãe parecem incertos); 2) o problema de escolher, entre alternativas ruins, a "menos pior" (levando algumas pessoas a escolher uma solução que é inequivocamente boa em pelo menos uma dimensão, ou seja, "não mais abuso infantil"); 3) a tendência dos agentes públicos de reduzir o risco de críticas potenciais (e é mais provável que as críticas surjam de uma surra legalmente proibida do que de um dano gradual não proibido à criança); e 4) a atratividade das soluções maniqueístas (boas/ruins) para a resolução de problemas complexos e construtivos (tendo como um de seus aspectos a simpatia desenfreada pela vítima não equilibrada por informações e experiências sobre como dar ajuda efetiva). Contra essas quatro percepções de bom senso devem ser ponderadas as desvantagens e os custos conhecidos da prisão e do lar substituto. Embora um modelo terapêutico possa não funcionar melhor, dada a possibilidade de coerção burocratizada pelas profissões de ajuda, minha opinião é de que qualquer mudança na direção da terapia seria benéfica, porque parece difícil fazer pior do que, de forma automática, jogar pais confusos e em dificuldades na prisão, assustando as pessoas que gostariam de procurar ajuda e colocando as crianças no caro e segundo melhor mundo de um orfanato. A questão é um pouco semelhante à liberdade condicional em que se gostaria de distinguir entre o violento e psicótico espancador de crianças e um pai basicamente bom aprendendo a controlar os impulsos. Assim, a questão da razoabilidade em nível de campo pode reverter para a conveniência geral do encarceramento mencionada acima. Observe-se a questão recorrente discutida neste artigo sobre as fontes mistas de irrazoabilidade regulatória: irrazoabilidade pessoal de atores de nível de campo versus atributos estruturados da situação social legalizada.

Ironicamente, os movimentos de reforma social não trazem necessariamente menos irrazoabilidade e alienação. Os movimentos de reforma social permitem maior razoabilidade do que no *statu quo ante*, pois ao menor problema passa a receber alguma atenção. Por outro lado, esses movimentos tornam possível ser menos razoável por causa do exagero, da rigidez, das distorções e das manobras simbólicas associadas às cruzadas políticas e jurídicas.[14] A influência estabilizadora nos ambientes superaquecidos das reformas sociais é muitas vezes a pessoa sensata em um papel fundamental na tomada de decisões. Multiplicado por centenas de milhares ou milhões de decisões, isso pode sugerir a importância de uma nova forma de treinamento jurídico e de políticas, um novo conjunto de doutrinas exculpatórias organizadas em torno de como ser razoável em um ambiente burocrático.[15]

## 2.2 Conflito político

Muitas opções políticas atraentes que parecem teoricamente disponíveis são bloqueadas pelo conflito político. Os defensores apreciam a estranheza dos direitos e procedimentos legais; mas eles

[14] Meu colega Herman Goldstein tem um trabalho em andamento sobre os resultados da recente reforma legislativa nas áreas de agressão sexual, agressão física a cônjuges e direção de veículo sob embriaguez. Em cada área, o esforço louvável para fazer algo em prol de um problema social de longa data está associado a uma rigidez característica, exageros, insensibilidade a situações particulares, ideologia versus empirismo e falha em pensar nas implicações da reforma para o sistema de justiça criminal em funcionamento. Mais uma vez, pode ser que a regulação jurídica traga consigo um mínimo irredutível desses problemas; e as únicas questões realistas são se deve-se conferir tratamento normativo a essas situações e, em caso afirmativo, qual a melhor forma de minimizar os problemas dessa normatização. Uma explicação teórica do porquê a normatização sempre ocorre pode ser vista no trabalho de Niklas Luhmann sobre direito como "autopoiese". *Vide* Luhman, *The Autopoiesis of Social Systems*; Luhmann, *The Self-Reproduction of the Law and Its Limits*; Luhmann, *The Unity of the Legal System*; Luhmann, *Some Problems With "Reflexive Law"* (necessidade de que o direito tenha seu próprio conjunto de conceitos autodefinidos e seja um pouco "fechado" de seu ambiente político). Todos esses quatro manuscritos são documentos de trabalho do Instituto Universitário Europeu, Florença, Itália. O papel de grupos de movimentos sociais e outros atores políticos na produção do legalismo não é bem explicado por nenhuma teoria do direito divorciada da política. *Vide* Clune, nota 4 *supra*. Trabalho há vários anos na relação entre normatização e reforma na educação. *Vide* Clune, nota 13 *supra*; Clune & Van Pelt, nota 10 *supra*. Observe-se que as intratabilidades perversas do legalismo aparecem tanto de uma perspectiva crítica ou de esquerda quanto de uma perspectiva reformista. Veja Bumiller, *Anti-Discrimination Law and the Enslavement of the Victim: The Denial of Self-Respect by Victims Without a Cause*, University of Wisconsin Law School Disputes Processing Research Program Working Paper 1984-86 (ineficácia e contraprodutividade do remédio legal em situações definidas por relações hierárquicas de poder).

[15] *Vide* E. Bardach e R. Kagan, nota 3 *supra*, p. 316-23.

podem desconfiar e temer as instituições estabelecidas e não querer se submeter a um procedimento mais cooperativo e menos politizado. Regras de segurança exigentes sob a Administração de Saúde e Segurança Ocupacional (ASSO)[16] podem ser simplesmente o produto de um pequeno orçamento de fiscalização que não permite ajustes sensíveis (a proporção de inspetores locais para ASSO é centenas de vezes menor do que a proporção de inspetores locais para a Comissão Reguladora Nuclear).[17] [18] A regulação detalhada do emprego e das atividades externas de funcionários do governo pode ser motivada por controle de custos ou hostilidade política.[19] Litígios, assédio, resistência e atraso podem resultar na relação regulatória, porque as partes temem as perdas potenciais da cooperação mais do que desejam seus benefícios.[20] Richard Stewart sugere que o litígio é fomentado devido à complexidade da situação de negociação e às agendas políticas incompatíveis de algumas das partes.[21]

Conflitos políticos não podem ser resolvidos com mais racionalidade e razoabilidade por parte dos formuladores e implementadores de políticas. Atores fora do nível de campo podem ter poder mais do que suficiente para bloquear o exercício da discricionariedade de maneiras que pareçam razoáveis para o pessoal de nível de campo. De fato, o excesso de regulamentação pode ser visto principalmente como uma força conservadora que auxilia o controle central de burocracias potencialmente "incontroláveis".[22] Políticas públicas mais racionais

---

16 [N.T.] No original, consta apenas a sigla OSHA, que corresponde a *Occupational Safety and Health Administration*.

17 [N.T.] No original, consta apenas a sigla NRC, que corresponde a *Nuclear Regulatory Commission*.

18 Bardach e Kagan observam proporções de inspetor para local de 1:1515 para OSHA versus 1:6 para o NRC. E. Bardach e R. Kagan, nota 3 *supra*, p. 161.

19 O *Regulatory Analysis Review Group* (RARG) foi um exemplo de controle de custos. *Vide* E. Bardach & R. Kagan, nota 3 *supra*, p. 306-10. A regulamentação da assistência jurídica pela administração Reagan é um exemplo óbvio de hostilidade política, assim como processos de difamação contra a mídia. Sobre a Legal Services Corporation, veja Kirp, *Adventures in a Bureaucratic Wonderland*, 240 Nation 75 (1985). Sobre difamação, *vide* Schneir & Schneir, *Beyond Westmoreland: The Right's Attack on The Press*, 240 Nation 361 (1985). Obviamente, controle de custos e hostilidade política podem ser misturados, ou um pode mascarar o outro.

20 *Vide* Scholz, *Cooperation, Deterrence, and the Ecology of Regulatory Enforcement*, 18 Law & Soc'y Rev. 179 (1984); Scholz, *Voluntary Compliance and Regulatory Enforcement*, 6 Law & Pol'y 385 (1984).

21 *Vide* Stewart, *The Discontents of Legalism: Interest Group Relations in Administrative Regulation*, 1985 Wis. L. Rev. 655.

22 *Vide* P. Selznick, TVA e the Grass Roots, 155-79, 205-13 (1953).

nesse sentido são uma ilusão. O problema é precisamente que diferentes atores do sistema têm diferentes prioridades e, na verdade, diferentes racionalidades. À luz das alternativas, para algumas pessoas, a irrazoabilidade pode servir "muito bem, obrigado". Às vezes, os conflitos políticos não podem ser resolvidos. A falta de recursos de fiscalização da ASSO provavelmente reflete um desequilíbrio político deliberadamente promovido que provavelmente não se dissolverá na ausência de mudanças sociais mais fundamentais. Mas os conflitos políticos nem sempre são intratáveis. A educação especial é exemplo de um padrão muito maior a esse respeito. O que começou como um programa contraditório, baseado em direitos e procedimentos legais, evoluiu para um aspecto de planejamento educacional. A reforma foi institucionalizada. Ao fazê-lo, também foi desradicalizada e rotinizada, assim como a ideia revolucionária da instrução individualizada posteriormente evoluiu para o livro de exercícios padronizado.[23]

Outro exemplo de combate à irrazoabilidade no nível político é a alteração de uma lei de forma que a irrazoabilidade e a alienação sejam reduzidas. Ou seja, a própria lei, como compromisso político, pode gerar problemas passíveis de resolução por meio de alterações inteligentes. Talvez a lei de educação especial pudesse ser alterada para se tornar mais razoável. Um incremento no auxílio financeiro federal já prometido tornaria mais realistas mudanças importantes.[24] Disposições sobre planejamento escolar, que incluíssem ativistas de movimentos sociais, podem ser muito úteis.[25] O papel da União pode

---

[23] Para uma descrição quanto à padronização dos esforços para individualizar a autoinstrução em aritmética na escola pública de Winnetka, Illinois, na década de 1920, resultando no que agora são conhecidos como livros de exercícios, *vide* C. Washburn e S. Marland, *Winnetka: The History and Significance of an Educational Experiment*, 21-25,155 (1963). Quanto ao conceito de educação progressiva e individualizada que, traduzido para uso pelas massas, levou a um livro de exercícios padronizado, em vez de instrução individualizada, *vide* E. Krug, 2 *The Shaping of the American High School* 168.196 (1972).

[24] A linguagem da Lei indica que, a partir de 1982, o Congresso esperava financiar uma proporção significativa do custo total excedente da educação especial. 20 U.S.C. §1411 (a)(l)(B)(v)(1982). No entanto, o financiamento federal nunca subiu para mais de 15% do custo total da educação especial e, sob a égide da lei, as dotações sempre foram muito menores do que as autorizações. *Vide* Magnetti, *Some Potential Incentives of Special Education Funding Practices*, em *PLACING CHILDREN IN SPECIAL EDUCATION: A Strategy for Equity* 300, 315 (1982); Neal e Kirp, The Allure of Legalization Reconsidered: The Case of Special Education 48 Law & Contemp. Problemas. Inverno, 1985, 63, 80-81 (observando a crescente distância entre autorizações e dotações para 94-142).

[25] *Vide* Sindelar, *How and Why the Law Failed: An Historical Analysis of Services for the Retarded in North Carolina, and a Prescription for Change*, 48 Law & Contemp. Probs., Primavera de 1985, 125, 149-51.

ser reorientado para incluir mais planejamento e assistência educacional. Certas mudanças podem ser feitas no sistema de classificação, como a eliminação da distinção discriminatória e autorrealizável entre deficiência de aprendizagem e deficiência intelectual leve.[26]

Em geral, as soluções para as fontes políticas de alienação e de irrazoabilidade estão com aqueles que projetam a estrutura da interação regulatória e determinam seu impulso básico no nível de campo, a saber, grupos de interesse especial, legisladores e formuladores de políticas administrativas. Esses grupos decidem se uma legislação funcionará como uma bagunça fragmentada ou se realizará algo útil. Esses grupos também decidem se devem ser rígidos no nível de campo ou se esforçar por um relacionamento mais cooperativo. A chave para os propósitos atuais é o envolvimento dos principais agentes do poder – príncipes em vez de peões. As relações estruturais básicas são estabelecidas por aqueles que se preocupam com essas coisas. Embora o conflito e a irrazoabilidade estejam implícitos em muitas áreas de problemas sociais, a solução inteligente de problemas e a amplitude da visão social podem muitas vezes identificar um compromisso ideal, enquanto as manobras cegas e antagônicas podem tornar as coisas imensamente piores.

## 2.3 Organização social e cultura

A limitação mais importante à razoabilidade política, além da mentalidade estreita, é a própria estrutura do conflito político. Certos conflitos são de difícil resolução. A solução "razoável" pode resistir ao compromisso político. Isso nos leva à última fonte de irrazoabilidade

[26] Com base na prática efetiva documentada nas escolas até o momento, parece que basicamente o mesmo tipo de processo instrucional pode ser necessário para dificuldades de aprendizagem e para crianças com retardo mental leve. Note-se também que há pelo menos um outro grande grupo de crianças em dificuldades acadêmicas que não se classificam para a educação especial, mas que, no entanto, recebem serviços de instrução especial em suas escolas. São as crianças que, devido à baixa renda familiar e ao baixo desempenho nos testes de desempenho, são designadas a vários programas de educação compensatória – geralmente em disciplinas acadêmicas específicas durante uma parte de cada dia escolar. A evidência acumulada sobre essas crianças também sugere que as mesmas características de instrução direta, com ritmo externo e monitorado formalmente em conteúdo acadêmico, observadas para crianças com retardo mental produzem os melhores resultados de aprendizagem. Se esses três grupos teoricamente distintos de crianças parecem prosperar melhor sob o mesmo tipo de instrução, há boas razões para questionar o sistema tradicional de rotulagem categórica dentro da educação especial. No mínimo, o ônus da prova agora parece recair sobre aqueles que defendem as divisões tradicionais dentro da educação especial. *Vide* National Association of State Directors of Special Education (NASDSE). Cap. 4, p. 86-87 (1981).

regulatória: organização social e cultura. Podemos chegar a ela do nível mais baixo questionando: quais padrões de conflito político são produzidos e gerados pelos padrões mais fundamentais da vida jurídica e social?

### 2.3.1 Política de segurança de renda

A título de ilustração, gostaria de sugerir como um padrão geral de economia política (uma parte importante de nossa organização social e cultura) gera uma enorme quantidade do que observamos como irrazoabilidade regulatória.[27] Nosso sistema político, jurídico e econômico é, de certa forma, uma solução irracional, desorganizada e instável para os conflitos básicos do capitalismo. O sucesso do capitalismo repousa na destruição criativa do mercado, um processo que delegamos principalmente à classe dos proprietários.[28] No entanto, quase todos os que são a favor da disciplina de mercado em abstrato também dão um valor extremamente alto à segurança pessoal (a consciência de segurança deve ser esperada de um sistema que glorifica o bem-estar material, produz os meios para que quase todos o possuam, cria o pesadelo da pobreza e deixa que cada um lide com isso sozinho). Como escolhemos administrar esse enorme conflito entre mudança e segurança? Nas democracias, a segurança econômica que falta ao mercado está parcialmente disponível por meio da política e do direito. A ação política coletiva pode criar uma segurança indisponível para os indivíduos.[29]

Infelizmente, em vez de atacar o problema de maneira unificada e ponderada, criando instituições e procedimentos para equilibrar mudança e segurança, crescimento e estabilidade, competição e cooperação, apenas transpusemos os conflitos econômicos subjacentes para a vida política. Temos mil programas diferentes que tentam garantir a segurança de renda: previdência social, Auxílio a Famílias com Crianças Dependentes,[30] apoio aos preços agrícolas, regulação de aposentadorias,

[27] Esta seção do Comentário é a revisão de um artigo apresentado na Conferência sobre Direito Reflexivo e a Crise Regulatória, patrocinada pelo University of Wisconsin Law School Disputes Processing Research Program, 18-21 de julho de 1983.

[28] *Vide* C. Lindblom, *Politics and Markets* 45-49, 83-84, 162-66, 171-77 (1977).

[29] *Vide* F. Piven & R. Cloward, *Poor People's Movements*, 6-14 (1977); *Offe, Competitive Party Democracy and the Keynesian Welfare State: Factors of Stability and Disorganization*, 15 Pol'y Sci. 225 (1983).

[30] [N.T.] No original, consta apenas a sigla AFDC, que corresponde a *Aid to Families with Dependent Children*.

política industrial protecionista, equidade de remuneração entre homens e mulheres, erosão da doutrina do emprego demissível sem justa causa,[31] incentivos fiscais especiais, uma legião de privilégios de antiguidade, leis antidiscriminação, regulamentação protecionista, zoneamento de lotes mínimos, direitos limitados dos sindicatos, salários mínimos, devido processo legal, subsídios habitacionais, empréstimos educacionais, seguro-saúde subsidiado. Mesmo a onda de crimes contra a propriedade e relacionados a drogas e a estrutura compensatória da aplicação da lei, segurança privada e encarceramento podem ser vistos como o lado ilegal do jogo da competição econômica. Mas esses não são programas em um sentido estável e institucionalizado. Grupos de interesses especiais competem incessantemente uns contra os outros para obter um pequeno aumento em seu pedaço do bolo às custas do pedaço de outra pessoa.[32] Um grupo em busca de segurança tenta piedosamente santificar sua reivindicação e degradar as reivindicações de outros.[33] Os partidos políticos atingem equilíbrios transitórios entre os grupos de interesse. É o liberalismo na política: cada um por si, apenas soluções procedimentais.[34]

O ponto essencial aqui é que grande parte do ajuste é feito por meio de regulação. Programas e suas regras administrativas são escritos e reescritos com uma frequência impressionante. A administração do bem-estar pode restringir os chamados "trapaceiros do bem-estar social", exigindo que as mães beneficiárias de programas de bem-estar social sejam identificadas por diversas formas.[35] Sucessivamente, os programas complexificaram as formas de comprovação da necessidade social, com disputas administrativas e litígios correspondentes. As deduções fiscais são dolorosamente adaptadas para percorrer uma distância precisa e nada mais. A legislação protecionista é criticada, defendida e levemente modificada. Um sistema de saúde governamental

---

[31] [N.T.] No original, *at-will employment*.

[32] *Vide* L. Thurow, *The Zero-Sum Society – Distribution and the Possibilities for Economic Change* (1980).

[33] Historicamente, a síndrome do "pobre merecedor" é o exemplo clássico. *Vide* J. Handler e E.J. Hollingsworth, *The "Deserving Poor"* (1971). Mas o rótulo pejorativo, "política de interesse especial", indica a proporção endêmica de desconfiança política contemporânea. Uma das principais tarefas da democracia econômica, discutida abaixo, é a criação de um sentido inclusivo e não partidário da ação governamental. Caso contrário, a economia de livre mercado será o princípio distributivo mais apartidário.

[34] *Vide* R. Unger, *Knowledge and Politics* 83-88 (1975); *Vide* T. Lowi, *The End of Liberalism* (1979).

[35] *Vide* Simon, *Legality, Bureaucracy, and Class in the Welfare System*, 92 Yale L.J. 1198-99, 1204-13 (1983).

amplamente expandido, ele próprio um exercício titânico de regulação, gera então um sistema regulatório secundário monumental de controle de custos. O que inicia o problema são todos os centros independentes de poder operando sem objetivo substantivo ou controle central. No entanto, ironicamente, à medida que o processo de redistribuição e controle continua, mais e mais áreas da vida social estão sujeitas ao controle governamental. Agora vemos o governo controlando os custos do seguro saúde (em si, essencialmente uma forma de segurança de renda) por meio do patrocínio de grandes organizações de prestação de serviços de saúde organizadas burocraticamente.[36] Eis a desregulação...

Em outras palavras, nosso governo celebrou diferentes contratos sociais relacionais, politicamente regidos, com vários grupos em nossa sociedade, e os grupos indiretamente celebraram contratos sociais conflitantes entre si. É muito fragmentado, complexo e mutável. Se realmente queremos menos complexidade e alienação, talvez devêssemos pensar em termos de um contrato social maior e mais inclusivo, que não busque tantos acordos especiais. Estou fazendo uma pergunta do tipo "política industrial": estamos presos em algum ponto intermediário irracional indesejável entre o *laissez-faire* e o planejamento real, recebendo muitos dos custos e não o suficiente dos benefícios de qualquer sistema?[37] Outra questão muito interessante é como a democracia que nos fez evoluir para o sistema atual pode ser capaz de se transformar de maneira tão fundamental (e qual a direção dessa transformação).

---

[36] *Vide* P. Starr, *The Social Transformation of American Medicine* (1982); Havighurst, *Competition in Health Services: Overview, Issues and Answers,* 34 Vand. L. Rev. 1117 (1981); Mechanic & Leaf, *The Medical Marketplace and Public Interest Law in B.* Weisbrod, J. Handler & N. Komesar, Public Interest Law 349 (1978); Wolinsky, *The Performance of Health Maintenance Organizations: an Analytic Review,* 58 Health & Soc'y 544 (1980).

[37] *Vide* R. Kuttner, *The Economic Illusion – False Choices Between Prosperity and Social Justice* (1984): "Não apenas o Estado de bem-estar social parece invadir a eficiência dos mercados, mas o mercado continua invadindo os objetivos do Estado, deixando que este último assuma a culpa [...]. Em muitos aspectos, o sistema misto americano de capitalismo de bem-estar social combina os aspectos mais ineficientes do setor público com os aspectos mais ineficientes do setor privado". *Idem,* p. 37-38. *Vide* também Allen e Rishikof, *Tale Thrice Told: A Review of Industrial Policy Proposals,* 4 J. of Pol. Anal. & Ger. 234 (1985). O argumento dos autores sobre o fracasso da maioria das propostas de política industrial em abordar a natureza do planejamento em diferentes setores da economia, particularmente o setor manufatureiro em declínio *versus* o setor de alta tecnologia em crescimento, também é válido em face deste artigo. Este artigo enfatiza a dimensão política muitas vezes negligenciada e o envolvimento dos desfavorecidos e dos trabalhadores. *Idem,* p. 237, 240-241.

### 2.3.2 Duas soluções: desregulação e democracia econômica

Duas soluções gerais para o problema da complexidade da regulação da riqueza competem na política contemporânea: desregulação e democracia econômica. Como essas soluções estão voltadas para direções opostas em quase todos os sentidos, elas fazem um contraste interessante. Politicamente em alta, a desregulamentação repousa, em última análise, na dicotomia público-privado. De acordo com a visão desreguladora, política e governo constituem uma esfera separada que se intromete nas funções naturais dos mercados. A atividade governamental, com algumas exceções "menores" (como a defesa nacional), é apoiada por grupos políticos gananciosos que buscam se sustentar no setor produtivo. As soluções desreguladoras envolvem a redução do tamanho do governo e a limitação dos "excessos" da democracia. Os conservadores dizem que a democracia representativa é a raiz do problema dos orçamentos descontrolados para categorias de gastos sociais como a Seguridade Social.[38] Curiosamente, os gastos com defesa são poupados dessa análise política e colocados no alto plano da necessidade pública.

A democracia econômica é praticamente inexistente como força política dominante, mas tem raízes profundas e vigorosas em comunidades políticas e intelectuais minoritárias.[39] A democracia econômica começa com a premissa oposta à da desregulação: a unidade da vida

---

[38] *Vide* a edição do simpósio *Social Security: Continuing Crisis or Real Reform?*, 3 The Cato Journal 335-621 (1983); Wolfe, *Capitalism Shows Its Face: Giving Up on Democracy*, em Trilateralism 295 (H. Sklar ed. 1980). Sobre a relação enigmática entre o liberalismo econômico e a democracia parlamentar, *vide* C. Lindblom, nota 28 *supra*, p. 162-169, no qual se sugere que a liberdade daqueles com poder econômico, em vez da democracia para todos, explica os sistemas ocidentais de poderes governamentais limitados e influência empresarial generalizada; e que, para apoiar o libertarianismo, as sociedades ocidentais devem ser altamente antidemocráticas.

[39] *Vide* S. Bowles, D. Gordon e T. Weiskopf, nota 43 *infra*; J. Cohen e J. Rogers, *On Democracy – Toward A Transformation of American Society* (1983); R. Dahl, *A Preface to Economic Democracy* (1985); R. Kuttner, nota 37 *supra*; R. Reich, *The Next American Frontier* 229-82 (1984); Abel, *A Socialist Approach to Risk*, 41 Md. L. Rev. 695 (1982); Hacker, *'Welfare: Examining Capitalism', The Future of an Illusion*, 32 The New York Review of Books 37 (1985) (revisando várias publicações referentes à distribuição de bem-estar material); Kennedy, *America's Activist Bishops*, no The N.Y. Times, 12 de agosto, §6 (Magazine) em 15. Sobre a democracia no local de trabalho, *vide* R. Edwards, *Contested Terrain* (1979); F. Lindenfeld & J. Rothschild-Whitt, *Workplace Democracy and Social Change* (1982); J. Naisbitt, *Megatrends: Ten New Directions Transforming Our Lives* 175-188 (1982); J. O'Toole, Making America Work (1981); T. Peters e R. Waterman, In Search of Excellence (1982). *Vide* também nota 67 *infra* para citações às obras de H. Levin.

pública e privada (na verdade, a falta de sentido dessa distinção).[40] Riqueza e mercados, vistos como "privados" pela ótica da desregulação, são vistos como constituídos por uma ordem legal e social publicamente aprovada, incluindo o direito "privado", que sustenta o sistema de troca (propriedade, contrato, responsabilidade por ato ilícito); o direito penal;[41] a regulação de mercados (por exemplo, antitruste e valores mobiliários); e até mesmo as forças militares (defendendo um sistema mundial de mercados).[42] A autoridade sobre o capital e as condições de trabalho também são legalmente constituídas – a liberdade legal dos capitalistas de mover propriedades comparada com a incapacidade da força de trabalho de impedir o movimento, o direito de empregadores demitirem trabalhadores em comparação com a incapacidade dos trabalhadores de avaliar e demitir chefes incompetentes, e assim por diante. Consequentemente, os programas de proteção e de redistribuição não são exclusivamente governamentais ou exclusivamente distributivos; são apenas uma forma diferente e mais moderna de distribuição governamental da, digamos, "antiga" lei de propriedade.

O desperdício também é visto de forma bastante diferente pelos proponentes da democracia econômica. Em vez de se concentrar exclusivamente na maximização da riqueza e em igualar a riqueza com a liberdade de mercado, os democratas econômicos provavelmente levantarão outras questões, como: a) o desperdício econômico causado pelo conflito gestão/trabalho e os altos níveis de desemprego (e consequente baixa demanda de consumo) necessários para disciplinar a força de trabalho;[43] b) altos índices de criminalidade e de populações deslocadas – pelo uso de drogas, pela migração nas cidades do interior

---

40 Críticas e análises da dicotomia público-privado incluem Casebeer, *Toward a Critical Jurisprudence-A First Step By Way of Public-Private Distinction in Constitutional Law*, 37 U. Miami L. Rev. 379 (1983); Frug, *The City as a Legal Concept*, 93 Harv. L. Rev. 1059 (1980); Symposium On the the Public Private Distinction, 130 U. Pa. L. Rev. 1289 (1982); Mensch, *The History of Mainstream Legal Thought, in The Politics of Law – A Progressive Critique* 18, 28 29 (D. Kairys ed. 1980).

41 As conexões analíticas entre os tópicos fundamentais de primeiro ano sobre responsabilidade civil, propriedade, contrato e direito penal como protetores da propriedade e da troca estão descritas em Calabresi e Melamed, *Property Rules, Liability Rules, and Inalienability: One View of the Cathedral*, 85 Harv. L. Rev. 1089 (1972). *Vide* também Lindblom, nota 28 *supra*; Mensch, nota 40 *supra*.

42 Ravenal, *The Case for A Withdrawal of Our Forces*, N.Y. Times, 6 de março de 1984, §6 (Revista), p. 58. Para um relato que enfatiza as motivações econômicas domésticas, *vide* Mintz e Hicks, *Military Keynesianism in the United States, 1949-1976: Disaggregating Military Expenditures and Their Determination*, 90 Am. J. Soc. 411 (1984).

43 *Vide* S. Bowles, D. Gordon & T. Weiskopf, *Beyond the Wasteland* (1983).

ou, ainda, pela fuga de adolescentes etc. – associados ao individualismo e ao materialismo;[44] c) a dificuldade de investir em bens como educação, criação de filhos, vida comunitária, proteção ao consumidor, transporte coletivo e proteção ambiental.

### 2.3.3 As duas soluções na política contemporânea

A democracia econômica foi (e espera-se que seja) acusada de apoiar o controle estatal de tudo. Mas a realidade é exatamente o oposto dessa acusação; trata-se de uma projeção fantasiosa da dicotomia público-privado, sustentada por seus críticos, e não uma imagem precisa da realidade. Apenas duas possibilidades sobrevivem na imaginação libertária polarizada e empobrecida: libertarianismo *laissez-faire* e supercontrole repressivo. Por outro lado, o sinal mais esperançoso para os democratas econômicos em meio a outros destinos políticos menores é a abrangência e a flexibilidade da democracia econômica como filosofia, em comparação com a parcialidade e com a rigidez da desregulação. Intelectualmente, a desregulação parece morta e gasta seu último suspiro em planos mal definidos para a economia pelo lado da oferta. Com dificuldade, administra um vasto aparato de bem-estar por meio de compromissos políticos cínicos, e não por alguma filosofia política ou senso de bem-estar público.

A grande ironia da "revolução Reagan" é sua herança do liberalismo do *New Deal* e dos problemas do Estado de bem-estar social. Por meio de ideias como as da economia pelo lado da oferta, os conservadores prometem bem-estar social sem uma filosofia de cooperação social que vá além das importantes, porém limitadas, formas de cooperação social produzidas pelo egoísmo que opera nos mercados.[45] A única

---

44 Sobre criminalidade, *vide* Reiman, *The Origins of Crime and Criminal Violence*, em The Politics of Law – A Progressive Critique, nota 40 *supra*, em 214. Eu não tenho referência para o número de pessoas excluídas em nossa sociedade, mas estou surpreso com as estatísticas de diversas áreas de problemas sociais em geral, indicando que cada um desses problemas afeta vários milhões de pessoas. Seriam todas elas as mesmas pessoas? Deixar de acompanhar os perdidos, despossuídos e desempregados me parece uma característica natural da sociedade liberal. Veja notas 71-73 *infra*.

45 Além de sua função de prover eficiência alocativa (evitando ter muito de algumas coisas e não o suficiente de outras em comparação com o que é desejado), os mercados têm três outras virtudes coincidentes: a criação de cooperação e coordenação a partir do comportamento egoísta disperso (assim, o comércio internacional é provavelmente a maior força a favor da paz mundial); o incentivo à inovação social para preencher nichos nas transações; e um tipo de controle popular que, em seu domínio, é impossível de igualar pela autoridade política, por mais democrática que seja. *Vide* C. Lindblom, nota

forma de consciência social genuinamente cooperativa endossada pelos conservadores é a religião fundamentalista privatista; mas a confiança libertária na religião como um *ethos* social é, em última análise, vazia por três razões: nenhuma fé sectária pode unir as várias formas de consciência moderna (a ilusão, na verdade, é encontrar uma fé comum); qualquer forma de crença transcendente é minada filosoficamente pelo individualismo, pelo egoísmo, pelo positivismo científico e pelo materialismo do próprio conservadorismo econômico; e o libertarianismo é filosoficamente incapaz de endossar qualquer tipo de moralidade pública, além da busca restrita do bem-estar individual.[46] Para manter sua legitimidade, a religião deve ficar fora da vida pública.

Em outras palavras, receio que a história tenha nos pregado uma peça magnífica – com Reagan, o liberalismo voltou para casa para se empoleirar em seu próprio lar republicano. O liberalismo recuperou suas raízes filosóficas no libertarianismo, isto é, na defesa da liberdade individual, limitada apenas pelas restrições necessárias à aquisição e manutenção da propriedade. Mas os conservadores também adquiriram a lógica política impossível do *New Deal* – usando o governo para evitar os piores excessos do capitalismo desenfreado, em uma estrutura filosófica que ataca a legitimidade de todas as ações do governo e trata todas as decisões de bem-estar social como negociações políticas cínicas e gananciosas. Sob o libertarianismo do *New Deal* (ou republicanismo), o mundo social divide-se em duas formas de egoísmo: o egoísmo privado redimido pela dura disciplina do mercado e o egoísmo público não redimido.

O "Republicanismo do *New Deal*" deixa os democratas em uma posição inevitavelmente residual e minoritária – impedindo os conservadores de irem longe demais com a desregulação. Vista dessa maneira, a moderna parceria política bipartidária parece incapaz de gerar soluções positivas e criativas, muito embora a democracia permaneça

---

28 *supra*, p. 38-43 e 217-221. Uma falha primária da filosofia de livre mercado para os propósitos deste artigo é o silêncio a respeito de como produzir consenso intersubjetivo em torno de decisões intrinsecamente coletivas, como a distribuição adequada de riqueza, arranjo adequado de autoridade no local de trabalho e socialização de valores morais. Sobre o próprio ordenamento jurídico como teoria pouco visível, centrista e internamente incoerente da ação individual e coletiva, *vide* nota 40 *supra*; Kennedy, *The Structure of Blackslone's Commentaries*, 28 Buffalo L. Rev. 205, 379-82 (1979).

46 *Vide* T. Spragens, *The Irony of Liberal Reason* 277-310 (1981), em que discute pontos fortes e fracos de várias adaptações históricas da teoria política liberal; *Frug, Why Neutrality?*, 92 Yale L.J. 1591 (1983); Stewart, *Regulation in a Liberal State: The Role of Non-Commodity Values*, 92 Yale L.J. 1537 (1983).

infinitamente inventiva abaixo do nível da filosofia política dominante. É necessário preencher o poderoso vácuo criado entre os polos mutuamente repelentes da dicotomia público-privado – um senso de "virtude cívica" criado pela participação em todas as decisões consequentes. O Professor Frug chama essa ideia de "republicanismo clássico".[47]

Em contraste com a repetição cansativa e improdutiva dos velhos conflitos do libertarianismo do *New Deal*, a democracia econômica parece rica, aberta e otimista. Em vez de assumir a ilegitimidade do governo e a prioridade dos mercados (em uma situação que obviamente requer ambos), a democracia econômica questiona a combinação ótima.[48] Em vez de presumir que o governo sempre reduz a eficiência, a democracia econômica procura situações em que a produtividade depende da ação do governo.[49] Em vez de assumir que a saúde econômica deva

---

[47] Sobre as virtudes cívicas, *vide* Frug, nota 46 *supra*. O ideal de participação não deve ser equiparado à descentralização. Por mais importante que seja a descentralização, é igualmente importante o desenho de estruturas representativas superiores para decisões que, por sua natureza, devem ser centralizadas. *Vide* Lens, Austria's Quiet Revolution Works, 240 Nation 15 (1985), para uma discussão da combinação, na Áustria, de indústria nacionalizada e comitê sobre paridade salarial e de preços. Em minha concepção, virtude cívica e descentralização não se equiparam. Algumas decisões sobre o bem-estar público devem ser tomadas centralizadamente, e, nesse caso, a chave é projetar instituições democráticas apropriadas para tomar a decisão de forma verdadeiramente representativa.

[48] A ideia de projetar o governo para cumprir propósitos conflitantes incomoda algumas pessoas. *Vide* Epstein, *Common Law, Labor Law, and Reality: A Rejoinder to Professors Gelman and Kohler*, 92 Yale L.J. 1435 (1983) ("É preciso uma teoria para vencer uma teoria [...] A simplicidade dessas estruturas de direito comum lhes permite cobrir uma ampla gama de questões jurídicas e sociais que são tratadas de outra forma em uma base totalmente *ad hoc*", *Idem*, p. 1435). Sem dúvida, a ideia de pessoas comuns decidindo seus próprios destinos seria ainda pior do que a confiança nas "suposições políticas", "vieses", "opiniões" e "declarações partidárias" de *New Dealers* sentimentais (Id., p. 1436). "A abordagem não sistemática e anti-intelectual de Getman e Kohler encerra todas as discussões sérias sobre todas as questões sérias. Não leva a resultados empiricamente verificáveis e não tem poder descritivo." (Id., p. 1437). Melhor, suponho, deixar as coisas para as conclusões simples, rigorosas, neutras e, acima de tudo, "intelectuais" dos economistas jurídicos, levando a "qualquer racionalidade que nosso sistema possua". Sobre racionalidade e liberalismo, *vide* T. Spragens, nota 46 *supra*. Sobre a política de neutralidade especializada, *vide* Clune, nota 6 *supra; Distributive and Paternalist Motives in Contract and Tort Law, With Special Reference to Compulsory Terms and Unequal Bargaining Power*, 41 Md. L. Rev. 563, 586-90 (1982)

[49] *Vide* Thurow, *The Elephant and the Maharajah*, 30 The New York Rev. Livro 47, 48 (1983) (a economia incapaz de formular um papel econômico positivo para o governo, conforme Reagan/Feldstein). Ecoando a afirmação do presidente Reagan de que a falta de produtividade deve ser explicada pelo "peso morto do governo", Thomas Sowell faz a notável afirmação de que a igualdade de oportunidades de emprego é impedida pela política e promovida pelos mercados (T. Sowell, *Civil Rights: Rhetoric or Reality* 29-35, 1984). A simplicidade da dicotomia público-privado aparentemente protege Sowell da possibilidade mais complexa de que tanto a política quanto os mercados estejam contaminados pelo racismo e possam promover ou dar oportunidades iguais

de diferentes maneiras (incluindo por meio de influências recíprocas). A posição de Sowell é especialmente dolorosa para quem acredita que a fraqueza da ação afirmativa foi arquitetada por seus oponentes políticos. *Vide* Clune, nota 6 *supra*, p. 59-60, 68-70. A lógica economicista transforma a política consciente de não ir longe o suficiente em impossibilidade de ser eficaz e, portanto, em seu objetivo real: uma desculpa para não fazer nada. O conservadorismo político torna-se lei universal. Mas o prêmio pela compartimentação vai para o Sr. Sowell em um livro diferente: "Os próprios grupos étnicos mudaram de maneira a facilitar sua aceitação. As altas taxas de criminalidade, doenças, dependência de caridade e falta de higiene pessoal que caracterizavam muitos grupos de imigrantes do século XIX passaram com a sua aculturação às normas americanas [...] Um grupo não pode ficar mais limpo ao longo do tempo, se alguma sugestão de que estivesse sujo fosse apenas uma invenção da imaginação dos fanáticos. Seus filhos não poderiam superar suas deficiências educacionais nas escolas, se seus únicos problemas fossem professores racistas e testes tendenciosos [...] Se os irlandeses eram párias no século XIX e totalmente aceitos no século XX, a abordagem moralista vê apenas a mudança tardia da sociedade para fazer a coisa certa. Ignora a própria possibilidade de que os irlandeses aceitos hoje possam ser muito diferentes dos emigrantes da Irlanda do século XIX, cujo comportamento pessoal ainda seria totalmente inaceitável para outros hoje, incluindo os irlandeses americanos de hoje" (T. Sowell, *Ethnic America: A History* 9, 296, 1981). O caráter radicalmente não sociológico dessa passagem é realmente notável: indivíduos gradualmente abandonam características economicamente improdutivas por mérito individual. Parece-me que as seguintes perspectivas mais sociológicas devem ser adicionadas para evitar distorções grosseiras e simplificações excessivas: 1) As características "indesejáveis" de alguns grupos são mais comumente as construções da classe dominante que teme, despreza e pouco sabe sobre esses grupos. Muitas qualidades extraordinárias e inspiradoras de pessoas e grupos, bem conhecidos por eles mesmos, são filtradas pela ignorância da discriminação; 2) Ao mesmo tempo, a identidade social fictícia e degradada patrocinada pelos poderosos, juntamente com a negligência social e os abusos que ela justifica, cobram um preço duro para os oprimidos; 3) Apesar da perseguição, os grupos étnicos progrediram nos Estados Unidos se e quando lhes foram oferecidos emprego, educação e o fim das formas mais selvagens de abuso racial e étnico (que para os afortunados ocorriam tão logo aqui chegassem). A "classificação" precisa dos grupos nas escalas de renda é muito menos significativa do que a capacidade de todas as pessoas e grupos de prosperar sob condições levemente favoráveis. Um mercado razoavelmente não discriminatório, com seus fundamentos governamentais, é apenas uma dessas condições. Outras oportunidades oferecidas coletivamente incluem educação pública, bibliotecas públicas, proteção aos trabalhadores, diversos direitos políticos (por exemplo, a capacidade, muitas vezes contestada, de eleger seus próprios representantes com base na população) e uma cultura que, sob as restrições da democracia, acabou se tornando mais tolerante em resposta à imigração contínua e ao ativismo social. A ação afirmativa não é mais "política" ou mais coletiva do que qualquer uma dessas outras políticas. Da mesma forma, a razão pela qual temos tanta dificuldade em resolver o restante dos problemas raciais não é o "indivíduo", mas os antolhos sociais que nos convencem de que o *status quo* é inevitável e nos impedem de adotar soluções inovadoras. Um exemplo é o problema das crianças desfavorecidas em nossas cidades. Ao contrário da retórica neoconservadora sobre "jogar dinheiro nos problemas", o *Head Start*, um investimento modesto na educação infantil, pode ter efeitos positivos duradouros substanciais nas crianças. *Vide* Lazar e Darlington, *Lasting Effects of Early Childhood Education* (Society for Research in Child Development Monograph No. 47, 1982). A educação na primeira infância e uma experiência educacional subsequente mais ampla e solidária provavelmente produziriam ganhos monumentais no atendimento e no rendimento escolar em áreas urbanas. Mas esse projeto – uma espécie de *kibutz* americano – violaria toda sorte de "vacas sagradas" e de interesses protegidos (por exemplo, um tabu contra o "socialismo", inveja de outros

ser comprada com a renda capturada dos desafortunados, a democracia econômica indaga como o aumento da produtividade e a segurança podem ser obtidos em conjunto e que instituições democráticas são necessárias para avaliar quaisquer compensações. Em vez de pensar na complexidade e no custo indesejável como um problema estritamente governamental, os democratas econômicos percebem que isso também é um efeito dos mercados (assim, simplificar a vida frenética de uma mãe beneficiária de políticas de bem-estar social deve ser considerado tanto um ato de desregulação quanto de redução dos custos de litígio dos ricos e influentes).[50]

## 3 Algumas propostas para a democracia econômica

Planos específicos para a implementação de um programa de democracia econômica são provavelmente prematuros, pois mal começamos a nos livrar da cegueira arraigada do passado político e filosófico. Meu ponto principal até agora tem sido, de longe, a importância de uma nova estrutura analítica e a abertura para novos tipos de soluções,

distritos escolares e de contribuintes, além de alguns aspectos da organização educacional existente). Um obstáculo não menos importante seria a panaceia do Dr. Sowell de que os indivíduos devem fazer isso por conta própria. A cegueira obstinada da filosofia do individualismo é verdadeiramente frustrante. Obviamente, indivíduos prosperam em parte como resultado das circunstâncias sociais encorajadoras que os apoiam, enriquecem e desafiam. A analogia biológica mais rudimentar nos diz que há uma interação entre os organismos e seus ambientes (e um dos aspectos mais encorajadores da vida moderna é o poder crescente da metáfora biológica). No entanto, os "Drs. Sowells" do mundo, situados em ambientes favoráveis, continuam dizendo às pessoas que estão em ambientes devastadores que elas devem "se virar sozinhas", e algo ruim aconteceria se os ambientes fossem deliberadamente melhorados. Nós damos ouvidos a essa fala por ser uma *egotrip* ("nós conseguimos") e porque a mudança é desconfortável. Para que ninguém pense que sou muito otimista, não duvido de que seríamos muito capazes de estragar qualquer tipo de grande iniciativa urbana, seja em termos de desperdício de dinheiro, de reinstitucionalização do racismo ou do que quer que seja. No entanto – mesmo concedendo um belo desconto – acho que os resultados de um grande esforço seriam espetaculares, simplesmente porque é mais fácil fazer melhor do que provocar um desastre. O poder absoluto da ideologia pode ser visto mais claramente quando um desastre como a educação urbana parece natural, e fazer algo sério a esse respeito parece ultrajante.

50 Sobre a contraditória economia conservadora para ricos e pobres, *vide* em T. Eosall, *The New Politics of Inequality*, p. 219-29 (1984) a ideia de que os ricos se tornam mais produtivos dando-lhes mais do que precisam e os pobres se tornam mais produtivos dando-lhes menos do que precisam. Sobre a coercitividade da troca "livre", *vide* Getman e Kohler, The Common Law, Labour Law, and Reality: A Response to Professor Epstein, 92 Yale L.J. 1415, p. 1428-30 (1983); Kennedy, nota 48 *supra*, p. 58283; Lindblom, nota 28 *supra*. Sobre o efeito opressivamente legalista da filosofia conservadora acerca dos beneficiários e trabalhadores da previdência social, *vide* Simon, nota 35 *supra*.

em vez da conveniência de soluções específicas. Para conferir um tom de desenho institucional sob um conceito de democracia econômica e, também, para evitar a acusação de negligenciar detalhes críticos,[51] sugerem-se algumas áreas que merecem um estudo sério.

Mas deve-se ter em mente que propostas específicas não podem se tornar "realistas" até que sejam levadas a sério, testadas em debates pragmáticos e quiçá experimentadas em escala limitada. Muitas pessoas precisariam se envolver em planos sérios e específicos – não apenas alguns professores esperançosos, mas também empresários solidários, sindicatos etc. Em outras palavras, uma das razões da impraticabilidade do pensamento utópico é simplesmente a impraticabilidade de qualquer coisa que nunca tenha sido praticada (como, em tempos anteriores, ocorreu com a educação de negros e mulheres).[52]

## 3.1 Características gerais

Pode-se enunciar as características gerais das soluções de democracia econômica. Do impulso conservador, aprendemos quatro grandes lições que devem ser levadas adiante em qualquer movimento progressista: a importância da autonomia individual e da comunidade local; o

[51] Essa acusação contra os *Critical Legal Studies* (CLS) é onipresente. *Vide*, por exemplo, Johnson, Do you Sincerely Want to be Radical?, 36 STAH. L. Rev. 247, 281-89 (1984). É uma acusação combinada com a ideia de que propostas específicas dos CLS são "utópicas", "grotescas e irresponsáveis". Schwartz, With Gun and Camera Through Darkest CLS-Land, 36 STAH. L. Rev. 413, 426-28, 448-32 (1984). Ambas as acusações são consequências de uma posição política conservadora ou centrista – qualquer coisa a que não estejamos acostumados é inimaginável ou ridícula (e pessoas "práticas" como advogados centristas recomendam mudanças incrementais que apelam para o sentido convencional do viável). Assim, Johnson afirma que, se os CLS reconhecessem e recomendassem o "socialismo", todos veriam que uma mudança tão radical não funcionaria (Johnson, *supra*, p. 248-85). Na base, a posição centrista sobre a impraticabilidade da reforma radical é apenas uma versão suave e intuitiva da posição da direita de que o *status quo* é apoiado por leis econômicas e por "racionalidade". Parece-me que a crítica das especificidades insuficientes deve se dissipar com o tempo, dando lugar à crítica da impraticabilidade. Como os defensores convictos do *status quo* podem acusar seriamente os radicais políticos de não proporem alternativas fundamentais? Quem mais está fazendo isso, além de Richard Viguerrie? Uma lista parcial das reformas recomendadas pelos CLS é fornecida em Kelman, Trashing, 36 STAN. L. Rev. 293, 297-304 (1984).

[52] *Vide* Kelman, nota 51 *supra*, p. 337-43. Em alguns trechos, o artigo Trashing, de Kelman, me diz que não podemos saber se algo específico funcionaria, mas se tentássemos, provavelmente não funcionaria "corretamente", supondo que soubéssemos o que "corretamente" significa (*Idem*, p. 342-47). Essa posição certamente representa uma postura de resignação da esquerda deprimida equivalente em resultado à posição centrista mais complacente discutida acima na nota 51. E um otimista é apenas um pessimista mal-informado. Dellums, Comment on the Geneva Talks, 240 Nation 18 (1985).

valor dos mercados não apenas como meio de eficiência alocativa, mas como forma de controle popular; a impraticabilidade e a inconveniência do planejamento centralizado de inúmeras ações sociais; e a tendência debilitante do governo às políticas fisiológicas[53] e ao protecionismo (entendido como favoritismo econômico socialmente improdutivo). A esses princípios, a democracia econômica acrescenta três outros: a necessidade de estabilizar os aspectos destrutivos da competição econômica nas esferas privada e pública (como estão retratadas), incluindo a necessidade de garantir investimentos sociais vitais; a necessidade de mais democracia e menos hierarquia em ambas as esferas; e a necessidade de uma filosofia pública de cooperação social para complementar a filosofia reinante de competição individualista. Combinando o melhor do conservadorismo e do progressismo, buscam-se mecanismos amplos e estruturais que facilitem as mudanças desejadas, sem controle governamental excessivo e sem subsídios perdulários.

A estratégia básica recomendada é a ampliação da base de participação nas decisões e nos resultados econômicos. Um processo mais simples virá de um destino mais comum. Pode-se abordar o problema dos interesses comuns de forma diferente – por exemplo, a partir do princípio normativo da desnecessidade de hierarquia e de classes. Disparidades de riqueza, poder e autoridade não devem ser toleradas, exceto para o bem-estar geral. Outro princípio possível é o de justa distribuição de infortúnios inevitáveis e do custo dos bens públicos. Um terceiro é o fornecimento de algum mínimo social, mesmo que se comprometa a produtividade da sociedade. Esses princípios são amplamente aceitos. Os conservadores, por exemplo, justificam a desigualdade com base em incentivos econômicos para a atividade produtiva. O problema é que os princípios são ignorados na prática. O protecionismo e o privilégio arbitrário são praticados por quase todos os que proclamam uma filosofia pública mais universal.

Por esta razão, sugere-se uma estratégia inversa. Em vez de tentar gerar normas mais inclusivas a partir da estrutura atual, prossigamos com a teoria de que políticas econômicas de base mais ampla fluirão de uma participação mais ampla. Se mais pessoas estiverem envolvidas, as políticas públicas responderão a mais pessoas.

O problema com o sistema atual não é a escassez de filosofias úteis, mas sim a dominação da política por *insiders* e a correspondente

[53] [N.T.] No original, *pork barrel*.

passividade da grande massa de cidadãos.[54] Uma analogia familiar é o local de trabalho. Suspeito que, se as decisões sobre estrutura de salários, autoridade e trabalho fossem tomadas pelos trabalhadores em conjunto com os proprietários, estaríamos muito mais próximos da eficiência social. Por causa de suas posições artificialmente protegidas, proprietários e gestores podem tomar decisões que beneficiem apenas a si mesmos. Os trabalhadores estão presos à saúde de toda a empresa. Eles devem ser eficientes. A economia tradicional nos diz que os riscos devem ser suportados pelos que têm interesse no resultado; mas, sob o sistema tradicional de propriedade, os incentivos são distorcidos em benefício de uma classe restrita. Os proprietários não têm uma participação grande o suficiente. Os gestores podem se dar ao luxo de prejudicar a eficiência espremendo os trabalhadores, porque eles podem obter uma fatia maior de um bolo menor. Mas os trabalhadores não podem se dar ao luxo de desencorajar bons gestores, pois, se o fizessem, o ganho seria insignificante e a perda, grande.

O mesmo ocorre com as políticas governamentais. *Insiders* e especuladores podem lucrar com todo tipo de políticas imediatistas, perdulárias, instáveis e protecionistas. Se a economia fosse apenas uma loteria gigante,[55] satisfaria muita gente. Mas o cidadão médio deve ser mais prudente. A inflação ou a falta de poupança social podem minar rapidamente o padrão de vida.[56] Portanto, a tradicional confiança nos

---

[54] *Vide* Parker, The Past of Constitutional Theory-And Its Future, 42 Ohio ST. L.J. 223, 240-57 (1981), para uma discussão sobre como as teorias processuais do direito constitucional presumem o bom funcionamento da democracia, ressalvadas algumas falhas, ignorando assim o principal problema da democracia: a passividade e ineficácia da grande maioria dos cidadãos. *Vide* também J. Cohen e J. Rogers, nota 39 *supra*, p. 32-35, a respeito dos sinais de mal-estar na democracia dos EUA. A ideia de democracia passiva também está profundamente enraizada na cultura popular. O filme *Moscou on the Hudson*, estrelado por Robin Williams, termina com Williams relembrando melancolicamente da prisão de manifestantes judeus em Moscou. No entanto, nos Estados Unidos, Williams declara ansiosamente que ele é "não político", não se envolve em nenhuma atividade política e, assim como todos os outros personagens do filme, passa a maior parte de seu tempo regozijando-se da "liberdade", apresentada no filme como a capacidade de fazer compras na Bloomingdales, ter vários empregos temporários e desfrutar de sexo. A noção de democracias ocidentais fomentando a liberdade econômica, em vez de democracia genuína, é discutida em C. Lindblom, nota 28 *supra*. A democracia ativa não requer que todos estejam intensamente envolvidos em tudo. Dispositivos estruturais bem escolhidos podem representar grupos previamente excluídos. *Vide* nota 58 *infra*.

[55] Um exemplo de "mentalidade de loteria" é a especulação de curto prazo no mercado de ações. *Vide* Law, Arbitrage – The Unavoidable Malaise, N.Y. Times, 27 de janeiro de 1985, §3 em 2, col. 3. Sobre o fenômeno geral do "empreendedorismo de papel" como uma estratégia moderna de gestão americana, *vide* R. Reich, nota 39 *supra*, cap. 8.

[56] Sobre o modo como as políticas de Reagan reduziram a poupança social em vez de aumentá-la, mas tiveram sucesso na "agenda oculta" de transferir a carga tributária dos ricos para a classe média, *vide* Thurow, nota 49 *supra*, p. 49.

especialistas em formulação de políticas é equivocada. O que se ganha em conhecimento, perde-se na corruptibilidade política. Praticamente todos concordam que o protecionismo é um desperdício. No entanto, recebe apoio dos poderosos políticos de ambos os partidos. O oportuno se sobrepõe ao que é sábio. Em parceria, especialistas e os abastados produzem uma fonte inesgotável de privilégios. Precisamos da voz da pessoa comum, cuja única proteção é o bem comum.

Projetar instituições representativas, que garantam uma participação realista das massas e desencorajem o protecionismo e a rivalidade regional ou setorial, não é tarefa fácil. Abaixo apresentam-se sugestões preliminares sobre arranjos institucionais que podem produzir maior inclusão. Mesmo que as sugestões não possam ser aceitas literalmente, acredita-se que sejam pontos de partida adequados para um vigoroso debate democrático, pois indicam o tipo e a magnitude das mudanças a respeito das quais devemos pensar.

## 3.2 Representação política das não elites: uma nova câmara dos comuns

Talvez o maior obstáculo às reformas progressistas seja o domínio da política e da comunicação por elites com um forte interesse no *status quo*, mesmo quando esse *status quo* é perigoso e destrutivo. Para contrariar isso, precisamos incorporar institucionalmente o princípio rawlisiano da diferença:[57] um mecanismo constitucional que institucionalize a ideia de que nenhuma política pode ser aprovada, a menos que seja benéfica para os menos favorecidos. Uma possibilidade é uma nova Câmara Nacional dos Comuns, com membros oriundos de setores de sindicatos de trabalhadores ou entidades de assistência e igualmente eleitos a partir dessas entidades. Os membros não poderiam vir da classe empresarial nem ganhar mais do que 150% da renda média nacional. Campanhas e eleições teriam 100% de financiamento público. Definir a competência da Câmara dos Comuns exigiria reflexão. Poderia substituir ambas as Casas do Congresso, apenas o Senado ou a Câmara dos Representantes. Poderia se especializar em questões econômicas, como política macroeconômica, relações trabalhistas e tributação.

Um conjunto mais convencional de reformas visando ao mesmo objetivo (provavelmente não tão bem) seria o alistamento universal de

---

[57] *Vide* J. Rawls, A Theory or Justice 75-80 (1971).

eleitores promovido pelo Estado, o financiamento público exclusivo de campanhas políticas e o acesso à mídia para todos com base no sucesso eleitoral.[58]

## 3.3 Facilitação de organizações descentralizadas de consumidores e trabalhadores

A Câmara Nacional dos Comuns é uma instituição destinada a corrigir um desequilíbrio social nas decisões que, por sua natureza, devem ser tomadas de forma centralizada. Há um desequilíbrio semelhante nas decisões descentralizadas de mercados e locais de trabalho. No capitalismo moderno, consumidores e trabalhadores são atomizados e desorganizados (são os indivíduos de uma sociedade individualista), ao passo que os produtores operam com alto grau de organização interna. Para corrigir esse desequilíbrio estrutural, os governos devem facilitar o crescimento dos seguintes tipos de organizações e políticas: cooperativas de consumo que avaliam a qualidade dos bens e fazem compras em grandes quantidades para obter o melhor preço (grandes

---

[58] A ideia de que o Poder Legislativo seja composto por pessoas não oriundas da classe proprietária é exatamente o oposto da noção federalista que influenciou a inclusão de um Legislativo nacional bicameral na Constituição original. G. Wood, The creation of the American Republic, 1776-1787, ch. 12 (1969). Os federalistas temiam invasões de propriedade pela tirania de uma maioria ciumenta, facciosa e tacanha. Para os federalistas, a unidade essencial ao bem comum deveria ser fornecida pela unidade de interesse inerente a todas as classes, do latifundiário ao camponês, e pela sabedoria e nobreza do melhor tipo de pessoas. As noções federalistas do século XIX de unidade natural das classes e de sabedoria da aristocracia foram substituídas em nosso tempo por uma ideologia mais tecnocrática e positivista: leis econômicas universais e governo de especialistas (e todos ficaremos mais ricos sob um sistema de livre mercado como interpretado por cientistas econômicos). O presente ensaio tende a ver a conexão estabelecida pela Constituição entre propriedade e poder político como a fonte de uma legislação restrita e não como fonte do bem público. Segue-se, suponho, que precisamos de uma nova Convenção Constitucional (Convenção de Filadélfia). Costuma-se dizer que, devido à necessidade de negociações sociais amplas e inclusivas, o alto crescimento no Estado de bem-estar social depende de sindicatos fortes e de uma democracia ativa. *Vide* R. Kuttner, nota 37 *supra,* p. 140-42; Lens, nota 47 *supra. Vide* também Allen e Rishikof, nota 37 *supra,* p. 237, 240-41. Assim é a ideia correlata de que, nos Estados de bem-estar mais *laissez-faire* (por exemplo, EUA, Grã-Bretanha), as empresas evitam a economia de pleno emprego para proteger seu poder. R. Kuttner, nota 37 *supra,* p. 31-33, 140-42, 268-71. O alistamento eleitoral universal é um elemento rotineiro das propostas políticas de esquerda nos Estados Unidos. *Vide,* por exemplo, Clark, Enfranchise the Poor – A Goal for '84, 238 Nation 465 (1984); Gordon, Up From the Ashes – II, Getting Our Act Together, 240 Nation 138, 141 (1985). A resistência dos partidos do *mainstream* à participação de terceiros e dos desfavorecidos também é uma crítica comum da esquerda. *Vide* Rogers, Beating Reagan. The Politics of Voter Registration, 239 Nation 33, 50-51 (1984). À luz de posições tão antigas, é surpreendente ouvir a esquerda caracterizada como antidemocrática.

empregadores e grupos de pequenos empregadores podem formar essas cooperativas em benefício de seus empregados);[59] sindicatos trabalhistas universais, não necessariamente para negociação coletiva com todos os empregadores, mas minimamente como veículo de informação sobre como participar efetivamente de um local de trabalho e de uma democracia política; e nacionalização da atividade econômica, quando isso for do interesse do bem-estar geral (por exemplo, seguros contra danos pessoais,[60] produção de energia).

---

[59] *Vide* nota 63 *infra*. Associações de consumidores, bem como outros arranjos de comércio eficientes, podem de fato ser ilegais sob várias disposições das leis antitruste ou da legislação protecionista pró-negócios. *Vide* J. PALAMOUNTAIN, JR., The Politics Of Distribution (1968); Gellhorn, The Abuse of Occupational Licensing, 44 U. CHI. L.R. 6 (1976); Tinnin, Porsche's Civil War With Its Dealers, Fortune, 16 de abril de 1984, 63. Um componente essencial de qualquer programa sério de democracia econômica seria uma limpeza maciça da legislação protecionista. É claro que remover as atuais fontes hierárquicas de segurança das pessoas pressupõe a substituição de mecanismos mais universais. Eu me interessaria em ver os resultados de um estudo econômico cuidadoso acerca dos custos do protecionismo e dos direitos de propriedade ocultos em nossa economia – não apenas os custos dos programas populistas, mas também os custos do protecionismo empresarial. Talvez a democracia econômica pudesse ser totalmente justificada com base na eficiência (assumindo que os defensores da eficiência poderiam aceitar ideias não familiares como a de que o governo pode oferecer muitos serviços mais baratos do que o setor privado, ou de que muitos empresários e profissionais são pagos em demasia, e assim por diante).

[60] O argumento básico para a nacionalização do seguro automobilístico é apresentado de forma breve e brilhante por um autoproclamado capitalista e liberal não econômico em A. TOBIAS, The invisible Bankers – Everything the insurance industry never wanted you to know, 10, 197-204 (1982). Mais uma vez, por trás de quase todo caminho eficiente não tomado está a política protecionista (*Idem*, p. 167-169); para uma análise das conflitantes de antifixação de preços, anticoncorrência excessiva e adequação das taxas de seguro, *vide* Kimball & Boyce, The Adequacy of State Insurance Rate Regulation. The McCarran-Ferguson act in Historical Perspective, 56 Mich. L. Rev. 545 (1958). Sobre as profissões e a classe, *vide* M. FRIEDMAN, Capitalism And Freedom cap. 9 (1962); M. Larson, The Rise Of Professionalism: A Sociological Analysis (1977). Às vezes, a política é política judicial, como quando a Suprema Corte de Wisconsin derrubou um instrumento administrativo de divulgação de custos de seguro de vida porque ele era enganoso, muito embora o *status quo* não regulamentado fosse claramente muito mais enganoso. À moda liberal típica, o tribunal decidiu que o consumidor individual tinha o direito de avaliar todas as alternativas de forma livre de distrações administrativas. *Aetna Life Ins. Co. versus Mitchell*, 101 Wis. 2d 90, 303 N.W.2d 639 (1981). *Vide* também nota 49 *supra*. Se a ideologia liberal pode fantasiar sobre consumidores de seguros de vida individuais capazes de precificar e comparar diferentes tipos de seguros de vida, nenhuma outra fantasia estará fora de alcance. É interessante que a tão elogiada análise custo-benefício da regulação seja geralmente ignorada em situações como a do caso em Aetna, em que os custos da não regulação são suportados pelos consumidores (em vez de os custos da regulação serem arcados pelas empresas). *Vide* Matheny & Williams Regulation. Risk Assessment, and the Supreme Court: The Case of OSHA's Cancer Policy, 6 Law And Pol'y 425, 442-44 (1984). Os custos de divulgações "enganosas" no setor de seguros de vida podem, de fato, ser bem pequenos (já que o setor ajustou seus produtos ao novo sistema de divulgação). Esse ônus implícito da prova é um típico desdobramento da dicotomia público-privado, segundo a qual o público não pode se intrometer no privado sem uma forte justificativa,

## 3.4 Uma nova economia do investimento social produtivo

A economia conservadora chegou ao túmulo da teoria social. Não conta com princípios para explicar o papel adequado do governo, sugerindo vagamente que haja "menos" governo enquanto patrocina atividades prodigiosas do governo. E, com a economia de gotejamento, ela alcançou uma petição de princípio circular, que diz às pessoas pobres que sofrem e a uma economia em declínio que: "Não importa o quão ruim você esteja, ficaria pior se mudasse alguma coisa. A maneira de se tornar mais rico é nos tornar mais ricos". Grandes mudanças estruturais na economia e aspectos cruciais da qualidade de vida parecem passar despercebidos. Todo o capital cultural de uma sociedade pode desaparecer sem que os indicadores nacionais estremeçam.

Precisamos de uma nova economia que especifique como o governo pode aumentar a produtividade para substituir essa casca vazia da economia neoclássica. O *New Deal* não é a resposta porque, na perspectiva histórica, ele aparece mais como uma colcha de retalhos obsoleta de compromissos políticos destinados a resolver uma crise do capitalismo do que uma verdadeira filosofia de governo.[61] O socialismo tradicional não é uma alternativa séria nas economias desenvolvidas. Ao menos para mim, a estrutura teórica dessa nova economia pública é desconhecida,[62] mas eis algumas políticas já familiares que ela acomodaria: estabilização, em vez de estímulo à competição regional perdulária, por meio de políticas nacionais coerentes sobre tributação, bem-estar, educação, poluição, recursos naturais e remuneração pelo trabalho; incentivo à aquisição de empresas por trabalhadores, como alternativa aos custos sociais que resultariam de eventuais mudanças dessas empresas para outros locais; incentivo ao aumento do bem-estar social por meio da economia, e não pelo aumento do consumo, por exemplo, mediante políticas de eficiência energética, transporte público e outros bens públicos; facilitação do desenvolvimento regional, por meio de financiamento públicas e planejamento estratégico de crescimento de pequenos e grandes negócios; encorajamento consciente de

o que significa que o privado pode causar muitos danos sem interferência governamental. Veja nota 40 *supra*.

61 *Vide* Quadagno, Welfare Capitalism and the Social Security Act of 1935, 49 As. Soc. Rev. 632 (1984).

62 Além das referências na nota 39 *supra*, as possibilidades incluem K. GALBRAITH, The afluent society (1984); M. WEITZMAN, The Share Economy, Conquering Stagflation (1984).

formas organizacionais eficientes, em vez de se pressupor que essas formas serão produzidas pelo mercado;[63] investimento estratégico em "capital humano" (que prefiro chamar de "desenvolvimento humano"); reconhecimento de decisões de consumo imponderadas ("me pague agora ou depois"), como o não investimento em saúde mental e em bem-estar familiar; reavaliação da lei de patentes e direitos autorais para produzir o estímulo ideal da tecnologia inventiva; e revogação da legislação protetora perdulária, seja na forma de regulação econômica, de subsídios, seja de direitos de propriedade menos visíveis (por exemplo, proteção de concessionárias de automóveis ou de companhias de seguros contra concorrência estatal ou privada).

A nova economia deve desenvolver novos indicadores de bem-estar econômico para substituir o produto nacional bruto (PNB). Em vez de um indicador inteiramente baseado em produção e serviços monetizados, o(s) novo(s) indicador(es) deve(m) incluir qualidade do meio ambiente, taxas de poupança (incluindo terras agrícolas e desenvolvimento humano), mudanças estruturais na economia (por exemplo, uma tendência para se tornar uma economia de serviços deficitária, fornecedora de matérias-primas e não de produtos acabados) segurança e satisfação no emprego, criminalidade (violência nas ruas, drogas e os custos associados à prevenção do crime, segurança e encarceramento), saúde física e mental, tempo disponível para lazer e para a família, e a miséria ou satisfação dos menos abastados (para refletir os custos sociais de espremer as pessoas na camada de baixo). Em geral, o todo-poderoso PIB é um sinal de uma sociedade sem uma noção segura de seus outros objetivos.

## 3.5 Novas formas de responsabilidade social

Avançar simultaneamente com uma agenda de decisões coletivas, solidariedade comunitária e autonomia individual requer atenção contínua às formas de regulação e discricionariedade. Em seu núcleo legítimo, a desregulação representa o desenho institucional de mecanismos de responsabilização que atingem propósitos coletivos

[63] *Vide* Thurow, How to Get Out of the Economic Rut, 32 The New York Review of Books 9 (1985). A interação de mercados e formas organizacionais como forma de produção de eficiência parece ser bem compreendida. *Vide* Levmore, Efficient Markets and Puzzling Intermediaries, 70 Va. L. Rev. 645 (1984); Levmore, Rescuing Some Antitrust Law: An Essay on Vertical Restrictions and Consumer Information, 67 Iowa L. Rev. 981 (1982).

da maneira menos dispendiosa, menos intrusiva e mais eficaz possível, evitando pelo menos a inabilidade mais flagrante e os efeitos colaterais inesperados. Ao mesmo tempo, fornece os valores para o desenvolvimento e a discricionariedade individual e comunitária (em vez de instintivamente exacerbá-los, como frequentemente ocorre). Se pensarmos na desregulação dessa forma – e não com o sentido de "se livrar do governo" –, ela assume um tom mais construtivo.

Grande parte do esforço para encontrar novas formas institucionais de regulação vai nesse sentido (mercados de poluição, governança privada etc.).[64] Em meu próprio trabalho aplicado a políticas públicas (tipicamente, um pequeno pedaço do vasto domínio esboçado neste ensaio), uma ilustração seria a busca por novos mecanismos de responsabilização na governança estadual/local da educação. Em vez da recente onda de hiper-regulação,[65] precisamos procurar algumas medidas essenciais de responsabilidade e formas de aplicar esses padrões que preservam e envolvem comunidades autônomas valiosas, como distritos escolares, escolas e professores.

## 3.6 Ensinando valores públicos em escolas públicas

Cedo ou tarde, as propostas de novas estratégias econômicas dependerão de uma nova moralidade, mais previdente e socialmente inclusiva. As pessoas não podem alcançar algo sem o desejo de fazê-lo. Infelizmente, qualquer tipo de moralidade pública enfrenta dificuldades em uma sociedade liberal que aceita a ideia essencialmente incoerente de que os indivíduos escolhem seus próprios valores – valores verdadeiramente privados são excêntricos ou dementes. Este ensaio não é o lugar para uma discussão completa sobre a formação de valores coletivos por meio de variados processos democráticos ou sobre o tipo de moralidade substantiva que vem emergindo nas sociedades modernas.[66]

---

[64] *Vide*, por exemplo, E. BARDACH & R. KAGAN, nota 3 *supra*, p. 217-42, 282-99.

[65] *Vide*, por exemplo, Cuban, School Reform by Remote Control: SB 813 in California, 66 Phi Delta Kappan 213 (Nov., 1984).

[66] O ponto principal é o de que uma política de reciprocidade deve, em última análise, basear-se em uma filosofia de reciprocidade. Quanto à nova moral a que se refere o texto, na duvidosa suposição de que vastas tendências sociais podem ser percebidas e descritas em poucas frases, parece-me que, nos últimos tempos, muitas pessoas passaram a acreditar no seguinte conjunto de ideias notáveis: 1) tudo o que uma boa civilização exige é a aplicação fiel do mais simples princípio moral – tratar todas as pessoas com dignidade e respeito genuínos (incluindo negros, crianças, trabalhadores, mulheres etc.); 2) boa parte do comportamento humano e da organização social equivale a uma violação

Em uma proposição mais limitada, uma vez que a escola pública se destina a ensinar a participação cívica, talvez se possa concordar que, quaisquer que sejam as novas instituições escolhidas, a escola pública deve ensinar as habilidades necessárias para uma participação efetiva. Uma das características mais marcantes de praticamente todas as escolas é a ausência de uma verdadeira formação para a democracia.[67] Em vez

---

elaborada e racionalizada desse princípio simples; 3) o progresso social consiste em substituir sistemas autoperpetuantes de hierarquia artificial, hostilidade e destrutividade por sistemas socialmente encorajadores e estimulantes; 4) romper as racionalizações de sistemas antigos e criar novos sistemas requer uma mistura sempre em transformação de ceticismo e fé, crítica e transcendência, construção e rebelião; e 5) o princípio básico é reconhecido por todas as religiões e dogmas políticos respeitados, mas mesmo a religião ou doutrina política mais admirada não está necessariamente do lado bom do progresso. Quando nossas instituições mais confiáveis falham conosco, permanece um mistério saber o que especificamente pode nos manter no lado bom do progresso. Por essa e outras razões, não vejo por que essa filosofia indelevelmente humanista deva necessariamente ser considerada secular. *Vide* T. Chardin, The Phenomenon of Man (1959). Uma visão definitiva de realizar o potencial humano em redes sociais de apoio é minha versão simplificada de Gabel e Kennedy, Roll Over Beethoven, 36 STAL. L. Rev. 1, 46, 51 (1984). Poderia ser formulado desta forma: o reconhecimento não seria tão raro se não o entesourássemos. *Vide* também M. Mahlen, The Psychological Birth of the Human Infant (1975); C. Gilligan, In a Different Voice: Psychological Theory and Women's Development (1982). Os *Critical Legal Studies* têm sido, para mim, uma forma de pensar as tendências retrógradas e utópicas do direito. Enquanto o reconhecimento jurídico é uma preocupação central dos movimentos morais modernos, o direito apenas reconhece as novas tendências, em vez de iniciá-las, de forma que a moralidade não é desenvolvida a partir do raciocínio de juízes ou de especialistas em políticas públicas. *Vide* Clune, Book Review, 93 Yale L.J. 763, 770-71 (1984). Frequentemente, o direito também contém, desvia, desradicaliza e esvazia novos movimentos sociais ou os transforma em termos domesticados de uma ideologia hegemônica como o individualismo liberal. *Vide* Gabel e Kennedy, *supra*, p. 26-37. *Vide* nota 29 *supra*; sobre a lei antifurto como uma fonte tanto de repressão de classe quanto de normas universais de justiça, *vide* E. THOMPSON, Whigs And Hunters, The Origin Of The Black Act 262-69 (1975); Sobre como uma perspectiva individualista sobre a pobreza condiciona a classificação de suspeitos, *vide* Clune, The Supreme Court's Treatment of Wealth Discriminations Under the Fourteenth Amendment, 1975 Sup. CT. Rev. 289, 327-334; Sobre como a perspectiva do infrator, constante da legislação sobre direitos civis, limita o escopo do auxílio, *vide* Freeman, Legitimizing Social Discrimination Through Antidiscrimination Law: A Critical Review of Supreme Court Doctrine, 62 MINN. L. Rev. 1049 (1978); Quadagno, nota 62 *supra*; F. UPHAM, Law and Social Conflit in Contemporary Japan (1984) (manuscrito não publicado) citado em *Judicial Review of Administrative Guidance*. Acerca dos movimentos sociais reconhecidos, rotinizados, contidos, desradicalizados pela legislação japonesa, *vide* Governmentally Encouraged Consensual Dispute Resolution in Japan, 84 Colum. L. Rev. 923, 947 n.95 (1984); sobre o mérito individual e as concessões simbólicas como métodos sofisticados de legitimação da discriminação na transição de casta para classe, *vide* também Jackman e Muha, Education and Intergroup Attitudes: Moral Enlightenment, Superficial Democratic Commitment, or Ideological Refinement? 49h. Soc. Rev. 751 (1984).

[67] Sobre a relação mista entre educação e democracia econômica, *vide* Levin, Education and Organizational Democracy, Proj. Rep. No. 81-A11, Institute for Research on Educational Finance and Governance, (July, 1981); Levin, Economic Democracy, Education, and Social Change, Proj. Rep. No. 79-B16, Institute for Research on Educational Finance and

de uma compreensão de como a democracia realmente funciona e das ferramentas necessárias para participar, estudantes recebem abstrações e histórias sentimentais, sugerindo que o processo funciona por si só, sem participação ativa das massas. O efeito é apassivador – a democracia como um ritual periódico de votação.[68] A democracia torna-se ativa se e quando o estudante faz parte da estrutura de poder e se identifica com ela ou com algum outro grupo de interesse especial. Assim, os *outsiders* são românticos e os *insiders* são realistas ou cínicos.

---

Governance, (June, 1979); Levin, Education And Work, Proj. Rep. No. 82-B8, Institute for Research on Educational Finance and Governance (Dee., 1982).

68 O material de angariação de fundos de Reagan que chegou até minhas mãos convida a me tornar um "Membro fundador" da "Força-Tarefa Presidencial Republicana", fundada pelo presidente Reagan, "para o objetivo principal de manter uma maioria republicana no Senado". A atraente encadernação oferece-me uma medalha de mérito; uma medalha de alfinete de lapela; uma bandeira americana cerimonial de 3 x 5 pés; um cartão de membro da Força-Tarefa Presidencial em relevo que "revela seu número de linha direta de Washington, gratuito e exclusivo para membros [...], sua maneira super-rápida de entrar em contato com o presidente Reagan e todos os republicanos no Senado dos Estados Unidos"; uma inscrição no quadro de honra do presidente para ser "mantida para sempre" ("Talvez algum dia seus netos [...] vejam seu nome ligado historicamente ao próprio Presidente Reagan"); "The New Force", um "*briefing* especial de informações privilegiadas sobre as histórias reais por trás do que está acontecendo na Casa Branca, no Capitólio e em todo o mundo"; além de uma "publicação especial" com "*insights* atualizados". No verso da encadernação, acima de uma bela foto do presidente, está uma citação de Reagan de 1983 dizendo: "A grande história sobre a América hoje é a maneira como milhões de pessoas confiantes e atenciosas – aqueles americanos extraordinários e 'comuns' que nunca chegam às manchetes e nunca serão entrevistados – estão lançando as bases, não apenas da recuperação de nossos problemas atuais, mas de um amanhã melhor para todo o nosso povo [...]" (1985 Republican Presidential Task Force, folheto, acompanhado de uma carta do presidente Ronald Reagan, endereçada a W. Clune, 25 de janeiro de 1985). Como forma de fazer as pessoas passivas se sentirem importantes e pertencerem a algo sem fazer nada além de gastar dinheiro, esta é uma obra-prima. Essa ideologia reconfortante, proporcionadora de uma experiência de fantasia totalmente privada e mercantilizada de cidadania envolvida, é o equivalente político popular das teorias processuais no direito constitucional. *Vide* Parker, nota 54 *supra*. Sonhos de democracia funcionam melhor em uma população preparada pela Madison Avenue para a experiência de "fantasias substitutivas". *Vide* Gabel, The Phenomenology of Rights-Consciousness and the Pact of the Withdrawn Selves, 62 Tex. L. Rev. 1563, 1583 (1984). Não estou criticando a consciência coletiva como tal. As pessoas precisam de um senso de significado coletivo que dê importância e significado às suas vidas. Mas uma consciência coletiva saudável é "verdadeira" e libertadora; torna as pessoas mais ativas, construtivas e competentes em suas situações sociais reais. A falsa consciência é distorcida, alienante e apassivadora. A pregação evangélica atende à necessidade de uma consciência coletiva saudável muito melhor do que a análise política racional ou a democracia de fantasia. O problema do fundamentalismo é o privatismo (o silêncio sobre a política e a vida pública) ou uma prescrição antidemocrática e implausível para a vida pública baseada em princípios sectários. Suponho que almeje um sentido, em última análise, religioso ou transcendental do significado "interior" da vida combinado com a democracia econômica como o princípio da vida pública.

É claro que o problema do liberalismo também atrapalha o ensino de valores nas escolas públicas. Porque a escola pública é uma agência de socialização dentro de um Estado liberal baseado na suposta autonomia absoluta do indivíduo, o ensino de valores na escola pública está em constante crise. Ensinar demais é tido como doutrinação; ensinar de menos, como falta de princípios; ensinar "a coisa errada" é tomado como violação à liberdade religiosa de alguém. A solução oposta, privatizar a educação por meio de *vouchers*, por exemplo, funciona até que tenhamos que viver juntos em uma comunidade e tomar decisões coletivas (o bom das escolas privadas é aprender um sistema de valores; o ruim é que ninguém mais acredita nisso).

É hora de enfrentar a questão e ensinar uma verdadeira moralidade pública nas escolas públicas, ou melhor, iniciar o doloroso processo de desenvolvimento dessa moralidade. Se não podemos ir diretamente a ultimatos substantivos (como igual dignidade das pessoas dentro de redes sociais de apoio), talvez possamos chegar perto deles com um treinamento sensível e disciplinado nos métodos de discussão e de debate civilizado em uma sociedade pluralista.[69] Debates públicos não resolvidos incorporam posições éticas coerentes e profundamente arraigadas. Aprender a entender a posição apaixonadamente defendida pelo outro, enquanto se mantém (ou se modifica) a própria posição, é a essência da democracia. Um sistema de serviço comunitário obrigatório é outra maneira de ensinar valores sem confrontar a dogmática (é estranho, mas, independentemente do ponto de partida dogmático, as pessoas parecem concordar com o altruísmo como um valor).[70]

---

69 *Vide* F. Newmann e D. Oliver, Clarifying Public Controversy, an Approach to Teaching Social Studies, (1970); *vide* também nota 66 *supra*.

70 *Vide* Kennedy, *Form and Substance in Private Law Adjudication*, 89 Harv. L. Rev. 1685 (1976); Kennedy, nota 48 *supra*. É interessante que o altruísmo – que Kennedy mostra que a lei se esforça tanto para manter à distância – seja tão facilmente aceito na vida cotidiana. Isso lembra a proposição de Agnes Heller de que a matéria-prima para a crítica social existe em todos os momentos da vida cotidiana sob vários graus de poderosa repressão social. A. Heller, *Everiday Life, Rationality of Reason, Rationality of Intellect* (book manuscript, 1984). Um dos grandes temores dos tempos modernos é que o liberalismo e o capitalismo possam "colonizar" a esfera energizante da vida cotidiana e as estruturas administrativas do Estado de bem-estar social com ideias como interesse econômico próprio, racionalidade científica, e eventualmente secar a própria fonte do altruísmo, isto é, da própria vida social. Esta ideia, e uma saída proposta através da ação comunicativa, é um tema principal de J. Habermas, *The Theory of Communicative Action: Reason and Rationalization of Society*, p. xvi-xxvii (J. McCarthy trad. 1984). Em tempos políticos polarizados, deve-se notar que Habermas, assim como Max Weber, acredita que o socialismo burocrático é a culminação do capitalismo de bem-estar hiper-racional e, portanto, que o caminho a seguir será mais parecido com grupos de apoio do que com o Estado de bem-estar social. Espero e assumo que novas formas organizacionais, como cooperativas de consumo e democracias

A educação também deve transmitir habilidades vitais para uma democracia, como organização comunitária, métodos de discussão de valores em uma sociedade pluralista, consciência dos efeitos ofuscantes da ideologia e da propaganda, técnicas para descobrir a verdade e obter uma resposta do governo e das instituições de mercado, consciência dos aspectos práticos da democracia em larga escala (como o efeito do dinheiro, incluindo seu efeito sobre a sabedoria convencional), treinamento sobre democracia no local de trabalho e técnicas para resistir à desmoralização de grupos que não são da elite (incluindo os efeitos estigmatizantes e apassivadores de ideias de meritocracia educacional). Na suposição de que muitos estudantes se tornarão elites, a escolarização deve incluir métodos para que instituições poderosas se tornem mais democráticas e responsivas.

## 3.7 Um "Plano Marshall" de transição para a crise de "populações perdidas"

A maior parte do que é preciso fazer para institucionalizar a democracia econômica é de natureza estrutural – novas formas de pensar e agir que gerarão suas próprias soluções substantivas. Podemos ter um problema social tão grande e mortal que requeria atenção imediata em um período de transição – o que chamo de crise de populações perdidas. O efeito mais selvagem do liberalismo – esse sistema que deixa as pessoas à própria sorte e permite que tirem vantagem umas das outras – é a divisão gradual da sociedade em duas classes:[71] os que estão em rede e integrados a uma boa vida e os que estão pulverizados, atomizados e perdidos. Lemos sobre isso em todos os lugares – jovens do gueto que se tornem menos empregáveis a cada ano, adolescentes fugitivos, moradores de rua, dependentes químicos, idosos pobres e muitos imigrantes.[72] São eles que, em brigas por segurança de renda e

operárias, desencadeiem sentimentos e discussões sobre como a vida deve ser vivida, em vez de (como se poderia argumentar) promover a anexação da vida social como um aspecto da produção e do consumo racionalizados.

71 A noção de uma economia de "ampulheta" ou de "dois níveis" já está bem estabelecida nos comentários populares. *Vide* Thurow, The Disappearance of the Middle Class, N.Y. Times, 5 de fevereiro de 1984, em F3. col. 1.

72 Um exemplo de preocupação com populações perdidas é a coleção de pontos de vista sobre a economia da cidade de Nova York encontrada em A Symposium: A City Divided, N.Y. Times, 20 de janeiro de 1985, p. E6, col 1.

desregulação, sucumbem e desaparecem. Consistente com a filosofia da competição individualista por segurança, aqueles que estão no *mainstream*, conectados a instituições seguras como famílias, propriedades, boa educação e organizações de apoio de grande escala, não prestam muita atenção aos que estão de fora, mesmo que o círculo de proteção fique menor. Somente enfrentamos o problema quando ele nos confronta, na criminalidade de rua, nos custos das prisões e dos cuidados médicos.[73] Eu não ousaria sugerir o que precisa ser feito para sairmos desse buraco monumental – seja educação, formação profissional, quadro de servidores do governo, novas instituições de assistência social ou o quê. Referir-se a um "Plano Marshall" evoca imagens de uma intervenção bem-sucedida em grande escala e pouco mais. Mas suspeita-se que o problema não se resolverá sozinho.

## 4 Conclusão

Tentei elaborar uma série de pontos inter-relacionados em relação à complexidade regulatória fundamental do Estado de bem-estar social.

Em primeiro lugar, do ponto de vista analítico, há um equívoco na tradicional imagem da regulação como um conjunto de medidas que, por meio do direito, incorpora *outsiders* à legalidade e se imiscui na situação de *insiders* fora da legalidade. Não há *outsiders* ou *insiders*, apenas grupos diferentes usando leis diferentes. Há veteranos e recém-chegados. Os veteranos fazem-se parecer com *insiders* (por exemplo, evocando a antiguidade). Os mais velhos entre os veteranos tentam dar à sua posição um privilégio especial chamando o seu direito de "privado" (e ensinando-o no primeiro ano da faculdade de Direito).

Em segundo lugar, a imagem clássica da regulação como um problema procedimental está errada. Não existe um procedimento sem atritos para resolver os conflitos do Estado de bem-estar social, embora certamente valha a pena pensar em soluções menos complicadas. O problema essencial é substantivo, relaciona-se com a filosofia política subjacente ao liberalismo. A complexidade muitas vezes é atribuída ao liberalismo no sentido político-contemporâneo – a política de grupos

---

[73] *Vide* J. Cohen e J. Rogers, nota 39 *supra*, p. 27-30. De acordo com o economista Lester Thurow, os gastos com segurança são um peso morto na economia porque representam a proteção da propriedade existente, em vez do uso produtivo dela. Veja Thurow, nota 49 *supra*, p. 48-49.

de interesse democráticos. Meu argumento é de que isso é causado pelo liberalismo como uma filosofia política que abrange todo o nosso sistema político e mais claramente identificada com o conservadorismo moderno (uma variedade paradoxal de libertarianismo do grande governo). A complexidade é causada pela falta de uma visão social comum e por uma visão degradante da ação coletiva. A política estaria de acordo com essa visão social – estreita, fragmentada, competitiva, egoísta, instável e desconfiada.

Terceiro, a afirmação da economia neoclássica como modelo universal para a ação individual e coletiva é insustentável. Pelo contrário, como um componente poderoso e essencial do liberalismo, a economia neoclássica deve ser modificada antes que a mudança possa ocorrer. Todas as leis e práticas mais antigas são defendidas pela economia em nome da eficiência: direitos de propriedade existentes, autoridade e estrutura organizacional existentes, consumidores e trabalhadores "individualizados" (isolados), definições de bem-estar baseadas exclusivamente em bens materiais e a posição privilegiada de empresa "privada".[74] É preciso uma teoria da ação coletiva que vá além do mercado (em si uma forma de ação social organizada patrocinada pelo governo) e indague que tipo de atividades (incluindo empreendimento econômico no sentido estrito) são mais bem realizadas por indivíduos, famílias, governos, mercados e outros tipos de ação

---

[74] A principal objeção ao conservadorismo econômico e à sua contrapartida acadêmica, o conservador *Law and Economics*, consiste em seu projeto político de responder à questão da eficiência necessária de trás para frente: justificar os interesses de propriedade por meio de apelos exasperados à eficiência. Justificar a divisão hierárquica de recompensas materiais e poder com base na eficiência econômica é a Grande Estratégia Conservadora, em todos os domínios da vida política e econômica. *Vide* T. Edsall, nota 50 *supra*. Um exemplo no campo de *Law and Economics* é a escola funcional, que defende os padrões existentes de propriedade e autoridade na produção econômica. *Vide* Williamson, Corporate Governance, 93 Yale L.J. 1197 (1984) e a crítica dessa análise em Kelman, nota 51 *supra*, p. 306 n. 37, 325 n. 80. É fácil visualizar as falhas intrínsecas da análise funcional na análise da corporação por Williamson, levando-o à notável conclusão de que, enquanto os trabalhadores com "habilidades de propósito geral" são bem protegidos pelo mercado salarial (Williamson, *supra*, p. 1207), acionistas como um grupo exigem representação especial dentro da empresa (*Idem*, p. 1210). Parece-me que essa conclusão decorre da atribuição de um interesse coletivo aos acionistas, ao mesmo tempo em que força os trabalhadores ao modelo de interesses individuais. *Vide* nota 50 *supra*. E o sentimento de orgulho e apego de um trabalhador à empresa, às comunidades econômicas e culturais dos trabalhadores e às suas famílias, que crescem em torno de estabelecimentos industriais e às preocupações com a segurança e a organização da produção? Qualquer análise que permita aos ausentes acionistas participar de forma mais constante na empresa do que aos trabalhadores, que são parte cotidiana da produção, é suspeita (para ser justo com Williamson, ele tenta fazer do absenteísmo a justificativa para uma maior representação).

coletiva.[75] Os benefícios dos mercados e da propriedade privada devem ser claramente reconhecidos, e não ideologicamente privilegiados.

Quarto, a afirmação do conservadorismo moderno como agente da simplicidade regulatória está errada. Ao contrário, ao deslegitimar valores públicos e insistir na prioridade absoluta dos indivíduos e dos mercados, o conservadorismo se opõe à única saída possível para a excessiva complexidade regulatória: uma concepção mais ampla do bem comum. A desregulação realmente representa prioridade para um subconjunto de reivindicações sociais, que sempre serão contestadas em um Estado democrático, independentemente de modificações antidemocráticas.[76] Os conservadores, assim, criaram uma monstruosidade moderna: um Estado de bem-estar social ativo sem o benefício do bem-estar público como justificativa; e o Estado em guerra consigo mesmo não serve nem à equidade nem à eficiência.[77]

---

[75] O mercado não é a única força social organizada ou mesmo primária na economia. Grande parte do direcionamento da economia foi assumida pelos gerentes de grandes organizações empresariais que respondem ao mercado, mas não são governados por ele. *Vide* A. Chandler, *The Visible Hand* (1979). O conservadorismo econômico e a dicotomia público-privado impedem a democratização dessa tendência e sua extensão ao governo. *Vide* Broder, U.S. Needs Strategy for Competition, Wisconsin State Journal, 22 de maio de 1985, §1, p. 10, col. 3. *Vide* também nota 37 *supra*.

[76] *Vide* Schneir e Schneir, Beyond Westmoreland. The Right's Attack on The Press, 240 Nation 361 (1985); Wisconsin State Journal, 22 de maio de 1985, §1, p. 3, col. 1 ("Temos que chegar onde possamos conduzir uma política externa sem que um comitê de 535 pessoas nos diga o que podemos fazer").

[77] A inutilidade de buscar uma solução política forte a partir de uma filosofia política fraca pode ser vista em dois de nossos dramas contemporâneos mais envolventes: déficits orçamentários e reforma tributária. A dinâmica que está na raiz desses dois problemas inter-relacionados é mais ou menos assim: a fragmentação de interesses resultante de uma cultura governamental fragmentada produz um número excessivo de grupos de interesse competitivos. A demanda agregada desses grupos por proteção governamental é alta, especialmente devido à mudança de segurança do Estado de bem-estar social. Enquanto isso, os ataques conservadores ao governo impedem que uma filosofia unificadora de segurança e produtividade seja forjada. Ao tentar reduzir e "privatizar" o governo, os conservadores fazem exatamente o oposto. Pequenas reduções de gastos, pretensamente contra os interesses especiais, geralmente são esmagadas pela enorme contrapressão política de grupos cuja segurança é afetada de forma diferente (como os agricultores). As reduções de impostos, supostamente para as pessoas comuns contra os interesses especiais, submergem na política de interesses especiais da política tributária. Mesmo que as reduções de impostos sejam bem-sucedidas, elas produzem grandes déficits, cujo efeito líquido tem produzido demandas por mais proteção contra grupos prejudicados pelos déficits. *Vide* Galbraith, nota 79. A filosofia conservadora original, de reduzir receitas para reduzir o governo, começa a parecer irremediavelmente simplista no contexto da política do Estado de bem-estar social. Sentindo as contracorrentes da economia política de grupos de interesses específicos, os conservadores estão começando a conceber meios implausíveis de minar a influência política de vários grupos (em outras palavras, minar a democracia). Mas a verdadeira fonte do problema está escondida de seus olhos, pois brota de sua própria filosofia, da estrutura mais profunda da democracia libertária,

Quinto, a ideia procedimentalista de que uma regulação eficiente só pode ser alcançada por meio de ajustes marginais nas relações entre os centros de poder existentes está errada. A complexidade social não evita mudanças radicais. Pelo contrário, apenas uma mudança radical na estrutura do governo e das organizações de trabalho pode produzir um contrato social mais amplo. Devem ser desenhados mecanismos que redistribuam, simplifiquem e tornem mais produtivos caminhos flexíveis, atualmente obscurecidos pelos rígidos pressupostos da dicotomia público-privado dominante.[78] Os méritos ou deméritos de mudanças específicas discutidas neste ensaio não devem desviar a consideração das sérias dificuldades fundamentais que elas foram projetadas para resolver. Na minha opinião, não se pode esperar um planejamento social amplo e inclusivo de interesse público em uma economia política projetada exclusivamente para patrocinar uma luta pelo bem-estar material. Se todos lutam por vantagens relativas, torna-se difícil pedir cooperação, sacrifício e compartilhamento. Se o objetivo é "chegar lá", nada parece errado com as muitas pessoas que não conseguem. As compensações entre bem-estar material e outros valores são disputadas como questões polarizadas entre diferentes grupos, em vez de serem resolvidas como interesses concorrentes do grupo maior. Mesmo o planejamento social que conseguimos realizar é tendencioso, distorcido e episódico.[79] Uma vez que o problema é mantido pela política de grupos de interesse, qualquer solução real deve revolucionar a política na direção da participação e controle popular.

Sexto, a ideia de uma correção estrutural para a complexidade do Estado de bem-estar social, talvez encorajada por este ensaio, é incompleta. Há também um problema de consciência social: o "eu"

---

e não de qualquer conspiração nebulosa autônoma em favor de um grande governo. Enquanto todos tiverem de competir pela prosperidade contra todos os outros, o único resultado possível é uma democracia competitiva e uma condição de perpétua demanda superaquecida por proteção governamental. A única saída é duplamente ofensiva aos conservadores – maior igualdade social e um papel positivo para o governo. Enquanto isso, o destino dos conservadores é uma tragédia de Sísifo – eles buscam unidade, mas com ferramentas de conflito; e, como casais em conflito, os resultados são tristemente previsíveis – futilidade, amargura, culpa e o sonho solitário de poder incontestável.

78 Reconhecer a complexidade da sociedade moderna sem aceitar a distribuição existente de direitos acrescenta um programa igualitário à ideia de Teubner de "direito reflexivo". Teubner, Substantive and Reflexive Elements in Modern Law, 17 Low & Soc. Rev. 239 (1983).

79 A propósito do socialismo americano promovido pela recapitalização de empresas falidas, por meio do pelo governo, e do viés político em favor de grandes organizações, *vide* Galbraith, Taking the Sting Out of Capitalism, N.Y. Times, 26 de maio de 1985, §3, p. 1, col. 1.

incoerente e dividido do liberalismo existente, presente não apenas em nossas instituições políticas, mas também em nossas percepções, pensamentos e sentimentos.[80] Os liberais pedem liberdade para seguir em frente, restrições "aos outros" e autonomia absoluta de qualquer senso de valores comuns. A solução não precisa ser terrivelmente ambiciosa. Talvez uma simples inversão de perspectiva funcione – em vez de uma ordem social invasiva controlada por reivindicações incoerentes de liberdade individual absoluta, precisemos de uma ordem construtiva que apoie o desenvolvimento individual por meio da cooperação social.[81] Mas o "eu" dividido do liberalismo penetrou em todas as fendas da vida social e não será facilmente retirado. Está presente na cultura socialmente desenraizada do consumo, dizendo às pessoas para terem coisas, avançarem e não se envolverem; a estrutura dividida materialmente fragmentada das relações industriais e a estrutura racialmente dividida da política populista;[82] as concepções rigidamente estratificadas e estreitas de competência humana construídas em testes educacionais, notas e no próprio conteúdo da educação. Na luta entre os "eus" paranoicos e cooperativos do liberalismo, a visão, própria da classe de proprietários, de que os outros são invasores e ladrões ainda prevalece sobre a visão construtiva dos outros como colegas de trabalho e companheiros. Cada nicho na hierarquia, independentemente de seu

---

[80] *Vide* R. UNGER, nota 34 *supra*; Wood, Hellfire Politics, 32 The New York Rev. ou Books 29 (1985) (revisando J. DIGGlNS, The lost soul of American Politics: virtue, self- interest, and the foundations of liberalism (1984)). *Vide* também nota 66 *supra*.

[81] Os primeiros americanos rejeitaram o bem-estar individual como o objetivo do governo e escolheram o "bem comum"; mas também reconheceram o conflito entre liberdade econômica e cooperação social. *Vide* G. WOOD, The Creation of the American Republic, 1776-1787, 53-65 (1969).

[82] A classificação dual do trabalho, apoiada pelos sindicatos, é um exemplo moderno de fragmentação da classe trabalhadora. *Vide* Jansonius & Broughton, Coping With Deregulation: Reduction of Labor Costs in the Airline Industry, 49 J. of Air L. & Com. 501, 535-36 (1984); Ross, Employers Win Big in the Move to Two-Tier Contracts, Fourtune, Apr. 29, 1985, p. 82; Noble, Cut in Starting Pay Reported at PanAm and Truck Concerns, N.Y. Times, Apr. 2, 1985, §1, p. 1, col. 1; Serrin, Concessions in Labor Pacts Seen as Reflection of Growing Employer Power, NY. Times, Mar. 10, 1985, §1, p. 32, col. 1; Two-Tier Wage Plans: Will They Save Jobs and Money or Just Create Added Problems? BNA Daily Labor Report, Dec. 19, 1983, §C-1. Observou-se um componente racial no desinteresse do Partido Democrata em relação aos operários (os trabalhadores conhecidos como *blue-collars*). *Vide* Eichel, Race Plays Role in Exodus of Dems, Wisconsin State Journal, 10 de maio de 1985, §1, p. 14, col. 3. Sobre a representação de classe como um componente de um amplo contrato social, *vide* nota 58 *supra*. Devido à natureza racialmente dividida da política americana (qualquer medida forte o bastante para realmente ajudar a população negra irrita os brancos), talvez seja hora de enfatizar uma forma culturalmente aceita de ação coletiva, como uma educação de primeira linha nas escolas urbanas, em vez de depositar demasiadas esperanças em ganhos nas ações afirmativas.

valor, torna-se uma parcela de propriedade privada a ser defendida da expropriação. A segurança da autossuficiência encolhe diante dos temores da desconfiança mútua.

A difusão da mentalidade liberal parece tornar a mudança bastante improvável, mas as contratendências estão igualmente difundidas. Visões utópicas existem em toda parte, lado a lado com as tendências mais regressivas. Em um exercício impossivelmente seletivo, podem-se citar os elementos universalistas (genuinamente utilitaristas) de ataques conservadores ao protecionismo, o crescimento espontâneo de formas organizacionais democráticas, a criação de grupos de apoio social para curar patologias pessoais e familiares, planejamento empresarial/econômico conjunto e crescente apoio mundial ao ideal de crescimento individual dentro de uma rede social estimulante e solidária,[83] uma filosofia que parece conciliar o indivíduo e a sociedade, permite uma visão instrumental (e não absolutista) dos mercados[84] e combina liberdades negativas e positivas em uma mesma perspectiva.[85]

---

[83] *Vide* nota 66 *supra*.

[84] Uma preferência absolutista por mercados em uma situação que exija políticas mistas poderia ser justificada se houvesse um preconceito generalizado contra os mercados na política e um viés generalizado em favor de políticas não mercadológicas, menos desejáveis. A ideologia conservadora poderia então ser considerada uma metainstituição desejável para ajudar a política a escolher instituições governamentais subsidiárias. Esta é provavelmente uma forma sofisticada de dizer o que muitos conservadores sentem. Não vejo nenhuma evidência de qualquer viés. As medidas governamentais, escolhidas pela política e não pelos mercados, são melhores às vezes e piores outras vezes. As ineficiências introduzidas pela recapitalização governamental das grandes empresas (*vide* Galbraith, nota 79 *supra*) poderiam ser evitadas por planos mais abrangentes de segurança econômica; e são, de qualquer forma, preferíveis ao caos causado pela mudança não planejada. Uma observação de Neil Komesar em um colóquio me fez pensar em ideologias como instituições comparáveis aos tribunais federais.

[85] Uma ideia útil que tende a ampliar a mentalidade conservadora é pensar tanto em termos de liberdades positivas quanto negativas. As liberdades negativas são a liberdade em face da opressão governamental, que logicamente deveria ser tomada de forma mais ampla para incluir a liberdade em relação à opressão de nossos concidadãos. As liberdades positivas são recursos e oportunidades, que logicamente deveriam incluir recursos fornecidos por atos não governamentais. Deve-se estar consciente do caráter altamente vago, conclusivo e manipulável desses conceitos. *Vide* Kennedy, nota 45 *supra*. Mas esses conceitos, se utilizados corretamente, são úteis e abrangentes. Toda a liberdade em relação à interferência governamental para uma pessoa pode representar a liberdade de diminuir a liberdade de outra pessoa. A liberdade de expressão pode ser ofensiva. O sul tinha linchamentos com imunidade legal. A liberdade econômica e os direitos de propriedade podem permitir salários discriminatórios ou empregos estultificantes sob condições autoritárias. *Vide* nota 45 *supra*. Por outro lado, para dar aos conservadores o que lhe é devido, gastos governamentais para aumentar a liberdade positiva de uma pessoa podem representar um desperdício econômico, bem como tirar a liberdade positiva de duas outras pessoas (uma através dos impostos e outra através do desperdício). A conclusão é que a "liberdade" por si só não decide ou privilegia nada. Cada problema jurídico e

Essa permeabilidade mútua de elementos utópicos e regressivos é o que torna imprevisível a questão da mudança e problemática a questão das novas estruturas governamentais. Como essas questões são parte de um todo, talvez o caminho mais familiar e mais rápido seja aquele que está à mão – a própria vida social mais próxima. Assim, mesmo que as mudanças estruturais sugeridas neste ensaio sejam inadequadas, muitos outros lugares para começar estão sempre à mão. O complexo tecido jurídico-social que produz a complexidade regulatória pode ser alterado da mesma forma que foi construído: integrado da forma como foi fragmentado, pelas ações multitudinárias e cumulativas da vida social humana. Em vez de uma reestruturação total do governo e da economia, talvez agora seja mais importante um programa governamental específico e socialmente responsável ou empreitadas democráticas eficazes. Na ausência de uma correção estrutural, não há motivo para resignação ou desespero. A mudança gradual não implica um resultado incremental nem fragmentado. Pequenas medidas importam.[86] Ainda assim, é útil pensar sobre a estrutura porque é ela que afeta questões locais, porque questões estruturais também surgem e porque uma visão alternativa acerca das estruturas pode ajudar a motivar ações sociais menores.[87]

---

de política pública consiste em um equilíbrio e uma avaliação de diferentes tipos de liberdades.

86 Um ponto a se pensar é a resistência à seleção de juízes federais que não ajam para tornar a sociedade melhor ou mais democrática. Afinal, o que aconteceu com a interpretação jurídica restritiva?

87 A busca de valores comuns está obviamente ligada à nossa principal estrutura governamental: a democracia. O medo dos valores de outras pessoas é tão grande sob o liberalismo que preferimos resolver disputas por meio do que parecem ser compromissos políticos substantivamente vazios – pacotes puramente processuais de juízos de valor concorrentes. O que deveria ser o mais alto ato de uma sociedade democrática, o acordo forjado a partir da diversidade, é culturalmente degradado e transformado no "negócio sujo da política". Aparentemente, temos a estrutura governamental da democracia sem sua cultura subjacente, um sentido da formação democrática dos valores públicos. As liberdades absolutas, dogmático-religiosas e individuais são as contrapartidas culturais da esfera privada socialmente irresponsável. Na contradição final do liberalismo, os valores comuns parecem invadir a liberdade pessoal (uma perspectiva compartilhada por todos os liberais, da extrema esquerda à extrema direita, por exemplo, a preocupação da esquerda com o "controle da mente"). Em parte, devido à resistência às inovações nesse tema, saber como abordar a questão dos valores comuns em uma democracia é um enigma. Certamente não queremos os métodos antidemocráticos de consenso social escolhidos pelos sistemas comunistas – o papel "preceptório" (pedagógico) do governo, um partido político de vanguarda e um Estado policial. De certa forma, os comunistas são apenas liberais levados ao extremo oposto no que tange à imposição de valores, na ausência de uma ideia sobre como formá-los. *Vide* C. Linblom, nota 28 *supra*, p. 237-46, 276-90. Sobre o consenso não comunista e não fragmentado, *vide* Wolfe, Why Danes Think

## Referências

A SYMPOSIUM: A City Divided. *The New York Times*, 20 jan. 1985.

ABEL, Richard L. A Socialist Approach to Risk. *Maryland Law Review*, v. 41, n. 4, 1982.

ALLEN, Christopher S.; RISHIKOF, Harvey. Tale Thrice Told: A Review of Industrial Policy Proposals. *Journal of Policy Analysis and Management*, v. 4, n. 2, p. 234-249, 1985.

BARDACH, Eugene; KAGAN, Robert A. *Going by the Book*: The Problem of Regulatory Unreasonableness. Philadelphia: Temple University Press, 1982.

BERMAN, Paul. *From compliance to learning*: Implementing legally-induced reform. California: Institute for Research on Educational Finance and Governance, 1981.

BOURNE, Richard; NEWBERGER, Eli H. "Family Autonomy" ou "Coercive Intervention?" Ambiguity and Conflict in the Proposed Standards for Child Abuse and Neglect. *Boston University Law Review*, v. 57, n. 4, p. 670-706, 1977.

BOURNE, Richard; NEWBERGER, Eli H. *Critical perspectives on child abuse*. Massachusetts: Lexington Books Mass, 1979.

BOURNE, Richard; NEWBERGER, Eli H. The medicalization and legalization of child abuse. *The American journal of orthopsychiatry*, v. 48, n. 4, p. 593-607, out. 1978.

BOWLES, Samuel; GORDON, David M.; WEISSKOPF, Thomas E. *Beyond the Waste Land*: A Democratic Alternative to Economic Decline. Palatine: Anchor Books, 1983.

BRODER, David. U.S. Needs Strategy for Competition. *Wisconsin State Journal*, 3, 22 maio 1985.

---

We're Cram', 240 Nation 560 (1985). Queremos claramente o que nós já devemos possuir em algum nível, ou seja, valores compartilhados, desenvolvidos a partir da discussão, da persuasão, da empatia e do debate. Um problema, análogo à antipatia e ao medo dos valores religiosos de outras pessoas, é que os valores de uma democracia genuína estão longe de serem universalmente aceitos em nossa sociedade, seja entre as elites ou entre as pessoas comuns. Para responder a essa preocupação, sugeri etapas que se concentram na formação para a democracia: socializar os jovens em valores universalmente aceitos, como o serviço comunitário, e treinamento ativo para a discussão democrática na educação pública. *Vide* nota 69 *supra*. O resultado final disto é um paradoxo aparente e um compromisso: visões comuns forjadas a partir da discussão e socialização comum dentro de uma estrutura de pluralismo. Em algum nível, a ideia de democracia como fonte de valores é, ao mesmo tempo, radical e estranhamente familiar. Uma solução democrática para um conflito religioso como o aborto (digamos uma nova definição de quando a vida começa com base no batimento cardíaco e nas ondas cerebrais) poderia superar as posições mais dogmáticas que iniciaram o debate. Com efeito, a democracia teria criado um novo valor final. É uma ideia radical porque viola as dicotomias liberais, como a separação do direito e da moral e da igreja do Estado. No entanto, desconfio de que estejamos o tempo todo trabalhando em soluções mutuamente satisfatórias para questões morais. De fato, a ideia de uma solução estritamente sectária para uma questão moral parece agora intrinsecamente implausível. Mas, é claro, nem toda solução democrática é boa, e devemos deixar espaço para uma dissidência radical. A crítica radical ativa é essencial em uma democracia para manter a sociedade honesta e sugerir visões alternativas de uma sociedade mais humana. Não posso sequer iniciar aqui uma discussão sobre como a democracia e a dissidência radical podem ser misturadas. Para esforços anteriores, *vide* Clune, nota 6 *supra*, p. 89-93; Clune, Courts and Legislatures as Arbitrators of Social Change, 93 Yale L.J. 763 (1984).

BUMILLER, Kristin. Anti-discrimination Law and the Enslavement of the Victim: The Denial of Self-respect by Victims Without a Cause. *University of Wisconsin Law School Disputes Processing Research Program Working Paper*, Disputes Processing Research Program working papers, p. 51, 1984.

BUSS, William G. Special education in England and Wales. *Law and Contemporary Problems*, v. 48, p. 119, 1985.

CALABRESI, Guido; MELAMED, A. Douglas. Property Rules, Liability Rules, and Inalienability: One View of the Cathedral. *Harvard Law Review*, v. 85, p. 19-33, 17 dez. 2007.

CASEBEER, Kenneth M. Toward a Critical Jurisprudence – A First Step By Way of Public-Private Distinction in Constitutional Law. *University of Miami Law Review*, v. 37, n. 3, p. 379-431, 1983.

CHANDLER, Alfred D. *The Visible Hand*: The Managerial Revolution in American Business. Cambridge: Belknap Press, 1977.

CHARDIN, Pierre T. de. *The Phenomenon of Man*. New York: Harper & Brothers, 1959.

CHILDREN with Special Needs in Public Education, 1984, Durham. *Anais*... Durham: Law and Contemporary Problems, 1984.

CLARK. Enfranchise the Poor – A Goal for '84. *The Nation*, v. 238, n. 465, 1984.

CLUNE, William H. A Political Model of Implementation and Implications of the Model for Public Policy, Research, and the Changing Roles of Law and Lawyers. *Iowa Law Review*, v. 69, n. 47, p. 49-125, 1983.

CLUNE, William H. Book Review. *Yale Law Journal*, v. 93, 1984.

CLUNE, William H. Courts and Legislatures as Arbitrators of Social Change. *The Yale Law Journal*, v. 93, n. 4, p. 763-779, 1984.

CLUNE, William H. Rationalistic and Political Interpretations of Legalism: A Review Essay on Bardach & Kagan's Going By The Book. Law and Society Meetings. *Anais*... 1983.

CLUNE, William H. The Deregulation Critique of the Federal Role in Education. In: KIRP, David L.; JENSEN, Donald L. (Ed.). *School Days, Rule Days* – The Legalization and Regulation of Education. London: Falmer Press, 1986. The Stanford Series on Education and Public Policy.

CLUNE, William H. The Supreme Court's Treatment of Wealth Discriminations under the Fourteenth Amendment. *The Supreme Court Review*, v. 1975, p. 289-354, 1975.

CLUNE, William H. Unreasonableness and Alienation in the Continuing Relationships of Welfare State Bureaucracy: From Regulatory Complexity to Economic Democracy. *Wisconsin Law Review*, v. 1985, p. 707-740, 1985.

CLUNE, William H.; PELT, Mark Van. A Political Method of Evaluating the Education for All Handicapped Children Act of 1975 and the Several Gaps of Gap Analysis. *Law and Contemporary Problems*, v. 48, p. 7-62, 1985.

COHEN, Joshua; ROGERS, Joel. *On Democracy*: Toward a Transformation of American Society. London: Penguin Books, 1983.

CONFERENCE ON REFLECTIVE LAW AND THE REGULATORY CRISIS. Madison: University of Wisconsin Law School Disputes Processing Research Program, jul. 1983.

CUBAN, Larry. School Reform by Remote Control: SB 813 in California. *The Phi Delta Kappan*, v. 66, n. 3, p. 213-215, 1984.

DAHL, Robert A. *A Preface to Economic Democracy*. 1. ed. Berkeley: University of California Press, 1985.

DELLUMS, Ron. Comment on the Geneva Talks. *The Nation*, v. 240, n. 18, 1985.

DIGGINS, John P. *The Lost Soul of American Politics*: Virtue, Self-interest, and the Foundations of Liberalism. Chicago: University of Chicago Press, 1986.

DORN, James A. Social Security: Continuing Crisis or Real Reform? *Cato Journal*, v. 3, p. 335-359, 1983.

EDSALL, Thomas B. *The New Politics of Inequality*. New York: W. W. Norton & Company, 1984.

EICHEL. Race Plays Role in Exodus of Dems. *Wisconsin State Journal*, 10 maio 1985.

ELMORE, Richard F.; MCLAUGBLIN, Milbrey W. Chapter VII: Strategic Choice in Federal Education Policy: The Compliance-Assistance Trade-Off. *Teachers College Record*, v. 83, n. 5, p. 159-194, 1982.

EPSTEIN, Richard. A. Common Law, Labor Law, and Reality: A Rejoinder to Professors Gelman and Kohler. *Yale Law Journal*, v. 92, 1983.

FREEMAN, Alan David. Legitimizing Racial Discrimination through Antidiscrimination law: A Critical Review of Supreme Court Doctrine. *Minnesota Law Review*, v. 62, 1978.

FRIEDMAN, Milton. *Capitalism and Freedom*. Chicago: University of Chicago Press, 1962.

FRUG, Gerald E. The City as a Legal Concept. *Harvard Law Review*, v. 93, n. 6, p. 1057-1154, 1980.

FRUG, Gerald E. Why Neutrality? *The Yale Law Journal*, v. 92, n. 8, p. 1591-1601, 1983.

GABEL, Peter. The Phenomenology of Rights-Consciousness and the Pact of the Withdrawn Selves. *Texas Law Review*, v. 62, 1984.

GABEL, Peter; KENNEDY, Duncan. Roll over Beethoven. *Stanford Law Review*, v. 36, n. 1/2, p. 1-55, 1984.

GALBRAITH, John K. Taking the Sting Out of Capitalism. *The New York Times*, 26 maio 1985. Disponível em: https://www.nytimes.com/1985/05/26/business/taking-the-sting-out-of-capitalism.html.

GALBRAITH, John K. *The afluent society*. 4. ed. Boston: Houghton Mifflin, 1984.

GELLHORN, Walter. The Abuse of Occupational Licensing. *The University of Chicago Law Review*, v. 44, n. 1, p. 6-27, 1976.

GETMAN, Julius; KOHLER, Thomas. Common Law, Labor Law, and Reality: A Response to Professor Epstein. *Yale Law Journal*, v. 92, p. 1415-1434, 1983.

GILLIGAN, Carol. *In a Different Voice*: Psychological Theory and Women's Development. Cambridge: Harvard University Press, 1982.

GOLDSTEIN, Herman. Policing A Free Society. *University of Wisconsin Legal Studies Research Paper*, v. 1349, 1977.

GORDON. Up From the Ashes – II, Getting Our Act Together. *The Nation*, v. 240, n. 138, 1985.

HABERMAS, Jürgen. *The Theory of Communicative Action*: Reason and Rationalization of Society. Tradução de Thomas McCarthy. Boston: Beacon Press, 1984.

HACKER, Andrew. "Welfare: Examining Capitalism", The Future of an Illusion. *The New York Review*, 28 fev. 1985. Disponível em: https://www.nybooks.com/articles/1985/02/28/welfare-the-future-of-an-illusion/.

HANDLER, Joel F. Continuing Relationships and the Administrative Process: Social Welfare. *Wisconsin Law Review*, v. 687, 1985.

HANDLER, Joel F.; HOLLINGSWORTH, Ellen J. *The "deserving poor"*: A study of welfare administration. [s.l.] Markham Publishing Company, 1971.

HAVIGHURST, Clark C. Competition in health services: overview, issues and answers. *Specialty law digest. Health care (Monthly)*, v. 4, n. 6, p. 5-46, ago. 1982.

HELLER, Agnes. Everyday Life, Rationality of Reason, Rationality of Intellect. *In*: HELLER, Agnes. *The Power of Shame*. 1. ed. London: Routledge, 1985.

JACKMAN, Mary R.; MUHA, Michael J. Education and Intergroup Attitudes: Moral Enlightenment, Superficial Democratic Commitment, or Ideological Refinement? *American Sociological Review*, v. 49, n. 6, p. 751-769, 1984.

JANSONIUS, John V.; BROUGHTON, Kenneth E. Coping With Deregulation: Reduction of Labor Costs in the Airline Industry. *Journal of Air Law and Commerce*, v. 49, n. 3, 1983.

JOHNSON, Phillip E. Do You Sincerely Want to Be Radical? *Stanford Law Review*, v. 36, n. 1/2, p. 247–291, 1984.

KELMAN, Mark G. The Origins of Crime and Criminal Violence. *In*: KAIRYS, David (Ed.). *The Politics of Law*. New York: Pantheon Books, 1982.

KELMAN, Mark G. Trashing. *Stanford Law Review*, v. 36, n. 1/2, p. 293-348, 1984.

KENNEDY, Duncan. Distributive and Paternalist Motives in Contract and Tort Law, With Special Reference to Compulsory Terms and Unequal Bargaining Power. *Maryland Law Review*, v. 41, n. 4, 1982.

KENNEDY, Duncan. Form and Substance in Private Law Adjudication. *Harvard Law Review*, v. 89, n. 8, p. 1685-1778, 1976.

KENNEDY, Duncan. The Structure of Blackslone's Commentaries. *Buffalo Law Review*, v. 28, n. 2, 1979.

KENNEDY, Eugene. America's Activist Bishops. *The New York Times Magazine*, 1984. Disponível em: https://www.nytimes.com/1984/09/23/magazine/l-america-s-activist-bishops-221365.html.

KIMBALL, Spencer L.; BOYCE, Ronald N. The Adequacy of State Insurance Rate Regulation. The McCarran-Ferguson act in Historical Perspective. *Michigan Law Review*, v. 56, n. 4, 1958.

KIRP, David L. Adventures in a Bureaucratic Wonderland. *The Nation*, v. 240, n. 75, 1985.

KRUG, Edward A. The Shaping of the American High School. *In*: CORDASCO, Frank M. (Ed.). *History of Education Quarterly*. 3. ed. Cambridge: Cambridge University Press, 1964. v. 4. p. 201-203.

KURILOFF, Peter J. Is Justice Served by Due Process?: Affecting the Outcome of Special Education Hearings in Pennsylvania. *Law and Contemporary Problems*, v. 48, n. 1, p. 89-118, 1985.

KUTTNER, Robert. *The economic illusion*: False choices between prosperity and social justice. 1. ed. Boston: Houghton Mifflin, 1984.

LARSON, Magali S. *The Rise of Professionalism*: A Sociological Analysis. California: University of California Press, 1977.

LAW, Warren. Arbitrage – The Unavoidable Malaise. *The New York Times*, 27 jan. 1985. Disponível em: https://www.nytimes.com/1985/01/27/business/business-forum-arbitragethe-unavoidable-malaise.html.

LAZAR, Irving; DARLINGTON, Richard; MURRAY, Harry; ROYCE, Jacqueline; SNIPPER, Ann; RAMEY, Craig T. Lasting Effects of Early Education: A Report from the Consortium for Longitudinal Studies. *Monographs of the Society for Research in Child Development*, v. 47, n. 2/3, p. i–151, 1982.

LENS, Sidney. Austria's Quiet Revolution Works. *The Nation*, v. 240, n. 15, 12 jan. 1985.

LEVIN, Henry M. *Economic Democracy, Education, and Social Change*. Stanford: Center for Educational Research at Stanford, 1979.

LEVIN, Henry M. *Education and Organizational Democracy*. Stanford: Institute for Research on Educational Finance and Governance, 1981.

LEVIN, Henry M. *Education And Work*. Stanford: Institute for Research on Educational Finance and Governance, 1982.

LEVMORE, Saul. Efficient Markets and Puzzling Intermediaries. *Virginia Law Review*, v. 70, 1984.

LEVMORE, Saul. Rescuing Some Antitrust Law: An Essay on Vertical Restrictions and Consumer Information. *Iowa Law Review*, v. 67, 1981.

LINDBLOM, Charles E. *Politics and Markets*: The World's Political-economic Systems. New York: Basic Books, 1977.

LINDENFELD, Frank. *Workplace Democracy and Social Change*. 1. ed. New Hampshire: Extending Horizons Books, 1982.

LOWI, Theodore J. *The End of Liberalism*. New York: Norton, 1979.

LUHMANN, Niklas. Some problems with 'reflexive law'. *In*: FEBBRAJO, Alberto (Ed.). *Law, Legal Culture and Society*. Abingdon: Routledge, 2018. p. 184-198.

LUHMANN, Niklas. The autopoiesis of social systems. *Journal of sociocybernetics*, v. 6, n. 2, p. 84-95, 2008.

LUHMANN, Niklas. The self-reproduction of law and its limits. *Dilemmas of law in the welfare state*, v. 60, 1986.

MAGNETTI, Suzanne S. Some Potential Incentives of Special Education Funding Practices. *In*: HELLER, K. A.; HOLTZMAN, W. H.; MESSICK, S. (Ed.). *Placing Children in Special Education*: A Strategy for Equity. Washington, DC: The National Academies Press, 1982.

MAHLER, Margaret S.; PINE, Fred; BERGMAN, Anni. *The Psychological Birth of the Human Infant*. New York: Basic Books, 1975.

MATHENY, Albert R.; WILLIAMS, Bruce A. Regulation, risk assessment, and the Supreme Court: the case of OSHA's cancer policy. *Law & policy*, v. 6, n. 4, p. 425-449, 1984.

MECHANIC, David; LEAF, Philip J. The Medical Marketplace and Public Interest Law. *In*: HANDLER, Joel F.; KOMESAR, Neil K.; WEISBROD, Burton. *Public Interest Law*: An Economic and Institutional Analysis. California: University of California Press, 2021. p. 349-394.

MENSCH, Elizabeth B. The History of Mainstream Legal Thought. *In*: KAIRYS, David (Ed.). *The Politics of Law*: A Progressive Critique. New York: Pantheon Books, 1982.

MINTZ, Alex; HICKS, Alexander. Military Keynesianism in the United States, 1949-1976: Disaggregating Military Expenditures and Their Determination. *American Journal of Sociology*, v. 90, n. 2, p. 411-417, 1984.

MOSCOU em Nova York. Direção de Paul Mazursky. Estados Unidos: Columbia Pictures, 1984.

NAISBITT, John. *Megatrends: Ten New Directions Transforming Our Lives*. New York: Grand Central Publishing, 1982.

NEAL, David; KIRP, David L. The Allure of Legalization Reconsidered: The Case of Special Education. *Law and Contemporary Problems*, v. 48, n. 1, p. 63-87, 1985.

NEWMANN, Fred M.; OLIVER, Donald W. *Clarifying Public Controversy*: An Approach to Teaching Social Studies. Boston: Little, Brown and Company, 1970.

NOBLE, Eleanor. Cut in Starting Pay Reported at PanAm and Truck Concerns. *The New York Times*, 2 abr. 1985.

O'TOOLE, James. *Making America Work*: Productivity and Responsibility. London/New York: Continuum Intl Pub Group, 1981.

OFFE, Claus. Competitive party democracy and the Keynesian welfare state: Factors of stability and disorganization. *Policy Sciences*, v. 15, n. 3, p. 225-246, 1º abr. 1983.

PALAMOUNTAIN, Joseph C. *The politics of distribution*. Westport: Greenwood Press, Publishers, 1968.

PARKER, Richard D. The Past of Constitutional Theory-And Its Future. *Ohio State Law Journal*, v. 42, 1981.

PETERS, Thomas J.; WATERMAN, Robert H. *In Search of Excellence*. New York: Warner Books (Grand Central Publishing), 1982.

PIVEN, Frances F.; CLOWARD, Richard A. *Poor People's Movements*: Why they succeed, how they fail. 1. ed. New York: Pantheon Books, 1977.

QUADAGNO, Jill S. Welfare Capitalism and the Social Security Act of 1935. *American Sociological Review*, v. 49, p. 632, 1984.

RAVENAL, Earl C. The Case for A Withdrawal of Our Forces. *The New York Times Magazine*, 6 mar. 1983. Disponível em: https://www.nytimes.com/1983/03/06/magazine/the-case-for-a-withdrawal-of-our-forces.html.

RAWLS, John. *A Theory of Justice*. Cambridge: Harvard University Press, 1971.

REICH, Robert B. *The Next American Frontier*. London: Penguin Books, 1984.

ROGERS, Joel. Beating Reagan. The Politics of Voter Registration. *The Nation*, v. 239, n. 33, 1984.

ROSS, Irwin. Employers Win Big in the Move to Two-Tier Contracts. *Fortune*, 29 abr. 1985.

SCHNEIR, Miriam; SCHNEIR, Walter. Beyond Westmoreland: The Right's Attack on The Press. *The Nation*, v. 240, n. 361, 1985.

SCHOLZ, John T. Cooperation, Deterrence, and the Ecology of Regulatory Enforcement. *Law & Society Review*, v. 18, n. 2, p. 179-224, 1984.

SCHOLZ, John T. Voluntary Compliance and Regulatory Enforcement. *Law & Policy*, v. 6, n. 4, p. 385-404, 1984.

SCHWARTZ, Louis B. With Gun and Camera Through Darkest CLS-Land. *Stanford Law Review*, v. 36, n. 1/2, p. 413-464, 1984.

SELZNICK, Philip. *TVA and the Grass Roots*: A Study in the Sociology of Formal Organization. California: University of California Press, 1953.

SERRIN, William. Concessions in Labor Pacts Seen as Reflection of Growing Employer Power. *The New York Times*, 10 mar. 1985. Disponível em: https://www.nytimes.com/1985/03/10/us/concessions-in-labor-pacts-seen-as-reflection-of-growing-employer-power.html.

SIMON, William H. Legality, Bureaucracy, and Class in the Welfare System. *The Yale Law Journal*, v. 92, n. 7, p. 1198-1269, 1983.

SINDELAR, Karen. How and Why the Law Failed: An Historical Analysis of Services for the Retarded in North Carolina, and a Prescription for Change. *Law and Contemporary Problems*, v. 48, n. 2, p. 125-156, 1985.

SOWELL, Thomas. *Civil Rights*: Rhetoric or Reality. [s.l.]: William Morrow and Company, 1984.

SOWELL, Thomas. *Ethnic America*. New York: Basic Books, 1981.

SPRAGENS, Thomas A. *The Irony of Liberal Reason*. Chicago: University of Chicago Press, 1981.

STARR, Paul. *The Social Transformation of American Medicine*. New York: Basic Books, 1982.

STEWART, Richard B. Regulation in a Liberal State: The Role of Non-Commodity Values. *The Yale Law Journal*, v. 92, n. 8, p. 1537-1590, 1983.

STEWART, Richard B. The Discontents of Legalism: Interest Group Relations in Administrative Regulation. *Wisconsin Law Review*, v. 655, 1985.

SUPREMA CORTE DE WINSCONSIN. *Aetna Life Ins. Co. versus Mitchell*. Apelante: Susan M. Mitchell. Apelado: Aetna Life Insurance Company et al. Relator: Juiz Substituto Hon. W. J. Jackman, 31 mar. 1981

SYMPOSIUM On the Public Private Distinction. Pennsylvania: University of Pennsylvania Law Review, 1982.

TEUBNER, Gunther. Substantive and Reflexive Elements in Modern Law. *Law & Society Review*, v. 17, n. 2, p. 239-285, 1983.

THOMPSON, Edward P. *Whigs and Hunters*: The Origin of the Black Act. London: Allen Lane, 1975.

THUROW, Lester C. How to Get Out of the Economic Rut. *The New York Review*, 14 fev. 1985. Disponível em: https://www.nybooks.com/articles/1985/02/14/how-to-get-out-of-the-economic-rut/.

THUROW, Lester C. The Disappearance of the Middle Class. *The New York Times*, 5 fev. 1984. Disponível em: https://www.nytimes.com/1984/02/05/business/business-forum-the-disappearance-of-the-middle-class.html.

THUROW, Lester C. The Elephant and the Maharajah. *The New York Review*, 22 dez. 1983. Disponível em: https://www.nybooks.com/articles/1983/12/22/the-elephant-and-the-maharajah/.

THUROW, Lester C. *The Zero-Sum Society*: Distribution and the Possibilities for Economic Change. New York: Basic Books, 1980.

TINNIN, David B. Porsche's Civil War with Its Dealers. *Fortune*, p. 63-64, 1984.

TOBIAS, Andrew. *Invisible Bankers*: Everything the Insurance Industry Never Wanted You to Know. New York: Simon & Schuster, 1982.

TURNBULL, Brenda J.; SMITH, Marshall S.; GINSBURG, Alan L. Issues for a New Administration: The Federal Role in Education. *American Journal of Education*, v. 89, n. 4, p. 396-427, 1981.

TWO-TIER Wage Plans: Will They Save Jobs and Money or Just Create Added Problems? *BNA Daily Labor Report*, 19 dez. 1983.

UNGER, Roberto M. *Knowledge and Politics*. New York: Free Press, 1975.

UPHAM, Finn. *Law and Social Conflict in Contemporary Japan*. 1984. Manuscrito não publicado.

WEITZMAN, Martin L. *The Share Economy*: Conquering Stagflation. Cambridge: Harvard University Press, 1984.

WESLEY, Edgar B. Winnetka: The History and Significance of an Educational Experiment. *History of Education Quarterly*, v. 4, n. 4, p. 303-304, 1964.

WILLIAMSON, Oliver. Corporate Governance. *The Yale Law Journal*, v. 93, p. 1197-1229, 1984.

WOLFE, Alan. Capitalism Shows Its Face: Giving Up on Democracy. *In*: SKLAR, Holly (Ed.). *Trilateralism*: the Trilateral Commission and elite planning for world management. Boston: South End Press, 1980.

WOLFE, Alan. Why Danes Think We're Cram'. *The Nation*, v. 240, n. 560, 1985.

WOLINSKY, Fredric D. The performance of Health Maintenance Organizations: an analytic review. *The Milbank Memorial Fund quarterly. Health and society*, v. 58, n. 4, p. 537-587, Fall 1980.

WOOD, Gordon S. Hellfire Politics. *The New York Review*, 28 fev. 1985. Disponível em: https://www.nybooks.com/articles/1985/02/28/hellfire-politics/.

WOOD, Gordon S. *The Creation of the American Republic, 1776 – 1787*. Chapel Hill: University of North Carolina Press for the Institute of Early American History and Culture, 1969.

YOUNG, Michael K. Judicial Review of Administrative Guidance: Governmentally Encouraged Consensual Dispute Resolution in Japan. *Columbia Law Review*, v. 84, n. 4, p. 923-983, 1984.

PARTE III

# APLICAÇÕES EMPÍRICAS DOS MODELOS TEÓRICOS

# A ESCOLHA INSTITUCIONAL COMO REFERENCIAL TEÓRICO PARA PESQUISAS SOBRE POLÍTICAS PÚBLICAS DE EDUCAÇÃO[1]

**WILLIAM H. CLUNE**

**Tradução de Giovanna Maísa Gamba**

**Revisão técnica de Isabela Ruiz**

## 1 Introdução

Este artigo apresenta a chamada teoria da escolha institucional (Gormley, 1987) e defende que esse referencial teórico tem duas

[1] [N.T. Tradução de: CLUNE, William H. Institutional Choice as a Theoretical Framework for Research on Educational Policy. *Educational Evaluation and Policy Analysis*, v. 9, n. 2, p. 117-132, Summer 1987. Disponível em: https://doi.org/10.3102/01623737009002117]. A publicação original foi financiada pelo Departamento de Educação dos EUA, Gabinete de Pesquisa Educacional e Aperfeiçoamento (*Office of Educational Research and Improvement* – OERI), financiamento número OERI-6-86-0011 para o Centro de Pesquisa em Políticas Públicas de Educação (*Center for Policy Research in Education* – CPRE). Algumas das ideias foram desenvolvidas a partir de trabalho anteriormente financiado pela OERI junto ao Centro de Pesquisa em Educação de Wisconsin (*Wisconsin Center for Education Research* – WCER). As opiniões expressas neste documento são do autor e não são necessariamente compartilhadas pelo CPRE, pelo WCER ou pelo Departamento de Educação dos EUA. Como fica evidente no texto e nas referências do artigo, muitas das ideias contidas neste trabalho são oriundas de discussões travadas entre o autor e seus colegas do CPRE. Uma primeira versão deste artigo foi apresentada em um fórum de políticas públicas do CPRE sobre "a próxima geração de pesquisa em políticas públicas", em Cambridge, MA, em dezembro de 1986. O autor agradece aos participantes daquele fórum e aos revisores da revista pelos relevantes comentários.

vantagens para a pesquisa sobre políticas públicas de educação: a teoria antecipa e clarifica questões significativas dessas políticas, incluindo assuntos que emergiram da onda de reformas estaduais ocorridas em meados dos anos 1980 nos EUA,[2] e sugere temas importantes para pesquisas futuras. A seção 2 apresenta a teoria; a seção 3, "A escolha institucional e as reformas estaduais", discute os dados de uma investigação sobre as referidas reformas feita pelo Centro de Pesquisa em Políticas Públicas de Educação (CPRE);[3] e a seção final aponta algumas direções para pesquisas futuras.

## 2 A teoria da escolha institucional

A teoria da escolha institucional pode ser sintetizada da seguinte forma: decisões em políticas públicas que visam a metas substantivas frequentemente também envolvem a escolha de um tomador de decisão. Por exemplo, quando cortes federais decidem proteger direitos civis, elas muitas vezes escolhem a si próprias como defensoras desses direitos; e, se decidem não proteger direitos civis, elas inevitavelmente (e por consequência) fazem uma outra escolha institucional (geralmente pelo Poder Legislativo) (Ely, 1980; Komesar, 1984). A sociedade faz escolhas fundamentais ao alocar várias funções, como exemplo, investimento e defesa nacional, nas mãos do mercado ou da política (Due; Friedlaender, 1981; Lindblom, 1977; Wolf, 1981). A Constituição dos Estados Unidos, como um todo, envolve uma série de escolhas institucionais básicas: um governo nacional forte, a separação de poderes e assim por diante (Wood, 1972). Agentes privados fazem escolhas institucionais a respeito de governança contratual (Palay, 1984) e forma organizacional (Moe, 1984). Mais próximo ao tema, o movimento de reformas estaduais na educação, de meados dos anos 1980, quaisquer que fossem suas metas substantivas, também envolveram variadas escolhas institucionais, mais visivelmente a escolha do governo estadual como um ator relevante na política pública de educação.[4]

---

[2] [N.T.] No original, *the recent wave of state reforms*. A tradução optou por fazer referência às reformas sem qualificá-las como "recentes", como na versão original, uma vez que o artigo em inglês é de 1987. Justifica-se, dessa forma, a supressão de todas as menções à palavra "recente" ao longo do texto.

[3] [N.T.] No original, *Center for Policy Research in Education* (CPRE).

[4] Escolhas institucionais obviamente incluem amplas alocações de autoridade, como a separação dos poderes e a política *versus* mercado como instrumentos de política pública. Mas escolhas institucionais também acontecem no que parecem ser políticas puramente

A escolha da instituição responsável pela tomada de decisão é, geralmente, um elemento de extrema importância da decisão de uma política pública, porque a capacidade de alcançar metas substantivas é fortemente constrangida por características das instituições de tomada de decisão (algo como a meta de pousar na Lua ser condicionada pela tecnologia disponível). Do ponto de vista de alguém que deseje criar ou implementar uma política pública, duas características gerais das instituições disponíveis são importantes: concordância quanto às metas substantivas e capacidade de alcançá-las.[5] Metas substantivas são importantes em razão da necessidade de se obter apoio para a política pública.[6] O Judiciário pode ser mais simpático aos direitos civis do que o Legislativo; governos estaduais podem ser mais entusiastas dos padrões de aprendizagem do que os distritos locais. Mas só apoio não garante capacidade. O Judiciário pode ter dificuldade em assegurar os direitos civis, especialmente em algumas circunstâncias (como exemplo, em tempos de guerra, ou em alguns casos como os de segregação, que exigem administração em larga escala) (Clune, 1984). A capacidade de um nível de governo de influenciar outro é, às vezes, discutida em termos de vantagens e limitações dos vários "instrumentos de política pública", como exercício de competências e repasses de recursos financeiros (Barro, 1978; Mcdonnell; Elmore, 1987).

A lógica (ou método) de escolha das instituições é às vezes chamada de "vantagem institucional comparativa" (Komesar, 1981, 1984), uma lógica de comparar instituições que começa com "desconfiança institucional" ou criticismo. Desconfiança institucional é a percepção de que um tomador de decisão real ou potencial não possui os valores substantivos ou a capacidade apropriados (por exemplo, entende-se que

substantivas ou puramente procedimentais. A ajuda financeira do governo federal aos menos favorecidos, como aquela prevista no Título I [N.T. O autor se refere ao Título I da Lei do Ensino Fundamental e Médio (*Elementary and Secondary Education Act – ESEA*), lei de 1965 que previu financiamento federal para os distritos que atendiam estudantes de baixa renda], envolve não somente uma alocação de recursos para os desfavorecidos, mas também um julgamento sobre como compartilhar a tomada de decisão entre os governos federal e estadual (por meio de critérios substantivos de financiamento e de mecanismos procedimentais de incentivo federal ao cumprimento das normas) (Clune, 1986; Elmore, 1986a; Kirst, 1986). Da mesma maneira, o plano de educação individual e as audiências públicas em educação especial (ou devido processo) são escolhas de procedimentos e de tomadores de decisão orientadas a produzir determinados resultados substantivos (uma educação apropriada, participação parental) (Clune; Van Pelt, 1985).

5 *Vide* Berman (1986) que se refere a "boa vontade e capacidade".

6 O acesso ao tomador de decisão é uma outra característica importante, que provavelmente deveria ser considerada como parte das metas substantivas, ou como apoio.

as escolas locais são insuficientemente comprometidas com a educação de nível superior). Mas comparações cuidadosas demandam ir além da desconfiança. Como nenhum tomador de decisão é perfeito, a desconfiança direcionada a um decisor deve ser cuidadosamente sopesada em relação tanto às vantagens daquele decisor quanto às vantagens e desvantagens de decisores alternativos. Em outras palavras, embora a lógica da escolha institucional geralmente inicie com desconfiança, essa desconfiança não leva a nada na ausência de uma alternativa melhor. Por exemplo, os governos estaduais podem encontrar dificuldade de implementar suas metas acadêmicas e, ao tentar fazê-lo, atrapalhar a resolução de problemas educacionais locais, por retirar decisões importantes da alçada das escolas locais (Cuban, 1984; Turnbull; Smith; Ginsburg, 1981). A lógica da vantagem institucional comparativa também implica a irrelevância de almejar a implementação perfeita, ou ideal, de uma política pública (e, portanto, a falácia de criticar políticas a partir de uma perspectiva idealista). O mundo real oferece uma escolha "menos pior" de instituições imperfeitas (por exemplo, não uma educação ideal, mas a melhor educação possível de alguma configuração de governos, escolas, professores e estudantes reais).[7]

A escolha institucional tem aplicações tanto positivas (preditivas) quanto normativas (prescritivas) sobre a elaboração de políticas públicas. Numa perspectiva positiva, a escolha institucional prevê os tipos de questões que se tornam significativas (por exemplo, discussões sobre as qualificações dos tomadores de decisão) e a racionalidade das decisões acerca dessas questões (por exemplo, sob a lógica da vantagem

---

[7] Da lógica da vantagem institucional comparativa e de outros aspectos do sistema político, pode-se inferir que as escolhas institucionais tendem a ser instáveis e cíclicas (*vide* Baumer; Van Horn, 1985; Clune, 1984). O equilíbrio entre vantagens e desvantagens de diferentes decisores, num cenário de uma série de normas para se tomar a decisão, é, frequentemente, estreito e incerto; as normas da instituição tomadora de decisão (a "instituição que escolhe") estão sujeitas à mudança; e a autoridade da instituição que escolhe é frequentemente questionada (ou seja, a resposta à questão "quem decide quem decide" é comumente um processo de disputa jurídica e política; e a contestação da autoridade responsável por fazer escolhas institucionais frequentemente toma a forma de rivalidade entre agências que tentam escolher a si próprias). Além disso, as mudanças de autoridade de uma instituição para outra podem ser pequenas e, portanto, parecerem mais com algo como "ajustes institucionais" (Clune, 1984) do que com alocações de autoridade mais relevantes (por exemplo, estados, distritos e escolas competindo por autoridade sobre aspectos da política curricular, tanto pela promulgação de leis quanto pelo processo de implementação). A questão infinitamente regressiva "quem decide quem decide", captada da máxima latina *Qui custodiet ipsos custodes* (quem guardará os guardiões?), é a essência do debate sobre revisão judicial em *Marbury versus Madison* (Lockhart, Kamisar, Choper, & Shiffrin, 1986).

institucional comparativa, de que uma pequena vantagem tangível possa levar a uma mudança institucional relevante). Numa perspectiva normativa, a escolha institucional indubitavelmente pode ser utilizada para organizar os argumentos sobre a conveniência de novas alocações de autoridade.

A presença simultânea de implicações positivas e normativas é um dos aspectos mais confusos da escolha institucional. Útil para justificar ou criticar uma decisão, a teoria parece não ser falseável (válida independentemente dos dados). De fato, esse tipo de confusão é, provavelmente, um atributo de qualquer boa teoria social. Diferentemente do "empirismo de lata de lixo", a teoria deveria descrever os aspectos das situações sociais que conduzem a direções específicas. A escolha institucional, assim como sua antecessora intelectual, a microeconomia, identifica uma série de consequências da decisão. Essas consequências (custos e benefícios) são às vezes refletidas em decisões reais, caso em que a teoria pode ser útil para organizar o debate atual sobre política pública em um quadro coerente (identificando sobre o que, de fato, se trata aquela discussão). Por outro lado, quando as consequências esperadas são ignoradas nas decisões reais, a teoria pode ajudar a explicar o que há de errado com uma política pública (por que a política tem consequências insatisfatórias). No seu modo preditivo, a escolha institucional é mais útil quando esclarece a racionalidade de uma decisão aparentemente irracional (por exemplo, os motivos racionais para se escolher a regulação estadual, a despeito de suas ineficiências e custos). No seu modo prescritivo, em vez de revelar uma racionalidade não esperada, a teoria pode sofrer uma virada 180 graus para identificar exatamente o que há de errado.

A verdadeira força da escolha institucional é a sua contribuição para a análise de políticas públicas. A escolha institucional é um referencial teórico para a elaboração de perguntas mais adequadas sobre política pública. Pela análise cuidadosa da vantagem comparativa de instituições de tomada de decisão, os analistas podem, por vezes, enxergar exatamente o que está correto acerca de uma decisão e, outras vezes, exatamente o que está errado; ou, ainda, simplesmente entender por que uma decisão é difícil. Por causa do conhecimento e da familiaridade com os fatos, os formuladores reais de políticas públicas frequentemente se fazem o mesmo tipo de perguntas, sem que eles próprios, ou os analistas de políticas públicas, reconheçam o referencial teórico. Outras vezes, tanto os formuladores de política pública quanto os analistas deixam passar algo importante. De todo modo, a teoria da escolha institucional é valiosa para a pesquisa em políticas públicas. Dar clareza aos fundamentos de uma decisão tende a produzir uma compreensão mais aguçada das escolhas e perdas envolvidas e identifica informações específicas que poderiam ser úteis para aperfeiçoar a decisão (por exemplo, os *trade-offs* envolvidos num sistema de monitoramento estadual). Por outro lado, críticas fundamentais, além de apontarem o caminho para uma nova política, também identificam questões relevantes para pesquisa (por exemplo, se as reformas dos estados tivessem ultrapassado completamente a capacidade local ou do estado, a solução poderia ser reduzir as demandas das políticas públicas ou aumentar a capacidade).[8]

Em suma, a escolha institucional é uma teoria poderosa e falseável porque prediz as decisões, a lógica das decisões e os defeitos das decisões (comparar à teoria da firma, Moe, 1984).

## 3 A escolha institucional e as reformas estaduais

O propósito desta seção é mostrar como a escolha institucional prevê aspectos significativos das reformas estaduais da educação, um contexto menos familiar para a teoria do que questões como separação de poderes. Como já explicado, por "previsão" eu não me refiro ao prognóstico das questões específicas ou da solução dessas questões, mas à antecipação de como essas questões foram percebidas e enquadradas,

[8] Considerando a minha própria orientação filosófica, é obrigatório para mim rejeitar qualquer alegação de que a teoria possa produzir objetivamente respostas "certas" válidas a questões de políticas públicas. Algumas das razões estão indicadas na nota de rodapé anterior, como exemplo, que as decisões são frequentemente estreitas, incertas e difíceis; e que as pessoas simplesmente não concordam a respeito das metas substantivas (o que às vezes causa uma teorização de pretexto, como exemplo, um desacordo sobre metas substantivas mascarado de desacordo sobre capacidade). Em um artigo anterior (Clune, 1984), adotei a democracia utilitária como um critério para a escolha entre o Judiciário e o Legislativo, sem considerar suficientemente os critérios alternativos, como aquele usualmente adotado neste artigo (aperfeiçoamento da educação). Uma outra fonte de indeterminação é a perspectiva explícita ou implícita sobre o que é socialmente possível (por exemplo, a possibilidade de mudar a capacidade institucional ou a possibilidade de criar instituições tomadoras de decisão completamente novas). A indeterminação não é uma questão de manipulação política da teoria; mais do que isso, é uma condição intrínseca à teoria quando usada na prática (isto é, quando utilizada para analisar e influenciar a vida social). Por exemplo, a análise das limitações de vários tomadores de decisão, um método preditivo que parece constranger a ação, constantemente colide com a inferência, igualmente lógica, de modificação dos decisores, ou de criação de novos decisores. Nesse sentido, a teoria é útil porque pode dar uma noção de limites realistas, enquanto evita a armadilha da falsa necessidade (*vide* Piore e Sabel, 1984). Um rico, mas difícil, tratamento das questões filosóficas está em Kennedy (1987).

os aspectos que se tornaram significativos, a lógica da tomada de decisão e certos atributos estruturais, como a contingência, a indeterminação e a instabilidade inerente das decisões.

Os dados foram extraídos de pesquisas em curso, de fontes secundárias e da chamada "base de dados essenciais" do CPRE (a maior parte de pesquisas de campo e de anotações de campo feitas a partir de entrevistas sobre as origens e a implementação das reformas em seis estados, mais de dezoito distritos e inúmeras escolas). O protocolo de entrevistas que gerou o banco de dados principal não foi explicitamente desenhado para testar uma teoria da escolha institucional, mas a teoria, se válida, deve ajudar a interpretar qualquer conjunto amplo de dados sobre políticas públicas de educação. Além disso, neste artigo eu não apresento os dados nem os analiso de modo sistemático. Como o escopo deste artigo é muito mais amplo do que uma análise detalhada, eu simplesmente reporto os achados como conclusões. Leitores interessados no detalhamento desses achados devem consultar os relatórios do CPRE e os artigos dos projetos de pesquisa específicos.

A discussão é organizada em torno de seis conjuntos de decisões de política pública: ativismo estadual (as origens das reformas); padrões educacionais e política curricular; políticas para professores; indicadores e monitoramento; *vouchers* e outros mecanismos de escolha; e instrumentos de política pública. Como forma de simplificação, para cada tipo de decisão política, discutirei três conjuntos de fatos previstos, ou enfatizados, pela teoria da escolha institucional, a saber:

1) *A escolha institucional básica*. A nova alocação de autoridade em cada área da política pública e a fonte da alocação (na prática, a escolha e quem escolhe).
2) *Fundamentação e análise institucional comparativa*. O senso de desconfiança institucional do antigo decisor e o senso de vantagem comparativa do novo decisor.
3) *Instabilidade da escolha*. Razões pelas quais a escolha é estreita, incerta e difícil e, portanto, por que é provável que ela seja modificada.

## 3.1 Ativismo estadual (origens das reformas)

### 3.1.1 Escolha institucional básica

Como se sabe, o movimento de reforma estadual envolveu um exercício abrangente de controle sobre as políticas públicas de educação pelos legislativos estaduais (U. S. Department of Education, 1984). O controle era exercido por meio de uma série de regulações e programas especiais na área de padrões educacionais (tal como exigências para a graduação), políticas para professores (por exemplo, exigências de certificação, remuneração por mérito), monitoramento (como alinhamento entre materiais didáticos e testes) entre outras. Atores-chave na tomada de decisão eram os legisladores estaduais ativistas (por exemplo, presidentes de comissões de educação e ativistas de temas específicos) e a comunidade empresarial, como um grupo de interesse. Um comportamento surpreendente em todos os estados era o do Legislativo, na verdade o de alguns poucos legisladores-chave, de assumir uma participação ativa na reforma educacional, com secretários estaduais de educação,[9] grupos de interesse, escolas distritais locais e secretarias estaduais[10] desempenhando um papel menor ou de oposição.[11] A evidente preponderância da influência empresarial era, por vezes, quase alarmante. O setor econômico é sempre, potencialmente, um ator importante nas políticas públicas de educação, representando interesses econômicos na escolarização, e é, provavelmente, mais ativo agora por conta da pressão da competição global recém-integrada. Em um estado do Sul, as grandes empresas pareciam ser quase as únicas responsáveis por um aumento radical do ativismo estadual – e por um correspondente aumento do apoio financeiro do estado, em razão das receitas fiscais geradas ali pelo aumento da atividade empresarial.

### 3.1.2 Fundamentação e análise institucional comparativa

Em suas origens e concepção, as reformas estaduais eram exercícios de escolha institucional, porque elas representavam, essencialmente, um diálogo de confiança e desconfiança institucional entre grupos empresariais e legislativos estaduais, de um lado, e agências educacionais locais e o *establishment* da escola pública, de outro. Seja sob condições de restrição fiscal (sem novos recursos), seja sob abundância fiscal (novos recursos oriundos do crescimento das economias

---

[9] [N.T.] No original, o autor menciona somente a sigla CSSOs, que se refere aos *chief state school officers*.

[10] [N.T.] No original, *state departments*.

[11] Mesmo com a importância crescente da Federação Americana de Professores (*American Federation of Teachers* – AFT), as organizações de professores podem ser entendidas como resultantes de um rápido ajuste à mudança de poder institucional, ou seja, para a capitalização do ativismo legislativo, no lugar de combatê-lo.

do estado), legislativos estaduais ativistas percebiam, fortemente, a necessidade de uma performance mais adequada dos distritos locais, das escolas e do *establishment* educacional. A mensagem frequente era de que o sistema de educação dos estados estava muito defasado em relação às novas demandas criadas pelo crescimento dos grandes negócios (demandas por trabalhadores qualificados e profissionais que requerem escolarização de qualidade).[12]

A desconfiança em relação ao *establishment* não era absoluta – não se tratava de considerar o *establishment* totalmente falido –, mas se concentrava em vieses e fraquezas seletivas. Aliás, a identificação de imperfeições institucionais específicas é uma característica da análise institucional. Exemplos dessa desconfiança institucional seletiva em nossos dados são: a) a crença, nos estados do sul, de que distritos locais não vinham cumprindo suas responsabilidades, especialmente em relação a estudantes pertencentes a grupos minoritários, cujo sucesso acadêmico não parecia adequadamente representado pelos distritos locais (compare-se com o movimento paralelo e percebido como intransigente dos sistemas urbanos rumo à "falência acadêmica"); e b) a crença, nos estados do norte, de que, na ausência de novos recursos, a "reestruturação" é o único meio de aprimoramento educacional substantivo, entendida como a transferência de poder para novos decisores e a reorganização fundamental do sistema de entrega do serviço educacional.

### 3.1.3 Instabilidade da escolha

Visto como uma escolha do governo estadual para um tomador de decisão na área da educação, o movimento de reforma estadual é inerentemente instável, por causa do conflito entre os critérios de vantagem comparativa. As vantagens mais claras dos governos estaduais eram o acesso, o poder e os valores substantivos. Grupos empresariais tinham poder nos legislativos estaduais e os deputados tinham poder por causa do dinheiro, fato frequentemente mencionado pelos nossos entrevistados. E os legisladores estavam dispostos a fazer pressão

---

12 Grupos empresariais começam, aparentemente, com uma agenda substantiva de educação mais rigorosa, por causa da importância de trabalhadores qualificados para o sucesso continuado dos negócios dos EUA, de um modo mais competitivo e integrado com a economia mundial. Mas o empresariado também apoia um conjunto específico de reformas educacionais: padrões estaduais mais rigorosos, mais responsabilidade, incentivos e mercados.

por uma educação academicamente mais rigorosa. Mas os governos estaduais tinham sérios problemas de capacidade. Os distritos locais e as escolas estão em uma posição muito melhor para pressionar por uma educação acadêmica mais rigorosa (se eles assim desejarem), porque eles podem se ajustar às necessidades locais e não enfrentam os problemas de influenciar um outro nível de governo. A capacidade de alguns governos estaduais de apoiar o movimento de reforma é muito questionada, por conta das dificuldades de arrecadação e da falta de assistência técnica. Muitas das novas regulações estão firmadas, implicitamente, na premissa de aperfeiçoar a capacidade local, mas a maior parte dos governos estaduais não consegue ajudar os distritos locais e as escolas a adquirir tal capacidade. Um exemplo desse "hiato de capacidade" é a situação dos distritos rurais do sul. Alocar, nesses distritos, a demanda de contratar professores mais qualificados e de elevar os padrões acadêmicos pode ser malsucedido e trágico.

Os sinais mais favoráveis para o sucesso das reformas são as demandas relativamente modestas (mas importantes) de algumas políticas em alguns estados (por exemplo, exigências para a graduação), associadas a um alto grau de apoio local para padrões acadêmicos mais rigorosos. Muitos distritos locais já impunham padrões mais elevados do que o estado. Nesse contexto, os três resultados mais prováveis para o movimento de reforma são: a) a reforma simbólica, ocorrida quando as demandas não eram originalmente sérias, ou foram neutralizadas por adaptação mútua; b) a institucionalização gradual na prática local; ou c) uma "aterrissagem forçada", que ocorre quando o movimento de reforma estadual ultrapassa a capacidade tanto do estado quanto do governo local. Não é desarrazoado esperar que os três resultados ocorram no mesmo estado.

## 3.2 Padrões educacionais e política curricular

### 3.2.1 Escolha institucional básica

Nossa pesquisa sobre padrões educacionais teve como foco os requisitos para a graduação, uma política que também pode ser vista como um meio de regular o currículo do ensino médio (por exigir mais cursos acadêmicos). O efeito dos requisitos para a graduação é limitado por diversas razões (alguns requisitos eram formais, como adicionar o nono ano; alguns foram definidos de acordo com as práticas preexistentes; todos estavam sujeitos a algum grau de adaptação mútua, como incluir cursos profissionalizantes ou diluir cursos acadêmicos). Mas o impacto dos requisitos para a graduação não foi puramente simbólico ou mínimo. Por conta da relativa escassez de tempo no currículo do ensino médio e na vida dos alunos, os requisitos para a graduação tiveram consequências marginais importantes, incluindo uma educação acadêmica mais rigorosa para muitos estudantes.[13]

O achado de maior relevância para a escolha institucional ocorreu como subproduto da investigação sobre os requisitos para a graduação: observamos um conjunto de políticas inter-relacionadas cujo impacto no currículo do ensino médio é maior do que os requisitos para a graduação isolados. Estados e distritos parecem estar envolvidos em um processo de padronização de conteúdo didático (na verdade, de centralização do currículo) por meio de uma combinação de instrumentos de política pública. Os requisitos para a graduação (de estados, distritos e universidades) estão sendo combinados com a regulamentação do currículo (por exemplo, diretrizes curriculares, seleção de livros didáticos), testes padronizados (como testes do conteúdo do curso) e técnicas especiais de monitoramento (por exemplo, relatórios informatizados do progresso do desempenho dos estudantes em cada sala de aula). Um aspecto interessante do movimento em direção a um currículo padronizado é o envolvimento dos distritos locais. As políticas distritais muitas vezes pegam carona nas políticas estaduais; e os atores locais estão envolvidos com os atores estaduais na centralização das atividades, como na criação de itens para testes padronizados.[14]

### 3.2.2 Fundamentação e análise institucional comparativa

A racionalidade por trás da padronização do currículo ainda não está totalmente clara e permanece como questão a ser investigada em pesquisas subsequentes. Mas as várias justificativas que ouvimos envolvem alguma percepção de desconfiança institucional e de vantagem comparativa. Elas incluem: economias de escala ("você gostaria que toda escola e todo professor decidissem o currículo básico de matemática?"); conhecimento especializado e desconfiança quanto aos

---

13 O relatório completo sobre o efeito dos requisitos para a graduação será disponibilizado pela CPRE ao final de 1987.

14 Em um segundo estágio da nossa pesquisa, planejamos verificar e documentar essa tendência, bem como investigar seus efeitos, incluindo seu impacto no conteúdo dos cursos, nos grupos especiais de estudantes, no processo de ensino e na avaliação de professores.

professores e distritos ("os professores precisam que lhes seja indicado o que ensinar; distritos e escolas estão atolados na memorização"); e equidade estudantil ("não deveria ser ensinado, a todos os alunos, o mesmo conteúdo no curso de Álgebra, especialmente devido à rápida rotatividade de estudantes"?).

### 3.2.3 Instabilidade da escolha

O controle centralizado do currículo, especialmente no nível distrital, parece refletir certo núcleo duro de vantagem comparativa e, portanto, tende a permanecer, pelo menos de alguma forma. Se o programa é feito de forma adequada e não intrusiva, argumentos de economia de escala, conhecimento especializado e equidade estudantil são razoavelmente persuasivos. No entanto, o programa enfrenta sérios problemas que, possivelmente, vão produzir modificações significativas em alguns lugares. A despeito das alegações de conhecimento especializado, estados e distritos aparentemente escolhem, em alguns casos, o conteúdo equivocado (por exemplo, técnicas básicas em vez de competências).[15] Nesse sentido, a vantagem comparativa dos especialistas nem sempre é tão clara. Outro problema potencial é a intervenção excessiva. Se exagerados (especialmente com os conteúdos equivocados), os padrões curriculares podem interferir na necessária flexibilidade em sala de aula e causar deterioração das condições de trabalho dos professores – conflitando, por exemplo, com o crescente movimento em direção à profissionalização dos docentes. Dessa forma, a vantagem comparativa das autoridades centrais pode depender de se alcançar um equilíbrio crucial (e um tanto sutil) entre centralização e descentralização.

## 3.3 Políticas para professores

### 3.3.1 Escolha institucional básica

As políticas para professores são regulamentos e programas projetados para influenciar a qualidade dos professores e do ensino (preparação, testes, certificação, seleção, indução, treinamento, avaliação, remuneração, estrutura de carreira). Uma explosão de políticas

[15] [N.T.] No original, *basic skills rather than higher order thinking*. Optou-se por traduzir *higher order thinking* por competências, no sentido previsto na Base Nacional Comum Curricular.

estaduais e locais para professores ocorreu na década de 1980, com mais políticas adotadas pelos governos estaduais nesse período do que nunca antes (Darling-Hammond; Berry, 1987).

### 3.3.2 Fundamentação e análise institucional comparativa

O perfil básico da escolha institucional é o mesmo do movimento de reforma estadual – legislativos estaduais ativistas que tentam impor padrões mais elevados àquela que é percebida como uma profissão nem sempre motivada pela excelência.

### 3.3.3 Instabilidade da escolha

O rápido crescimento das políticas para professores deixou um acúmulo de perguntas de pesquisa sem resposta. Há três grandes questões pendentes sobre a vantagem comparativa dos governos estaduais na regulação da qualidade dos professores. Uma delas é o efeito pouco claro da regulamentação sobre os mercados de trabalho locais. Qual é o efeito, especialmente em um mercado de trabalho restrito, de aumentar, simultaneamente, os requisitos de certificação e permitir a certificação emergencial e alternativa? A segunda questão diz respeito aos sistemas de recompensa diferenciados (por exemplo, remuneração por mérito). Tais sistemas levantam problemas de viabilidade peculiares (por exemplo, um alto grau de sensibilidade à validade da avaliação e um alto nível de custos de transação, especialmente nos planos mais individualizados). A terceira questão diz respeito ao conteúdo educacional dos sistemas de avaliação de professores, particularmente, à escolha entre modelos de aprendizagem comportamental ou processo-produto e modelos de aprendizagem baseados em competências e na figura do professor como um "profissional reflexivo" (Peterson; Comeaux, no prelo).

Cada uma dessas questões é, essencialmente, uma limitação da vantagem comparativa dos governos estaduais na melhoria da qualidade dos professores. A regulação pode ser uma ferramenta extremamente inepta para influenciar o comportamento do mercado (por exemplo, controle de aluguéis). A remuneração por mérito e a avaliação de professores envolvem conflitos com as normas locais de desempenho profissional (Murnane; Cohen, 1986). A avaliação de professores também levanta as mesmas incertezas sobre o conhecimento especializado aplicável ao currículo padronizado.

Dadas todas essas questões, um caminho provável para a política voltada a professores é em direção à cooperação entre estados e localidades. A remuneração por mérito e a avaliação de professores já estão se movendo na direção dos padrões e opções locais e da forte participação dos sindicatos de professores. Os efeitos incômodos da regulação podem ser atenuados por um comportamento generalizado de forte adaptação mútua. Os distritos, em nossa amostra, parecem orquestrar políticas para professores para satisfazer objetivos locais (por exemplo, um distrito adapta quase todas as políticas estaduais, incluindo seu programa de estágio docente, ao objetivo principal de contratar um grande número de novos professores).

## 3.4 Indicadores e monitoramento

### 3.4.1 Escolha institucional básica

Testemunha-se um rápido crescimento no uso de informações educacionais, do mural na parede do secretário para o uso mais direcionado dos dados da Avaliação Nacional do Progresso Educacional,[16] o alinhamento entre materiais didáticos e testes, os esforços para o desenvolvimento de indicadores nacionais por parte da Fundação Nacional de Ciência[17] e dos secretários estaduais de educação, a invenção de novas e sofisticadas formas de monitorar o progresso dos distritos e das escolas (novas referências para resultados em "conjuntos" de unidades agregadas).[18]

### 3.4.2 Fundamentação e análise institucional comparativa

Os tomadores de decisão usam a informação porque informação é poder; e esse poder é de dois tipos básicos: indicadores e monitoramento. Em seu modo indicador, a informação é poderosa como ferramenta de resolução de problemas sociais. Por exemplo, as tendências de desempenho e de rendimento dos estudantes podem ser comparadas com as tendências de cursos acadêmicos, para avaliar o impacto desse desenvolvimento. Em seu modo de monitoramento, a informação é poderosa como um método de controle. Em alguns dos

[16] [N.T.] No original, consta apenas a sigla NAEP, que corresponde a *National Assessment of Educational Progress*.

[17] [N.T.] No original, *National Science Foundation*.

[18] *Vide* Oakes, 1986.

nossos distritos, todo o conjunto de cursos básicos, em muitas escolas, é orientado para que o aluno passe no teste estadual de competência mínima. Como um instrumento de política pública, a informação é uma influência centralizadora, quase por definição (porque reúne dados dispersos, seja no nível do estado, do distrito, da escola, da sala de aula ou do estudante); e a vantagem comparativa das autoridades centrais na análise das informações é tanto de perspectiva quanto de incentivo.[19]

## 3.4.3 Instabilidade da escolha

Apesar da inquestionável vantagem comparativa consubstanciada no uso da informação educacional, a tendência nacional é extremamente instável, por causa de três questões relacionadas, relativas à natureza e à extensão dessa vantagem comparativa: a aplicabilidade dos indicadores, o paradoxo do monitoramento e a controvérsia estadual/local.

### 3.4.3.1 Aplicabilidade

Há muitos trabalhos em andamento sobre a validade dos indicadores – por exemplo, sobre como medir o desempenho em leitura (Guthrie, 1986). Mesmo assumindo que a construção de indicadores válidos foi bem-sucedida, a estruturação de um sistema funcional enfrenta sérios problemas de aplicabilidade. Um problema básico é que o valor dos indicadores, para as autoridades centrais, não corresponde necessariamente ao valor da cooperação para as autoridades locais, que devem coletar os dados. Que incentivo existe, por exemplo, para que os distritos adotem uma medida uniforme de evasão escolar, ou mesmo para que coletem informações sobre evasão, se tal informação não atende às necessidades locais (Williams, 1986)?

### 3.4.3.2 O paradoxo do monitoramento

Uma das diferenças mais importantes entre indicadores econômicos e educacionais é a atribuição de responsabilidade: ao contrário dos indicadores econômicos, os indicadores educacionais muitas vezes apontam para a responsabilidade das regiões, das organizações e dos

---

[19] [N.T.] No original, *leverage*.

atores específicos (Murnane, 1987). Ou seja, os indicadores tendem a se tornar sistemas de monitoramento, isto é, as informações são usadas para confirmar expectativas sobre comportamentos anteriores. No entanto, quando os indicadores são usados para o monitoramento, eles tendem a ser superficiais (tal como estudante por metro quadrado) ou altamente reativos (como evasão escolar). Muitos dos nossos distritos e escolas, por exemplo, estão tão interessados na gestão da informação sobre evasão escolar quanto na prevenção da evasão.

### 3.4.3.3 A controvérsia estadual/local

Existe um debate acalorado sobre o nível mais apropriado para conduzir o monitoramento educacional: governo estadual ou local (David, 1987). Os defensores do governo estadual tendem a se concentrar na necessidade de algum incentivo para os tomadores de decisão locais e na adequação, ainda que aproximada, das informações agregadas. Os defensores do uso local (seja distrito ou escola) citam as graves distorções nos dados estaduais agregados, a falta de correspondência com as necessidades locais e a natureza política "diversionista" do monitoramento estadual, em contraste com a natureza diagnóstica e de resolução de problemas dos indicadores locais.

Cada um desses problemas levanta dúvidas sobre a natureza e a extensão de qualquer vantagem comparativa dos tomadores de decisão do nível central no uso de informações educacionais, sugerindo que devemos estar preparados para a experimentação contínua. Avançar dos indicadores válidos em direção aos indicadores adequados é um grande passo, que pode exigir modificações nas relações intergovernamentais. Estados e distritos estão muito ativos, atualmente, na construção de novos sistemas de monitoramento, com vistas a superar problemas intrínsecos de superficialidade e reatividade. Os exemplos incluem uma série de adaptações na análise de regressão – o que gera expectativas para distritos, escolas, professores e estudantes acerca da composição estatística dos agregados de estudantes. O quão bem-sucedidos serão esses experimentos na superação dos problemas – e qual será a cara da solução final – permanece em aberto. E o debate sobre o papel específico dos tomadores de decisão estaduais, em oposição aos locais, no monitoramento educacional está apenas começando.[20]

---

20 Para detalhes acerca da questão dos indicadores estaduais e locais, consulte o Apêndice.

## 3.5 *Vouchers* e outros mecanismos de escolha

### 3.5.1 Escolha institucional básica

*Vouchers* são, geralmente, a primeira (e infelizmente, de modo geral, a única) política pública que ocorre a muitas pessoas como um exemplo de escolha institucional. Embora possa ser considerado um exemplo "bom demais", a soberania do consumidor na educação é, certamente, uma boa ilustração da escolha institucional. Mecanismos do tipo *voucher* transferem a autoridade para a tomada de decisão dos distritos, escolas e professores para as famílias e para os estudantes. A escolha do consumidor é uma alternativa ao governo, ou à política. A soberania do consumidor desloca os problemas de controle estadual e local. Por exemplo, toda a celeuma dos indicadores, com seus conflitos entre a autoridade estadual e a local, pode ser evitada em um sistema que aceita as escolhas do consumidor como indicadores de sucesso e de fracasso (clientes expressando suas preferências).[21] [22]

### 3.5.2 Fundamentação e análise institucional comparativa

Não surpreende o fato de o aumento da escolha ter sido explicado, por nossos entrevistados, a partir da teoria mais explícita de vantagem comparativa de todos os instrumentos de política pública. No estado que examinamos, que contava com um programa de "opções pós-secundárias" (escolha de instituições pós-secundárias por estudantes do ensino médio), os defensores alegaram, como benefícios do programa, maior variedade de oportunidades e mais capacidade de resposta e eficiência da burocracia educacional. Naquele estado, o *establishment* da educação era visto como valioso e produtivo, mas também severamente limitado na sua capacidade de apoiar as inovações necessárias, contrárias aos interesses da estrutura existente (por exemplo, entregar estudantes do ensino médio para instituições pós-secundárias, com a consequente perda de repasses estaduais). O principal arquiteto daquele programa captou perfeitamente a percepção delicada de vantagem comparativa, dizendo que, embora as grandes instituições sejam resistentes à mudança e exijam um forte impulso para que a mudança ocorra, as instituições existentes também

---

21 [N.T.] No original, *clients voting with their feet*.

22 Esse foi um aspecto apontado pelo Senador John Brandl, de Minnesota, no fórum de políticas públicas do CPRE, no qual este e outros artigos foram discutidos.

incorporam muitos valores importantes; e novas ideias podem não funcionar tão bem quanto o esperado.

### 3.5.3 Instabilidade da escolha

Parte da percepção de vantagem comparativa da escolha feita pelo consumidor na educação vem do apelo de dispensar todas as complicações do controle político (o que o Senador John Brandl, de Minnesota, chamou de "assumir fazer algo mesmo sem saber fazê-lo").[23] [24] No entanto, como ninguém espera, de fato, um sistema completamente livre de controle político, o deslocamento completo da autoridade política é muito improvável. Recursos públicos vêm sempre acompanhados de condições legais e políticas. E, de fato, muitas das questões mais prementes e pragmáticas acerca da escolha do consumidor como um instrumento de política pública na educação giram em torno de como combinar mecanismos de mercado com a autoridade política – a escolha como um sistema híbrido de política e mercados. Três grandes temas de controvérsia vêm imediatamente à mente: a) como aumentar a escolha dentro da estrutura de educação pública existente (por exemplo, com abertura de matrículas e opções pós-secundárias);[25] b) como garantir uma construção institucional de alta qualidade em sistemas menos regulamentados (como no ensino domiciliar); c) como agregar valores essencialmente políticos em um verdadeiro sistema de *vouchers* (por exemplo, se devemos adotar regulações estaduais que garantam a igualdade de acesso)[26] e se devemos abolir o distrito escolar local.[27] Mais uma vez, há dúvida quanto à inequívoca vantagem comparativa de um tomador de decisão (a família) e podemos antecipar um longo período de experimentação.

## 3.6 Instrumentos de política pública

### 3.6.1 Escolha institucional básica

De muitas maneiras, o tópico dos "instrumentos de política pública" nada mais é do que um cruzamento entre áreas políticas

[23] [N.T.] No original, *being through with muddling through.*

[24] *Vide* também Chubb e Moe, 1986.

[25] *Vide* Elmore, 1986b.

[26] *Vide* Coons e Sugarman, 1978.

[27] *Vide* Doyle e Finn, 1984.

específicas (como regulação do currículo ou do ensino). Os instrumentos de política pública são métodos pelos quais os mais altos níveis de governo exercem controle parcial sobre uma área da política pública de educação.

Se os instrumentos são vistos de forma mais ampla para incluir a reestruturação institucional, como uma "mudança do sistema" (McDonnell; Elmore, 1987), uma investigação acerca da vantagem comparativa sob a rubrica dos instrumentos de política pública é muito semelhante à mesma investigação sob a ótica da teoria da escolha institucional. Os instrumentos são escolhas institucionais dos formuladores de políticas e, em sentido contrário, as escolhas institucionais são instrumentos de política pública. Assim, no nível conceitual, a distinção entre as duas perspectivas não é tanto um conflito de paradigmas, mas um embate semântico. A teoria da escolha institucional considera os "instrumentos de política pública" como uma subseção da escolha institucional, que lida com as relações intergovernamentais. A perspectiva dos instrumentos, no sentido de McDonnell e Elmore, considera a escolha institucional tão somente como um tipo de instrumento de política pública (que muda o sistema). Apesar da equivalência conceitual, as duas perspectivas produzem percepções diferentes, talvez por conta da origem em literaturas teóricas diferentes. Uma maneira pela qual se pode caracterizar essa diferença é o foco maior da escolha institucional na substância das decisões e o conforto maior da escolha institucional com uma ampla gama de formas institucionais.[28] A perspectiva dos instrumentos parece, a esses olhos provincianos, mais apegada ao processo e mais confinada ao foco nas relações intergovernamentais.

## 3.6.2 Fundamentação e análise institucional comparativa

O enquadramento mais habitual para se pensar sobre a escolha dos instrumentos de política pública é o da vantagem comparativa (McDonnell; Elmore, 1987). Os "comandos" estão associados a forças e fraquezas específicas (que derivam desses atributos, como o custo de fiscalização, de implementação e de conformidade). Portanto, os comandos proporcionam uma vantagem comparativa apenas sob certas circunstâncias (por exemplo, quando há uma norma clara e a capacidade

---

[28] *Vide* "Conclusão".

de cumpri-la). Os "incentivos" (como os repasses de recursos financeiros) funcionam quando um comportamento específico pode ser encorajado por meio da ampliação de recursos. A "construção de capacidade" (um exercício difícil) é necessária quando uma instituição específica é insuficientemente capaz de cumprir as normas – isto é, quando a vantagem comparativa de uma agência reguladora falha devido à ausência de capacidade local. Todas essas são formulações de vantagem comparativa: as condições sob as quais um formulador de políticas públicas tem uma vantagem comparativa utilizando diversas técnicas de intervenção.

### 3.6.3 Instabilidade da escolha

A vantagem comparativa de quase todo instrumento de política pública (ou conjunto de instrumentos de política pública) é, normalmente, muito contestada. Por exemplo, repasses de recursos financeiros podem, ou não, modificar comportamentos (Barro, 1978) e podem, ou não, produzir efeitos educacionais desejáveis (Clune, 1983; Clune, 1986; Kirst, 1986; Turnbull; Smith; Ginsburg, 1981). Há um constante debate envolvendo as variadas categorias de instrumentos de política pública, como legalização e procedimentalização (Clune; Van Pelt, 1985; Kirp; Jensen, 1986; Wise, 1979).

## 4 Novos rumos para pesquisa em políticas públicas

Muitos temas de pesquisa foram sugeridos pela discussão antecedente, especialmente o refinamento das questões sobre a vantagem comparativa em cada uma das áreas da política pública. Em vez de desenvolver essas questões, esta parte do artigo pretende mostrar a utilidade do referencial teórico da escolha institucional – para examinar tipos mais fundamentais de reestruturação educacional (em lugar do foco regulatório da maioria das reformas estaduais) e examinar mais profundamente a substância educacional (resultados). O foco da discussão é o que se denomina, no CPRE, de "novos papéis e responsabilidades", em referência à "terceira onda" de reformas estaduais que enfatizaram a reestruturação fundamental da educação: profissionalização de professores, descentralização e desregulamentação.

A importância desse tema decorre tanto de suas potencialidades quanto de suas dificuldades. Grandes ganhos em efetividade e eficiência educacional podem ocorrer se a reestruturação for sábia e realista.

Mas existem problemas nas conexões pouco claras entre as várias propostas e os resultados finais, potenciais conflitos entre propostas e a estrutura de governança educacional existente e potenciais conflitos de propostas entre si. De modo geral, essa temática está pronta para ultrapassar visões utópicas, rumo ao estágio da criteriosa análise de políticas públicas.

O ponto a destacar aqui é o valor da perspectiva da escolha institucional na formulação de pesquisas sobre reestruturação educacional. São três pontos específicos a entender: a) que se trata de uma escolha acerca de quem serão os tomadores de decisão ajuda a esclarecer as alternativas básicas; b) que não é clara a vantagem comparativa de cada decisor na melhoria dos resultados educacionais; e c) que a adequação (ou falta de adequação) de cada tipo de tomada de decisão continua em aberto.[29]

As propostas de reestruturação podem ser proveitosamente classificadas de acordo com a ênfase em três diferentes teorias e *loci* institucionais de reestruturação (isto é, teorias sobre como alcançar benefícios educacionais significativos):[30] a) tecnologia educacional, como o desenvolvimento de melhores currículos e de melhor pedagogia, geralmente implementados por especialistas das universidades e por administradores da educação; b) profissionalização e capacitação de professores (à *la* Holmes e Carnegie); e c) maior controle por parte dos clientes do sistema de educação (comunidades ou famílias).

Com a questão básica enquadrada em termos de arranjos institucionais alternativos, a próxima pergunta a ser feita é: "vantagem comparativa em relação a quê?" (o critério de comparação institucional). O pano de fundo de quase todas as propostas de reforma educacional é a ideia de aperfeiçoar a educação, mas a conexão de cada tipo de reestruturação com os resultados educacionais é, pelo menos de alguma forma, problemática. A tecnologia aprimorada traz o risco de se escolher a tecnologia errada e interferir no processo de ensino e aprendizagem. O vínculo entre profissionalização de professores e um ensino melhor é incerto e o programa poderia ser executado de forma que desconsiderasse a melhoria do ensino e da aprendizagem. A teoria

[29] Os leitores irão notar a correspondência dessa organização tripartite com a organização das subseções na parte anterior: escolha institucional básica, vantagem comparativa e instabilidade da escolha.

[30] Esse esquema foi desenvolvido no fórum de políticas públicas do CPRE, sobre "novos papéis e responsabilidades", em Washington, D.C., entre os dias 28 e 29 de maio de 1987.

que conecta o controle da clientela à aprendizagem (por exemplo, que a escolha dos pais produziria comunidades de aprendizagem) é muito complexa (Coleman e Hoffer, 1987; Coleman, Hoffer e Kilgore, 1982).[31]

Outra questão fundamental é o grau de compatibilidade entre os arranjos institucionais novos. Nenhuma escolha é necessária se pudermos ter todas as três ao mesmo tempo. Na realidade, o grau de compatibilidade e de conflito entre essas propostas também é problemático. Uma perspectiva é de uma "falha de San Andreas" se desenvolvendo entre as três, por causa de um conflito de governança educacional (administradores *versus* professores *versus* clientes). Mas também é possível imaginar que não se trata de um jogo de soma zero, pois há diversos cenários de ganho mútuo, como exemplo, currículos padronizados que ajudam os professores a comunicar competências e não interferem na governança profissional. Assim, a questão essencial é até que ponto cada modelo de governança educacional (tecnologia, profissionalização e escolha) pode ser promovido sem interferir no outro. Um pouco de controle do currículo é, provavelmente, consistente tanto com a escolha quanto com a profissionalização; a profissionalização pode ser compatibilizada com o controle do cliente. Mas, no extremo, cada um dos sistemas suplanta os demais. Se tudo sobre o currículo é controlado pelos administradores, nada resta para professores ou clientes; se tudo é escolhido pelos clientes, nada resta para professores ou administradores; e assim por diante.

A taxa de substituição entre os sistemas (quanto de um deve ser sacrificado para se obter unidades crescentes de um outro) não é um critério absoluto porque não fornece nenhuma informação sobre como valorizar as unidades trocadas. A "agenda de substituição" consegue nos dizer até que ponto o incremento de unidades de um arranjo institucional se torna muito oneroso em relação a outros arranjos, mas não nos diz como avaliar as unidades trocadas. Se a padronização do currículo fosse muito valiosa em comparação com as outras opções, em teoria deveríamos estar dispostos a sacrificar grandes quantidades

31 Há duas outras teorias de reestruturação que não necessariamente envolvem questões educacionais tão difíceis, mas que provavelmente não têm uma conexão tão plausível com a efetividade educacional: o movimento em favor do corte dos custos administrativos e o movimento em favor da desregulação (ambos estadual-local e local-escola). Ambas as teorias são baseadas tanto na ideia de eliminar o desperdício quanto na teoria dos resultados educacionais. Por outro lado, ambas também têm conexões com os resultados educacionais, na medida em que podem ser vistas como condições de gestão escolar. *Vide* Chubb e Moe, 1986.

de profissionalização e de escolha em prol de pequenas quantidades de padronização. É por isso que o critério substantivo de melhoria do ensino e da aprendizagem é tão importante. Ele não nos diz apenas o valor de cada arranjo institucional em relação aos outros, mas também (possivelmente) quais componentes de cada arranjo institucional são mais importantes de se preservar em um processo de ajuste e compromisso institucional.[32] Talvez a característica essencial da teoria da escolha institucional seja a combinação entre substância e processo: as instituições são escolhidas não pelo que são, mas pelo que fazem.

De acordo com os pontos elencados acima, dentro do CPRE vemos que a agenda de pesquisa nessa área incita quatro questões básicas: a) a necessidade de maior especificidade acerca do desenho institucional e da viabilidade de novos papéis; b) a conexão de cada papel institucional emergente com as melhorias no ensino e na aprendizagem; c) o grau de conflito ou de congruência entre os arranjos institucionais emergentes e os sistemas existentes de governança e de *accountability* (por exemplo, a congruência da capacitação dos professores com a gestão burocrática); e d) o grau de conflito ou congruência entre as novas abordagens (por exemplo, a congruência da capacitação dos professores com currículos padronizados recém-desenvolvidos, assumindo o critério de melhoria educacional).

## 5 Conclusão

Como a maior parte deste artigo foi dedicada a definir a teoria e a discutir suas aplicações, pode ser útil, na conclusão, retroceder e discutir, de forma geral, as vantagens da teoria.

### 5.1 O campo de análise de políticas públicas

A escolha institucional contribui para caracterizar o campo de análise de políticas públicas, insistindo que os formuladores de políticas devem alcançar resultados por meio de algum conjunto de escolhas institucionais – e escolher instituições é uma boa tradução para o que as pessoas querem dizer quando afirmam que a análise de políticas públicas está preocupada com a "viabilidade". A necessidade

32 Seria bom saber, por exemplo, quais aspectos do conceito global de "profissionalização de professores" são os mais importantes para o ensino e a aprendizagem.

de desenho institucional e de implementação é a razão pela qual a análise de políticas públicas nunca pode ser completamente substituída por uma pesquisa básica. A ideia de que os formuladores de políticas escolhem os resultados por meio da escolha das instituições também ilumina a conexão entre a política e a pesquisa básica. A política e a pesquisa em políticas públicas muitas vezes se concentram em variáveis de processo, com conexões com resultados demonstrados pela pesquisa básica (por exemplo, currículo). Ao mesmo tempo, a escolha institucional especifica quais aspectos do processo são importantes – não todos os aspectos que podem ser interessantes, mas sim aqueles aspectos com significado substantivo.

## 5.2 A utilidade e os limites da política pública

O referencial teórico capta uma percepção de expectativas relativamente baixas para a política pública (uma política é vantajosa se for um pouco melhor do que a pior instituição seguinte), mas também uma percepção aguçada dos limites da política pública (por exemplo, a despeito das muitas imperfeições da tomada de decisão local, a dificuldade de melhorá-la por meio de políticas estaduais). Outra limitação da política pública, comumente reconhecida, é a sua natureza transitória e contingente. A escolha institucional capta os aspectos relativistas, parciais, experimentais e cíclicos da política pública, sugerindo um processo constante de correções institucionais em vez de uma marcha ordenada em direção a objetivos substantivos claros.

## 5.3 O papel do analista de políticas públicas

A escolha institucional sugere que um papel importante para os analistas de políticas públicas consiste em fazer recomendações sobre escolha institucional, com base no conhecimento especializado acerca da vantagem comparativa. O analista tem um papel participativo, tornando-se parte do processo de governança, levando mensagens para uma parte do sistema sobre os efeitos em uma outra parte, tentando corrigir e refinar o processo de escolha institucional.[33] Os achados clássicos da pesquisa sobre implementação, acerca da importância

[33] Os efeitos da política estadual nos distritos locais e nas escolas são importantes para decidir se o estado tem, realmente, uma vantagem comparativa.

do contexto local, se encaixam nesse modelo, assim como o debate renovado entre os reformadores educacionais (e reestruturadores) e os defensores do controle local.[34]

## 5.4 Uma ampla gama de instrumentos de política pública

A lógica da escolha institucional requer um olhar abrangente para a grande variedade de instrumentos de política pública que podem ser úteis para a promoção de um objetivo subjacente. A profissionalização do magistério pode ser um método de aprimoramento educacional tão eficaz quanto os padrões acadêmicos mais elevados.[35] O referencial teórico também é útil para pensar em combinações de instrumentos de política pública. As reformas abrangentes podem ser vistas como tentativas de atingir objetivos básicos de muitas maneiras diferentes: regulação, incentivos, indicadores, uso da informação. O padrão oposto, fragmentário e eclético dos instrumentos de política pública é unificado por um propósito comum, ao passo que a variedade de instrumentos pode ser vista como uma resposta lógica à incerteza sobre quais mudanças institucionais terão os resultados desejados.[36]

## 5.5 Interesse em novos papéis e responsabilidades

Além dos instrumentos de política pública em um sentido instrumental estrito, a escolha institucional também chama a atenção para questões amplas de governança. O debate acerca dos indicadores educacionais, por exemplo, reflete implicações importantes para a mudança de papéis governamentais (tal como um currículo padronizado), juntamente com a percepção de que indicadores bem desenhados

---

[34] A participação ativa no processo governamental naturalmente levanta questões políticas difíceis para o analista, especialmente porque o conhecimento especializado em questão é, em si, altamente permeado por perspectivas éticas e políticas. Considerem-se, por exemplo, as "simples" questões de definição e valor atribuído às metas localmente variáveis e não acadêmicas de escolarização e o grau de preocupação com as pessoas desfavorecidas. *Vide* Wildavsky, 1979.

[35] *Vide* Kirp, 1982.

[36] Consequentemente, reformas estaduais e grandes intervenções federais, como a Lei de Educação para Todas as Crianças com Deficiência, de 1978 (94-142) [N.T. Há um aparente erro de digitação no ano de 1978, uma vez que a lei em questão é de 1975. Confira-se o artigo traduzido, *Um método político de avaliação: a Lei de Educação para Todas as Crianças com Deficiência e as várias lacunas da análise de lacunas*, neste livro], representam, em parte, pacotes experimentais de mudanças institucionais

podem ser um dos papéis mais efetivos e menos intrusivos para a governança central. Um outro exemplo é o papel do distrito escolar. O distrito escolar vem sendo criticado como um impedimento à mudança escolar (Mile; Louis; Rosenblum; Cipollone; Farrar, 1986; Purkey, 1985), um obstáculo à política pública estadual, uma selva burocrática (Chubb; Moe, 1986) e uma vítima residual da centralização das finanças escolares (Doyle; Finn, 1984). Por outro lado, o distrito escolar parece trabalhar sob uma série de responsabilidades novas e em expansão, incluindo parcerias comerciais, educação de adultos e serviços sociais e de saúde. O distrito está sendo puxado em diferentes direções, pelo aumento do controle estadual, demandas por maior autonomia local da escola e demandas para fundir a escola com outros serviços sociais. Uma questão óbvia, nem sempre discutida, mas levantada pela teoria da escolha institucional, é onde as decisões políticas, tomadas agora no nível distrital (orçamentos, fechamento das escolas etc.), seriam tomadas se o distrito fosse simplesmente abolido.[37]

Em conclusão, a escolha institucional é um referencial teórico valioso para a pesquisa sobre políticas públicas de educação, tanto na gama de políticas abordadas quanto na sofisticação das questões de pesquisa geradas.

## Referências

Barro, S. (1978). Federal education goals and policy instruments: An assessment of the strings attached to categorical grants in education. In M. Timpane (Ed.), *The federal interest in financing schooling* (p. 229). Cambridge, MA: Ballinger.

Baumer, D. C., & Van Horn, C. E. (1985). *The politics of unemployment.* Washington, DC: CQ Press.

Berman, P. (1986). From compliance to learning: Implementing legally-induced reform. In D. L. Kirp & D. N. Jensen (Eds.), *School days, rule days: The legalization and regulation of education*. Philadelphia: The Falmer Press.

Chubb, J. E., & Moe, T. M. (1986, Fall). No school is an island: Politics, markets, and education. *The Brookings Review*, 4(4), 21-36.

Clune, W. H. (1983). Courts and teaching. In L. S. Shulman & G. Sykes (Eds.), *Handbook of teaching and policy*. New York: Longman.

Clune, W. H. (1984). Courts and legislatures as arbitrators of social change [Review of *Educational policy making and the courts: An empirical study of judicial activism*]. *The Yale Law Journal*, 93(4), 763-779.

[37] Sobre as origens e o crescimento da burocracia na educação, *vide* Guthrie, 1979; Schwartz, 1984; e Tyack, 1974.

Clune, W. H. (1986). The deregulation critique of the federal role in education. In D. L. Kirp & D. N. Jensen (Eds.), *School days, rule days: The legalization and regulation of education*. Philadelphia: Falmer Press.

Clune, W. H., & Van Pelt, M. H. (1985, Summer). A political method of evaluating the Education for All Handicapped Children Act of 1975 and the several gaps of gap analysis. *Law and Contemporary Problems*, 48(1), 7-62.

Coleman, J., & Hoffer, T. (1987). *Public and private high schools: Impact on communities*. New York: Basic Books.

Coleman, J., Hoffer, T., & Kilgore, S. (1982). *High school achievement*. New York: Basic Books.

Coons, J. E., & Sugarman, S. D. (1978). *Education by choice*. Berkeley: University of California Press.

Cuban, L. (1984, November). School reform by remote control: SB813 in California. *Phi Delta Kappan*, 213-217.

Darling-Hammond, L., & Berry, B. (1987). *The evolution of teacher policy*. Unpublished manuscript, Center for Policy Research in Education, The Rand Corporation, Santa Monica, CA.

David, J. L. (1987). *Improving education with locally developed indicators*. Unpublished manuscript, Center for Policy Research in Education, Madison, WI.

Doyle, D., & Finn, C., Jr. (1984, September). Does more state aid for education make local school districts obsolete? *Journal of Educational Public Relations*, 7(3), 26-29.

Due, J. F., & Friedlaender, A. F. (1981). *Government finance*. Georgetown, Ontario: Irwin-Dorsey.

Elmore, R. F. (1986a). Education and federalism: Doctrinal, functional, and strategic views. In D. L. Kirp & D. N. Jensen (Eds.), *School days, rule days. The legalization and regulation of education*. Philadelphia: The Falmer Press.

Elmore, R. F. (1986b, December). *Choice in Public Education* (Joint Note 01). Santa Monica, CA: The Rand Corporation, Center for Policy Research in Education.

Ely, J. H. (1980). *Democracy and distrust*. Cambridge, MA: Harvard University Press.

Gormley, W. T., Jr. (1987). Institutional policy analysis: A critical review. *Journal of Policy Analysis and Management*, 6(2), 153-169.

Guthrie, J. T. (1986). *Indicators of reading education*. Unpublished manuscript, Center for Policy Research in Education, Madison, WI.

Guthrie, J. W. (1979, Winter). Organizational scale and school success. *Educational Evaluation and Policy Analysis*, 1(1), 119-134.

Kennedy, D. (1987). Critical theory, structuralism, and contemporary legal scholarship. *The New England Law Review*. 21(2), 209-289.

Kirp, D. L. (1982, January). Professionalization as a policy choice: British special education in comparative perspective. *World Politics*, 34(2), 137-174.

Kirp, D. L., & Jensen, D. N. (Eds.). (1986). *School days, rule days: The legalization and regulation of education*. Philadelphia: Falmer Press.

Kirst, M. W. (1986). *The federal role and Chapter I: Rethinking some basic assumptions* (Report 87-CERAS-3). Stanford, CA: Stanford University, Center for Educational Research.

Komesar, N. K. (1981). In search of a general approach to legal analysis: A comparative institutional alternative. *Michigan Law Review*, 79, 1350.

Komesar, N. K. (1984). Taking institutions seriously: Introduction to a strategy for constitutional analysis. *University of Chicago Law Review*, 51, 366-446.

Lindblom, C. E. (1977). *Politics and markets: The world's political-economic systems*. New York: Basic Books.

Lockhart, W. B., Kamisar, Y., Choper, J. H., & Shiffrin, S. H. (1986). *Constitutional law: Cases, comments, questions* (3rd ed.). St. Paul, MN: West Publishing.

McDonnell, L. M., & Elmore, R. F. (1987). *Getting the job done: Alternative policy instruments* (WD/3242). Santa Monica, CA: Center for Policy Research in Education, The Rand Corporation.

Miles, M. B., Louis, K. S., Rosenblum, S., Cipollone, A., & Farrar, E. (1986, November). *Improving the urban high school: A preliminary report. Lessons for managing implementation*. Boston, MA: The University of Massachusetts-Boston, Center for Survey Research.

Moe, T. M. (1984, November). The new economics of organization. *American Journal of Political Science*, 28(4), 739-777.

Murnane, R. J. (1987). *Interpreting and improving social indicators: Lessons from education and economics*. Santa Monica, CA: Center for Policy Research in Education, The Rand Corporation.

Murnane, R. J., & Cohen, D. K. (1986, February). Merit pay and the evaluation problem: Why most merit pay plans fail and a few survive. *Harvard Education Review*, 56(1), 1-17.

Oakes, J. (1986, October). *Educational indicators: A guide for policymakers* (Occasional Paper Series-01). Santa Monica, CA: The Rand Corporation, Center for Policy Research in Education.

Oakes, J., & Carey, N. (1986). *What mathematics, science, and technology education indicators of curriculum?* Unpublished manuscript, The Rand Corporation, Santa Monica, CA.

Palay, T. M. (1984, June). Comparative institutional economics: The governance of rail freight contracting. *Journal of Legal Studies*, 13(2), 265-287.

Peterson, P. L., & Comeaux, M. A. (in press). Assessing the teacher as a reflective professional: New perspectives on teacher evaluation. In A. E. Woolfolk (Ed.), *The graduate preparation of teachers*. New York: Prentice-Hall.

Piore, M. J., & Sabel, C. F. (1984). *The second industrial divide: Possibilities for prosperity*. New York: Basic Books.

Purkey, S. C. (1985). School improvement: An analysis of an urban school district effective schools project (Doctoral dissertation, University of Wisconsin, 1984). *Dissertations Abstracts International*, 45, 1926A.

Schwartz, J. D. (1984). Liberty, democracy, and the origins of American bureaucracy [Review of *The roots of American bureaucracy, 1830-1900*]. *Harvard Law Review*, 97, 815-834.

Turnbull, B., Smith, M., & Ginsburg, A. (1981). Issues for a new administration: The federal role in education. *American Journal of Education*, 396, 407-409.

Tyack, D. B. (1974). *The one best system: A history of American urban education*. Cambridge, MA: Harvard University Press.

U. S. Department of Education. (1984, May). *The nation responds: Recent efforts to improve education*. Washington, DC: U. S. Government Printing Office.

Wildavsky, A. (1979). *Speaking truth to power: The art and craft of policy analysis*. Boston: Little, Brown.

Williams, P. (1986, December). *Standardizing school dropout measures*. Unpublished manuscript, Center for Policy Research in Education, Madison, Wisconsin.

Wise, A. E. (1979). *Legislated learning: The bureaucratization of the American classroom*. Berkeley, CA: University of California Press.

Wolf, C. (1981). *Nonmarket failure revisited*. Santa Monica, CA: The Rand Corporation.

Wood, G. S. (1972). *The creation of the American republic*, 1776-1787. New York: W. W. Norton.

## Apêndice – A questão dos indicadores estaduais e locais

No momento, parece haver uma gama de abordagens para sistemas de indicadores estaduais e locais, que varia ao longo de uma dimensão de controle estadual e opção local, ou seja, ao longo de uma dimensão de escolha institucional. Por conveniência, o *continuum* pode ser simplificado como envolvendo cinco abordagens amplas, cada uma com seu próprio conjunto de vantagens e desvantagens relativas: indicadores puros com opção local, mudança de pontuação para escolas com baixo desempenho, consenso, conflito (ou diversidade) e uniformidade.

"Indicadores puros" com opções locais envolvem um papel estadual menos intrusivo. A avaliação no âmbito estadual é utilizada para mensurar a saúde da educação no estado como um todo (o aspecto indicador "puro"). Mas a avaliação é cuidadosamente construída para evitar a comparação entre distritos e escolas (utilizando diferentes disciplinas, itens e períodos de tempo em diferentes lugares). Distritos e escolas podem obter comparações de seu próprio desempenho em face das normas de âmbito estadual em testes e itens específicos. Os distritos também são obrigados por lei a se testarem em áreas temáticas amplas e a publicarem os resultados; mas, novamente, a variabilidade dos testes desencoraja comparações entre distritos e escolas. Os defensores desse sistema valorizam o espaço deixado para a escolha local de objetivos educacionais e acreditam que qualquer sistema estadual de comparação criaria uma uniformidade indesejável, efeitos colaterais negativos (como ensinar para o teste) e poderia não ser justo (dada a grande variedade das circunstâncias locais). Os detratores do sistema são igualmente veementes, reclamando da completa falta de responsabilidade e incentivo. Os consumidores educacionais, sejam os pais ou o governo estadual, não podem usar o sistema para determinar quais agências de educação estão fazendo o seu trabalho. Os problemas de uniformidade e equidade são exacerbados e compensados por grandes benefícios de responsabilidade e incentivo político.

A mudança de pontuação para escolas de alto e de baixo desempenho é um sistema utilizado em vários estados. Sob esse sistema, distritos e escolas com oscilações de pontuação extremamente boas ou extremamente ruins (em relação a alguma base estatística que se ajusta às circunstâncias locais) são escolhidos para exaltação, responsabilização ou remediação. Acredita-se que a ênfase nas aberrações estatísticas oferece uma espécie de validação e concentra recursos corretivos nos problemas mais graves. A desvantagem óbvia para os defensores da responsabilização é o número limitado de escolas cujo desempenho é avaliado.

Além desses dois sistemas, que são relativamente sensíveis à variação local, existem três sistemas que dão ao estado um papel mais acentuado:[38] consenso, conflito e uniformidade.

O consenso é a primeira possibilidade que ocorre à maioria dos comentadores: um conjunto essencial de resultados e processos com uma ampla base de apoio. Infelizmente, o consenso parece carregar o perigo do mínimo denominador comum: a única coisa com o que as pessoas concordam é o mínimo. A institucionalização de indicadores mínimos poderia muito bem conduzir o sistema em direção à educação mínima.

A segunda possibilidade é o conflito ou a diversidade. Ao invés de buscar um conjunto fundamental de indicadores de consenso, por que não oferecer algo para todos, na tentativa de reduzir a influência excessiva do estado por meio de conflitos deliberados (por exemplo, medindo tanto competências quanto conhecimentos[39] e deixando os distritos escolherem qual deles enfatizar)? O perigo aqui é que diferentes setores do governo optem por enfatizar parcelas do sistema de indicadores praticados ou, pior ainda, que distritos e escolas sejam submetidos a pressões contraditórias.

A terceira possibilidade é a uniformidade: deixar o governo centralizar as expectativas fundamentais de escolarização, escolhendo um único conjunto de resultados desejáveis entre os muitos que são possíveis. Essa abordagem (que é adotada em muitos países, como

---

[38] Para uma articulação das duas primeiras opções, pelo menos, ver Oakes e Carey, 1986.

[39] [N.T.] No original, *measuring both higher order and lower order thinking*.

no Japão) evita os problemas do mínimo denominador comum e das práticas conflitantes, mas pode ser politicamente impossível nos Estados Unidos.

Uma característica interessante do debate sobre indicadores é a forma como ele segue o padrão projetado pela escolha institucional e como se equipara ao padrão na política curricular. Os formuladores de políticas públicas estão buscando por um sentido de vantagem comparativa: um papel para o governo estadual que alcance alguns resultados poderosos sem custos inaceitáveis.

# RUMO A UMA TEORIA DA REFORMA SISTÊMICA: O CASO DE NOVE INICIATIVAS SISTÊMICAS ESTADUAIS DA FUNDAÇÃO NACIONAL DA CIÊNCIA[1] [2]

**WILLIAM H. CLUNE[3]**

**Tradução de Fernanda Vick e Gabriela Azevedo Campos Sales**

---

1 [N.T. Tradução de: *Toward a Theory of Systemic Reform*: The Case of Nine NSF Statewide Systemic Initiatives. Research Monograph n. 16, 1998]. Publicações do Instituto Nacional para a Educação em Ciência. O INEC publica artigos para facilitar a troca de ideias entre, de um lado, a comunidade de pesquisa e de desenvolvimento da educação em ciências, matemática, engenharia e tecnologia (CMET) e, de outro, os líderes reformadores da educação em CMET, em escolas, universidades e organizações profissionais em todo o país. As publicações avulsas do INEC fornecem comentários e análises sobre questões atuais de educação em CMET, incluindo inovações e práticas nessas áreas. Os artigos da série Monografias de Pesquisa do INEC relatam resultados de pesquisas originais. Os relatórios de conferências e *workshops* do INEC resultam de conferências, fóruns e *workshops* patrocinados pelo INEC. Além dessas três séries de publicações, o INEC publica resumos sobre diversos temas ligados a CMET. A pesquisa relatada neste artigo foi apoiada por um acordo de cooperação entre a Fundação Nacional da Ciência (FNC) e a Universidade de Wisconsin-Madison (acordo de cooperação nº RED-9452971). Na UW-Madison, o Instituto Nacional para a Educação em Ciência está localizado no Centro de Wisconsin para Pesquisa em Educação e resulta de um esforço colaborativo da Faculdade de Ciências Agrícolas e da Vida, da Escola de Educação, da Faculdade de Engenharia e da Faculdade de Letras e Ciência. Esse esforço colaborativo também é acompanhado pelo Centro Nacional para a Promoção da Educação em Ciências, de Washington, D.C. Quaisquer opiniões, resultados ou conclusões são de responsabilidade do autor e não refletem necessariamente a visão das agências de apoio.

2 [N.T.] Esta tradução buscou apresentar um texto final cuja forma e conteúdo soassem familiares a leitoras e leitores brasileiros. Quanto à forma, foram feitas adaptações em relação ao texto original, como a conversão de referências que estavam entre parêntesis no corpo do texto em notas do rodapé ou em apostos no próprio corpo do texto – e vice-versa. Acerca do conteúdo, sempre que possível, foram empregados termos constantes da Lei de Diretrizes e Bases da Educação e do Plano Nacional de Educação e efetuada a adaptação dos níveis e etapas de ensino ao padrão brasileiro de etapas do ensino básico.

3 Pela leitura e comentários às versões anteriores, agradecemos a Anderson, Daryl Eric Hamilton, Eric Osthoff, Andy Porter, Raizen, Patrick Shields, Debbie Stewart, Larry Suter, Norman Webb, Paula White e Andy. Os comentários foram úteis; os erros são meus.

## 1 Introdução

O presente artigo tem dois objetivos principais: 1) testar a tese central da reforma sistêmica; e 2) extrair lições acerca dos pontos fortes e fracos das estratégias reais de reforma empregadas na política pública e na prática. Buscam-se atingir ambos os objetivos por meio da análise secundária de uma fonte de dados oportuna: os estudos de caso acerca de nove Iniciativas Sistêmicas Estaduais (ISEs)[4] financiadas pela Fundação Nacional da Ciência (FNC)[5] (SRI International, 1998).[6] Os estudos de caso reúnem tipos semelhantes de dados em categorias úteis para os nove esforços de reforma sistêmica conduzidos no mesmo período (1992-1996), permitindo assim um "instantâneo", metodologicamente controlado, de reformas paralelas. Os estudos de caso das ISEs também permitem ao financiador deste artigo, o Instituto Nacional para a Educação em Ciência (INEC),[7] igualmente financiado pela FNC, aprender com a experiência das ISEs em seu estudo sobre reforma sistêmica.

## 2 A tese central da reforma sistêmica

Conforme formulado por Smith e O'Day (1991), a tese central da reforma escolar sistêmica é a de que a única maneira de se criar um grande número de escolas eficazes – escolas que produzam níveis desejavelmente altos de rendimento escolar – é por meio da maior coerência (ou alinhamento) das políticas de diretrizes educacionais (políticas que afetam o conteúdo e a qualidade do ensino nas escolas). As espécies de políticas mencionadas em seu modelo persistem como componentes da reforma sistêmica: estruturas curriculares, material didático, grade curricular, desenvolvimento profissional em serviço, formação profissional inicial, avaliação do rendimento escolar, *accountability*, autonomia e reestruturação escolares, serviços de apoio prestados pelos distritos e pelo estado. Embora a política pública "no topo" fosse vista como a força motriz da mudança, a reforma sistêmica não foi definida exclusivamente "de cima para baixo". O desenvolvimento profissional em serviço mostrou-se dependente de redes ativas de professores organizadas a partir da base. A reestruturação escolar é

---

4 [N.T.] No original, *Statewide Systemic Initiatives* (SSIs).

5 [N.T.] No original, *National Science Foundation* (NSF).

6 *Vide* referências e resumo dos estudos de caso no Apêndice A.

7 [N.T.] No original, *National Institute for Science Education* (NISE).

outra característica que poderia ser estimulada pela ação dos governos estaduais, mas obviamente não poderia ocorrer naquele nível. Na verdade, a reforma sistêmica proposta por Smith e O'Day foi, em parte, uma forma de generalizar ou de ampliar a escala de modelos bem-sucedidos de reestruturação escolar, desenvolvidos em um período prévio de reformas descentralizadas.

Smith e O'Day postularam outro elemento da reforma sistêmica: a padronização curricular como pedra de toque para o alinhamento de políticas públicas, moldados segundo padrões pioneiros de matemática desenvolvidos pelo Conselho Nacional de Professores de Matemática (CNPM).[8] A padronização curricular visa à aprendizagem ativa dos alunos e dá respaldo ao processo de ensino-aprendizagem (COHEN; MCLAUGHLIN; TALBERT, 1993; MINTZES; WANDERSEE; NOVAK, 1998); opõe-se à ênfase exclusiva em habilidades básicas que caracterizou alguns exercícios anteriores (e provavelmente em alguma medida bem-sucedidos) de alinhamento de políticas, como testes de alcance de competências mínimas. Tanto o significado do processo de ensino-aprendizagem quanto a ênfase adequada a ser conferida às habilidades básicas são calorosamente debatidas até hoje (STANDARDS, 1998; MATH ARTICLES, 1999). Porém, algum tipo de aprofundamento (ou de atualização) do currículo continua a ser um objetivo de reforma sistêmica universalmente aceito, especialmente para estudantes menos favorecidos. Assim, os termos *reforma sistêmica* e *reforma por padronização* tornaram-se praticamente sinônimos (KNAPP, 1997). Embora este artigo examine a reforma sistêmica no nível estadual, ampliou-se o foco exclusivo de Smith e O'Day no estado como lócus da política pública. Muitos grandes distritos vêm criando seus próprios sistemas e a FNC agora conta com um programa que financia Iniciativas Sistêmicas Urbanas.

A partir desse pano de fundo, podemos enunciar a tese central da reforma sistêmica da seguinte forma:

> Reformadores sistêmicos podem promover maior grau de alinhamento das políticas de diretrizes educacionais a novos padrões de aprendizagem, produzindo, na área impactada por essas políticas, ganhos amplos e substanciais na qualidade do ensino e da aprendizagem para todos os estudantes.

---

8 [N.T.] No original, *National Council of Teachers of Mathematics* (NCTM).

## 3 Testando a tese central: uma teoria da política pública e da reforma sistêmica

Para testar a tese central, era necessário desenvolver uma teoria testável. A teoria apresentada neste artigo segue a tese central, mas também reflete a prática das ISEs financiadas pela FNC. Três pesquisadores – William Clune, Eric Osthoff e Paula White – coletaram dados a respeito de todas as ISEs em *workshops*, fóruns e entrevistas com reformadores sistêmicos e pesquisadores, bem como em documentos, como propostas e avaliações. Posteriormente, será elaborado um livro com a aplicação da teoria, com base no conjunto mais amplo de dados. Embora este artigo aplique a teoria ao conjunto de dados disponibilizados pelos nove estudos de caso do Instituto de Pesquisa de Stanford (IPS),[9] nenhum dos três membros da equipe de pesquisa encontrou grandes inconsistências entre os dois estudos, exceto que, no mais abrangente deles, as notas das ISEs (incluindo os nove ISEs comuns a ambos os estudos) podem ser menores e os achados sobre modelos bem-sucedidos, mais variados, tanto entre estados quanto entre componentes de reforma dentro dos estados. A comparação de nossa teoria e de nossos achados aos do IPS provê um ponto de controle adicional sobre a validade e a utilidade da teoria, e agradecemos o *feedback* que possa refinar ainda mais o livro proposto.

Uma boa teoria da reforma sistêmica deveria modelar os elementos indispensáveis à sua tese central: um sistema de políticas públicas, incluindo uma combinação não especificada de políticas e de organizações e atividades intermediárias, com forte influência sobre um currículo exigente e efetivamente ensinado a todos os estudantes, ainda que com a possibilidade de um currículo diferenciado; a correspondente mensuração do alto rendimento escolar; e a reforma sistêmica: um conjunto de atividades que concretiza a política sistêmica. Esses elementos básicos, apresentados esquematicamente em uma relação causal, são assim expressos:

> A *reforma sistêmica* (RS), por meio de suas atividades direcionadas para um objetivo, leva à
>
> *Política pública sistêmica* (PS), que leva à

---

9 [N.T.] No original, SRI, que se refere ao *Stanford Research Institute*, atualmente denominado *SRI International*.

Implementação de um *currículo sistêmico exigente* (CS) para todos os estudantes, que leva à

Mensuração de *elevado rendimento escolar* (RE) em conformidade com o currículo implementado.

Mesmo em seu estado de completa maturidade, que exige comunicação e adaptação constantes, esse tipo de sistema é dinâmico. Mesmo uma reforma bem-sucedida provavelmente avançará de forma incremental, por meio de reformas que conduzam a políticas gradativamente mais fortes que, a seu turno, levem a um currículo gradativamente mais forte para mais estudantes e a maiores ganhos de rendimento escolar. Desse modo, a reforma sistêmica deve, obviamente, ser representada como uma *sequência causal contínua*:

$$RS \rightarrow PS \rightarrow CS \rightarrow RE$$

Em que: RS = reforma sistêmica, PS = política pública sistêmica, CS = currículo sistêmico e RE = rendimento escolar correspondente ao currículo.

## 3.1 Operacionalizando as variáveis

Testar o modelo acima em relação aos esforços reais de reforma exige atenção a três aspectos, além do esquema causal. Primeiro: as variáveis devem ser específicas e mensuráveis (operacionalizáveis). Segundo: elas devem ser operacionalizadas de uma forma que corresponda à teoria causal. Terceiro: a mensuração deve mostrar até que ponto se alcançou o objetivo de transformar todo o sistema, e não apenas alguns professores, escolas ou estudantes.

Para atender a essas três exigências, conceituamos as variáveis de acordo com as características ou com os elementos que as tornam influentes e, em seguida, classificamos as variáveis gerais (considerando todos os elementos) em escalas de cinco pontos de amplitude e de profundidade. Em nosso método, a amplitude se refere à abrangência da variável entre os elementos, com a atribuição de cinco pontos se presentes todos eles. A profundidade se refere à intensidade da influência, combinada com sua qualidade ou aderência ao modelo de reforma por padronização, atribuindo-se a pontuação cinco para qualidade e intensidade máximas. O Apêndice B deste artigo contém uma matriz detalhada de nosso sistema de classificação por variável, pelo componente de cada variável e pelos critérios de classificação quanto à amplitude e à profundidade de cada componente.[10] Um resumo descritivo dessa matriz é apresentado a seguir.

### 3.1.1 Reforma sistêmica

Depois de estudar os dados de todas as ISEs, conceituamos a reforma sistêmica como "liderança e gestão da reforma". Em qualquer estado, a influência dessa variável envolve os seguintes elementos: visão, planejamento estratégico, trabalho em rede com formuladores de políticas públicas, trabalho em rede com profissionais, institucionalização da estrutura da reforma, alavancagem de recursos e, por fim, alcance e visibilidade públicos. A reforma seria considerada ampla se contasse com todos esses elementos e se eles abordassem todas as engrenagens da política; seria considerada profunda se cada elemento fosse forte e de alta qualidade, o que se definiu em conformidade com a visão de reforma por padronização.

### 3.1.2 Política pública sistêmica

Quanto à amplitude e à profundidade, foram avaliados os seguintes componentes do sistema de política: padrões curriculares; estruturas curriculares; avaliações de rendimento escolar; materiais didáticos; políticas de equidade educacional; licenciatura e formação e inicial de professores; recertificação docente; desenvolvimento profissional para professores e gestores; *accountability* de estudantes, professores, escolas e gestores; e capacitação e aperfeiçoamento do distrito e da escola. O sistema de política seria considerado amplo na medida em que cobrisse toda a gama de políticas influentes para a área e na medida em que as próprias políticas cobrissem toda a gama de disciplinas, séries e escolas; seria considerado profundo na medida em que se pudesse prever uma influência de alta intensidade sobre escolas, professores e estudantes no sentido do processo de ensino-aprendizagem baseado em padrões. Conceituamos a intensidade dos componentes da política

---

[10] Eric Osthoff preparou a matriz para o projeto maior.

de acordo com um conjunto de atributos desenvolvidos por Porter e seus colegas para essa finalidade (PORTER; FLODEN; FREEMAN; SCHMIDT; SCHWILLE, 1988). O próximo parágrafo detalha como aferir a intensidade da política.

A intensidade (influência) da política sistêmica é definida pela intensidade de quatro atributos – autoridade, poder, consistência e prescritividade ou detalhamento das diretrizes –, cada um deles passível de se refletir em diversas políticas específicas e formas organizacionais, a depender do contexto. A autoridade advém do apoio de instituições e de indivíduos com o poder de induzir e apoiar as atividades da reforma, como governadores, poderes legislativos ou ainda redes intermediárias de professores ou de organizações profissionais. Por vezes, um instrumento específico de política pública, como a avaliação de rendimento escolar, alcança uma espécie de reconhecimento oficial. Alguns estados, especialmente no Sul, parecem contar com estruturas de autoridade governamental particularmente bem aceitas em distritos e escolas. O poder é obtido por meio de recursos, como oportunidades de desenvolvimento profissional ou gratificações pecuniárias, ou de outros incentivos, como aqueles associados a avaliações de estudantes ou a um sistema de *accountability*. A consistência denota o grau com que todos os elementos de influência conduzem à mesma direção e se alinham a uma visão e conteúdo comuns. A prescritividade, ou o detalhamento das diretrizes, diz respeito à extensão com que o sistema de política transmite uma ideia clara do que exatamente escolas e professores devem fazer, por exemplo, mediante disponibilização de livros didáticos, substituição de unidades curriculares, avaliações de estudantes e aulas-modelo.

### 3.1.3 Currículo sistêmico

O currículo sistêmico compõe-se do conteúdo e dos métodos pedagógicos, respectivamente, o material realmente transmitido em salas de aula e a metodologia de ensino empregada. O conteúdo se refere ao conhecimento ou à habilidade que os estudantes devem adquirir em disciplinas como álgebra e geometria, bem como aos domínios de competências como computação, resolução de problemas e compreensão conceitual. Os métodos pedagógicos se referem à modalidade de ensino ministrada, particularmente se as demandas dirigidas aos estudantes correspondem ao conteúdo e às habilidades ensinadas, por exemplo, se os alunos realmente resolvem e discutem problemas quando os objetivos são a resolução de problemas e a comunicação. A amplitude depende do número de escolas, professores, séries, disciplinas (matemática, ciências etc.) que apresentem transformações. A profundidade depende da intensidade da mudança. A mudança profunda se refere a uma atualização substancial do conteúdo e a uma mudança igualmente forte nos métodos pedagógicos. A mudança superficial diz respeito a pequenas noções ou pequenas camadas de novos conteúdos e metodologias de ensino, um achado comum na dimensão da reforma curricular e, talvez, seu maior desafio (KNAPP, 1997). Currículos voltados para a equidade educacional e para a melhoria de escolas visando à mudança curricular são outros pontos de vantagem para a amplitude e para a profundidade do currículo. Também consideramos a disponibilidade de bons dados sobre currículo como parte de sua profundidade, visto que bons dados contribuem para orientar a reforma. Em qualquer caso, porém, a disponibilidade de dados inevitavelmente se refletiria na classificação da profundidade, pois bons dados são úteis para demonstrar mudanças curriculares profundas. Como explicado adiante, dados sistematizados acerca da observação do currículo implementado foram escassos,[11] mas, onde estavam presentes, foram considerados uma vantagem decisiva.

### 3.1.4 Rendimento escolar sistêmico

A principal medida de rendimento escolar sistêmico é o ganho observado em avaliações de rendimento escolar que, de alguma maneira, estejam alinhadas à reforma, a exemplo do ganho após a adoção de políticas mais fortes ou o ganho em escolas que recebem maior atenção nas políticas.

As avaliações comumente disponíveis nos estados com ISEs incluíam avaliações estaduais e a Avaliação Nacional do Progresso Educacional (ANPE).[12] Algumas avaliações estaduais estão mais alinhadas aos objetivos da política do que outras, fato que se refletiria na classificação da consistência das políticas. Ganhos em equidade educacional (redução de distâncias) foram considerados uma vantagem adicional, assim como a ampliação de matrículas e de aproveitamento em séries

[11] *Surveys* com professores e observações em locais selecionados eram comuns; outros indicadores, como a reforma curricular de toda a escola, são mais indiretos.

[12] [N.T.] No original, *National Assessment of Educational Progress* (Naep).

posteriores. A amplitude do ganho de rendimento escolar dependeu, mais uma vez, de quantos estudantes, escolas, séries e disciplinas apresentaram ganhos. A profundidade refere-se à dimensão desses ganhos, bem como à qualidade dos dados a respeito dos êxitos. Um incremento, ao longo de cinco anos, de um ou dois pontos percentuais no total de estudantes do estado que tenham alcançando proficiência em avaliações de rendimento escolar parece relativamente pequeno em termos de metas de política e ficou na extremidade inferior de nossa amostra (um em uma escala de cinco), ao passo que um ganho de oito ou mais pontos foi considerado elevado e ficou no topo da amostra (cinco em uma escala de cinco).

## 4 Metodologia

A metodologia empregada neste artigo consistiu, primeiramente, em leituras e anotações detalhadas acerca de todos os nove estudos de caso de ISEs do IPS (SRI International, 1998), concentrando-se no que aparentava ser uma forte evidência relacionada com nossas categorias teóricas; e, em segundo lugar, na classificação de todas as variáveis em cada estado, em profundidade e em amplitude, de acordo com nosso modelo teórico e com a matriz de classificação previamente discutida.[13]

### 4.1 Os estudos de caso do IPS

Para os estudos de caso de 1998, a partir dos quais este artigo foi elaborado, o IPS utilizou um modelo que descrevia as "atividades da ISE" naquilo que elas impactavam as bases da política, que, a seu turno, impactavam professores, escolas e rendimento escolar. A forma gráfica do modelo é apresentada na Figura 1.

Seguindo esse modelo, os pesquisadores do estudo de caso coletaram dados em cada um dos nove estados de acordo com a implementação da reforma, com os efeitos sobre a política, com os efeitos sobre os docentes (assim entendidos como efeitos no modo como professores foram treinados e formados) e com os efeitos sobre os estudantes. Essas categorias se encaixam perfeitamente nas quatro principais variáveis de nosso modelo, composto por reforma e gestão sistêmicas, política pública sistêmica, currículo sistêmico e rendimento escolar sistêmico.

[13] *Vide* Apêndice B.

As informações contidas nos relatórios do IPS foram traduzidas no referencial teórico utilizado neste artigo, em duas etapas. O Apêndice A traz a síntese descritiva de cada ISE, a partir de cada uma das quatro variáveis principais (reforma, política pública, currículo e rendimento), além de um comentário geral sobre a capacidade global da reforma. O Apêndice A é extenso e detalhado, mas, para leitores não familiarizados com os dados e em busca da face humana (ou, pelo menos, organizacional), pode ser útil como fundamentação da análise. Utilizamos a síntese descritiva para desenvolver uma classificação numérica de cada um dos elementos de cada reforma, em amplitude e em profundidade. Os resultados dessa avaliação são apresentados na seção de resultados.

## 4.2 Limites do estudo das iniciativas da FNC, incluindo a aferição da causalidade parcial

Diversos leitores de versões anteriores deste artigo indagaram se nossa teoria é sobre reforma sistêmica em geral ou apenas sobre Iniciativas Sistêmicas Estaduais financiadas pela FNC. A resposta sucinta é: vemos muitas das ISEs como bons exemplos de reforma sistêmica e o conjunto deles como um bom laboratório para testar a teoria, mas admitimos que algumas limitações e complexidades de análise emanam de nosso foco nas ISEs vinculadas à FNC. As diretrizes da FNC para as ISEs refletiram a formulação de Smith e O'Day, e a maioria dos estados construiu suas reformas mais ou menos nessa linha. É certo que algumas reformas se concentraram fortemente no desenvolvimento profissional financiado pela própria ISE, o que se reflete no gráfico do IPS pela seta que vai diretamente da ISE para as escolas; outra estratégia foi a de escolas-piloto alinhadas à reforma, em diferentes graus.

Independentemente da estratégia real de reforma, testamos a previsão de nosso modelo no sentido de que a reforma somente poderia transformar as escolas por meio do crescente alinhamento à política pública. Assim, um estado que promovesse grandes mudanças no currículo e no rendimento sem, contudo, alterar a política (por exemplo, apenas por meio de suas próprias atividades de desenvolvimento profissional) seria considerado uma evidência contrária à validade de nossa teoria. Em outras palavras, nosso modelo prevê que o sucesso das ISEs em transformar as escolas será determinado pelo quão próximas elas seguem do modelo clássico de reforma sistêmica – e os estados que adotam uma abordagem diferente fornecem as necessárias estratégias de comparação.

Figura 1 - Modelo de reforma sistêmica utilizado para guiar os estudos de caso do IPS

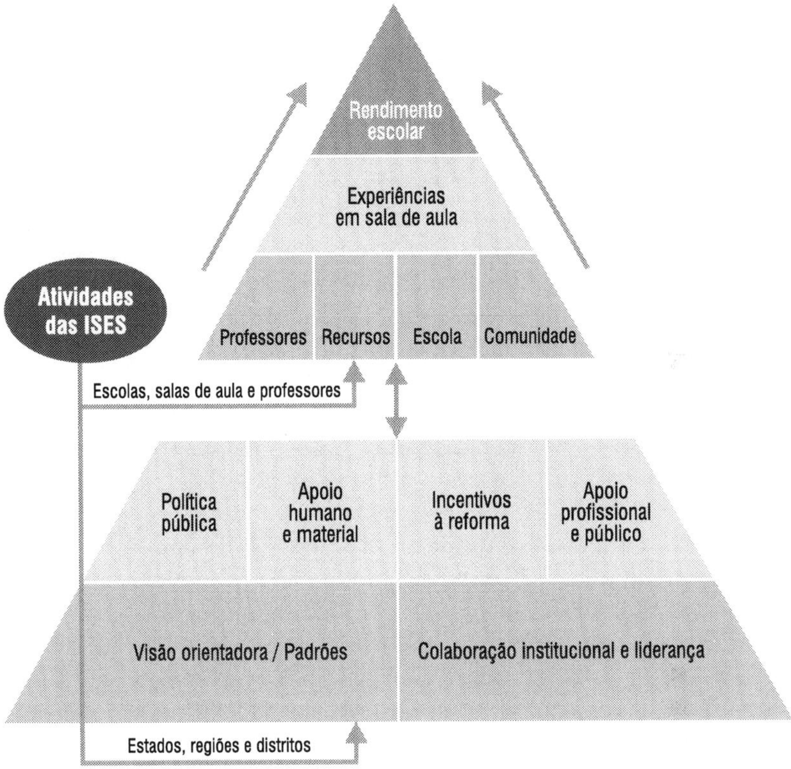


Fonte: ZUCKER, A. A.; SHIELDS, P. M., ADELMAN, N. E., CORCORAN, T. B.; GOERTZ, M. E. (1998). A Report on the Evaluation of the National Science Foundation's Statewide Systemic Initiatives (SSI) Program. Menlo Park, CA: SRI International.

Uma segunda e correlata complexidade diz respeito à relação das ISEs com outras reformas sistêmicas, seja dentro do mesmo estado, seja em estados não avaliados ou não financiados. Para as reformas paralelas dentro do mesmo estado, avaliamos (tal como os pesquisadores do IPS) se a ISE contribuiu de forma substancial para elevar eventual grau de alinhamento. Tive uma percepção semelhante sobre a relação de causalidade parcial em uma declaração do *Weather Channel*: "Sem dúvidas, o número de mortes superiores à média, relacionadas a tempestades na Califórnia durante este verão, deveu-se em parte ao

*El Niño*". Se quiséssemos fazer essa analogia, o *El Niño* corresponderia aos reformadores sistêmicos financiados pela FNC; as tempestades, ao alinhamento das políticas; o transbordamento dos rios, a um currículo atualizado; e as mortes relacionadas às tempestades, ao rendimento escolar. Dado esse modelo de causalidade parcial, outras reformas adotadas simultaneamente no estado podem também receber o crédito pelo impulso à política pública sistêmica. E, de fato, constatamos que a adoção prévia de uma avaliação padronizada de rendimento escolar foi um estímulo importante à reforma. Outro efeito limitante do foco nas ISEs é não termos dados a respeito de estados que não receberam qualquer financiamento do FNC. Com a nossa base de dados, não sabemos se outros estados alcançaram níveis equivalentes de reforma sistêmica sem esse financiamento.

O tema da causalidade e de como reconhecê-la merece discussões adicionais, pois ela opera em todas as etapas de nosso modelo. As reformas sistêmicas se juntam a outras forças na condução de políticas mais fortes. Políticas estaduais mais fortes podem não ser o único fator de aperfeiçoamentos curriculares; maiores exigências dos cursos ao longo do tempo podem ser outro. Igualmente, aprimoramentos curriculares podem não ser o único fator de elevação no rendimento escolar; mudanças demográficas são outra possibilidade, a exemplo de aumentos graduais e não mensurados na escolaridade superior dos pais.

Nós – e creio que seja justo dizer que também os pesquisadores do IPS – adotamos duas abordagens para reconhecer e aferir a causalidade parcial: uma qualitativa e outra quantitativa. Qualitativamente, procuramos exemplos casuísticos de que a atividade em um estágio do modelo se fazia sentir no estágio seguinte, por exemplo, que o currículo projetado pelos reformadores foi, de fato, adotado pela política pública, implementado nas escolas e refletido no rendimento escolar. Incrementos no rendimento escolar que não parecessem associados à presença de reforma nas escolas, ou que ocorressem em estágio muito precoce para refletir o impacto da reforma, seriam tomados como resultado de algum outro fator. Quantitativamente, alcançada certa confiança na correlação básica entre as atividades de cada estágio do modelo, mensuraríamos a amplitude e a profundidade dessas transformações, verificando se avaliações altas em um estágio correspondiam a avaliações igualmente altas no estágio seguinte. Essa metodologia de aferição da causalidade parcial é nebulosa e inexata, mas, na prática, parece razoavelmente robusta. Reformas têm uma lógica de ação que pode ser desvendada por meio de uma avaliação cuidadosa, como nos estudos de caso do IPS.

Uma terceira complexidade diz respeito a quanto o limitado período de tempo analisado nos estudos de caso pode nos dizer sobre o progresso da reforma em um período mais longo, especialmente porque um de nossos achados é o de que reformas mais bem-sucedidas se basearam em reformas pretéritas e geralmente estavam incompletas ao final de cinco anos. A resposta é que os estudos de caso devem ser considerados um "instantâneo" da reforma em curso ao longo dos cinco anos. Se uma reforma tivesse alcançado o estágio de maior alinhamento às políticas, mas não tivesse atingido muitas escolas, obteria pontuação alta em relação às políticas e notas mais baixas em currículo e desempenho. Como será visto, a Louisiana foi um estado onde o rendimento escolar ainda não havia respondido fortemente à reforma. Situação diversa é aquela em que a estratégia de reforma adotada no primeiro quinquênio não foi considerada efetiva e abandonada em prol de uma estratégia mais promissora. Uma reforma que estava apenas começando a se organizar no final do primeiro período de cinco anos (como realmente ocorreu em alguns casos) receberia uma avaliação baixa, com base no sistema do INEC, e faria jus a essa classificação, mas poderia alcançar classificação alta em momento posterior, com a utilização dos mesmos critérios.

# 5 Resultados

## 5.1 Avaliando os estados

Os resultados do exercício de pontuação são apresentados a seguir, na Tabela 1, na qual os estados são listados em ordem decrescente de classificação média.

Tabela 1. Amplitude (A), profundidade (P) e classificações médias dos nove estados do IPS

| ESTADO | REFORMA | | POLÍTICA PÚBLICA | | CURRÍCULO | | DESEMPENHO | | MÉDIA DO ESTADO |
|---|---|---|---|---|---|---|---|---|---|
| | A | P | A | P | A | P | A | P | |
| Connecticut | 4 | 4 | 4 | 4 | 3 | 2 | 4 | 4 | **3,6** |
| Maine | 4 | 4 | 4 | 4 | 3 | 2 | 4 | 4 | **3,6** |
| Montana | 3 | 4 | 2 | 4 | 2 | 3 | 2 | 4 | **3,0** |
| Louisiana | 4 | 4 | 3 | 2 | 3 | 2 | 2 | 2 | **2,8** |
| Michigan | 2 | 3 | 2 | 2 | 2 | 2 | 3 | 2 | **2,3** |
| Califórnia | 2 | 3 | 2 | 3 | 3 | 2 | 2 | 1 | **2,3** |
| Arkansas | 3 | 3 | 2 | 2 | 2 | 1 | 2 | 2 | **2,1** |
| Delaware | 2 | 1 | 1 | 1 | 1 | 1 | 1 | 1 | **1,1** |
| Nova York | 1 | 1 | 1 | 1 | 1 | 1 | 1 | 1 | **1,0** |
| **MÉDIA DE TODOS OS ESTADOS** | **2,8** | **3,0** | **2,3** | **2,6** | **2,2** | **1,8** | **2,3** | **2,3** | |

Comecemos a discussão com o que se pode concluir dessa análise quantitativa. Saber se reformas fortes levaram a uma política pública mais forte, que levou a um currículo mais forte, que levou a um rendimento escolar mais forte pode ser avaliado pela leitura regressiva a partir do rendimento escolar. Avaliações mais altas em rendimento escolar estão associadas a avaliações mais altas para as outras variáveis, particularmente reforma e política pública. Uma validação adicional dessas correlações vem da correspondência entre nossas avaliações e as decisões da FNC a propósito da renovação do financiamento, decisões essas que resultam de avaliações cuidadosas de *performance* e de avaliações por instâncias de revisores especializados. Dois dos três estados no topo do *ranking* da Tabela 1, Connecticut e Maine, obtiveram a renovação do financiamento pela FNC. A Louisiana, terceiro estado a obter a renovação do financiamento, ficou em quarto lugar em nossa análise, com a pontuação média de 2,8, pouco atrás de Montana.

É quase certo, mas não incontroverso, que Montana foi rebaixada em razão de sua ênfase exclusiva em matemática para o ensino médio, o que se refletiu em avaliações de amplitude mais baixas segundo nossas variáveis. Quanto à Louisiana, alguns comentadores sugeriram que o critério de equidade (percentual de estudantes oriundos de minorias) pode ter sido determinante para a renovação do financiamento desse estado. A equalização (êxito para todos os estudantes) é um dos objetivos anunciados pelo programa das ISEs e seria uma base legítima para uma decisão de refinanciamento. Outra explicação adequada é a de que a Louisiana, assim como Maine e Connecticut, ostenta pontuações elevadas para a variável reforma. A robustez dos alicerces da reforma provavelmente terá forte impacto futuro no currículo e no rendimento escolar.

Tendo em vista a pontuação média dos estados das fileiras inferiores, pode-se fazer um segundo conjunto de observações acerca das variáveis. Reforma e política pública são mais fortes do que currículo e rendimento escolar e, dentro das categorias reforma e política pública, a profundidade (ou intensidade da influência) é mais acentuada do que a amplitude (cobertura em todo o estado). Pode-se esperar maior intensidade em reforma e política pública, tanto pela sequência da reforma (com priorização das referidas áreas) quanto pela extrema dificuldade de impactar professores e estudantes. Pode-se esperar maior profundidade do que amplitude da reforma, haja vista que os reformadores devem definir instrumentos de reforma e políticas fortes antes de estendê-las a todo o sistema. Pontuações geralmente mais baixas para currículo e rendimento escolar refletem alguns problemas do desenho das políticas, além de sérios problemas com dados e com mensurações. Ambas as questões serão discutidas adiante. Exemplos de problemas relacionados ao desenho da política são a falta de ênfase ao conteúdo curricular e à reestruturação global das escolas. No conjunto dos estados, a pior pontuação média se refere à intensidade da influência sobre o currículo, e essa influência superficial sobre o currículo foi justamente a principal falha da reforma sistêmica identificada em uma síntese de pesquisa anterior, patrocinada pelo INEC (KNAPP, 1997). Os principais problemas quanto aos dados concernentes ao currículo foram a escassez de informações e a aferição indireta do que ocorria nas salas de aula. O principal problema quanto aos dados sobre rendimento escolar foi a falta de alinhamento entre as avaliações de rendimento escolar e os objetivos da reforma e, em segundo lugar, a ausência de bons grupos de controle para a avaliação.

## 5.2 As ISEs foram um programa bem-sucedido?

O que as classificações dos estados nos dizem sobre o sucesso do programa de ISEs desenvolvido pela FNC? Uma mudança profunda e ampla, em todos os aspectos do sistema e em cada estado, seria o padrão mais alto possível de avaliação. Esse padrão, que se traduziria em uma média de cinco para cada estado, não foi alcançado. Olhando para a última coluna da Tabela 1, os estados tiveram uma média que vai de pouco menos do que quatro até um, em uma escala de cinco pontos. Mesmo os estados mais bem classificados atingiram no máximo 50% da meta global do sistema e o fizeram com profundidade e qualidade inconsistentes.

Mas o padrão de perfeição é decerto muito alto, haja vista o tempo, os limitados recursos disponíveis para os reformadores, a complexidade dos sistemas e a natureza fortemente experimental das próprias reformas. Um critério mais razoável é saber se houve mudanças substanciais na maioria dos estados e se esse critério foi atingido em cada estado. Apenas Nova York e Delaware não tiveram qualquer progresso, mas ambos estavam se reorganizando em direções promissoras ao final do período de cinco anos. Portanto, ainda que não sejam totalmente efetivas, as reformas apresentam resultados substanciais. Um bom argumento em favor dessa perspectiva foi oferecido por Zucker e Marder, no estudo de caso de Montana, que concluiu que a estratégia de "concentração" para a produção de mudanças profundas em um setor de cada vez, com alguma ordem estratégica, pode ser um investimento de recursos tão bom quanto as estratégias "holísticas" de muitos estados, que produziram mudanças mais amplas, porém mais superficiais (SRI International, 1998).

## 5.3 A imprecisa tarefa de testar a causalidade

Dentro do que se poderia esperar de uma amostra de nove estados, o principal indicador de causalidade, qual seja, uma correlação entre todas as variáveis sistêmicas, foi satisfeito. Classificações mais altas se fazem acompanhar de pontuações mais altas nas quatro variáveis. Mas essa singela correspondência não deve ser compreendida como um teste estatístico rigoroso. Houve apenas nove casos, com a maior parte das mensurações muito próximas das pontuações médias. As diferenças foram pequenas, em razão do tamanho da amostra e da imprecisão dos dados disponíveis, a exemplo dos dados sobre currículo e rendimento escolar. E de algumas avaliações qualitativas derivaram avaliações quantitativas. Por exemplo: dois estados, Michigan e Arkansas, apresentaram maiores ganhos em testes estaduais de rendimento escolar do que os refletidos em sua pontuação. Em ambos os casos, a atribuição de pontuações mais baixas no critério rendimento escolar se justificou porque esses ganhos provavelmente decorreram de reformas anteriores relativas às competências básicas. Essa conclusão está amparada na intensidade da reforma anterior, no *timing* dos ganhos de rendimento escolar e na falta de evidências de mudanças nas políticas de ensino trazidas pelas ISEs (por exemplo, mediante comparações entre unidades afetadas).

## 6 Generalizações e temas transversais

Identificar padrões comuns de organização e de estratégias entre as ISEs requer análise qualitativa e, para isso, o estudo de caso é indispensável. Como pano de fundo para as generalizações acerca das reformas aqui discutidas, os leitores são novamente instados a consultar o Apêndice A, que traz a síntese qualitativa de cada estudo de caso, organizada segundo as quatro variáveis de nosso modelo.

### 6.1 O perfil típico das ISEs bem-sucedidas

O perfil típico dos estados com avaliações mais altas, descrito de acordo com as quatro variáveis da teoria apresentada neste artigo, é o seguinte:

1) *Reforma*. Uma agência reformadora dotada de independência, mas com fortes ligações com as disciplinas científicas do ensino superior; uma forte rede de reformadores, apoiada por organizações profissionais no estado; uma iniciativa que inclua tanto matemática quanto ciências; apoio, em longo prazo, por parte dos principais formuladores de políticas, especialmente do governador.[14]
2) *Política pública*. Avaliação, por parte do estado, como alicerce fundamental da política; desenvolvimento profissional intensivo (mínimo de quatro semanas por ano) e associado a

[14] Acerca da ideia de "trabalhar no meio" como genótipo de uma reforma sistêmica bem-sucedida, *vide* Treisman (1997).

padrões, alcançando um número substancial de professores do estado; desenvolvimento de redes de professores construídas em torno do currículo e do ensino (em geral, envolvendo contatos presenciais e virtuais); uma abordagem viável para a melhoria da escola; fortes conexões com departamentos de formação inicial de professores nas universidades estaduais.

3) *Currículo*. Uma influência substancial, mas não transformadora, no currículo e no ensino em direção a novos padrões.
4) *Rendimento escolar*. Um impacto positivo substancial no rendimento escolar, algo como dez pontos em uma escala de cem pontos ao longo de cinco anos (em média, dois pontos ao ano).

Essa descrição de sucesso também serve aos estados mais mal classificados, aos quais faltam um ou mais elementos importantes dessa composição. Alguns estados em pior classificação são, na verdade, decisivamente mais fortes em alguns componentes das variáveis. As redes de professores da Califórnia, por exemplo, provavelmente serviram como modelo de *design* e de impacto, porém, quase no final da iniciativa, a sustentação política e o apoio à política pública naquele estado se desintegraram. A estratégia de substituição curricular de Montana teve o maior impacto na sala de aula, mas o escopo da iniciativa se limitou à matemática no ensino médio.

## 6.2 A importância das reformas prévias e o tempo necessário para uma reforma bem-sucedida

Um padrão que emerge neste grupo de estudos de caso é o de que estados bem-sucedidos se basearam em reformas prévias da década de 1980, com continuidade (e não descontinuidade) entre o período anterior e o novo período de reforma sistêmica. Em geral, a primeira peça foi a avaliação pelo próprio estado, o que legitimou a autoridade e a aceitação da iniciativa em seu território, com força suficiente para apoiar as modificações subsequentes em uma direção mais baseada em padrões. Em Montana, o alicerce foi o desenvolvimento prévio da padronização curricular e de projetos de aperfeiçoamento do magistério, que então receberam apoio político no estado. De qualquer forma, fica a lição de que a reforma leva mais do que os cinco anos previstos para um ciclo de financiamento da FNC.

## 6.3 Avaliações de rendimento escolar e redes de professores como o elo universal

A combinação entre a avaliação estadual – o principal instrumento da política pública – e a rede profissional encarregada da execução da política opera como uma espécie de elo universal entre o topo e a base, independentemente de a política no estado estar sob controle central ou local. Estados com fortes políticas centralizadas necessitam de uma forma de preencher o vazio entre o topo e a base, ao passo que os estados que contam com controle local veem no formato avaliação-rede uma forma politicamente aceitável de prover diretrizes educacionais fortes. Nos dois tipos de estados, avaliações e redes preenchem a lacuna entre a ampla variedade de referências e as tarefas mais específicas exigidas para o ensino e a aprendizagem.[15]

## 6.4 Limites da teoria da causalidade sequencial: "causalidade sistêmica" em culturas de reforma maduras

A inserção da ideia de reforma na avaliação de rendimento escolar, que, por sua vez, se insere no discurso de uma rede de professores, aponta para uma limitação da teoria da causalidade sequencial apresentada neste artigo. Uma vez que os professores estão em "rede", eles se tornam parte de todas as "caixas" ou variáveis da reforma: reformadores, formuladores de políticas públicas, implementadores de currículo e facilitadores do rendimento escolar. Eles são reformadores e formuladores de políticas na medida em que ajudam a construir cada uma das mudanças de padrão e de avaliação, ao mesmo tempo em que implementam o currículo e, em sala de aula, moldam o rendimento dos alunos. Subgrupos de professores conduzem o desenvolvimento dos exames, trabalhando com professores de ensino superior, enquanto outros se concentram mais diretamente em suas próprias salas de aula. Até certo ponto, todo o sistema se torna uma "organização que aprende", na qual os processos causais de reforma são distribuídos de forma transversal entre as várias funções (RESNICK, 1997). Esse tipo de causalidade em sistemas maduros pode ser chamado de "causalidade sistêmica". Algumas causas esparsas podem ser captadas nos limites

---

15 *Vide* Standards, 1998.

do modelo do INEC empregado neste artigo, rotulado como "sequência causal contínua" e cuja noção de "profundidade" inclui uma compreensão mais intensa, e até uma mudança cultural, por parte de todos os atores do sistema. Além disso, os múltiplos papéis dos professores podem ser considerados um acréscimo de autoridade ao sistema de políticas. Porém, em algum momento, um sistema de comunicação simultânea e multidirecional requer um modelo mais elaborado.[16]

## 7 Algumas peças faltantes no cenário da reforma

A seção anterior tratou das semelhanças observadas em reformas bem-sucedidas, mas a visão geral interestadual fornecida pelos estudos de caso também revela uma série de déficits gritantes, ou de peças faltantes, no cenário da reforma.

### 7.1 A ausência ou a falta de mecanismos de direcionamento do conteúdo curricular

Embora seja verdade que as avaliações de rendimento escolar e as redes de professores serviram como elo entre o topo e a base nas reformas, esse elo teria sido mais forte com um mecanismo mais poderoso de influência sobre o currículo. O problema comum é o foco no método pedagógico, em vez do conteúdo.

As reformas normalmente visavam aos processos em sala de aula, como o uso de materiais manipuláveis, aprendizagem colaborativa e aprendizagem investigativa. Sobretudo no início das reformas, foram relativamente raros os mecanismos diretos de influência sobre o currículo, como currículos-modelo, novos materiais e modelos de unidades didáticas.

Mas a crítica à orientação pedagógica poderia facilmente ser exagerada. A aprendizagem ativa não só é considerada efetiva, por pesquisas da psicologia cognitiva, como a distinção entre conteúdo e pedagogia não é totalmente clara. Técnicas de aprendizagem ativa bem concebidas aumentam o nível de demanda cognitiva ou a complexidade de qualquer conteúdo. A representação gráfica, por exemplo, não é meramente uma técnica de representação de uma função, mas um tipo diferente de conteúdo e uma forma de examinar mais profundamente

---

[16] Para uma modelagem anterior, menos linear, *vide* Clune 1993a e 1993b.

a matéria. Além disso, muitos programas de formação de professores incorporaram o conteúdo como parte do treinamento, por exemplo, quando se fez necessária a reestruturação curricular do ensino fundamental para incorporar métodos investigativos ao ensino da ciência ou quando unidades curriculares foram usadas como parte do treinamento de professores. Todavia, é surpreendente como poucas reformas se concentraram *no que* estava sendo ensinado aos estudantes, em oposição a apenas *como* se estava lecionando. A lacuna entre o método pedagógico e o conteúdo diminuiu à medida que as reformas progrediram, em parte como resultado do profícuo estímulo da FNC. Em meados da década de 1990, muitas das reformas mais fortes fizeram uso de novos materiais, de modelos de unidades didáticas ou de substituição de unidades curriculares.[17]

## 7.2 A escassez de avaliações estaduais completamente alinhadas aos objetivos das ISEs

Apesar da importância das avaliações de rendimento escolar na reforma, a ausência de avaliações alinhadas, ou totalmente alinhadas, aos objetivos da reforma é uma fonte constante de frustração. Com avaliações incongruentes, os objetivos da reforma não avançam nem são bem aferidos. É verdade que houve progresso na década de 1990, à medida que novas avaliações foram desenvolvidas, testadas e implementadas. Mas, mesmo à míngua de uma avaliação completamente alinhada, uma boa contribuição para testar a influência causal das ISEs poderia ser feita por uma compreensão mais detalhada de quais itens das várias avaliações estaduais são mais ou menos condizentes com os objetivos da reforma.

## 7.3 A ausência de bons dados e de avaliação dos impactos da reforma nas salas de aula e no rendimento escolar

O impacto da reforma sistêmica pode ser reconhecido sem dados mais robustos quanto às mudanças nas práticas em sala de aula e no rendimento escolar, mas bons dados e um bom *design* em torno dessas

---

[17] Vide Cohen e Hill (1998) e Kennedy (1998), para pesquisas que mostram que o desenvolvimento profissional é mais eficaz quando se concentra no conteúdo.

variáveis proporcionam muito mais confiabilidade a essas avaliações. Qualquer teoria ou avaliação da reforma sistêmica requer o teste das relações causais em sistemas complexos com base na observação de um número relativamente pequeno de casos. Essa tarefa seria bem mais fácil e o caso seria muito mais convincente se existissem dados mais diretos e precisos sobre ensino e aprendizagem, os quais pudessem ser associados a vários graus e fases de reforma. Os estados certamente vinham se movendo nessa direção, por exemplo, por meio de avaliações que comparavam incrementos no rendimento escolar com o número de professores treinados nas ISEs; mas esse esforço está, de fato, em seus primeiros passos. Em certo sentido, não há desculpa para não se coletarem melhores dados sobre ensino e aprendizagem, haja vista que, em comparação com a difícil tarefa de transformar os sistemas, é relativamente fácil e barato complementar as medições.

É bem verdade que se pode subestimar a dificuldade de mensuração. Avaliar o ensino, por exemplo, deve incluir não apenas técnicas pedagógicas, como aprendizagem ativa, mas também o rigor e a importância dos conceitos de matemática ou de ciências que estão sendo ensinados, as sequências e as conexões apropriadas e a articulação entre séries e níveis de escolaridade sem repetições desnecessárias.[18] Porém, o maior desafio não é a dificuldade, e sim o *timing*. O mais difícil é construir um bom projeto de mensuração e de avaliação em um programa que está sendo criado e implementado em tempo real, e que sempre tem prioridades mais urgentes. Felizmente, há uma agência de financiamento bem equipada para insistir em uma solução para esse problema de tempo e de prioridade, e a melhoria da avaliação deve ser – e se tornou – uma grande prioridade no programa de reforma sistêmica da FNC.

## 7.4 O lento crescimento de incentivos e de mecanismos para a reestruturação global das escolas

Incentivos para a reestruturação global das escolas foram tardiamente introduzidos no cenário da reforma. A reestruturação das escolas se provou um sério obstáculo à mudança e muitas reformas atingiram maior escala com o treinamento de professores nas próprias escolas, do que com a modificação das escolas (e dos distritos) em que esses

[18] Agradeço à contribuição de Senta Raizen quanto a esse ponto.

professores atuariam. Gradualmente, componentes voltados à reestruturação escolar, como extensão administrativa e oficinas, tornaram-se mais comuns. Ao menos uma ISE não analisada neste artigo conta com um modelo vigoroso de reestruturação escolar (RODRIGUEZ, no prelo). Porém, esse componente ainda parece bastante subdesenvolvido, razão pela qual merece um estudo mais aprofundado em várias localidades, como base para uma melhor assistência técnica às reformas.

## 7.5 O território inexplorado da adequação e do contexto cultural nas escolas urbanas

Um problema que emergiu de forma tão pontual que quase não se nota é o da adequação, ou da capacidade instrucional, de escolas e distritos urbanos. Compreender as dimensões básicas desse problema requer um estudo mais aprofundado. Nas áreas urbanas de alguns estados, o obstáculo é a escassez de recursos essenciais, como livros didáticos, materiais e computadores. Em outros, os materiais são abundantes, mas existem problemas especiais de treinamento, por exemplo, motivados pela rápida rotatividade. Em outros ainda, o obstáculo identificado é uma complexa e resistente burocracia escolar urbana. Outro desafio é o de tornar os novos currículos acessíveis, no contexto urbano etnicamente pluralista (LEE, 1998). Por fim, a mobilidade estudantil pode suscitar problemas especiais para um percurso formativo articulado e plurianual – e para os correlatos sistemas de dados a respeito de ensino e de rendimento. Os obstáculos específicos à reforma nos distritos urbanos e, eventualmente, suas vantagens específicas merecem um estudo mais aprofundado. Já existem algumas pesquisas (ST. JOHN; CENTURY; TIBBITS; HEENAN, 1994) e a rápida expansão das Iniciativas Sistêmicas Urbanas oferece uma oportunidade de aprofundamento da análise.

# 8 Conclusão: o uso da teoria para realizar novas reformas

Neste artigo, discuti como determinada teoria de reforma sistêmica pode ser utilizada para, conceitualmente, simplificar, descrever, avaliar e extrair conclusões de estudos de caso sobre reformas em diferentes estados. Mas a teoria também tem aplicações prospectivas e práticas. Cada elemento relevante para o sucesso de uma reforma pode se tornar parte de novos *designs*, a exemplo da independência da agência responsável pela reforma e de suas conexões com formuladores de políticas, professores e escolas. Os instrumentos de políticas públicas historicamente mais potentes, como as avaliações de rendimento escolar e as redes de professores, podem ser priorizados. Os déficits encontrados em reformas anteriores podem ser solucionados no início de novas reformas, como a influência sobre o conteúdo curricular, as avaliações ou os itens de avaliações alinhados aos objetivos da reforma, a reestruturação global das escolas e um bom desenho de avaliação. De fato, a leitura dos estudos de caso deixa bem claro que houve um processo de aprendizado institucional no movimento nacional de reforma sistêmica, o qual advém das lições extraídas de cada um dos estados. Esperamos que a teoria aqui oferecida possa ajudar a fortalecer esse processo de aprendizado no futuro.

## Referências

ADELMAN, Nancy E. *A case study of Delaware's SSI (Project 21)*. Menlo Park, CA: Stanford Research Institute International, 1998.

ADELMAN, Nancy. E. *A case study of Maine's SSZ (Maine: A Community of Discovery)*. Menlo Park, CA: Stanford Research Institute International, 1998.

BRECKENRIDGE, John S.; GOLDSTEIN, David. *A case study of Louisiana's SSZ (LASIP)*. Menlo Park, CA: Stanford Research Institute International, 1998.

CLUNE, William H. Systemic educational policy: A conceptual framework. *In*: FUHRMAN, Susan H. (Ed.). *Designing coherent education policy*. San Francisco: Jossey-Bass, 1993.

CLUNE, William H. The best path to systemic educational policy: Standard/centralized or differentiated/decentralized? *Educational & Evaluation Policy Analysis*, v. 15, n. 3, p. 233-254, 1993.

COHEN, David. K.; HILL, Heather C. *Instructional policy and classroom performance.* The mathematics reform in California. Pennsylvania: University of Pennsylvania, Consortium for Policy Research in Education, 1998.

COHEN, David. K.; MCLAUGHLIN, Milbrey W.; TALBERT, Joan E. *Teaching for understanding*: Challenges for policy and practice. San Francisco: Jossey-Bass, 1993.

GOERTZ, Margareth; CARVER, Rebecca. *A case study of Michigan's SSI (MSSI)*. Menlo Park, CA: Stanford Research Institute International, 1998.

GOERTZ, Margareth; MASSELL, Diane; CORCORAN, Thomas B. *A case study of Connecticut's SSI (CONNSTRUCT)*. Menlo Park, CA: Stanford Research Institute International, 1998.

HUMPHREY, Daniel C.; CARVER, Rebecca. *A case study of New York's SSI (NYSSI)*. Menlo Park, CA: Stanford Research Institute International, 1998.

HUMPHREY, Daniel C.; WILSON, Choya L. *A case study of Arkansas' SSI (ARSSI)*. Menlo Park, CA: Stanford Research Institute International, 1998.

INTRODUCTION to the SSI case studies. Menlo Park, CA: Stanford Research Institute International, 1998.

KENNEDY, Mary. *Form and substance in inservice teacher education*. Research Monograph No. 13. Madison: University of Wisconsin-Madison, National Institute for Science Education, 1998.

KNAPP, Michael S. Between Systemic Reforms and the Mathematics and Science Classroom: The Dynamics of Innovation, Implementation, and Professional Learning. *Review of Educational Research*, v. 67, n. 2, p. 227-266, 1997. Disponível em: https://www.jstor.org/stable/1170627.

LEE, Okhee. *Current conceptions of science achievement in major reform documents and implications for equity and assessment*. Research Monograph No. 12. Madison: University of Wisconsin-Madison, National Institute for Science Education, 1998.

MARK, ST. John; CENTURY, Jeanne R.; TIBBITTS, Felisa; HEENAN, Barbara. *Reforming elementary science education in urban districts*: Reflections on a conference. Research Monograph. California: Inverness Research Associates, 1994.

MINTZES, Joel J.; WANDERSEE, James H.; NOVAK, Joseph D. (Ed.). *Teaching science for understanding*: A human constructivist view. San Diego: Academic Press, 1998.

PORTER, Andrew C.; FLODEN, Robert E.; FREEMAN, Donald J.; SCHMIDT, William H.; SCHWILLE, John R. Content determinants in elementary school mathematics. *In*: GROWS, Douglas A.; COONEY, Thomas J.; JONES, Douglas (Ed.). *Perspectives on research on effective mathematics teaching*. New Jersey: Erlbaum, 1998. p. 96-113.

RESNICK, Lauren B. The role of teaching and learning in systemic reform. *In*: CLUNE, William H.; PORTER, Andrew C.; RAIZEN, Senta A. (Ed.). *Research on systemic reform*: What have we learned? What do we need to know? Workshop Report No. 4 ed. Madison: University of Wisconsin-Madison, National Institute for Science Education, 1997. v. 2. p. 62-64.

RODRIGUEZ, Alberto J. *Equity through Systemic Reform*: The Case of Whole-School Mathematics and Science Restructuring in Puerto Rico. Research Monograph No. 14. Madison: University of Wisconsin-Madison, National Institute for Science Education, 1999.

SHIELDS, Patrick M; MARSH, Julie A.; MARDER, Camille; WILSON, Choya L. *A case study of California's (CAMS)*. Menlo Park, CA: Stanford Research Institute International, 1998.

SMITH, Marshall; O'DAY, Jennifer. Systemic school reform. *Journal of Education Policy*, v. 5, n. 5, p. 233-267, 2 abr. 2008.

STANDARDS: Math, science, the NCAA, accountability and school reform. *Teachers College Record*, v. 100, n. 1, 1998. Edição especial.

TREISMAN, P. U. Response to What have we learned? What do we need to know? *In*: CLUNE, William H.; PORTER, Andrew C.; RAIZEN, Senta A. *Research on systemic reform*: What have we learned? What do we need to know? Workshop Report No. 4. Madison: University of Wisconsin-Madison, National Institute for Science Education, 1997. v. 2. p. 16-21.

ZUCKER, Andrew A.; MARDER, Camille. *A case study of Montana's SSI (SIMMS)*. Menlo Park, CA: Stanford Research Institute International, 1998.

## Apêndice A – Nove Iniciativas Sistêmicas Estaduais estudadas em estudos de caso do IPS. Sinopse e classificação de acordo com a teoria do INEC[19]

### Connecticut

*Reforma*. A "Academia" independente de ensino de matemática, ciências e tecnologia (MCT) tem influência na Secretaria Estadual de Educação, na Assembleia Legislativa Estadual, na maioria dos distritos escolares, nas principais organizações profissionais e no Departamento de Ensino Superior. Essa Academia impactou o currículo em dezenove distritos carentes, quarenta programas de formação de professores, a avaliação estadual e a certificação de professores estaduais. A "Academia" também conta com uma campanha de relações públicas.

*Política pública*. Este estado adota uma estratégia múltipla de avaliação oficial, que ocorre "de cima para baixo, de baixo para cima e a partir do meio", sem grandes riscos. Também conta com o desenvolvimento voluntário de programas alinhados entre escolas, distritos e organizações profissionais; com mudanças alinhadas na avaliação estadual e na certificação de professores. Antes da ISE, a avaliação estadual passou por várias formulações e modificações, o que contribuiu para sua qualidade e autoridade.

*Currículo*. A pesquisa ao currículo de dezenove distritos carentes mostra métodos pedagógicos de aprendizagem ativa, aumento de matrículas em cursos avançados e mudanças em algumas orientações curriculares distritais.

*Resultados sobre o rendimento escolar*. Na avaliação estadual, houve um incremento de 6 a 9% de alunos proficientes em matemática, na 4ª, 6ª e 8ª séries (1993-1997). Entre 7 e 8% mais alunos de 4ª e 8ª séries obtiveram notas básicas ou proficientes na avaliação de matemática da ANPE (1992-1996). Houve um incremento de 2 a 3% de estudantes proficientes no teste estadual de ciências da 10ª série, ao longo de um ano (1995-1996).

*Comentário geral*. A infraestrutura política construída pela "Academia" parece ter consolidado uma forte avaliação do estado.

---

[19] *Vide* Tabela 1 no texto para classificações numéricas.

## Maine

*Reforma*. A agência da reforma é uma "aliança" independente que mantém ligações com o Governador, com a Assembleia Legislativa Estadual, com a Secretaria Estadual de Educação, com o ensino superior e com grupos empresariais. Teve impacto nos marcos e avaliações curriculares, formou uma grande quantidade de professores e desenvolveu uma rede de assistência técnica. A agência provavelmente é sustentável em sua reputação e influência.

*Política pública*. O Maine estabeleceu uma avaliação estadual com testes de conteúdo na 4ª, 8ª e 11ª séries em 1984, em resposta ao relatório *Nation at Risk*, de 1983. Na década de 1990, a ISE trabalhou no alinhamento de um novo conjunto de estruturas, em "resultados de aprendizagem" e em uma nova versão da avaliação estadual. Um grupo de sete distritos recebeu assistência técnica da ISE e, por sua vez, forneceu assistência técnica regional. As "academias" de verão em matemática e ciências forneceram um programa de formação de professores intensivo. Um "consórcio de lideranças", formado por professores e outros profissionais de educação, se reúne para desenvolver objetivos comuns e trabalhar com organizações profissionais que tratem das disciplinas em questão. A combinação dessas instituições mudou a cultura educacional de CMET no estado.

*Currículo*. Cerca de 20% dos professores do estado receberam treinamento intensivo, enquanto outros 40% receberam alguma informação e assistência. O treinamento foi avaliado como de alta qualidade e eficácia. Um levantamento das salas de aula nos distritos destinatários de assistência técnica mostrou altos níveis de técnicas ativas de aprendizagem. Por exemplo: entre 93 e 100% dos professores do ensino fundamental enfatizaram níveis de aprendizagem além da memorização; já as salas de aula do ensino médio tiveram níveis mais baixos, na faixa de 50 a 75%. Não parece ter havido comparações entre grupos reformistas e não reformistas, tampouco entre grupos reformistas ao longo do tempo.

*Resultados sobre o rendimento escolar*. Os estudantes do Maine mostraram ganhos substanciais nos testes estaduais de matemática e ciências em todas as séries testadas na década de 1990 (20 a 65 pontos em uma escala de 300 pontos). Os alunos das escolas assistidas começaram e terminaram esse período cerca de 20 pontos à frente do restante do estado.

*Comentário geral*. A ISE do Maine estabeleceu fortes ligações com todos os níveis do sistema (formuladores de políticas públicas, infraestrutura de execução da política, escolas e distritos), e houve mudanças correspondentes na política, na cultura educacional e na prática. Os estudantes parecem ter ampliado consideravelmente o rendimento escolar na avaliação estadual, embora os alunos das escolas que receberam assistência não o tenham ampliado mais do que os outros.

**Montana**

*Reforma.* A reforma do currículo de matemática do ensino médio foi conduzida por pessoas ativas no movimento nacional de padronização curricular em matemática, o CNPM, e o Conselho de Professores de Matemática de Montana (CPMM)[20] foi um líder desde o início. A conscientização acerca da ISE era alta nas escolas de ensino médio, conhecida por praticamente todos os professores de matemática. Dois governadores sucessivos apoiaram a reforma, e a Assembleia Legislativa Estadual deu três milhões de dólares para uma iniciativa tecnológica a ela relacionada. O currículo em si foi de autoria de setenta professores de matemática. A ISE tinha um braço de relações públicas e publicou mais de seiscentos artigos na mídia. Ao final, a ISE formou uma sociedade integrada de matemática e ciências (em parte devido à pressão da FNC) e desenvolveu uma estrutura curricular integrada dessas disciplinas. Ainda assim, a ausência do ensino de ciências e de matemática em consonância com os objetivos da reforma nos anos iniciais reduziu sua pontuação.

*Política pública.* A ISE desenvolveu e testou o currículo integrado de quatro anos do ensino médio (o currículo SIMMS[21]) com os dois primeiros anos destinados ao currículo básico para todos os alunos. O currículo era semelhante ao do CNPM em termos de visão, tópicos, exigências tecnológicas, aplicativos e aprendizado colaborativo. A adoção do currículo foi voluntária. Não havia avaliação estadual, mas uma nova lei de credenciamento exigia que os distritos tivessem um currículo e uma avaliação adequada, criando uma demanda pelo novo currículo. Dentro desta estrutura política, a ISE valeu-se da

---

20 [N.T.] No original, MCTM.

21 [N.T.] O currículo SIMMS foi um padrão desenvolvido em meados da década de 1990 por professores das universidades de Montana (nacionais e estaduais) com incentivo financeiro da FNC e do Poder Legislativo estadual e está associado à produção do Conselho de Professores de Matemática do Estado de Montana. Fontes: https://mathmontana.org/ (sobre a iniciativa curricular) e https://www.montanamath.org/ (sobre o conselho de professores).

construção de consensos e da assistência técnica para disseminar a reforma. Esperava-se uma formação de professores intensiva de cada docente de matemática que empregasse o currículo SIMMS, e oficinas foram realizadas para milhares de gestores escolares.

As universidades estaduais contribuíram com verbas para a compra de computadores destinados à preparação de professores. Havia novos requisitos de credenciamento de professores; as universidades criaram novos cursos de formação e, por fim, faculdades e universidades estaduais concordaram em reconhecer três anos de matemática integrada como requisito suficiente de admissão. Novamente, a única fragilidade foi a limitação à matemática do ensino médio, embora outra linha de financiamento da FNC tenha apoiado o ensino fundamental II. Também houve um declínio nos gastos do Estado e cortes na Secretaria Estadual de Educação, do que a ISE se livrou por ser vinculada a uma universidade.

*Currículo.* O currículo SIMMS foi usado por 40% dos professores de matemática, na maioria das escolas de ensino médio, alcançando 25% dos alunos daquele nível de ensino, dos quais um terço estava matriculado em cursos de matemática e um quarto compunha-se de nativos americanos. Algum tipo de desenvolvimento profissional foi ofertado a 75% dos professores de matemática do ensino médio. O uso do currículo SIMMS foi ainda maior entre professores que estavam fora da academia, os quais geralmente preferiam cursos mais tradicionais, especialmente nas séries mais avançadas.

*Resultados sobre o rendimento escolar.* Estudantes dos dois primeiros anos da sequência do curso obtiveram 23 e 14 pontos a mais em um teste SIMSS aberto. Alunos do terceiro ano obtiveram menor pontuação, mas provavelmente eram estudantes que anteriormente não alcançariam o nível avançado em matemática. Os alunos nos dois primeiros anos do SIMMS não apresentaram vantagem no exame de seleção para as universidades norte-americanas[22] em relação ao grupo controle, o que se interpreta no sentido de que os níveis de habilidades básicas dos alunos do SIMMS e não SIMMS eram equivalentes.

*Comentário geral.* O estudo sobre Montana contrasta a profundidade e a amplitude de suas reformas. Olhando apenas para a matemática do ensino médio, a estratégia estava entre as mais sistêmicas e potentes de todas, o que permitiu, ao menos, uma expansão subsequente além

---

22 [N.T.] No original, PSAT, sigla que designa *Preliminary Scholastic Aptitude Test.*

do número de escolas já alcançadas. A estratégia de desenvolver um novo currículo para atender à demanda criada por uma nova exigência de certificação escolar, somada à formação intensiva de professores, resultou na rápida adoção dos novos cursos, principalmente entre aqueles que estavam fora da academia. A reforma teve grande visibilidade nas escolas secundárias, em parte por causa de associações profissionais bem organizadas.

**Louisiana**

*Reforma.* Uma agência quase independente, liderada por profissionais do ensino superior política e burocraticamente habilidosos, recebeu financiamento dos conselhos estaduais de ensino superior e de ensino básico, além de ter sido exitosa em obter e coordenar outros subsídios federais; seu conselho de governança inclui os principais formuladores de políticas; a equipe inclui um coordenador de relações públicas em tempo integral; o novo governador e a força-tarefa de reforma apoiam as inovações da ISE em estruturas e avaliações.

*Política pública.* Nos primeiros cinco anos, entre 70 e 75% dos recursos foram gastos em formação profissional intensiva e de alta qualidade em matemática e ciências, para 4.100 professores, principalmente do ensino fundamental (cerca de 45.000 professores no estado); houve projetos de preparação para a docência na maioria das faculdades e universidades; surgiram novos requisitos de certificação de professores. Ao final do primeiro quinquênio, observou-se a influência em novas estruturas e avaliações alinhadas à reforma, além dos esforços iniciais de expansão por meio de uma ampla política de formação de professores, da reestruturação escolar e da assistência regional aos distritos. A reforma curricular baseada em competências e o exame final do ensino médio adotados em 1979 são influentes, mas não estão alinhados aos esforços da ISE.

*Currículo.* O impacto nas atitudes dos professores que participaram das formações foi alto. Houve ampla mudança nas práticas em sala de aula, por parte dos professores treinados, mas a mudança foi desigual em profundidade.

*Resultados sobre o rendimento escolar.* Alunos instruídos por professores da ISE tiveram pontuações ligeiramente mais altas nos testes estaduais (não alinhados à reforma) de matemática da 5ª e 7ª série.

*Comentário geral.* Considerando apenas os impactos reais sobre política, currículo e desempenho, ao final dos primeiros cinco anos a ISE da Louisiana teria merecido uma classificação mais baixa. Porém, o grupo de reforma exerce uma influência forte e coordenada na política, como se observa no recente desenvolvimento de novas estruturas e avaliações alinhadas à reforma, assim como na recente ampliação de medidas voltadas a escolas, professores e distritos.

## Michigan

*Reforma.* A ISE impulsionou o alinhamento da assistência técnica a partir do programa de avaliação estadual preexistente e, ademais, auxiliou 24 distritos focais com subsídios. Os esforços de assistência técnica influenciaram ou produziram diretrizes para a formação de professores obrigatória, currículo e material didático *on-line*, maior alinhamento de testes estaduais aos padrões nacionais e aconselhamento a centros regionais de assistência. Mas, ao final da ISE, houve um corte de 20% da equipe pelo governo estadual.

*Política pública.* A avaliação estadual e o exame final do ensino médio desenvolvidos antes da ISE são os principais instrumentos da política. A ISE concentrou-se na capacitação por meio da assistência técnica descrita acima, que se tornou uma infraestrutura para reforma.

*Currículo.* Nos distritos focais, dois terços dos professores usaram técnicas de aprendizagem ativa. Os cinco distritos visitados pelas equipes de avaliação atualizaram seus currículos durante o período da ISE para refletirem a avaliação do estado. A seleção de livros didáticos nos distritos focais reflete os padrões do CNPM.

*Resultados sobre o rendimento escolar.* Houve ganhos de 5 a 19 pontos em testes estaduais de matemática na 4ª, 7ª e 11ª série (mas o platô foi atingido por volta de 1995, três anos após o início da ISE). Na prova de matemática da ANPE, os ganhos foram de 6 e 10 pontos, respectivamente, na 4ª e na 9ª séries, entre 1992 e 1996. Houve ganhos de 7 a 10 pontos no teste estadual de ciências, para 5ª e 11ª séries, em 1996-1997, mas declínio na 8ª série. Entre alunos afro-americanos, houve um acréscimo de 13% de proficiência no teste estadual de matemática da 4ª série (mas a diferença permanece a mesma). O *gap* entre alunos de 8ª série diminuiu em 3% na prova de matemática da ANPE.

*Comentário geral.* Ganhos substanciais em rendimento escolar aparecem principalmente relacionados a mudanças políticas anteriores. As transformações em sala de aula nos distritos focais foram desiguais. O financiamento da ISE foi cortado em nível estadual, ameaçando sua sustentabilidade.

## Califórnia

*Reforma.* As redes de professores de matemática e de ciências tiveram amplo e profundo acesso a professores, escolas e distritos, para tratar de currículo e de ensino. Cada uma delas foi compensada pela FNC com diferentes subsídios depois que o financiamento da ISE não foi renovado. Ambas as redes desenvolveram uma infraestrutura de liderança estadual e um sistema de redes regionais e locais de ensino.

*Política pública.* As redes de professores de matemática e de ciências da Califórnia são um exemplo interessante de como um conjunto de organizações intermediárias pode exercer forte influência na "política pública", mesmo quando não mais apoiadas por políticas estaduais. Ambas as redes se valeram de treinamentos intensivos no verão ou em outras épocas, com acompanhamento durante o ano letivo. Ambas também ampliaram sua escala com base no que pareceu ser uma demanda popular; a rede de matemática se expandiu do ensino médio para o ensino fundamental e a rede de ciências adicionou um componente de matemática. A rede de professores de matemática (*Math Renaissance*) usou uma estratégia de substituição de unidades curriculares e influenciou o desenho do currículo e a seleção de livros didáticos em nível distrital. A rede de ciências desenvolveu uma estratégia de mudança de toda a escola e de desenvolvimento curricular no nível do ensino fundamental. Infelizmente, a turbulência em torno das políticas estaduais deixa algumas dúvidas quanto à saúde futura das redes.

Infelizmente, as boas notícias no sistema de oferta de ensino foram acompanhadas por más notícias nas próprias políticas públicas. Um movimento de "retorno ao básico" nas políticas governamentais levou à revogação de estruturas curriculares e ao desenvolvimento de novas estruturas, à suspensão da avaliação estadual, à aprovação e ao financiamento, em todo o estado, de livros didáticos menos alinhados à ISE, bem como à perseguição de iniciativas políticas independentes pelo governo do estado. Reformadores profissionais na Califórnia agora têm pouca influência sobre a política estadual, mas estão tentando desenvolver um novo consenso.

*Currículo.* Há evidências convergentes no sentido de que a influência das redes sobre o currículo foi forte, tanto em amplitude quanto em profundidade. Foram capacitados 38,5 mil professores de 2,4 mil escolas em 50% dos distritos do estado. Um estudo sobre os efeitos da reforma nas salas de aula encontrou, na maioria delas, mudanças que apontavam na direção do ensino baseado em padrões; e, nas aulas de ciências, o ensino construtivista encontrou uma pontuação média de

18,75 em uma escala de trinta pontos. Uma avaliação constatou que, em uma amostra de escolas que recebeu a reforma, o ensino baseado na reforma alcançou uma implementação sustentável. Os distritos com escolas reformadas mudaram suas escolhas de livros didáticos para corresponder às metas da reforma.

*Resultados sobre o rendimento escolar*. Em ciências, os alunos das turmas submetidas à reforma não se saíram melhor do que o grupo de controle em um teste específico. Porém, estudantes das escolas que estiveram "em reforma" por três anos se saíram melhor do que aqueles de escolas com dois anos. Em matemática, uma administração especial do novo exame de padrões mostrou que os alunos de escolas submetidas à reforma se saíram melhor em conceitos, habilidades e resolução de problemas (com a maior vantagem em habilidades).

*Comentário geral*. A reforma da Califórnia na década de 1990 mereceria uma classificação mais alta, com base na eficácia, no poder e na escala de suas redes de professores, bem como nas políticas sistêmicas com as quais começou. Porém, seu modelo de políticas sistêmicas se desintegrou e a ausência de apoio estadual ameaçou a sustentabilidade da reforma. Além disso, onde foram medidos, os ganhos em rendimento escolar não foram grandes, o que pode ser atribuído a grandes declínios no financiamento da educação no estado ao longo de muitos anos.

**Arkansas**

*Reforma*. A ISE foi inicialmente bem apoiada pelo governador Tucker, mas o apoio da administração seguinte não foi claro. Houve apoio da Secretaria Estadual de Educação e do Departamento de Ensino Superior. Alguns aspectos da reforma atingiram uma parcela relevante, ainda que não majoritária, de professores e administradores do Estado.

*Política pública*. A maior parte dos recursos foi despendida em formação intensiva de professores de matemática e ciências, dirigidos a 35% de todos os professores do primeiro ciclo do ensino fundamental. Foram treinados 22% de todos os professores de matemática do segundo ciclo do ensino fundamental e do ensino médio, além de 22% dos professores de ciências. Também foram treinados quatro mil gestores escolares em práticas de liderança. A avaliação estadual forte e os requisitos de graduação adotados em 1983 não estão bem alinhados, mas a ISE é influente no desenvolvimento de novos níveis de avaliação. Houve ainda três novos níveis de certificação de professores de CMET.

*Currículo*. Há evidências anedóticas de técnicas de aprendizagem ativa em salas de aula. O esforço de formação de professores de ciências desenvolveu e treinou professores em dezessete módulos integrados de ensino. A ISE afirma que professores treinados ensinaram 70% dos alunos do estado.

*Resultados sobre o rendimento escolar*. As notas de matemática da 4ª e da 8ª série da ANPE, na década de 1990, aumentaram de seis a nove pontos. O aumento de matrículas em cursos avançados e a diminuição do número de estudantes que cursam educação complementar na faculdade provavelmente decorreram de reformas voltadas a habilidades básicas na década de 1980. A pontuação dos alunos foi sensivelmente mais alta nas escolas com 75% ou mais de professores treinados no contexto da ISE.

*Comentário geral*. Este estado teve um extenso programa de formação de professores que atingiu boa parte deles e mudou a cultura do ensino no estado. Porém, houve influência limitada sobre a política, poucas evidências e provavelmente pequeno impacto nas salas de aula e no rendimento escolar, além da falta de apoio político claro e contínuo.

**Delaware**

*Reforma*. A estratégia inicial da ISE foi considerada defeituosa e fortemente revisada ao final de cinco anos. A estratégia das escolas-modelo concentrava-se em um número limitado de escolas, carecia de uma visão clara dos objetivos, produzia poucas mudanças e não era compreendida no nível distrital. A estratégia focal no âmbito do curricular – a saber, a focalização no desenvolvimento dos professores em algumas unidades curriculares – foi ineficiente e acabou abandonada em prol de currículos aprovados pela FNC. Uma nova avaliação estadual foi suspensa depois que muitos alunos foram reprovados. Os institutos que ministravam cursos de verão para formação de professores sofreram com a falta de meios para incorporar mudanças em toda a rede. Mas as estratégias adotadas ao final de cinco anos – uma rede de professores construída em torno de currículos-modelo, um modelo de desenvolvimento profissional que vem sendo adotado em outros estados e a continuidade do trabalho de avaliação – pareciam mais promissoras.

*Política pública*. Poucas mudanças políticas sustentáveis foram alcançadas, se é que houve alguma. Porém, ao final de cinco anos, o perfil da política começou a parecer mais potente, especialmente pela combinação entre substituição de unidades curriculares, redes de professores e revisão dos programas de formação de professores.

*Currículo.* Houve poucas evidências de mudança curricular e a avaliação encontrou mudanças irregulares em algumas escolas. As atitudes dos professores participantes foram favoráveis.

*Resultados sobre o rendimento escolar.* Não houve nenhuma evidência de mudança no rendimento escolar.

*Comentário geral.* A visão geral da avaliação do IPS parece precisa: ao final do período de concessão do apoio, a ISE de Delaware apenas começava a adquirir um foco efetivo. No modelo de reforma de cinco etapas desenvolvido pela Comissão de Educação dos Estados (CEE), referido no estudo de caso do IPS, a experiência seria classificada entre os estágios 3 e 4, isto é, transição para um sistema baseado em padrões, com uma infraestrutura emergente. Os cinco estágios do modelo da CEE são: 1) sistema não padronizado; 2) conhecimento e exploração do sistema; 3) transição para o sistema; 4) nova infraestrutura emergente para apoiar o sistema; e 5) predominância do sistema. Ressalte-se que, no sistema de classificação adotado em nossa pesquisa, a menos que houvesse mudanças substanciais nas quatro variáveis (reforma, política pública, implementação do currículo em sala de aula e rendimento escolar), provavelmente indicaríamos o estágio 2 do CEE (conhecimento e exploração) como estágio 1, enquanto que o estágio 4 do CEE (infraestrutura emergente) soa como o estágio 2 de nosso sistema.

## Nova York

*Reforma.* A estratégia de Nova York era transformar doze escolas urbanas (escolas R&D)[23] e influenciar a política estadual. A ISE dirigiu novas avaliações estaduais nas escolas R&D, mas teve pouca visibilidade na política estadual. Em 1995, em resposta à FNC, a ISE mudou de rumo para enfatizar a política estadual e adotou o que parecia ser um plano ambicioso e irrealista para transformar a educação no estado.

*Política pública.* Em relação à estratégia de escolas-piloto, a ISE teve dificuldade em impactar as escolas devido à complexidade da burocracia distrital, de forma que os efeitos sobre os próprios distritos foram mínimos. Os professores dessas escolas frequentavam os institutos de formação no verão, mas essas entidades não estavam claramente conectadas entre si. Em relação à política estadual, houve cortes maciços na Secretaria de Educação e a reorganização da secretaria dificultou a alocação de assistência técnica. Nova York tinha uma avaliação da

[23] [N.T.] A sigla se refere a *Research and Development*.

qualidade da escola orientada para o ensino com base na inspeção britânica, mas o financiamento para o programa foi cortado. Novas avaliações e estruturas curriculares estavam em desenvolvimento, mas a ISE teve pouco envolvimento.

*Currículo.* O progresso da reestruturação nas doze escolas-piloto foi desigual. Apenas uma pequena escola primária apresentou profunda reestruturação. Uma pesquisa com professores nas escolas R&D mostrou o que pareciam ser níveis modestos de técnicas de ensino baseadas em investigação.

*Resultados sobre o rendimento escolar.* Em um exame estadual de matemática,[24] 1% a mais de alunos de escolas R&D atingiram o nível de proficiência na 3ª série, em comparação com estudantes de outras escolas. Os ganhos equivalentes na escola profundamente reestruturada ficaram na faixa de 10 a 20%, em matemática e ciências, na 3ª e na 6ª séries. As pontuações em ciências não foram afetadas de forma diferente em outras escolas R&D.

*Comentário geral.* O estado de Nova York tem algumas políticas promissoras recém-desenvolvidas ou em desenvolvimento: novas estruturas curriculares, uma nova avaliação alinhada aos padrões nacionais e uma nova e rigorosa certificação de professores. Mas, em certo sentido, a ISE escolheu uma estratégia do "pior de todos os mundos": reformar um punhado de escolas R&D e alcançar resultados modestos nesse objetivo estreito, com pouca visibilidade e impacto no nível estadual. Trabalhar com escolas urbanas foi uma boa ideia, mas se mostrou difícil influenciar as escolas e seus distritos. A reforma foi ainda mais dificultada por déficits de recursos no nível escolar. A formação de professores nunca esteve efetivamente associada à estratégia de reestruturação escolar. A Secretaria Estadual de Educação também foi abalada por cortes orçamentários.

---

24 [N.T.] No original, há referência ao PEP, sigla que designa *Primary Exit Profile*.

## Apêndice B – Classificação do protocolo do INEC para reformas sistêmicas

*(continua)*

| Elemento/ Componente | Amplitude (0 a 5) | Profundidade (0 a 5) |
|---|---|---|
| | **LIDERANÇA E GESTÃO DA REFORMA SISTÊMICA** | |
| **A. Visão** | 1.1 Que parcela do sistema estadual de ensino de matemática está incluída na visão de reforma da ISE?<br>1.2 Que parcela do sistema estadual de ensino de ciências está incluída na visão de reforma da ISE? | 2.1 A visão da ISE reflete a ênfase da reforma nacional baseada em padrões, isto é, a ênfase em um conteúdo curricular ambicioso para todos os estudantes?<br>2.2 A visão da ISE é coerente, isto é, aborda a necessidade de alinhar as políticas públicas entre si e aos novos padrões?<br>2.3 A visão da ISE reconhece o rendimento escolar mais alto e mais equitativo como objetivo final da reforma?<br>2.4 A visão da ISE é clara quanto ao tipo de ensino-aprendizagem desejado? |
| **B. Planejamento estratégico** | 1.1 Que parcela do sistema estadual de ensino de matemática está incluída no plano estratégico de reforma da ISE?<br>1.2 Que parcela do sistema estadual de ensino de ciências está incluída no plano estratégico de reforma da ISE? | 2.1 O plano estratégico da ISE é consistente com a visão de reforma baseada em padrões?<br>2.2 Na hipótese de haver reforma baseada em padrões no estado, anterior à ISE, o plano estratégico da ISE se baseia no que veio antes?<br>2.3 O plano estratégico da ISE inclui um método claro e viável de expansão local para alcançar todas as escolas, salas de aula e estudantes das disciplinas de matemática e ciências?<br>2.4 O plano estratégico da ISE é específico a respeito de:<br>2.4.a Quais organizações e indivíduos devem mudar?<br>2.4.b Que tipo de transformações por parte de indivíduos ou organizações são desejadas?<br>2.4.c Quais os meios para efetivar transformações organizacionais e individuais (por exemplo, recursos materiais e humanos foram alocados para promover mudanças? As sanções e incentivos são empregados efetivamente para promover mudanças)?<br>2.4.d Quais organizações ou indivíduos facilitarão o processo de mudança?<br>2.4.e Como monitorar o *status* do sistema quanto às mudanças desejadas nas organizações e nos indivíduos?<br>2.4.f O que significa atingir as transformações desejadas em relação a organizações e indivíduos? |

*(continua)*

| | | |
|---|---|---|
| **C.**<br>**Rede de formuladores de políticas públicas** | 1.1 Com que amplitude a ISE está conectada às políticas estaduais? A rede inclui:<br>1.1.a Governador?<br>1.1.b Secretários estaduais de educação?<br>1.1.c Legislativo estadual?<br>1.1.d Conselhos escolares estaduais e locais?<br>1.1.e Grupos de ação política atuantes na área educacional?<br>1.1.f Comunidade empresarial? | 2.1 A reforma baseada em padrões é o foco claro da interação entre a liderança da ISE e demais formuladores de políticas estaduais?<br>2.2 A influência da ISE sobre as decisões dos formuladores de políticas públicas é forte? Em outras palavras: os formuladores de políticas públicas mudaram a política existente ou criaram novas políticas em coordenação com a ISE e com a reforma baseada em padrões? Alternativamente, os formuladores de políticas resistiram às tentativas da ISE de influenciar as políticas que impactam, positiva ou negativamente, a reforma? |
| **D.**<br>**Rede profissional** | 1.1 Em que medida a ISE promove as redes profissionais no estado? A rede inclui:<br>1.1.a Organizações profissionais de professores de matemática e ciências e gestores escolares?<br>1.1.b Comunidades de ensino superior voltadas à docência e ao ensino de matemática e ciências?<br>1.1.c Agências estaduais e locais de educação?<br>1.1.d Editores de livros didáticos e de testes?<br>1.1.e -Sindicatos de professores? | 2.1 A reforma baseada em padrões é o foco claro da interação entre a liderança da ISE e os membros da rede profissional?<br>2.2 A influência da ISE sobre outros membros da rede profissional é forte? Em outras palavras: as organizações representativas de grupos profissionais produziram mudanças concretas para elevar a coordenação com a ISE e com a reforma baseada em padrões? Essas organizações resistiram aos esforços da ISE para mudar as práticas organizacionais, de modo a fragilizar a reforma? |
| **E.**<br>**Institucionalização** | 1.1 Em que medida as organizações específicas aceitaram a responsabilidade permanente pelas principais metas e atividades associadas à reforma baseada em padrões, isto é, até que ponto a ISE garantiu espaços organizacionais para as principais atividades de reforma? | 2.1 As organizações encarregadas de sustentar e expandir a reforma têm uma posição segura (por exemplo, financiamento, sede e funcionários permanentes) para apoiar a reforma nos próximos anos?<br>2.2 Com que abrangência as organizações identificadas como responsáveis por apoiar a reforma atuaram para garantir que sua organização interna valorize e defenda a reforma, além de oferecer máximo apoio à difusão e sucesso da reforma? Por exemplo, essas organizações:<br>2.2.a Tornaram a reforma sistêmica baseada em padrões uma parte proeminente de sua própria missão?<br>2.2.b Foram equipadas para apoiar a reforma?<br>2.2.c Foram planejadas para manter redes de formuladores de políticas e de profissionais necessários à continuidade da implementação?<br>2.2.d Estabeleceram um sistema para acompanhar o progresso da reforma?<br>2.2.e Formularam um plano estratégico para avançar com a reforma? |

*(conclusão)*

| | | |
|---|---|---|
| **F. Alavancagem de recursos** | 1.1 Quanto de financiamento e outros recursos a ISE alavancou para apoiar a reforma baseada em padrões?<br>1.2 De quantas fontes a ISE alavancou fundos e recursos significativos para apoiar a reforma baseada em padrões? | 2.1 A ISE recorreu a agentes financiadores tidos como candidatos óbvios a apoiar a reforma sistêmica?<br>2.2 Os recursos adicionais alavancados pela ISE foram usados de maneira consistente com o avanço da reforma baseada em padrões? |
| **G. Alcance público** | 1.1 Até que ponto a ISE envolveu os pais e o público em geral na reforma baseada em padrões? | 2.1 As atividades de alcance público da ISE forneceram aos pais e ao público em geral informações acessíveis e específicas sobre reforma baseada em padrões e processo ensino-aprendizagem?<br>2.2 As atividades de alcance público da ISE buscavam apenas informar os pais e o público em geral sobre a reforma baseada em padrões, ou também buscavam envolvê-los ativamente de alguma forma (por exemplo, a ISE envolveu os pais no desenvolvimento de novos padrões, avaliações, etc.)?<br>2.3 A ISE monitorou ou avaliou a eficácia das atividades de alcance público? |
| **Subtotal (Média)** | | |

*(continua)*

| **Elemento/ Componente** | Amplitude (0 a 5) | Profundidade (0 a 5) |
|---|---|---|
| | **POLÍTICA PÚBLICA SISTÊMICA** | |
| | A abrangência se refere à medida com que um determinado componente do sistema local de diretrizes educacionais afeta todos os atores relevantes em todo o sistema estadual de educação em matemática e ciências (por exemplo, os padrões alcançam todos os professores e estudantes? O desenvolvimento profissional alcança todos os profissionais da rede?) | A profundidade se refere a quatro atributos[25] das políticas associadas a um determinado componente do sistema de diretrizes educacionais.<br>Os quatro atributos incluem:<br>2.1 Consistência: os padrões locais estão alinhados aos padrões nacionais? Os outros componentes do sistema de diretrizes educacionais estão alinhados aos padrões curriculares locais?[26] |

[25] Os quatro critérios (consistência, especificidade, autoridade e poder) aqui utilizados para caracterizar e analisar instrumentos de políticas públicas são desenvolvidos em Andrew C. Porter e outros, "Content Determinants in Elementary School Mathematics", em Douglas A. Grouws e Thomas J. Cooney, Eds., Perspectives on Research on Effective Mathematics Teaching (Hillsdale, NJ: Erlbaum, 1988) pp. 96-113. Substituímos o termo especificidade pelo termo prescritividade, este último utilizado por Porter e outros.

[26] Ao avaliar a *consistência* dos padrões curriculares desenvolvidos por uma determinada ISE, os padrões curriculares do local serão comparados aos padrões nacionais. Ao avaliar a *consistência* de outros componentes do sistema de diretrizes educacionais, perguntamos: em que medida um determinado componente está alinhado aos padrões curriculares locais? Isso difere de como a consistência é conceituada no trabalho acima citado de Porter e outros. Seu foco estava mais na consistência interna de cada parte do sistema de diretrizes educacionais (por exemplo, um determinado livro didático dá aos professores sinais consistentes sobre o que constitui um conteúdo curricular importante?).

*(continua)*

| | | |
|---|---|---|
| | | 2.2 Especificidade: a política é específica o bastante para que professores ou outros profissionais da educação compreendam os resultados que a política busca e as ações que a política exige deles?<br>2.3 Autoridade: a política conta com o apoio de autoridades e organizações, especialmente daquelas respeitados por professores, gestores, pais ou outros atores-chave?<br>2.4 Poder: a política inclui o financiamento ou os recursos necessários para divulgação e implementação? A política envolve incentivos ou sanções potentes para motivar professores e outros a participarem da política? |
| **H. Padrões curriculares** | 1.1 O âmbito local conta com padrões curriculares de matemática para todos os níveis?<br>1.2 O âmbito local conta com padrões curriculares de ciências para todos os níveis? | 2.1 Os padrões estaduais são consistentes com os padrões nacionais, ou seja, os padrões do estado refletem a ênfase dos padrões nacionais em conteúdos curriculares ambiciosos e ensino para compreensão?<br>2.2 Os padrões curriculares são específicos o bastante para fornecer aos professores e outros atores uma compreensão clara do tipo de currículo desejado?<br>2.3 Os padrões curriculares são respaldados pela autoridade de indivíduos ou de organizações que contam com legitimidade perante professores, administradores e público (por exemplo, organizações profissionais estaduais e nacionais de professores e administradores)?<br>2.4 Existem sanções ou incentivos potentes para incentivar os professores a se familiarizarem com os padrões e implementá-los em sala de aula? |
| **I. Estruturas curriculares** | 1.1 O âmbito local conta com estruturas curriculares de matemática para todos os níveis?<br>1.2 O âmbito local possui estruturas curriculares de ciências para todos os níveis? | 2.1 Em que medida as estruturas curriculares foram alinhadas aos padrões?<br>2.2 Quão específicas são as estruturas a respeito do tipo de currículo e do método pedagógico apropriado ao ensino baseado em padrões?<br>2.3 As estruturas curriculares contam com o apoio de grupos que gozam de autoridade (por exemplo, associações profissionais estaduais de professores de matemática e ciências)?<br>2.4 Há recursos disponíveis para a produção e divulgação das estruturas curriculares para que elas sejam compreendidas e empregadas? |
| **J. Avaliação** | 1.1 O âmbito local conta com avaliações para todos os níveis de matemática?<br>1.2 O âmbito local conta com avaliações para todos os níveis de ciência? | 2.1 As avaliações estão alinhadas aos padrões curriculares do local?<br>2.2 As avaliações contam com apoio do estado, do ensino superior, das organizações profissionais de professores e de outras entidades?<br>2.3 Há sanções ou incentivos para estudantes ou professores com base no desempenho? |

*(continua)*

| | | |
|---|---|---|
| **K. Materiais curriculares** | 1.1 O âmbito local criou novos materiais curriculares, adaptou materiais existentes ou adotou materiais existentes para o ensino de matemática em todos os níveis?<br>1.2 O âmbito local criou novos materiais curriculares, adaptou materiais existentes ou adotou materiais existentes para o ensino de ciências em todos os níveis? | 2.1 Os materiais recém-criados, adaptados ou adotados estão alinhados aos padrões de reforma?<br>2.2 Quão específico é o material a respeito do tipo de currículo e do método pedagógico apropriado ao ensino baseado em padrões?<br>2.3 Os materiais são respaldados pelo estado, por organizações profissionais de professores e outras entidades?<br>2.4 Há sanções ou incentivos para o uso dos materiais? Por exemplo, os materiais são fornecidos gratuitamente às escolas? Os materiais estão incluídos na lista estadual de livros didáticos adotados? |
| **L. Política de equidade educacional** | 1.1 O âmbito local aborda considerações de equidade em relação à cada componente do sistema de diretrizes educacionais, incluindo:<br>1.1.a Padrões Curriculares?<br>1.1.b Estruturas Curriculares?<br>1.1.c Avaliação?<br>1.1.d Materiais Curriculares?<br>1.1.e Licenciatura e formação inicial de professores?<br>1.1.f Recertificação de professores?<br>1.1.g Formação continuada de professores e gestores escolares?<br>1.1.h Estudantes, professores, gestor escolares e accountability da escola?<br>1.1.i Capacitação e melhoria do distrito ou escola? | 2.1 As políticas relativas a minorias e estudantes em situação de desvantagem estão claramente fundamentadas nos padrões curriculares?<br>2.2 As políticas de equidade são específicas acerca do que constitui equidade no ensino e na aprendizagem de matemática e ciências? As políticas de equidade enviam sinais claros sobre quem é responsável por tornar o sistema equitativo e quais ações são consistentes com a política de equidade?<br>2.3 Há sanções e incentivos potentes para fortalecer as políticas de equidade? |
| **M. Licenciatura e formação inicial de professores** | 1.1 Que parcela dos professores licenciados para o ensino de matemática e ciências está inserida em programas vinculados à política estadual de currículos para formação inicial de professores? | 2.1 Em que medida os programas foram alinhados aos padrões, ou seja, quão consistentes eles são em relação aos padrões?<br>2.2 Quão específicas são as políticas que orientam a formação inicial e a licenciatura de professores em relação a práticas condizentes com a reforma baseada em padrões?<br>2.3 As políticas de licenciatura de professores têm o suporte – ou seja, contam com a autoridade – de grupos importantes do ensino superior (especialmente os departamentos de formação de professores), da agência estadual de educação, do legislativo estadual, de sindicatos de professores etc?<br>2.4 Que recursos, sanções ou incentivos foram empregados para elevar o poder das políticas de licenciatura e formação inicial de professores? |

(continua)

| | | |
|---|---|---|
| **N. Recertificação docente** | 1.1 Que parcela dos professores de matemática e ciências, em exercício, está sujeita às políticas estaduais de recertificação? | 2.1 Em que medida a recertificação foi alinhada aos padrões?<br>2.2 Quão específicas são as políticas de recertificação em relação ao que seria apropriado para a reforma baseada em padrões?<br>2.3 As políticas de formação continuada para recertificação docente têm o suporte – ou seja, contam com a autoridade – de grupos importantes do ensino superior (especialmente os departamentos de formação de professores), da agência estadual de educação, do legislativo estadual, de sindicatos de professores etc?<br>2.4 Que recursos, sanções ou incentivos foram empregados para elevar o poder das políticas de recertificação docente? |
| **O. Desenvolvimento profissional de professores e gestores** | 1.1 Que parcela de professores de matemática se engajou no desenvolvimento profissional continuado durante o período abrangido pela ISE?<br>1.2 Que parcela de professores de ciências se engajou no desenvolvimento profissional continuado durante o período abrangido pela ISE?<br>1.3 Que parcela dos gestores se engajou no desenvolvimento profissional continuado durante o período abrangido pela ISE? | 2.1 Em que medida o desenvolvimento profissional de professores e gestores foi alinhado aos padrões?<br>2.2 Quão específicas são as políticas de desenvolvimento profissional em relação ao que seria apropriado para a reforma baseada em padrões?<br>2.3 As políticas de desenvolvimento profissional de professores ou gestores escolares têm o suporte – ou seja, contam com a autoridade – de grupos importantes do ensino superior (especialmente os departamentos de formação de professores), da agência estadual de educação, do legislativo estadual, de sindicatos de professores etc?<br>2.4 Que recursos, sanções ou incentivos foram empregados para elevar o poder das políticas de desenvolvimento profissional de professores ou gestores escolares? |
| **P. Accountability de estudantes, professores, gestores e escolas** | 1.1 Que parcela de cada um dos grupos a seguir é responsabilizada no âmbito local por seu desempenho em matemática e ciências:<br>1.1.a estudantes?<br>1.1.b professores?<br>1.1.c gestores?<br>1.1.d escolas? | 2.1 Em que medida os mecanismos de *accountability* foram alinhados aos padrões?<br>2.2 Quão específicas são as políticas de *accountability* acerca do que constitui desempenho baseado em padrões?<br>2.3 As políticas de *accountability* têm o suporte – ou seja, contam com a autoridade – de grupos importantes do ensino superior (especialmente os departamentos de formação de professores), da agência estadual de educação, do legislativo estadual, de sindicatos de professores etc?<br>2.4 Houve emprego de recursos, sanções ou incentivos para elevar o poder das políticas de *accountability*? |

*(conclusão)*

| | | |
|---|---|---|
| **Q. Capacitação e aperfeiçoamento dos distritos e das escolas** | 1.1 Que parcela dos distritos do estado está sujeita às políticas estaduais de capacitação e aperfeiçoamento?<br>1.2 Que parcela das escolas do estado está sujeita às políticas estaduais de capacitação e aperfeiçoamento? | 2.1 Em que medida as atividades de capacitação e os esforços de aperfeiçoamento dos distritos e escolas foram alinhados aos padrões?<br>2.2 Quão específicas são as políticas de capacitação e aperfeiçoamento das escolas frente aos aspectos de capacitação e aperfeiçoamento cruciais para a reforma baseada em padrões?<br>2.3 As políticas de capacitação e aperfeiçoamento têm o suporte – ou seja, contam com a autoridade – de grupos importantes do ensino superior (especialmente os departamentos de formação de professores), da agência estadual de educação, do legislativo estadual, de sindicatos de professores etc?<br>2.4 Houve emprego de recursos, sanções ou incentivos para elevar o poder das políticas de capacitação e aperfeiçoamento de distritos e escolas? |
| **Subtotal (Média)** | | |

*(continua)*

| **PADRONIZAÇÃO CURRICULAR EM MATEMÁTICA E CIÊNCIAS PARA TODOS OS ESTUDANTES** | | |
|---|---|---|
| **R. Atualização do ensino** | 1.1 Que percentual de estudantes do estado teve acesso ao ensino de matemática atualizado em consonância com a ISE?<br>1.2 Que percentual de estudantes do estado teve acesso ao ensino de ciências atualizado em consonância com a ISE? | 2.1 Até que ponto a renovação do ensino está alinhada aos novos padrões curriculares, ou seja, até que ponto enfatiza o ensino para a compreensão? |
| **S. Melhoria das escolas** | 1.1 Que parcela das escolas do estado se engajou em melhorias escolares significativas? | 2.1 Em que medida os esforços de melhoria da escola e capacitação sob a ISE estão alinhados aos padrões? Por exemplo, a ISE tem ajudado as escolas a estabelecerem metas compartilhadas e tem facilitado atitudes positivas e ações que refletem o ensino e a aprendizagem baseados em padrões? |
| **T. Promoção de equidade** | 1.1 Sob a ISE, que parcela de estudantes pertencentes a grupos tradicionalmente mal atendidos no ensino de matemática e ciências foi destinatária de currículos e ensino renovados? | 2.1 Até que ponto a renovação do ensino para estudantes tradicionalmente mal atendidos está alinhada aos novos padrões curriculares, ou seja, até que ponto enfatiza o ensino para a compreensão? |

*(conclusão)*

| | | |
|---|---|---|
| **U.<br>Dados e análises** | 1.1 Para que parcelas das turmas de estudantes de matemática o nível local coleta dados sobre práticas de ensino em sala de aula, incluindo currículos e pedagogia empregadas?<br>1.2 Para que parcelas das turmas de estudantes de ciências o nível local coleta dados sobre práticas de ensino em sala de aula, incluindo currículos e pedagogia empregadas? | 2.2 Com que sistematicidade são analisados e relatados dados sobre a prática de ensino?<br>2.2 Com que sistematicidade estão analisados e relatados dados sobre a prática de ensino?<br>2.3 Em que medida os dados sobre a prática do ensino entram na gestão contínua da reforma? |
| **Subtotal (Média)** | | |
| **TOTAL (MÉDIA)** | | |

*(continua)*

| **RESULTADOS QUANTO AO APRIMORAMENTO E À PROMOÇÃO DE EQUIDADE ENTRE OS ESTUDANTES** | | |
|---|---|---|
| **V.<br>Ganho em rendimento escolar** | 1.1 Que parcela da população estudantil está incluída na aferição local de rendimento escolar em matemática?<br>1.2 Qual é a dimensão do ganho em rendimento escolar em matemática, indicada pela aferição disponível?<br>1.3 Que parcela da população estudantil está incluída na aferição local de rendimento escolar em ciências?<br>1.4 Qual é a dimensão do ganho em rendimento escolar em ciências, indicada pela aferição disponível? | 2.1 Qual é a qualidade dos dados sobre rendimento escolar coletados no âmbito local, ou seja, quão completos e confiáveis são os dados?<br>2.2 As medidas incluídas nos dados são claramente projetadas para facilitar a avaliação dos efeitos da reforma baseada em padrões sobre o rendimento escolar em nível local?<br>2.3 Os dados incluem medidas que permitam avaliar se ou até que ponto os ganhos no rendimento escolar podem ser associados ou atribuídos à ISE ou à reformas estaduais genéricas baseada em padrões? |

*(conclusão)*

| | | |
|---|---|---|
| **W. Equidade entre estudantes** | 1.1 Para que parcela de estudantes pertencentes a grupos que tradicionalmente apresentam baixo desempenho o nível local dispõe de dados referentes a mudanças no *gap* de desempenho em matemática?<br>1.2 Sob a ISE, em que medida houve redução, no âmbito local, de lacunas de desempenho em matemática entre grupos com alto e baixo rendimento?<br>1.3 Para que parcela de estudantes pertencentes a grupos que tradicionalmente apresentam baixo desempenho o nível local dispõe de dados referentes a mudanças no *gap* de desempenho em ciências?<br>1.4 Sob a ISE, em que medida houve redução, no âmbito local, de lacunas de desempenho em ciências entre grupos com alto e baixo rendimento? | 2.1 Qual é a qualidade dos dados coletados em âmbito local, isto é, quão completos e confiáveis são os dados acerca da equidade do rendimento escolar?<br>2.2 As medidas incluídas nos dados são claramente projetadas para facilitar a avaliação dos efeitos da reforma baseada em padrões sobre a equidade do rendimento escolar em nível local?<br>2.3 Os dados incluem medidas que permitam avaliar se ou até que ponto o aumento de equidade no rendimento escolar pode ser associado ou atribuído à ISE ou à reformas estaduais genéricas baseada em padrões? |
| **X. Matrículas, aproveitamento e notas** | 1.1 Qual é a parcela da população estudantil incluída na mensuração de matrículas, de aproveitamento geral e de rendimento expresso na atribuição de notas em matemática e ciências?<br>1.2 Qual é a dimensão dos ganhos de rendimento escolar indicada por essa mensuração? | 2.1 Qual é a qualidade dos dados coletados em âmbito local, isto é, quão completos e confiáveis são os dados acerca dos cursos realizados, realizações e notas dos estudantes?<br>2.2 A mensuração incluída nos dados é claramente projetada para facilitar a avaliação dos efeitos da reforma baseada em padrões sobre o rendimento escolar no nível local?<br>2.3 Os dados incluem medidas que permitam avaliar se ou até que ponto os ganhos de rendimento escolar podem ser associados ou atribuídos à ISE ou à reformas estaduais genéricas baseada em padrões? |
| **TOTAL (MÉDIA)** | | |

# UM MÉTODO POLÍTICO DE AVALIAÇÃO: A LEI DE EDUCAÇÃO PARA TODAS AS CRIANÇAS COM DEFICIÊNCIA E AS VÁRIAS LACUNAS DA ANÁLISE DE LACUNAS[1] [2]

**WILLIAM H. CLUNE**

**MARK H. VAN PELT**

**Tradução de Alexandra Fuchs de Araújo e Ricardo Teixeira da Silva**

[1] [N.T.] Tradução de: CLUNE, William H.; PELT, Mark H. Van. A Political Method of Evaluating the Education for All Handicapped Children Act of 1975 and the Several Gaps of Gap Analysis. *Law and Contemporary Problems*, v. 48, n. 1, p. 7-62, 1985.

[2] [N.T.] Alguns esclarecimentos sobre as escolhas feitas nesta tradução devem ser pontuados. O primeiro deles refere-se à tradução da palavra *gap* como lacunas. A fim de evitar qualquer ambiguidade, frisa-se que o termo não se refere às lacunas do ordenamento jurídico, tema sobejamente tratado pela teoria do direito, mas sim às fissuras ou incompletudes observadas na implementação de uma política pública, elementos mais próximos ao funcionamento efetivo do programa e aos aspectos críticos do desenho jurídico institucional, elementos do Quadro de Referência de uma Política Pública elaborado por Maria Paula Dallari Bucci (Quadro de referência de uma política pública. Primeiras linhas para uma abordagem jurídico-institucional. *Colunistas Direito do Estado*, 2015. Disponível em: http://www.direitodoestado.com.br/colunistas/maria-paula-dallari-bucci/quadro-de-referencia-de-uma-politica-publica-primeiras-linhas-de-uma-visao-juridico-institucional). No mais, as referências a livros e artigos científicos presentes no texto original foram adaptadas para facilitar a identificação das obras por parte de leitores brasileiros, com acréscimo de algumas informações não contidas no original. A obra traduzida não oferecia todas as informações que seriam necessárias para a conversão das referências originais ao padrão estabelecido pela ABNT. As referências a atos normativos e processos judiciais foram majoritariamente mantidas como apresentadas no texto original, como forma de permitir a identificação da fonte citada. Sobre o sistema de citação de referências jurídicas nos Estados Unidos: HARVARD LAW REVIEW ASSOCIATION *et al.* (Org.). *The Bluebook*: A Uniform System of Citation. 21. ed. Cambridge: Harvard Law Review Association, 2020. Disponível em: www.legalbluebook.com. Acesso: 17 ago. 2020. O texto original foi escrito na década de 1990, quando ainda se encontrava em desenvolvimento o vocabulário técnico hoje utilizado para descrever os institutos das políticas públicas para crianças com deficiência. A fim de superar algumas discrepâncias com a terminologia atual, sempre que possível, os termos empregados no texto original de forma hoje considerada inadequada serão atualizados. Nessa linha, o termo "incapacitadas", presente no título e na introdução, foi adaptado para o léxico jurídico corrente, "crianças com deficiência".

## 1 Introdução

Este artigo argumenta que uma avaliação da Lei nº 94-142, a *Lei de Educação para Todas as Crianças com Deficiência* (EAHCA) –[3] e, por analogia, de qualquer outro programa social –, deveria consistir em seis elementos a serem discutidos nas páginas seguintes: a) uma síntese das pesquisas empíricas sobre a implementação da EAHCA em relação aos objetivos reformistas inicialmente propostos (o que aconteceu?); b) uma explicação política da "lacuna" de implementação revelada nesses estudos empíricos (que interesses foram atendidos?); c) uma avaliação de como o instrumento político escolhido para a EAHCA ("normatização") contribuiu para que houvesse a lacuna de implementação (quais foram os limites realistas da mudança?); d) uma discussão dos padrões normativos adequados a serem utilizados como parâmetros para avaliar a lei (padrões reformistas *versus* politicamente realistas); e) uma avaliação geral da EAHCA à luz dos parâmetros desenvolvidos na seção anterior; e f) algumas recomendações sobre o que deveria ser feito agora. Em conjunto, esses temas compreendem um "método político" de avaliação de programas sociais,[4] um método com dois componentes essenciais: uma ideia descritiva da implementação como um processo de ajuste político entre os interesses que competem entre si, e uma ideia normativa de que algum significado normativo deve ser atribuído aos interesses políticos revelados durante a implementação.

Avaliações que ignoram o fato descritivo dos ajustes políticos são geralmente formalistas, mais preocupadas com o significado da linguagem jurídica do que com os destinos dos indivíduos e organizações afetadas pela política.[5] Avaliações que ignoram o significado normativo dos ajustes políticos caem em uma dessas duas falácias antitéticas: a falácia ideológica (ou "análise de lacunas"), que pressupõe a primazia ética dos objetivos reformistas, ignorando as pretensões

---

[3] 20 U.S.C. §§1400-1461 (1982) (Lei nº 94-142, 89 Stat. 773 (1975) e alterações subsequentes.

[4] O modelo político básico e a abordagem da avaliação utilizada neste artigo podem ser encontrados em CLUNE, W. A Political Model of Implementation and Implications of the Model for Public Policy, Research, and the Changing Roles of Law and Lawyers. *Iowa Law Review*, v. 69, p. 47-125, 1983. [N.T. Confira-se o artigo traduzido, *Um modelo político de implementação para as políticas públicas: os papéis do direito e dos juristas*, neste livro].

[5] Avaliações formalistas podem superestimar o sucesso do programa (por exemplo, ao assumirem que o devido processo legal oferece uma oportunidade real de se fazer ouvir apenas porque esse direito está previsto em lei) ou subestimar seu sucesso (por exemplo, ao assumirem que o direito a um mínimo de educação não é importante, quando, na prática, defensores podem manejar esse direito de forma bastante eficaz). *Vide* a discussão do *Board of Educ. v. Rowley*, 458 U.S. 176 (1982), nota 198 *infra*.

éticas dos interesses concorrentes,[6] ou a falácia sociológica, que assume a primazia ética do comportamento real.[7] As avaliações também devem ser pragmáticas. Antes de julgar o que ocorreu, e antes de recomendar a reforma, é preciso desenvolver uma teoria do possível. Por esse motivo, os limites da mudança social por meio da normatização[8] serão discutidos na seção 2.2.

As duas principais partes deste artigo correspondem aos dois principais componentes de uma avaliação política: uma análise político-descritiva da implementação da EAHCA (elaborada na seção 2) e uma discussão normativa dos motivos de sucesso, fracasso e necessidade de reforma (realizada na seção 3). A seção 2 apresenta uma descrição e explicação do que aconteceu durante a implantação da EAHCA (quais foram os ajustes ao programa e quais interesses políticos responsáveis por eles). O produto desse esforço é um retrato da implementação como um mosaico de interesses e intenções humanas, um equilíbrio dinâmico atingido pelos objetivos éticos, econômicos, políticos e organizacionais, bem como pelos recursos das pessoas e organizações preocupadas com a educação especial.[9] A seção 3 começa com essa análise política e avalia o que aconteceu à luz dela. Olhando para a implementação da educação especial como uma interação humana, questiona-se se o

---

6 Estudos sobre lacunas legislativas foram objeto de um discurso inédito de Austin Sarat na reunião anual da Associação *Law and Society*, em junho de 1983. Abel, R. L. Law as Lag: Inertia as a Social Theory of Law. In: *Michigan Law Review*, v. 80, n. 4, p. 785-809, 1982, p. 786 e 795. Essa lacuna é significativa sob três perspectivas. *Vide* notas 189-218 *infra* (lacuna explicada descritivamente em termos de ajustes políticos durante a implementação; exame do papel da normatização como instrumento da política na produção de lacunas); *vide* também observação 219-230 *infra* (avaliação negativa uniforme decorrente de lacuna, por não se reconhecer a relevância normativa dos interesses concorrentes revelados durante a implementação); seção 3 *infra* (a lacuna é uma parte necessária das avaliações democráticas em curso devido à necessidade e inevitabilidade de uma perspectiva idealista contrafactual, como por exemplo, os argumentos sobre o significado prático da linguagem jurídica reformista em estatutos, decisões judiciais e regras administrativas). Além disso, toda a seção 2.1 *infra* é uma descrição empiricamente fundamentada e explicação da lacuna de implementação da EAHCA.

7 *Vide* ETZIONI, A. Two Approaches to Organizational Analysis: A Critique and a Suggestion. In: *Administrative Science Quarterly*. V. 5, n. 2, Setembro 1960, p. 257-278.

8 [N.T.] O autor aqui se refere ao procedimento de normatização da política pública.

9 O conjunto de pessoas afetadas por uma lei e preocupadas o bastante a ponto de formular novas respostas e propor ajustes tem sido chamado de "campo social". *Vide* MACAULAY, S. Private Government (Working Paper No. 1983-6, Disputes Processing Research Program. In: *University of Wisconsin Law School*) (também no prelo em *Social Science Research Council Handbook of Law and Social Science*); MOORE, S. F. Law and Social Change: The Semi-Autonomous Social Field As An Appropriate Subject of Study. In: *Law & Society Review*, v. 7, n. 4, 1973, p. 719-746.

procedimento como um todo foi uma interação construtiva e como uma futura intervenção poderia tentar alterar essa interação.

## 2 A política de implementação da EAHCA: o que aconteceu e por quê?

Esta parte do artigo propõe uma descrição e explicação política da implementação da EAHCA. Na seção 2.1, os estudos empíricos da implementação dessa lei são resumidos de acordo com desfechos, etapas cronológicas e mecanismos processuais no processo de tomada de decisão da educação especial. É ilustrativo da normatividade indelével do direito o fato de que não se pode descrever o processo de implementação de uma lei sem mensurar seu avanço com base em algum parâmetro, expectativa ou norma.[10]

A seção 2.1 também inicia a explicação dos padrões de implementação do ponto de vista da política, sugerindo razões específicas e contextuais para os ajustes que parecem ter ocorrido em cada etapa do processo. A seção 2.2 propõe generalizações quanto a essas observações particularizadas, sugerindo um modelo geral de mudança social por meio da implementação de programas sociais (legislação ou litigância institucional).[11] De acordo com esse modelo, a mudança ocorre porque a lei fornece uma variedade de novos recursos, mas a mudança é limitada por causa da limitação intrínseca desses recursos e de uma gama de medidas de compensação. A Seção II.1 também considera pontos fortes e fracos específicos da forma particular da intervenção jurídica escolhida pela EAHCA: normatização, ou procedimentalismo.[12] Mesmo sob as

---

[10] Sobre a normatividade sociológica dos fatos jurídicos, *vide* CLUNE, W. LINDQUIST, R. What "Implementation" Isn't: Toward a General Framework for Implementation Research. In: *Wisconsin Law Review*, v. 1981, p. 1044-1116.

[11] Algumas autoridades distinguem implícita ou explicitamente a implementação do programa social da regulação. Compare BARDACH, E. *The Implementation Game: What Happens After a Bill Becomes a Law.* Cambridge: The MIT Press, 1977, com BARDACH, E. KAGAN, R. *Going By the Book,* 1982. *Vide* também *Social Program Implementation* (W. Williams & R. Elmore eds. 1976), que trata da implementação sob o ponto de vista de leis envolvendo ajuda financeira ou desenvolvimento de programas. Clune definiu a implementação funcional como recursos, assistência e regulação buscando mudar o comportamento preferencial, especialmente de organizações complexas. CLUNE, W. e LINDQUIST, R., nota 5 *supra*, p. 1072-83; CLUNE, W., nota 4 *supra*, p. 50-51.

[12] O procedimentalismo na educação tem sido uma preocupação dos professores Kirp e Yudof há algum tempo. *Vide* KIRP, D. L. Proceduralism and Bureaucracy: Due Process in the School Setting, *Stanford Law Review*, v. 28, n. 5, Maio de 1976, p. 841-876; YUDOF, M. G. Legalization of Dispute Resolution, Distrust of Authority, and Organization Theory: Implementing Due Process for Students in the Public Schools. In: *Wisconsin Law Review*, 1981; *vide* também nota 225 *infra*.

condições ideais representadas pela EAHCA, o método é empregado de forma a produzir mudanças rápidas e em larga escala, mas também superficiais e irregulares.

## 2.1 Implementação da EAHCA resumida: sucessos, falhas e razões

Esquematizar o processo de implementação de uma lei implica alguns questionamentos enganosamente simples. Primeiro, quais são as exigências estabelecidas pela lei? Segundo lugar, qual seria o alcance da lei, se ela fosse perfeitamente implementada de acordo com as normas e expectativas de seus patrocinadores reformistas? Terceiro lugar, como os resultados práticos do processo de implementação podem ser comparados a essas metas inicialmente definidas? Finalmente, até que ponto os resultados da implementação podem estar ligados à sequência cronológica dos procedimentos estabelecidos em lei como forma de alcançar os objetivos inicialmente propostos?

Respostas à terceira e à quarta perguntas, nesta ordem, sugerem que a pesquisa estabeleceu ligações entre ações sociais que normalmente são problemáticas. A base de dados deste artigo não é tão robusta. Nenhum experimento randomizado foi realizado e realmente não há maneira prática de separar a influência da EAHCA de outras forças, presentes no ambiente de implementação, que se movam na mesma direção (leis estaduais, movimentos populares etc.). Além disso, os estudos existentes deixam sem resposta muitas perguntas pertinentes a questões causais. Por exemplo, pouco se sabe sobre as razões que embasam as decisões tomadas por professores, embora eles sejam os principais tomadores de decisão desse processo. Apesar dessa limitação, a questão da causalidade não é especialmente problemática para os objetivos deste trabalho. As conclusões alcançadas nesta seção representam uma síntese de um conjunto de estudos sobre a implementação, extensos e bem construídos. A base de dados dificilmente poderia ser aperfeiçoada, e eventuais lacunas não impedem que os estudos estabeleçam padrões confiáveis de generalização do procedimento de implementação.

Um último ponto: há que se ter em mente a grande preocupação, presente ao longo da síntese do processo de implementação da lei, acerca das explicações do papel da política nos padrões observados. Em todas as seções que tratam dos resultados da implementação, será questionado em que medida os ajustes realizados tiveram como objetivo atender a determinados interesses. Todos os estudos de caso de implementação examinados parecem se basear nessa forma de explicação. Os principais ajustes organizacionais são vistos como necessários para satisfazer um conjunto de necessidades das próprias instituições. Como será visto, organizações como as escolas estão sob forte pressão para realizar diversas atividades, e a ideia de ajustes institucionais politicamente adaptativos não é uma suposição ousada.

### 2.1.1 O processo da EAHCA

A EAHCA estabelece que cada estado e, por sua vez, cada agência local de ensino (LEA)[13] deve identificar, localizar e avaliar todas as crianças com deficiência em todas as agências e instituições públicas e privadas[14] e fornecer-lhes uma educação pública gratuita e adequada. Cada LEA deverá notificar os pais, por escrito, nas seguintes situações: a) quando identificarem seu filho como criança com deficiência; b) quando houver necessidade de uma avaliação preliminar da criança para determinar essa condição; c) quando houver proposta de alterar a identificação ou a avaliação da criança; d) quando houver recusa da avaliação preliminar; ou, e) subsequentemente, quando houver recusa da reidentificação e reavaliação da criança.[15] A LEA deve receber o consentimento dos pais para uma avaliação pré-classificatória.[16]

As crianças encaminhadas[17] devem ser avaliadas antes de serem colocadas em qualquer programa de educação especial.[18] A avaliação deve ser administrada por uma equipe multidisciplinar (Equipe M), na língua nativa da criança ou no seu modo particular de comunicação, utilizando pelo menos dois métodos válidos e devidamente registrados, incluindo pelo menos um método que não seja um teste genérico de QI.[19] As avaliações devem abranger todas as áreas em relação às quais haja suspeita de deficiência[20] e não podem ser racial ou culturalmente

---

13 [N.T.] No original, *local education agency* (LEA). A agência local de ensino (LEA) tem uma equivalência, no que diz respeito à organização administrativa no Brasil, às secretarias municipais de educação.

14 *Vide* 20 U.S.C. §§1412(2)(C), 1414(a)(1)(A) (1982).

15 Id. §1415(b)(1)(C) (1982).

16 *Vide* 34 C.F.R. §300.504(b)(l)(i) (1984).

17 Nem a EAHCA nem o regulamento para sua implementação fornecem diretrizes explícitas sobre o encaminhamento inicial da criança.

18 *Vide* 20 U.S.C. §1412(5)(C) (1982); 34 C.F.R. §§300.531-.532 (1984).

19 *Vide* 20 U.S.C. §1412(5)(C) (1982); 34 C.F.R. §300.532(a)-(e) (1984).

20 *Vide* 34 C.F.R. §300.532(f) (1984).

discriminatórias.[21] As decisões de classificação da criança não devem ser baseadas apenas em testes; devem incluir pelo menos mais outra fonte de avaliação, como a observação de um professor da sala de aula da criança.[22] Crianças inseridas na educação especial após a avaliação pela equipe multidisciplinar devem ser reavaliadas pelo menos a cada três anos para garantir que estejam recebendo os recursos adequados de educação.[23] Cada plano estadual anual do programa deve conter um amplo sistema de treinamento de pessoal que assegure aos integrantes da agência de educação, bem como aos pais e voluntários, um treinamento no atendimento a ser prestado, o que irá, entre outras funções, auxiliá-los na identificação e avaliação de crianças com necessidades educacionais especiais.[24]

Uma vez que uma agência de educação identifique uma criança com uma deficiência contemplada nas hipóteses de atendimento pela EAHCA, ela deve desenvolver um Plano de Educação Individualizado (IEP)[25] [26] para essa criança. O IEP deve ser desenvolvido em equipe integrada por um representante da agência de ensino qualificado para fornecer ou supervisionar a educação especial, o professor da criança, seus pais ou responsáveis, e, quando apropriado, pela própria criança.[27] A agência de educação deve comunicar a reunião de avaliação de forma adequada para garantir que os pais tenham a oportunidade de participar. Para tanto, o evento deve ocorrer em horário e local convenientes.[28] O IEP formulado para a criança avaliada deverá ser implementado no ambiente menos restritivo possível para aquela criança específica; ou seja, a criança deve ser incluída ao máximo possível no ambiente educacional.[29]

Caso os pais estejam insatisfeitos com esse processo, podem apresentar queixas ao LEA "em relação a qualquer problema relativo

---

21 *Vide* §300.530(b) (1984).

22 *Vide* 34 C.F.R. §300.533(a)(l)-(3) (1984). Os regulamentos detalham requisitos adicionais para as Equipes Multidisciplinares no que diz respeito à avaliação de uma criança com suspeita de uma específica deficiência de aprendizado, incluindo a previsão de acréscimo de integrantes adicionais na Equipe Multidisciplinar, observações em sala de aula, um relatório escrito especial e uma verificação específica do tipo de deficiência da criança. *Vide* §§300.540-.543 (1983).

23 *Vide* §300.534(b) (1984)

24 *Vide* 20 U.S.C. §1413(a)(3) (1982); 34 C.F.R. §300.382 (1984).

25 [N.T.] No original, *individualized education program* (IEP).

26 *Vide* 20 U.S.C. §1401(19) (1982).

27 Id.

28 *Vide* 34 C.F.R. 20 U.S.C.§300.345(a)-(b) (1984).

29 *Vide* 20 U.S.C. 1412(5)(B) (1982).

à identificação, avaliação ou classificação educacional da criança, ou à prestação de uma educação pública gratuita e adequada a essa criança".[30] Quando a LEA receber tal reclamação, os pais (ou responsáveis) terão a oportunidade de ter uma audiência imparcial, respeitado o devido processo administrativo,[31] realizada pela agência estadual de educação (SEA),[32] LEA ou outra autoridade estadual, conforme determinado pelo estado.[33] Concede-se aos pais uma audiência específica,[34] uma resposta tempestiva à sua reclamação,[35] bem como o direito recursal da audiência para o nível estadual, se a audiência original foi realizada abaixo desse nível.[36] Esgotada a via administrativa,[37] qualquer parte lesada tem direito de ajuizar uma ação tratando do direito violado, em qualquer tribunal estadual competente ou em um tribunal distrital dos EUA. O tribunal: 1) revisa o registro administrativo; 2) determina a produção de provas adicionais, a pedido de quaisquer das partes; e 3) sobre a preponderância das provas, pode "conceder o direito que o Tribunal entender apropriado".[38] Além de estabelecer esse elaborado mecanismo processual destinado a garantir que cada criança com deficiência receba uma educação pública gratuita adequada, a EAHCA também estabelece um mecanismo de financiamento para ajudar os estados a lidar com os novos custos da educação especial.

---

30 *Vide* §1415(b)(1)(E) (1982). Esse direito se estende aos pais ou responsáveis da criança. O LEA deve iniciar o processo de audiência no caso em que, por qualquer motivo, o consentimento dos pais para avaliação da criança ou colocação inicial não seja fornecido. 34 C.F.R. §300.504(c) (1984).

31 [N.T.] No original, *an impartial due process hearing*.

32 [N.T.] No original, *State Education Agency* (SEA).

33 *Vide* 20 U.S.C. §1415(b)(2) (1982).

34 *Vide* §1415(d) (1982). As partes envolvidas nessa audiência devem: 1) ser acompanhadas e aconselhadas por advogado; 2) estar acompanhadas por pessoas com conhecimento especial ou treinamento em relação à educação especial; 3) apresentar provas; 4) confrontar, interrogar e obrigar a presença de testemunhas; 5) ter um registro escrito ou eletrônico da audiência; e 6) ter o direito de acesso à prova produzida e a uma cópia da decisão. Uma audiência final sobre a denúncia deve ser realizada no prazo de quarenta e cinco dias do recebimento do pedido inicial da audiência. Se a audiência inicial foi conduzida por um nível administrativo inferior ao do SEA, "qualquer parte prejudicada pelas conclusões e decisão proferidas em audiência pode apelar ao órgão educacional do estado, que conduzirá uma revisão imparcial de tal audiência. Ao final, o oficial que conduzir a revisão tomará uma decisão independente após a sua conclusão". *Vide* §1415 (1982). Os mesmos direitos se aplicam às partes se a audiência original ocorreu em um nível inferior ao do SEA e uma das partes apela do resultado da audiência para o SEA.

35 *Vide* 34 C.F.R. §300.512(a) (1984).

36 *Vide* 20 U.S.C. §1415(c) (1982).

37 *Vide* §1415(e)(1) (1982).

38 *Vide* §1415(e)(2) (1982).

## 2.1.2 Pressupostos de implementação e objetivos reformistas

O Congresso teve que fazer muitas inferências sobre como essa sequência de mecanismos processuais poderia atingir plenamente o ambicioso, monumental mesmo, objetivo de concretizar o direito de todas as crianças com deficiência a uma educação gratuita e apropriada (garantindo-se, ao mesmo tempo, que nenhuma criança sem deficiência estivesse acidentalmente no mesmo programa). Em primeiro lugar, o Congresso pressupôs um ambiente de trabalho em que ocorreriam poucos erros de referência e de avaliação, fossem eles resultado de conhecimento inadequado dentro do sistema ou resultado de mecanismos de teste inerentemente inadequados. Embora o Congresso soubesse que os professores não estavam inteiramente preparados para implementar a lei,[39] assumiu que o processo de avaliação, por meio de pessoal mais bem treinado e procedimentos de avaliação múltipla não discriminatórios, superaria os erros resultantes do encaminhamento dos professores. Gradualmente, o programa de treinamento de professores aumentaria o conhecimento deles sobre as necessidades de educação especial, elevando assim a precisão dos encaminhamentos e reduzindo a necessidade de triagem e de comprometimento da carga horária na equipe de avaliação.[40]

Em segundo lugar, o Congresso acreditava na elaboração do IEP como "uma maneira de proporcionar o envolvimento e a proteção dos pais para garantir a prestação de serviços apropriados a uma criança com deficiência".[41] Embora não tenha constado explicitamente, o Congresso assumiu que os educadores não maximizariam o potencial educacional de cada criança. A despeito de o Congresso ter compreendido a revisão do IEP como o ápice do processo de identificação e avaliação, esperava-se simultaneamente que os pais a utilizassem "como extensão das proteções processuais garantidas pela lei vigente aos pais de crianças com deficiência".[42]

---

39 *Vide* Senate Report nº 168, 94th Cong., 1ª Session. 33, reimpressa em 1975 Código Cong. & Ad. News 1425, 1457.

40 20 U.S.C. §1400(b)(7) (1982).

41 *Vide* Senate Report nº 168, 94th Cong., 1º Session 12 (1975), reimpresso em 1975 Código Cong. & Ad. News 1425, 1436; *vide* também H.R. Rep. nº 332, 94º Congress, 1ª Session 13 (1975); Senate Report nº 168, 94th Congress, 1º Session 11 (1975), reimpresso em 1975 Code Congress & Ad. News 1425, 1435 (envolvimento adequado).

42 *Vide* Senate Report nº 168, 94th Congress, 1o Session 11 (1975), reimpresso em 1975 Código Cong. & Ad. News 1425, 1435.

Em terceiro lugar, o Congresso assumiu que as regras do devido processo administrativo permitiriam que os pais tomassem medidas efetivas contra distritos não cooperativos. Em contraste com os procedimentos judiciais, as disposições do devido processo administrativo da EAHCA eram consideradas relativamente informais, baratas, rápidas e substantivamente orientadas.[43] Um mecanismo processual com essas características supostamente levaria a uma pressão mais sistemática sobre os sistemas escolares, colocaria crianças com deficiência em igualdade educacional com alunos sem deficiência e levaria à uniformidade do tratamento entre crianças com deficiência.[44] Além disso, os defensores esperavam que os resultados em casos individuais fossem seguidos por todo o sistema, o que acabaria por produzir um padrão geral de conformidade.

---

[43] O histórico de elaboração da lei contém inúmeras declarações assumindo que as disposições do devido processo legal facilitariam a vida dos pais e das escolas. *Vide*, por exemplo, Senate Report nº 168, 94th Cong., 1º Session 9 (1975), reimpresso em 1975, Code Cong. & Ad. News 1425, 1433 ("Não deveria ser necessário que pais de todo o país continuassem indo aos tribunais para fazer valer essa garantia"). Vários senadores que patrocinaram a EAHCA expressaram opiniões de que os requisitos do devido processo administrativo eliminariam as dificuldades que o sistema judicial apresentava à maioria dos pais que tentava obter uma educação adequada para seus filhos. "É parte do ritmo da vida neste país, uma suposição inconsciente, que nossos filhos sejam educados. Assim deve ser para a criança com deficiência e para seus pais. Não deve ser, para eles, uma batalha judicial". 121 Cong. Rec. 37.411 (1975) (observações do Senador Stafford); *vide* também 121 Cong. Rec. 37.416 (1975) (observações do senador Williams), salientando a importância de um processo célere de audiência para evitar retrocessos na educação da criança. De fato, as decisões clássicas, pré-EAHCA, implementaram os requisitos do devido processo administrativo, pois os tribunais também achavam que essa garantia proporcionaria uma proteção mais favorável para negociações do que aquela oferecida pelos próprios tribunais. *Vide* Pennsylvania Ass'n for Retarded Citizens v. Pennsylvania, 334 F. Supp. 1257 (E.D. Pa. 1971), enforced, 343 F. Supp. 279 (E.D. Pa. 1972); *Mills versus Board of Educ.*, 348 F. Supp. 866 (D.D.C. 1972). A EAHCA, deve-se ressaltar, não fornece normas substantivas para decidir disputas de inclusão. De fato, um relatório do Congresso observou especificamente que, na medida em que cada criança com deficiência é única, a lei foi destinada a dar aos distritos escolares locais um certo grau de flexibilidade no equilíbrio dos interesses estaduais, locais e parentais, bem como a garantir à criança uma educação adequada. H.R. Rep. Nº 332, 94th Cong., 1ª Sess. 16 (1975). A este respeito, é claro que o Congresso, se não a comunidade de defesa das pessoas com deficiência, queriam garantir às agências de educação certa discricionariedade para definir o que era uma educação adequada para cada criança. No entanto, há também muitas declarações nos relatórios e no Registro do Congresso indicando que o objetivo do Congresso era garantir a maximização do potencial de cada criança com deficiência, o que indica que o Congresso tinha uma escala significativa em mente, em relação a quais padrões substantivos deveriam ser medidos. *Vide*, por exemplo, H.R. Rep. nº 332, 94º Cong., 1ª Sess. 19 (1975); *vide* também NEAL, D. e KIRP, D., The Allure of Legalization Reconsidered: The Case of Special Education. In: *Law & Contemporary Problems.* Winter 1985, p. 63-87.

[44] *Vide* LYNN, L. *The Emerging System for Educating Children In Handicapped Children 30-31* (29 de outubro de 1981, no prelo). Os elaboradores da EAHCA esperavam que a lei fornecesse às crianças com deficiência o mesmo nível de serviços e o mesmo respeito por parte de professores e administradores escolares.

Por fim, o Congresso sabia que a EAHCA criava um ônus elevado para os estados.[45] Algumas das inovações legislativas, como mudanças nas rotinas e atitudes organizacionais, implicariam custos não monetários. Outras, como a educação individualizada, o desenvolvimento de novos programas e avaliações adequadas e periódicas, exigiriam um aporte de novos recursos financeiros. Quanto a esses aportes, a EAHCA tomou como pressuposto que o Congresso assumiria o ônus financeiro da barganha, na busca de apoio estadual para a legislação.[46]

## 2.1.3 Síntese da implementação da EAHCA

Estabelecidos os fundamentos do processo formal previsto pela EAHCA e os pressupostos operacionais implícitos a seus objetivos reformistas, o próximo passo é analisar como se deu a implementação da EAHCA e o que explica seus resultados.

### 2.1.3.1 Objetivos reformistas e seus resultados

Os reformistas da educação especial esperavam que a EAHCA cumprisse quatro grandes objetivos. Primeiro: garantir que cada criança com deficiência recebesse uma educação adequada. Segundo: aumentar os recursos disponíveis para a educação especial, particularmente recursos provenientes do governo federal. Terceiro: que cada criança com deficiência, na tradição educacional progressista,[47] tivesse serviços educativos individualizados. Finalmente: que as crianças com deficiência desenvolvessem ao máximo seu potencial. A seguir, explica-se

---

45 *Vide*, por exemplo, H.R. Rep. nº 332, 94º Cong., 1ª Sess. 7, 23 (1975); S. Rep. nº 168, 94th Cong., 1st Sess. 7 (1975), reimpresso em 1975 U.S Code Cong. & Ad. News 1425, 1431; *vide* também TWEEDIE, J. The Politics of Legalization in Special Education Reform. In: *Special Education Policies: Their History, Implementation, and Finance* jay G Chambers and William T. Hartman eds. Philadelphia: Temple University Press, 1983, p. 48-59.

46 O texto legal indica que, a partir de 1982, o Congresso planejava financiar uma parte significativa do custo total excedente da educação especial. *Vide* 20 U.S.C. §1411 (a)(1)(B)(v) (1982). No entanto, o financiamento federal nunca passou de 15% do custo total da educação especial, e as dotações sempre foram muito menores do que as autorizações previstas na lei. *Vide* MAGNETTI, S.S. Some Potential Incentives of Special Education Funding Practices. In: KIRBY, A. H. e outros: *Placing Children in Special Education: A Strategy for Equity*. The Nacional Academy of Sciences, Engineering, Medicine, 1982, p. 300-315; NEAL, D. e KIRP, D., nota 43 *supra*, p. 80-81 (observando a crescente lacuna entre autorizações e dotações para a EAHCA).

47 Para uma discussão sobre a tradição progressista na educação americana e sua abordagem individualizada para a educação, *vide* CREMIN, L.A. *The Transformation of the School.* Progressivism in American Education, 1876-1957. Caravelle Edition, V. 529, 1961.

brevemente o que se sabe sobre a implementação da EAHCA à luz desses objetivos.[48]

**a) Educação adequada**

Antes da aprovação da EAHCA, muitas crianças com deficiência foram excluídas da escola porque necessitavam de serviços muito caros e muito complexos para serem fornecidos institucionalmente pelas escolas públicas,[49] ainda que benéficos às crianças.[50] Estima-se que o número de crianças às quais foram negados serviços educacionais na década de 1970 variaram de um a dois milhões.[51] Em seus trabalhos, o Congresso considerou um milhão, conforme a justificativa da aprovação da EAHCA em 1975.[52] Para corrigir esse problema, exigiu ainda que as LEAs e SEAs desenvolvessem *Procedimentos de Busca Ativa*.[53] Embora as estimativas de crianças excluídas pareçam muito elevadas,[54] os distritos

---

48 Esta análise se baseia nos melhores dados disponíveis. Apesar dos vários estudos de implementação da EAHCA, muito permanece desconhecido. Algumas lacunas em nosso conhecimento são resultado de perguntas não levantadas; o resto é o resultado de perguntas que foram feitas em apenas um ponto do ciclo de implementação da lei. Neste último caso, os dados não fornecem uma imagem dinâmica da implementação.

49 *Vide* COTTLE, T. *Barred from School 1 million children!* New Republic Book Company, 1976, p. 50-69 (descrevendo os casos de inadequação no uso de recursos públicos e na resposta institucional a crianças com deficiência); SARASON, S. E DORIS, J. *Educational Handicap, Public Policy, and Social History,* 1979 (no prelo), p. 360-63 (sobre barreiras institucionais às principais crianças do *streaming*). Sobre os custos adicionais da educação especial, *vide* KAKALIK, J. FURRY, W., T HOMAS M. CARNEY, M. *The Cost of Special Education* 5 (1981) (Rand Note N-1792-ED), e HARTMAN, Projecting Special Education Costs, In: *Special Education Policies: Their History, Implementation and Finance* 241 (1983).

50 Educadores consideram como educáveis praticamente todas as crianças com deficiência. *Vide,* por exemplo, HALLAHAN, D. P. e KAUFFMAN, J. M. *Exceptional Children: Introduction to Special Education.* Prentice Hall, 1978, p. 413-15; BAER, D. M. A Hung Jury and a Scottish Verdict: "Not Proven". In: *Analysis and Intervention in Developmental Disabilities.* Pergamon Press, V.1, p. 91-97, 1981; FAVELL, J.E., RISLEY, T. R., WOLFE, A.F., RIDDLE, J.I., e RASSMUSSEN, P.R. Limits of Habilitation: How Can Identify Them and How Can Change Them? In: *Analysis and Intervention in Developmental Disabilities.* Pergamon Press, V.1, p. 37-43, 1981.

51 *Vide* NEAL, D. & KIRP, D., nota 43 *supra,* p. 67 (citando estimativa da década de 1970 de dois milhões de crianças excluídas).

52 *Vide* 20 U.S.C. §1400(b)(4) (1982).

53 [N.T.] No original, *Child Find procedures under the impetus of the EAHCA.*

54 *Vide* KIRP, D., BUSS, W., E KURILOFF, P. Legal Reform of Special Education: Empirical Studies and Procedural Proposals. In: *California Law Review,* v. 62, p. 40, 1974 (nas atividades do censo escolar resultantes da decisão no caso *Pennsylvania Association for Retarded Citizens versus Pennsylvania,* 343 F. Supp. 279 (E.D. Pa. 1972), foram identificadas "muito menos" crianças excluídas na Pensilvânia do que os defensores ou o Estado esperavam); BROWN, C. *Special Education for Minority and Low Income Children.* 1983, p. 3 (no prelo) (uma pesquisa do Escritório de Direitos Civis (OCR) de 1976 estimou que 463.000 crianças com deficiência foram excluídas da escola em todo o país, menos da metade do que o Congresso havia

escolares e as SEAs rapidamente implementaram esses procedimentos sob o impulso da EAHCA. Em 1976, o Departamento de Saúde, Educação e Bem-Estar (HEW) da Secretaria de Direitos Civis (OCR)[55] estimou que 463.000 crianças com deficiência permaneciam fora da escola;[56] em 1980, a estimativa da OCR era de que o número de crianças não atendidas caíra para 22.600.[57]

Outras agências, não engajadas no problema ou incapazes de elaborar uma estimativa mais precisa, concordaram com a constatação de que, em 1980, poucas crianças entre as que demandavam educação especial permaneciam fora da escola.[58] Ao mesmo tempo em que o número de crianças não atendidas diminuiu, o número de crianças atendidas pelas escolas cresceu acentuadamente. Em 1966, aproximadamente 2,1 milhões de crianças recebiam serviços de educação especial.[59] Entre 1981 e 1982, esse número havia subido para 4,2 milhões.[60]

---

estimado. O fato de que apenas catorze estados tinham legislação de educação especial em 1970, embora quarenta e seis deles já tivessem alguma forma de legislação de educação especial até 1974, acompanhados do fato de que o financiamento estadual da educação especial mais do que dobrou entre 1972 e 1974 indicam que a superestimação de crianças com deficiência excluídas pode ser um resultado de dados atrasados em relação à ação estatal. *Vide* o *Relatório da Secretaria de Finanças do Governo, Disparities Still Exist in Who Gets Special Education* (30 de setembro de 1981) (GA 1.13 IPE-81-1).

55 [N.T.] Respectivamente, *Department of Health, Education and Welfare* (HEW) e *Office of Civil Rights* (OCR).

56 *Vide* BROWN, C., nota 54 *supra*, p. 3.

57 *Idem*. O relatório da Secretaria de Finanças do Governo também concluiu que não há essencialmente crianças com deficiência excluídas das escolas públicas. *Vide Relatório da Secretaria de Finanças do Governo*, nota 54 *supra*, p. 77. No entanto, deve-se adotar alguma cautela quanto a essas estimativas de crianças excluídas e não atendidas. Embora os estados indiquem uniformemente que identificaram todas as crianças excluídas (ou seja, todas as crianças prioritárias sob a EAHCA), os estados também reconhecem privadamente que o cumprimento da EAHCA é *pro forma*, e que eles realmente não sabem quantas crianças permanecem excluídas. THOMAS, M.A. *State Allocation and Management of PL 94-142 Funds*. Indiana University, Note N. Rand corporation, 1980, p. 21-22.

58 *Relatório da Secretaria de Finanças do Governo*, nota 54 *supra*, p. 43; *vide* também WRIGHT, A., COOPERSTEIN, R., RENNEKER, E. e PADILLA, C. Local Implementation of PL 94-142: Final Report of a Longitudinal Study. In: *SRI International*, Menlo Park, California, Project No. 7124, 1982, p. 17, doravante citado como *SRI Final* (Trata-se de um estudo de caso longitudinal composto por entrevistas de pais, professores de educação especial, administradores de educação especial e regular, diretores, psicólogos, profissionais de educação e representantes de agências de serviços humanos. As entrevistas foram realizadas ao longo de quatro anos em dezesseis agências locais de educação, de diferentes tamanhos, em nove estados. Apesar de a busca ativa de crianças exigir o cumprimento integral de um procedimento legal rigoroso, foram registradas poucas crianças excluídas).

59 MACKIE, R. *Special Education in the United States: Statistics 1948-1966*, 1969, p. 36.

60 United States Department of Education, Fifth Annual Report to Congress on the Implementation of Public Law 94-142: The Education for All Handicapped Children Act 2, 1983, doravante citado como *Fifth Annual Report*.

As evidências sobre o número de crianças que recebem uma abordagem inclusiva adequada não são tão claras quanto as evidências acerca da exclusão completa.[61] Se todas as crianças com deficiência fossem adequadamente incluídas, não haveria diferenças consideráveis nas taxas referentes aos vários grupos étnicos participantes dos programas de educação especial.[62] As crianças negras, por exemplo, são incluídas de forma diferente das crianças brancas.[63] A desproporção é especialmente perceptível nas categorias estudantes com deficiência intelectual (EMR) e crianças com dificuldades de aprendizado (LD).[64] [65] A classificação de crianças em uma dessas duas categorias (EMR e LD) já é vista em si como um problema, devido ao efeito mais grave

---

61 Embora seja difícil obter um consenso técnico sobre o que significa educação "apropriada", nota-se que o termo costuma ser utilizado simplesmente no sentido de que uma criança que recebe uma educação adequada está recebendo uma parcela razoavelmente justa de recursos para que seja atendida de forma razoável.

62 *Vide Designs for Change, Caught in the Web: Misplaced Children in Chicago's Classes for the Mentally Retardad*, n. 110, p. 34, 1982, doravante citado como *Designs for Change* (não mais de 1,25% de qualquer grupo étnico deve ser considerado mentalmente retardado). *Vide* HALLAHAN, D. e KAUFFMAN, J., nota 50, p. 44 (alguns especialistas acreditam que, se o comportamento adaptativo fosse considerado, apenas cerca de 1% da população seria considerada com algum retardo mental).

63 *Relatório da Secretaria de Finanças do Governo, vide* nota 54 *supra*, p. 33-34 (dados de uma Pesquisa de Educação Especial OCR indicam que, em 1978, 5,9% das crianças brancas, 5,8% das crianças hispânicas e 8,4% das crianças negras participaram de programas desenhados para crianças com retardo mental (EMR), com perturbações emocionais severas, com dificuldades de aprendizado (LD) ou com deficiência da fala).

64 [N.T.] No original, *educable mentally retarded (EMR) and learning disabled (LD) categories*. Optou-se pela tradução de *educable mentally retarded* como deficiência intelectual, porque atualmente termo como "retardo mental educável" é considerado pejorativo. *Vide* a propósito: SASSAKI, Romeu Kazumi. *Terminologia sobre deficiência na era da inclusão*. Disponível em: https://www2.camara.leg.br/a-camara/estruturaadm/gestao-na-camara-dos-deputados/responsabilidade-social-e-ambiental/acessibilidade/glossarios/terminologia-sobre-deficiencia-na-era-da-inclusao.

65 *Vide idem*, p. 61-62 (inclusões desproporcionais de crianças negras na categoria EMR; superclassificadas como EMR e subclassificadas como LD); *Designs for Change, vide* nota 62, p. 58 (crianças negras são desproporcionalmente colocadas em programas EMR nas principais áreas urbanas dos EUA, como Nova York, Chicago, Los Angeles, Filadélfia, Detroit e Houston); FINN, J. D. Patterns in Special Education Placement as Revealed by the OCR Surveys. In: *Placing Children in Special Education: A Strategy for Equity*. National Academy of Arts, 1982, p. 322 e ss., p. 364-66 (indicando que, por exemplo, em 1978-79, uma pesquisa da OCR encontrou apenas 1,17% dos estudantes de populações não minoritárias em Nova York em programas EMR, em comparação com 7,13% da população de estudantes negros; no Alabama, os percentuais foram de 2,07% de minoritários, 9,48% de negros; em Indiana, 1,5% de não minoritários, 12,04% de negros; em Kentucky, 2,55% de não minoritários, 7,60% de negros. A análise de Finn também constatou que a pesquisa OCR de 1978-79 indicou grande variação nas taxas de colocação de dificuldades de aprendizagem. Nesse caso, o percentual médio de matrículas de pessoas classificadas como com deficiência de aprendizagem, sendo o primeiro percentual para minorias e o segundo para brancos é: N.Y. 1.79 1.16; Pa. 3.93 1.40; Mo. 3.90 3.47; Texas 8.31 3.76; Iowa 15.53 4.18; Kansas 18.08 2.28; Minn. 4.82 3.48; Ohio 2.21 1.96; Wis. 1.77 2.23; Calif. 3.01 2.93; Id. p. 358-60.

atribuído ao rótulo global de aluno com deficiência, em comparação com a conotação menos impactante da classificação de um "problema específico" associado à LD.

Embora esses dados ao menos sustentem a possibilidade de que a discriminação racial seja um fator na classificação das crianças, eles também podem ser explicados pela etiologia, por variações regionais ou por um esforço por parte das escolas para fornecer às crianças mais recursos e atenção.[66] A despeito de casos locais de discriminação racial na inclusão de crianças na educação especial,[67] muitas incertezas permanecem para determinar até que ponto a discriminação racial distorce as taxas locais de inserção ou se o sistema é inclinado a potencializar erros de classificação com base na raça.[68]

Mesmo assim, seria surpreendente se não houvesse algum grau de desproporção racial na educação especial. A educação especial tem sua origem em um comportamento cultural específico; sua finalidade inicial era segregar, liberando as escolas dos "retardatários que atrasam os demais", geralmente oriundos da população pobre de imigrantes.[69]

---

[66] *Relatório da Secretaria de Finanças do Governo*, nota 54 *supra*, p. 63.

[67] *Vide*, por exemplo, *Designs for Change*, nota 62 *supra*, ix-x (observando-se ações judiciais envolvendo o sistema escolar de Chicago); *Larry P. versus Riles*, 495 F. Supp. 926 (N.D. Cal. 1979) (Ação na Califórnia visando ao reconhecimento de que o sistema de classificação das crianças na educação especial é discriminatório).

[68] *Vide Applied Management Sciences, A Study to Evaluate Procedures Undertaken to Prevent Erroneous Classification of Handicapped Children: Executive Summary*, 1983, p. 11, doravante citado como *Applied Management Sciences* (Contrato do Departamento de Educação nº 300-79-0669) (estudo envolvendo uma amostra representativa de 100 distritos escolares, em 1980, incluindo uma amostra aleatória de mais de quatrocentas escolas e 7.000 funcionários escolares que produziram análise de registros administrativos, respostas de questionário autoadministrado, e entrevistas pessoais. Foi observado que, embora o resultado agregado tenda a mostrar igualdade de tratamento e emprego de recursos, muitos fatores, incluindo avaliações subjetivas por professores, raça dos professores, variações nos instrumentos de teste e afins, têm um impacto significativo no nível local. Todos esses estudos nos fornecem muito mais perguntas do que respostas. Por exemplo, não conseguimos encontrar nenhum estudo que correlacione, por origem étnica, a incidência de inclusão de crianças em serviços especiais e a etnia dos funcionários que as encaminham, avaliam e incluem. Vale dizer, não sabemos se as crianças negras são mais propensas a serem encaminhadas para a educação especial por professores brancos do que por professores negros, ou qual o efeito que a raça dos profissionais avaliados tem nos resultados de avaliação. O estudo *Applied Management Sciences* indicou que os professores podem ver os alunos de grupos minoritários como mais propensos a exigir serviços educacionais especiais do que estudantes não minoritários, mas que as minorias são proporcionalmente super-representadas entre professores de educação especial. O estudo, no entanto, não indica em que direção as considerações raciais podem trabalhar nas diversas etapas de encaminhamento, avaliação e inclusão. *Vide* também p. 10-11.

[69] *Vide*, por exemplo, LAZERSON, M. The Origins of Special Education, In: CHAMBERS, J.G., HARTMAN, W. T. *Special Education Policies: Their History, Implementation and Finance.*

Até certo ponto, a educação especial ainda desempenha essa função institucional.

Apesar das incertezas nos dados, há pelo menos alguns indícios de que a imprecisão nos índices apresentados vem se reduzindo.[70] Além da variedade relacionada a questões étnicas, a melhoria geral na prestação de serviços de educação adequada é temperada por variações locais significativas na taxa de inserção em educação especial. Por exemplo, um relatório de maio de 1979 do Inspetor-Geral do HEW afirmou que as práticas de diagnóstico variam a ponto de "crianças classificadas como pessoas com deficiência em um distrito serem consideradas como crianças com 'problemas de comportamento' em outro".[71] Alguns distritos com altos padrões educacionais teriam identificado como pessoas com deficiência crianças que sequer seriam consideradas como crianças com problemas de aprendizagem em outros distritos.[72] A Secretaria de Finanças do Governo (GAO) no início de 1980 encontrou uma significativa variedade na forma como os estados definiam quem eram as crianças com dificuldades de fala.[73] Pelo menos nos primeiros anos de implementação, parecia que os critérios de elegibilidade do estado, para identificar uma criança com deficiência à luz da legislação federal, variava em seu grau de ambiguidade e integralidade.

Por exemplo, em 1977, trinta estados utilizavam definições de "retardo mental" incompatíveis com a definição da EAHCA.[74] Em 1979-80, os índices de crianças identificadas, no nível estadual, com deficiência mental, distúrbio emocional e dificuldade de aprendizagem foram respectivamente de 0,63 a 4%, 0,10 a 3% e 0,83 a 5,2%.[75] Esses números pouco mudaram no período de 1981-82.[76] Sem dúvida, houve um aumento acentuado no número de crianças que passaram a receber uma educação adequada, ou pelo menos um ensino mais apropriado. Dentro dessa tendência crescente, no entanto, há uma ampla faixa de

Philadelphia: Temple University Press, 1983, p. *Special Education Policies: Their History, Implementation and Finance*. p. 15 e ss., p. 16-21.

70 *Vide Applied Management Sciences*, nota 68 *supra*, p. 10.

71 *Secretaria de Finanças do Governo*, nota 54 *supra*, p. 69.

72 *Idem*.

73 *Idem*, p. 69-70.

74 *Idem*, p. 72.

75 *Idem*, p. 71.

76 *Vide Fifth Annual Report*, nota 60 *supra*, p. 70-71 (considere em particular a coluna 1981-82/1979-80: "porcentagem de mudança no número encontrado" nas tabelas que nela aparecem).

classificação inadequada das necessidades da criança, o que pode ser resultado de fatores étnicos, geográficos e de disponibilidade de recursos.

**b) Recursos**

Assim como houve uma melhora significativa no alcance da educação especial, houve um aumento significativo dos recursos disponíveis para os serviços de educação especial. Por exemplo, em 1966, os gastos totais para o "custo excessivo" do programa de educação especial foram da ordem de US$680 milhões.[77] Em 1972, esse custo havia subido para US$2,7 bilhões.[78] Em 1978, esse número tinha crescido para um valor estimado de US$7 bilhões,[79] e na data em que esse artigo foi redigido, ou seja, em 1985, esse valor pode muito bem ser superior a US$10 bilhões.[80]

O número de professores dedicados à educação especial e de outros trabalhadores que atendem alunos com deficiência também cresceu acentuadamente. Em 1976-77, havia 179.804 professores de educação especial e 151.649 funcionários escolares empregados para atender a crianças com deficiência. Em 1980-81, esses números aumentaram para 232.627 e 207.384, respectivamente.[81] Claro, a disponibilidade de recursos e pessoal, assim como a disponibilidade de serviços de educação especial em geral, varia significativamente no nível local.[82]

---

77 HOBBS, N. 2 *Issues in the Classification of Children*, v. 1, San Francisco, Jossey-Bass, 1975, p. 442.

78 BREWER, G. e KAKALIK, *J. Handicapped Children: Strategies for Improving Services.* California, Rand Corporation, 1979, p. 392-93.

79 KAKALIK, J. FURRY, W. THOMAS, M. e CARNEY, M. *vide* nota 49, p. 5.

80 *Fifth Annual Report*, *vide* nota 60, n. XVI, p. 90 (a cifra de US$10 bilhões é estimada multiplicando-se o total de crianças com deficiência de seis anos de idade atualmente encontrado pelo valor médio de custo excedente fornecido no texto para serviços de educação especial, e, em seguida, fazendo um ajuste conservador para a inflação); *vide* também HARTMAN, W. T. Projecting Special Education Costs, In: CHAMBERS, J.G., HARTMAN, W. T. *Special Education Policies: Their History, Implementation and Finance.* Philadelphia: Temple University Press, 1983, p. 241 e ss., p. 283 (em 1980-81, e a estimativa de custos para serviços de educação especial foi de US$9 bilhões, com intervalo de custos prováveis de US$7,3 a US$12,4 bilhões).

81 *Idem*, *vide* nota 60, p. 100-101.

82 *Idem*, p. 112-113 (mostrando grande variação entre os estados na proporção de alunos para professores para diversas condições de deficiência); THOMAS, M., nota 57 *supra*, p. 5-22 (observe-se a variabilidade no financiamento da educação especial em nível local); MAGNETTI, S.S., nota 46 *supra*, p. 300 (observando a variabilidade no padrão de financiamento local). Um estudo ressaltou que é impossível enfatizar demais a importância do financiamento para a prestação de serviços educacionais adequados para crianças com deficiência. *SRI Final*, nota 58 *supra*, p. 157; *vide* também STARK, J. Tragic Choices in Special Education: The Effect of Scarce Resources on the Implementation of

**c) Educação individualizada**

Embora a EAHCA também tenha procurado garantir a cada criança com deficiência um plano de educação individualizado, não estava claro se esse objetivo foi alcançado. Os educadores alcançaram uma quase completa conformidade com o mecanismo processual destinado à produção de planos individualizados, o IEP previsto em lei.[83] No atendimento de requisitos burocráticos, no entanto, os educadores reduziram o trabalho utilizando dispositivos como objetivos educacionais e *checklists* padronizados. Embora tais métodos violem tecnicamente a lei[84] e prejudiquem o ideal de individualização, eles economizam tempo e podem permitir que se dedique mais tempo a requisitos mais importantes, como a audiência do IEP.[85] Em geral, as LEAs têm refinado e encaminhado seu processo de IEP, particularmente ampliando os objetivos de curto prazo previstos em cada plano de educação.[86] Assim, as LEAs atingiram total conformidade com a lei,

Pub. L. No. 94-142, 14. In: *Connecticut School of Law Review*, 1982, p. 477-529 (discutindo as decisões de triagem que os estados devem tomar na alocação de serviços para crianças em condições de recursos insuficientes).

83 PYECHA, J., COX, J. CONAWAY, L., DEWITT, D., DRUMMOND, D., HOCUTT, A., JAFFE, J., KALT, M. LANE, C, PELOSI J. E WEIGERINK, R. *A National Survey of Individualized Education Programs (IEPs) for Handicapped Children: Executive Summary of Methodology and Major Findings 6.* Research Triangle Institute, Durham, N.C.; ERIC (Education Resources Information Center), 1980, v. 1, n. 199, no prelo, p. 970, doravante citado como *Pesquisa Nacional de IEPs*; Vol. 1 (estudo de IEPs relativo ao período de 1978-79 envolvendo 2.657 alunos de 507 escolas públicas em 208 distritos escolares de 42 estados), no entanto, existem alguns grupos para os quais os IEP iniciais não são gerados com frequência. PYECHA, J., PALMOUR, J. E WARD, L. *A Study of the Implementation of P.L. 94-142 for Handicapped Migrant Children; Final Report.* Research Triangle Institute, Durham, N.C., ERIC Doc. No. ED 199976, 1980, p. 20-21) (os dados não são bons o suficiente para se obter resultados conclusivos, mas indicam que a classificação e a geração IEP variam muito para as crianças migrantes à medida que se mudam de uma escola para outra; o IEP é gerado com menos frequência para crianças migrantes). Não seria surpreendente encontrar problemas semelhantes para a geração IEP para crianças do interior da cidade, que tendem a se mover muito dentro dos distritos escolares e são mais suscetíveis a escapar das estatísticas pelas "rachaduras" do que as crianças que são menos facilmente móveis.

84 O IEP deve ser desenvolvido na reunião do IEP. *Vide* 20 U.S.C. §1401 (19) (1982). Na medida em que os professores preformam o IEP, eles violam o mandato técnico da EAHCA.

85 *Vide* KNAPP, M., STEARNS, M., TURNBULL, B., DAVID, J. e PETERSON, S., *Cumulative Effects of Federal Education Policies on Schools and Districts.* SRI International, Menlo Park, California, SRI Project 3590, 1983, p. 62, doravante citado como *Cumulative Effects* (estudo de caso com entrevistas de 1982 de 900 funcionários escolares em 20 distritos escolares em 8 estados, envolvendo 81 escolas primárias e 25 escolas de ensino médio).

86 *SRI Final*, nota 58 *supra*, p. 34-37. Aparentemente, algumas agências de educação buscaram formas mais simples e não se preocuparam em desenvolver IEPs para algumas crianças previamente à sua inclusão. Em janeiro de 1981, o Secretário de Educação reiterou que os objetivos do IEP tinham que ser escritos antes da inclusão. O movimento em direção a objetivos de curto prazo mais genéricos pode ser um reconhecimento tácito pelo Departamento de Educação de que a conformidade quase perfeita do IEP não é possível.

reagindo pragmaticamente à complexidade burocrática, mas não está claro se a conclusão bem-sucedida do processo previsto para o IEP levou a um aumento efetivo na quantidade de crianças submetidas à instrução individualizada.[87]

**d) Inclusão**

Antes da promulgação da EAHCA, era prática comum permitir que crianças com deficiência participassem de salas regulares para atividades não acadêmicas e exposição social. A EAHCA institucionalizou a inclusão.[88] Para as crianças com deficiência leve, a inclusão em salas normais era combinada com um contraturno, na denominada "sala de recursos". No entanto, a extensão da inclusão ainda dependia fortemente das atitudes dos funcionários e administradores.[89] De fato, os dados disponíveis e as análises qualitativas indicam pouco impacto global do método adotado na efetiva inclusão de crianças com deficiência.[90]

Por outro lado, o pequeno impacto pode ser simplesmente o resultado de um objetivo limitado. Pelo menos um observador constatou que o conceito de inclusão significava, em grande parte, "despejar" crianças com deficiência em programas de educação especial inadequados.[91] E que a inclusão não é tanto um objetivo específico e concreto, como exemplo, colocar crianças completamente excluídas na escola, ou escrever IEPs onde nenhum existia antes, mas sim um valor, um "triunfo moral".[92] Mais do que qualquer outro aspecto do direito da educação especial, a inclusão é um conceito sutil e subjetivo que não pode ser facilmente medido.

---

87 Embora saibamos que, em geral, os IEPs não são realmente individualizados, não sabemos quanta individualização existe na prática. Ou seja, os alunos podem ser colocados em programas, no entanto, pode haver uma quantidade considerável de instrução individualizada dentro da sala de aula. Além disso, comparativamente falando, as crianças na educação especial podem receber mais atenção individualizada do que normalmente receberiam em salas de aula regulares.

88 *SRI Final*, nota 58 *supra*, p. 50-56.

89 *Idem*, p. 5-13.

90 *Fifth Annual Report*, nota 60 *supra*, p. 15 (pouca mudança entre 1977-78 e 1980-81 em percentuais de crianças com deficiência); *vide* também TURNBULL, H. R. *et al*. *A Policy Analysis of "Least Restrictive" Education of Handicapped Children*. Rutgers Law Journal, Volume 14, n. 489, 1983, p. 530-531 (avaliação qualitativa da implementação da política ambiental menos restritiva indica pouco movimento para maior adesão à política como resultado da EAHCA).

91 The Harvard Law Review Association, *Enforcing the Right to an "Appropriate" Education: The Education for All Handicapped Children Act of 1975*. Harvard Law Review, v. 92, n. 5, 1979, p. 1103-1127, p. 1121.

92 Lynn, L., nota 44 *supra*, p. 41-42.

### 2.1.3.2 A contribuição do legalismo da EAHCA para o resultado alcançado

Alguns dos procedimentos cronologicamente sequenciados estabelecidos pelo Congresso correspondem, de forma mais ou menos direta, a uma etapa para se alcançar um dos objetivos descritos acima, enquanto outros são voltados para um amplo espectro de objetivos. Esta seção examina alguns dos principais procedimentos e avalia o que se sabe sobre seu papel para se atingir os objetivos previstos na EAHCA. Embora seja evidente que a EAHCA não é o único instrumento para ampliar o acesso das crianças com deficiência a serviços educacionais especiais e, portanto, não pode levar todo o crédito ou culpa a esse respeito, é o mais importante e o mais estudado.[93]

**a) Busca ativa de crianças**

A busca ativa de crianças tem sido o principal meio utilizado para identificar crianças com deficiência totalmente excluídas da educação pública. Há pelo menos quatro razões para seu considerável sucesso. Em primeiro lugar, grupos de *advocacy* monitoraram os esforços da LEA e da SEA nessa busca e ajudaram ativamente os funcionários escolares na localização de crianças excluídas.[94] Em segundo lugar, os funcionários da escola não possuíam nenhum critério para identificar crianças excluídas; aliás, elas não podiam ser excluídas sob nenhuma circunstância. Os critérios só existiam em relação à natureza dos serviços a serem prestados para essas crianças. Em terceiro lugar, embora no início as atividades de busca fossem um fardo, elas foram mediadas por vários fatores. A sua realização não exigia da LEA nenhum esforço para desenvolver novos programas ou novas formas de organização de informações.

As LEAs normalmente já realizam censos escolares, executam programas de triagem sistemática e notificam suas comunidades quanto a questões relevantes (como campanhas de imunização) através da mídia. A demanda de busca ativa se encaixa nesse quadro

---

93 *Vide*, por exemplo, *SRI Final*, nota 58 *supra*, p. 33-56 (sobre grande impacto e importância central da EAHCA para a reforma da educação especial).

94 *Vide*, por exemplo, KIRP, D., BUSS, W., E KURILOFF, P., nota 54 *supra*, p. 71 (ações eficazes para encontrar crianças requerem vigilância em grupo de *advocacy*); LAZERSON, M., nota 69 *supra*, p. 38-39 (sobre a importância dos grupos de defesa na garantia de atenção para crianças excluídas).

administrativo e, portanto, exigiu pouco ajuste pelo sistema.[95] O fato de que a maioria das atividades de censo escolar são facilmente sistematizadas e implementadas pela LEA sugere um impacto administrativo gerenciável.[96] Além disso, o auxílio por parte dos grupos de *advocacy* ajudou a aliviar a necessidade de as LEAs desenvolverem novos caminhos de contato com a comunidade, compensando eventuais fragilidades organizacionais. Em quarto lugar, a LEA geralmente recebe fundos de educação especial de fontes externas com base na identificação do número de crianças que demandam serviços educacionais especiais.[97] Portanto, a LEA geralmente tem um incentivo financeiro para encontrar crianças previamente excluídas, embora ela possa não ter um incentivo semelhante para prestar serviços adequados.[98] A única questão real é por que motivo o recebimento antecipado dos serviços de educação especial não restringiu o sucesso do censo escolar. A falta de critérios legais e os excelentes "recursos de execução" locais são provavelmente respostas adequadas para esta pergunta.[99]

**b) Mecanismos de referência**

O sucesso dos mecanismos de referência, projetados para garantir às crianças que já estão no sistema o acesso à educação especial adequada à sua condição,[100] não é tão uniforme ou claro quanto o

---

[95] Embora os distritos escolares com respostas fracas à exigência de busca ativa, como a Filadélfia, possam simplesmente ter sido intransigentes na oposição aos direitos de crianças com deficiência, eles também podem simplesmente ter sido burocraticamente ineptos e desorganizados.

[96] *Vide*, por exemplo, *SRI Final*, nota 58 *supra*, p. 16-17; Kirp, Buss & Kuriloff, nota 54 *supra*, p. 61.

[97] A EAHCA destina recursos aos estados com base no número de crianças com deficiência notificadas. *Vide* 20 U.S.C. §1411(a) (1982).

[98] Para uma discussão sobre a complexa estrutura de incentivo criada pela EAHCA, *vide* THOMAS, M., nota 57 *supra*; MAGNETTI, S.S., nota 46 *supra*.

[99] É possível que a LEA exerça poderes discricionários com sucesso em estágios posteriores no processo de atendimento. *Vide*, por exemplo, em *Rel Kanawha County School Dist.*, 3 [§504 Acórdãos] Educ. Pes. Com Def. L. Rep. (CRR) 257:439 (28 de setembro de 1983) (crianças identificadas como com deficiência foram colocadas em uma lista de espera, em vez de serviços de educação especial).

[100] É difícil saber quantas crianças podem ser classificadas nesse grupo. Parte do problema é a falta de uma base sólida indicando o número total de crianças com deficiência. As estimativas feitas em torno de 1970 quanto ao número de crianças com deficiência variaram de 4% a 24% da população total de jovens. BREWER, G. e KAKALIK, J., nota 78 *supra*, p. 80. Em 1975, o Congresso estimou que metade dessa população composta por crianças com deficiência, ou algo em ordem de 4 milhões de crianças, recebia serviços educacionais inadequados. *Vide* 20 U.S.C. §1400(b)(1), (3) (1982). Mas, dado que poucas crianças estão agora totalmente excluídas das escolas e apenas cerca de 4 milhões de crianças recebem

sucesso do censo escolar. O encaminhamento para avaliação inicia o procedimento de integração de cada criança com deficiência em programas de educação especial. Professores regulares em sala de aula são a principal fonte de encaminhamento para a educação especial,[101] embora os encaminhamentos possam vir também de várias outras fontes, incluindo pais, profissionais de saúde e educação especial, e professores para atendimento suplementar.[102] Consequentemente, professores regulares em sala de aula têm alguma discricionariedade para determinar quais crianças precisam de serviços de educação especial, especialmente porque a EAHCA não fornece nenhuma diretriz específica para professores.

Os professores praticam essa discricionariedade classificatória tanto para subnotificar quanto para exagerar o número de crianças com suspeita de deficiência. Às vezes, os professores não encaminham crianças que acreditam possuírem alguma deficiência[103] e a subnotificação é um produto de atrasos de avaliação,[104] da disponibilidade do

---

serviços de educação especial, parece que a estimativa do Congresso foi excessiva. Uma estimativa de 1968 indicou que 38% de todas as crianças com deficiência estavam matriculadas em programas de educação especial. LAZERSON, M., nota 69 *supra*, p. 38. O Congresso concluiu que muitas crianças não recebiam o serviço mais adequado para suas necessidades individuais. *Vide* 20 U.S.C. §1400(b)(2), (3) (1982). É claro que as crianças podem ser devidamente encaminhadas, e ainda assim receber serviços inadequados devido a decisões de avaliação e inserção. *Vide* notas 122 e 123 *infra*.

[101] *Vide* BICKEL, *Classifying Mentally Retarded Students: A Review of Placement Practices in Special Education, in Placing Children in Special Education: A Strategy for Equity*. 1982, p. 187 (professores são a fonte mais importante de encaminhamentos); *Applied Management Sciences*, nota 68 *supra*, p. 5 (estudo de uma amostra representativa de 1980 de cem distritos escolares, incluindo uma amostra aleatória de mais de quatrocentas escolas e 7.000 profissionais de educação, analisando registros administrativos, respostas de questionários autoadministrados e entrevistas pessoais, mostrou que professores de educação regular referiram 68% dos alunos recém-identificados e classificados como com deficiência para o ano letivo de 1980-1981).

[102] BICKEL, nota 101 *supra*, p 187; *Applied Management Sciences*, nota 68 *supra*, p 4.

[103] BICKEL, nota 101 *supra*, p. 88 (professores retêm encaminhamentos porque os atrasos na avaliação frustram seus esforços para obter serviços de educação especial para crianças que precisam deles). É claro que muitos professores podem não exercer sua discricionariedade de encaminhamento em alguns casos, pois não sentem que sabem o suficiente para ter certeza de que a criança deve ser encaminhada desde já a um acompanhamento especial. *Vide* MCDONNELL, L.M. e CLAUGHLIN, M.W., *Education Policy and the Role of the States* Rand Corporation, Califórnia, 1982, p. 130-31 (em um estudo de um grande sistema escolar urbano, um terço dos professores do ensino fundamental e dois terços dos professores secundários disseram que se sentiam despreparados para identificar crianças com deficiência).

[104] *Vide* BLASCHKE, C. *Case Study of the Implementation of P.L. 94-142 – State A: Final Report*, ERIC Doc. No. ED 175233, 1979, p. 57, doravante citado como C. BLASCHKE, Estado A; BLASCHKE, C. Case Study of the Implementation of P.L. 94-142 – State B: Final Report ERIC Doc. No. ED 175234, 1979, p. 44, doravante citado como C. BLASCHKE, Estado B

programa[105] e da ausência de um padrão para avaliação de deficiência.[106] Embora seja claro que a subnotificação seja maior entre os mais jovens na escola, em comparação com aqueles complemente excluídos, o número exato é incerto.[107]

É provável que a subnotificação decorra de traços de personalidade de uma criança.[108] Por exemplo, crianças que precisam minimamente de serviços de educação especial, ou crianças cuja necessidade, no julgamento do professor, seja muito pequena para justificar sua rotulação ou a interrupção de seu horário da aula, com frequência deixam de ser encaminhadas para algum apoio.[109] O problema de subnotificação pode ser sanado por encaminhamentos não escolares, melhor formação de professores na educação especial e aumento de recursos para eliminar condições que fazem os professores hesitarem em fazer encaminhamentos em caso de dúvida.[110] No entanto, a subnotificação é uma questão relacionada aos limites do programa, que tende a permanecer sem

---

(três estudos estaduais de caso, cada um examinando três distritos escolares, revelou que os professores ficam frustrados porque as crianças referidas muitas vezes esperam até dois anos pelos serviços de avaliação).

105 *Vide* WEATHERLY, R. e LIPSKY, M. *Street Level Bureaucrats and Institutional Innovation: Implementing Special Education Reform,* Harvard Educational Review, v. 47, 1977, p. 171-197, p. 187 (administradores de um distrito escolar estudado disseram para os diretores reduzirem as avaliações porque as inclusões em programas especiais são muito caras; encaminhamentos em outro distrito feitos com base na disponibilidade do programa); *SRI Final,* nota 58 *supra,* p. 48-49 (distritos só recomendam serviços que já podem fornecer); BICKEL, nota 101 *supra,* p. 188 (disponibilidade do programa pode influenciar severamente a identificação de condições de deficiência).

106 *Vide* BICKEL, nota 101 *supra,* p 188-89 (o programa de educação especial infantil pode ser determinado pelo professor de referência em alguns locais, e não pela equipe de avaliação; a ambiguidade nos critérios de elegibilidade do programa pode criar ampla variação nas decisões de encaminhamento); *Secretaria de Finanças do Governo,* nota 54 *supra,* p. 43-46 (os estados estabelecem prioridades específicas para o número de alunos a serem atendidos, por exemplo, no ensino médio, o que causa variação nos encaminhamentos).

107 A Secretaria de Finanças do Governo (GAO) observa que há um número incerto de crianças não identificadas (ou seja, crianças com deficiência que estão na escola, mas não recebem serviços especiais), com a menor estimativa – derivada de reivindicações de prestação de serviços de agências de educação – sendo talvez apenas 100.000 crianças. A pior estimativa é que 2 milhões de crianças não estejam recebendo serviços. A GAO questiona fortemente este último dado, mas é incapaz de determinar qual seria um número razoável. Secretaria de Finanças do Governo, nota 54 *supra,* p. 46.

108 *Vide Applied Management Sciences,* nota 68 *supra,* p. 5 (apenas cerca de metade dos 2,8 milhões de alunos para os quais os professores de educação regular solicitaram educação especial foram considerados elegíveis e receberam serviços de educação especial).

109 *Vide* BICKEL, nota 101 *supra,* p. 189 (crianças com problemas emocionais ou que eram tranquilas e bem comportadas provavelmente seriam subestimadas).

110 *Cumulative Effects,* nota 85 *supra,* p. 62 (professores e educadores especiais relatam ambivalência quanto à rotulagem na prestação de serviços educacionais).

solução e problemático, haja vista que qualquer sistema exige um corte de elegibilidade. Em um sistema de recursos limitados, é compreensível que os professores tentem fazer ajustes no sistema para garantir que as crianças com os problemas mais graves recebam a primeira atenção.[111] De fato, sem essa discricionariedade para subestimar, os professores poderiam sobrecarregar seriamente a capacidade do sistema de cumprir outros aspectos de suas atribuições legais.

O uso mais problemático da discricionariedade do professor reside na subnotificação das crianças para avaliação.[112] Alguns professores descobriram que poderiam usar sua discricionariedade para se livrar de crianças problemáticas e disruptivas ("não aplicadas"), mas que não são crianças com deficiência.[113] No início da implementação da EAHCA, os professores poderiam propositalmente errar, porque as avaliações eram realizadas às pressas[114] e porque os distritos escolares frequentemente empregavam ferramentas de avaliação inadequadas.[115] No entanto, à medida que o processo de avaliação se estabilizou e as técnicas de avaliação melhoraram, os professores passaram a ter mais dificuldade em "despejar" crianças na educação especial.[116] Os técnicos da educação especial passaram a utilizar procedimentos de avaliação

---

[111] *Idem*, p. 108 (os atrasos na avaliação persistem como fonte de frustração dos professores e, ainda por cima, resultam em decisões de não notificação, pois os atrasos são tão longos que o encaminhamento não parece valer a pena).

[112] A EAHCA determina um sistema de triagem. *Vide* 20 U.S.C. §1412(3) (1982) (os estados devem dar prioridade absoluta às crianças com deficiência que não recebem nenhuma educação e, em segundo lugar, às crianças com as deficiências mais graves dentre aquelas que estejam recebendo educação inadequada).

[113] BROWN, C, nota 54 *supra*, p. 22-24 (explicando como alguns professores têm usado o sistema de educação especial para se livrar de crianças "difíceis").

[114] BICKEL, nota 101 *supra*, p. 194 (os atrasos de encaminhamento afetam a qualidade das avaliações, na medida em que o sistema de educação procura colocar o trabalho em dia).

[115] *Idem*, p. 196-97 (sugerindo que, independentemente das práticas de avaliação, as agências de educação frequentemente dependiam exclusivamente de testes de QI, apesar da diretiva da EAHCA para fazer o contrário, levando muitas agências de educação a colocar crianças em programas inadequados); KURILOFF, P, KIRP, D. e BUSS, W. *When Handicapped Children Go To Court: Assessing the Impact of the Legal Reform of Special Education in Pennsylvania*. National Institute of Educ. Project No. Neg.-003-0192, 1979, p. 163 (distritos escolares tendem a equiparar o retardo com o desempenho em testes de QI); cf. *SRI Final*, nota 58 *supra*, p. 33 (as crianças são mais propensas a ser mais bem avaliadas agora do que no passado).

[116] *Vide*, por exemplo, *Cumulative Effects*, nota 7 *supra*, p. 96 (está se tornando mais difícil despejar crianças que são apenas "difíceis"); *Applied Management Sciences*, nota 68 *supra*, p. 10 (sugerindo que o uso da mais completa gama de instrumentos de avaliação tem ajudado a impedir que professores e diagnósticos coloquem estudantes minoritários com tanta frequência em programas de educação especial, em decorrência de critérios de julgamento intuitivos).

obrigatórios (testes, equipes M etc.) para evitar que professores regulares de sala de aula despejassem crianças "não aplicadas" no ensino especial.[117] Portanto, o sistema se ajustou com sucesso para evitar os desvios.

A maioria dos encaminhamentos equivocados, no entanto, ocorriam de boa-fé, em razão de cautela, resultando em um excesso significativo. A EAHCA havia antecipado a dificuldade de os professores avaliarem com precisão quais de seus alunos eram crianças com deficiência, e estabeleceu um método de treinamento interno para assegurar o encaminhamento cada vez mais preciso.[118] Até 1985, data da presente pesquisa, essa formação interna não garantiu o nível de treinamento necessário para evitar encaminhamentos equivocados.

Embora a maioria dos professores de educação especial tenha recebido o treinamento em avaliação,[119] professores regulares em sala de aula não receberam o mesmo nível de formação.[120] Boa parte do treinamento interno disponibilizado pela LEA tinha como foco o cumprimento formal da lei (procedimentos de educação especial e orientação às leis de educação especial), embora alguns distritos tenham oferecido treinamento mais substantivo.[121] Alguns problemas decorreram da resistência dos professores ao programa adicional de treinamento interno e à ausência de programas que os professores considerassem úteis,[122] mas o maior obstáculo à melhoria da formação era realmente a baixa prioridade orçamentária.[123] Quando as LEAs se deparam com duas alternativas, quais sejam, os imediatismos de avaliação e inclusão em turmas especiais e, de outra senda, a possibilidade de uma ação judicial dispendiosa por não seguir com a necessária rapidez os requisitos do devido processo administrativo, o treinamento recebe uma baixa prioridade por ter uma recompensa distante e imprecisa em relação à imediata redução de riscos com a classificação imediata.

---

117 *Vide Cumulative Effects*, nota 85 *supra*, p. 130 (professores de educação especial estão se certificando de que os alunos não estão sendo "depositados" inapropriadamente em programas de educação especial).

118 *Vide* 20 U.S.C. §§1400(b)(7), 1413 (a)(3) (1982); S. Rep. nº. 168, 94th Cong., 1º Sess. 33 (1975), reimpresso em 1975 Code Cong. & Ad. News 1425, 1456-57.

119 *Applied Management Sciences*, nota 68 *supra*, p. 6-7.

120 *Vide SRI Final*, nota 58 *supra*, p. 61 (a formação em serviço não tem recebido muita ênfase nos distritos escolares); MCDONNELL, L.M. e CLAUGHLIN, M.W, nota 103 *supra*, p. 128-130 (observando o ritmo lento do desenvolvimento do programa de serviço interno).

121 *SRI Final*, nota 58 *supra*, p. 62-63.

122 *Idem*, p. 64-66.

123 *Idem*, p. 65.

As demissões de professores também são um problema, pois a questão salarial tende a expulsar do sistema educacional professores com mais treinamento na classificação das crianças.[124]

Muitos distritos escolares reconheceram que o encaminhamento equivocado impõe um fardo desnecessário para os funcionários dedicados à educação especial, porém avaliações completas e precisas podem ser extremamente demoradas. Como mecanismo de resposta a este desafio, têm se desenvolvido procedimentos formais ou informais de triagem para garantir encaminhamentos mais precisos.[125] Esses procedimentos são inovações organizacionais não exigidas pela EAHCA. Os procedimentos prévios ao encaminhamento variam desde a formalização do pedido de intervenção por professores em sala de aula, até equipes formais de pré-triagem que consultam professores sobre possíveis encaminhamentos.[126] Parece que essas inovações na triagem reduzem os atrasos na avaliação.[127]

Esses procedimentos não visam a aumentar a base do sistema de conhecimentos substantivos de educação especial, porém podem permitir análises financeiras e outras considerações não substantivas a serem sopesadas antes que o sistema seja legalmente comprometido a notificar os pais da decisão de submeter uma criança à avaliação. No geral, é difícil saber em que medida a subnotificação compromete a garantia de inclusão na educação especial.

[124] Os professores formados há menos tempo são os primeiros a serem demitidos. Mas esses mesmos professores, seja na educação regular ou especial, tendem a ter melhor formação em pré-triagem tanto em preocupações substantivas quanto nos requisitos da EAHCA.

[125] *SRI Final*, nota 58 *supra*, p. 17; ALTMAN, A., MILLER, J. BRANDIS, M. *Verification of Procedures to Serve Handicapped Children: Final Report – Assessment Component*. ERIC Doc. No. ED 201 114, 1980. Os distritos escolares adotaram essas técnicas de triagem como pré-requisito, em parte porque falta aos professores as habilidades de identificação necessárias em matéria de educação especial. *Vide* Departamento de Educação dos EUA, *Quarto Relatório Anual ao Congresso sobre a Implementação da Lei 94 142: A Lei de educação para todas as crianças com deficiência xiii-xiv* (1982), doravante citado como *Quarto Relatório Anual* (estimando que 25% dos professores do ensino fundamental e 40% dos professores do segundo grau tenham recebido formação em identificação de deficiências). *Vide*: MCDONNELL, L. e MCLAUGHLIN, M., nota 103 *supra*, p. 130 (pesquisa com mais de 700 professores na grande área metropolitana revelou que 40% dos professores do ensino fundamental e 57% dos professores secundários não tinham formação na implementação da EAHCA).

[126] *SRI Final*, nota 58 *supra*, p. 18-19.

[127] *Idem*, p. 21; MEHAN, H. Identifying Handicapped Students. In: BARACH, S. B. *Organizational Behavior in Schools and School Districts*. New York, Praeger, 1981, p. 391.

### c) Teste e avaliação

Para garantir a inclusão adequada e individualizada de crianças com deficiência, a EAHCA requer testes de diversas naturezas e sem viés. Como as escolas se acomodaram às várias exigências da lei, elas têm usado cada vez mais abordagens de testes mais neutras, equilibradas e demoradas.[128] De fato, em média, os diagnósticos em 1985 usam cerca de seis instrumentos de avaliação para cada criança.[129] Acredita-se que a qualidade das avaliações melhorou ao longo dos anos e que erros no processo de avaliação são menos prováveis em meados da década de 1980 do que eram no início da implementação da EAHCA.[130] Sem necessariamente criar novas oportunidades de classificação, os testes têm, em geral, contribuído para garantir inclusões mais adequadas e individualizadas em qualquer programa disponível.

Essa melhora ocorreu por várias razões. Os administradores apoiaram a avaliação continuada porque descobriram que, no geral, ela contribuía para a capacidade de seus sistemas escolares identificarem e incluírem crianças com deficiência.[131] Os legalismos têm ajudado as escolas a desempenhar sua função tradicional de triagem de forma mais confiável.[132] Em muitos distritos, o procedimento de avaliação tornou-se menos oneroso porque os distritos aumentaram o financiamento da educação especial. A LEA também evoluiu de uma abordagem *ad hoc* para uma abordagem com viés de *compliance*, o que lhe permite fazer avaliações em menos tempo.

Finalmente, a especialização da força de trabalho teve um impacto significativo. Os funcionários da educação especial que hoje ingressam no sistema escolar saem da faculdade treinados para lidar com os requisitos da EAHCA. Eles veem como natural o que os funcionários mais velhos consideravam novo e pesado. Os funcionários mais jovens também podem ter um compromisso maior com as crianças com deficiência do que os mais antigos, e também com o novo sistema,

---

128 *SRI Final*, nota 58 *supra*, p. 32-33.

129 *Applied Management Sciences*, nota 68 *supra*, p. 9. No entanto, o uso de grande número de instrumentos de avaliação não é suficiente para demonstrar que o teste de QI ou algum outro aspecto do processo de referência e avaliação não seja o único fator determinativo na disposição final de avaliação. *Vide* BICKEL, nota 101 *supra*, p. 196-97. Ainda assim, pelo menos superficialmente, o cumprimento da letra da lei melhorou.

130 *SRI Final*, nota 58 *supra*, p. 27-33.

131 *Vide Cumulative Effects*, nota 85 *supra*, p. 65-66 e 79.

132 *Vide* em especial CALLAHAN, R.E. *Education and the Cult of Efficiency*. University of Chicago, 1962; SPRING, J. *The Sorting Machine*. New York, McKay, 1976; TYACK, D.B. *The One Best System: A History of American Urban Education* Harvard University Press, 1974.

pois a EAHCA lhes deu uma estima e poder que não tinham antes de o Congresso aprovar a lei.[133] Em essência, eles têm um investimento profissional em um programa de avaliação de qualidade.

Por outro lado, o mecanismo de teste da EAHCA não contribui inequivocamente para uma avaliação adequada e individualizada das crianças com deficiência. Por exemplo, as minorias são avaliadas com essencialmente as mesmas técnicas utilizadas para não minorias; poucos distritos escolares usam técnicas culturalmente justas.[134] Portanto, o legalismo dos testes pode não estar abordando adequadamente o problema da inclusão desproporcional de grupos minoritários.

Além disso, a dependência excessiva dos testes de QI, que se acredita levar a muitas colocações impróprias, pode não ser eliminada pela utilização de vários testes. Vários testes podem simplesmente "mascarar" o uso contínuo do teste de QI como a ferramenta de avaliação crítica. Outros fatores que reduzem nossa compreensão e confiança no efeito de múltiplos testes são a inconfiabilidade de seus resultados (por exemplo, os resultados dos testes de QI se tornam menos confiáveis à medida que os resultados se afastam mais da média) e as variações nos níveis de habilidade dos aplicadores do teste. É concebível que colocações mais precisas possam vir simplesmente de múltiplas aplicações de um único teste, ou de alguns testes compatíveis entre si.

Variações locais nos testes e nas avaliações também tendem a afetar o impacto positivo do procedimento. Por exemplo, os critérios de elegibilidade podem variar a ponto de a mesma criança ser classificada "com deficiência" em algum distrito escolar no estado e "sem deficiência" em outro distrito do mesmo estado.[135] Além disso, a EAHCA deixa a escolha dos instrumentos de teste completamente a critério dos educadores no nível de campo, criando assim variabilidade por meio da escolha do teste. As taxas de avaliação também podem ser afetadas por estilos de avaliação escolhidos pela equipe de avaliação.[136] Por exemplo,

---

133 *Cumulative Effects*, nota 85 *supra*, p. 116.

134 *Vide Applied Management Sciences*, nota 68 *supra*, p. 11 (minorias são avaliadas com baterias de teste praticamente idênticas às usadas com crianças brancas).

135 *Idem*, p. 70, 92-95.

136 Os profissionais de educação especial têm problemas consideráveis para alcançar a congruência diagnóstica. Ou seja, é provável que os profissionais forneçam diferentes diagnósticos para a mesma criança. Essas inconsistências podem derivar do uso de diferentes critérios diagnósticos, de diferentes marcos teóricos, da variância na ponderação dos dados diagnósticos, da incorporação de viés não diagnóstico das informações e das alterações no estilo diagnóstico por um único profissional dentro e entre os casos. Os profissionais também podem cometer erros consistentes no diagnóstico que dependem

os avaliadores inclinados a adotar uma abordagem comportamental para avaliação acompanharão de perto os resultados dos instrumentos de avaliação. Por outro lado, os profissionais que favorecem uma abordagem informal intuitiva provavelmente farão uso *pro forma* de instrumentos de avaliação e desconfiam dos resultados desses testes.[137] As diferenças nos critérios de diagnósticos têm sido um problema, mas sua importância atual é desconhecida.

Os custos dos métodos de teste existentes também devem ser considerados, pois conferir aos educadores especiais tanta discricionariedade pode ser caro e ainda prejudicar a qualidade cotidiana do processo de avaliação. Por exemplo, uma LEA urbana, diante de critérios vagos de elegibilidade e necessidade de redução de recursos, teve que gastar muito tempo dos funcionários na criação e revisão de suas diretrizes para educação especial.[138] Avaliações classificatórias são demoradas e burocráticas.[139] Nos estágios iniciais da implementação da EAHCA, os avaliadores muitas vezes foram sobrecarregados pelo número de encaminhamentos e graves atrasos de avaliação ocorriam.[140] Consequentemente, os distritos escolares responderam inicialmente ao aumento da carga horária de avaliação ampliando a equipe de avaliação, fazendo avaliações menos que minuciosas, e confiando fortemente em testes de QI para fins de avaliação de deficiência.[141] Os atrasos foram reduzidos em muitos distritos, mas alguns distritos urbanos particularmente grandes continuam atormentados por esses problemas.[142]

---

de técnicas não verificáveis ou do pressuposto de que a fonte do problema é sempre a criança, e não outro fator. *Vide*, por exemplo, MCDERMOTT, P.A. *Sources of Error in the Psychoeducational Diagnosis of Children*, Journal of School Psychology, v. 19, 1981.

137 *Cumulative Effects*, nota 85 *supra*, p. 105-108.

138 *SRI Final*, nota 58 *supra*, p 32.

139 *Vide*, por exemplo, *SRI Final*, nota 58 *supra*, p. 32-33 (o processo de avaliação é demorado e gera muito trabalho burocrático); *Cumulative Effects*, nota 85 *supra*, p. 114 (conselheiros e professores de educação especial atingidos por documentos administrativos associados à EAHCA).

140 *SRI Final*, nota 58 *supra*, p. 28; C. BLASCHKE, Estado B, nota 104 *supra*, p. 44; C. BLASCHKE, Estado A, nota 104 *supra*, p. 56-57.

141 *SRI Final*, nota 58 *supra*, p. 25.

142 Os pais devem ser notificados por escrito sempre que uma agência de ensino iniciar a avaliação de identificação e pré-classificação de uma criança. *Vide* 34 C.F.R. §300.504(a)(1) (1984). Os pais que se opõem à identificação ou avaliação podem iniciar uma audiência do devido processo legal a qualquer momento após receberem a notificação escrita. Id. §300.506(a) (1984). As agências de educação devem realizar, no prazo de trinta dias, reuniões com os pais de qualquer criança que tenha recebido indicação de educação especial e serviços relacionados. *Idem*, §300.343(c) (1984). O IEP desenvolvido a partir desta reunião deve ser "implementado o mais rápido possível" após a reunião. Id. §300.342(b)(2) (1984). Leis estaduais paralelas à EAHCA podem ter cronogramas semelhantes ou mais rigorosos.

Distritos escolares foram pressionados a encaminhar os processos rapidamente,[143] porque atrasos na avaliação criam problemas de cumprimento do devido processo para os distritos escolares.[144] Portanto, embora a lei tenha incentivado mecanismos de avaliação complexos e sensíveis, nem sempre conseguiu mudar significativamente as velhas práticas justamente porque o mecanismo de avaliação é complexo e sensível.

Por fim, embora as avaliações para as condições de deficiência sejam objetivas em teoria, na prática, os recursos da LEA influenciam critérios de elegibilidade e recomendações de inclusão.[145] Existe uma forte tendência de a LEA somente avaliar criança cujas limitações se encaixem em um programa de educação especial preexistente, ou de a avaliação concluir que ela se amolda a um programa existente.[146] Nem mesmo o programa de avaliação mais objetivo e preciso pode suprir a inadequação dos recursos. A menos que o mecanismo de testagem receba um orçamento próprio e independente, é improvável que ele tenha o impacto esperado pelos reformadores da educação especial.[147]

---

[143] *Vide* nota 195 *infra*. Na maioria, se não em todos os tribunais federais, os distritos escolares não são responsabilizados por violação da EAHCA, salvo diante de elementos de grave violação às disposições relativas ao devido processo legal. *Vide*, por exemplo, *Anderson versus Thompson*, 658 F.2d 1205, 1214 (7th Cir. 1981). Portanto, os distritos escolares têm um incentivo para seguir os procedimentos formais estabelecidos pela lei, a fim de evitar responsabilidade financeira por erros de avaliação substantivos.

[144] BICKEL, nota 101 *supra*, p. 193-97; *SRI Final*, nota 58 *supra*, p. 28-29. É claro que tomar atalhos pode ocasionalmente fazer com que os distritos alijem um pai de participar do processo de avaliação. Tomar atalhos, portanto, também pode fazer com que os distritos acabem em uma audiência do devido processo administrativo. Mas claramente a troca de recursos, pelo menos nos estágios iniciais de implementação – quando o processo é em grande parte *ad hoc* e não sistematizado e a equipe está em um ponto relativamente mais ineficiente de sua curva de aprendizado –, favorece atalhos nos procedimentos necessários. O risco é de que, havendo resultados desfavoráveis na audiência administrativa, esses atalhos acabem levando a despesas potencialmente maiores (mas improváveis) para atender a esforços de cumprimento mais demorados e que demandem recursos financeiros e humanos.

[145] *SRI Final*, nota 58 *supra*, p. 26, 48-49; *Secretaria de Finanças do Governo*, nota 54 *supra*, p. 72-73.

[146] *Cumulative Effects*, nota 85 *supra*, p. 61-62, 92; BROWN, nota 54 *supra*, p. 32.

[147] A interação de recursos e compromissos é ainda demonstrada pela implementação de procedimentos de reavaliação para crianças já colocadas em programas de educação especial. No geral, a LEA coloca pouca ênfase na reavaliação, embora esta seja uma espécie de rede de segurança para uma criança erroneamente colocada em programas de educação especial sem oposição dos pais. *SRI Final*, nota 58 *supra*, p. 27; *Cumulative Effects*, nota 85 *supra*, p. 105-06. A LEA somente dispensa à reavaliação a mesma atenção dada à inicial quando o monitoramento da SEA ou os processos judiciais a impele a fazê-lo. *SRI Final*, nota 58 *supra*, p. 27; *Designs for Change*, nota 62 *supra*, p. 2. (É claro que a reavaliação pode não ser de grande utilidade se for feita às pressas, sem reformas nas práticas de referência e sem instrumentos de teste adequados.) Os recursos não são o

**d) A essência do IEP**

Saber se a essência do IEP leva a inclusões educacionais mais adequadas logicamente implica duas questões subordinadas: se os planos são bons (eles seguem os requisitos de conteúdo da lei?); e se, na prática, os planos são cumpridos ou seguidos.

A literatura revela respostas diferentes para as duas perguntas. Uma boa conformidade formal sugere que os IEPs são bons, mas algumas evidências mostram uma correspondência frouxa entre os IEPs e os programas reais. Como se desenvolveu o padrão de conformidade formal? As disposições do IEP inicialmente impuseram um ônus significativo sobre as informações da LEA.[148] Embora a maioria das agências de educação elaborassem IEPs para crianças que precisavam de serviços de educação especial,[149] as informações iniciais do IEP frequentemente omitiam dados considerados relevantes pela EAHCA e muitas vezes continham disposições inúteis.[150] Com o passar do tempo, em vez de aposentar o IEP, as agências de educação trouxeram os planos de educação para um alto grau de conformidade com a lei, mas sem uma mudança equivalente no programa educacional. Essa evolução diferencial pode ser explicada como um padrão clássico de conformidade formal, ou deslocamento de metas, no qual esforços de conformidade mais extenuantes são mais direcionados para a atividade monitorada pelos inspetores reguladores do que para a atividade com significância substantiva.

Uma segunda explicação atraente é fornecida pela literatura de acoplamento fraco, explicada pelo sociólogo John Meyer. Em comparação com os aspectos "técnicos", como o que realmente

---

único problema, no entanto. Por exemplo, os psicólogos escolares tradicionalmente não se envolveram em funções de reavaliação, e por serem eles geralmente sobrecarregados com tarefas de reavaliação, deram baixa prioridade a essa função. Sem pressões externas, responderam às demandas da EAHCA em conformidade com a função tradicional de psicólogo escolar. P. KURILOFF, D. KIRP & W. BUSS, nota 115 *supra*, p. 92-107. As ações judiciais, por vezes, levaram a mudanças significativas nos testes porque compeliram a mudanças nos recursos financeiros. *Vide*, por exemplo, *Larry P. versus Riles*, 495 F. Supp 926 (N.D. Cal. 1979); *Estados Unidos versus Conselho da Educ.*, 80 F.R.D. 679 (N.D. 111. 1980) (decreto de consentimento).

148 *SRI Final*, nota 58 *supra*, p. 34.

149 *A National Survey of IEPs: V. I*, nota 83 *supra*, p. 4 (arquivamento de IEPs em relação a cerca de 95% de crianças identificadas como carecedoras de educação especial); *SRI Final*, nota 58 *supra*, p. 34 (a maioria das crianças em 1978-79 em distritos estudados tinha IEPs); *Cumulative Effects*, nota 85 *supra*, p. 105 (IEP inicial gerado na maioria dos casos).

150 Uma Pesquisa Nacional de IEPs: Vol. I, nota 83 *supra*, p. 7 e 11 (apenas 40% dos IEPs eram "informativos e internamente consistentes"; apenas 5% dos IEPs foram julgados "excepcionalmente informativos e internamente consistentes").

acontece nas salas de aula, é relativamente simples conformar aspectos "institucionais" das escolas – como notas, diplomas e planos de IEP – com as demandas ambientais. Um plano IEP poderia dizer todo tipo de boas práticas sobre como os professores em sala de aula devem ajudar uma criança em particular. Mudar o comportamento dos professores em sala de aula não é tão fácil, já que eles são bombardeados por demandas conflitantes em um ambiente fluido e cambiante. Os planos em si não são nem positivos, nem negativos, são como um "modelo" a ser reproduzido. Na melhor das hipóteses, é mais fácil gerenciar objetivos abstratos do que comportamentos reais.[151]

Existem várias razões para acreditar que convém haver um padrão neste caso. Em primeiro lugar, um IEP bem formulado funciona como um documento de conformidade processual em favor da agência de ensino local, caso pais ou responsáveis pela criança apresentem uma queixa formal e o órgão de educação acabe implicado em um processo administrativo ou judicial.[152] Os IEPs são uma prova de registros essencial para litígios. Em segundo lugar, muitas agências estaduais de educação monitoram o IEP somente para fins de cumprimento formal, sem aplicar sanções efetivas por descumprimento. Apenas cerca de um terço das agências estaduais de educação examinam documentos do IEP para sua correção substantiva durante visitas ao local. Mesmo esses raros estados diligentes geralmente se restringem à inspeção dos planos. Talvez a Califórnia seja o único estado a tentar usar observações independentes em sala de aula para determinar se os programas de ensino reais estão em conformidade com o IEP[153] de cada criança. Mesmo

[151] A propósito da conformidade formal, *vide SRI Final*, nota 58 *supra*, p. 34-49 (IEPs são práticas rotineiras e mais tecnicamente completas, enquanto seu uso substantivo está diminuindo); Uma Pesquisa Nacional de IEPs: Vol. I, nota 83 *supra*, p. 13 (IEPs tornaram-se mais consistentes internamente). Na prevenção de metas, *vide* nota 204 *infra*. Para o trabalho de John Meyer, *vide* nota 228 *infra*. Sobre as diferentes restrições que operam em metas como um sistema ideológico *versus* comportamento real, *vide* ETZIONI, nota 7 *supra*.

[152] *Vide* propostas para alterar pub. L. 94-142, 1981-82 Educ. Criança com Deficiência L. Rep. (CRR) AC125, 126 (Supp. 71, 30 de abril de 1982) (crítica às propostas de emendas à EAHCA sob a alegação de que eliminariam a documentação que os conselhos escolares precisam para estabelecer a adequação de seu plano educacional em face de questionamentos pelos pais).

[153] *Vide Relatório Anual*, nota 125 *supra*, p. 65-68. Os dados de monitoramento frouxos são provenientes de um levantamento inédito de 1981 de dezenove estados realizado pela Associação Nacional dos Dirigentes Estaduais de Educação Especial (NASDSE). O processo de monitoramento varia significativamente entre e dentro dos estados. Vários estados aparentemente acreditam que não têm autoridade legal para sua função de monitoramento. Há indícios de que o monitoramento estadual está gradualmente se

quando monitoraram seriamente as LEAs e descobriram problemas, em geral, os estados não aplicaram as sanções legais admissíveis. Em vez disso, escolheram meios menos coercitivos e mais informais de obtenção de conformidade.[154]

Em terceiro lugar, alcançar a conformidade formal foi mais fácil do que o esperado. Os educadores estão menos preocupados com o fardo do IEP porque ele literalmente se tornou menos pesado. Alguns estudos sugerem que a carga é principalmente subjetiva e que, após os educadores aceitarem a legitimidade da lei e entenderem o propósito por trás da burocracia, o fardo não parecia tão grande.[155] Após o choque inicial, o irracional tende a se tornar rotina.

Finalmente, as agências locais de educação continuam a desenvolver IEPs porque o processo de IEP teve um impacto positivo nas escolas como um todo. Os procedimentos do IEP têm levado a LEA, de uma forma geral, a desenvolver melhores habilidades de planejamento de programas de pessoal, melhores técnicas de diagnóstico e avaliação para todos os alunos e melhor programa de treinamento para professores.[156]

De fato, um estudo indicou que cada distrito examinado afirmou que manteria o processo de IEP de alguma forma, mesmo que a EAHCA fosse abolida.[157] Esse processo, mesmo administrativamente oneroso, também se mostrou uma inovação educacional positiva. Os programas podem não corresponder de perto aos planos, mas ainda assim os efeitos educacionais são positivos (por exemplo, melhor inserção em qualquer programa disponível). Assim, preenchimento de formulários não é apenas uma tarefa burocrática, embora as mudanças substantivas não tenham sido as previstas pela legislação. O interessante fenômeno de consequências positivas imprevistas também ocorre em relação ao devido processo administrativo e é característico das inovações

---

tornando mais rigoroso em relação aos aspectos substantivos dos IEPs. Mas o Escritório Federal de Programas de Educação Especial constatou em 1980-81 que "nenhum dos 21 estados visitados estava efetivamente identificando e determinando todos os problemas reais ou potenciais na educação de crianças com deficiência de acordo com o PL 94-142", e que os estados não estavam tomando medidas efetivas para sanar as deficiências que encontraram.

154 *Idem*, p. 66-68. Frequentemente, os estados oferecem assistência técnica às agências de ensino se tiverem problemas para cumprir as exigências da EAHCA.

155 *Cumulative Effects*, nota 85 *supra*, p. 113; *SRI Final*, nota 58 *supra*, p. 45.

156 *Cumulative Effects*, nota 85 *supra*, p. 79; *SRI Final*, nota 58 *supra*, p. 46-47.

157 *Quarto Relatório Anual*, nota 125 *supra*, p. 28. Dezoito dos vinte procedimentos de educação local substantivamente vazios típicos da EAHCA. Ambos são discutidos abaixo.

educacionais substantivas desenvolvidas pelos educadores em resposta à "normatização" – as agências, em estudo inédito realizado em 1981 pela Associação Nacional dos Diretores Estaduais de Educação Especial (NASDSE), apoiaram fortemente o processo do IEP. Dezesseis agências disseram que manteriam a audiência do IEP e quinze disseram que documentariam os IEPs como faziam naquele momento, mesmo que as determinações federais e estaduais fossem descontinuadas. Todas as agências locais de educação disseram que usariam o IEP de alguma forma, mesmo que as exigências federais e estaduais fossem abolidas. É possível, no entanto, que exista um forte viés no resultado deste estudo por causa da pequena amostra e da perspectiva do grupo que realiza o estudo.

**e) Participação dos pais nos IEPs**

O Congresso promulgou a exigência do IEP como forma de garantir que as agências de educação fornecessem a todas as crianças com deficiência uma educação adequada. Em um nível, a lei exigia que as SEAs monitorassem fortemente os IEPs, verificando a documentação. A atuação dos estados, no entanto, foi muito relevante. O Congresso acreditava que a contribuição imediata dos pais nas audiências do IEP era um meio fundamental de controle da inclusão potencialmente errônea de crianças que haviam escapado da detecção nas etapas de referência e avaliação do sistema.

Inicialmente, o IEP aumentou a participação dos pais na criação de programas para seus filhos com deficiência, embora o grau de participação variasse entre os diversos distritos escolares.[158] No entanto, o aumento inicial da participação de pais rapidamente se estabilizou.[159] O padrão típico agora é que um número significativo de pais não compareça para audiência de IEP, enquanto aqueles que participam não fornecem contribuições significativas.[160] Parece haver duas razões para essa taxa bastante baixa de participação ativa.

---

158 *Vide SRI Final*, nota 58 *supra*, p. 39-40 (observando o aumento inicial e a variabilidade da participação); BLASCHKE, C. *Case Study do Implementation do PL 94-142: Executive Summary*. ERIC Doc. No. ED 175 232, 1979, p. 20 (estudo resumido de nove agências locais de educação em três estados entre 1977 e 1979; observando-se que não houve qualquer aumento dramático na participação dos pais na tomada de decisões de colocação).

159 *SRI Final*, nota 58 *supra*, p. 39-40.

160 Estudo recente sobre pais que participam de reuniões do IEP em um distrito escolar do oeste aponta não apenas os problemas que os pais têm em usar o IEP a seu favor quanto o problema em medir exatamente o quão bem os pais entendem o que está acontecendo no

Em primeiro lugar, muitas vezes as recomendações de avaliação e inclusão do distrito escolar não propõem uma mudança tão significativa que os pais estejam dispostos a contestar.[161] Portanto, ainda que um número significativo de pais não possa estar totalmente satisfeito com o IEP de seus filhos,[162] o programa que a escola propõe não chega

processo de IEP. Nessa pesquisa, a maioria dos pais – três quartos – sentiu-se ativamente envolvida no processo de IEP. Quando foram solicitados detalhes, no entanto, os pais consideraram como suas atividades os atos de ouvir, entender e trabalhar com a equipe como envolvimento ativo; apenas 15% indicaram que alguma vez expressaram qualquer opinião ou fizeram sugestões sobre o plano em si. A maioria dos pais alegou entender os objetivos educacionais, os direitos e os procedimentos do IEP; no entanto, a pesquisa não fez qualquer determinação objetiva do conhecimento dos pais, por isso é impossível saber se os pais de fato entenderam o suficiente para participar. Seu entendimento é particularmente posto em dúvida porque os dados da pesquisa indicam que grandes percentuais de pais tinham motivos processuais e qualitativos para contestar a conduta da escola. Por exemplo, 5% dos pais não receberam um IEP para assinar, 22% não foram contatados antes da avaliação do filho, 19% afirmaram que as escolas não tentaram marcar um horário conveniente de reunião, e 31% dos pais sentiram que seus filhos não estavam recebendo o treinamento adequado. LYNCH, E.W. e STEIN, D. Parent Participation in Special Education. In: *Exceptional Education Quartely*, v. 3, p. 56 e ss, 1981, p. 60. Um estudo nacional mais amplo sobre os procedimentos do IEP indicou que os pais só participam na criação do IEP cerca de dois terços do tempo (embora cerca de três quartos indicassem que tinham discutido os IEPs com o pessoal da escola) e apenas metade dos pais disse que levou demandas aos comitês do IEP durante o desenvolvimento do programa. Mais uma vez, apesar de um número relativamente grande de pais que não participaram do processo de IEP em tudo ou apenas marginalmente (apenas cerca de metade da pesquisa nacional do IEPs indicou que os pais tinham mesmo assinado o documento), menos de 1% dos pais na pesquisa se recusaram a aprovar o IEP de seus filhos. *Vide A National Survey of IEPs: Vol. I*, nota 83 *supra*, p. 8-9. Talvez o ponto principal seja o fato de que existe muito pouco conhecimento sistemático sobre a natureza da participação dos pais no processo do IEP. *Vide*, por exemplo, MORGAN, D.P. *Parent Participation in the IEP Process: Does It Enhance Appropriate Education?* Exceptional Education Quarterly, v. 3, p. 33-40, 1982, p. 34.

161 Por exemplo, um estudo comparando um pequeno conjunto de pais de crianças com deficiência de aprendizagem (LD) – uma forma frequentemente leve, se variável, de deficiência – com pais de crianças de educação regular encontrou pouca diferença entre os grupos em termos de envolvimento dos pais com a educação de seus filhos. MCKINNEY, J.D. HOCUTT, A.M. Public School Involvement of Parents of Learning-Disabled Children and Average Achievers. In: *Exceptional Education Quartely*, v. 3, p. 64 e ss., 1981, p. 68. Outro estudo observou que os pais eram muito mais propensos a participar do IEP se o órgão de educação recomendasse que a criança fosse retirada do programa. Os pais se preocupavam que seus filhos fossem totalmente excluídos dos serviços necessários. *Vide SRI Final*, nota 58 *supra*, p. 40.

162 Não há estudos nacionais que pretendam questionar diretamente a satisfação dos pais com o IEP de seus filhos. Um estudo que entrevistou quatro condados e meio no canto noroeste de Iowa em 1979 descobriu, com base em uma taxa de resposta a questionários de 39,4%, que 3% das famílias naquela área predominantemente de classe média alta estava insatisfeita com o programa de educação especial de seus filhos. *Vide* POLIFKA, J.C. Compliance with Public Law 94-142 and Consumer Satisfaction. In: *Exceptional Children*, n. 48(3), p. 250-253, 1981, p. 253. Um outro estudo, realizado sob o patrocínio do Departamento de Educação do Estado da Califórnia, colheu uma amostra aleatória de quatrocentos pais de um distrito escolar no sul da Califórnia que matriculou mais de 11.000 crianças em programas de educação especial. Desses quatrocentos, 328 foram

a levantar preocupações a ponto de eles pedirem modificações na proposta do distrito escolar.[163]

Em segundo lugar, os pais têm uma baixa taxa de participação em audiências porque a estrutura das relações pai-profissional,[164] o

---

entrevistados diretamente. Os entrevistadores descobriram que 31% dos pais a quem o questionário era aplicável (71 de 229) sentiram que seu filho não estava recebendo treinamento adequado de habilidades de planejamento de vida. *Vide* LYNCH, E.W. e STEIN, D., nota 160 *supra*, p. 56.

[163] Como as violações processuais eram comuns, é provável que muito mais pais obteriam satisfação com o devido processo do que aqueles que realmente reclamaram da inclusão de seus filhos. Sem dúvida, para muitos pais, a reclamação não parece valer a pena. *Vide* nota 161 *supra*. Por outro lado, muitos pais podem não saber que têm o direito de reclamar. *Vide* LYNCH, E.W. e STEIN, D., nota 160 *supra*, p. 60 (15% não informados quanto a seus direitos); POLIFKA, nota 162 *supra*, p. 252 (13% não informados quanto a seus direitos). Os estudos não indicam se os pais que tendem a discordar das classificações de seus filhos são aqueles que tendem a não saber do seu direito a uma audiência, em comparação com aqueles que concordam com as inclusões. Pode ser que, em muitas circunstâncias, os pais se motivem a desafiar o IEP não tanto porque estão insatisfeitos com o programa substantivo, mas porque não gostam do rótulo atribuído pela agência de educação. Embora, em muitos casos, as atividades educativas para a aprendizagem da criança com deficiência (LD), com deficiência intelectual (RM) e com perturbações emocionais (ED) sejam quase idênticas, os pais frequentemente resistem à ideia de que seu filho tem um retardo. *Vide Forth Annual Report*, nota 125 *supra*, p. 106, 108-09 (entre 1976-77 e 1980-81, o número de crianças classificadas como LD aumentou de 797.214 para 1.468.014; o número classificado como ED subiu de 283.072 para 348.954; enquanto os classificados como MR caíram de 969.597 para 844.180). Estudos das questões levantadas nas audiências do devido processo administrativo também sugerem que os rótulos são muitas vezes o ponto mais dolorido, embora essa conclusão também varie muito. *Compare* KIRST, M.W. e BERTKEN, K.E. Due Process Hearings in Special Education: Some Early Findings from California, In: CHAMBERS, J.G., HARTMAN, W. T. *Special Education Policies: Their History, Implementation, and Finance. Philadelphia.* Temple University Press, p. 136 e ss., 1983, p. 143 (estudo de audiências administrativas na Califórnia no período entre 1978-79 mostra apenas algumas – menos de 3% das audiências giram em torno da classificação de problemas) com P. KURILOFF, D. KIRP e W. BUSS, nota 115 *supra*, p. 160-62 (das 168 audiências do devido processo administrativo na Pensilvânia realizadas entre 1975 e 1979, 64 envolveram resistência dos pais a uma proposta escolar de classificar seu filho como pessoa com retardo ou para removê-lo das atividades escolares tradicionais; os pais privilegiavam as classificações LD e "sem deficiência", enquanto as escolas privilegiavam classificações em "deficiência intelectual" (EMR). Para um clássico desentendimento de rotulagem, *vide Anderson versus Thompson*, 658 F.2d 1205, 1207 (7ª Cir. 1981) (o distrito escolar, depois de identificar a criança com necessidades educacionais excepcionais na fala e na linguagem e outras necessidades educacionais excepcionais indiferenciadas, recomendou a colocação em sala de aula especial para EMR, enquanto a avaliação independente dos pais encontrou problemas de fala, linguagem, LD e ED; na audiência, o examinador não encontrou nenhum problema de LD, EMR ou ED, mas determinou que a deficiência de fala e linguagem existia, e aprovou a mudança da criança de um programa de escola particular para a sala de aula do EMR do distrito escolar "porque oferecia todos os componentes necessários para o desenvolvimento de um programa que atendia às necessidades individuais [da criança]").

[164] *Vide* LIGHTFOOT, S. *Worlds Apart: Relationships Between Families and School.* Basic Books, 1978, p. 20-42 (discutindo as tensões nas relações pai-professor); LORTIE, D. *Schoolteacher: A Sociological Study.* The University of Chicago Press, 1975 (discutindo a necessidade dos

contexto das audiências da IEP para estipulação do regime regulatório da EAHCA e a estrutura das próprias audiências do IEP pesa contra essa participação. Apesar da longa história dos profissionais da educação de negligência para com as crianças com deficiência e do uso indevido de serviços de educação especial,[165] os pais, via de regra, "tendem a confiar na inserção e nos serviços recomendados pelas escolas".[166] Essa confiança residual vem, em parte, da tradicional disposição dos pais em delegar decisões para o julgamento educacional profissional,[167] reforçada pela resistência estudada de muitos educadores a qualquer contribuição parental.[168] A resistência profissional pode explicar por que as audiências de IEP são frequentemente bastante formais, não interativas e repletas de jargões educacionais.[169] A resistência profissio-

professores de controlar o grau de contribuição dos pais); MILES, M.B. *Common Properties of Schools in Context: The Backdrop for Knowledge Utilization and "School Improvement".* Washington, National Institute of Education, 1980, p. 82-84 (Center for Policy Research, Nova York, N.Y.) (o profissionalismo e a estrutura da burocracia escolar preservam professores e administradores dos esforços dos pais contribuírem para com os processos de tomada de decisão escolar).

165 *Vide*, por exemplo, LAZERSON, nota 69 *supra*.

166 *SRI Final*, nota 58 *supra*, p. 41.

167 *Idem*, nota 91 *supra*, p. 1110-1111.

168 *Vide* GILLIAM, J.E. e COLEMAN, M.C. Who Influences IEP Committee Decisions? In: *Exceptional Children*, v. 47, n. 8, 1981, p. 642 e ss. (pais não são percebidos como parceiros iguais); GOLDSTEIN, S., STRICKLAND, B., TURNBULL, A.P. e CURRY, L. An Observational Analysis of the IEP Conference. In: *Exceptional Children, idem*, p. 278; YOSHIDA, R.K., FENTON, K.S., KAUFMAN, M.J. e MAXWELL, J.P. Parental Involvement in the Special Education Pupil Planning Process: The School's Perspective. In: *Exceptional Children* v. 44, 1978, p. 531 e ss. (a maioria dos profissionais não acha que os pais devem estar diretamente envolvidos no planejamento da educação especial); *Cumulative Effects*, nota 85 *supra*, p. 143 (educadores perturbados pelo veto dos pais às propostas do programa não tanto pela carga financeira potencial sobre o sistema escolar, mas porque os pais são autorizados a questionar com sucesso o julgamento profissional dos educadores). Alguns diretores de escolas resistem tanto a qualquer participação dos pais que muitos pais sequer têm uma conferência do IEP. *Vide* C. BLASCHKE, *Estado A*, nota 104 *supra*, p. 53-55 (no ano de 1977, em um distrito estudado, os pais eram tão inteiramente excluídos que o Escritório de Direitos Civis teve que intervir). Os diretores escolares parecem menos propensos agora a excluir completamente os pais do processo de IEP do que antes da EAHCA, mas proporções significativas de pais podem continuar a ser completamente excluídas. Para um exemplo de resistência do educador profissional à entrada na Inglaterra, *vide* TOMLINSON, S. A. *Sociology of Special Education.* Routledge and Kegan Paul, 1982.

169 *Vide* KIRP, D., BUSS, W., E KURILOFF, P., nota 54 *supra*, p. 105-106 (um estudo pré-EAHCA observou que os educadores quebram a resistência dos pais ao programa com excesso de resultados de testes da criança); *SRI Final*, nota 58 *supra*, p. 22 (conferências do IEP geralmente formais, não interativas); WEATHERLY, R. *Reforma da Educação Especial: Implementação de Políticas do Nível Estadual ao Nível.* 1979, p. 52-55 (conferências cheias de jargões). Pelo menos um estudo observou, no entanto, que os educadores também podem usar conferências "informais" ou "interpretativas" como método para excluir, com sucesso,

nal à contribuição parental também pode explicar por que um estudo limitado descobriu que os IEPs foram "sempre desenvolvidos após a decisão de inclusão da criança já estar tomada".[170] Em uma palavra, a maioria dos educadores não é obrigada a permitir aos pais uma voz igual nas decisões educacionais, e o legalismo da audiência do IEP foi adaptado para perpetuar essa relação habitual.

Além da estrutura das relações pais-profissionais, restrições organizacionais práticas tornavam necessário que a LEA restringisse a participação dos pais. A prioridade para os distritos escolares após a aprovação da lei foi promover a identificação e inclusão de crianças previamente negligenciadas. Uma vez que essa exigência geralmente sobrecarregava o pessoal da agência, cada etapa do processo tinha

---

os pais da tomada de decisão de colocação. THOUVENELLE, D., RADER, J. e MADER, L. *Study of Procedures for Determining the Least Restris Environment (LRE) Placement of Handicap Children: Final Project Report* 7.3, ERIC Doc. 199981, 1980, doravante denominado *Study of Procedures* (estudo de 134 reuniões com os pais acerca da classificação de criança em quinze distritos escolares localizados em cinco estados).

[170] *Study of Procedures*, nota 169 *supra*, p. 7.5. Claro, alguns pais podem achar esse tratamento sumário insultante o suficiente para impelir a agência de educação a uma audiência. Um estudo de pais de Massachusetts que buscaram remédios administrativos após conferências insatisfatórias do IEP explicou as reações dos pais ao comportamento da agência de educação nas conferências do IEP. O pai chamou a conferência de "corte canguru". Outra disse: "No final, eles me deram um pedaço de papel em branco e disseram: 'Assine'. Não havia nada no papel. Era só uma folha em branco. Então eu disse: 'Eu gostaria de ir para casa primeiro e discutir isso com meu marido.' E eles ficaram muito irritados e disseram que eu estaria impedindo a criança de conseguir o que ele precisava. Eles tentam tornar os pais culpados por não assinarem um pedaço de papel em branco". BUDOFF, M., ORENSTEIN, A. e KERVICK, C. *Due Process in Special Education: On Going to a Hearing*, Ware Press, 1982, p. 59 (estudo longitudinal de oitenta famílias que participaram de audiências do devido processo legal em Massachusetts entre 1975 e 1977). Táticas menos contundentes deixaram um pai sentindo que "eles ouviram sem ouvir, se você me entende. Eles ouviram, mas tinham sua convicção já formada. A reunião é realmente um simulacro de escuta, e então eles escrevem o plano que querem". *Idem*, p. 61. Nesse sentido, as agências de educação se esforçam tanto para desarmar a contribuição dos pais que unilateralmente acabam com a comunicação, e podem acabar enfrentando o próprio problema que procuravam evitar. Também pode ser que essas táticas escolares de alto nível tenham sido motivadas pela crença de que o IEP, que deveria ser assinado pela agência de educação e pelos pais, é um contrato ao qual a escola poderia estar vinculada. Se o IEP fosse visto como um contrato, as agências de educação naturalmente gostariam que os pais assinassem um papel em branco, uma vez que, sem dúvida, os encargos financeiros da educação especial frequentemente davam aos distritos escolares a sensação de que não podiam se dar ao luxo de negociar. O histórico de produção da lei deixa claro, no entanto, que o IEP não é um contrato. *Vide* 121 *Cong. Rec.* 19.492 (1975) (declaração do senador Williams, um dos principais patrocinadores da EAHCA de que a conferência do IEP não cria uma "relação contratual"). Na medida em que apenas metade dos IEPs têm assinaturas parentais, é evidente que muitos distritos escolares não veem estritamente o IEP como um tipo de contrato. *Vide* uma pesquisa nacional de IEPs: Vol. I, nota 83 *supra*, p. 8.

que ser conduzida o mais rápido possível. Eram comuns reuniões rápidas de expediente do IEP.[171] Embora as reuniões apressadas do IEP possam ter sido, simplesmente, como observado acima, outro método intencionalmente aplicado para frustrar a entrada dos pais, em muitos casos os educadores simplesmente estavam reagindo às pressões do tempo.[172] A pressão para cumprir prazos de avaliação, o ônus de lidar com as audiências do devido processo administrativo e a grande quantidade de papelada e compromissos de tempo gerados pelo próprio processo IEP motivaram as LEAs a apressar as audiências de IEP e desencorajar os pais de participarem. A participação dos pais não foi burocraticamente eficiente.

Por fim, a estrutura das próprias audiências do IEP desencoraja a participação dos pais. Pais quase sempre estão em minoria nas audiências do IEP.[173] A dinâmica dos pequenos grupos geralmente impede que um ponto de vista minoritário exerça qualquer influência real, mesmo que a decisão de inclusão não seja, como normalmente acontece, predeterminada.[174] De fato, um estudo indicou que, mesmo que os pais se afirmem nas audiências do IEP, eles seguem implicitamente a agenda estabelecida pelos educadores ao redor da mesa. De acordo com este estudo, os educadores não levantam questões sensíveis, como opções de inserção, estigma social potencial ou possíveis efeitos nocivos das propostas.[175] Além disso, como os educadores raramente organizam seus achados de avaliação de forma a criar um todo coerente para os pais, estes últimos têm dificuldade em reconstruir esses achados na forma de uma proposta alternativa.[176]

Em suma, as disposições do IEP da EAHCA aumentaram um pouco a participação dos pais, mas provavelmente não na medida

---

[171] C. BLASCHKE, Estado B, nota 104 *supra*, p. 44; R. WEATHERLY, nota 169 *supra*, p. 87.

[172] *Vide* R. WEATHERLY, nota 169 *supra*, p. 56 (funcionários da escola estavam frequentemente dispostos e eram capazes de fornecer aos pais inquiridores explicações úteis sobre o que estava acontecendo, mas raramente o faziam porque isso é demorado).

[173] Por exemplo, no estudo NASDSE, descrito na nota 153 *supra*, p. 11, os 20 distritos da amostra indicaram uma média de seis participantes, com intervalo de cinco a oito, para um aluno com deficiência leve do oitavo ano. Quatorze dos vinte distritos indicaram uma média dos participantes, com intervalo de cinco a dez, para um aluno com deficiência grave no ensino fundamental. *Vide Quarto Relatório Anual*, nota 125 *supra*, p. 29.

[174] M. BUDOFF, A. ORENSTEIN & C. KERVICK, nota 170 *supra*, p. 62.

[175] *Study of Procedures*, nota 169 *supra*, p. 7.7-7.9. 166.

[176] *Idem*, p. 7.6-7.9. Um distrito escolar inovador – Madison, Wisconsin – reconheceu as tentações inevitáveis e as consequências dinâmicas do formato de audiências do IEP e encoraja ativamente os pais a se fazerem acompanhar por um advogado nessas audiências. *Vide* HANDLER, *The Discretionary Decision*, 1984 (no prelo).

que o Congresso originalmente contemplou. No final, o legalismo do IEP parece inadequado para alterar significativamente os padrões preexistentes das relações entre pais e escola.[177] Se o processo de IEP melhorou os índices de inclusão adequada das crianças em programas de educação especial, aparentemente não o faz por causa dos contornos específicos do processo, ou mesmo pelo conteúdo do próprio IEP, mas simplesmente porque existe algum tipo de processo.

**f) Devido processo administrativo**

No final da linha cronológica dos mecanismos procedimentais da EAHCA está a exigência do devido processo, uma audiência administrativa que não se destina a promover nenhum dos objetivos da lei em especial, mas todos eles. Como a exigência é concebida em parte como um elemento de dissuasão, cujo efeito só é detectável se os pais insistirem no cumprimento, é difícil, quiçá impossível, avaliar o papel desempenhado pelo devido processo administrativo na estrutura de tomada de decisões se o processo não é levado a uma audiência.[178] Entretanto, a eficácia do devido processo administrativo como elemento de dissuasão pode ser avaliada, em parte, pela análise dos casos em que ele é empregado, por exemplo: com que frequência ele é usado, quem "consegue" fazê-lo, com que dificuldade e se ele desencadeia o desenvolvimento de mecanismos extralegais para resolver os problemas a que se propõe.

Os pais parecem lograr êxito; e, assim, obter serviços e inclusões desejáveis para seus filhos em pouco mais de um terço das audiências da EAHCA.[179] No entanto, para isso eles precisam primeiro chegar a

---

177 *Vide* BROUDY, H. *The Real World of the Public Schools*. Harcourt College Pub., 1972, p. 20-38 (explicando por que as escolas não estão respondendo à mudança iniciada externamente); M. MILES, nota 164 *supra*, p. 73-96 (sobre mecanismos usados pelos sistemas escolares para desviar e desarmar forças que tentam obrigar a mudança nas escolas).

178 *Vide* HAWKINS, K.O. THOMAS, J.M. The Enforcement Process in Regulatory Bureaucracies. In: *Enforcing regulation*, 1984, p. 3 (a efetividade de um estatuto como a EAHCA é significativamente afetada pelas práticas da execução desde o nível superior da hierarquia até o nível de campo, e essa efetividade é influenciada pela complexidade do ambiente de implementação); SCHOLZ, J.T. Cooperation, Deterrence, and the Ecology of Regulatory Enforcement. In: *Law and Society Review*, v. 18, n. 2, 1984, p. 179-224 (descrevendo a dificuldade em prever como as estruturas dissuasivas funcionarão em um modelo organizacional).

179 KIRP, D. e JENSEN, D. *What Does Due Process Do? PARC vs Commonwealth of Pennsylvania Reconsidered.* ERIC Doc. No. ED 229 878, 1983, p. 15 (não é provável que os pais tenham sucesso no recurso) KURILOFF, P. KIRP D. e Buss W., nota 115 *supra*, p. 168 (os pais ganharam 35% de 168 audiências na Pensilvânia de 1974-78); Kirst e Bertken, nota 163,

uma audiência. Poucos pais, como observado anteriormente, participam de forma efetiva o suficiente no processo do IEP para apresentar uma reclamação.[180] Mesmo que os pais tenham a habilidade e o conhecimento para apresentar reclamações nas audiências do IEP, eles podem não ter o suficiente para obter êxito.[181] O número relativamente pequeno de pais que demandam uma audiência[182] precisa enfrentar as exigências de documentação das agências de educação e a estratégia de cumprimento de procedimentos.[183] Assim, um atrito implacável elimina as ameaças às decisões profissionais dos educadores.

Mesmo os resultados favoráveis têm sido, frequentemente, de pouco conforto para os pais. Algumas agências educacionais cumprem imediatamente as diretrizes da fiscalização; outras esperam até algumas decisões adversas acumuladas. Por outro lado, nos casos examinados, houve muitas oportunidades para estratégias processuais astutas e descumprimentos. Mesmo que saíssem perdedoras, as escolas poderiam recorrer ao nível estadual contra a decisão tomada em audiência.[184]

---

p. 136, 139-45 (estudo que analisa 145 audiências do devido processo administrativo na Califórnia, realizadas no período entre 1978-79, indica que os pais alcançaram pelo menos parcialmente concessões, em suas reivindicações, em 49% das decisões locais e dos recursos estaduais); SMITH, Status of Due Process Hearings. In: *Exceptional children*, n. 48, 1981, p. 232 e ss. (741 de 2.006 audiências ganhas pelos pais em 38 estados amostrados até 1980). Uma nota de cautela: todos estes dados são bastante antigos. Não está claro se os pais têm sido tão bem-sucedidos nos últimos anos.

180 *Vide* nota 160 *supra*.

181 M. BUDOFF, A. ORENSTEIN e C. KERVICK, nota 170 *supra*, p. 117-118 (debatendo a preparação extremamente extensa a que os pais devem se submeter antes das audiências); cf. P. KURILOFF, D. KIRP & W. BUSS, nota 115 *supra*, p. 210-12 (o sucesso dos pais nas audiências está fortemente relacionado com a profundidade da sua preparação).

182 Em 1979-80, apenas 0,065% de todas as crianças que recebiam serviços de educação especial questionavam algum aspecto do seu programa de educação especial, enquanto apenas 0,007% apresentavam efetivamente uma queixa perante algum tribunal. Children's Defense Fund, Comments of the Children's Defense Fund on the Department of Education's Proposed Regulations Implementing Pub. L. 94-142, p. 5 (Dec 3, 1982) (comentários formais).

183 P. KURILOFF, D. KIRP e W. BUSS, nota 115 *supra*, p. 205-206 (os distritos escolares tendem a obter melhor desempenho nas audiências se mostrarem a observância dos procedimentos exigidos na lei); L. MCDONNELL e M. MCLAUGHLIN, nota 103 *supra*, p. 124 (as agências estaduais de educação enfatizam a correção dos procedimentos previstos na EAHCA na monitorização das agências educacionais locais, em vez de assegurarem uma correspondência adequada entre o diagnóstico da criança e os serviços educacionais dispensados).

184 *Vide* M. BUDOFF, A. ORENSTEIN e C. KERVICK, nota 170 *supra*, p. 144 (num estudo das audiências de Massachusetts, vários pais desistiram porque não tinham dinheiro para recorrer, ou simplesmente não quiseram continuar no processo); P. KURILOFF, D. KIRP e W. BUSS, nota 115 *supra*, p. 238-239 (observando que recursos administrativos em processos na Pensilvânia entre 1972 e 1975 favoreceram distintamente os distritos escolares).

Se o processo de apelação não fosse muito desencorajador, as escolas poderiam ainda assim frustrar os pais, reapresentando o mesmo plano originalmente formulado,[185] ou simplesmente recusando-se a cumpri-lo. Em muitos casos, nada obrigava as escolas a fornecerem ao programa o sistema de audiências necessário.[186] Se esses mecanismos fossem considerados muito rudimentares, os distritos também aprenderam que poderiam cumprir temporariamente, mas depois reavaliar a criança no ponto legalmente determinado (três anos após a avaliação inicial) e reapresentar o plano original com base em sua reavaliação.[187]

É claro que, se os resultados das audiências se classificassem em um processo de triagem baseado no mérito substantivo das reivindicações e em um sistema baseado em precedentes, altas taxas de atrito não seriam tão problemáticas. O sistema do devido processo administrativo ainda estaria fornecendo sistematicamente uma educação apropriada para todas as crianças com situação semelhante, em uma ordem correspondente à gravidade de suas necessidades. O devido processo administrativo poderia encorajar todas as reclamações meritórias, porém, somente se funcionasse informalmente o suficiente para que fosse fácil, barato e igualmente acessível a cada reclamante em potencial.

Em vez disso, o sistema do devido processo administrativo tem se afastado cada vez mais de tal informalidade. O custo financeiro das audiências pode ser substancial para ambos os lados, embora estes custos possam variar consideravelmente dependendo de fatores como a extensão da assistência jurídica que as partes empregam.[188] Os altos custos relacionados a estes procedimentos provavelmente condicionam as audiências aos impactos financeiros mais prováveis. Os pais que têm

---

[185] M. BUDOFF, A. ORENSTEIN e C. KERVICK, nota 170 *supra*, p. 139.

[186] *Idem*, p. 121-22, 141, 149; cf. *Fourth Annual Report*, nota 125 *supra*, p. 65-68 (sobre as práticas de monitoramento fraco da execução pelas agências de educação estaduais).

[187] M. BUDOFF, A. ORENSTEIN e C. KERVICK, nota 170 *supra*, p. 142.

[188] *Vide* M. BUDOFF, A. ORENSTEIN & C. KERVICK, nota 170 *supra*, p. 113-114, 139 (descrevendo grande variação no custo das audiências para os pais, variando de algumas centenas a milhares de dólares); *State of Minnesota Department of Education, the Impact of Conciliation Conferences and Due Process Hearings, 1981-1982*, 1983, doravante citado como *Minnesota Mediation* (custos de audiência para os pais na casa de centenas de dólares; custos de audiência para os distritos escolares na faixa de vários milhares de dólares ; *Fourth Annual Report*, nota 125 *supra*, p. 46 (em média, as audiências podem custar milhares de dólares às agências estatais de educação) BICKEL, nota 101 *supra*, p. 211 (honorários advocatícios e o tempo necessário para seguir as audiências do devido processo, tanto para os pais como para as escolas, pode reduzir o uso das audiências); KIRST & BERTKEN, nota 163 *supra*, p. 141-142 (notando que os custos das audiências para distritos escolares variam entre várias centenas e alguns milhares de dólares).

muito a ganhar com uma decisão favorável presumivelmente estarão mais dispostos a aceitar altos custos de litígio. Ainda mais importante: longe de causarem qualquer temor, o procedimento das audiências tem péssimo custo para os participantes. Pais, professores e administradores ficam todos muito frustrados com o processo porque ele exige muito de seu tempo, desafia sua integridade pessoal e profissional, além de representar uma quebra total na comunicação.[189] O fechamento do diálogo pode ser tão grave que as questões substantivas entre as partes podem não ser resolvidas até que a família ou o administrador da escola saia do distrito escolar.[190] Não surpreende que as audiências tenham se tornado menos parecidas com a resolução informal de disputas e tenham assumido características de procedimentos judiciais.[191]

Ao mesmo tempo em que o acesso ao sistema foi efetivamente limitado, reduziu-se a gama de reclamações substantivas tratadas pelos procedimentos do devido processo administrativo, o sistema de audiências falhou em gerar o necessário valor dos precedentes.[192] Cada audiência do devido processo depende de uma análise *ad hoc* que, pelo menos formalmente, ignora soluções passadas para problemas semelhantes.

Há uma aparente falha dos procedimentos do devido processo administrativo para resolver o desequilíbrio de poder entre famílias monoparentais e agências educacionais. Há também, no entanto, indícios de que o devido processo administrativo alavanca a força dos

---

189 *Vide* M. BUDOFF, A. ORENSTEIN & C. KERVICK, nota 170 *supra*, p. 56-63, 69-72, 77-83, 101-18, 127-30, 203-04, 208-11 (comunicação entre pais e escola especial, bem como cargas de trabalho muito pesadas prejudicam pais e educadores em termos de energia, moral, senso de integridade e competência profissional).

190 *Idem*, p. 210.

191 *Idem*, p. 202, 324-26; D. KIRP & D. JENSEN, nota 179 *supra*, p. 30; FOURTH ANNUAL REPORT, nota 125 *supra*, p. 47-48.

192 *Vide* M. BUDOFF, A. ORENSTEIN & C. KERVICK, nota 170 *supra*, p. 125, 195-196 (as ações dos oficiais das audiências, ao não especificarem com precisão o programa educacional, conduzem frequentemente a uma nova audiência destinada a clarificar a decisão original; os administradores escolares tendem a ver o processo de audiência como substancialmente imprevisível); *idem*, p. 333 (casos com particularidades que impedem o estabelecimento de precedentes); D. KIRP & D. JENSEN, nota 179 *supra*, p. 20-30 (decisões de recurso de audiência permitem o diagnóstico divergente da deficiência de determinada criança para resistir à revisão, e restringem a autoridade dos oficiais de audiência para resolver problemas educacionais); *idem*, p. 15 (notando que o uso de educação individualizada pode afetar de tal forma o processo de audiências que os agentes de audiência podem recusar-se a seguir precedentes porque cada caso é demasiado individualizado); P. KURILOFF, D. KIRP & W. BUSS, nota 115 *supra* (notando que os agentes de audiência na Pensilvânia foram frequentemente impedidos ou desencorajados a apresentar apontamentos substantivos específicos).

pais contra as agências educacionais. Os atributos desagradáveis das audiências do devido processo administrativo levaram vários estados a desenvolver procedimentos de mediação anteriores às audiências. Essas mediações não fazem parte da lei de educação especial; pelo menos um estado (Pensilvânia) teve dificuldades com o Departamento de Educação, porque as autoridades federais sentiram que o processo de mediação foi usado pelo estado para contornar o processo de audiências.[193] Está claro, entretanto, que o processo de mediação está suplantando significativamente a necessidade de audiências do devido processo em vários estados.[194] Por exemplo, em 1981-82, apenas cinco dos 84 casos de conciliação de Minnesota terminaram em uma audiência formal.[195] Em 1981, 64 das 83 mediações de Connecticut chegaram a um acordo. Apenas doze dos casos restantes resultaram em uma audiência.[196] Assim, talvez por preservar melhor a relação de cooperação de longo prazo entre pais e escolas,[197] a mediação pode ser um mecanismo mais eficaz do que a audiência do devido processo para assegurar que mais crianças recebam uma educação apropriada e individualizada no ambiente menos restritivo. A mediação, em vez da audiência do devido processo, parece alcançar a informalidade que encoraja as reivindicações meritórias.

Em suma, a audiência prevista no procedimento do devido processo administrativo provavelmente aumentou a proporção de crianças com deficiência recebendo uma educação apropriada, embora a magnitude do aumento seja desconhecida. Embora suspeitemos que o devido processo tenha tido um pequeno impacto na prestação de serviços de educação especial,[198] esse impacto sem dúvida varia

[193] D. KIRP & D. JENSEN, nota 169 *supra*, p. 16. O estado de Minnessota teve que celebrar um acordo especial com o Departamento de Educação para manter o seu processo de mediação. *Vide Minnesota Mediation*, nota 188 *supra*, p. 10.

[194] *Vide Fourth Annual Report*, nota 125 *supra*, p. 47-48.

[195] *Minnesota Mediation*, nota 188 *supra*, p. 4.

[196] *Division Of Elementary and Secondary Education, Connecticut State Department of Education Analysis of 1981 Special Education Mediations*, 1982, p. 1.

[197] *Vide* MACAULAY, S. Non-Contractual Relations in Business: A Preliminary Study. In: *American Society Review*, v. 28, n. 1, 1963, p. 55-67.

[198] Talvez um dos motivos pelos quais os requerimentos submetidos ao devido processo administrativo não tiveram um impacto significativo na prestação de serviços de educação especial é que os tribunais, de um modo geral, não se esforçaram muito para criar um quadro de referência com capacidade para influenciar a concepção dos educadores. Uma razão para isto, claro, é que é difícil, se não impossível, decidir se os pais ou educadores terão os melhores argumentos substantivos, porque o estado do conhecimento é muitas vezes bastante primitivo. *Vide*, por exemplo, *Board of Educ. versus Rowley*, 458 U.S. 176

significativamente entre os estados e entre os distritos dentro dos estados. Como em todas as outras etapas do procedimento, variáveis fora do sistema, como a presença de grupos de pais ativos, *status* financeiro da agência de educação e estilo administrativo dos educadores locais são determinantes críticos da eficácia do procedimento.

## 2.2 O que causa a lacuna de implementação? Ajustes políticos e limites da normatização

Após comparar os objetivos reformistas com as realidades de implementação e explorar brevemente as razões organizacionais/políticas para a diferença, é hora de focalizar mais acentuadamente as explicações organizacionais/políticas. Precisamos coletar e comparar os vários tipos de interpretações que já fizemos e transpô-los para uma estrutura mais sistemática.

A lacuna entre os objetivos reformistas e a implementação é muitas vezes explicada em termos passivos, como inércia ou complexidade. A explicação às vezes é evitada ao se referir a consequências inesperadas. Em contraste, uma explicação política pressupõe a atividade política. As lacunas ocorrem porque as prioridades representadas pela lei entram num mundo com muitas outras prioridades. O que às vezes é referido como um processo unilateral de aplicação e impacto é, na verdade, um processo interativo de ajuste mútuo. Os objetivos legais são comprometidos para que outros objetivos não precisem ser comprometidos, ou não sejam tão comprometidos. A lacuna de uma pessoa é o ganho de outra pessoa.[199]

---

(1982) (o Tribunal concluiu que não podia estabelecer quem tinha a melhor posição substantiva). Em todo caso, os tribunais não têm se mostrado dispostos a fornecer soluções fortes a ponto de influenciar o campo da tomada de decisões. Poucos tribunais concedem indenizações, honorários de advogados ou recursos de serviços educacionais compensatórios com fundamento na EAHCA. Para argumentos políticos contra o uso pouco técnico de ações defensivas de direitos fundamentais, *vide* HYATT, S. Litigating the Rights of Handicapped Children to an Appropriate Education: Procedures and Remedies, In: *U.C.L.A. L. Review*, v. 29, 1981, p. 1. Para uma análise geral que sugere a razão pela qual a estrutura das relações entre a escola e os pais incorporada na EAHCA impede resultados muito melhores para o devido processo administrativo, *vide* J. HANDLER, nota 176 *supra*. *Vide* GALANTER, M. Why the "Haves" Come Out Ahead: Speculations on the Limits of Legal Change. In: *Law and Society Review*, v. 9, 1975, p. 95 e ss.

199 Esta descrição é especialmente apropriada para o que tem sido chamado de "relação de conformidade" (em oposição à "relação de dissuasão"). Na relação de conformidade, ambas as partes têm um alto grau de legitimidade social e a ênfase está em prevenir, ao invés de punir. *Vide* CLUNE, nota 4 *supra*, p. 65-66; HAWKINS, K. e THOMAS, J.M. The

Esta seção do artigo tenta demonstrar o caráter essencialmente político da implementação da EAHCA de maneira mais sistemática do que a narrativa densamente factual da seção anterior. Para mostrar a natureza interativa do processo, a lei é representada como um conjunto de iniciativas ou recursos, aos quais o ambiente ativo do direito responde com iniciativas e recursos próprios.

### 2.2.1 Lei como sinônimo de recursos e as limitações desses recursos

Por que uma lei como a EAHCA causa alguma mudança social? Por que ela não é simplesmente ignorada? Literalmente falando, a promulgação de uma legislação consiste em colocar palavras no papel. Como e por que essas palavras mudam o comportamento?

Uma maneira de responder a estas perguntas é conceber a lei como um conjunto de iniciativas e recursos. Até certo ponto, o próprio direito atua como uma iniciativa devido à natureza geral das pessoas como cumpridoras da lei. Uma lei complexa como a EAHCA, todavia, não costuma promover um grau elevado de conformidade automática. Nesse caso, a conformidade ocorre porque as pessoas são encorajadas ou autorizadas a solicitar ou exigir o seu cumprimento por organizações reguladas. Uma lei como a EAHCA é um "direito de exigência", um recurso para aqueles inclinados a pedir mudanças.

Entre aqueles que solicitam mudanças estão incluídas as agências de educação estaduais e as locais, ambas realizando um processo de cumprimento voluntário ou buscando informações sobre exigências legais de agências federais e organizações de serviços. Os órgãos federais se envolvem em fiscalização e assistência, tanto formais quanto informais. Fora do governo, grupos de *advocacy*, ativistas individuais e pais agindo individualmente fazem exigências às escolas, solicitam audiências, reclamam às agências de fiscalização e propõem ações judiciais. Todas essas pessoas utilizam quatro tipos básicos de recursos: a) novos financiamentos (auxílio federal); b) uma nova fonte de autoridade moral (a ideia de que crianças com deficiência têm direito a mais recursos educacionais); c) o direito substantivo fornecido pela lei (uma educação apropriada, conforme definido por regulamentos e

Enforcement Process in Regulatory Bureaucracies. In: *Enforcing Regulation* Boston, v. 3, 1984, p. 8-9; REISS JR., A.J., Selecting Strategies of Social Control Over Organizational Life, in: *Enforcing Regulation*. Boston, p. 23-35, 1984.

tribunais); e d) mais importante no caso da EAHCA, o direito de exigir todo um conjunto de novos procedimentos organizacionais (identificação de crianças, encaminhamentos, novos testes, avaliações da equipe multidisciplinar, planos de educação individualizados, audiências do devido processo administrativo).

A mudança é limitada porque os recursos utilizados por esses grupos e indivíduos são limitados. A ajuda federal foi limitada, especialmente porque os compromissos iniciais foram prejudicados pela pressão fiscal. As exigências de serviço direto da EAHCA foram um meio relativamente eficiente de exigir que o dinheiro fosse gasto para o propósito pretendido.[200] Mesmo assim, a disponibilidade de apoio financeiro para os beneficiários pretendidos é sempre problemática.[201] A nova autoridade moral oriunda da EAHCA foi mitigada pela autoridade de outras demandas igualmente importantes do ponto de vista moral, produzindo uma espécie de compensação (por exemplo, a reivindicação de recursos, como tempo de professor e psicólogo, para as crianças com deficiência *versus* outros usos).[202] O direito substantivo a uma educação apropriada era vago. Embora sugerisse algum conteúdo, sua definição essencial era procedimental; a educação apropriada tornou-se a educação definida pelos principais tomadores de decisão durante a implementação. Os órgãos de execução, os oficiais de audiência, os funcionários das escolas e os tribunais determinaram o significado de uma educação apropriada, e todos foram mais ou menos receptivos às reivindicações concorrentes de recursos. Na prática, a implementação é um processo de compromisso, no qual participam tanto os estudiosos da lei como os tribunais. Vários artigos acadêmicos, por exemplo, contêm métodos doutrinários cuidadosamente desenvolvidos para equilibrar as necessidades das crianças com deficiência com outras reivindicações.[203]

---

200 Para uma discussão sobre os requerimentos de serviços da EAHCA, em comparação com outros tipos de mecanismos de subvenção, *vide* BARRO, S.M. Federal Education Goals and Policy Instruments. An Assessment of the "Strings "Attached to Categorical Grants in Education. In: *The Federal Interest in Financing Schooling*. M. Timpane ed., 1978, p. 229 e ss.

201 O problema básico da ajuda financeira é a aditividade do auxílio, ou seja, os beneficiários da ajuda reduzem os seus próprios gastos com a atividade subvencionada, e economizam a diferença ou gastam-na com outras coisas. *Vide* BARRO, nota 200 *supra*; CLUNE, SERRANO e ROBINSON. Studies in the Implementation of Fiscal Equity and Effective Education in State Public Law Litigation, in *Schools and Courts*. P Piele, 1979, p. 67-120. *Vide* também nota 46 *supra*.

202 *Vide* nota 199 *supra*.

203 *Vide*, por exemplo BARTLETT, K.T. The Role of Cost in Educational Decisionmaking for the Handicapped Child, In: *Law & Contemporary Problems*, v. 48, 1985, p. 7-62; WEGNER, J.W. Variations on a Theme-The Concept of Equal Educational Opportunity and Programming

As limitações de procedimento enquanto recurso são especialmente significativas devido à importância do procedimento na legislação. Dois tipos de procedimentos estabelecidos pela lei devem ser distinguidos para fins analíticos: a) as *rotinas organizacionais*, como IEPs, exigidas de todas as escolas para todas as crianças; e b) os *direitos de litigar*, que estabelecem o direito de reclamação por parte dos órgãos de execução e dos pais.

As rotinas organizacionais estão sujeitas ao problema do cumprimento formal.[204] Organizações sem uma direção substantiva clara ou sem um forte comprometimento com o grupo protegido podem alcançar qualquer resultado de suas preferências, seguindo os procedimentos previstos. Equipes multidisciplinares que utilizem uma ampla base de testes podem produzir IEPs devidamente elaborados para justificar quase tudo o que não seja a exclusão completa. A eficácia dos procedimentos depende da habilidade e da motivação das várias pessoas envolvidas, mas o grau de habilidade e o compromisso dos funcionários das escolas com as crianças com deficiência varia muito. Podem existir comunidades modelo lado a lado com comunidades muito atrasadas na implementação da lei.[205] Entre aqueles motivados a usar os novos procedimentos de forma construtiva, o cumprimento formal apresenta um problema diferente. Os recursos utilizados para atender às exigências formais prejudicam ações mais eficientes em contextos específicos.[206]

---

Decisions Under the Education for All Handicapped Children Act of 1975. In: *Law & Contemporary Problems*, v. 48, 1985, p. 169-219. Sobre a falta de substância e qualidade procedimental da EAHCA, *vide* nota 43 *supra*; BUSS, W.G. Special Education in England and Wales. In: Law & Contemporary Problems, n. 48, 1985, p. 119-168; YUDOF, M.G. *Education for the Handicapped: Rowley in Perspective*, 92 American Journal of Education, n. 92, 1984, p. 163.

204 Quanto ao cumprimento formal, as regras são seguidas tecnicamente, mas o objetivo subjacente da regra é frustrado. Tal conflito entre meios e fins tem sido chamado de "evasão de objetivos". *Vide* BARDACH, E. nota 11 *supra*, p. 85-95; BLAU, P. *The Dynamics of Bureaucracy – A Study of Interpersonal Relations in Two Government Agencies*. University of Chicago Press, 2ª ed., 1963, p. 231-65; PRESSMAN J. e WILDAVSKY, A. *Implementation L Passim*.1979, 2. ed.; SELZNICK, P. *Law, Society, and Industrial Justice*. Russel Sage Foundation, 1969, p. 13; SELZNICK, P. *Tva and the Grass Roots-A Study in the Sociology of Formal Organization*. University of California Press, 1949, p. 259 ("desvio de objetivos"); BARRO, S.M., nota 200 *supra*, p. 229.

205 Paul Berman enfatiza a importância de combinar estratégias de implementação com o tipo de empreendimento e situação regulada. *Vide* BERMAN, P. *From Compliance to Learning: Implementing Legally-Induced Reform*, Institute for Research on Educational Finance and Governance, Stanford University, Project Report No. 81-A20, 1981, p. 27-28.

206 A ideia de que os inspetores de campo e as empresas regulamentadas podem frequentemente encontrar uma maneira mais eficiente de cumprir as metas regulamentares do que a especificada na lei está no cerne de BARDACH e KAGAN, R. nota 11 *supra*, p. 99-104.

Os direitos de litigar estão sujeitos a limitações similares. As agências federais e estaduais de fiscalização têm recursos limitados e outras responsabilidades. As pressões políticas e lealdades divididas podem impedir o uso dos recursos disponíveis para a aplicação da lei. A aplicação da lei também tende a gravitar em direção ao cumprimento formal. O cumprimento formal é mais facilmente monitorado do que o cumprimento substantivo (especialmente quando o direito substantivo é vago e convida ao compromisso), mas o cumprimento formal também é tentador do ponto de vista político. Ao escolher um alto padrão de conformidade processual aliado a um baixo padrão de conformidade substantiva, e também um elevado grau de deferência aos tomadores de decisão profissionais,[207] os tribunais adotaram um papel relativamente não intrusivo e não ativista.

A plasticidade dos direitos substantivos, rotinas organizacionais e aplicação administrativa explica parcialmente a relativa ineficácia dos direitos dos pais. Se os pais tivessem um direito claro (por exemplo, um direito a quinhentos dólares se identificada uma específica deficiência), apoiado por uma agência de execução rigorosa, as coisas poderiam ser diferentes.[208] Naturalmente, todos os direitos de litigar (sistemas de responsabilidade acionados por reclamações)[209] são limitados pelo custo do litígio, tanto financeiro quanto pessoal, e pelas muitas vantagens para os jogadores institucionais que se repetem.[210] A eficácia dos pais no ambiente escolar é ainda mais reduzida por sua relação especial com as escolas – não simplesmente uma relação contínua baseada na confiança, mas uma relação altamente dependente também.[211] O Professor Handler identifica adequadamente a classe de problemas como relações dependentes e decisões discricionárias.[212]

207 *Board of Educ. versus Rowley*, 458 U.S. 176 (1982).

208 *Vide* REBELL, M.A. Educational Voucher Reform: Empirical Insights from the Experience of New York's Schools for the Handicapped. In: *The Urban Lawyer*, v. 14, 1982, p. 441-467.

209 *Vide* CLUNE e LINDQUIST, nota 10 *supra*, p. 1083-1088.

210 *Vide* GALANTER, nota 198 *supra* (vantagens dos "jogadores reincidentes").

211 A este respeito, as dificuldades em utilizar os recursos legais na situação escolar são maiores do que as das relações comerciais contínuas descritas por MACAULAY, nota 197 *supra*.

212 HANDLER, J. nota 176 *supra*.

### 2.2.2 Reprise: pontos fortes e fracos da normatização como fonte de mudança social

Um processo de ajuste político durante a implementação ocorre independentemente do tipo de intervenção legal. Instrumentos políticos muito diferentes da EAHCA evocam processos similares de ajuste – por exemplo: vales, subsídios categóricos, treinamento de professores, programas de saúde mental e emprego, e a Autoridade do Vale do Tennessee (TVA).[213] Uma maneira de aguçar a discussão sobre os limites da mudança sob a EAHCA é focalizar o instrumento político específico usado nessa lei e em muitas outras.

A escolha de uma palavra para este tipo de instrumento político não é fácil devido ao problema típico da terminologia nas ciências sociais; diversas palavras com significados sobrepostos, mas também inconsistentes, são usadas para descrever mais ou menos as mesmas coisas. A palavra adotada neste artigo é "normatização". "Legalismo" foi uma escolha anterior,[214] mas esse termo pode ter conotações pejorativas. É preferível um termo que permita tanto elementos positivos quanto negativos. A normatização também tem sérias desvantagens. O Professor Kirp restringe o termo a intervenções judiciais estabelecendo direitos individuais e confiando fortemente no devido processo.[215]

Nosso uso é muito mais abrangente. A normatização é definida de forma mais ampla e funcional como um mecanismo de controle social (ou influência) caracterizado por comportamentos rotinizados externamente observáveis.[216] A essência da normatização, seja ordenada por um legislador, tribunal ou agência administrativa, é a exigência de comportamentos organizacionais padronizados (rotinas), projetados para serem observados, auditados e monitorados a partir de outros papéis sociais (por exemplo, agências de fiscalização).[217] Assim definida, a normatização atinge todas as áreas da vida organizacional, incluindo apoio financeiro certo (envolvendo monitoramento do uso do

213 *Vide* notas 201 e 204 *supra*.

214 CLUNE, W. *Rationalistic and Political Interpretations of Legalism: A Review Essay on Bardach & Kagan's Going By The Book* (artigo não publicado apresentado em um encontro anual da *Law & Society Association*, em junho de 1983).

215 *Vide* KIRP, D., nota 12 *supra*.

216 Foi assim que o "legalismo" foi definido por CLUNE, nota 214 *supra*.

217 O aspecto da "monitorabilidade" da normatização é, às vezes, a fonte da eficiência (quando decisões individualizadas são muito caras), às vezes a fonte da ineficiência (quando apenas decisões individualizadas servem), e às vezes a fonte da opressão política (quando o monitoramento é feito em nome do domínio ou da interferência).

dinheiro), planejamento (por exemplo, orçamento programado, planos de melhoria escolar), influência do público (por exemplo, direitos ao devido processo) e administração rotineira (por exemplo, auditorias, manutenção de registros, relatórios).

Formalmente, ou seja, ignorando importantes padrões de influência informal e comunicação,[218] a EAHCA é inteiramente composta de normatizações. Vários procedimentos são impostos para implementar encaminhamentos, avaliações e inserções precisos, tais como operações de busca ativa por crianças com deficiência, instrumentos de testes múltiplos, equipes de avaliação interdisciplinares e IEPs. A influência dos pais é institucionalizada pelo poder de veto sobre a avaliação[219] e colocação, a participação na audiência do IEP, e os direitos ao devido processo administrativo ou direitos de litígio que obrigam as autoridades escolares a passarem por certas rotinas legais sob demanda dos pais. A ajuda financeira, da maneira típica dos programas federais, é direcionada aos distritos com altas concentrações de crianças pertencentes aos grupos protegidos.[220]

Tal definição funcional torna fácil ver os pontos fortes e fracos da normatização como uma fonte de mudança social. Mudanças generalizadas podem ser produzidas rapidamente por duas razões diferentes. Como uma questão de aplicação burocrática, as rotinas organizacionais são facilmente monitoradas e adotadas com relativa facilidade. Em segundo lugar, a disponibilidade de direitos substantivos e direitos de litigar autoriza instantaneamente uma classe potencialmente grande de executores privados bem motivados, especialmente quando, como no

---

218 Os requisitos de legalização são apenas palavras escritas, até que alguém decida fazer algo com elas. Do ponto de vista da fiscalização, o "uso" de legalismos pode ter uma aplicação prática, como ameaças de ajuizamento de processos judiciais e de aplicação de sanções informais, como exigências burocráticas. *Vide* FEELEY, M. *The Process is the Punishment: Handling Cases in a Lower Criminal Court.* Russel Sage Foundation, 1979; HILL, P. *Enforcement and Informal Pressure in The Management of Federal Categorical Programs in Education.* Rand Note No. N-1232-HEW, 1979, p. 14-29. Apesar disso, no entanto, as agências de fiscalização frequentemente tentam ajudar as organizações regulamentadas a cumprirem as normas através de instrumentos como a consulta e a profissionalização do pessoal. *Vide* BERMAN, P., nota 205 *supra*; DERTHICK, M. *The Influence of Federal Grants.* Harvard University Press, 1970, p. 158-218.

219 34 C.F.R. §300.504(c)(2)(i) (1984) (órgãos públicos podem usar procedimentos de audiência para anular o veto dos pais à avaliação ou à provisão inicial de educação especial e serviços relacionados).

220 *Vide* MAGNETTI, S. Some Potential Incentives of Special Education Funding Practices, in: *Placing Children in Special Education: a Strategy for Equity.* National Academies, 1982, p. 300 e ss., p. 315-316. A fórmula de financiamento da EAHCA está localizada em 20 U.S.C. §1411 (1982).

caso da educação especial, os demandantes privados são numerosos, bem informados e organizados na base.

As fraquezas da normatização como método de mudança social são as três grandes fraquezas do procedimentalismo: resistência, falta de substância e custo.

#### 2.2.2.1 Resistência

Os objetivos formais da normatização representam as aspirações do grupo que busca compensação por meio de reformas legais (ou, mais especificamente, de ativistas de movimentos sociais), e não levam em conta interesses opostos cujas prioridades preexistentes devem ser alteradas a fim de proporcionar compensação. Ou seja, os objetivos formais representam ideais sem resistência.[221] Procedimentos e novas rotinas organizacionais são promulgados em prol dos grupos protegidos, mas estão igualmente disponíveis para outros interesses, embora tais interesses geralmente se beneficiem de vantagens fora da estrutura legal. Além do relacionamento entre as partes, as escolas têm várias vantagens importantes sobre o adversário no processo, como dinheiro, tempo, experiência e poder social. A relação especial entre as partes, característica do direito regulatório, aumenta essa vantagem.

A regulamentação geralmente assume a forma da "relação de conformidade",[222] uma relação um tanto contraditória, na qual a instituição regulamentada é desacreditada na medida em que o cumprimento voluntário é considerado improvável, mas confiável, pelo menos no sentido de que a legitimidade social fundamental e a existência continuada são presumidas. Esta confiança pode se estender até mesmo a uma sensação de que uma relação contínua mutuamente satisfatória é o objeto do sistema de regulamentação motivado pela desconfiança. Todos esses procedimentos têm, portanto, uma difícil dupla missão: encorajar reclamações contra o sistema e criar uma relação de cooperação entre o sistema e aqueles que o desafiam. Muito frequentemente

---

[221] Esta é a grande ironia do ataque da Administração Reagan à ação afirmativa. Aspectos como objetivos e calendários começam comprometidos (por obstáculos como exceções de boa-fé), *vide* CLUNE, nota 4 *supra*, p. 59-60, e acabam ainda mais comprometidos na prática. Assim, a "rigidez" da ação afirmativa é puramente retórica, sendo necessárias exigências absolutas como moeda de troca. *Vide* seção 3 *infra*; e os ataques contra ela, se bem-sucedidos, destruirão ou mutilarão um programa que já está abatido no curto prazo a ponto de ser completamente ineficaz.

[222] *Vide* nota 199 *supra*.

a qualidade indispensável da relação cooperativa nega a possibilidade realista de contestação – ou limita a contestação a casos especiais, como exemplo, no caso de pais relativamente ricos que buscam benefícios financeiros muito grandes a partir de postos privados.

### 2.2.2.2 Falta de substância

A falta de substância educacional é a próxima grande fraqueza de uma solução legalista. A normatização é um dispositivo rudimentar às vezes útil como meio de obter recursos, mas quase nunca útil para sugerir soluções educacionais. Uma rotina organizacional como o IEP pode captar a atenção de uma organização, mas não pode proporcionar uma boa educação. A rigidez burocrática e a ignorância técnica permanecem intocadas pelo devido processo. As implicações orçamentárias do direito a uma educação apropriada foram deixadas vagas, a serem configuradas em vários fóruns de procedimentos. O planejamento organizacional e o pessoal também foram subestimados. O resultado de tudo isso é um processo bastante estranho, mas de certa forma admirável, no qual o conteúdo educacional dos direitos é desenvolvido de forma improvisada, em resposta a pressões esporádicas. As escolas devem desenvolver novos programas, habilidades de pessoal e rotinas organizacionais a fim de atender a todas as demandas que afetam o sistema. A educação especial não pode ter um orçamento infinito, nem em dólares nem em programas educacionais. No melhor dos casos, as escolas devem "encaixar" um grupo de programas com o que parece ser a mistura geral de demandas e necessidades. No pior caso, as escolas ficam paralisadas por resistência ou incompetência técnica, submetidas à pressão inútil da normatização ou à nenhuma pressão.

Assim, um sistema de procedimentalização como a EAHCA cria substantivas práticas educacionais obscuras, que consistem em soluções educacionais criadas em resposta à lei, mas não especificadas nessa lei. Advogados, escolas, pesquisadores e agências governamentais cooperam na elaboração de novas soluções,[223] que trazem a marca

---

[223] Sobre a EAHCA como estatuto de direitos civis e como iniciativa de educação, *vide* YUDOF, nota 203 *supra*. Exemplos de inovações organizacionais eficientes e humanizadoras na educação especial são: ter outras crianças na classe ajuda a empurrar cadeiras de rodas, e descobrir quais professores não se importam ou não conseguem se adaptar facilmente ao novo modelo inclusivo. *Vide* KIMBROUGH J. e HILL, P. *The Aggregate Effects of Federal Education Programs*. Department of Education, Rand Working Paper No. R-2638-Ed., 1981.

da improvisação. Elas são erráticas e incompletas porque a lei previa demandas, em vez de respostas a demandas.

### 2.2.2.3 Custo

O custo é a última fragilidade da normatização. As rotinas organizacionais são caras, especialmente quando requerem a participação de pessoal especialmente treinado. Devido à pressão da fiscalização, o cumprimento formal torna-se automaticamente uma alta prioridade, mesmo que seja substantivamente improdutivo.[224] Ainda mais relevante são o estresse e a confusão produzidos pela solução procedimental substantivamente vazia. As escolas são instruídas a fazer algo sob as penas da lei, mas não lhes é dito o que fazer ou como fazê-lo. Não é suficiente atender às exigências de cada um dos pais. Deve haver algum planejamento e desenvolvimento organizacional geral.

### 2.2.3 Resumo

Observadores experientes da normatização raramente ficam satisfeitos com ela.[225] Muita coisa acontece rapidamente, em parte por causa de muita ação desperdiçada. Os benefícios são generalizados, mas também são irregulares e imprevisíveis. Os recursos são mobilizados, mas a prática educacional necessária para utilizar esses recursos é deixada em suspenso, improvisada nas escolas por profissionais confusos e inquietos por uma lei que é, ao mesmo tempo, urgente e estranhamente pouco informativa.[226] Dada esta ambivalência, gostar

---

[224] *Vide* nota 204 *supra*.

[225] *Vide* nota 12 *supra*, KIRP D. e JENSEN, D. nota 179 *supra*; KIRP D. e JUNG, D. *Schools and Rules: Understanding Legalization in Comparative Perspective*. Institute for Research on Educational Finance and Governance, Stanford, Project Report No. 83-B5, 1983; KIRP, D. Professionalization as a Policy Choice: British Special Education in Comparative Perspective, In: *World Pol.*, v. 34, p. 137-174., 1982; NEAL e KIRP, nota 43 *supra*. A ambivalência em uma situação de benefícios e custos consideráveis é compreensível. O trabalho do professor Kirp sobre legalização pode sofrer de certa relutância para alcançar um equilíbrio final.

[226] Muitas pesquisas sobre o efeito dos recursos educacionais – em dinheiro, em qualificação dos professores, em tempo de aprendizagem e ensino, em livros de biblioteca etc. – não mostram qualquer efeito educacional forte, porque as pesquisas não investigaram como os recursos foram transformados, em nível escolar, em resultados educacionais. BARR R. e DREEBEN, R. *How Schools Work*. 1983, p. 1-4; LEVIN, H. About Time for Educational Reform. In: *Institute for Research on Educational Finance and Governance, Stanford University Project Report* n. 83-A19, 1983; MACKENZIE, M. *Educational Productivity and School Effectiveness*. Research Synthesis and Policy Analysis, Southwest Educational Development

ou não da normatização é em parte uma função da perspectiva e das expectativas.[227] Os antilegalistas se preocupam com os custos e com o caráter formal e simbólico do cumprimento.[228] Como questão geral, estamos no lado pró-legalista da neutralidade, devido ao que parece ser um viés potencialmente perigoso na posição antilegalista. A vantagem final da normatização é a produção de mudanças rápidas por meio de direitos de ação substantivamente vazios. A sofisticada qualidade formal desses direitos pode produzir uma séria subestimação de seu valor na mente daqueles que exigem um grau irrealista de coerência intelectual na vida social. Os direitos vazios podem funcionar surpreendentemente bem como a estrutura para uma ação social legalmente não especificada, mas eficaz na prática. Em organizações com alto grau de cooperação e habilidade, as normas jurídicas podem proporcionar uma estrutura estável dentro da qual se possam conduzir as interações preferenciais. Em organizações altamente resistentes, os direitos podem eventualmente fornecer a chave que abre a porta para uma mudança progressiva. Todo tipo de ação social que beneficia as crianças flui tanto ao redor como através de procedimentos estabelecidos. Por exemplo, os pais podem não participar efetivamente da audiência do IEP, mas podem ter tido uma conversa útil com o pessoal da escola antes da audiência.

Em certo sentido, o valor da normatização em abstrato é uma questão muito geral para ser útil. A normatização funciona melhor ou pior a depender de uma ampla gama de variáveis em cada contexto.

---

Laboratory, NIE Contract No. 400-83-0007, 1983, p. 30-35 (no prelo).

227 Por exemplo, a percepção de que os custos da legalização valem a pena é extraordinariamente sensível à avaliação do direito substantivo em questão. *Vide* CLUNE, nota 4 *supra*, p. 90; CLUNE, nota 10 *supra*, p. 765, n. 12.

228 O antilegalismo (a ideia de que a regulamentação não produz muita mudança útil de comportamento) provém de direções bastante diferentes: um impulso racionalizante e consciente dos custos (BARDACH E. e KAGAN, K. nota 11 *supra*); um impulso radical e desmitificador (EDELMAN, J. *Political Language: Words That Succeed And Policies That Fail*. Academic Press, 1977); e um impulso sociológico consciente das simbologias, a exemplo de MEYER, A.D. Strategies for Further Research: Varieties of Environmental Variation. In *Environments and Organizations*, 1987, p. 352 e ss., p. 355-357; MEYER, J.W. e ROWAN, B. Institutionalized Organizations: Formal Structure as Myth and Ceremony, In: *American Journal of Sociology*, V. 83, n. 2, 1977, p. 340-363; MEYER, J.W. e ROWAN, B. *The Structure of Educational Organizations* in *Environments and organizations*. San Francisco: Jossey-Bass, 1978, p. 78-109; MEYER, J.W., SCOTT, R.W., COLE, S e INTILI, J.K. Instructional Dissensus and Institutional Consensus in Schools. In: *Environments and Organizations*. p. 233 e ss., p. 256-263; MEYER, J., SCOTT, W. e DEAL, T. *Institutional and Technical Sources of Organizational Structure Explaining the Structure of Educational Organizations*. 1980 (no prelo).

O quão bem este processo de mudança desordenado e imprevisível se revelou na educação especial é, precisamente, o assunto da próxima parte do artigo. Como será visto, devido ao ativismo social de base característico dos pais e dos defensores da educação especial, a educação especial é um caso muito bom – talvez o melhor caso para a normatização. Outros fatores, como a relação de dependência entre a escola e os pais, apontam para a direção oposta. Antes de chegar a tais questões pragmáticas, entretanto, deve ser desvendada uma difícil questão normativa sobre os padrões adequados de avaliação.

## 3 A lacuna da educação especial avaliada: o que deverá ser feito agora?

As seções anteriores descreveram a lacuna de implementação da educação especial e explicaram como ajustes políticos entre as várias partes interessadas são responsáveis por ela. Esta parte do artigo diz respeito à avaliação. A lacuna indica falha? O que pode e deve ser feito para reduzi-la?

Três aspectos da avaliação são problemáticos e requerem discussão: a) o problema dos padrões (qual é a medida para avaliar o sucesso?); b) o conjunto avaliação valorativa (definido um parâmetro, como o sucesso da lei pode ser resumido de alguma forma significativa?); e c) a questão relacionada à reforma (o que vale a pena tentar mudar?).

### 3.1 O problema dos padrões: sucesso para quem e quanto é suficiente

As dificuldades em medir os efeitos da lei são suficientemente sérias sem complicações adicionais, mas o problema da escolha de padrões para avaliação é quase tão difícil quanto. Diferentes pessoas e grupos avaliam as políticas governamentais de diferentes perspectivas.[229] Uma falha abjeta vista de uma perspectiva pode ser um resultado satisfatório para outra. E perspectivas divergentes podem usar critérios similares ou completamente diferentes.

Três perspectivas básicas parecem competir pela prioridade na maioria das discussões. Primeiro, há a perspectiva puramente política, que olha para as atitudes reais dos participantes políticos e certamente

---

[229] *Vide* nota 217 *supra.*

inclui o que às vezes são chamados de propósitos "latentes", ou "motivações", em vez de intenções legislativas.[230] Os verdadeiros padrões políticos incluem os objetivos dos reformadores, mas também incluem aqueles dos parlamentares que aprovam leis como pagamento pelas contribuições de campanha ou para evitar uma ameaça eleitoral, como a oposição de grupos de defesa de educação especial. Os interesses que se opõem à reforma são parte importante da perspectiva política real, sejam relacionados ao custo financeiro e/ou pessoal, sejam questões de princípio (falta de simpatia para com a classe protegida). Os interesses de bem-estar são verdadeiros propósitos políticos, especialmente a sempre presente lógica da criação de empregos por meio de programas governamentais.

Os objetivos reformistas são uma classe especial dos objetivos políticos reais, normalmente aqueles identificados como propósito ou intenção legislativa. Quando grupos de *advocacy* ou empreendedores de valores morais patrocinam uma legislação, a legislação como um todo tende a ser justificada em termos de alguma necessidade subjacente, e cada grande instrumento político contido na legislação (por exemplo, ajuda financeira, devido processo) também terá alguma justificativa formal. Em comparação com toda a gama de objetivos políticos, os objetivos reformistas são formais (altamente racionalizados), moralistas e técnicos (o trabalho de advogados, analistas de políticas, assessores parlamentares e outros especialistas). Apesar deste ponto de vista estreito, a avaliação é comumente medida em relação às metas reformistas.[231] O devido processo é "supostamente" voltado a promover a participação dos pais – e não para empregar funcionários em audiências, embora este último seja também um objetivo político real.

A terceira perspectiva avaliativa comum situa-se em algum lugar entre a primeira e a segunda: a perspectiva reformista, modificada por meritórias considerações concorrentes, muitas vezes chamadas de "custos". Considerações concorrentes dignas podem ser reveladas pelo processo legislativo, por comentários públicos, ou durante o processo

---

230 *Vide* ELY, J. Legislative and Administrative Motivation in Constitutional Law. In: *Yale Law Journal*. v. 79, n. 7, p. 1205 e ss., 1970.

231 SUNSTEIN, C.R. Public Values, Private Interests, and the Equal Protection Clause. In: *The Supreme Court Review*, The University of Chicago Press, v. 1982, 1982, p. 127-166. Sunstein está correto quanto à necessidade de uma interpretação da lei (seja como parte da revisão judicial ou não) que envolve uma busca adequada por propósitos públicos (coletivos) genuínos e bons. A sugestão específica do artigo, no sentido de que a redistribuição pura deve ser o único propósito público inaceitável sob a cláusula de proteção igualitária, requer uma resposta mais ampla que não cabe aqui.

de implementação, como exemplo, nos debates perante os tribunais. Muitas pessoas que não estariam dispostas a admitir a titularidade de todos os propósitos políticos reais insistiriam em contrabalançar os objetivos reformistas com os custos da reforma. Assim, em nossos termos, a análise ordinária de "custo-benefício" da política do governo representa provavelmente um equilíbrio entre os objetivos reformistas e as considerações socialmente legítimas concorrentes. (A omissão de propósitos políticos reais socialmente impróprios ao lado dos benefícios da equação é provavelmente uma das razões pelas quais a política governamental é tão frequentemente considerada um fracasso).

O "método político" recomendado neste artigo é uma versão da terceira alternativa – objetivos reformistas, modificados ou reduzidos por considerações concorrentes socialmente importantes. Cada uma das alternativas tem argumentos a seu favor, mas é importante compreender o que se ganha e se perde com cada escolha possível.

A avaliação de programas de acordo com objetivos políticos reais tem a vantagem do realismo social. Qualquer subconjunto de objetivos políticos reais, como objetivos reformistas, tem um problema de justificação. Para qualquer programa social operacional, o processo político já registrou e pesou o conjunto completo de metas concorrentes. Com que autoridade podem os reformadores, formuladores e especialistas em políticas públicas apoiar o mesmo programa dando maior prioridade a um subconjunto das metas? A resposta a esta importante e difícil pergunta não se baseia em valores preferenciais e princípios morais tidos por mais elevados no direito constitucional.[232]

No entanto, embora seja suficientemente fácil depreciar o moralismo vazio, a alternativa do realismo político cínico parece igualmente pouco atrativa. O problema mais sério da avaliação política real é a "falácia sociológica", uma marca de positivismo ético segundo o qual tudo o que acontece não só é bom, mas igualmente bom. Mesmo nesta época desencantada, nenhum cinismo convencerá ninguém de que todos os programas sociais são igualmente bons. Em um sentido fundamental, a avaliação é impossível sem padrões reformistas. A avaliação implica a possibilidade de conclusões contrafactuais. Como é possível escapar desta oscilação radical do idealismo vazio ao realismo estéril, da opinião aos fatos?

---

[232] Em uma democracia liberal, o valor preferido por um grupo pode ser considerado por outro grupo apenas como uma forte preferência. *Vide* KOMESAR, N.K. Taking Institutions Seriously: Introduction to a Strategy for Constitutional Analysis. In: *University of Chicago Law Review*, v. 51, 1984, p. 366-466.

Qualquer que seja a resposta no nível do indivíduo, a resposta social é relativamente fácil: a própria democracia.[233] Em vez de contradizer a democracia, a avaliação orientada à reforma (contrafactual) espera iniciar um novo ciclo de ação democrática. A avaliação não está acima da política; a avaliação é política. E, não obstante um equilíbrio político prévio, existem todos os tipos de razões pelas quais a avaliação reformista pode ser politicamente eficaz. No nível social, muitas pessoas no processo político podem ser honestamente ignorantes ou estar confusas sobre o que está acontecendo. Alguns dos modelos revelados pelos estudos de implementação podem ser prejudiciais a quase todos e, portanto, passíveis de uma solução salomônica. Além disso, parte do equilíbrio político preexistente pode ter exigido sigilo para ser eficaz. Propósitos políticos "latentes", como políticas fisiológicas[234] e a política simbólica, não são menos reais que propósitos manifestos, mas podem ser muito mais difíceis de defender em um fórum público. Os propósitos reformistas da lei tendem a ser publicamente aceitáveis e legalmente autorizados. Se a pesquisa mostra que estes propósitos não são satisfeitos, o público pode muito bem exigir uma prestação de contas por meio dos tribunais, legislativos ou agências administrativas. Naturalmente, nada garante o sucesso da pesquisa reformista. O velho equilíbrio político pode ser imperturbável. O ponto aqui é a coerência filosófica e política, e não o poder político. A avaliação reformista produz um sentido político e ético, mesmo que não chegue a lugar algum.

Devido a seu potencial contrafactual, a avaliação reformista tem sido um dos pilares da sociologia do direito na forma do estudo de lacunas paradigmáticas.[235] A palavra "lacuna" descreve fielmente todo o gênero de pesquisa, pois estudos de lacunas sempre constatam que as leis falham em alcançar seus propósitos reformistas – há sempre uma lacuna entre os objetivos reformistas e a implementação real. Sob um modelo político de implementação, também é de se esperar uma lacuna, porque a implementação é concebida como um longo processo de ajuste entre os objetivos reformistas e os interesses concorrentes.

---

233 CLUNE, W., nota 4 *supra*, p. 91-93.

234 [N.T.] No original, *pork barrel*. A expressão *pork barrel* aparece com frequência em textos de ciência política dos EUA e busca designar ações de parlamentares com o objetivo de destinar recursos orçamentários às suas bases eleitorais, geralmente contemplando interesses paroquiais. A sua possível origem parece estar ligada ao antigo hábito de "levar o toucinho", ou seja, cada um leva o toucinho para a sua própria região. Por isso, em português, poderia corresponder a expressões como "puxar a brasa para a sua sardinha".

235 *Vide* nota 6 *supra*.

Se, como acabamos de argumentar, as metas reformistas fornecem o componente contrafactual necessário da avaliação, um estudo de lacunas deve ser parte de toda avaliação. Um estudo abreviado das lacunas da EAHCA é encontrado na seção 2.1 deste artigo. O problema é o que se deve concluir da existência de uma lacuna.

Estudos de lacunas geralmente concluem que os programas governamentais foram fracassados. Esta conclusão negativa uniforme estabeleceu a sociologia do direito como uma força a ser considerada; mas, no final, houve mais perguntas do que respostas. Teórica e pragmaticamente, a ideia de falha programática uniforme e invariável parece implausível. Normativa e politicamente, a lacuna era catastrófica. Proposta inicialmente por reformadores sociais de centro-esquerda como justificativa para a intensificação da atuação do Estado, a aparente inevitabilidade da lacuna acabou por fomentar o atual clima de neoconservadorismo fatalista.

O problema com a análise de lacunas é um argumento normativo incompleto – a lacuna na análise de lacunas. Avaliar a realidade empírica contra os objetivos reformistas é um primeiro passo útil, mas há duas outras questões normativas: uma questão qualitativa sobre quais objetivos, além dos objetivos reformistas, devem ser reconhecidos, e uma questão quantitativa sobre quanto sucesso é suficiente. Uma lacuna ou déficit nos objetivos reformistas resultante da promoção de outras metas de valor social pode ser aceitável. Sob o aspecto quantitativo, a questão é quanto sucesso reformista é suficiente para justificar a intervenção. Assim, a análise das lacunas sofre de uma falácia ideológica, que é a antítese de sua contraparte discutida anteriormente: a falácia sociológica. Enquanto a falácia sociológica, produto de uma avaliação puramente política, assume a superioridade normativa do comportamento real, a falácia ideológica, que é uma parte intrínseca da análise de lacunas, assume a primazia dos objetivos reformistas.

Na análise de lacunas eticamente modificadas surge imediatamente uma questão sobre quais objetivos não reformistas devem ser reconhecidos. Em teoria, quase tudo poderia se qualificar. Na prática, os interesses que competem pelo reconhecimento são os revelados durante a implementação. (Alguns que recebem benefícios ou suportam custos podem não estar envolvidos na implementação, ou podem não estar bem representados. Este é um problema que está além do escopo deste artigo). Os interesses revelados durante a implementação se revestem de uma validade pragmática advinda do caso ou das diferentes controvérsias.

Esses interesses também têm um significado jurídico presumido.[236] Em muitos programas sociais – e certamente na EAHCA – o processo de ajuste das metas reformistas contra considerações concorrentes foi delegado ou adiado para o estágio de implementação com todos os seus vários participantes (incluindo os tribunais).[237] Assim, o significado normativo dos ajustes é uma questão inexplorada no momento da promulgação legislativa ou do decreto judicial. Então, assim como uma decisão judicial aplicando um estatuto ou constituição é influenciada pelos fatos concretos perante o tribunal, também os ajustes da implementação são influenciados pelos novos conhecimentos adquiridos sobre implicações específicas do programa.[238] Talvez uma consideração concorrente não tenha tido peso suficiente (as interrupções da integração?). Talvez houvesse implicações orçamentárias imprevistas (a impossibilidade de individualização completa da instrução e remediação completa?). Talvez alguns dos ideais reformistas não fossem tão importantes quanto outros, ou, à luz do pragmatismo, parecessem claramente irrealistas (poder parental?).

O uso do termo "método político de avaliação" neste artigo refere-se a uma investigação sobre o significado normativo dos interesses revelados pela implementação. O quanto esses interesses concorrentes são conhecidos é uma questão em aberto, dependente do contexto. Governantes bloqueando as portas das universidades para proteger os estudantes brancos da experiência desagradável da companhia negra é uma coisa.[239] Estudantes sem deficiência que querem uma boa educação, professores de escolas que querem ensinar efetivamente, contribuintes que querem economizar dinheiro e psicólogos de escolas que querem um horário normal de trabalho são pontos bem diferentes do racismo e diferentes uns dos outros. Em outras palavras, os interesses que competem com os objetivos reformistas na educação especial, como

[236] O papel generalizado que os custos exercem nas interpretações judiciais é uma prova desse significado. *Vide* nota 203 *supra*.

[237] O principal mecanismo de adiamento da EAHCA é a generalidade da definição puramente processual do direito substantivo. Uma educação apropriada é aquela que resulta de procedimentos apropriados. *Vide* notas 43 e 203 *supra*.

[238] *Vide* WELLINGTON, H.H. History and Morals in Constitutional Adjudication (Book Review). In: *Harvard Law Review*, v. 97, p. 326 e ss., 1983, p. 328-39 (juízes interpretando estatutos completos atuam como legisladores particularistas).

[239] [N.T.] O autor utiliza ironia para afirmar que objetivos racistas não são legítimos, diferentemente de outros objetivos que, apesar de não estarem contemplados na lei, devem ser levados a sério.

revelado pela implementação, têm uma validade normativa de face. Eles parecem ser interesses que devem ser levados a sério.

Reconhecer o possível significado normativo dos interesses de implementação contrarreformista significa avaliá-los, não necessariamente aceitá-los. Nada sobre uma análise política obriga à adoção da falácia sociológica que descarta totalmente os objetivos formais ao concluir que todos os ajustes são necessariamente bons só porque aconteceram. Alguns ajustes podem parecer claramente indesejáveis quando vistos de qualquer outra perspectiva que não a do interesse particular responsável pelo ajuste.[240] Além disso, não há razão para supor que todos os ajustes sejam inevitáveis. Com base na compreensão do jogo político ocorrido, novas forças políticas podem ser capazes de mudar a própria lei ou mudar o mecanismo de poder da lei existente, por exemplo, introduzindo novos recursos.[241] O fatalismo não é mais filho da sociologia do que o niilismo ético.

Assim, este artigo tem a intenção de oferecer um método de avaliação que orienta um caminho intermediário entre a falácia ideológica, que assume a hegemonia normativa dos objetivos reformistas, e a falácia sociológica, que assume a legitimidade normativa do comportamento real. Não existe nenhuma fórmula ou procedimento científico para a fase nitidamente normativa deste "método". A avaliação continua sendo um exercício ético e democrático, apoiando-se em argumentos e persuasão normativa. Além disso, embora o método oriente um caminho intermediário entre os dois tipos de falácia, a conclusão correta não é necessariamente um compromisso entre objetivos reformista e ajustes políticos. Talvez um ou outro lado tenha o melhor do argumento, apesar do "fato normativo" de que ambos os lados têm posições socialmente legítimas.[242]

---

[240] De certa forma, a avaliação pode consistir em advogados que convençam um observador simpático, mas desinteressado (por exemplo, um juiz) ou, em termos democráticos, os verdadeiros conflitos em jogo. CLUNE, nota 4 *supra*, p. 91-93.

[241] A melhoria da efetividade do título I é identificada em KIRST, M.W. e JUNG, D. The Utility of a Longitudinal Approach in Assessing Implementation: A Thirteen Year View of Title I, ESEA. In: *Evalluation and Policy Analysis Archives.* 1980, p. 17-34; *vide* também McLAUGHLIN, M. *Evaluation and Reform: The Elementary and Secondary Education Act of 1965*, Title I, 1975.

[242] A possibilidade de reconhecer valores concorrentes socialmente legítimos e, ao mesmo tempo, exercer algum julgamento independente poderia ser questionada. O problema é semelhante ao problema da consciência individual e autonomia no estruturalismo e a relativa autonomia do direito no marxismo. *Vide* HELLER, T.C. Structuralism and Critique, In: *Stanford Law* Review, v. 36, 1984, p. 198-127; HUNT, A. *The Theory, Method and Politics of Critical Legal Theory*, 1984 (no prelo). *Vide* também nota 10. Talvez uma

Todos os elementos constituintes de uma avaliação política foram agora discutidos: um resumo da lacuna de implementação da EAHCA, uma explicação de quais interesses políticos são responsáveis pela lacuna, uma discussão dos limites da normatização como instrumento político em um ambiente politizado, e um argumento para uma avaliação reformista que é normativamente sensível a interesses políticos opostos. As próximas duas seções usarão este método de avaliação para fazer algumas recomendações para uma futura reforma da EAHCA. A mentalidade avaliativa com a qual esta tarefa é abordada pode ser chamada de "idealismo pragmático". Os compromissos dos objetivos reformistas são aceitáveis se assumidos em nome das importantes considerações concorrentes reveladas pela implementação e se não forem muito extensos. Compromissos feitos em nome de interesses sem importância ou desonestos devem ser renunciados. Compromissos muito grandes, assumidos em nome de interesses significativos, poderiam teoricamente exigir a revogação da legislação. Além dessas questões normativas, há também o problema da viabilidade; propostas reprovadas não podem ser alteradas. Às vezes, a lei deve dar lugar ao poder, independentemente do direito. Embora a educação pública não seja conhecida por seus tiranos ou monstros morais, atitudes burocráticas rígidas podem frustrar a reforma.[243]

## 3.2 EAHCA avaliada: há sucesso após a implementação?

Uma base adequada foi agora estabelecida para a avaliação da EAHCA. A discussão a seguir busca sintetizar os sucessos e fracassos da lei, olhando não apenas para os objetivos reformistas legais, mas para o bem-estar das crianças com deficiência em geral e para os interesses legítimos das escolas, revelado pelo comportamento de implementação.

analogia mais direta seja a dificuldade de as instituições democráticas reconhecerem alguns interesses emergentes e marginalizados, o que é incompatível com a distribuição existente de direitos políticos, de direitos econômicos e de consciência (especialmente dado que todas as distribuições de direitos políticos também são distribuições de direitos econômicos, e vice-versa). *Vide* CLUNE, W. nota 10 *supra*, p. 777-779, p. 764; CLUNE, nota 10 *supra*, p.764 n.7, 777-79; TUSHNET, M. Talking to Each Other: Reflections on Yudof's When Government Speaks (Book Review). In: *Wisconsin Law Review*, 1984, p. 129 e ss. Falando de maneira prática, os avaliadores podem trazer alguma nova combinação de conhecimentos gerais, experiência, novos fatos e novos valores.

243 *Vide* BERMAN, P., nota 205 *supra*, *vide* também as diferentes questões regulamentares levantadas pelas "maçãs podres *versus* maçãs boas" em BARDACH E. e KAGAN, R. nota 11 *supra*, p. 64-66.

A tentativa é alcançar uma posição avaliativa global, que, com base nessa lista de registros de sucessos e fracassos, pretende ser realista e sensível. Finalmente, a seção 3.3 discute o que ainda precisa ser feito.

### 3.2.1 Síntese dos sucessos e fracassos

A EAHCA alcançou uma série de sucessos notáveis. Como frequentemente acontece com a legislação de reforma social, o problema mais óbvio e chocante com o qual a legislação estava relacionada – a exclusão completa de crianças com deficiência das escolas – foi o mais completamente resolvido. Também houve sucessos em áreas mais discretas. Programas de educação especial foram implementados em escala massiva, medindo-se em termos de aulas especiais, assistentes de professores ou novos procedimentos de testes.[244] Também houve um uso generalizado do IEP; uma rotina educacional nova e bastante dispendiosa foi adotada em quase todos os lugares. Embora o cumprimento formal seja melhor que o cumprimento substantivo (os IEPs são melhores que os programas que eles recomendam) e a efetividade dos pais no procedimento do IEP seja questionável, as escolas parecem aprovar o IEP como uma inovação pedagógica. É provável que alguns benefícios sejam derivados meramente de um melhor planejamento organizacional, independente da participação efetiva dos pais ou da conformidade detalhada. O devido processo não tem sido um sucesso em termos de objetivos de informalidade, mas levou as escolas a um elevado grau de conformidade, pelo menos em termos de exigências legais facilmente mensuráveis. A implementação da educação especial é também um exemplo impressionante de adaptabilidade e inovação

---

[244] O sistema de educação especial cresceu drasticamente durante a última década. Em 1966, os gastos totais com "custos adicionais" relativos a programas de educação especial foram de US$680 milhões. LYNN, L. nota 44 *supra*, p. 14. Em 1972, os gastos adicionais haviam subido para US$2,7 bilhões. BREWER G. e KAKALIK, J., nota 78 *supra*, p. 392-93. Em 1978, esse número havia crescido para um valor estimado em US$7 bilhões, e um valor comparável hoje pode muito bem ser superior a US$10 bilhões. *Vide* nota 70 *supra* (o valor de US$10 bilhões é estimado mediante multiplicação do total de crianças com deficiência atualmente atendidas pelos custos serviços de educação especial corrigidos pela inflação). Da mesma forma, o número de crianças com deficiência atendidas tem crescido. Em 1966, aproximadamente 2,1 milhões de crianças receberam serviços de educação especial. LYNN, nota 44 *supra*, p. 14. Em 1981-82, esse número havia subido para 4,2 milhões. *Fifth Annual Report*, nota 60 *supra*, p. 90. Finalmente, o número de professores de educação especial e outros funcionários empregados para atender a estudantes com deficiência cresceu acentuadamente. Em 1976-77, havia 179.804 professores de educação especial e 151.649 funcionários de escolas destinadas a atender a crianças com deficiência. Em 1980-81, esses números aumentaram para 232.627 e 207.384, respectivamente. *Idem*, p. 100-101.

organizacional. Novas rotinas organizacionais foram desenvolvidas para lidar com e tornar mais eficazes cada um dos principais tipos de legalismo discutidos neste artigo (triagem antes do encaminhamento, listas de verificação, IEP e mediação no devido processo administrativo). Outro triunfo é a legião de inovações educacionais adaptativas, em sua maioria invisíveis, não especificadas na lei, mas desenvolvidas em resposta a ela pelos profissionais das escolas, pais e defensores da causa. Além de todos estes programas e procedimentos, existe uma nova era para crianças com deficiência e seus pais, uma era de novas oportunidades, de mudança de atitudes e de maior capacidade de resposta.

Uma das falhas notáveis da lei foi o ideal de uma educação apropriada personalizada. Ao invés, o resultado foi o estabelecimento de programas especiais de rotinas.[245] Os programas individualizados foram vítimas da falta de conhecimento técnico, das restrições orçamentárias e das necessidades das escolas em relação aos procedimentos de rotinas. Como organizações com muitas funções, as escolas devem ser capazes de planejar a educação especial dentro de um orçamento finito. A ideia de uma educação personalizada para cada criança com deficiência violou estes preceitos fundamentais de organização.

Também fracassou o ideal de efetiva participação individual de pais e mães. A eficácia individual foi vítima de um poderoso quarteto de forças: a natureza contínua e paternalista da relação entre as escolas e as famílias, um desequilíbrio de recursos nos litígios entre as escolas e os pais, uma falta de conhecimento técnico sobre o tratamento adequado de várias deficiências, e uma falta de escolhas de programas. O pequeno número de pais que rompem as barreiras burocráticas, econômicas e psíquicas contra o ato de litigar e realmente chegam a uma audiência administrativa se saem respeitavelmente bem. Mas se o litígio for bem-sucedido, isso se dá por meio da dissuasão, e não porque seja uma parte regular do processo.

Além dessas duas principais deficiências, tem havido muitos problemas ordinários de implementação, como bolsões de resistência, áreas com programas especialmente pobres, e assim por diante.

---

245 Conferir KRUG, E. *The Shaping of the American High School.* v. 2, 1972 (o conceito de educação progressiva e individualizada, quando traduzido em uso pelas massas, levou a um manual de trabalho padronizado, em vez de instruções individualizadas); WASHBURN, C. MARLAND, S. *Winnetka: The History and Significance of an Educational Experiment* Englewood Cliffs, 1963, p. 21-25 (descrevendo a padronização dos esforços para individualizar a autoinstrução em aritmética nas escolas públicas de Winnetka, Illinois, nos anos 1920, resultando no que agora são conhecidos como livros de exercícios).

### 3.2.2 Avaliação dos êxitos e fracassos

Por qualquer padrão comparativo, os sucessos alcançados na implementação da educação especial têm sido verdadeiramente impressionantes. A implementação universal de qualquer política, em nível de campo, é bastante rara. A maioria dos programas de reforma social fracassam, ou não conseguem passar do estágio de política simbólica, ou não conseguem alcançar qualquer mudança significativa de atividade na organização regulamentada.[246] Em comparação, as leis de educação especial trouxeram um grande volume de atividades para o nível de campo em quase todos os lugares. O fato de esta atividade não ter alcançado alguns objetivos desejáveis não deve ser considerado um argumento para diminuir a relevância da política de educação especial como um programa amplamente implementado.

Um argumento mais forte pode ser formulado, o de que a educação especial se aproximou dos limites de uma realização realista. Olhando para o padrão de implementação como um todo, pode-se perguntar quanto mais pode ser feito para crianças com deficiência, dada qualquer reivindicação justa sobre recursos e estado de conhecimento existente sobre o que pode ser feito. É claro, muitos aspectos específicos precisam ser melhorados. Mas, de uma perspectiva mais global, parece que a educação especial obteve uma quantidade significativa de novos recursos para seus clientes, e estes recursos foram utilizados de maneiras razoavelmente eficientes, dada a limitada base de conhecimento e o que se pode razoavelmente esperar de organizações burocráticas de grande escala. O que é razoável esperar é, naturalmente, em parte, um julgamento normativo. Mas a posição normativa não é estritamente subjetiva. Como discutido anteriormente, uma das características mais evidentes do ambiente da educação especial é o alto grau de legitimidade moral de muitas das considerações que competem com as necessidades da educação especial.

A impressão de sucesso relativo é reforçada pela referência à teoria da implementação. Ao analisar a política de implementação, a educação especial parece ser um protótipo do perfil de implementação bem-sucedida: um poderoso grupo de eleitores bem organizado, tanto em nível nacional quanto local, com presença transversal em todas as classes econômicas.[247] A discussão com funcionários da educação em

---

[246] Sobre a gama típica de sucesso de implementação, *vide* CLUNE, W., nota 4 *supra*, p. 87-89.

[247] De acordo com Sabatier e Mazmanian, as condições para uma implementação efetiva incluem: padrões claros, recursos suficientes de aplicação da lei, uma agência reguladora

quase todos os níveis de governo confirma que o *lobby* da educação especial é conhecido por seu peso político. Além disso, de modo geral, a EAHCA é uma lei efetivamente idealizada. Os IEPs e as equipes multidisciplinares representaram inovações educacionais genuinamente progressistas. O direito ao devido processo proporcionou uma importante potencialização da força, especialmente para grupos de *advocacy* que promovem litígios institucionais e para aquelas famílias específicas com motivação, habilidade e recursos suficientes para se tornarem litigantes.

Como, então, as falhas evidentes da lei devem ser avaliadas? Pode-se argumentar que não apenas o ideal de uma educação individualmente apropriada era irrealista, mas que foi implicitamente reconhecido como tal na legislação.[248] Tanto por razões orçamentárias quanto organizacionais, os sistemas escolares não podem operar numa base verdadeiramente individual, oferecendo a cada estudante um programa de instrução separado. Programas tutoriais para cada criança seriam exorbitantemente caros e as expectativas dos pais sobre uma mudança tão grande dos recursos da sociedade em direção a seus filhos com deficiência devem ser consideradas irrealistas. Mesmo que os recursos estivessem disponíveis, o conhecimento técnico existente não permite programas precisamente personalizados para cada criança. Categorias programáticas genéricas são provavelmente tudo o que se pode gerenciar. Na verdade, programas educacionais individualizados seriam bons não apenas para crianças com deficiência, mas também para todas as outras crianças.

O ideal perdido de participação efetiva dos pais evoca uma resposta igualmente ambivalente. Talvez seja possível aumentar a efetividade da participação parental, fornecendo a todos os pais mais serviços jurídicos. Mas não há clareza quanto ao ganho a ser obtido com um investimento tão elevado. A maioria dos fatores que limitam o controle dos pais sobre o processo educacional é substantiva e não processual e, portanto, parece difícil de remediar. Se as escolas devem ter relativamente poucos programas e respostas organizacionais bastante rotineiras, o máximo que os pais poderiam fazer seria escolher

---

de apoio, um número limitado de partes cujo consentimento seja necessário ou que possam funcionar como atores de veto, líderes habilidosos, apoio ativo de grupos de base fortes e falta de conflito com outros programas ou condições socioeconômicas. SABATIER P. MAZMANIAN, D. The Conditions of Effective Implementation: A Guide to Accomplishing Policy Objectives. In: *Policy Analysis*, 5:4 (1979: Fall) p. 481-504, p. 484-500.

[248] *Vide* notas 43 e 206 *supra*.

entre os programas existentes. Se o planejamento e o orçamento da educação especial devem ser integrados com o resto das funções da escola, os pais não podem esperar exigir um processo totalmente novo de planejamento organizacional em cada etapa do desenvolvimento educacional. Em outras palavras, feitas todas as concessões necessárias às funções da escola, o que resta exatamente para o controle dos pais? A natureza da relação entre a escola e os pais, que deve ser contínua, confiante, cooperativa e fundamentalmente paternalista, paira sobre todas estas questões. Talvez a satisfação dos pais possa ser significativamente aprimorada com o aumento dos serviços jurídicos. Porém, é discutível se este é um objetivo apropriado para a educação especial ou se vale a pena o custo da sua disponibilização.

Em geral, as falhas da lei parecem ter ocorrido em áreas relacionadas ao ideal individualista do legalismo liberal, enquanto os sucessos têm sido exemplos de solução de problemas coletivos e organizacionais. De fato, a questão mais contundente que emerge dos estudos sobre implementação é se aqueles legalismos baseados no ideal de participação individual dos pais – o IEP e os direitos ao devido processo – devem ser abandonados. Eles parecem produzir pouca participação dos pais a um custo considerável. Por que não revogar as disposições, deixando tais rotinas organizacionais internas como exigências de testes e equipes de avaliação multidisciplinares?

Embora valha a pena pensar nisso, as evidências não suportam uma mudança tão drástica. Os direitos ao devido processo somente são dispendiosos quando são usados, e são usados com vantagem por alguns pais e por grupos de *advocacy* que buscam uma reforma estrutural. Além disso, os direitos ao devido processo parecem ter encorajado a prática generalizada da mediação informal, realizando assim indiretamente os objetivos informais destinados às audiências administrativas propriamente ditas.

Como os IEPs são usados o tempo todo, mesmo quando os pais não participam, o argumento para abandonar os IEPs parece ser mais forte. Entretanto, em nossa opinião, o IEP é a pedra fundamental do procedimento previsto na lei. O IEP serve como o foco prospectivo de todo o processo interno inicial de encaminhamento, avaliação e colocação. É a expressão escrita de todo o conjunto de decisões organizacionais que determinam o tratamento de uma criança. Retrospectivamente, o IEP serve como trilha de auditoria para audiências administrativas e monitoramento governamental. Portanto, embora todos os tipos de melhorias no IEP – mesmo que as tornem onerosas e mais substanciais

– possam ser bem-vindos, abolir a exigência de qualquer registro escrito de planejamento da agência não parece ser uma proposta recomendável. Além disso, independentemente de quão pouco os pais participem do planejamento organizacional, a ideia de abolir completamente o direito de participação parece, de alguma forma, caminhar na direção errada. Se não fosse dado aos pais o direito de participar de um evento chamado "audiência do IEP", eles teriam que ter alguma outra oportunidade estruturalmente prevista na lei de exercer seu direito de opinar na educação do seu filho.

Aparentemente, o caso do IEP possui a qualidade tênue do argumento de diversos outros legalismos; parece suficientemente relacionado a algo importante que, em geral, costuma ser uma boa ideia. Há realmente três argumentos a favor do IEP: como uma questão de rotina organizacional interna, o IEP obriga as escolas a prestarem atenção às necessidades individuais da criança; o IEP permite a participação dos pais; e o IEP permite que as agências de monitoramento identifiquem o que ocorreu, em caso de conflito.

Cada uma dessas três justificativas está sujeita às críticas habituais dos legalismos, no sentido de que não se relacionam com seu objetivo legal, nem diretamente, nem de forma qualitativa. A atenção individual da organização é diminuída por limitações nos programas disponíveis e na rotina de encaminhamento e avaliação. A participação dos pais é reduzida em razão de fatores relacionais discutidos por diversas vezes e em profundidade no início deste artigo. O monitoramento não é realmente um objetivo em si (por que monitorar se a atividade monitorada não está trazendo nenhum bem identificável?). Além disso, a eficácia do monitoramento na mudança do comportamento organizacional é questionada devido à qualidade formalista das supervisões administrativa e judicial.

O otimismo em relação ao IEP deve repousar, em última instância, em um conjunto de julgamentos um tanto intuitivos: neste sentido, o objetivo científico de uma "educação adequada" é enganoso. O melhor argumento a favor o IEP decorre, provavelmente, do fato de que as necessidades das crianças com deficiência não são bem atendidas pelas rotinas organizacionais habituais e que apenas um pouco de atenção específica pode fazê-la evoluir em um ambiente burocrático como é o das escolas. Os benefícios são certamente maculados, e eles vêm com um custo considerável, mas há um ganho líquido. Entretanto, a discussão coletiva de tais chamadas de julgamento é essencial. Julgamentos complexos, normativos/factuais, não são científicos e são mais válidos quando refletem uma variedade de experiências de vida e perspectivas normativas. As avaliações positivas podem ser simplesmente o produto de uma personalidade ingênua. Independentemente de qual seja a resposta, inevitavelmente haverá sérias dúvidas quanto à verdade nela refletida.

## 3.3 O que deve ser feito agora: existe reforma após o pragmatismo?

Este é o último dos seis elementos especificados na introdução como parte do método político de avaliação, e agora é possível ver a natureza cumulativa desses elementos. A presente discussão sobre a reforma repousa sobre as cinco discussões anteriores. Uma vez alcançado um equilíbrio final e ponderadas as opções viáveis, é hora de considerar possíveis reformas.

Uma questão lógica que emerge do acima exposto é a extensão e a natureza das reformas que podem ser esperadas. A tolerância quanto aos ajustes do sistema foi tanta que não há mais espaço para exigir mudanças? Pelo contrário, as concessões às necessidades de racionalidade burocrática não devem ser interpretadas como complacência ou "carta branca" para a aprovação do comportamento escolar. A conclusão de que o programa de reformas produziu um equilíbrio global justificável de várias forças legitimamente concorrentes é perfeitamente consistente com a posição de que também existem muitos problemas sérios que podem e devem ser remediados. A questão-chave a ser respondida pela aprovação dos ajustes do sistema é se devemos empregar tempo tentando remediar o que é visto como falhas estruturais maciças da perspectiva dos propósitos reformistas originais, ou admitir que algumas dessas falhas foram consequência de expectativas irrealistas, e proceder a outros problemas de segunda geração, revelados por um estudo sobre a implementação real da lei.

A escolha, em outras palavras, é familiar: optar entre mudança radical e reformista.[249] Como a EAHCA é, em seu domínio, um elemento ousado de legislação progressista, e como os interesses opostos são valiosos e legítimos, este artigo se encontra firmemente do lado do reformismo. Parece que não se deve dar atenção a objetivos não

[249] *Vide* LEVIN, M. *Education and Work*. Project Report 82B-8, Institute for Research on Educational Finance and Governance. Stanford University, 1982 (a educação contém diversos aspectos progressivos e regressivos).

realizados e irrealistas da legislação original, mas sim a problemas sérios selecionados, descobertos pela experiência com a lei, e para os quais existem soluções conhecidas.

Este tipo de solução costuma se basear no conhecimento sistemático sobre a implementação de programas e é também estrutural quanto à forma, ou seja, o problema geralmente requer ou legislação ou litígio institucional. Não se sabe o suficiente sobre educação especial para se sugerir uma lista completa desses problemas ou uma ordem de prioridades. Tal conhecimento normalmente deve vir da comunidade de pesquisadores, profissionais experientes e advogados cuja participação no financiamento da pesquisa se torna, portanto, essencial.[250]

Nossa própria avaliação sugere uma série de possíveis reformas a serem seriamente consideradas, e estas servirão como exemplos do tipo de remédio justificado pela avaliação política que acaba de ser concluída. Essas reformas podem ser divididas, de forma útil, em duas categorias: formas de melhorar a eficácia dos mecanismos legais existentes, e meios de proporcionar desenvolvimento e assistência educacional. Deve-se prestar atenção, em outras palavras, tanto à estrutura de interação legalmente institucionalizada quanto ao "subterrâneo" informal da prática educacional.

Na primeira categoria, melhorias nos instrumentos legais, sugerimos reformas das equipes multidisciplinares, IEPs, devido processo e categorias de diagnóstico. Em muitos distritos, as equipes multidisciplinares não funcionam como deveriam. Em vez de um grupo interdisciplinar de tomadores de decisão, subgrupos especiais de pessoas participam ou controlam a equipe.[251] Mesmo em termos

---

250 Em uma versão anterior, nos referimos a "remédios estruturais baseados no conhecimento sistêmico". Apesar de soar semelhante, isto é muito diferente da "investigação social profissional" de Lindblom e Cohen. LINDBLOM C. e COHEN, D. *Usable Knowledge*: Social Science and Social Problem Solving. New Haven: University Press, 1979. O núcleo de conhecimento sobre a reforma legal deve vir dos participantes (ou daqueles que falam com os participantes) e, realmente, nada mais é do que o conhecimento acumulado, ordenado analiticamente. Assim, estamos falando de conhecimentos disciplinados e sistemáticos, mas que também são "comuns".

251 *Study of Procedures*, nota 169 *supra*, p. 7.7 (muitas vezes é difícil determinar quem decide pela inclusão ou quando essa decisão é tomada; decisões muitas vezes são tomadas por um ou dois membros do pessoal em vez de a equipe); *A National Survey of IEPs: V. I*, nota 83 *supra*, p. 8-9 (das três categorias de participantes previstas nas reuniões do IEP – professores, administradores e pais – cerca de um terço de todas as reuniões do IEP teve todas as três classes de participantes, embora o estudo observe que esta é provavelmente uma subestimação da taxa real de participação de todas as partes interessadas. Na análise por categoria, o estudo constatou que os professores participaram cerca de três quartos das vezes, os pais dois terços das vezes, administradores escolares três quintos das vezes,

pragmáticos, isto está abaixo do padrão. Uma equipe multidisciplinar devidamente constituída pode pelo menos proporcionar a participação especializada pretendida no processo de tomada de decisões mais amplo. Excluir uma avaliação cuidadosa quase certamente esconde a disponibilidade de opções produtivas e pragmáticas. Quanto aos IEPs, o sistema também parece ter ido longe demais no sentido de uma conformidade formal.[252] As experiências sobre formas de adaptar melhor os IEP aos programas reais, e vice-versa, parecem valer bem a pena. Uma revisão mais substantiva no nível estadual é uma resposta possível. (É claro, a prevalência de equipes multidisciplinares essencialmente ilegais sugere que mesmo a conformidade formal com o processo IEP está longe de ser perfeita).

Na área do devido processo, justifica-se uma análise cuidadosa da atuação dos defensores de pais e do "uso comunicativo do conflito". Têm-se afirmado que essa melhor representação leva a melhores resultados, maior satisfação e um custo mais baixo.[253] E quanto à reforma das classificações da educação especial? Alguns têm instado a abolição da distinção entre as classificações de déficit de aprendizagem (LD) e crianças com deficiência intelectual (EMR).[254] O sucesso dos programas

---

e conselheiros escolares ou psicólogos cerca de um quarto das vezes). BICKEL, nota 101 *supra*, p. 194 (reuniões das equipes de inclusão tendem a ser dominadas por pessoal administrativo ou psicólogos). Panel on Selection and Placement of Students in Programs for the Mentally Retatarded, Placement in Special Education: Historical Developments and Current Procedures. In: *Placing Children in Special Education: a Strategy for Equiry*. 1982, 23, p. 39, doravante citado como *Panel on Selection and Placement*: "Ocasionalmente, os funcionários da escola se reúnem antecipadamente para resolver desentendimentos e apresentar uma frente unida aos pais".

[252] *Vide* notas 145-151.

[253] *Vide* HANDLER, J., nota 176 *supra*.

[254] Por exemplo, alguns especialistas observaram que: "Com base na prática efetiva documentada nas escolas até hoje, parece que basicamente o mesmo tipo de processo de instrução pode ser necessário para as crianças com *déficit* de aprendizagem e para as crianças com deficiência mental leve. Deve-se notar que há pelo menos um outro grande grupo de crianças com dificuldades acadêmicas que não adquirem rótulos de educação especial, mas que [...] por causa da baixa renda familiar e do fraco desempenho nos testes de aproveitamento são designadas a vários programas de educação compensatória – normalmente em particular em disciplinas acadêmicas para uma parte da jornada escolar. As evidências acumuladas sobre essas crianças também sugerem que as mesmas características de instrução direta, de ritmo externo e formalmente monitorada no conteúdo acadêmico que foram observadas para crianças com deficiência mental produzem os melhores resultados de aprendizado. Se estes três grupos teoricamente distintos de crianças em dificuldades acadêmicas parecem prosperar mais sob o mesmo tipo de instrução, há boas razões para questionar o sistema tradicional de rotulagem categórica dentro da educação especial. No mínimo, o ônus da prova parece agora recair sobre aqueles que defenderiam as divisões tradicionais dentro da educação especial". *Vide Panel on Selection and Placement*, nota 251 *supra*, p. 86-87

de educação especial está ligado às altas expectativas para as crianças. Como o rótulo EMR sugere, em oposição, a existência de uma criança "com deficiência" que não consegue aprender, os programas EMR podem se tornar um depósito para todos os estudantes, especialmente os estudantes de minorias. A abolição da categoria EMR merece ser seriamente considerada.[255]

Das duas vias de reforma, a melhoria da prática educacional é provavelmente a mais importante, porque tem sido a mais negligenciada. Sugerimos três áreas promissoras: o problema perene do distrito ou da escola "maçã podre", a disseminação de técnicas educacionais bem e malsucedidas, e o desenho de estruturas para a participação de defensores da causa no planejamento educacional. Na teoria da conformidade regulamentar, a maçã podre é o empreendimento regulamentado que não cooperará com incentivos regulamentares – a "obstrução".[256] Tais empreendimentos são tipicamente caracterizados pela falta de vontade de cumprir ou de capacidade de cumprir ou ambos.[257] Existem maçãs podres na área de educação especial; há distritos e escolas que não aceitam as premissas fundamentais da EAHCA e que respondem aos pedidos de mudança com obstinação. Distritos e escolas resistentes são provavelmente isolados de grupos de *advocacy* locais eficazes e contam com uma liderança não esclarecida. Em outras palavras, falta-lhes pressão política efetiva e liderança, seja da comunidade, seja da escola. Não é claro como identificar e reformar essas organizações, mas vale bem a pena pensar e pesquisar seriamente a respeito. Uma possibilidade é a de haver uma equipe especial nas agências de educação estaduais responsáveis pelo desenvolvimento organizacional na área de educação especial.

Uma segunda reforma na categoria de melhores práticas educacionais é a maior disseminação de técnicas educacionais eficazes e ineficazes. Em sintonia com a qualidade obscura da prática educacional e, da mesma forma, com a qualidade extremamente descentralizada das respostas organizacionais, a conformidade com a EAHCA é caracterizada por uma grande variedade de respostas. Alguns distritos e escolas se saem muito bem; outros se saem muito mal. As técnicas tanto

[255] Em 1981, a Califórnia havia eliminado gradualmente as classes EMR. O tribunal voltou a banir testes de QI para inclusão de crianças com deficiência mental. 12 SCH. L. NEWS I (Capitol Public. 27 de janeiro de 1984).

[256] *Vide* nota 166 *supra*.

[257] *Vide* nota 205 *supra*.

de cumprimento efetivo quanto ineficaz também diferem muito. Neste ambiente de baixa visibilidade de informações, o registro e a divulgação de respostas organizacionais é um serviço importante. O financiamento deste tipo de pesquisa pelo Instituto Nacional de Educação tem produzido resultados encorajadores.[258] Finalmente, os recursos de pesquisa e desenvolvimento devem ser direcionados ao tema da participação de defensores da educação especial no planejamento educacional. A perspectiva de implementação oferecida por este artigo apoia fortemente sugestões de maior participação, como as feitas em outro artigo deste volume.[259] A implementação é considerada principalmente como um processo de integração de objetivos reformistas com imperativos organizacionais. Nessa perspectiva, a exclusão dos defensores do processo de planejamento reduz a eficiência de sua participação. Os defensores devem reagir à política existente, bem como fazer sugestões criativas na formação de uma nova política.[260]

As expectativas para todo o pacote de reformas recomendadas devem ser mantidas modestas, mesmo no caso improvável de que todas elas sejam promulgadas e implementadas com sucesso. Ao contrário do Professor Handler, por exemplo, não consideramos nenhuma dessas reformas como a solução de contradições fundamentais entre a participação individual e os imperativos organizacionais.[261] As recomendações de Handler podem resultar em uma mudança favorável nesse equilíbrio em direção ao indivíduo. Mas o processo ainda será um processo de compromisso, com resultados fortemente ponderados em direção aos

---

[258] *Vide* KIMBROUGH & HILL, nota 223 *supra*.

[259] *Vide* SINDELAR, K. How and Why the Law Has Failed: An Historical Analysis of Services for the Retarded in North Carolina and a Prescription for Change. In: *Law and Contemporary Problems*, Spring 1985, p. 125-156. [N.T. A menção a "outro artigo deste volume" se refere à publicação original].

[260] Os riscos duplos que bloqueiam a representação efetiva de interesses externos dentro de uma burocracia são a cooptação e a barganha. O truque, portanto, é institucionalizar o acesso, protegendo novos valores. *Vide* STONE, C. *Where the Law Ends: The Social Control of Corporate Behavior*. Harper & Row, New York, 1975, p. 120; TAYLOR, S. *Making Bureaucracies Think: The Environmental Impact Statement Strategy of Administrative Reform*, 1984. Nas circunstâncias adequadas, esta combinação de poder e prioridade, acesso e influência, pode ser provida por um legislador bem relacionado com a burocracia, alguém que Eugene Bardach chama de "reparador" da implementação. BARDACH, E. nota 8 *supra*, p. 273-78. Um juiz em litígio institucional pode funcionar da mesma forma que este "anjo" legislativo. *Vide* CLUNE, W., nota 201 *supra*, p. 70.

[261] HANDLER expõe com precisão a impotência do indivíduo dependente como adversário do grupo; mas, no final, ele admite os perigos de cooptação que estão implícitos no grupo como protetor do indivíduo. *Vide* HANDLER, J., nota 176 *supra*, capítulo 6. Assim, as contradições dentro do paradigma legalista liberal do individualismo contraditório podem ser suavizadas, mas não completamente transcendidas.

interesses coletivos mais poderosos. Independentemente de quão efetivo possa ser o papel atribuído aos pais nas audiências administrativas, por exemplo, muito poucos desafiarão as decisões organizacionais. Os obstáculos que atualmente limitam a efetividade do papel dos pais também o limitariam no futuro: a relação de confiança leiga e dependente; a falta de recursos litigiosos e incentivos financeiros para a vitória; e o reconhecimento por parte de oficiais de audiência e juízes quanto aos interesses organizacionais na substância de suas decisões. As mudanças podem ser valiosas, mas com certeza serão marginais.

## 4 Conclusão: a avaliação como um processo contínuo e democrático

O método de avaliação de programas sociais recomendado neste artigo requer que os ajustes políticos de implementação sejam levados a sério como eventos normativos. Em vez de olhar apenas para os objetivos reformistas, devem-se considerar também os custos organizacionais e financeiros desses objetivos e sua viabilidade, como revelado pelo processo de implementação. Seguindo este método, não se descobre uma lei que tenha falhado, mas uma lei que tenha sido objeto de inúmeros compromissos e ajustes, alguns razoáveis, outros não.

Será que os objetivos reformistas foram completamente ultrapassados, para serem substituídos por uma análise política mais sofisticada? Curiosamente, a resposta é claramente não, por causa da função aspiracional das metas reformistas. Mesmo os reformadores sofisticados que compreendem que uma realização literal das metas do programa seria impossível, e talvez indesejável, precisam manter a credibilidade das metas como ideais. O ideal de uma "educação apropriada" para cada criança, embora literalmente impossível; é importante como um meio de aproximar incrementalmente os sistemas do ideal. Uma educação apropriada deve manter a forma de uma exigência legal para que ela possa ser utilizada como um direito nas negociações.[262] Para reivindicar progresso, os reformadores devem caracterizar os sistemas como falhos em atender a seus ideais, mesmo

[262] O papel preciso do formalismo em tudo isso é indefinido. É provável que os defensores sustentem o argumento formal de que a lei significa um direito absoluto (que o advogado tem o direito de empenhar em nome do bem do cliente), em vez do argumento mais abertamente sociológico de que a lei dá ao advogado a capacidade *de facto* de importunar a escola com a autoridade de um requisito vago que poderia produzir resultados adversos no tribunal. Na verdade, essa distinção tão acentuada não é tão evidente.

que, de modo geral, os sistemas tenham sido razoáveis. O *absolutismo* é um componente essencial de uma defesa eficaz; os defensores não têm outra escolha senão rejeitar compromissos, pelo menos como uma posição de abertura na negociação ("esta criança tem o direito absoluto a uma educação apropriada, mas nós aceitaremos o melhor que você puder fazer"). Os direitos subjetivos devem ser absolutos na forma, para que, na prática, possam ser objeto de compromissos.

Se a análise sociológica não pode substituir a defesa ideológica, surge a questão de como combinar ambas na prática, ou qual seguir se uma escolha for necessária. Os dois sistemas de avaliação são obrigados a chegar a conclusões de avaliação diferentes. Então, o que é correto? Em resumo, ambas as posições estão certas no sentido de que sempre precisamos de ambos os lados de um argumento básico. A questão geral da avaliação nunca será resolvida em caráter definitivo. Militantes e agentes "realistas" inevitavelmente entrarão em conflito sobre o que é certo e o que é viável. Nenhuma das posições pode ser premiada com uma vitória final, porque ambas representam objetivos legítimos competindo por recursos escassos. Mas a dupla visão não é necessária para julgar controvérsias particulares. Depois de ouvir os dois lados, um tomador de decisão, como um juiz ou um estudioso, deve decidir qual lado tem o melhor argumento.

Neste artigo, uma das coisas que fizemos foi chegar a um julgamento sobre o sucesso geral da lei, rejeitando implicitamente o que pode ser considerado prudentemente como uma perspectiva de defesa partidária – a ideia da EAHCA como um "fracasso total". Pela lógica de nossa própria análise, somos obrigados a divergir de pelo menos alguns militantes a este respeito. Entretanto, o método político de avaliação não legitima automaticamente o *status quo*. Às vezes, ele aponta exatamente para a direção oposta. Um exame dos padrões de implementação pode muito bem revelar que, de fato, as instituições regulamentadas não têm feito o seu melhor. Alguns "ajustes", como o de obstruir o cumprimento de uma ordem administrativa ou judicial, para tomar apenas o exemplo mais óbvio, não parecem ser bons sob um exame mais atento. Os estudos de implementação podem ser tão chocantes que galvanizam uma nova rodada de reforma jurídica.[263] Juízes tímidos na adjudicação de direitos subjetivos poderiam muito bem ser mais ousados se entendessem os

[263] A melhoria da eficácia do Título I é traçada em KIRST & JUNG, nota 241 *supra*.

limites práticos da implementação de direitos.[264] Longe de diminuir e relativizar um direito, a análise sociológica pode fortalecê-lo.

Em certo sentido, recomenda-se uma emenda à literatura recente sobre interpretação legal. Quando um estatuto é vago em um ponto de disputa, surgem propostas de que os juízes levem em conta os valores comunitários, as posições políticas conflitantes da estrutura legal e da história legislativa, e os ditames da boa política pública.[265] Este artigo sugere a inclusão de políticas de implementação nesta lista. Ajustes forjados no mundo real dos orçamentos, restrições organizacionais e preciosos interesses próprios podem dizer muito mais sobre posições de valor concorrentes do que os propósitos abstraídos das leis.

Os juízes, de fato, parecem comportar-se da maneira recomendada. Durante a implementação, as decisões judiciais sobre o significado de um estatuto, constituição ou regra administrativa são mais bem compreendidas como compromissos de implementação semelhantes aos celebrados pela burocracia. Apesar do processo de cognição aparentemente independente de buscar o "verdadeiro significado da lei", os tribunais são atores no processo democrático de implementação, e não forças transcendentais acima ou fora dele. Os juízes herdam as disputas ordinárias de implementação com toda a legitimidade social que recai sobre os participantes dessas controvérsias. A discricionariedade permitida pela imprecisão na doutrina é ajustada de modo a produzir resultados politicamente sensatos. Em nome da verdadeira democracia, espera-se que os juízes respondam ao idealismo, bem como à conveniência.

Assim, por três razões, nenhuma avaliação pode jamais ser final ou objetiva: primeiro, os padrões de avaliação são discutíveis e dependem da posição política; segundo, a percepção dos fatos relativos à implementação muda com novas informações e novas mentalidades interpretativas; terceiro, a avaliação é um processo democrático e não

---

264 *Vide* COMMENT, Compensatory Educational Services and the Education for All Handicapped Children Act. In: *Wisconsin Law Review*, 1469, 1984, p. 1514-1526 (serviços compensatórios não constituem uma ameaça excessiva às autoridades escolares devido a desequilíbrios práticos nas posições de negociação institucionalizadas entre as escolas e os pais).

265 *Vide* CALABRESI, G. *A Common Law for the Age of Statutes*. 1982; POSNER, R.A. Statutory Interpretation-in the Classroom and in the Courtroom. In: *University of Chicago Law Review*. V. 50, p. 800 e ss., 1983, p. 817; WELLINGTON, nota 238 *supra*, p. 328-329.

um exercício científico.[266] Esperamos certamente que este artigo tenha sido uma contribuição para a avaliação democrática da EAHCA; mas, mais uma vez, nenhuma avaliação pode ser a última palavra.

## Referências

ABEL, R. L. Law as Lag: Inertia as a Social Theory of Law. *Michigan Law Review*, v. 80, n. 4, p. 785-809, 1982.

ALTMAN, A.; MILLER, J.; BRANDIS, M. *Verification of Procedures to Serve Handicapped Children*: Final Report – Assessment Component. ERIC Doc. No. ED 201 114, 1980.

BAER, D. M. A Hung Jury and a Scottish Verdict: "Not Proven". *Analysis and Intervention in Developmental Disabilities*, v. 1, p. 91-97, 1981.

BARDACH, E. *The Implementation Game*: What Happens After a Bill Becomes a Law. Cambridge: The MIT Press, 1977.

BARR, R.; DREEBEN, R. *How Schools Work*. [s.l.]: [s.n.], 1983.

BARRO, S. M. Federal Education Goals and Policy Instruments. An Assessment of the "Strings "Attached to Categorical Grants in Education. *In*: TIMPANE, M. (Ed.). *The Federal Interest in Financing Schooling*. [s.l.]: [s.n.], 1978. p. 229 e ss.

BARTLETT, K. T. The Role of Cost in Educational Decisionmaking for the Handicapped Child. *Law &Contemporary Problems*, v. 48, p. 7-62, 1985.

BERMAN, P. *From Compliance to Learning*: Implementing Legally-Induced Reform. Institute for Research on Educational Finance and Governance, Stanford University, Project Report No. 81-A20, 1981.

BICKEL, W. E. Classifying Mentally Retarded Students: A Review of Placement Practices in Special Education. *In*: NATIONAL RESEARCH COUNCIL *et al*. *Placing Children in Special Education*: A Strategy for Equity. Washington, DC: National Academy Press, 1982.

BLASCHKE, C. *Case Study do Implementation do PL 94-142*: Executive Summary. ERIC Doc. No. ED 175 232, 1979.

BLASCHKE, C. *Case Study of the Implementation of P.L. 94-142* – State A: Final Report. ERIC Doc. No. ED 175233, 1979.

BLASCHKE, C. *Case Study of the Implementation of P.L. 94-142* – State B: Final Report. ERIC Doc. No. ED 175234, 1979.

BLAU, P. *The Dynamics of Bureaucracy* – A Study of Interpersonal Relations in Two Government Agencies. 2. ed. Chicago: University of Chicago Press, 1963.

BREWER, G.; KAKALIK, J. *Handicapped Children*: Strategies for Improving Services. California: Rand Corporation, 1979.

---

[266] Os tribunais participam do processo democrático em dois sentidos: aplicar atos legislativos em situações específicas, e tomar suas próprias decisões democráticas superando uma interpretação legislativa antidemocrática. *Vide* CLUNE, nota 10 *supra*. WELLINGTON, nota 238 *supra*.

BROUDY, H. *The Real World of the Public Schools*. [s.l.]: Harcourt Coolege Pub, 1972.

BROWN, C. *Special Education for Minority and Low Income Children*. 1983. No prelo.

BUDOFF, M.; ORENSTEIN, A.; KERVICK, C. *Due Process in Special Education*: On Going to a Hearing. [s.l.]: Ware Press, 1982.

BUSS, W. G. Special Education in England and Wales. *Law &Contemporary Problems*, n. 48, p. 119-168, 1985.

CALABRESI, G. *A Common Law for the Age of Statutes*. [s.l.]: [s.n.], 1982.

CALLAHAN, R. E. *Education and the Cult of Efficiency*. Chicago: University of Chicago, 1962.

CLUNE, W. A Political Model of Implementation and Implications of the Model for Public Policy, Research, and the Changing Roles of Law and Lawyers. *Iowa Law Review*, v. 69, p. 47 e ss., 1983.

CLUNE, W. *Rationalistic and Political Interpretations of Legalism*: A Review Essay on Bardach & Kagan's Going By The Book (artigo não publicado apresentado em um encontro anual da Law & Society Association, em junho de 1983).

CLUNE, W.; LINDQUIST, R. E. What "Implementation" Isn't: Toward a General Framework for Implementation Research. *Wisconsin Law Review*, v. 1981, p. 1044-1116.

CLUNE, W.; SERRANO; ROBINSON. Studies in the Implementation of Fiscal Equity and Effective Education in State Public Law Litigation. *In*: *Schools and Courts*. P Piele, 1979. p. 67-120.

COMMENT, Compensatory Educational Services and the Education for All Handicapped Children Act. *Wisconsin Law Review*, 1469, 1984.

COTTLE, T. *Barred from School 1 million children!* [s.l.]: New Republic Book Company, 1976.

CREMIN, L.A. *The Transformation of the School*. Progressivism in American Education, 1876-1957. [s.l.]: Caravelle Edition, 1961. v. 529.

DERTHICK, M. *The Influence of Federal Grants*. [s.l.]: Harvard University Press, 1970.

EDELMAN, J. *Political Language*: Words That Succeed and Policies That Fail. [s.l.]: Academic Press, 1977.

ELY, J. Legislative and Administrative Motivation in Constitutional Law. *Yale Law Journal*, v. 79, n. 7, p. 1205 e ss., 1970.

ETZIONI, A. Two Approaches to Organizational Analysis: A Critique and a Suggestion. *Administrative Science Quarterly*, v. 5, n. 2, p. 257-278, set. 1960.

FAVELL, J. E.; RISLEY, T. R.; WOLFE, A. F.; RIDDLE, J. I.; RASSMUSSEN, P. R. Limits of Habilitation: How Can Identify Them and How Can Change Them? *Analysis and Intervention in Developmental Disabilities*, v. 1, p. 37-43, 1981.

FEELEY, M. *The Process is the Punishment*: Handling Cases in a Lower Criminal Court. [s.l.]: Russel Sage Foundation, 1979.

FINN, J. D. Patterns in Special Education Placement as Revealed by the OCR Surveys. *In*: NATIONAL RESEARCH COUNCIL *et al*. *Placing Children in Special Education*: A Strategy for Equity. Washington, DC: National Academy Press, 1982. p. 322 e ss.

GALANTER, M. Why the "Haves" Come Out Ahead: Speculations on the Limits of Legal Change. *Law and Society Review*, v. 9, p. 95 e ss., 1975.

GILLIAM, J. E.; COLEMAN, M.C. Who Influences IEP Committee Decisions? *Exceptional Children*, v. 47, n. 8, 1981.

GOLDSTEIN, S.; STRICKLAND, B.; TURNBULL, A. P.; CURRY, L. An Observational Analysis of the IEP Conference. *Exceptional Children*, v. 47, n. 8, 1981.

HALLAHAN, D. P.; KAUFFMAN, J. M. *Exceptional Children*: Introduction to Special Education. [s.l.]: Prentice Hall, 1978.

HANDLER. *The Discretionary Decision*. 1984. No prelo.

HARTMAN, W. T. Projecting Special Education Costs. *In*: CHAMBERS, J. G.; HARTMAN, W. T. *Special Education Policies*: Their History, Implementation and Finance. Philadelphia: Temple University Press, 1983. p. 241 e ss.

HAWKINS, K. O.; THOMAS, J. M. The Enforcement Process in Regulatory Bureaucracies. *Enforcing regulation*, Boston, v. 3, 1984.

HELLER, T. C. Structuralism and Critique. *Stanford Law Review*, v. 36, p. 198-127, 1984.

HILL, P. *Enforcement and Informal Pressure in The Management of Federal Categorical Programs in Education*. Rand Note No. N-1232-HEW, 1979.

HOBBS, N. *2 Issues in the Classification of Children*. San Francisco: Jossey-Bass, 1975. v. 1.

HUNT, A. *The Theory, Method and Politics of Critical Legal Theory*. 1984. No prelo

HYATT, S. Litigating the Rights of Handicapped Children to an Appropriate Education: Procedures and Remedies. *U.C.L.A. L. Review*, v. 29, 1981.

KAKALIK, J.; FURRY, W. T.; HOMAS, M.; CARNEY, M. *The Cost of Special Education*. CA: Rand Corporation, 1981.

KIMBROUGH J.; HILL, P. *The Aggregate Effects of Federal Education Programs*. Department of Education, Rand Working Paper No. R-2638-Ed., 1981.

KIRP, D. Proceduralism and Bureaucracy: Due Process in the School Setting. *Stanford Law Review*, v. 28, n. 5, p. 841-876, maio 1976.

KIRP, D. Professionalization as a Policy Choice: British Special Education in Comparative Perspective. *World Pol.*, v. 34, p. 137-174, 1982.

KIRP, D.; BUSS, W.; KURILOFF, P. Legal Reform of Special Education: Empirical Studies and Procedural Proposals. *California Law Review*, v. 62, p. 40 e ss., 1974.

KIRP, D.; JUNG, D. *Schools and Rules*: Understanding Legalization in Comparative Perspective. Institute for Research on Educational Finance and Governance, Stanford, Project Report No. 83-B5, 1983.

KIRST, M. W.; BERTKEN, K. E. Due Process Hearings in Special Education: Some Early Findings from California, In: CHAMBERS, J. G.; HARTMAN, W. T. *Special Education Policies*: Their History, Implementation, and Finance. Philadelphia: Temple University Press, 1983. p. 136 e ss.

KIRST, M. W.; JUNG, D. The Utility of a Longitudinal Approach in Assessing Implementation: A Thirteen Year View of Title I, ESEA. *Evalluation and Policy Analysis Archives*, p. 17-34, 1980.

KNAPP, M.; STEARNS, M.; TURNBULL, B.; DAVID, J.; PETERSON, S. *Cumulative Effects of Federal Education Policies on Schools and Districts.* SRI International. Menlo Park, California: SRI Project 3590, 1983.

KOMESAR, N. K. Taking Institutions Seriously: Introduction to a Strategy for Constitutional Analysis. *University of Chicago Law Review*, v. 51, p. 366-466, 1984.

KRUG, E. *The Shaping of the American High School.* [s.l.]: [s.d.], 1972. v. 2.

KURILOFF, P.; KIRP, D.; BUSS, W. *When Handicapped Children Go To Court*: Assessing the Impact of the Legal Reform of Special Education in Pennsylvania. National Institute of Educ. Project No. Neg.-003-0192, 1979.

LAZERSON, M. The Origins of Special Education. *In*: CHAMBERS, J. G.; HARTMAN, W. T. *Special Education Policies*: Their History, Implementation and Finance. Philadelphia: Temple University Press, 1983. Special Education Policies: Their History, Implementation and Finance. p. 15 e ss.

LEVIN, H. About Time for Educational Reform. Institute for Research on Educational Finance and Governance. *Stanford University Project Report*, n. 83-A19, 1983.

LEVIN, M. Education and Work. Institute for Research on Educational Finance and Governance. *Stanford University Project Report*, n. 82B-8, 1982.

LIGHTFOOT, S. *Worlds Apart*: Relationships Between Families and School. [s.l.]: Basic Books, 1978.

LINDBLOM C.; COHEN, D. *Usable Knowledge*: Social Science and Social Problem Solving. New Haven: University Press, 1979.

LORTIE, D. *Schoolteacher*: A Sociological Study. Chicago: The University of Chicago Press, 1975.

LYNCH, E. W.; STEIN. Parent Participation in Special Education. *Exceptional Education Quartely*, v. 3, p. 56 e ss., 1981.

LYNN, L. *The Emerging System for Educating Children In Handicapd Children 30-31.* No prelo.

MACAULAY, S. Non-Contractual Relations in Business: A Preliminary Study. *American Society Review*, v. 28, n. 1, 1963.

MACAULAY, S. Private Government (Working Paper No. 1983-6, Disputes Processing Research Program. In: *University of Wisconsin Law School* (também no prelo em Social Science Research Council Handbook of Law and Social Science).

MACKENZIE, M. *Educational Productivity and School Effectiveness.* Research Synthesis and Policy Analysis. Southwest Educational Development Laboratory, NIE Contract No. 400-83-0007, 1983.

MAGNETTI, S.S. Some Potential Incentives of Special Education Funding Practices. *In*: KIRBY, A. H. *et al. Placing Children in Special Education*: A Strategy for Equity. [s.l.]: The Nacional Academy of Sciences, Engineering, Medicine, 1982. p. 300 e ss.

MCDONNELL, L. M.; CLAUGHLIN, M. W. *Education Policy and the Role of the States.* California: Rand Corporation, 1982.

MCKINNEY, J. D.; HOCUTT, A. M. Public School Involvement of Parents of Learning-Disabled Children and Average Achievers. *Exceptional Education Quartely*, v. 3, p. 64 e ss., 1981.

MCLAUGHLIN, M. *Evaluation and Reform*: the Elementary and Secondary Education Act of 1965, Title I. [s.l.]: [s.n.], 1975.

MEHAN, H. Identifying Handicapped Students. *In*: BARACH, S. B. *Organizational Behavior in Schools and School Districts*. New York: Praeger, 1981.

MEYER, A. D. Strategies for Further Research: Varieties of Environmental Variation. *Environments & Organization*, p. 352 e ss., 1987.

MEYER, J. W.; ROWAN, B. Institutionalized Organizations: Formal Structure as Myth and Ceremony. *American Journal of Sociology*, v. 83, n. 2, 1977.

MEYER, J. W.; ROWAN, B. *The Structure of Educational Organizations in Environments and organizations*. San Francisco: Jossey-Bass, 1978.

MEYER, J. W.; SCOTT, R. W.; COLE, S.; INTILI, J. K. Instructional Dissensus and Institutional Consensus in Schools. *Environments and Organizations*. p. 233 e ss.

MEYER, J.; SCOTT, W.; DEAL, T. *Institutional and Technical Sources of Organizational Structure Explaining the Structure of Educational Organizations*. 1980. No prelo.

MILES, M. B. *Common Properties of Schools in Context*: The Backdrop for Knowledge Utilization and "School Improvement". Washington: National Institute of Education, 1980.

MOORE, S. F. Law and Social Change: The Semi-Autonomous Social Field As An Appropriate Subject of Study. *Law & Society Review*, v. 7, n. 4, p. 719-746, 1973.

MORGAN, D. P. Parent Participation in the IEP Process: Does It Enhance Appropriate Education? *Exceptional Education Quarterly*, v. 3, p. 33-40, 1982.

NEAL, D.; KIRP, D. The Allure of Legalization Reconsidered: The Case of Special Education. *Law & Contempary Problems*, p. 63-87, Winter 1985.

POSNER, R. A. Statutory Interpretation – In the Classroom and in the Courtroom. *University of Chicago Law Review*, v. 50, p. 800 e ss., 1983.

PRESSMAN, J.; WILDAVSKY, A. *Implementation L Passim*. 2. ed. [s.l.]: [s.n.], 1979

PYECHA, J.; COX, J.; CONAWAY, L.; DEWITT, D.; DRUMMOND, D.; HOCUTT, A.; JAFFE, J.; KALT, M.; LANE, C.; PELOSI, J.; WEIGERINK, R. *A National Survey of Individualized Education Programs (IEPs) for Handicapped Children*: Executive Summary of Methodology and Major Findings 6. Research Triangle Institute, Durham, N.C.; ERIC, 1980, v. 1, n. 199. No prelo.

PYECHA, J.; PALMOUR, J.; WARD, L. *A Study of the Implementation of P.L. 94-142 for Handicapped Migrant Children; Final Report*. Research Triangle Institute, Durham, N.C., ERIC Doc. No. ED 199976, 1980.

REBELL, M. A. Educational Voucher Reform: Empirical Insights from the Experience of New York's Schools for the Handicapped. *The Urban Lawyer*, v. 14, p. 441-467, 1982.

REISS JR., A. J. Selecting Strategies of Social Control Over Organizational Life. *Enforcing Regulation*, Boston, p. 23-35, 1984.

SABATIER P.; MAZMANIAN, D. The Conditions of Effective Implementation: A Guide to Accomplishing Policy Objectives. *Policy Analysis*, v. 5, n. 4, p. 481-504, Fall 1979.

SARASON, S.; DORIS, J. *Educational Handicap, Public Policy, and Social History*. 1979. No prelo.

SCHOLZ, J. T. Cooperation, Deterrence, and the Ecology of Regulatory Enforcement, 18. *Law and Society Review*, v. 18, n. 2, p. 179-224, 1984.

SELZNICK, P. *Law, Society, and Industrial Justice*. [s.l.]: Russel Sage Foundation, 1969.

SELZNICK, P. *Tva and the Grass Roots-A Study in the Sociology of Formal Organization*. [s.l.]: University of California Press, 1949.

SINDELAR, K. How and Why the Law Has Failed: An Historical Analysis of Services for the Retarded in North Carolina and a Prescription for Change. *Law and Contemporary Problems*, p. 125-156, Spring 1985.

SMITH, Status of Due Process Hearings. *Exceptional children*, n. 48, p. 232 e ss., 1981.

SPRING, J. *The Sorting Machine*. New York: McKay, 1976.

STARK, J. Tragic Choices in Special Education: The Effect of Scarce Resources on the Implementation of Pub. L. No. 94-142, 14. *Connecticut School of Law Review*, p. 477-529, 1982.

STONE, C. *Where the Law Ends*: The Social Control of Corporate Behavior. New York: Harper & Row, 1975.

SUNSTEIN, C. R. Public Values, Private Interests, and the Equal Protection Clause. *The Supreme Court Review*, Chicago, v. 1982, p. 127-166, 1982.

TAYLOR, S. *Making Bureaucracies Think*: The Environmental Impact Statement Strategy of Administrative Reform. [s.l.]: [s.n.], 1984.

THOMAS, M. A. *State Allocation and Management of PL 94-142 Funds*. Indiana University, Note N. Rand Corporation, 1980.

THOUVENELLE, D.; RADER, J.; MADER, L. *Study of Procedures for Determining the Least Restris Environment (LRE) Placement of Handicap Children*: Final Project Report 7.3. ERIC Doc. 199981, 1980.

TOMLINSON, S. *A Sociology of Special Education*. [s.l.]: Routledge and Kegan Paul, 1982.

TUSHNET, M. Talking to Each Other: Reflections on Yudof's When Government Speaks (Book Review). *Wisconsin Law Review*, 1984.

TWEEDIE, J. The Politics of Legalization in Special Education Reform. *In*: CHAMBERS, J. G.; HARTMAN, W. T. *Special Education Policies*: Their History, Implementation, and Finance. Philadelphia: Temple University Press, 1983. p. 48-59.

TYACK, D. B. *The One Best System*: A History of American Urban Education. [s.l.]: Harvard University Press, 1974.

WASHBURN, C.; MARLAND, S. *Winnetka*: The History and Significance of an Educational Experiment Englewood Cliffs. [s.l.]: [s.n.], 1963.

WEATHERLY, R. *Reforma da Educação Especial*: Implementação de Políticas do Nível Estadual ao Nível. [s.l.]: [s.n.], 1979.

WEATHERLY, R.; LIPSKY, M. Street Level Bureaucrats and Institutional Innovation: Implementing Special Education Reform. *Harvard Educational Review*, v. 47, p. 171-197, 1977.

WEGNER, J. W. Variations on a Theme-The Concept of Equal Educational Opportunity and Programming Decisions Under the Education for All Handicapped Children Act of 1975. *Law & Contemporary Problems*, v. 48, p. 169-219, 1985.

WELLINGTON, H. H. History and Morals in Constitutional Adjudication (Book Review). *Harvard Law Review*, v. 97, p. 326 e ss., 1983.

WRIGHT, A.; COOPERSTEIN, R.; RENNEKER, E.; PADILLA, C. Local Implementation of PL 94-142: Final Report of a Longitudinal Study. *SRI International*, Menlo Park, California, Project No. 7124, 1982.

YOSHIDA, R. K.; FENTON, K. S.; KAUFMAN, M. J.; MAXWELL, J. P. Parental Involvement in the Special Education Pupil Planning Process: The School's Perspective. *Exceptional Children*, v. 44, p. 531 e ss., 1978.

YUDOF, M. G. Education for the Handicapped: Rowley in Perspective. *American Journal of Education*, n. 92, 1984.

YUDOF, M. G. Legalization of Dispute Resolution, Distrust of Authority, and Organization Theory: Implementing Due Process for Students in the Public Schools. *Wisconsin Law Review*, 1981.

# EDUCAÇÃO: MODELOS AMERICANOS PARA A POLÍTICA ASIÁTICA?[1]

**WILLIAM H. CLUNE**

**Tradução de Frederico Haddad**

## 1 Introdução

Atuei como consultor estrangeiro para legislação e política educacional. A ideia de um norte-americano aconselhando países asiáticos sobre educação certamente pode soar estranha a meus compatriotas. Uma forma de sintetizar meu envolvimento na política pública americana é descrevê-la como a tentativa de lidar com problemas que a China não tem (pobreza, fragilidade curricular, indiferença de estudantes e famílias em relação à educação) e de adaptar à realidade norte-americana políticas educacionais existentes na China; especialmente,

[1] [N.T.] Tradução de: CLUNE, William. *Education: American Models for Asian Policy?*, 1993. Este artigo foi escrito em 1993 pelo Professor William Clune como registro rico da viagem do professor Clune à China, no início da década de 1990, na condição de consultor na área educacional. Antes de ser publicado, o artigo foi cedido à Professora Maria Paula Dallari Bucci durante seu período como *Visiting Scholar* em Madison, em fevereiro de 2022. Foi publicado pela primeira vez, em língua inglesa, no ano de 2023, na *Revista do Direito*: CLUNE, William. Education: American Models for Asian Policy?. *Revista do Direito*, Santa Cruz do Sul, n. 69, p. 189-209, jan./mar. 2023. Em função do longo período transcorrido desde sua elaboração e do fato de o artigo original não conter referências completas, houve dificuldade de identificar as obras e autores citados no texto. As possíveis referências e contextualizações a esse respeito foram incluídas em notas do tradutor ao longo do documento.

o que chamamos de "política educacional sistêmica" – um ambicioso currículo baseado em avaliações rigorosas dos estudantes, formação dos docentes, avaliação e monitoramento da qualidade dos cursos.

Evidentemente, esperava-se que eu analisasse as experiências de outros países, não apenas a dos Estados Unidos da América (EUA), o que fiz, particularmente, ao insistir pela manutenção de padrões ambiciosos. Mas a experiência nos EUA mostrou-se surpreendentemente relevante, de formas que pretendo desenvolver no presente artigo. Em primeiro lugar, os EUA dispõem de muito do que os chineses gostariam de ter, em especial, um bem-sucedido e abrangente sistema de educação superior (apenas cerca de 2% dos chineses frequentam a faculdade – ainda assim, um número grande em uma nação de 1,2 bilhão de pessoas). Em segundo, a China atravessa uma série de mudanças institucionais necessárias à organização de uma economia de mercado, sendo que tais mudanças claramente demandarão modificações profundas na política educacional (por exemplo, um sistema de tributação compreensivo e uniforme e um sistema educacional flexível o suficiente para um mercado de trabalho aberto e em constante transformação). Por fim, infelizmente, sinto que a China provavelmente herdará muitos dos problemas sociais atualmente enfrentados nos EUA – por exemplo, a pobreza (presente em sociedades mais ricas), o materialismo e a desorganização social (concomitantemente com a notável organização de dinâmicas de uma economia moderna).

Espero que a descoberta intelectual e a qualidade empolgante da consultoria se reflitam na discussão feita a seguir. Para mim, essa foi uma experiência surpreendente e, por vezes, comovente, que, além de me ensinar muito sobre a China, trouxe-me clareza renovada sobre as razões constitutivas de nossas instituições de ensino e suas raízes na estrutura social e na história.

O texto está organizado a partir da seguinte estrutura: de início, uma breve descrição da abordagem adotada em nosso pequeno seminário; depois, a apresentação das principais conclusões e das questões mais relevantes em relação à política educacional identificada pelo grupo; em seguida, a abordagem de alguns aspectos sobre metodologia em direito comparado; por fim, uma conclusão sintética.

## 2 Abordagem adotada

Em termos de agenda, antes de nossas reuniões, os chineses começaram a trabalhar na definição do escopo de uma proposta de

"Lei de Bases da Educação" e na identificação de vários passos e áreas a serem considerados. À primeira vista, essa lista me pareceu um amontoado de questões incomensuráveis. Eu gradativamente me dei conta da transversalidade do problema de se criar uma ordem jurídica liberal[2] (instituições descentralizadas, mas ainda assim transparentes e responsabilizáveis perante um controle público, operando segundo regras razoavelmente objetivas). Também percebi que cada área tinha suas próprias questões políticas fundamentais e familiares. A organização do debate em torno de questões políticas enquadra-se na abordagem de Seidman de formulação legislativa como resolução de problemas,[3] e os chineses as entenderam quase que imediatamente (graças, em parte, aos esforços do nosso excelente tradutor, Sr. Hu Wenbin).

Todavia, não tenho como dizer até que ponto a "construção social" do problema esteve presente em nossas discussões. Eu sabia relativamente pouco sobre a China e seu sistema educacional e, portanto, dependia dos meus colegas chineses para obter praticamente qualquer informação.

Eles me pareceram excepcionalmente bem-informados e profundamente comprometidos com a qualidade da educação de seu país (à semelhança dos formuladores de política educacional em todo o mundo). Os representantes da Comissão Estatal de Educação dominavam as estatísticas e pormenores do sistema educacional, enquanto a Mesa de Assuntos Legislativos acrescentava uma perspectiva alargada sobre o tema. Mas eu não tinha como apreender fatos ou noções ligados a agendas e interesses implícitos dos servidores públicos, considerando sua função.

Em termos de formato, nosso grupo, como os demais, teve que decidir entre palestrar ou dialogar. Eu estava convicto tanto de que a tarefa deveria ser dividida em etapas manejáveis, como de que nós devíamos trabalhar a partir de um diálogo rico em detalhes. Acordamos um procedimento em que os especialistas chineses apresentariam um esboço sobre uma área pela manhã; e eu comentaria as questões relativas à política pública no início da tarde, provocando um debate durante o

---

2 [N.T.] Neste ponto, o texto traz referências incompletas a obras de Max Weber e, provavelmente, Roberto Mangabeira Unger.

3 [N.T.] Referência à obra dos professores Ann Seidman e Robert B. Seidman, que abordaram o processo de elaboração de leis a partir de uma abordagem de resolução de problemas. *Vide*, por exemplo: SEIDMAN, Ann; SEIDMAN, Robert B.; ABEYSEKERE, Nalin. *Legislative Drafting for Democratic Social Change* – A Manual for Drafters. London, Boston: Kluwer Law, 2000.

restante da tarde. Seguimos esse roteiro seis dias por semana ao longo de duas semanas e meia de seminário.

## 3 Principais conclusões

Não é fácil identificar as conclusões de um diálogo extenso como o descrito na seção anterior. Nosso grupo estava comprometido em produzir uma minuta de projeto de lei (sobre finanças escolares, como de fato ocorreu), que serviria como um resumo adequado dessa área; mas eu estimulei que fizéssemos uma espécie de síntese de todas as nossas questões, e meus colegas chineses prontamente concordaram. De fato, como analistas e formuladores que são, os especialistas chineses pareciam confortáveis com todos os aspectos de organização e registro dos resultados de nossos encontros.

O resultado foi uma lista de pontos principais, ou conclusões, como sintetizado por nosso coordenador, Sr. Li Lianning, depois que falou com o grupo. Se, de um lado, a lista não contempla muitas das sutilezas da discussão, de outro, ela é muito útil como visão geral e introdução efetiva ao restante deste artigo. As conclusões estão escritas no sentido de apresentar o que foi útil e o que os chineses concluíram que "devem" fazer. Debati que o verbo "dever" seria muito taxativo e que nós, na verdade, havíamos identificado questões políticas e alternativas que normalmente requereriam aprofundamento. Os colegas chineses acharam divertida essa hesitação (o que, realmente, é uma nuance na separação entre disputa política e política pública em nossa cultura política). De toda forma, leitores ocidentais podem desejar traduzir os "deveres" em termos mais suaves; e, de fato, o Sr. Li concluiu dizendo que aqueles eram pontos sumários, que requeriam análise e pesquisa adicional.

A seguir, transcrevo as conclusões sumarizadas pelo Sr. Li (extraídas de minhas anotações feitas durante sua apresentação oral):

1) A abordagem de construção de um memorando jurídico funcionou bem como base para a minuta de legislação.
2) A educação deve mudar para atender ao mercado, por exemplo, via introdução de mais escolhas para os estudantes, mas de modo a compensar as desvantagens do desenvolvimento das forças de mercado, considerando especialmente questões relativas à equidade. Essas discussões sobre problemas de equidade em sistemas de escolha foram extremamente úteis.

3) O sistema de educação deve ser descentralizado, designando-se a cada nível as funções que lhe forem mais apropriadas.
4) Mas a descentralização não deve ser excessiva; particularmente, a China não deve perder a eficiência e a efetividade de seu currículo nacional e de seu sistema de avaliação escolar.
5) A "Lei de Bases da Educação" deve ser desenhada de modo a garantir às diferentes unidades poder e autoridade para resolver problemas, em vez de tentar resolver todos os problemas por meio de uma legislação detalhada. A ideia de definir o escopo da autoridade foi de grande valia como abordagem geral para a legislação.
6) Deve haver um parâmetro nacional para os salários dos professores, baseado na oferta e demanda em nível nacional, com suplementos que reflitam as diferenças regionais de oferta e demanda.
7) Um sólido sistema de tributação e cobrança de mensalidades deve ser estabelecido para financiar a educação. Requer-se o aprofundamento da pesquisa e da análise comparada sobre o melhor desenho de sistemas de tributação, considerando tributos gerais, taxas especiais para educação, questões de estabilidade e assim por diante.
8) Depois do ensino obrigatório, deve-se requisitar que as famílias paguem mensalidades pelo ensino, que devem ser definidas de acordo com princípios de mercado. As universidades devem começar a criar sistemas de captação de doações privadas.
9) A China deve continuar a analisar as vantagens e desvantagens da educação privada. Políticas públicas devem ser formuladas para estimular escolas privadas em locais selecionados.
10) Deve haver uma separação mais clara entre as escolas e as empresas com fins lucrativos que as financiam. Os gestores das escolas não devem estar diretamente envolvidos na gestão dessas empresas.
11) A China deve considerar o uso de conselhos de gestão para administrar universidades públicas (conselhos eleitos por autoridades regionais, como os governos estaduais). A matrícula de estudantes no ensino superior deve ser mais flexível para atender ao mercado.
12) A China deve considerar desenvolver um ensino médio mais abrangente, em vez de manter uma separação rígida entre formação acadêmica e ensino técnico.

13) Deve haver maior envolvimento das "forças sociais" na educação, especialmente trazendo empresários para a formulação e execução das políticas. Essa é uma importante forma de reformar a educação para atender ao mercado.

O Sr. Li também pontuou que o seminário não dedicou muito tempo às seguintes questões, que requereriam discussão aprofundada, em eventuais encontros futuros (concordo com essa colocação):

1) A natureza jurídica das escolas, ou seja, sua regulação pela legislação cível (capacidade jurídica para litigar, contratar etc.).
2) Os deveres legais das escolas (inquiri a respeito e tive como resposta que isso se referia à regulação das escolas privadas em temas como padrões acadêmicos, responsabilidade fiscal e contratações).
3) Escolas abertas por estrangeiros.
4) A exata estrutura da legislação educacional (por exemplo, divisões por seções ou, de outro lado, abordagem geral como a referida acima).

## 4 Questões mais importantes sobre política educacional

Esta seção do artigo desenvolverá os pontos acima, aprofundando e detalhando-os. Como mencionado, nossa discussão mais frutífera referiu-se a questões de estruturação da política pública.

### 4.1 Temas gerais identificados pelos chineses[4]

Os especialistas chineses identificaram diversos temas transversais a questões particulares: flexibilidade *versus* rigidez; orientação mercadológica (tanto em relação aos produtos, como ao processo educacional); metodologia jurídica de leis de base ou constituições – uma discussão eventualmente convergente à delegação de poderes, controle e responsabilização.

Passando por todos esses temas gerais, há o "megatema" ainda mais abrangente da ordem jurídica liberal. Gradualmente, começamos a discutir como um conjunto de instituições interligadas poderia combinar autonomia, diferenciação, responsabilização, flexibilidade e escolha. Debatemos, por exemplo, como universidades nos EUA são

[4] [N.T.] As seções secundárias inseridas nesta seção 4 e na seção 5 não constam do texto original.

apoiadas e geridas por administradores (*trustees*) ou entes legislativos (*legislatures*), como podem contratar e demitir empregados e decidir quais estudantes aceitar dentro de limites legais, além de como podem exercer uma autoridade abrangente sobre os estudantes, respeitados os limites de seus direitos.

Quem sabe uma anedota possa ilustrar o quão onipresente é o tema da ordem jurídica liberal nas discussões que tivemos. No meio de uma sessão, o Sr. Li recebeu um telefonema e, em seguida, me fez uma pergunta. Ele explicou que um chinês que estava no exterior ofereceu uma doação de US$2 milhões para constituir uma escola de ensino fundamental. Como isso poderia ser feito? Primeiramente, note-se a singularidade, sob a perspectiva ocidental, de um potencial doador telefonar para um gestor público de alto escalão em vez de, digamos, contatar um advogado especializado em legislação educacional. Mas tanto esse advogado hipotético como a legislação educacional são inexistentes na China – uma situação comum, que não deixa margem de escolha para as empresas senão negociar com as autoridades públicas a que tiverem acesso. Além disso, em nossa conversa, peguei-me como que esboçando a lei geral de direito fiduciário (*trust law*) no Ocidente: um fundo; um conselho de administração com titularidade legal para gerir o fundo em favor dos interesses de seus beneficiários; critérios de seleção dos administradores; sanções por abuso do dever instituído. Segundo o Sr. Li, nenhuma lei nesse sentido existe na China e os bancos não possuem capacidade suficiente para domiciliar contas desses fundos. Por fim, discutimos brevemente a pertinência de alguma regulação jurídica das escolas privadas, contemplando desde saúde e segurança, passando pelas avaliações de desempenho, até a inclusão das escolas privadas no currículo nacional obrigatório. Também não há regramento dessa matéria na China.

O quadro geral é o déficit de estrutura de autoridade e regulação incidentes sobre as escolas privadas, considerando que, até recentemente, todas as escolas eram públicas, estavam sob propriedade e administração de um complexo sistema administrativo de regulação, negociação e microgerenciamento. Reaproveitar velhas lições sobre direito fiduciário era a última coisa que esperava antes de ir à China (brinquei com meus colegas que nunca sonhara utilizar aquilo que acumulei quando ministrava a disciplina *Trusts e Estados* e me senti como o Sr. Mansfield). Mas o ordenamento jurídico liberal, mais do que supunha, é realmente um todo contínuo que depende de partes interligadas.

## 4.2 O problema da transição

Um segundo tema tratado refere-se ao problema da transição de um regime socialista, efetivamente bem-sucedido em geral na área educacional, para um sistema novo e mais flexível, sem afetar a qualidade da educação chinesa. Sem os benefícios do capitalismo, a China universalizou a alfabetização, instituiu o ensino obrigatório até o ensino médio e, de modo geral, obteve alta performance em avaliações internacionais comparativas de desempenho em várias faixas etárias. De fato, a inserção da China nos mercados globais seria indubitavelmente favorecida por uma força de trabalho disciplinada e bem preparada, pelo menos, para os cargos mais baixos.

Mas a transição para uma economia aberta poderia comprometer a qualidade da educação de várias formas, minando a capacidade fiscal do governo central para financiar a educação em um contexto de rápido crescimento das desigualdades de riqueza (*vide* a discussão logo a seguir sobre finanças escolares), rompendo a ênfase em um currículo rigoroso a partir da descentralização da tomada de decisões (semelhante ao problema da fragmentação do controle local nos EUA) e erodindo tanto as amplas responsabilidades de trabalho dos professores, como sua forte autoridade moral sobre os estudantes. Além disso, a ampliação da educação profissionalizante e o aumento da flexibilidade das escolhas educacionais poderiam ser facilmente implementados de modo a produzir baixa qualidade educacional e enormes desigualdades.

## 4.3 A primazia do financiamento do ensino

Talvez minha maior surpresa durante o seminário diga respeito à importância do financiamento das escolas. A política educacional dos EUA tem se preocupado, há algum tempo, com o desempenho dos estudantes e o aprimoramento do currículo[5] (*"smith, cohen, oday, national standards"*). O tema do financiamento educacional tem sido abordado pelos tribunais sob a ótica dos padrões de equidade. Tendo trabalhado na área de finanças escolares, pude tratar tais questões e acabei por utilizar grande parte de meus conhecimentos. Devido à sua

---

5 [N.T.] Neste ponto, conforme ilustra o trecho transcrito entre parênteses, o texto traz referências incompletas sobre o tema dos "padrões nacionais" na educação, em provável alusão aos seguintes autores: Jennifer A. O'Day, Marshall S. Smith e David K. Cohen.

importância, os especialistas chineses decidiram elaborar seu próprio anteprojeto de lei sobre esse tema.[6]

A China está enfrentando uma crise de financiamento do ensino semelhante à vivida pelos EUA em seu período de rápida industrialização (Tyack, *Managers of Virtue*),[7] mas com reviravoltas adicionais. De um lado, por várias razões, são necessárias mais receitas do governo central. As matrículas estão aumentando rapidamente, o crescimento econômico em outros setores ameaça tirar professores qualificados do sistema de ensino, as diferentes regiões do país têm experimentado taxas de crescimento econômico e riqueza muito diferentes entre si, ao mesmo tempo em que a força de trabalho adquire mobilidade por todo o país. Além disso, como em outros países, para atingir níveis mais altos de produtividade, a China deve tentar aumentar os níveis educacionais da sua força de trabalho ao longo do tempo (elevada qualificação ou baixos salários). Isso representa um golpe "quádruplo" no financiamento da educação: mais estudantes, professores mais caros, maior necessidade de equalização entre diferentes regiões geográficas e níveis mais abrangentes de educação obrigatória.

Infelizmente, a capacidade de aumento de receitas (fiscais) dos governos está se movendo na direção oposta. A meu ver, a maior liberdade das empresas e o maior controle local interferiram na capacidade do governo central de reter parte dos lucros empresariais. Entretanto, os poderes de tributação dos governos regionais não estão bem desenvolvidos. O sistema que permite às escolas (de todos os níveis de ensino) gerir empresas pareceu a meus colegas chineses uma fonte conveniente de recursos em uma situação de orçamento apertado, mas eu estava cético na medida em que tais receitas seriam muito desiguais entre as escolas e a eficiência do gasto educacional poderia ser comprometida pela motivação do lucro.

A minha conclusão apontou para a necessidade de um compromisso "à la Clinton" em torno da educação como elemento-chave do investimento social. Na pressa de encorajar a iniciativa privada, a China pode perder a vantagem do seu excelente sistema educacional. Deve-se pesquisar se a descentralização exigirá sistemas tributários

---

6 [N.T.] Apesar da menção a um apêndice contendo o referido anteprojeto, o arquivo original aqui traduzido não estava acompanhado de nenhum anexo.

7 [N.T.] Provável referência do autor à seguinte obra: TYACK, David; HANSOT, Elizabeth. *Managers of Virtue*: Public School Leadership in America, 1820-1980. New York: Basic Books, 1982.

estáveis, abrangentes e uniformes tanto no nível nacional, como no regional, com o governo central proporcionando medidas de equalização. Obviamente, o desenvolvimento de sistemas tributários tem uma importância que transcende em grande medida a educação.

Abordarei o financiamento da educação superior e a questão correlata da necessidade de um sistema de mensalidades na seção sobre educação superior.

## 4.4 Currículo: excelência chinesa e necessidade de mudança

O currículo é um grande tópico equivalente ao que chamamos política educacional sistêmica (Smith e O'Day),[8] incluindo padrões curriculares, materiais didáticos, avaliação dos estudantes e formação dos professores. O paradoxo na China é que já existem padrões elevados, bons resultados de avaliação, cultura de apoio, um conjunto de políticas sistêmicas muito bem articuladas; ainda assim, é necessário promover mudanças na direção de outros países (incluindo os EUA) – da aprendizagem mecânica para a resolução mais flexível de problemas (produção sobre novos padrões nos materiais do meu curso).[9]

Quanto à política sistêmica existente, os chineses têm um currículo nacional coordenado com um sistema abrangente de avaliação dos estudantes, formação de professores, professores que atuam como chefes de disciplina no âmbito de cada escola, bem como um recém-implementado sistema que combina inspeção e assistência técnica. Mas meus colegas chineses não pareceriam estar a par do movimento mundial em direção a um pensamento de ordem superior e à inclusão de resolução de problemas no currículo (embora estivessem profundamente interessados nisso). Pode ser especialmente difícil mudar um sistema tradicional e potente de educação (Cohen, Sr. O.).[10] A filosofia curricular desatualizada também aparece na educação profissional, que enfatiza aptidões específicas de dada profissão ao invés de competências gerais.

---

8 [N.T.] Provável referência do texto aos autores Jennifer A. O'Day e Marshall S. Smith.

9 [N.T.] Lembrete deixado no texto pelo autor sobre a inclusão de produção sobre novos padrões constantes nos materiais de seu curso.

10 [N.T.] Possível alusão ao autor David K. Cohen.

## 4.5 O conhecido problema da educação profissional

Os chineses apostaram na educação profissional em grande escala, considerando-a como principal meio de adaptar o ensino a uma economia de mercado. De acordo com dados que me foram fornecidos, 50% dos alunos egressos do ensino fundamental seguem para formação técnica em vez de ingressarem no ensino médio. A educação profissional também está passando por uma espécie de rejuvenescimento nos EUA (*tech prep* etc.), mas é uma área cheia de problemas conhecidos. Qualquer tipo de formação profissionalizante pode criar desajustes (e, portanto, ser muito ineficiente) para estudantes que têm de escolher e que, como futuros trabalhadores, podem mudar frequentemente de emprego ao longo da vida.

Ambas as condições tendem a se tornar mais frequentes à medida que a China mude seu sistema de trabalho centrado na lógica comando-controle. A formação profissional específica também não atende a requisitos de resolução de problemas gerais, que transpassam muitos tipos de emprego em uma economia moderna, fazendo com que a maioria das autoridades recomende a formação em habilidades gerais promovida em cursos acadêmicos e acadêmicos técnicos (SCANS,[11] Rob Meyer, *vocational paper*).[12] A educação profissionalizante também pode sofrer com graves problemas de qualidade, porque os equipamentos requisitados são inacessíveis e as habilidades ensinadas nas escolas podem já ter se tornado obsoletas no mercado (por exemplo, máquinas de escrever elétricas na era do processamento de texto).

Finalmente, tendo em vista que, na média, a formação profissionalizante não é mais efetiva, nem mais onerosa que a formação acadêmica geral, aquela é usualmente muito menos custo-efetiva do que essa. O fator custo é motivo de grande preocupação para os chineses, considerando a crise no financiamento do ensino.

Por essas razões, recomendei que os chineses considerassem fortemente desenvolver um currículo profissional com elevada proporção de habilidades acadêmicas e reflexivas (do tipo atualmente recomen-

---

11 [N.T.] Provável referência à lista da Secretaria da Comissão para o Atingimento das Habilidades Necessárias (SCANS), desenvolvida pelo Departamento do Trabalho e Educação dos EUA como uma guia para educadores, com o objetivo de ajudar os alunos a se prepararem para o mercado de trabalho.

12 [N.T.] Provável referência a algum dos artigos de Robert H. Meyer, professor Emérito da Universidade de Wisconsin-Madison, sobre educação vocacional focada no desenvolvimento de competências para o mercado de trabalho.

dado para locais de trabalho modernos) (SCANS).[13] Outra opção seria incluir um número maior de estudantes no ensino médio acadêmico.

## 4.6 Privatização: mitos e fatos

Os meus colegas chineses pareciam quase que encantados pela promessa de escolas privadas; e isso se tornou importante para separar os mitos da realidade. Os chineses equivocadamente acreditavam que as mensalidades para o ensino básico abririam uma nova e vasta fonte de recursos, que ajudaria a resolver a crise fiscal. Ficaram desapontados, penso eu, ao saberem que todos os países com grandes sistemas de escolha subsidiam as escolas com receitas estatais (Charles Glenn book, novo artigo).[14] Não estando familiarizados com economias de mercado, e especialmente com a estratificação da riqueza que lhe é típica, eles não tinham clareza sobre o fato básico de que sistemas de escolha não subsidiados são destinados para pessoas abastadas. Pareciam mais habituados a pensar sobre as virtudes mais sutis da concorrência, da diversificação e da flexibilidade, permanecendo entusiasmados com a experiência do ensino privado.

## 4.7 Descobrindo o valor de itinerários educacionais flexíveis

Essa foi uma área da investigação que me levou a enxergar nosso próprio sistema sob novas lentes e a me perguntar se existe uma lógica oculta em um aspecto frequentemente criticado da educação dos EUA. O atual sistema de seleção na China é rígido: um sistema de exame competitivo é a porta de entrada para matrículas em vários tipos de instituição de ensino (acadêmica, incluindo geral e normal, profissional etc.).

Uma vez tendo ingressado em um tipo de formação, os estudantes não podem entrar em outra modalidade (especialmente relevante para os estudantes de ensino profissionalizante que mais tarde poderiam se beneficiar de uma formação acadêmica de ensino superior).

---

13 [N.T.] *Vide* nota 11 *supra*.

14 [N.T.] Referência incompleta no texto original a algum artigo de Charles Glenn, autor que tem vasta produção sobre liberdade educacional e o desenho de sistemas de ensino que garantem autonomia e liberdade de escolha aos usuários.

Os meus colegas chineses mencionaram, a respeito de um problema diferente, que muitos estudantes inscritos em escolas normais estavam insatisfeitos com a carreira do magistério (*vide* a discussão mais ampla a seguir). No que parecia ser um ajuste óbvio, o sistema tem agora uma divisão de "educação para adultos", em rápido crescimento e mal definida, aparentemente destinada a satisfazer as necessidades crescentes da força de trabalho por uma formação mais profunda e diversificada. Os chineses também parecem estar introduzindo mais flexibilidade no sistema de exames. Pouco antes de partir, vi um artigo de jornal relatando que estudantes que obtivessem notas um pouco abaixo da nota de corte no exame de ingresso poderiam frequentar o ensino superior pagando suas próprias mensalidades.

Sugeri que uma economia moderna depende de acesso livre a diferentes tipos de instituição de ensino, ou seja, que o sistema de educação não obrigatória deveria ele próprio operar sob uma espécie de lógica de mercado. O problema é que a China não possui uma série de elementos essenciais a um sistema desse tipo. Mesmo assumindo que as regras de acesso estivessem mudando para permitir o exercício de escolhas voluntárias por escolas e estudantes, não há um sistema de seleção vigente. Em nossas discussões, avaliamos como funciona um processo de admissão. O sistema de exames também precisaria ser alterado para acomodar a escolha, seja classificando os candidatos, seja concedendo maior discricionariedade sobre os critérios de seleção para as próprias instituições. Com maior discricionariedade, haveria algum tipo de compromisso em fortalecer o sistema de avaliação como uma força que mantenha a padronização do currículo nacional (elaborando algo como o SAT[15] dos EUA, por exemplo)?

Estabelecer as conexões entre diversos aspectos de escolha em um sistema de formação profissional me trouxe uma nova perspectiva sobre o sistema de ensino dos EUA. O nosso sistema é frequentemente criticado pela falta de padrões elevados e pela abundância de opções educacionais medíocres, tanto no interior das instituições, como entre elas (Powell, Cohen, Farrar, *shopping mall*).[16] No entanto, se se pretende que os jovens mantenham um alto nível de flexibilidade nas suas

[15] [N.T.] O *Scholastic Aptitude Test* (Teste de Aptidão Escolar), ou SAT, é um dos exames mais utilizados pelas universidades estadunidenses em seus processos de admissão de estudantes para cursos de graduação.

[16] [N.T.] Provável referência do original à seguinte obra: POWELL, A.; FARRAR, E.; COHEN, D. *The shopping mall high school*: Winners and losers in the educational marketplace. Boston, MA: Houghton Mifflin, 1985.

escolhas educacionais até a vida adulta, muitos estudantes devem, presumivelmente, ser promovidos pelo sistema de forma que lhes seja garantida elegibilidade para múltiplas opções em cada nível. Tanto o acompanhamento acadêmico, como o acompanhamento profissional baseados em exames competitivos são problemáticos em um sistema como esse, porque representam, na melhor das hipóteses, meros chutes sobre o que o mercado requisitará dos vários grupos de estudantes. O sistema dos EUA é uma resposta possível – uma variedade impressionante de instituições educacionais (tudo, desde *Ivy League* até escolas de cabeleireiros) e de intensos esforços em prol da qualidade educacional, sem deixar para trás muitos estudantes.

Aqueles que afirmam que nossos jovens esperam demais antes de assumirem empregos sérios podem simplesmente não compreender o complicado processo de alinhamento em curso entre, de um lado, empregadores procurando trabalhadores qualificados e, de outro, jovens procurando tornar-se mais qualificados. É claro que a China não está nem perto de desenvolver um sistema como esse e eu sequer consigo imaginar o tipo de transição que seria necessária para tanto. Aqui, novamente, o sistema é a solução (sistema no sentido de ordem jurídica liberal). Na medida em que se permita que as forças de mercado atuem em ambos os lados (escolha pelas instituições de ensino e pelos estudantes), as opções provavelmente seriam gradualmente desenvolvidas pelas forças de mercado.

## 4.8 Reexaminando esquemas docentes:[17] separação entre escolas e empresas mantenedoras

Embora as escolas na China estejam normalmente associadas a algum nível de governo, elas muitas vezes se sustentam menos por receitas estatais do que por meio da operação de empresas privadas (artigo sobre isso que recebi de um canadense da AEFA).[18] Da forma que entendo, tais parceiras são uma parte lógica do complexo sistema de empresas estatais do país. Uma vez que o governo detém e gere quase todas as empresas do país, não há nada de incongruente no fato de as escolas públicas o fazerem. Preocupados com a crise fiscal e

---

[17] [N.T.] No original, *profscam*.

[18] [N.T.] Provável lembrete do autor para inserir referência que acabou não incluída no original.

entusiasmados com os princípios de mercado, os meus colegas chineses pensaram que talvez esse sistema de empresas escolares devesse ser fortemente expandido.

Eu estava muito cético. Como método de financiamento das escolas, parecia certo que o sistema produziria enormes desigualdades (cada escola sendo seu próprio distrito fiscal, vinculado a qualquer empresa que eventualmente tivesse), enquanto o aumento de receita potencial não parecia melhor do que a tributação uniforme dessas mesmas empresas. Eu também apontei um sério risco em se subsidiar empresas por meio do orçamento da educação e do orçamento do ensino. O nosso próprio sistema de educação superior tem sido submetido a pesadas (e aparentemente acuradas) críticas por relativizar as fronteiras entre ensino e pesquisa (*Hauptman book*).[19] Nós discutimos tributação como uma alternativa às receitas das empresas e vários métodos de contabilidade, controle e prestação de contas desenhados para manter a separação entre ensino e atividade empresarial (como segregação de equipes e orçamentos e a compra de tempo de ensino pelas empresas a taxas adequadas).

Nessa área, igualmente, nota-se o problema de uma mudança na direção de um sistema completamente novo, sem muitos dos elementos necessários para tanto, e do correlato processo de transição. Não tive como estimar a viabilidade e os custos de simultaneamente segregar as empresas das escolas, construir um sistema de tributação uniforme e familiarizar as pessoas com uma contabilidade "racional" do tempo em uma sociedade que parece caracterizada por um comportamento complexo, orgânico e cooperativo. Felizmente, pude deixar o desafio de resolver esses problemas para meus colegas chineses.

## 4.9 O nascimento da igualdade depois do socialismo

Em nossas discussões, fiz a surpreendente descoberta (para mim) de que meus colegas socialistas eram bastante ingênuos sobre os problemas de equidade que dominavam a política educacional dos EUA. Por exemplo, os chineses não pareciam familiarizados com a ideia de que exames competitivos poderiam reforçar vantagens relativas à renda

---

19 [N.T.] Possível referência a algum dos livros de Arthur M. Hauptman sobre financiamento da educação.

familiar, educação e *status* social (Coleman, 1966;[20] Jencks; Olneck *who gets ahead*).[21] Discutimos as seguintes questões de equidade: desigualdades no financiamento das escolas (*vide* acima); necessidade de subsidiar *vouchers* para famílias pobres que por isso optarem; razoabilidade de se requisitar que as famílias mais ricas paguem e que os estudantes tomem empréstimos para pagar a mensalidade da faculdade e a ideia básica da pobreza como uma necessidade educacional especial que justifica assistência suplementar.

## 4.10 Reinventando a história e a política empresarial

Se equidade já foi um tópico surpreendente, esse último foi ainda mais. Nunca imaginei gastar um dia inteiro para tratar do papel das empresas na educação, mas o tema acabou por se tornar central e revelador da singularidade da história de cada país no que diz respeito à educação.

O problema prático era como obter apoio das empresas para o financiamento das escolas. Em economias de mercado, o suporte empresarial à educação é importante e usualmente disponível, porque as empresas dependem de trabalhadores qualificados. Essa era uma ideia nova para os chineses, que disseram que isso seria difícil, porque o governo e as empresas não eram habituados a uma relação de mútua cooperação. Empresas não são bem-vindas no governo e o governo normalmente não representa nada além do que custos e problemas para os empreendedores chineses. Como parte dessa discussão, descrevi a parte da história da educação na qual as empresas se tornaram muito ativas na política educacional (Tyack, *One Best System*; Tyack, *Managers of Virtue*).[22] Bob Seidman, que por acaso assistia à sessão, mencionou o avô de Ann Seidman que, como empresário, teve um papel ativo no

---

[20] [N.T.] Provável referência a relatório de 1966 do sociólogo James Coleman sobre fatores que impactam o desempenho dos estudantes em exames de avaliação, jogando luz sobre a relevância de aspectos extraescolares.

[21] [N.T.] Provável referência do autor ao livro *Who Gets Ahead?: The Determinants of Economic Success in America*, de Christopher Jencks, Susan Barlett, Mary Corcoran, James Crouse, David Eaglesfield, Gregory Jackson, Kent McCelland, Peter Mueser, Michael Olneck, Joseph Schwartz, Sherry Ward, and Jill Williams, publicado em 1977 pela Editora Basic Books.

[22] [N.T.] Prováveis referências do texto original a dois livros de David B. Tyack: *The One Best Systeman: A History of American Urban Education* (Paperback, 1974); e *Managers of Virtue: Public School Leadership in America, 1820-1980* (New York: Basic Books, 1982), escrito em coautoria com Elisabeth Hansot.

Conselho Escolar da cidade de Nova Iorque. Mas a participação das empresas na China é complicada, devido à necessidade de, ao mesmo tempo, desregulamentar sua atividade e tributá-las. Os EUA tiveram um século inteiro de políticas de *laissez-faire* e subsídios – por exemplo, de terras públicas (Hurst) –[23] antes do período de grande crescimento das despesas com a escola pública.

Para ajudar a encontrar uma solução, Seidman e eu recomendamos maior participação de empresas em comissões, conselhos escolares e outras instâncias, além de um cuidadoso equilíbrio entre investimentos e desregulação, medidas mais familiares a nós no período do déficit federal do que no auge do "capitalismo selvagem" do século XIX.

## 4.11 Docência: escassez de professores, estabilidade do emprego e desempenho

Os EUA são constantemente atormentados por questões de recursos humanos, como exemplo, permanência e remuneração numa época de escassez orçamentária e de maior ênfase no desempenho. A China tem problemas paralelos complicados pelas mudanças estruturais.

Primeiramente, a escassez de professores. Foi difícil para mim ter clareza sobre os fatos, mas parece que a China está começando a experimentar uma fuga de seu corpo docente para outros setores da economia. Os alunos das escolas normais da China são oriundos dos 10% mais bem avaliados no ensino médio (na verdade, do percentil 90 ao 95). Tivemos uma interessante discussão, em que tentei entender o que os chineses queriam dizer ao reclamar da qualidade desses estudantes que ingressavam nas escolas normais, já que as escolas de educação dos EUA ficariam delirantemente felizes em ter como ingressantes os 10% melhores entre os graduados do ensino médio. Por fim, os chineses esclareceram que o problema era mais de atitude do que de habilidade ou performance acadêmica; os estudantes de cursos normais realmente queriam ingressar nas universidades acadêmicas. Parecia óbvio que as pressões sobre esses estudantes bem formados para que tivessem outro destino se tornariam ainda mais intensas com o rápido crescimento econômico, possivelmente demandando a expansão da educação superior e aumentos substanciais dos salários dos professores.

---

23 [N.T.] Provável referência do autor à obra do historiador do direito James Willard Hurst.

Nosso grupo também despendeu mais tempo do que talvez fosse necessário com a questão dos "professores comunitários" (*minban teachers*) em áreas rurais, um sistema que está sendo rapidamente eliminado pelo governo. Os *minbans* são talentosos graduados do ensino secundário (por enquanto, o governo está retendo apenas aqueles que recebem formação adicional para além do ensino secundário). Interpretei isso também como um exemplo de conflitos entre a política tradicional e os novos mercados de trabalho. A insistência numa formação universitária para os professores é boa como política geral, mas a necessidade de professores nas zonas rurais pode tornar-se ainda mais premente durante a modernização, por conta da preferência por classes altamente qualificadas nas zonas urbanas.

O segundo grande problema relacionado à docência diz respeito à estabilidade do emprego e desempenho. Houve um momento de confusão para mim quando os colegas chineses disseram que professores não podiam ser demitidos, o que tomei como referência à estabilidade em nosso sentido. Compreendi que eles se referiam ao fato de que os professores não podiam, em nossos próprios termos, ser dispensados ou removidos, porque a política do *iron rice bowl* (tigela de ferro de arroz) na China garante a todos um emprego. Escolas não eram exceção e muitas escolas e universidades tinham funcionários extras, parte dos quais entendi que sequer aparecia para trabalhar. Revisitei (da melhor forma que pude) os procedimentos para redução de efetivo no nível básico e as variações de dispensa recentemente adotadas em muitas universidades (contingenciamento fiscal e assim por diante).

O governo chinês parecia avançar agressivamente na direção de criar poderes de redução de pessoal, assim como de avaliação de profissionais. A este respeito, é de se perguntar quanto tempo deve levar até que haja um movimento a favor dos direitos dos trabalhadores no âmbito do novo regime e por meio de que instituições esses direitos poderão ser implementados. Não fui informado de nenhuma atividade sindical ou associação de classe com interesse nesses assuntos. Os professores receberam direito à estabilidade no emprego sob o antigo regime, mas nada mais que se traduzisse em direito ou prerrogativa na nova ordem emergente. Os tribunais na China não parecem ter competência para formular e aplicar direitos de quase-titularidade, como ocorre nos EUA. Também me perguntei se a diminuição da estabilidade e segurança no trabalho resultaria em algum tipo de desemprego, um tópico que, novamente, é muito distante, mas logicamente relacionado com a educação.

## 4.12 Direitos dos estudantes: redescobrindo o devido processo substantivo

Quando ouvi pela primeira vez Bob Seidman mencionar o tópico da legislação educacional, imaginei que coisas como direitos dos estudantes seriam uma parte importante do projeto (por causa da forma como se dá distinção entre política educacional e direito nos EUA). Ao final, passamos apenas parte de uma tarde nesse tópico. Curiosamente, antes da discussão, os chineses classificaram o "direito de transferência" como um direito do estudante, ao passo que eu normalmente o classificaria como um aspecto fundamental da organização do ensino (se o sistema como um todo está conformado para permitir transferências) e, apenas secundariamente, como um aspecto da administração educacional (sendo "direitos" associados à legislação e às cortes nos EUA). Nós efetivamente discutimos a prática, presente nos EUA, de cada instituição decidir quem admitir e que créditos de curso reconhecer.

Em termos de direitos dos estudantes como disciplina estudantil, os colegas chineses utilizaram o exemplo de estudantes impedidos de frequentar qualquer faculdade por terem se preparado com base em um exame obtido ilicitamente por seu professor e a prática de publicar as notas de todos os estudantes com o intuito de elevar a motivação. Minha resposta para ambos os casos foi, primeiro, recomendar o desenvolvimento de um código de direitos estudantis, seja no nível governamental, seja escolar; e, segundo, passar por um tipo de teste de equilíbrio que reconheci como proveniente do devido processo substantivo no direito constitucional (também proteção equânime e a primeira emenda). Relativamente à trapaça, apontei que o forte interesse do Estado em preveni-la provavelmente poderia ser alcançado por meio de severas punições a grandes infratores (como os professores que obtiveram um exame ilegalmente e treinaram os alunos a partir do respectivo conteúdo), mas que punições mais brandas deveriam ser aplicadas aos alunos, que foram, de certa forma, vítimas da conduta de seus professores.

Sobre a divulgação das notas, pareceu-me que os importantes desdobramentos ligados ao exame para os candidatos (promoção de grau, ingresso à faculdade e assim por diante) provavelmente tornavam desnecessário dar esse passo a mais na invasão de privacidade dos estudantes. Essa noção de uma ação disciplinar que sirva a um interesse legítimo do Estado de uma forma menos lesiva aos interesses dos estudantes é fundamental para o equilíbrio constitucional no direito americano e parecia intuitivamente fazer sentido para meus colegas chineses.

## 4.13 Financiamento e governança da educação superior: angariando verbas, promovendo transparência, controle e responsabilização

Como mencionei anteriormente, os chineses estão muito interessados na rápida expansão de seu sistema de educação superior e consideram que isso não pode ser feito sem novas fontes de receita (por exemplo, mensalidades) e novas formas de governança autônoma. Alguns dos nossos encontros mais interessantes concentraram-se em debater como as universidades americanas são financiadas e geridas. Embora a educação superior não seja propriamente minha área de *expertise*, em matéria de financiamento, consegui especificar quatro fontes de receitas: tributos, mensalidades, doações e subsídios à pesquisa. Dedicamos algum tempo analisando o funcionamento de cada uma delas, por exemplo, questões de justiça em torno da cobrança de mensalidades (por conta do benefício privado auferido) e o tipo de estrutura institucional de longo prazo necessária à construção efetiva de um sistema de contribuições de antigos alunos.

Também havia muita curiosidade sobre governança educacional. Se as universidades não são integralmente dirigidas pelo governo, como e a quem devem prestar contas? Percebi aqui que nosso próprio sistema parece apoiar-se em três mecanismos de controle e responsabilização: o poder de nomear diretores administrativos (conferido, por exemplo, aos conselhos de reitores e administradores); o poder orçamentário (conferido, em última instância, aos mesmos grupos) e, ao menos nos casos das universidades públicas, o poder de polícia, ou seja, a autoridade do sistema legal de intervir a qualquer momento em relação a qualquer assunto. O ponto sobre o poder de polícia, com escopo potencialmente infinito, me fez notar que a diferença entre uma ordem liberal, com relativamente pouca interferência governamental, e uma ordem socialista, em que tudo é regulado, não é tão clara como supunha e obviamente depende da cultura e das noções de mediação sobre a adequação das intervenções, microgestão e afins.

Também mencionei que, em minha própria universidade, questões relativas ao balanço entre controle e autonomia universitária são debatidas literalmente todo ano, mostrando, a meu ver, que esse é um terreno controverso e uma questão de conflito e ajuste cultural.

## 4.14 Momentos de receio e o "cavalo de Troia" da educação ocidental

Em vários momentos ao longo da discussão, hesitei em "vender" o sistema ocidental de liberdade individual e autonomia institucional, por conta de todos os problemas associados, com os quais estamos familiarizados. Ed Rubin[24] designou essa ideia de problemas escondidos atrás das soluções como "cavalo de Troia". Por exemplo, é impossível imaginar que este país diverso e ainda pobre possa evitar problemas de pobreza enquanto acumula enorme riqueza a partir do capitalismo. Pode-se perceber também a emergência de valores materialistas que minam a cultura de disciplina e sacrifício. Os chineses já são bons na produção e presumivelmente devem se tornar bons também no consumo. A nossa experiência nos diz que, com a riqueza, vem também a pobreza e a cultura do consumismo.

Diversos desses temas me vieram à mente quando mencionei o problema da gravidez na adolescência nos EUA. Os meus colegas chineses me disseram que a gravidez na adolescência é rara na China, porque os professores do ensino básico têm ampla autoridade moral sobre seus alunos e normalmente os proíbem até mesmo de namorar antes de se formarem no ensino médio. Entretanto, na televisão de nosso hotel, assisti propagandas com temas tipicamente ocidentais, enfatizando riqueza, consumo e liberdade pessoal. Um comercial, por exemplo, mostrava um homem bonito e muito jovem dirigindo um conversível em direção a uma casa suntuosa e chamando uma mulher bonita e muito jovem, que olhava pela janela, para dar uma volta com ele. Comentei com os meus colegas chineses que aquele comercial não se assemelhava a nada que tinha visto na China; eles riram e falaram que era de Taiwan. Disse-lhes para tentarem manter enquanto pudessem o senso de dedicação entre os professores e de disciplina entre os estudantes, porque a influência típica do materialismo é diminuir esses valores. Mas eu tinha a sensação de que seria difícil entender o impacto cultural de longo prazo da publicidade comercial generalizada em uma cultura que apenas começava a se formar.

# 5 Direito e política comparada

Essa seção é dedicada ao esforço de esboçar algumas generalizações sobre metodologia jurídica comparada a partir das discussões

24 [N.T.] Possível referência a Edward L. Rubin.

e recomendações que surgiram no nosso grupo. Baseando-se nessa experiência, o que pode ser dito sobre a tentativa de extrair conclusões e transportar instituições de uma cultura para outra?

## 5.1 O equilíbrio entre detalhes contextuais e análise da política

Aqui, gostaria de abordar dois aspectos aparentemente contraditórios: que a análise da política pública se tornou a linguagem comum de nossas discussões, mas que essas discussões não poderiam ter se desenvolvido na ausência de ricos pormenores contextuais. Quanto ao primeiro ponto, lembro-me do que um consultor jurídico disse sobre o trabalho na transição para o capitalismo na Polônia – as soluções são diferentes, mas os problemas são os mesmos. Sobre a importância dos detalhes, a única forma de entender o problema – o ponto em que a lâmpada se apaga, por assim dizer – é discuti-lo detalhadamente até que seja possível reconhecer questões de política pública. Mais uma vez em nossas discussões, trocávamos ideias sobre análises e fatos até atingirmos o ponto ótimo do nascimento de descobertas conjuntas.

## 5.2 Análise institucional *versus* análise aplicada

Este tópico refere-se à existência ou não de um quadro analítico comum aplicável a todas as áreas de política pública. O quadro básico de resolução de problemas desenvolvido por Seidman para a minuta de lei foi certamente muito útil. Começando por um problema a ser resolvido, em vez de, digamos, uma estrutura jurídica presumivelmente útil, a discussão centrou-se no que precisava ser feito na China. Não considerei o chamado modelo ROCCIPI de Seidman[25] muito útil. O ROCCIPI pareceu-me adequado para um modelo de conformidade regulatória em que exista um objetivo de mudança comportamental e uma série de obstáculos identificáveis. Considerei mais útil um quadro

[25] [N.T.] Provável referência ao artigo *Drafting for the Rule of Law: Maitaining Legality in Developing Coutries*, em que Robert B. Seidman enumera as condições que devem estar presentes para que uma pessoa obedeça à lei: i) a regra deve prescrever seu comportamento (R); ii) a pessoa deve ter oportunidade de obedecer à lei (O); iii) a pessoa deve ter capacidade de obedecer à lei (C); iv) a lei deve ser comunicada à pessoa (C); v) seus interesses devem lhe encorajar a obedecer (I); vi) a pessoa decide em um processo público e participativo se vai obedecer ou não à lei (P); e vii) sua ideologia deve ser compatível com o comportamento desejado (I), formando o acrônimo ROCCIPI.

institucional. Esse sentido de "institucional" é de difícil definição, mas refere-se a práticas e organizações numa sociedade complexa, capazes de produzir o tipo de bem-estar geral desejado, assim como de funcionar no ambiente da política e de outras instituições autônomas (Clune, *Law & public policy article*).[26] Os exemplos aqui discutidos são sistemas tributários abrangentes, poderes dos governos regionais, governança universitária, um sistema de seleção de estudantes etc.[27]

## 5.3 O grande problema da escolha não ideal (*second best*) em direito comparado sob condições de ignorância

O maior problema que vivenciei pode ser caracterizado – precisamente, eu espero – como o grande problema da escolha não ideal em um contexto comparado (Tom Heller *Wis L Rev article*).[28] O problema é que, quando um entre outros elementos de um sistema superior está ausente (por exemplo, liberdade de entrar em um modelo de mercado competitivo), um outro sistema imperfeito pode servir igualmente bem. Em geral, a análise política usualmente parece consistir em sopesar cuidadosamente alternativas imperfeitas (Clune, *Yale book review*).[29]

A aplicação desse princípio ao direito comparado é particularmente inquietante, porque as alternativas existentes a uma ordem liberal plena são complexas e pouco compreendidas pelos especialistas estrangeiros, como eu, enquanto o completo potencial de instituições liberais em uma sociedade diferente também é mal compreendido. Por exemplo, impressionou-me em diversos pontos que, embora o complexo e particularista sistema chinês de aumento de receitas parecesse cheio de problemas, problemas para os quais um sistema de tributação compreensivo parecia a resposta óbvia, eu realmente não entendia quão bem ou mal o sistema existente funcionava e quais adaptações haviam sido

---

26 [N.T.] Provável referência ao seguinte artigo do próprio Professor William Clune: CLUNE, William H. Law and Public Policy: Map of an Area. *South California Interdisciplinary Law Journal*, v. 2, p. 1, 1993. [N.T. Confira-se o artigo traduzido, *Direito e políticas públicas: mapa da área*, neste livro].

27 [N.T.] No original, aparentemente, o período está incompleto.

28 [N.T.] Provável referência ao seguinte artigo: HELLER, Thomas C. The Importance of Normative Decision-Making: The Limitations of Legal Economics as a Basis for a Liberal Jurisprudence – As Illustrated by the Regulation of Vacation Home Development. *Wisconsin Law Review*, v. 1976, p. 385, 1976.

29 [N.T.] Possível referência a *Courts and Legislatures as Arbitrators of Social Change*, em que William H. Clune faz a revisão do livro: *Educational Policy Making and the Courts: An Empirical Study of Judicial Activism*, de Michal A. Rebell e Arthur R. Block (1982).

feitas para compensar suas aparentes fraquezas; nem pude ter certeza de que um sistema de tributação de tipo ocidental adotado e adaptado à China poderia produzir os mesmos resultados observados no ocidente.

Penso que estou reafirmando em termos políticos as usuais reservas sobre a possibilidade de transpor instituições e culturas no direito comparado. É claro que não havia muito que pudesse fazer para mitigar essas preocupações, exceto me apoiar no modelo de diálogo do seminário, em que especialistas estrangeiros sugeririam uma solução que seria posteriormente avaliada pelos chineses quanto à adequação e viabilidade em sua sociedade. Os meus colegas chineses mostraram-se muito receptivos a uma análise política rigorosa e cética e à sugestão de múltiplos obstáculos.

## 5.4 A necessidade de uma mentalidade e de instituições voltadas à pesquisa

Muitos estudos poderiam se desenvolver a partir do seminário. Qual é o sistema tributário chinês e como poderia ser aprimorado? Qual é a dimensão das desigualdades de receitas entre diferentes escolas? Em que medida o sistema de formação profissional funciona e a que custo? O sistema de empresas escolares realmente produz desigualdades e reduz a eficiência do orçamento de ensino? Serão necessários sistemas mais flexíveis de escolha de disciplinas pelos estudantes para atender às demandas do mercado de trabalho dinâmico?

Qualquer pessoa familiarizada com essas questões em sistemas ocidentais sabe que não correspondem a problemas simples, mas a programas de pesquisa de fôlego, que requerem estudo contínuo. A esse respeito, a ideia de "perguntas de pesquisa" em um memorando jurídico é lamentavelmente inadequada – "áreas de pesquisa" seria mais apropriado. Portanto, seriam necessários não apenas estudos isolados ou mesmo um programa de pesquisa, mas todo um conjunto de instituições interligadas – dados, bases de dados, modelos conceituais, universidades, centros de pesquisa e grupos de discussão.

Os meus colegas chineses mencionaram que tinham contato com diversos institutos de pesquisa educacional na China e frequentemente me solicitavam que enviasse a esses institutos cópias das pesquisas que mencionava (o que fiz quando regressei). Também mencionei como era estranho que professores universitários do ocidente tomassem parte nos seminários, mas professores chineses não. Chamei a atenção para o fato de um projeto de pesquisa nacional requerer redes de professores universitários. Havia rumores de que a ausência de professores chineses poderia ser explicada pelas tensões políticas entre o governo e as universidades na sequência dos motins da Praça Tiananmen.

## 5.5 Redescobrindo a unicidade de nossa própria história

Um último ponto sobre direito comparado refere-se ao fato de uma experiência como a do seminário ser um vigoroso lembrete de que nosso sistema não é um conjunto de estratégias logicamente constituídas, mas um produto cultural complexo, construído em uma sequência histórica própria. Provavelmente, o maior exemplo disso que encontrei foi a dificuldade que os chineses enfrentaram para reinventar o papel das empresas sem uma história mais longa em que esse papel pudesse ser gradativamente construído. A prosperidade das empresas americanas, a construção de uma imensa infraestrutura institucional, dependeu de um longo período de domínio político do governo, que simplesmente não está disponível aos chineses. Os chineses têm de tributar as empresas para erguer um sistema educacional moderno e efetivo sem asfixiar a energia que impulsiona seu crescimento econômico.

Outros exemplos podem ser mencionados: autonomia universitária e uma rede nacional de pesquisa trariam profundas mudanças na estrutura de poder da sociedade; a educação profissionalizante deve ser repensada no contexto de abrangentes mudanças na estrutura do mercado de trabalho.

## 6 Conclusão

Em retrospectiva, não sei bem no que me meti como "consultor especialista" para a área educacional. Os problemas de transposição institucional, agravados pela minha própria ignorância sobre o país, parecem ser problemas mais sérios do que soavam ao longo das conversas amigáveis que tivemos na sala de conferências do hotel. Na maioria dos casos, a base factual para acreditar que eu compreendia "o problema" da China era muito tênue. As explicações dos meus colegas pareciam-me claras e familiares, mas quanto de fato apreendi de suas observações? Ainda mais grave era o problema da forma como as políticas e instituições típicas dos EUA e do ocidente seriam incorporadas e desenvolvidas em uma sociedade muito diferente, que passa por rápidas transformações estruturais.

Ainda assim, os meus colegas chineses pareciam achar muitas das ideias úteis e eles de fato entendiam a sociedade e seus problemas. Além disso, nosso diálogo continuará no futuro – por exemplo, durante a visita do grupo de educação aos EUA (*Spring*, 1993).

O aspecto mais surpreendente da experiência para mim foi como usei grande parte do meu conhecimento em direito educacional, políticas públicas, história e finanças. Eu não havia até então atuado como consultor estrangeiro e vagamente imaginava uma série de questões técnicas. A realidade foi profundamente oposta ao que podia supor. Eu me vi tentando entender as características estruturais e as funções mais básicas de nossas próprias instituições; e voltei cheio de questões e ideias sobre nossa própria sociedade. Espero que os chineses tenham aprendido tanto quanto eu.

## COORDENADORES

**Maria Paula Dallari Bucci**
Doutora e Livre-Docente pela Universidade de São Paulo (USP). Professora da Faculdade de Direito da USP.

**William H. Clune**
Professor Voss-Bascom Emérito da Faculdade de Direito da Universidade de Wisconsin, Madison.

## COORDENADORAS EXECUTIVAS

**Gabriela Azevedo Campos Sales**
Pós-Doutoranda vinculada ao Departamento de Direito do Estado da Faculdade de Direito da USP. Doutora em Direito do Estado pela Faculdade de Direito da USP. Mestra em Direito pela Pontifícia Universidade Católica de São Paulo. Graduada em Direito pela USP. Juíza federal. Autora do livro *Estado social e federalismo: a institucionalização dos sistemas de políticas públicas no Brasil.*

**Isabela Ruiz**
Doutoranda e Mestra em Direito do Estado pela Faculdade de Direito da USP. Especialista em Direito Público pela Escola Paulista da Magistratura. Graduada em Direito pela Universidade Paulista e em Ciências Sociais pela Universidade Estadual de Campinas. Autora do livro *A construção jurídica do Sistema Único de Assistência Social.*

## TRADUTORES E REVISORES

**Alexandra Fuchs de Araújo**
Doutora e Mestre em Direito do Estado pela Universidade de São Paulo. Graduada em História e em Direito pela Universidade de São Paulo. Juíza de Direito no Tribunal de Justiça do Estado de São Paulo.

**Bruno Bodart**
LL.M. (*Master of Laws*) pela Harvard Law School. Doutor em Direito pela USP, com período na Albert-Ludwigs-Universität Freiburg (Alemanha). Mestre em Direito pela Universidade do Estado do Rio de Janeiro. Juiz de Direito do Tribunal de Justiça do Rio de Janeiro. Foi Professor Substituto da Universidade Federal do Rio de Janeiro (UFRJ) e da Fundação Getúlio Vargas (FGV-Rio).

**Bruno de Almeida Passadore**
Doutor em Teoria do Estado pela Faculdade de Direito da USP em cotutela com a Universidade de Bologna (Itália). Mestre em Direito Processual pela Faculdade de Direito da USP. Defensor Público do Estado do Paraná. Membro do Conselho Editorial da *Revista da Defensoria Pública do Estado do Paraná* e da *Revista Adsumus*.

**Elisa Martinez Giannella**
Advogada. Mestre em Direito pela Faculdade de Direito da USP. Pós-Graduada *lato sensu* em Processo Civil pela Pontifícia Universidade Católica de São Paulo (Cogeae). Graduada em Direito pelo Centro Universitário das Faculdades Metropolitanas Unidas.

**Eros Frederico da Silva**
Advogado atuante em Direito Público, com ênfase em administrativo, regulatório e infraestrutura. Bacharel em Direito pela Universidade Federal de Mato Grosso do Sul. Integrante do Grupo de Pesquisa Direito e Políticas Públicas da FDUSP e da Rede do Núcleo Jurídico OIC-IEA/USP.

**Fernanda Vick**
Doutoranda e Mestra em Direito do Estado pela Faculdade de Direito da USP. Especialista em Gestão Pública Municipal pela Unifesp. Membro do Grupo de Estudos Estado, Direito e Políticas Públicas da FDUSP e do Núcleo Democracia e Ação Coletiva do Cebrap (2019/2020). Professora em cursos de pós-graduação e de graduação.

**Frederico Haddad**
Doutorando em Direito Econômico e Mestre em Direito do Estado pela Faculdade de Direito da USP. Graduado em Direito pela USP. Bolsista de Pesquisa em Concorrência e Políticas Públicas vinculado ao Centro de Estudos da Ordem Econômica (Unifesp). Advogado e consultor jurídico. Autor do livro *O direito à rua: políticas públicas e função social das vias urbanas*.

**Gabriela Azevedo Campos Sales**
Pós-Doutoranda vinculada ao Departamento de Direito do Estado da Faculdade de Direito da USP. Doutora em Direito do Estado pela Faculdade de Direito da USP. Mestra em Direito pela Pontifícia Universidade Católica de São Paulo. Graduada em Direito pela USP. Juíza federal. Autora do livro *Estado social e federalismo: a institucionalização dos sistemas de políticas públicas no Brasil*.

**Giovanna Maísa Gamba**
Mestra em Direito do Estado pela USP. Graduada em Direito pela Universidade Federal de Santa Catarina. Coordenadora-Geral de Legislação e Normas de Regulação e Supervisão da Educação Superior da Seres/MEC. Foi Advogada em Direito Público. Autora do livro *Estratégia nacional de combate à corrupção e à lavagem de dinheiro: institucionalidade jurídica da política em rede*.

**Isabela Ruiz**
Doutoranda e Mestra em Direito do Estado pela Faculdade de Direito da USP. Especialista em Direito Público pela Escola Paulista da Magistratura. Graduada em Direito pela Universidade Paulista e em Ciências Sociais pela Universidade Estadual de Campinas. Autora do livro *A construção jurídica do Sistema Único de Assistência Social.*

**Julia Azevedo Moretti**
Pesquisadora, Professora e Consultora. Doutora em Direito pela Faculdade de Direito da USP. Mestre em Direito Urbanístico pela Pontifícia Universidade Católica de São Paulo e em Meio Ambiente e Desenvolvimento Sustentável (DPU/UCL). Pós-Doutoranda na Faculdade de Arquitetura e Urbanismo da USP. Assistente do curso de especialização de Direito Contratual da Pontifícia Universidade Católica de São Paulo (Cogeae).

**Kadra Regina Zeratin Rizzi**
Mestra em Direito pela Pontifícia Universidade Católica de Campinas. Pós-Graduada em Direito Administrativo pela Pontifícia Universidade Católica de São Paulo. Secretária de Transparência e *Compliance* na Prefeitura da Estância Turística de Itu. Coordenadora e Professora de Direito na Universidade Anhanguera de Indaiatuba.

**Luzardo Faria**
Doutorando em Direito do Estado pela Universidade de São Paulo. Mestre e Bacharel em Direito do Estado pela Universidade Federal do Paraná. Editor-Adjunto da *Revista de Investigações Constitucionais.* Membro do Instituto Paranaense de Direito Administrativo, do Instituto de Direito Administrativo Sancionador Brasileiro e do Instituto Brasileiro de Direito Regulatório. Advogado.

**Matheus Silveira de Souza**
Doutorando em Sociologia pelo Instituto de Filosofia e Ciências Humanas da Universidade Estadual de Campinas. Mestre em Direito do Estado pela Faculdade de Direito da USP. Bacharel em Direito pela Pontifícia Universidade Católica do Paraná. Foi Professor visitante no Instituto Israelita de Ensino e Pesquisa (Hospital Albert Einstein) e na Faculdade de Direito de São Bernardo do Campo. Autor do livro *Direito, políticas públicas e educação profissional.*

**Ricardo Teixeira da Silva**
Doutorando em Direito do Estado pela Universidade de São Paulo. Mestre em Ciência Política pela USP. Pós-Graduado *lato sensu* em Administração Pública pela Escola Superior do Tribunal de Contas do Município de São Paulo. Graduado em Direito pela USP. Procurador Legislativo da Câmara Municipal de São Paulo.

**Sergio Ruy David Polimeni Valente**
Bacharel e Mestre em Direito pela Universidade de São Paulo. Doutorando em Direito pela Universidade de São Paulo e pela Universidade de Hamburgo. Advogado.

**Thiago Pires Oliveira**
Doutor em Ciências Humanas pela USP. Mestre em Direito pela Universidade Federal da Bahia. Especialista em Direito do Estado pela UFBA. Bacharel em Direito pela UFBA. Professor substituto no Instituto de Humanidades, Artes e Ciências Prof. Milton Santos da UFBA. Professor visitante na Universidad Michoacana de San Nicolás de Hidalgo (México). Vice-Presidente da Asociación Latinoamericana de Derecho Animal.

FSC
MISTO
Papel
FSC® C092828

2023
CARBON NEUTRAL
SAVE

Esta obra foi composta em fonte Palatino Linotype, corpo 10
e impressa em papel Offset 75g (miolo) e Supremo 250g (capa)
pela Formato Artes Gráficas.